日外アソシエーツ

A Reference Guide to World Awards and Prizes 2005-2014

Compiled by
Nichigai Associates, Inc.

©2015 by Nichigai Associates, Inc.
Printed in Japan

本書はディジタルデータでご利用いただくことができます。詳細はお問い合わせください。

●編集担当● 筒 志帆

刊行にあたって

　世界には多種多様な賞があり、その中でも各分野を代表する賞、権威を持つ賞が存在する。これらの賞を日本人が受賞した場合は、メディアで大きく取り上げられるが、賞の歴史やどのような部門が存在するのか、過去にどんな人物が受賞しているかなど、賞全体の情報については言及されないことが多い。

　本書は、世界の主要な賞50賞の概要と歴代受賞者記録をまとめた「世界の賞事典」(2005年1月刊行)の追補版である。収録対象は自然科学から美術、音楽、映画、文学まで多岐にわたる。前版刊行以降の受賞者情報を収録し、併せてそれぞれの賞の由来、趣旨、主催者、選考委員、選考方法、賞金、連絡先などの概要を掲載した。また、ウルフ賞、エミー賞などの著名賞や日本人が多く受賞している漫画・アニメ分野の賞など新たに10賞を追加し、それらの受賞情報については第1回から記載している。さらに、巻末の受賞者名索引を利用することで、特定の人物の受賞歴を複数の賞にまたがって検索することができる。

　小社では、日本国内の賞について分野ごとに歴代の受賞情報を集めた「児童の賞事典」(2009)、「映画の賞事典」(2009)、「音楽の賞事典」(2010)、「ビジネス・技術・産業の賞事典」(2012)、「漫画・アニメの賞事典」(2012)、「環境・エネルギーの賞事典」(2013)、「女性の賞事典」(2014)、「小説の賞事典」(2015)、「演劇・舞踊の賞事典」(2015)、「ノンフィクション・評論・学芸の賞事典」(2015)を刊行している。本書と併せてご利用いただければ幸いである。

　2015年7月

　　　　　　　　　　　　　　　　　　　　日外アソシエーツ

目　次

凡　例 …………………………………………… vi
収録賞一覧 ……………………………………… viii

世界の賞事典　2005-2014 …………………………… 1
- 総合・自然科学 ………………………………… 3
- 美　術 …………………………………………… 42
- 音　楽 …………………………………………… 54
- 映画・演劇・TV ……………………………… 124
- 漫画・アニメ …………………………………… 244
- 文　学 …………………………………………… 318
- 児童文学 ………………………………………… 353

受賞者名索引 ……………………………………… 365

凡　　例

1．収録範囲
　　世界的に有名な賞、権威のある賞を分野を問わず60賞収録した。

2．賞名見出し
　　賞名の表記は国内で定着している呼称及び正式名称を採用した。なお、他の呼称がある場合は（　）で補記した。

3．賞の分類と賞名見出しの排列
　　賞を以下の7つのジャンルに区分し、ジャンルごとに賞名の五十音順に排列した。
　　　　総合・自然科学
　　　　美術
　　　　音楽
　　　　映画・演劇・TV
　　　　漫画・アニメ
　　　　文学
　　　　児童文学

4．記載内容
　1）概　要
　　　賞の概要を示すために、賞の由来・趣旨／日本人受賞者／主催者／選考委員／選考方法／選考基準／締切・発表／賞・賞金／連絡先／公式ホームページURLを記載した。

　2）受賞者・受賞作
　　　前版刊行（2005年1月）以降に発表された受賞記録を受賞年ごとにまとめ、部門・席次／受賞者名（受賞時の肩書・国籍などを補記）／受賞作品・理由の順に記載した。ただし、今版で新たに収録した

10賞については、初回からの受賞記録を記載した。なお、受賞者名及び受賞作品には可能な限り名前のカナ読みや邦題を付した。

5．**受賞者名索引**
1) 受賞者名から本文での記載頁を引けるようにした。
2) 排列は姓の読みの五十音順、同一姓のもとでは名の読みの五十音順とした。アルファベットで始まるものはABC順とし、五十音の後においた。なお、濁音・半濁音は清音とみなし、ヂ→シ、ヅ→スとした。促音・拗音は直音とみなし、長音（音引き）は無視した。

収録賞一覧

総合・自然科学

1 アーベル賞 ……………………………………………………… 3
2 ウルフ賞 ………………………………………………………… 4
3 クラフォード賞 ………………………………………………… 18
4 国連人権賞 ……………………………………………………… 21
5 ノーベル賞 ……………………………………………………… 22
6 ピュリッツァー賞 ……………………………………………… 26
7 フィールズ賞 …………………………………………………… 39
8 フェリックス・ウフェボアニ賞(ユネスコ平和賞) ………… 41

美　術

9 ヴェネチア・ビエンナーレ …………………………………… 42
10 高松宮殿下記念世界文化賞 …………………………………… 44
11 ターナー賞 ……………………………………………………… 47
12 ファエンツァ国際陶芸展大賞 ………………………………… 48
13 プリ・アルス・エレクトロニカ ……………………………… 49
14 プリッカー賞 …………………………………………………… 52
15 ロバート・キャパ賞 …………………………………………… 53

音　楽

16 MTVアワード …………………………………………………… 54
17 エリザベート王妃国際コンクール …………………………… 71
18 グラミー賞 ……………………………………………………… 74
19 チャイコフスキー国際コンクール …………………………… 114
20 パガニーニ国際ヴァイオリン・コンクール ………………… 117
21 フレデリック・ショパン国際ピアノコンクール …………… 118
22 ロン・ティボー・クレスパン国際音楽コンクール ………… 120

映画・演劇・TV

23 アカデミー賞 …………………………………………………… 124
24 ヴェネチア国際映画祭 ………………………………………… 135
25 エミー賞 ………………………………………………………… 139
26 カンヌ国際映画祭 ……………………………………………… 173
27 ゴールデン・グローブ賞 ……………………………………… 178

28	ゴールデン・ラズベリー賞（ラジー賞）	188
29	セザール賞	193
30	トニー賞	198
31	ニューヨーク映画批評家協会賞	210
32	ベルリン国際映画祭	221
33	モスクワ国際映画祭	227
34	ローザンヌ国際バレエコンクール	230
35	ローレンス・オリヴィエ賞	234

漫画・アニメ

36	アヌシー国際アニメーション映画祭	244
37	アングレーム国際漫画祭	271
38	オタワ国際アニメーション映画祭	283
39	ザグレブ国際アニメーション映画祭	302

文　学

40	アメリカ探偵作家クラブ賞	318
41	英国推理作家協会賞	324
42	カナダ総督文学賞	327
43	ゴンクール賞	332
44	世界幻想文学大賞	333
45	セルバンテス賞	336
46	全米書評家協会賞	337
47	全米図書賞	340
48	ネビュラ賞	342
49	ヒューゴー賞	346
50	ビューヒナー賞	350
51	ブッカー賞	351

児童文学

52	ガーディアン児童文学賞	353
53	カーネギー賞	353
54	ケイト・グリーナウェイ賞	354
55	国際アンデルセン賞	355
56	コルデコット賞	356
57	ドイツ児童文学賞	357
58	ニューベリー賞	359
59	ネスレ子どもの本賞	360
60	フェニックス賞	363

世界の賞事典
2005-2014

総合・自然科学

1 アーベル賞 The Abel Prize

2002年,ノルウェーの数学者ニルス・ヘンリク・アーベル(Niels Henrik Abel)の生誕200年を記念して設立された数学賞(生誕100年の際も運動が行われたが実現には至らなかった)。数学者の地位の向上と子どもや若者の数学に対する意識を高めることを目的とし,顕著な業績をあげた数学者に対して与えられる。フィールズ賞とは異なり,年齢制限がない。毎年開催。

【主催者】 ノルウェー科学文学アカデミー(The Norwegian Academy of Science and Letters)
【選考委員】 著名な数学者5名がノルウェー科学文学アカデミーにより任命される。国籍不問。
〔2014年〕John Rognes(委員長:ノルウェー), Maria J.Esteban(フランス), Rahul Pandharipande(アメリカ), Éva Tardos(ハンガリー), Cédric Villani(フランス)
【選考方法】 国際数学者連盟,ヨーロッパ数学会ほか,各国から自由に推薦された人物(自薦は禁止)を,選考委員が審査・選定し,ノルウェー科学文学アカデミーに推薦,アカデミーが受賞者を決定する
【選考基準】 毎年1名(現存者に限る)
【締切・発表】 11月中旬に推薦締切,3月下旬〜4月上旬頃に受賞者が発表される
【賞・賞金】 600万ノルウェー・クローネ
【連絡先】 (Abelprisen c/o Det Norske Videnskaps-Akademi) Drammensveien 78 NO-0271 Oslo 【TEL】+47 22 12 10 90 【FAX】+47 22 12 10 99
【E-mail】 abelprisen@dnva.no
【URL】 http://www.abelprize.no/

2005年	ピーター・D.ラックス(Peter D.Lax ニューヨーク大学クーラン数学研究所)―部分微分方程式の理論と応用及び解答の計算における先駆的な業績に対して
2006年	レオナルト・カルレソン(Lennart Carleson スウェーデン王立工科アカデミー)―調和解析学と可微分力学系理論への深遠かつ影響力の大きい貢献に対して
2007年	スリニヴァサ・S.R.ヴァラダーン(Srinivasa S.R.Varadhan クーラン数理科学研究所)―確率論への基本的貢献,とりわけ大偏差に関する統一理論の創造に対して
2008年	ジョン・G.トンプソン(John Griggs Thompson フロリダ大学大学院教授,ケンブリッジ大学名誉教授),ジャック・ティッツ(Jacques Tits コレージュ・ド・フランス名誉教授)―代数学,特に現代群論の構築における重要な業績に対して
2009年	ミハイル・グロモフ(Mikhail Leonidovich Gromov フランス高等科学研究所)―幾何学への革命的な寄与に対して
2010年	ジョン・T.テイト(John Torrence Tate テキサス大学オースティン校)―その整数論への甚大且つ永続的な影響力に対して
2011年	ジョン・ミルナー(John Milnor ニューヨーク州立大学ストーニーブルック校)―そのトポロジー,幾何学及び代数学における先駆的な発見に対して
2012年	エンドレ・セメレディ(Endre Szemerédi アルフレッド・レーニ研究所,ハンガリー科学アカデミー,ニュージャージー州立大学)―離散数学と理論計算機科学への本質的な貢献に対して,その加法的整数論とエルゴード理論への深遠且つ恒久な影響を認めて

2013年 　　　ピエール・ドリーニュ(Pierre Deligne プリンストン高等研究所)―代数幾何学への発展性ある貢献と，数論，表現論，及び関連分野に変化をもたらした，その強い影響力に対して
2014年 　　　ヤコフ・G.シナイ(Yakov G.Sinai プリンストン大学，ロシア科学アカデミー附属ランダウ理論物理学研究所)―力学系，エルゴード理論，数理物理学への基本的な貢献に対して
2015年 　　　ジョン・F.ナッシュ，Jr.(John F.Nash Jr. プリンストン大学)，ルイス・ニーレンバーグ(Louis Nirenberg ニューヨーク大学，クーラント数学研究所)―非線形偏微分方程式論とその幾何解析への応用への顕著にして独創的な貢献に対して

2 ウルフ賞 Wolf Prize

　イスラエルの外交官リカード＝ウルフ(Ricardo Wolf)によって1975年に設立されたウルフ財団が，1978年に創設した賞。国籍，人種，宗教，性，政治的主張に関係なく，人類にとって優れた業績を残した現存する科学者や芸術家を毎年表彰する。農業・化学・数学・医学・物理学・芸術の6部門があり，芸術部門は，建築・音楽・絵画・彫刻の分野から順番に授与。受賞者が後にノーベル賞を受賞することが多く，ノーベル賞の前哨戦とも呼ばれる。
　＊日本人では，1984/85年小平邦彦(数学部門)，86年早石修(医学部門)，87年伊藤清(数学部門)，88年槇文彦(芸術部門)，94/95年西塚泰美(医学部門)，南部陽一郎(物理学部門)，2000年小柴昌俊(物理学部門)，01年野依良治(化学部門)，02/03年佐藤幹夫(数学部門)，11年山中伸弥(医学部門)が受賞
【主催者】ウルフ財団(The Wolf Foundation)
【選考委員】各部門ごとに，高名な専門家で構成される国際賞委員会が設置される
【選考方法】委員会が決定
【締切・発表】授賞式はエルサレムの国会議事堂で行われる
【賞・賞金】賞状と賞金10万ドル。同一部門で複数の受賞者がいる場合，賞金は均等に分割授与される
【連絡先】P.O.Box 398, Herzlia Bet 46103, Israel【TEL】972-9-955 7120【FAX】972-9-954 1253
【E-mail】info@wolffund.org.il
【URL】http://www.wolffund.org.il/

1978年
　◇農業部門　　ジョージ・F.スプラーグ(George F.Sprague アメリカ)―人類の福祉に貢献する，トウモロコシの品種改良に関する優れた研究に対して
　　　　　　　　ジョン・C.ウォーカー(John C.Walker アメリカ)―植物病理学の研究，および主要な食用植物について病害に強い品種を開発した功績に対して
　◇化学部門　　カール・ジェラッシ(Carl Djerassi アメリカ)―生物有機化学の研究，新しい分光技術の応用，および国際協力への貢献に対して
　◇数学部門　　カール・L.ジーゲル(Carl L.Siegel ドイツ)―整数論，多変数複素関数論および天体力学への貢献に対して
　　　　　　　　イズライル・M.ゲルファント(Izrail M.Gelfand ソビエト連邦)―関数解析および群の表現の研究，ならびに数学の多くの領域における独創性に富んだ貢献とその応用に対して
　◇医学部門　　ジョージ・D.スネル(George D.Snell アメリカ)―主要な移植抗原および免疫反応の発生に関与する遺伝子領域であるH-2抗原遺伝子の発見に対して
　　　　　　　　ジャン・ドーセ(Jean Dausset フランス)―ヒトの主要組織適合性遺伝子複合体であるHLA系，および臓器移植におけるその根源的役割の発見に対して

		ジョン・J.ヴァン・ルード（Jon J.van Rood オランダ）―ヒトのHLA系の複雑性，ならびに移植および疾患におけるその影響の理解への貢献に対して
	◇物理学部門	チエン=シウン・ウー（Chien-Shiung Wu アメリカ）―弱い相互作用について継続的かつ優れた探求を行い，この新しい自然力の正確な像およびパリティ非保存の確立に貢献した功績に対して
1979年		
	◇農業部門	ジェイ・L.ラッシュ（Jay L.Lush アメリカ）―家畜の改良に対する遺伝学の応用における先駆的で優れた貢献に対して
		ケネス・ブラクスター（Kenneth Blaxter イギリス）―反すう動物栄養および畜産の科学技術および実践への基本的な貢献に対して
	◇化学部門	H.F.マルク（Herman F.Mark アメリカ）―天然ポリマーおよび合成ポリマーの構造および性質の理解への貢献に対して
	◇数学部門	アンドレ・ヴェイユ（Andre Weil アメリカ）―整数論に代数幾何学を導入した優れた功績に対して
		ジャン・ルレー（Jean Leray フランス）―位相的手法を開発し，微分方程式の研究に応用した先駆的な研究に対して
	◇医学部門	アーヴィド・カールソン（Arvid Carlsson スウェーデン）―神経伝達物質としてのドパミンの役割を確立した研究に対して
		オレー・ホルニキーヴィクツ（Oleh Hornykiewicz オーストリア）―Lドパによるパーキンソン病のコントロールにおいて新たな手法を開拓した功績に対して
		ロジャー・W.スペリー（Roger W.Sperry アメリカ）―左右脳半球の機能分化の研究に対して
	◇物理学部門	ジョージ・E.ウーレンベック（George E.Uhlenbeck アメリカ）―Samuel A. Goudsmit（故人）と共同で電子スピンを発見した功績に対して
		ジュゼッペ・オッキアリーニ（Giuseppe Occhialini イタリア）―電子対生成および荷電パイオンの発見への貢献に対して
1980年		
	◇農業部門	Karl Maramorosch（アメリカ）―植物における昆虫と病原体の相互作用に関する先駆的で幅広い研究に対して
	◇化学部門	ヘンリー・アイリング（Henry Eyring アメリカ）―絶対速度論の開発，ならびにその化学的および物理的過程への想像力に富む応用に対して
	◇数学部門	アンドレイ・N.コルモゴロフ（Andrei N.Kolmogorov ソビエト連邦）―フーリエ解析，確率論，エルゴード理論および力学系における洞察力の深い独創的な発見に対して
		アンリ・カルタン（Henri Cartan フランス）―代数的位相幾何学，複素変数，ホモロジー代数における先駆的な研究，および同時代の数学者のあいだでの優れたリーダーシップに対して
	◇医学部門	セザール・ミルスタイン（Cesar Milstein イギリス），ジェームス・L.ゴワンス（James L.Gowans イギリス），レオ・サックス（Leo Sachs イスラエル）―リンパ球の免疫学的役割に関する研究を通した体細胞の機能・機能異常に関する知見獲得，特異的抗体の開発，および正常細胞・がん細胞の制御・分化機構解明への貢献に対して
	◇物理学部門	ケネス・G.ウィルソン（Kenneth G.Wilson アメリカ），レオ・P.カダノフ（Leo P.Kadanoff アメリカ），マイケル・E.フィッシャー（Michael E.Fisher アメリカ）―物質が異なる熱力学的相に転移する際の臨界挙動に関する一般理論に到る草分け的な研究に対して
1981年		
	◇農業部門	グレン・W.ソールズベリー（Glenn W.Salisbury アメリカ）―人工授精に関する基礎および応用研究における優れた功績に対して
		ヘンリー・A.ラディ（Henry A.Lardy アメリカ）―人工授精の普及を可能にする精子の保管および保存に関する先駆的な研究に対して

	ジョン・O.アルムクヴィスト（John O.Almquist アメリカ）―家畜の改良への人工授精の応用に対する多大な貢献に対して
◇化学部門	ジョゼフ・チャット（Joseph Chatt イギリス）―合成遷移金属化学，特に遷移金属水素化物および二窒素錯体に関する先駆的で基本的な貢献に対して
◇数学部門	ラース・V.アールフォルス（Lars V.Ahlfors アメリカ）―幾何学的関数論における強力な新手法の独創性に富んだ発見および構築に対して
	オスカー・ザリスキ（Oscar Zariski アメリカ）―可換環論との融合による代数幾何学への近代的アプローチの構築に対して
◇医学部門	バーバラ・マクリントック（Barbara McClintock アメリカ）―染色体の構造，挙動および機能の理解への想像力に富む重要な貢献に対して
	スタンレー・N.コーエン（Stanley N.Cohen アメリカ）―組換えDNA技術を用い，生物学的に機能するハイブリッドプラスミドを作製し，大腸菌に移植された外来遺伝子を発現させた業績に対して
◇物理学部門	フリーマン・J.ダイソン（Freeman J.Dyson アメリカ），ヘラルド・トホーフト（Gerard 'T Hooft オランダ），ビクトール・F.ワイスコップ（Victor F.Weisskopf アメリカ）―理論物理学，特に場の量子論の発展および応用における優れた貢献に対して
◇芸術部門（絵画）	マルク・シャガール（Marc Chagall ロシア，フランス）
	アントニ・タピエス（Antoni Tàpies スペイン）

1982年

◇農業部門	ウェンデル・L.ローロフス（Wendell L.Roelofs アメリカ）―フェロモン，およびその昆虫防除における活用に関する化学的および生物学的基礎研究に対して
◇化学部門	ジョージ・C.ピメンテル（George C.Pimentel アメリカ）―マトリックス分離分光法の開発，ならびに光解離レーザーおよび化学レーザーの発見に対して
	ジョン・C.ポラーニ（John C.Polanyi カナダ）―赤外化学ルミネセンス技術の開発による，かつてなく詳細な化学反応の研究，および化学レーザーの原理の構想に対して
◇数学部門	H.ホイットニー（Hassler Whitney アメリカ）―代数的位相幾何学，微分幾何学および微分位相幾何学における基礎的研究に対して
	マーク・G.クレイン（Mark G.Krein ソビエト連邦）―関数解析への基本的貢献およびその応用に対して
◇医学部門	ジャン・ピエール・シャンジュー（Jean-Pierre Changeux フランス）―アセチルコリン受容体の分離，精製および特性解明に対して
	ジェームズ・W.ブラック（James W.Black イギリス）―βアドレナリン受容体およびヒスタミン受容体を遮断する薬剤の開発に対して
	ソロモン・H.スナイダー（Solomon H.Snyder アメリカ）―神経伝達物質受容体の特性を記述する手段となる標識方法の開発に対して
◇物理学部門	レオン・M.レーダーマン（Leon M.Lederman アメリカ），マーティン・L.パール（Martin L.Perl アメリカ）―第3世代クォークおよび第3世代レプトンの確立をもたらした予想外の新粒子の実験的発見に対して
◇芸術部門（音楽）	ヨセフ・タール（Josef Tal イスラエル）―音楽の構造およびテクスチャーへの新しいアプローチ，ならびにその作品における絶えない劇的緊張に対して
	オリヴィエ・メシアン（Olivier Messiaen フランス）―インスピレーションを受け，かつ与える音の世界の拡張に対して
	ウラジーミル・ホロビッツ（Vladimir Horowitz アメリカ）―音楽解釈の技術，特にピアノ演奏技術の音楽化への優れた貢献に対して

1983/1984年

◇農業部門	コルネリス・T.デ・ウィット（Cornelis T.De Wit オランダ），ドン・カーカム（Don Kirkham アメリカ）―作物の成長および生産量に影響を与える，土壌水および他の環境相互作用の定量的理解への革新的貢献に対して
◇化学部門	ハーデン・M.マッコンネル（Harden M.McConnell アメリカ）―電子常磁性共

		鳴分光法を用いた分子の電子構造の研究，ならびにスピン標識技術の導入および生物学的応用に対して
		ハーバート・S.ガトースキー（Herbert S.Gutowsky アメリカ）―化学における核磁気共鳴分光法の開発および応用における先駆的な研究に対して
		ジョン・S.ウォー（John S.Waugh アメリカ）―固体を対象とした高分解能核磁気共鳴分光法における基本となる理論的および実験的な貢献に対して
	◇数学部門	ポール・エルデス（Paul Erdos ハンガリー）―整数論，組合せ論，確率論，集合論および数理解析への多数の貢献，ならびに個人的に世界中の数学者に刺激を与えた功績に対して
		S.S.チャーン（Shiing S.Chern アメリカ）―数学全体に深く影響を与えた，大域的微分幾何学への優れた貢献に対して
	◇医学部門	該当者なし
	◇物理学部門	アーウィン・L.ハーン（Erwin L.Hahn アメリカ）―核スピンエコーの発見および自己誘導透過現象に対して
		ペーター・B.ヒルシュ（Peter B.Hirsh イギリス）―結晶性物質の構造を研究するための汎用機器として，透過型電子顕微鏡の利用を進展させた功績に対して
		シオドア・H.メイマン（Theodore H.Maiman アメリカ）―最初の実用的レーザー（3準位パルスルビーレーザー）を実現した功績に対して
	◇芸術部門（建築）	ラルフ・アースキン（Ralph Erskine スウェーデン）―創造的な精神に基づき，極めて独創的な形式言語で人間の問題を解決する，現代建築への基本的な貢献に対して
1984/1985年		
	◇農業部門	ロバート・H.ビュリス（Robert H.Burris アメリカ）―生物窒素固定のメカニズムに関する先駆的な基礎研究，および作物生産におけるその応用に対して
	◇化学部門	ルドルフ・A.マーカス（Rudolph A.Marcus アメリカ）―化学反応速度論，特に単分子反応および電子移動反応の理論への貢献に対して
	◇数学部門	ハンス・レヴィ（Hans Lewy アメリカ）―偏微分方程式において，現在では古典的で基本となっている多くの発展をもたらした功績に対して
		小平邦彦（Kunihiko Kodaira 日本）―複素多様体および代数多様体の研究への優れた貢献に対して
	◇医学部門	ドナルド・F.スタイナー（Donald F.Steiner アメリカ）―基礎生物学および臨床医学に重大な影響を与えた，インスリンの生合成およびプロセシングに関する発見に対して
	◇物理学部門	コンヤーズ・ヘーリング（Conyers Herring アメリカ），フィリップ・ノジエール（Philippe Nozieres フランス）―固体，特に金属における電子の挙動の基礎理論への重要な貢献に対して
	◇芸術部門（彫刻）	エドゥアルド・チリーダ（Eduardo Chillida スペイン）―豊かな想像力による，彫刻作品における形態の美の率直な表現，および伝統と革新を兼ね備えた現代的な表現に対して
1986年		
	◇農業部門	アーネスト・R.シアズ（Ernest R.Sears アメリカ），ラルフ・ライリー（Ralph Riley イギリス）―穀物の品種改良の基礎となる，小麦の細胞遺伝学における基礎研究に対して
	◇化学部門	アルベルト・エッシェンモーザー（Albert Eschenmoser スイス）―天然物，特にビタミンB12の合成，立体化学，および形成の反応機構に関する優れた研究に対して
		エリアス・J.コーリー（Elias J.Corey アメリカ）―多くの非常に複雑な天然物の合成に関する優れた研究，およびそのような合成についての新たな思考方法を示した功績に対して
	◇数学部門	アトル・セルバーグ（Atle Selberg アメリカ）―整数論，ならびに離散群論および保型形式に関する重大で独創的な研究に対して

	サミュエル・アイレンバーグ（Samuel Eilenberg アメリカ）―代数的位相幾何学およびホモロジー代数における基礎的研究に対して
◇医学部門	早石修（Osamu Hayaishi 日本）―オキシゲナーゼの発見，ならびにその構造および生物学的重要性の解明に対して
◇物理学部門	アルベール・J.リブシャベール（Albert J.Libchaber アメリカ）―力学系における乱流およびカオスへの遷移の優れた実験的実証に対して
	ミッチェル・J.ファイゲンバウム（Mitchell J.Feigenbaum アメリカ）―カオスの体系的研究を可能にした，非線形システムの普遍的性質を実証する先駆的な理論的研究に対して
◇芸術部門（絵画）	ジャスパー・ジョーンズ（Jasper Johns アメリカ）―ポップアートの誕生以来，世界で最も影響力のある第一人者として

1987年

◇農業部門	セオドール・O.ディーナー（Theodor O.Diener アメリカ）―ウイルスより小さい最小の病原体であるウイロイドの発見，その先駆的な基礎研究，および作物におけるウイロイド検出に関する応用研究に対して
◇化学部門	デービッド・M.ブロウ（David M.Blow イギリス），デヴィッド・C.フィリップス（David C.Phillips イギリス）―蛋白質X線結晶構造解析，ならびに酵素の構造およびその作用機構の解明への貢献に対して
◇数学部門	伊藤清（Kiyoshi Ito 日本）―純粋および応用確率論，特に確率微積分の創出への基本的な貢献に対して
	ピーター・D.ラックス（Peter D.Lax アメリカ）―解析および応用数学の多くの領域への優れた貢献に対して
◇医学部門	メイア・ウィルチェック（Meir Wilchek イスラエル），ペドロ・クアトレカサス（Pedro Cuatrecasas アメリカ）―アフィニティークロマトグラフィーの考案および開発，ならびにその生物医学科学への応用に対して
◇物理学部門	ハーバート・フリードマン（Herbert Friedman アメリカ）―太陽X線の先駆的な研究に対して
	ブルーノ・B.ロッシ（Bruno B.Rossi アメリカ），リカルド・ジャコーニ（Riccardo Giacconi アメリカ）―太陽系外のX線源の発見およびその物理過程の解明に対して
◇芸術部門（音楽）	アイザック・スターン（Isaac Stern アメリカ）―演奏だけにとどまらない，芸術家および教育者としての社会への絶えない人間的貢献に対して
	クシシュトフ・ペンデレツキ（Krzysztof Penderecki ポーランド）―作曲の分野における業績および革新に対して

1988年

◇農業部門	シャルル・ティボー（Charles Thibault フランス），E.J.クリストファー・ポルジ（Ernest John Christopher Polge イギリス）―家畜の改良のための細胞保存，受精過程，卵の生態，および胚操作等の生殖生理学における先駆的な研究に対して
◇化学部門	ジョシュア・ジョートナー（Joshua Jortner イスラエル），ラファエル・D.レヴァイン（Raphael D.Levine イスラエル）―分子系におけるエネルギーの獲得および分配，ならびに動力学的選択性および特異性のメカニズムを解明する洞察力に富む理論的研究に対して
◇数学部門	フリードリヒ・ヒルツェブルフ（Friedrich Hirzebruch ドイツ）―位相幾何学，代数幾何学，微分幾何学および代数的整数論を結びつけた優れた研究，ならびに数学において協力および研究を刺激した功績に対して
	ラース・ヘルマンダー（Lars Hormander スウェーデン）―現代解析学，特に擬似微分およびフーリエ積分作用素の線形偏微分方程式への応用における基礎的研究に対して
◇医学部門	エリザベス・F.ニューフェルド（Elizabeth F.Neufeld アメリカ），ヘンリ・ゲリー・ハーズ（Henri-Gery Hers ベルギー）―リソソーム蓄積症の生化学的な解明，およびその結果もたらした生物学，病理学，出生前診断および治療への貢献に対して

◇物理学部門	ロジャー・ペンローズ (Roger Penrose イギリス), スティーブン・W.ホーキング (Stephen W.Hawking イギリス) ——一般相対性理論を発展させた功績に対して。宇宙論的特異点の必要性を示し, ブラックホールの物理的性質を解明し, 宇宙の起源および考えうる終末に関する理解を大きく深めた
◇芸術部門(建築)	槇文彦 (Fumihikio Maki 日本), ジャンカルロ・デ・カルロ (Giancarlo De Carlo イタリア) ——過去と断絶せず未来を志向する建築の精神を表現し, 人間および社会的側面を犠牲にせず意義ある形態と環境を実現, 地域の特性を無視せず普遍的問題に対応した業績に対して

1989年
◇農業部門	マイケル・エリオット (Michael Elliott イギリス), ピーター・ビッグス (Peter Biggs イギリス) ——基礎科学への顕著な貢献, ならびにその動物衛生および作物保護分野への応用の成功に対して
◇化学部門	アラン・R.バタスビー (Alan R.Battersby イギリス), ドゥイリーオ・アリゴーニ (Duilio Arigoni スイス) ——酵素反応, および天然物, 特に生物色素の生合成のメカニズム解明への基本的な貢献に対して
◇数学部門	A.P.カルデロン (Alberto P.Calderon アメリカ) ——特異積分作用素に関する革新的な研究, およびその偏微分方程式における重要な問題への応用に対して
	ジョン・ミルナー (John W.Milnor アメリカ) ——幾何学において巧妙で極めて独創的な発見をし, 位相幾何学において代数, 組合せ, 可微分の観点から重要な新展望を開拓した功績に対して
◇医学部門	エドワード・B.ルイス (Edward B.Lewis アメリカ) ——ホメオティック遺伝子による体節の発生の遺伝的制御を実証および探求した功績に対して
	ジョン・B.ガードン (John B.Gurdon イギリス) ——アフリカツメガエル卵母細胞の分子生物学への導入, ならびに分化細胞と卵の核は発現に差があるが同一の遺伝情報を有することを実証した功績に対して
◇物理学部門	該当者なし
◇芸術部門(彫刻)	クレス・T.オルデンバーグ (Claes T.Oldenburg アメリカ) ——約30年の間, 歴史的および神話的隠喩を込めた簡素な物体の作製に打ち込んだ功績に対して。題材は簡潔であるにもかかわらず, 変容を表現し, 見る者に人生の過程を思わせる

1990年
◇農業部門	ジョゼフ・S.シェル (Jozef S.Schell ドイツ) ——植物の遺伝子形質転換における先駆的な研究, ならびにこれにより基礎的な植物科学および植物育種における新たな展望を切り開いた功績に対して
◇化学部門	該当者なし
◇数学部門	E.ド・ギオルギ (Ennio De Giorgi イタリア) ——偏微分方程式および変分法における革新的な着想および基本的な業績に対して
	イリヤ・ピャテツキー・シャピロ (Ilya Piatetski-Shapiro イスラエル) ——複素等質空間, 離散群論, 表現論および保型形式の分野における基本的な貢献に対して
◇医学部門	マクリン・マッカーティ (Maclyn McCarty アメリカ) ——細菌の形質転換がデオキシリボ核酸 (DNA) により生じることの実証, および遺伝物質がDNAで構成されていることの同時的発見において果たした役割に対して
◇物理学部門	デイヴィッド・J.サウレス (David J.Thouless アメリカ), ピエール・ジル・ド・ジャンヌ (Pierre-Gilles de Gennes フランス) ——複雑凝縮系の機構の理解への様々な先駆的貢献, de Gennesは特に高分子物質および液晶の研究, Thoulessは無秩序系および低次元系の研究に対して
◇芸術部門(絵画)	アンゼルム・キーファー (Anselm Kiefer ドイツ) ——壮大で物質性により人を引きつける絵画に対して。現在の生活を歴史や神話と結びつけることで連続性を創出した

1991年
◇農業部門	シャン・ファ・ヤン (Shang-Fa Yang アメリカ) ——植物ホルモンであるエチレンの生合成のメカニズム, 作用機構, および応用の理解への優れた貢献に対

◇化学部門	アレクサンダー・パイン（Alexander Pines アメリカ），リヒャルト・R.エルンスト（Richard R.Ernst スイス）—NMR分光法への革命的な貢献，特にErnstによるフーリエ変換NMRおよび2次元NMR，Pinesによる多量子NMRおよび高スピンNMRに対して
◇数学部門	該当者なし
◇医学部門	シーモア・ベンザー（Seymour Benzer アメリカ）—神経系の詳細な分析，および遺伝子変異の影響を受けた挙動に関する先駆的な研究により，分子神経遺伝学という分野を創出した功績に対して
◇物理学部門	モーリス・ゴールドハーバー（Maurice Goldhaber アメリカ），Valentine L. Telegdi（スイス）—原子核物理学および素粒子物理学，特にレプトンにおける弱い相互作用に関する独創性に富んだそれぞれの貢献に対して
◇芸術部門（音楽）	ルチアーノ・ベリオ（Luciano Berio イタリア）—我々の世代の最も偉大な作曲家の1人。解釈者，指揮者，指導者，著述者としても評価が高い。その新しい着想は，人間の価値が低下する時代に，国，文化，世代を相互に近づける
	ユーディ・メニューイン（Yehudi Menuhin イギリス）—20世紀の最も偉大なバイオリニストの1人。記憶にとどまる解釈および人道的活動は，世界中で音楽教育，諸民族の啓蒙，文化水準の上昇を通じ世界各国の融和に大いに貢献した

1992年

◇農業部門	該当者なし
◇化学部門	ジョン・A.ポープル（John A.Pople アメリカ）—理論化学，特に効果的で幅広く使用されている現代的な量子化学法の開発への優れた貢献に対して
◇数学部門	ジョン・G.トンプソン（John G.Thompson イギリス）—有限群論のあらゆる側面および数学の他の分野との関連付けへの重大な貢献に対して
	レオナルト・カルレソン（Lennart A.E.Carleson アメリカ）—フーリエ解析，複素解析，擬等角写像および力学系に対する基本的な貢献に対して
◇医学部門	M.ジューダ・フォークマン（M.Judah Folkman アメリカ）—血管新生研究の概念を創出し，同分野を発展させた種々の発見に対して
◇物理学部門	ジョセフ・H.テイラー，Jr.（Joseph H.Taylor, Jr. アメリカ）—軌道を周回する電波パルサーの発見，およびこれを利用し一般相対性理論を高精度に実証した功績に対して
◇芸術部門（建築）	フランク・O.ゲーリー（Frank O.Gehry アメリカ）—芸術および彫刻としての建築を創出し，ドグマ，公理，秩序を破壊する，解放のための戦いを具象化した業績に対して
	ヨルン・ウッツォン（Jorn Utzon デンマーク）—その建築において，人類文化の深い理解に根ざし，儀式や集会という行為を記憶にとどまる存在感という形態で具現化した業績に対して
	デニス・ラスダン（Denys Lasdun イギリス）—社会芸術としての建築により，型をはるかに超越した建築の基本的手法を通して，人々の間の関係を促進した業績に対して

1993年

◇農業部門	ジョン・E.カシダ（John E.Casida アメリカ）—殺虫剤の作用機序およびより安全な農薬の考案に関する先駆的な研究，および昆虫の神経および筋肉の機能の理解への貢献に対して
◇化学部門	アーメド・H.ズベイル（Ahmed H.Zewail アメリカ）—化学反応の進行のフェムト秒単位での測定に超高速レーザーを用い，これにより分子における結合の切断の直接的観察をはじめて可能にした業績に対して
◇数学部門	ジャック・ティッツ（Jacques Tits フランス）—代数群および他の群の構造論への先駆的かつ基本的な貢献，および特に建物の理論に対して
	ミハイル・グロモフ（Mikhael Gromov フランス）—大域リーマンおよびシンプレクティック幾何学，代数的位相幾何学，幾何的群論および偏微分方程式

総合・自然科学　　　　　　　　　　　　11　　　　　　　　　　　　2 ウルフ賞

　　　　　　　　　　　論への革命的な貢献に対して
　◇医学部門　　　　受賞者なし
　◇物理学部門　　　ブノワ・B.マンデルブロー（Benoit B.Mandelbrot アメリカ）―フラクタルの広範な存在の同定，およびそれらを記述する数学的手段の開発により我々の自然観を変えた業績に対して
　◇芸術部門（彫刻）ブルース・ノーマン（Bruce Nauman アメリカ）―彫刻家としての顕著な業績，および20世紀の芸術へのたぐいまれな貢献に対して
1994/1995年
　◇農業部門　　　　Carl B.Huffaker（アメリカ），ペリー・L.アドキッソン（Perry L.Adkisson アメリカ）―農作物保護のための，環境に有益な総合害虫管理システムの開発および実践への貢献に対して
　◇化学部門　　　　ピーター・G.シュルツ（Peter G.Schultz アメリカ），リチャード・A.ラーナー（Richard A.Lerner アメリカ）―抗体を酵素に転換し，これにより不可能と思われた化学反応の触媒作用を古典的な化学法により実現した功績に対して
　◇数学部門　　　　ユルゲン・K.モーザー（Jurgen K.Moser スイス）―ハミルトン力学における安定性に関する基礎的研究，および非線形微分方程式への影響の大きい重大な貢献に対して
　◇医学部門　　　　マイケル・ベリッジ（Michael J.Berridge イギリス），西塚泰美（Yasutomi Nishizuka 日本）―リン脂質およびカルシウムが関与する細胞膜貫通シグナル伝達に関する発見に対して
　◇物理学部門　　　ヴィタリー・L.ギンズブルグ（Vitaly L.Ginzburg ロシア）―超電導の理論，および天体物理学における高エネルギー過程の理論への貢献に対して
　　　　　　　　　　南部陽一郎（Yoichiro Nambu アメリカ）―超電導理論と同様に自発的対称性の破れが果たす役割を同定したことを含む，素粒子論への貢献，および強い相互作用のカラー対称性の発見に対して
　◇芸術部門（絵画）ゲルハルト・リヒター（Gerhard Richter ドイツ）―過去30年の現代美術に影響を与えた優れた芸術活動に対して
1995/1996年
　◇農業部門　　　　フランク・J.スティーヴンソン（Frank J.Stevenson アメリカ），モリス・シュニッツァー（Morris Schnitzer カナダ）―土壌有機物の化学的性質の理解への先駆的貢献，およびその農業への応用に対して
　◇化学部門　　　　ギルバート・ストーク（Gilbert Stork アメリカ），サミュエル・J.ダニシェフスキー（Samuel J.Danishefsky アメリカ）―複雑な分子，特に多糖類および他の多くの生物学的および医学的に重要な化合物の合成への新たな道を切り開いた，新規の化学反応の考案および開発に対して
　◇数学部門　　　　アンドリュー・J.ワイルズ（Andrew J.Wiles アメリカ）―整数論および関連分野ならびに基本的問題に関する大きな進展への目覚ましい貢献，ならびにフェルマーの最終定理の証明に対して
　　　　　　　　　　R.P.ラングランズ（Robert P.Langlands アメリカ）―整数論，保型形式および群の表現の分野における先駆的な研究およびたぐいまれな洞察に対して
　◇医学部門　　　　スタンリー・B.プルジナー（Stanley B.Prusiner アメリカ）―蛋白質の構造変化の誘導により重大な神経変性疾患を引き起こす新種の病原体であるプリオンの発見に対して
　◇物理学部門　　　該当者なし
　◇芸術部門（音楽）ジェルジ・リゲティ（Gyorgy Ligeti ドイツ）―20世紀後半の最も優れた作曲家の1人。音楽の伝統を基礎にしながら，独創的かつ革新的な新手法をもたらし，若い世代の作曲家らを刺激するモデルを創出した
　　　　　　　　　　ズビン・メータ（Zubin Mehta イスラエル）―現代における世界で最も優れた指揮者の1人。音楽という世界の共通言語を通して人々を結びつける人道的貢献および若い芸術家への激励を続けた功績は忘れ得ない
1996/1997年
　◇農業部門　　　　ニール・L.ファースト（Neal L. First アメリカ）―家畜の生殖生物学における

　　　　　　　　　　　　　先駆的な研究に対して
◇化学部門　　　　　該当者なし
◇数学部門　　　　　J.B.ケラー（Joseph B.Keller アメリカ）―特に電磁波伝搬，光波伝搬，音波伝搬，および流体力学，固体力学，量子力学，統計力学への重大かつ革新的な貢献に対して
　　　　　　　　　　ヤコフ・G.シナイ（Yakov G.Sinai ロシア）―統計力学および力学系のエルゴード理論における数学的に厳密な手法，および物理学におけるその応用への基本的な貢献に対して
◇医学部門　　　　　マリー・フランシス・リオン（Mary Frances Lyon イギリス）―哺乳類におけるX染色体のランダムな不活化に関する仮説に対して
◇物理学部門　　　　ジョン・A.ホイーラー（John A.Wheeler アメリカ）―ブラックホール物理学，量子重力，ならびに核散乱および核分裂の理論への独創性に富んだ貢献に対して
◇芸術部門（建築）　アルド・ファン・アイク（Aldo Van Eyck オランダ），フライ・オットー（Frei Otto ドイツ）―20世紀の発展の中で，社会的および技術的な芸術形式としての現代建築の発展において構造上の基本的な貢献を果たした功績に対して

1998年
◇農業部門　　　　　バルドゥール・R.ステファンソン（Baldur R.Stefansson カナダ），イラン・チェット（Ilan Chet イスラエル）―育種および生物的防除における革新的な手法を通して，環境を破壊しない世界の農業の発展に貢献した功績に対して
◇化学部門　　　　　ガボール・A.ソモルジャイ（Gabor A.Somorjai アメリカ），ゲルハルト・エルトゥル（Gerhard Ertl ドイツ）―表面科学一般への優れた貢献，および特に単結晶表面における不均一系触媒反応の基本的なメカニズムの解明に対して
◇数学部門　　　　　該当者なし
◇医学部門　　　　　マイケル・セラ（Michael Sela イスラエル），ルース・アーノン（Ruth Arnon イスラエル）―免疫学の分野における重大な発見に対して
◇物理学部門　　　　マイケル・V.ベリー（Michael V.Berry イギリス），ヤキール・アハラノフ（Yakir Aharonov アメリカ）―量子トポロジカル相および幾何学的位相，特にアハラノフ・ボーム効果，ベリー位相の発見，および物理学の多くの分野へのその取込みに対して
◇芸術部門（彫刻）　ジェームズ・タレル（James Turrell アメリカ）―無限のように見える空間における，形態と光の霊的な統合を用いた，極めて個性的な像の創出に対して

1999年
◇農業部門　　　　　該当者なし
◇化学部門　　　　　レイモンド・U.レミュー（Raymond U.Lemieux カナダ）―オリゴ糖の研究および合成に関する基本的かつ独創性に富んだ貢献，ならびに生物系の分子認識におけるその役割の解明に対して
◇数学部門　　　　　E.M.スタイン（Elias M.Stein アメリカ）―古典的フーリエ解析およびユークリッド・フーリエ解析への貢献，ならびに説得力のある教育および著述による新世代の解析学者へのたぐいまれな影響に対して
　　　　　　　　　　ラースロー・ロヴァース（Laszlo Lovasz ハンガリー）―組合せ論，理論計算機科学および組合せ最適化への優れた貢献に対して
◇医学部門　　　　　エリック・R.カンデル（Eric R.Kandel アメリカ）―短期記憶が長期記憶に変換される，有機体，細胞および分子的メカニズムの解明に対して
◇物理学部門　　　　ダニエル・シェヒトマン（Dan Shechtman イスラエル）―長距離秩序を有する非周期的固体である準結晶の実験的発見に対して。これにより物質の新しい基本状態の探求が刺激された
◇芸術部門　　　　　該当者なし

2000年
◇農業部門　　　　　グルデブ・S.クッシュ（Gurdev S.Khush フィリピン）―植物，特に米の遺伝学，進化および育種に関する，食料生産および飢饉抑制の観点からの理論的研究へのたぐいまれな貢献に対して

◇化学部門		F.アルバート・コットン（F.Albert Cotton アメリカ）―単結合または多重結合により直接結合している金属原子のペアまたはクラスターに基づく遷移金属化学において全く新しい局面を切り開いた功績に対して
◇数学部門		ジャン・ピエール・セール（Jean-Pierre Serre フランス）―位相幾何学，代数幾何学，代数学および整数論への多くの基本的な貢献，ならびに創造的な意欲を与える指導および著述に対して
		R.ボット（Raoul Bott アメリカ）―位相幾何学および微分幾何学における洞察力の深い発見，ならびにリー群，微分作用素および数理物理学へのその応用に対して
◇医学部門		該当者なし
◇物理学部門		小柴昌俊（Masatoshi Koshiba 日本），レイモンド・デービス，Jr.（Raymond Davis, Jr. アメリカ）―ニュートリノの検出による天文学的現象の先駆的な観測，およびニュートリノ天文学という新しい分野の創出に対して
◇芸術部門（音楽）		ピエール・ブーレーズ（Pierre Boulez フランス）―音楽の世界において最も創造性のある存命中の人物の1人
		リッカルド・ムーティ（Riccardo Muti イタリア）―現代の世界で最も優れた指揮者の1人

2001年

◇農業部門		ジェイムズ・E.ウォマック（James E.Womack アメリカ），ロジャー・N.ビーチー（Roger N.Beachy アメリカ）―植物科学（Beachy）および動物科学（Womack）に革命をもたらす組換えDNA技術を使用し，隣接する分野への応用の道を切り開いた功績に対して
◇化学部門		アンリ・B.カガン（Henri B.Kagan フランス），K.バリー・シャープレス（K. Barry Sharpless アメリカ），野依良治（Ryoji Noyori 日本）―先駆的で独創的かつ重大な研究によりキラル分子合成のための不斉触媒反応を開発し，基本的および実用的に重要な新規製品を創出する人類の能力を向上させた功績に対して
◇数学部門		サハロン・シェラハ（Saharon Shelah イスラエル）―数理論理学および集合論への多くの基本的な貢献，ならびに数学の他の分野におけるその応用に対して
		ウラディーミル・I.アーノルド（Vladimir I.Arnold フランス）―力学系，微分方程式および特異点理論を含む，数学の多数の分野における深く影響の大きい研究に対して
◇医学部門		アレクサンダー・バーシャフスキー（Alexander Varshavsky アメリカ），アブラム・ハーシュコ（Avram Hershko イスラエル）―細胞内蛋白質分解系のユビキチン系，および細胞制御におけるユビキチン系の重要な機能の発見に対して
◇物理学部門		該当者なし
◇芸術部門（建築）		アルヴァロ・シザ（Alvaro Siza ポルトガル）―景観および都市構造の絶えざる変化に対応する，氏の代表的な建築の極めて重要な意義に対して

2002/2003年

◇農業部門		R.マイケル・ロバーツ（R.Michael Roberts アメリカ），フラー・W.バザー（Fuller W.Bazer アメリカ）―インターフェロンτおよび他の妊娠関連蛋白の発見に対して。妊娠を維持する胚－母親間のシグナル伝達が解明され，動物生産システムおよびヒトの健康・福祉に大きく影響した
◇化学部門		該当者なし
◇数学部門		ジョン・T.テイト（John T.Tate アメリカ）―代数的整数論における基本的な概念の創出に対して
		佐藤幹夫（Mikio Sato 日本）―超函数および超局所函数の理論，ホロノミック量子場理論，ソリトン方程式の統一理論を含む，「代数解析」の創出に対して
◇医学部門		マリオ・R.カペッキ（Mario R.Capecchi アメリカ），オリバー・スミシーズ（Oliver Smithies アメリカ）―マウスにおける遺伝子の機能の解明を可能にする，遺伝子標的法の開発への貢献に対して

	ラルフ・L.ブリンスター（Ralph L.Brinster アメリカ）―遺伝子導入およびそのマウスにおける応用を可能にした，マウス卵細胞および胚の操作手法の開発に対して
◇物理学部門	アンソニー・J.レゲット（Anthony J.Leggett アメリカ），バートランド・I.ハルペリン（Bertrand I.Halperin アメリカ）―凝縮系物理学の広範囲における，鍵となる洞察に対して。特に，軽ヘリウム同位体の超流動，巨視的量子現象，2次元融解，無秩序系および強く相互作用する電子に関して
◇芸術部門（絵画・彫刻）	ルイーズ・ブルジョワ（Louise Bourgeois アメリカ）―60年間にわたり幅広い表現手段により，美および形態に関する革新，知的な複雑性および現代的意義を維持した全作品に対して

2004年
◇農業部門	ユアン・ロンピン（Yuan Longping 中国），スティーブン・D.タンクスレイ（Steven D.Tanksley アメリカ）―ハイブリッド米の革新的な開発，およびこの重要な主食における雑種強勢の遺伝的根拠の発見に対して
◇化学部門	ハリー・B.グレイ（Harry B.Gray アメリカ）―蛋白質の構造と蛋白質中の長距離電子移動の新たな原理を解明する，生物無機化学における先駆的な研究に対して
◇数学部門	該当者なし
◇医学部門	ロバート・A.ワインバーグ（Robert A.Weinberg アメリカ）―ヒト腫瘍細胞を含むがん細胞が，悪性増殖を促進する働きを有する体細胞変異遺伝子，すなわちがん遺伝子を有することを発見した功績に対して
	ロジャー・Y.チェン（Roger Y.Tsien アメリカ）―細胞シグナル伝達を解析し，またはこれを乱す影響を与えるための，新規の蛍光分子および光解離分子の考案および生物学的応用への独創性に富んだ貢献に対して
◇物理学部門	フランソワ・アングレール（Francois Englert ベルギー），ロベール・ブルー（Robert Brout ベルギー），ピーター・W.ヒッグス（Peter W.Higgs イギリス）―素粒子の世界において，局所ゲージ対称性が非対称的に実現されるときに生じる，質量生成に関する洞察につながった先駆的な研究に対して
◇芸術部門（音楽）	ダニエル・バレンボイム（Daniel Barenboim アメリカ）―チェリスト，指揮者，ピアニストおよび優れた人物として残した偉大な業績に対して
	ムスティスラフ・ロストロポーヴィチ（Mstislav Rostropovich フランス）―現代の偉大な音楽家の1人。音楽および人道への多大な献身に対して

2005年
◇農業部門	該当者なし
◇化学部門	リチャード・N.ザラ（Richard N.Zare アメリカ）―分子における複雑な機構の同定のためのレーザー技術の独創的な応用，およびその分析化学における利用に対して
◇数学部門	セルゲイ・P.ノヴィコフ（Sergei P.Novikov ロシア）―代数的位相幾何学，微分位相幾何学および数理物理学，特に代数幾何的手法の導入への基本的かつ先駆的な研究に対して
	グレゴリー・A.マルグリス（Gregory A.Margulis アメリカ）―代数学，特に半単純リー群における格子理論への重要な貢献，およびそのエルゴード理論，表現論，整数論，組合せ論および測度論への優れた応用に対して
◇医学部門	アンソニー・J.ポーソン（Anthony J.Pawson カナダ）―細胞内シグナル伝達経路における，蛋白質間相互作用の媒介に不可欠な蛋白質ドメインの発見，およびこの研究がもたらしたがんへの洞察に対して
	アレクサンダー・レヴィツキ（Alexander Levitzki イスラエル）―先駆的なシグナル伝達治療，ならびにがんおよび他の様々な疾患の有効な治療薬としてのチロシンキナーゼ阻害剤の開発に対して
	アンソニー・R.ハンター（Anthony R.Hunter アメリカ）―蛋白質においてチロシン残基をリン酸化するプロテインキナーゼの発見に対して。悪性化を含む幅広い細胞イベントの制御に重要である
◇物理学部門	ダニエル・クレップナー（Daniel Kleppner アメリカ）―水素メーザ，リュー

　　　　　　　　　　　ドベリ原子およびボース・アインシュタイン凝縮に関する研究を含む，水素様系の原子物理学における革新的な研究に対して
　◇芸術部門（建築）　ジャン・ヌーヴェル（Jean Nouvel フランス）―文脈主義の新たなモデルの創出，および現代建築に顕著な2つの特徴である具象性と無常性の間の弁証法の再定義に対して
2006/2007年
　◇農業部門　　　　ミシェル・A.J.ジョージズ（Michel A.J.Georges ベルギー），ロナルド・L.フィリップス（Ronald L.Phillips アメリカ）―作物および家畜の品種改良技術向上のための基盤となり，植物科学および動物科学における重要な進歩をもたらした，遺伝学およびゲノミクスにおける革新的な発見に対して
　◇化学部門　　　　アダ・ヨナット（Ada Yonath イスラエル），ジョージ・フェーヘル（George Feher アメリカ）―リボソームのペプチド結合形成機構，および光合成の光駆動過程に関する構造上の独創的な発見に対して
　◇数学部門　　　　ハリー・ファステンバーグ（Harry Furstenberg イスラエル）―エルゴード理論，確率論，位相的力学，対称空間の解析および均質流への重大な貢献に対して
　　　　　　　　　　スティーブン・スメール（Stephen Smale アメリカ）―微分位相幾何学，力学系，数理経済学および数学の他の分野の発展において基本的な役割を果たした革新的な貢献に対して
　◇医学部門　　　　該当者なし
　◇物理学部門　　　アルベール・フェール（Albert Fert フランス），ペーター・グリュンベルク（Peter Gruenberg ドイツ）―巨大磁気抵抗現象（GMR）を独自に発見し，これにより，情報の保存および移送に電子のスピンを利用した，スピントロニクスとして知られる，新しい研究および応用分野を創出した功績に対して
　◇芸術部門（絵画・彫刻）　ミケランジェロ・ピストレット（Michelangelo Pistoletto イタリア）―その絶えざる知性により，斬新な世界の見方をもたらす先進的な芸術の形態を創造する，芸術家，教育者および活動家としての常に独創的な業績に対して
2008年
　◇農業部門　　　　W.ジョー・ルイス（W.Joe Lewis アメリカ），ジェームス・H.タムリンソン（James H.Tumlinson アメリカ），ジョン・A.ピケット（John A.Pickett イギリス）―植物－昆虫間，植物－植物間の相互作用を制御する機構の優れた発見に対して。氏らの化学生態学への科学的貢献は，総合害虫管理の発展を促し農業の持続性を大いに進歩させた
　◇化学部門　　　　アラン・J.バード（Allen J.Bard アメリカ），ウィリアム・E.モーナー（William E.Moerner アメリカ）―科学の新たな分野である単一分子分光法，および電気化学の独創的な創出に対して。ナノスケールでの観測により分子および細胞ドメインから複合物質系にまで影響を与えた
　◇数学部門　　　　デービッド・B.マンフォード（David B.Mumford アメリカ）―代数曲面および幾何学的不変式論の研究，ならびに曲線のモジュライおよびテータ関数に関する現代代数学の基礎の構築に対して
　　　　　　　　　　P.A.グリフィス（Phillip A.Griffiths アメリカ）―ホッジ構造分類およびアーベル積分の周期理論の研究，ならびに複素微分幾何学への貢献に対して
　　　　　　　　　　ピエール・ドリーニュ（Pierre Deligne アメリカ）―混合ホッジ理論，ヴェイユ予想およびリーマン・ヒルベルト対応に関する研究，ならびに数論への貢献に対して
　◇医学部門　　　　アーロン・ラージン（Aharon Razin イスラエル），ハワード・シーダー（Howard Cedar イスラエル）―遺伝子発現の制御におけるDNAメチル化の役割に関する理解への基本的な貢献に対して
　◇物理学部門　　　該当者なし
　◇芸術部門（音楽）　クラウディオ・アバド（Claudio Abbado イタリア）―世界的な傑出した指揮者の1人。情熱，知性，愛により音楽を創作する偉大な人物。氏による偉大な音楽作品の解釈は驚くべき深さを有する
　　　　　　　　　　ギヤ・カンチェーリ（Giya Kancheli ベルギー）―世界的に優れた現代作曲家。

忘れがたい美しさに満ちた，その特有の音楽に対して

2010年
- ◇農業部門　デヴィッド・バウルクーム (David Baulcombe イギリス)―植物における低分子阻害性RNAによる遺伝子制御の先駆的な発見に対して。農業のみならず，医学分野を含む生物学全体にとって重大な意義がある
- ◇化学部門　該当者なし
- ◇数学部門　ダニエル・サリバン (Daniel Sullivan アメリカ)―代数的位相幾何学および共形力学への革新的な貢献に対して
  シン=トゥン・ヤオ (Shing-Tung Yau アメリカ)―幾何学および物理学の多くの領域に対し重大かつ劇的な影響を与えた，幾何解析の研究に対して
- ◇医学部門　アクセル・ウルリッヒ (Axel Ullrich ドイツ)―ヒトがん原遺伝子の発見および特性解析，ならびに新規のがん治療法開発への先駆的な貢献に対して
- ◇物理学部門　アラン・アスペ (Alain Aspect フランス)，アントン・ツァイリンガー (Anton Zeilinger オーストリア)，ジョン・F.クラウザー (John F.Clauser アメリカ)―量子物理学，特に洗練度を増すベルの不等式の一連の検証の基礎，および量子もつれの利用の拡張への基本的な概念的および実験的な貢献に対して
- ◇芸術部門（建築）　デイヴィッド・チッパーフィールド (David Chipperfield イギリス)―革新的な建築家かつ教育者に対して。また，重大な影響を有する理論的な著述およびたぐいまれな建築物により建築分野に進歩をもたらした功績に対して
  ピーター・アイゼンマン (Peter Eisenman アメリカ)―古典建築の現代的解釈を，単なる印象としてではなく根本的な本質として，大きく洗練させ質を向上させた，たぐいまれな建築家の功績に対して

2011年
- ◇農業部門　ハリス・A.ルーイン (Harris A.Lewin アメリカ)―畜産の基礎的および実践的な側面に貢献する，極めて重大な発見に対して
  ジェイムズ・R.クック (James R.Cook アメリカ)―農作物の生産性および病害管理に影響を与える，植物病理学および土壌微生物学における独創性に富んだ発見に対して
- ◇化学部門　チン・タン (Ching Tang 中国)，クリストフ・マチャゼウスキー (Krzysztof Matyjaszewski ポーランド)，スチュアート・A.ライス (Stuart A.Rice アメリカ)―有機物の合成，特性および理解の分野における化学への洞察力の深い創造性に富む貢献に対して
- ◇数学部門　該当者なし
- ◇医学部門　ルドルフ・イエーニッシュ (Rudolf Jaenisch ドイツ)，山中伸弥 (Shinya Yamanaka 日本)―皮膚細胞からの人工多能性幹細胞 (iPS細胞) の作製，およびiPS細胞が哺乳動物の遺伝性疾患の治療に利用しうることを実証し，その治療可能性を確立した功績に対して
- ◇物理学部門　ハラルト・ローゼ (Harald Rose ドイツ)，クヌート・ウルバン (Knut Urban ドイツ)，マクシミリアン・ハイダー (Maximilian Haider オーストリア)―収差補正電子顕微鏡の発明に対して。個々の原子をピコメーターの精度で観察することを可能にし，物質科学に革命をもたらした功績に対して
- ◇芸術部門（絵画）　ローズマリー・トロッケル (Rosemarie Trockel ドイツ)―遠回しかつ批判的に主流の事物を扱う強力なモデルとなる，多次元の芸術活動に対して

2012年
- ◇農業部門　該当者なし
- ◇化学部門　チャールズ・M.リーバー (Charles M.Lieber アメリカ)―ナノワイヤーの形状およびヘテロ構造を制御する新手法の開発，その物理的特性の解明，および応用の可能性の実証に対して
  A.ポール・アリヴィサトス (A.Paul Alivisatos アメリカ)―コロイド状無機ナノ結晶の開発に対して
- ◇数学部門　ルイス・カッファレッリ (Luis Caffarelli アルゼンチン)―偏微分方程式，特に楕円方程式および放物型方程式の規則性，自由境界問題および流体力学に

	関する，洞察力と独創性に富む優れた基本的研究に対して
	M.アッシュベッカー（Michael Aschbacher アメリカ）—有限単純群の分類の考案への主要な貢献に対して。氏の有限群論への影響はたぐいまれな広さ，深さおよび美しさを有する
◇医学部門	ロナルド・M.エヴァンス（Ronald M.Evans アメリカ）—核内受容体をコードする遺伝子スーパーファミリーの発見，およびこの種の受容体の働きのメカニズム解明に対して
◇物理学部門	ヤコブ・D.ベッケンシュタイン（Jacob D.Bekenstein メキシコ）—超大質量天体「ブラックホール」の研究に対して
◇芸術部門（音楽）	プラシド・ドミンゴ（Placido Domingo スペイン）—古今を通じて最も偉大なテノール歌手の1人
	サイモン・ラトル（Simon Rattle イギリス）—国際的に著名な指揮者。幅広い楽曲の上演において完璧主義者として有名。彼の指揮で演奏した音楽家や聴衆により高く評価されている。独特のレパートリーを高水準で上演する

2013年
◇農業部門	ジャレド・M.ダイアモンド（Jared M.Diamond アメリカ）—農業の起源である作物栽培化，その人間社会の発展・崩壊への影響，およびその環境の生態学への影響に関する先駆的な理論対して
	ジョアキム・メッシング（Joachim Messing アメリカ）—農業および作物の遺伝子コード解読に革命をもたらした，組換えDNAクローニングにおける革新に対して
◇化学部門	ロバート・S.ランガー（Robert S.Langer アメリカ）—制御された薬物放出システムおよび新たな生体材料をもたらす，高分子化学の発展における考案および実践に対して
◇数学部門	ジョージ・モストウ（George Mostow アメリカ）—幾何学およびリー群論への基本的かつ先駆的な貢献に対して
	ミカエル・アルティン（Michael Artin アメリカ）—可換および非可換代数幾何学への基本的な貢献に対して
◇医学部門	該当者なし
◇物理学部門	フアン・イグナチオ（Juan Ignacio ドイツ），ピーター・ツェラー（Peter Zoller オーストリア）—量子情報処理，量子光学および量子気体の物理学への革新的な理論的貢献に対して
◇芸術部門（建築）	エドゥアルド・ソウト・デ・モウラ（Eduardo Souto de Mouro ポルトガル）—建築物が哲学的および経験的にいかに自然界と関わりうるかを示す建築知識を発展させた功績，および設計者としてのたぐいまれな技能に対して

2014年
◇農業部門	ジョージ・ダブコフスキー（Jorge Dubcovsky アメリカ），リーフ・アンダーソン（Leif Andersson スウェーデン）—ゲノム研究の最新の技術を用いた，植物科学および動物科学への各氏の革新的な貢献に対して
◇化学部門	チーフェイ・ウォン（Chi-huey Wong 台湾）—複合糖質および糖蛋白質のプログラム可能かつ実用的な合成への多数の独創的な貢献に対して
◇数学部門	ピーター・サルナック（Peter Sarnak アメリカ）—解析学，整数論，幾何学および組合せ論への洞察力の深い貢献に対して
◇医学部門	ゲイリー・ラブカン（Gary Ruvkun アメリカ）—健康および疾患における遺伝子発現の中心的調節因子としてのマイクロRNAの発見に対して
	ネイハム・ソネンバーグ（Nahum Sonenberg カナダ）—蛋白質合成機構の鍵となる蛋白質調整因子の発見に対して
	ビクター・アンブロス（Victor Ambros アメリカ）—健康および疾患における遺伝子発現の中心的調節因子としてのマイクロRNAの発見に対して
◇物理学部門	該当者なし
◇芸術部門（絵画・彫刻）	オラファー・エリアソン（Olafur Eliasson デンマーク）—個人的および集団で共有する素晴らしい瞬間をもたらす，芸術と科学の融合に対して

2015年
　◇農業部門　　　　リンダ・J.サイフ（Linda J.Saif　アメリカ）―ウイルス学および免疫学の研究を通して動物およびヒトの健康を促進させた功績に対して
　◇化学部門　　　　該当者なし
　◇数学部門　　　　ジェームズ・G.アーサー（James G.Arthur　カナダ）―軌跡公式に関する優れた研究，および簡約群の保型表現の理論への基本的な貢献に対して
　◇医学部門　　　　ジェフリー・ラヴェッチ（Jeffrey Ravetch　アメリカ），ジョン・カプラー（John Kappler　アメリカ），フィリッパ・マラック（Philippa Marrack　イギリス）―免疫応答の分子的機序の理解を進展させた功績に対して
　◇物理学部門　　　ジェームス・D.ビョルケン（James D.Bjorken　アメリカ）―核子の点状構成の同定につながる，深部非弾性散乱のスケーリングの予言に対して
　　　　　　　　　　ロバート・P.カーシュナー（Robert P.Kirshner　アメリカ）―その観測と洞察力により，超新星宇宙論への道を築いた功績に対して
　◇芸術部門（音楽）ジェシー・ノーマン（Jessey Norman　アメリカ）―ソプラノ歌手。世界的に優れたパフォーマンス，教育活動および健康に係る活動への献身に対して
　　　　　　　　　　マレイ・ペライア（Murray Perahia　イスラエル）―ピアニスト。感動的で誠実な音楽解釈，および新世代への影響に対して

---

3 クラフォード賞　The Crafoord Prize

　人工腎臓の発明者であるホルガー・クラフォード（Holger Crafoord）と妻のアンナ＝グレタ・クラフォード（Anna-Greta Crafoord）によって，1980年に設立されたクラフォード財団が1982年に創設した賞。基礎研究を促進することを目的としており，ノーベル賞が扱わない分野を補完している。表彰分野は天文学・数学・地球科学・生物学（特に生態学）・関節炎で，毎年1～2分野に対して順番に授賞する。
　＊日本人では，2009年岸本忠三，平野俊夫（関節炎），15年太田朋子（生物学）が受賞
【主催者】スウェーデン王立科学アカデミー（The Royal Swedish Academy of Sciences）
【選考方法】スウェーデン王立科学アカデミーが管轄する選考委員会が受賞者を決定する
【締切・発表】1月中旬に受賞者が発表され，4月または5月に授賞式が行われる
【賞・賞金】賞金50万ドル
【連絡先】Box 50005 SE-104 05 Stockholm Sweden【TEL】+46 8 673 95 00【FAX】+46 15 56 70
【E-mail】info@kva.se
【URL】http://www.crafoordprize.se/

1982年
　◇数学　　　　　　ウラディーミル・I.アーノルド（Vladimir Igorevich Arnold　ソビエト連邦），ルイス・ニーレンバーグ（Louis Nirenberg　アメリカ）―数学の分野「非線形微分方程式」における業績に対して
1983年
　◇地球科学　　　　エドワード・N.ローレンツ（Edward N.Lorenz　アメリカ），ヘンリー・ストンメル（Henry Stommel　アメリカ）―独自の手法により，大気および海洋の大規模運動に関するより深い理解に貢献した，地球物理流体力学への基本的な貢献に対して
1984年
　◇生物学　　　　　ダニエル・H.ジャンセン（Daniel H.Janzen　アメリカ）―共進化に関する想像力に富む刺激的な研究に対して。多くの研究者に刺激を与えこの分野の研究を続ける動機を与えた

1985年
　◇天文学　　　　　ライマン・スピッツァー, Jr.(Lyman Spitzer, Jr. アメリカ)―コペルニクス衛星を用いて得た成果へといたる,星間物質のほぼあらゆる側面に関する基本的で先駆的な研究に対して
1986年
　◇地球科学　　　クロード・アレーグル(Claude Allègre フランス),ジェラルド・J.ワッサーバーグ(Gerald J.Wasserburg アメリカ)―同位体地質学における先駆的な研究に対して
1987年
　◇生物学　　　　ユージン・P.オダム(Eugene P.Odum アメリカ),ハワード・T.オダム(Howard T.Odum アメリカ)―生態系生態学における先駆的な貢献に対して。氏らの基本的知見は,自然系の動態に関する理解を進展させ,汚染対策を含む自然資源の長期的利用のための科学的基礎を築いた
1988年
　◇数学　　　　　ピエール・ドリーニュ(Pierre Deligne ベルギー),アレキサンダー・グロタンディエク(Alexander Grothendieck フランス)―代数幾何学における基本的な研究,特にエタール・コホモロジーの導入,およびヴェイユ予想の証明を含む数学の様々な分野へのその応用に対して
1989年
　◇地球科学　　　ジェームズ・A.バン・アレン(James A.Van Allen アメリカ)―宇宙の先駆的な調査,特に地球を取り巻く放射線帯であるヴァン・アレン帯を形成する,地球磁場に捕らえられたエネルギー粒子の発見に対して
1990年
　◇生物学　　　　ポール・R.エーリック(Paul R.Ehrlich アメリカ)―断片化された個体群の動態および遺伝的特徴,ならびに生存確率にとっての分散パターンの重要性の研究に対して
　　　　　　　　　エドワード・O.ウィルソン(Edward O.Wilson アメリカ)―島の生物地理学の理論,ならびに島および孤立の程度が異なる他の生息環境における種の多様性および群集動態に関する他の研究に対して
1991年
　◇天文学　　　　アラン・R.サンデージ(Allan R.Sandage アメリカ)―銀河,銀河の星,星団および星雲の種族,銀河の進化,速度‐距離関係(あるいはハッブルの関係),ならびにその経時的変化の研究への極めて重要な貢献に対して
1992年
　◇地球科学　　　アドルフ・ザイラッハー(Adolf Seilacher ドイツ)―地質記録に裏付けられる,環境との相互作用の中での生命の進化に関する革新的な研究に対して
1993年
　◇生物学　　　　シーモア・ベンザー(Seymour Benzer アメリカ)―キイロショウジョウバエにおける行動変異体に関する遺伝学的および神経心理学な先駆的研究に対して
　　　　　　　　　ウィリアム・D.ハミルトン(William D.Hamilton イギリス)―利他行動の進化の前提条件としての血縁選択および遺伝的関係に関する理論に対して
1994年
　◇数学　　　　　S.ドナルドソン(Simon Donaldson イギリス)―インスタントンの応用による,4次元幾何学における基本的な研究,特に新たな微分不変式の発見に対して
　　　　　　　　　シン＝トゥン・ヤオ(Shing-Tung Yau アメリカ)―いくつかの未解決問題の解決につながる,微分幾何学における非線形技術の開発に対して
1995年
　◇地球科学　　　ウィリー・ダンスガード(Willi Dansgaard デンマーク),ニコラス・シャクルトン(Nicholas Shackleton イギリス)―第四紀における気候変動の研究のための,同位体地質学的な解析手法の開発および応用に関する基本的な研究に対して

1996年
　◇生物学　　　　ロバート・M.メイ（Robert M.May オーストラリア）―個体群，群集および生態系の動態の理論的解析に関する先駆的な生態研究に対して
1997年
　◇天文学　　　　フレッド・ホイル（Fred Hoyle イギリス），エドウィン・E.サルピーター（Edwin E.Salpeter アメリカ）―星および星の進化における核過程の研究への先駆的な貢献に対して
1998年
　◇地球科学　　　ドン・L.アンダーソン（Don L.Anderson アメリカ），アダム・M.ジウォンスキー（Adam M.Dziewonski アメリカ）―地球の内部の構造および動態に関する我々の知識への基本的な貢献に対して
1999年
　◇生物学　　　　ジョン・メイナード・スミス（John Maynard Smith イギリス），エルンスト・マイヤー（Ernst Mayr アメリカ），ジョージ・C.ウィリアムズ（George C. Williams アメリカ）―生物進化，および種の形成や環境変化への適応などの関連する現象に関する我々の理解の拡張，深化，洗練への先駆的な貢献に対して
2000年
　◇関節炎　　　　ラヴィンダー・N.メイニー（Ravinder N.Maini イギリス），マーク・フェルドマン（Marc Feldmann イギリス）―TNF-α（腫瘍壊死因子α）を関節リウマチの治療標的と定義した功績に対して
2001年
　◇数学　　　　　アラン・コンヌ（Alain Connes フランス）―演算子代数の理論に関する洞察力に富んだ研究，および非可換幾何学の創始に対して
2002年
　◇地球科学　　　ダン・P.マッケンジー（Dan P.McKenzie イギリス）―リソスフェアの動力学，特にプレートテクトニクス，堆積盆地の形成およびマントル融解に関する理解への基本的な貢献に対して
2003年
　◇生物学　　　　カール・R.ウーズ（Carl R.Woese アメリカ）―生物の第3ドメインの発見に対して
2004年
　◇関節炎　　　　ユージン・C.ブッチャー（Eugene C.Butcher アメリカ），ティモシー・A.スプリンガー（Timothy A.Springer アメリカ）―健康および疾患における白血球の遊走に関与する分子的メカニズムの研究に対して
2005年
　◇天文学　　　　ジェームズ・E.ガン（James E.Gunn アメリカ），P.J.E.ピーブルス（P.James E.Peebles アメリカ），マーティン・J.リース（Martin J.Rees イギリス）―宇宙の大規模構造の理解への貢献に対して
2006年
　◇地球科学　　　ウォーラス・ブレッカー（Wallace Broecker アメリカ）―海洋−大気−生物圏系における地球規模炭素循環の働き，およびその気候との相互作用に関する革新的かつ先駆的な研究に対して
2007年
　◇生物学　　　　ロバート・L.トリバース（Robert Trivers アメリカ）―社会進化，対立および協力に関する基本的な分析に対して
2008年
　◇数学　　　　　マキシム・コンツェビッチ（Maxim Kontsevich ロシア），エドワード・ウィッテン（Edward Witten イギリス）―現代理論物理学から着想を得た数学への重要な貢献に対して
　◇天文学　　　　ラシッド・スニヤエフ（Rashid Sunyaev ロシア）―高エネルギー宇宙物理学および宇宙論，特にブラックホールおよび中性子星周囲の過程および動態，

ならびに背景放射線の構造の診断的価値の実証への決定的な貢献に対して

2009年
◇関節炎　　　チャールズ・ディナレロ（Charles Dinarello アメリカ），岸本忠三（Tadamitsu Kishimoto 日本），平野俊夫（Toshio Hirano 日本）―インターロイキンの分離，その特性の解明，および炎症性疾患の発症におけるその役割の探求を行った先駆的な研究に対して

2010年
◇地球科学　　ウォルター・ムンク（Walter Munk アメリカ）―海洋循環，海洋潮汐および海洋波の理解，ならびに地球のダイナミクスにおけるそれらの役割の理解への先駆的かつ基本的な貢献に対して

2011年
◇生物学　　　イルッカ・ハンスキ（Ilkka Hanski フィンランド）―空間的変動が動物集団および植物集団の動態に与える影響に関する先駆的な研究に対して

2012年
◇数学　　　　ジャン・ブルガン（Jean Bourgain アメリカ），テレンス・タオ（Terence Tao アメリカ）―調和解析，偏微分方程式，エルゴード理論，整数論，組合せ論，関数解析および理論計算機科学における優れた革新的研究に対して
◇天文学　　　ラインハルト・ゲンゼル（Reinhard Genzel ドイツ），アンドレア・ゲッズ（Andrea Ghez アメリカ）―超大質量ブラックホールの存在を示す，銀河中心を周回する星の観測に対して

2013年
◇関節炎　　　ピーター・K.グレガーセン（Peter K.Gregersen アメリカ），ロバート・J.ウィンチェスター（Robert J.Winchester アメリカ），Lars Klareskog（スウェーデン）―関節リウマチの原因，診断および臨床管理における，様々な遺伝因子およびその環境因子との相互作用の役割に関する発見に対して

2014年
◇地球科学　　ピーター・モルナー（Peter Molnar アメリカ）―グローバルテクトニクスの理解への革新的な貢献に対して。特に大陸の変形，山脈の構造および漸進的変化，ならびに造構過程の海洋-大気循環および気候への影響に関して

2015年
◇生物学　　　リチャード・レウォンティン（Richard Lewontin アメリカ），太田朋子（Tomoko Ohta 日本）―遺伝子多型の理解に関する先駆的な解析および基本的な貢献に対して

4 国連人権賞 United Nations Human Rights Prize

世界人権宣言採択20周年を記念して1968年（世界人権年）に設立された，国際連合主催の賞。5年ごとに人権の擁護と伸張ならびに基本的自由保護に貢献のあった個人や組織に贈られる。

【主催者】国連人権高等弁務官事務所（OHCHR：Office of the United Nations High Commissioner for Human Rights）
【選考委員】国連総会議長，経済社会理事会会長，人権委員会長，国連婦人の地位委員会長，国連の差別防止・少数者保護小委員会長
【選考方法】人権高等弁務官事務局が推薦を公募，選考委員が国・性別のバランスを考慮の上受賞者を決定
【選考基準】最高5つの団体あるいは個人に与えられる
【締切・発表】〔2013年〕7月5日締切。12月10日の国連人権デーに受賞式と記念スピーチが行われた
【賞・賞金】金属の飾り板
【連絡先】（OHCHR-UNOG) 8-14 Avenue de la Paix 1211 Geneva 10, Switzerland
【TEL】+41 22 917 9000【FAX】+41 22 917 9008

```
【E-mail】InfoDesk@ohchr.org
【URL】http://www.ohchr.ch/
```

2008年(第8回)	ルイーズ・アルブール(Louise Arbour カナダ：前国連人権高等弁務官)
	ベナジル・ブット(Benazir Bhutto パキスタン：パキスタン元首相)
	ラムゼイ・クラーク(Ramsey Clark アメリカ：人権擁護家，元アメリカ合衆国司法長官)
	キャロライン・ゴメス(Carolyn Gomes ジャマイカ：NPO「Jamaicans for Justice」の事務局長)
	デニス・ムクゥエジ(Denis Mukwege コンゴ：性暴力を受けた女性を治療するパンジ病院の院長)
	ドロシー・スタン(Sr.Dorothy Stang ブラジル：ブラジルのアナブ地域で土地をもたない貧しい先住民族の権利のために40年以上闘った修道女)
	ヒューマン・ライツ・ウォッチ(Human Rights Watch)
2013年(第9回)	Biram Dah Abeid(モーリタニア：反奴隷運動家)
	Hiljmnijeta Apuk(コソボ：人権活動家，低身長の人々の権利のための運動家)
	リサ・カウピネン(Liisa Kauppinen フィンランド：世界ろう連盟名誉会長)
	Khadija Ryadi(モロッコ：モロッコ人権協会前会長)
	メキシコ最高裁判所(Supreme Court of Justice of Mexico)
	マララ・ユスフザイ(Malala Yousafzai パキスタン：学生活動家)

5 ノーベル賞 The Nobel Prize

ダイナマイトの発明で有名なアルフレッド・ノーベル(Alfred Nobel 1833-96)の遺言に基づき1901年に創設された賞。「前年に人類に対して最大の便宜を与える貢献を行った」人物に対して授与される。スウェーデン王立科学アカデミーに寄付されたノーベルの遺産を基金として，民間のノーベル財団が創設され，同団体が運営にあたっている。当初は，物理学，化学，生理学・医学，文学，平和の5部門だったが，69年にスウェーデン中央銀行により，経済学賞が加えられた(正式名称は「アルフレッド・ノーベルを記念した経済科学におけるスウェーデン銀行賞」)。

＊日本人受賞者は1949年湯川秀樹(物理学賞)，65年朝永振一郎(物理学賞)，68年川端康成(文学賞)，73年江崎玲於奈(物理学賞)，74年佐藤栄作(平和賞)，81年福井謙一(化学賞)，87年利根川進(医学・生理学賞)，94年大江健三郎(文学賞)，2000年白川英樹(化学賞)，01年野依良治(化学賞)，02年小柴昌俊(物理学賞)，田中耕一(化学賞)，08年南部陽一郎(物理学賞)，小林誠(物理学賞)，益川敏英(物理学賞)，下村脩(化学賞)，10年根岸英一(化学賞)，鈴木章(化学賞)，12年山中伸弥(生理学医学賞)，14年赤崎勇(物理学賞)，天野浩(物理学賞)，中村修二(物理学賞)の22名

【主催者】ノーベル財団(The Nobel Foundation)
【選考委員】各部門ごとにノーベル賞委員会が設置される。物理学賞，化学賞は王立科学アカデミー，生理学・医学賞はカロリンスカ研究所，文学賞はスウェーデン・アカデミー，平和賞はノルウェー国会が選考する。経済学賞は王立科学アカデミーが管轄
【選考方法】世界中に推薦依頼状を発送し(自薦は禁止)，ノーベル賞委員会が独自の判断で候補者を追加して最終候補リストを作成，段階的に人数を減らして最終的な受賞者を決定する
【選考基準】各部門最大3人まで。前年1年間の業績に対して授与されるが，文学賞・平和賞は永年の業績を対象とする
【締切・発表】推薦締切は毎年1月31日必着。10月頃に各部門ごとに各選考団体から受賞者が

発表され，ノーベルの命日である12月10日に，平和賞はオスロのオスロ大学講堂で，他5部門はストックホルムのコンサートホールで，それぞれ授賞式が開催される。受賞後には晩餐会があり，受賞者による3分間の講演「ノーベル・スピーチ」が行われる

【賞・賞金】金メダル（23金），賞金。同一部門で複数の受賞者がいる場合，賞金は分割授与される。基金の前年利息の67.5％が，経済学賞を除く5部門の賞金に充当される。経済学賞はスウェーデン中央銀行の献金を基金にしており，賞金額は他部門と同一。2014年度の賞金は各部門800万クローナ（約1億2千万円）

【連絡先】P.O.Box 5232, SE-102 45 Stockholm, Sweden *Street address： Sturegatan 14, Stockholm【TEL】+46（0）8 663 09 20【FAX】+46（0）8 660 38 47
【URL】http：//nobelprize.org/

2005年
　◇物理学賞　　　ロイ・J.グラウバー（Roy J.Glauber アメリカ）―光学コヒーレンスの量子論への貢献

　　　　　　　　ジョン・L.ホール（John L.Hall アメリカ），テオドール・ヘンシュ（Theodor W.Hänsch ドイツ）―光周波数コム（櫛）などのレーザーを用いた精密分光法の発展への貢献

　◇化学賞　　　イヴ・ショーヴァン（Yves Chauvin フランス），ロバート・H.グラッブス（Robert H.Grubbs アメリカ），リチャード・R.シュロック（Richard R. Schrock アメリカ）―有機合成におけるメタセシス反応の開発

　◇生理学医学賞　バリー・J.マーシャル（Barry J.Marshall オーストラリア），J.ロビン・ウォーレン（J.Robin Warren オーストラリア）―胃炎や消化性潰瘍の原因菌であるヘリコバクター・ピロリ菌の発見

　◇経済学賞　　　ロバート・J.オーマン（Robert J.Aumann イスラエル，アメリカ），トーマス・C.シェリング（Thomas C.Schelling アメリカ）―ゲーム理論による分析を通じて，対立と協力についての理解を深めた

　◇文学賞　　　ハロルド・ピンター（Harold Pinter イギリス）―日常のたわいない会話に潜む危機を浮き彫りにし，抑圧された密室空間に入りこんだ

　◇平和賞　　　国際原子力機関（International Atomic Energy Agency（IAEA）），ムハンマド・エルバラダイ（Mohamed ElBaradei エジプト）―原子力の軍事転用を防ぎ，平和のための安全利用に努めた

2006年
　◇物理学賞　　　ジョン・C.マザー（John C.Mather アメリカ），ジョージ・F.スムート（George F.Smoot アメリカ）―宇宙背景放射の黒体放射性と異方性の発見

　◇化学賞　　　ロジャー・D.コーンバーグ（Roger D.Kornberg アメリカ）―真核生物における遺伝情報の転写の分子的基盤に関する研究

　◇生理学医学賞　アンドルー・Z.ファイアー（Andrew Z.Fire アメリカ），クレイグ・C.メロー（Craig C.Mello アメリカ）―二本鎖RNAによる遺伝子発現抑制現象（RNA干渉）の発見

　◇経済学賞　　　エドムンド・S.フェルプス（Edmund S.Phelps アメリカ）―マクロ政策における異時点間のトレードオフに関する分析

　◇文学賞　　　オルハン・パムク（Orhan Pamuk トルコ）―故郷の街に漂う憂鬱な魂の探求の末に，文化の衝突と交錯を表現する新境地を見いだした

　◇平和賞　　　ムハンマド・ユヌス（Muhammad Yunus バングラデシュ），グラミン銀行（Grameen Bank）―社会の底辺からの経済的・社会的発展基盤の創出への尽力

2007年
　◇物理学賞　　　アルベール・フェール（Albert Fert フランス），ペーター・グリュンベルク（Peter Grünberg ドイツ）―巨大磁気抵抗効果（GMR）の発見

　◇化学賞　　　ゲルハルト・エルトゥル（Gerhard Ertl ドイツ）―固体表面における化学反応

過程の研究
◇生理学医学賞　マリオ・R.カペッキ(Mario R.Capecchi アメリカ)，マーティン・J.エバンズ(Martin J.Evans イギリス)，オリバー・スミシーズ(Oliver Smithies アメリカ)―胚性幹細胞(ES細胞)を用いた，マウスの特定の遺伝子を改変する基本原理の発見
◇経済学賞　レオニド・ハーウィッツ(Leonid Hurwicz アメリカ)，エリック・S.マスキン(Eric S.Maskin アメリカ)，ロジャー・B.マイヤーソン(Roger B.Myerson アメリカ)―メカニズム・デザイン理論の基礎構築
◇文学賞　ドリス・レッシング(Doris Lessing イギリス)―懐疑主義と熱情，洞察力をもって，分断された文明を吟味した女性の経験を描く叙事詩人
◇平和賞　気候変動に関する政府間パネル(Intergovernmental Panel on Climate Change (IPCC))，アルバート・ゴア・Jr.(Albert Arnold (Al) Gore Jr. アメリカ)―人為的に引き起こされた地球規模の気候変動に関する知識を確立・普及し，変動を最小限にとどめるために必要な対応策の基礎を築いた功績

2008年
◇物理学賞　南部陽一郎(Yoichiro Nambu アメリカ)―素粒子物理学と核物理学における"対称性の自発的破れ"の発見
　　　　　小林誠(Makoto Kobayashi 日本)，益川敏英(Toshihide Maskawa 日本)―クォークが自然界に少なくとも三世代以上あることを予言する，対称性の破れの起源の発見
◇化学賞　下村脩(Osamu Shimomura 日本)，マーティン・チャルフィー(Martin Chalfie アメリカ)，ロジャー・Y.チェン(Roger Y.Tsien アメリカ)―緑色蛍光蛋白質(Green Fluorescent Protein：GFP)の発見と開発
◇生理学医学賞　ハラルド・ツアハウゼン(Harald zur Hausen ドイツ)―子宮頸がんを引き起こすヒトパピローマウイルス(Human Papilloma Virus：HPV)の発見
　　　　　フランソワーズ・バレシヌシ(Françoise Barré-Sinoussi フランス)，リュック・モンタニエ(Luc Montagnier フランス)―ヒト免疫不全ウイルス(Human Immunodeficiency Virus：HIV)の発見
◇経済学賞　ポール・クルーグマン(Paul Krugman アメリカ)―貿易パターンと経済活動の立地の分析
◇文学賞　J.M.G.ル・クレジオ(Jean-Marie Gustave Le Clézio フランス，モーリシャス)―新たな旅立ち，詩的冒険，官能的悦楽の作家であり，支配的な文明を超越した人間性の探求者
◇平和賞　マルティ・アハティサーリ(Martti Ahtisaari フィンランド)―30年以上にわたる世界各地の国際紛争解決への尽力

2009年
◇物理学賞　チャールズ・K.カオ(Charles Kuen Kao アメリカ，イギリス)―光通信のための，ファイバー内光伝達に関する先駆的業績
　　　　　ウィラード・S.ボイル(Willard S.Boyle カナダ)，ジョージ・E.スミス(George E.Smith アメリカ)―電荷結合素子(CCD)イメージ・センサの発明
◇化学賞　ベンカトラマン・ラマクリシュナン(Venkatraman Ramakrishnan アメリカ)，トーマス・A.スタイツ(Thomas A.Steitz アメリカ)，アダ・ヨナット(Ada E.Yonath イスラエル)―リボソームの構造と機能の研究
◇生理学医学賞　エリザベス・H.ブラックバーン(Elizabeth H.Blackburn アメリカ，オーストラリア)，キャロル・W.グライダー(Carol W.Greider アメリカ)，ジャック・W.ショスタク(Jack W.Szostak イギリス)―テロメアとテロメラーゼによる染色体保護の仕組みの発見
◇経済学賞　エリノア・オストロム(Elinor Ostrom アメリカ)―経済統治，特に共有資源(コモンズ)に関する分析
　　　　　オリバー・E.ウィリアムソン(Oliver E.Williamson アメリカ)―経済統治，特に企業の境界に関する分析
◇文学賞　ヘルタ・ミュラー(Herta Müller ドイツ)―韻文の濃密さと散文の率直さを

	もって，疎外された人びとの置かれた状況を描き出した
◇平和賞	バラク・オバマ(Barack H.Obama アメリカ)―国際外交と諸国民の協力関係を強化するための比類なき努力

2010年
◇物理学賞	アンドレ・ガイム(Andre Geim オランダ)，コンスタンチン・ノボセロフ(Konstantin Novoselov イギリス，ロシア)―2次元物質グラフェンに関する画期的な実験
◇化学賞	リチャード・F.ヘック(Richard F.Heck アメリカ)，根岸英一(Ei-ichi Negishi 日本)，鈴木章(Akira Suzuki 日本)―有機合成におけるパラジウム触媒によるクロスカップリング反応の開発
◇生理学医学賞	ロバート・G.エドワーズ(Robert G.Edwards イギリス)―体外受精(In Vitro Fertilization : IVF)技術の開発
◇経済学賞	ピーター・A.ダイアモンド(Peter A.Diamond アメリカ)，デール・T.モーテンセン(Dale T.Mortensen アメリカ)，クリストファー・A.ピサリデス(Christopher A.Pissarides キプロス)―サーチ摩擦を伴う市場の分析
◇文学賞	マリオ・バルガス・リョサ(Mario Vargas Llosa ペルー，スペイン)―権力の構造と，個人の抵抗と反逆，挫折を鮮烈なイメージで描き出した
◇平和賞	劉暁波(Liu Xiaobo 中国)―中国における基本的人権確立のための，長年にわたる非暴力的な闘い

2011年
◇物理学賞	ソール・パールマター(Saul Perlmutter アメリカ)，ブライアン・P.シュミット(Brian P.Schmidt アメリカ，オーストラリア)，アダム・G.リース(Adam G.Riess アメリカ)―遠方の超新星の観測による宇宙の加速膨張の発見
◇化学賞	ダニエル・シェヒトマン(Daniel Shechtman イスラエル)―準結晶の発見
◇生理学医学賞	ブルース・A.ボイトラー(Bruce A.Beutler アメリカ)，ジュール・A.ホフマン(Jules A.Hoffmann フランス)―自然免疫の活性化に関する発見 ラルフ・M.スタインマン(Ralph M.Steinman カナダ)―樹状細胞の発見と獲得免疫におけるその役割の発見
◇経済学賞	トーマス・J.サージェント(Thomas J.Sargent アメリカ)，クリストファー・A.シムズ(Christopher A.Sims アメリカ)―マクロ経済の原因と結果に関する実証的研究
◇文学賞	トーマス・トランストロンメル(Tomas Tranströmer スウェーデン)―凝縮された半透明なイメージを通して，現実の新鮮なとらえ方を示した
◇平和賞	エレン・サーリーフ(Ellen Johnson Sirleaf リベリア)，リーマ・ボウイー(Leymah Gbowee リベリア)，タワックル・カルマン(Tawakkol Karman イエメン)―女性の安全と，平和構築活動に女性が参加する権利のための非暴力の闘い

2012年
◇物理学賞	セルジュ・アロシュ(Serge Haroche フランス)，デービッド・J.ワインランド(David J.Wineland アメリカ)―量子力学的粒子を個別に測定したり操作したりすることを可能にする画期的実験手法の発明
◇化学賞	ロバート・J.レフコウィッツ(Robert J.Lefkowitz アメリカ)，ブライアン・K.コビルカ(Brian K.Kobilka アメリカ)―G蛋白質共役型受容体に関する研究
◇生理学医学賞	ジョン・B.ガードン(John B.Gurdon イギリス)，山中伸弥(Shinya Yamanaka 日本)―臓器細胞に成長した細胞を初期化し，多能性を獲得させうることを示した発見
◇経済学賞	アルヴィン・E.ロス(Alvin E.Roth アメリカ)，ロイド・S.シャプリー(Lloyd S.Shapley アメリカ)―安定配分理論とマーケットデザインの実践
◇文学賞	莫言(Mo Yan 中国)―幻覚を引き起こすリアリズムによって民話，歴史，現代を融合させている
◇平和賞	欧州連合(European Union(EU))―欧州の平和と調和，民主主義と人権の向上に60年以上にわたって貢献

2013年
　◇物理学賞　　　フランソワ・アングレール(François Englert ベルギー)，ピーター・W.ヒグズ(Peter W.Higgs イギリス)―素粒子の質量の起源に関する機構の理論的発見
　◇化学賞　　　　マーティン・カープラス(Martin Karplus オーストリア，アメリカ)，マイケル・レヴィット(Michael Levitt アメリカ，イギリス，イスラエル)，アリー・ウォーシェル(Arieh Warshel アメリカ，イスラエル)―複雑な化学システムのマルチスケールモデル開発
　◇生理学医学賞　ジェームズ・E.ロスマン(James E.Rothman アメリカ)，ランディ・シェクマン(Randy W.Schekman アメリカ)，トーマス・C.ズートホフ(Thomas C.Südhof アメリカ)―細胞内の主要な輸送システムである小胞輸送の制御機構の発見
　◇経済学賞　　　ユージン・F.ファーマ(Eugene F.Fama アメリカ)，ラース・ピーター・ハンセン(Lars Peter Hansen アメリカ)，ロバート・J.シラー(Robert J.Shiller アメリカ)―資産価格の決定要因の実証的分析
　◇文学賞　　　　アリス・マンロー(Alice Munro カナダ)―現代短編小説の名手
　◇平和賞　　　　化学兵器禁止機関(Organisation for the Prohibition of Chemical Weapons (OPCW))―化学兵器廃棄のために幅広い努力をした
2014年
　◇物理学賞　　　赤崎勇(Isamu Akasaki 日本)，天野浩(Hiroshi Amano 日本)，中村修二(Shuji Nakamura アメリカ)―明るく省エネルギーな白色光を可能にした効率的な青色発光ダイオードの発明
　◇化学賞　　　　エリック・ベッチグ(Eric Betzig アメリカ)，シュテファン・W.ヘル(Stefan W.Hell ドイツ)，ウィリアム・E.モーナー(William E.Moerner アメリカ)―超解像度の蛍光顕微鏡の開発
　◇生理学医学賞　ジョン・オキーフ(John O'Keefe イギリス，アメリカ)，メイブリット・モーザー(May-Britt Moser ノルウェー)，エドバルド・I.モゼル(Edvard I. Moser ノルウェー)―空間のどの位置にいるかを脳の中で認識する細胞の発見
　◇経済学賞　　　ジャン・ティロール(Jean Tirole フランス)―市場の力と規制の分析
　◇文学賞　　　　パトリック・モディアノ(Patrick Modiano フランス)―記憶を扱う芸術的手法によって，最もつかみがたい種類の人間の運命について思い起こさせ，占領下の生活，世界観を掘り起こした
　◇平和賞　　　　カイラシュ・サティヤルティ(Kailash Satyarthi インド)，マララ・ユスフザイ(Malala Yousafzai パキスタン)―子どもや若者への抑圧に反対し，すべての子どもの教育を受ける権利のために闘ってきた

6 ピュリッツアー賞 The Pulitzer Prizes

　毎年，ジャーナリズム・文学・音楽などで功績のあったアメリカ国民(報道部門を除く)に授与されるアメリカの賞。優れたジャーナリストの奨励を目的として，ハンガリー生まれのアメリカ人ジャーナリストで「新聞王」と呼ばれたジョゼフ・ピュリッツァー(Joseph Pulitzer)の遺産をもとに，1917年コロンビア大学内に選定委員会を設置された。「言論のノーベル賞」「ジャーナリズムのアカデミー賞」とも呼ばれる。部門は当初は公共奉仕，報道，社説の3部門だったが，徐々に細分化。現在では報道分野に公益，調査報道，解説報道，地方報道，国内報道，国際報道，特集記事，評論，批評，速報報道，社説，漫画，速報写真，企画写真の計14部門，文学・ドラマ・音楽分野に小説，戯曲，詩，歴史，伝記，ノンフィクション，音楽の7部門がある。
　＊日本人では，澤田教一(1966年)，長尾靖(61年)，酒井淑男(68年)が写真部門で受賞
　【主催者】コロンビア大学ピュリッツァー賞委員会

【選考委員】ピュリッツアー賞委員会（コロンビア大学学長，ジャーナリズム学部長，編集者，新聞経営者らおよそ18人から成る）が，各部門5〜7名の候補作審査員を任命する
【選考方法】選考委員により各部門につき3作品がノミネートされ，委員会が投票で決定する
【選考基準】文学・ドラマ・音楽分野では歴史部門を除き対象はアメリカ国民に限られる。歴史部門では題材がアメリカに関するものである限り，国籍不問。報道分野においては，発表がアメリカの新聞に掲載されている限り国籍は不問。審査対象となる作品・記事は，報道分野は前年内のアメリカの新聞（日刊，週刊，日曜新聞）または新聞ニュースサイトに掲載された記事（調査報道部門及び特集記事部門のみ雑誌・雑誌ニュースサイトに掲載された記事も対象）。文学部門では前年内にアメリカで最初に市販された書籍，ドラマ部門では前年内にアメリカで公演された戯曲，音楽部門では前年内にアメリカで初演または録音された作品
【締切・発表】報道分野は1月25日，文学部門は前年6月15日（1月1日〜6月14日刊行分）及び10月1日（6月15日〜12月31日刊行分），ドラマ部門は前年12月31日，音楽部門は前年12月31日。コロンビア大学学長により4月初旬に発表，5月下旬にコロンビア大学の午餐会上の授賞が行われる。テレビ中継などはされない
【賞・賞金】公益部門を除き，賞金1万ドルと賞状が授与される。公益部門では新聞社に対して金メダルが贈られる
【連絡先】Columbia University 709 Pulitzer Hall 2950 Broadway New York, NY USA 10027【TEL】(212) 854-3841【FAX】(212) 854-3342
【E-mail】pulitzer@pulitzer.org
【URL】http://www.pulitzer.org/

2005年
◇ジャーナリズム
- 公益　　　　　ロサンゼルス・タイムズ（Los Angeles Times）—有名公立病院での人命に関わる医療問題および人種差別問題を露呈させた，徹底調査を伴った勇気ある連載記事に対して
- 速報報道　　　スター・レッジャーのスタッフ（Staff of The Star-Ledger）—ニュージャージー州知事の同性愛告白，および男性恋人との不貞告白から始まった辞任劇に関する，幅広く明快な報道に対して
- 調査報道　　　Nigel Jaquiss（: Willamette Week, Portland, Oregon）—前知事の長年に及ぶ14歳少女との姦通行為を暴いた調査報道に対して
- 解説報道　　　Gareth Cook（: The Boston Globe）—複合的で科学的かつ倫理的側面をも含んだ，幹細胞調査に関する明快で人間味に溢れた解説報道に対して
- 取材担当分野報道　Amy Dockser Marcus（: The Wall Street Journal）—がん克服患者の知られざる世界を，患者，家族，医者の視点から明らかにした，優れた連載記事に対して
- 国内報道　　　ウォルト・ボグダニッチ（Walt Bogdanich : The New York Times）—踏切死亡事故の責任を問われた企業側の隠ぺい問題に関する，濃密な記録報道に対して
- 国際報道　　　キム・マーフィ（Kim Murphy : Los Angeles Times）—テロとの闘い，経済状況の回復，民主主義の導入に関するロシアの苦悩を追った，広範囲にわたる力強い報道に対して
　　　　　　　　Dele Olojede（: Newsday, Long Island, NY）—大量虐殺および強姦がルワンダのツチ族を荒廃に追いやってからの10年間を追った，生々しく心に残る記録報道に対して
- 特集記事　　　Julia Keller（: Chicago Tribune）—イリノイ州ユティカを通過した10秒間の強烈なトルネードに関して丁寧に調べあげた，興味深い記録記事に対して
- 評論　　　　　Connie Schultz（: The Plain Dealer, Cleveland）—社会的，経済的弱者の声

- 批評　　　　ジョー・モーゲンスターン（Joe Morgenstern：The Wall Street Journal）—各作品の長所・短所を明確にし，かつ独自の見識，説得力，ウィットに富んだ映画批評に対して
- 社説　　　　Tom Philp（：The Sacramento Bee）—水没したカリフォルニア州ヘッチ・ヘッチー渓谷の復元の軌跡を追った，密な調査を伴う社説に対して
- 漫画　　　　Nick Anderson（：The Courier-Journal, Louisville, KY）—並はずれて思想豊かで強いメッセージ性を持った，独特の画風に対して
- 速報写真　　アソシエーテッド・プレスのスタッフ（Staff of Associated Press）—イラク市街での残虐な戦闘を1年にわたって写した，衝撃的な連載写真に対して
- 企画写真　　Deanne Fitzmaurice（：San Francisco Chronicle）—爆発により瀕死の重傷を負ったイラク人少年を治療したオークランドの病院に関する，繊細な写真エッセイに対して

◇文学・音楽
- フィクション　マリリン・ロビンソン（Marilynne Robinson）"Gilead"
- 戯曲　　　　ジョン・パトリック・シャンリィ（John Patrick Shanley）「ダウト 疑いをめぐる寓話」（"Doubt, a parable"）
- 歴史　　　　デイビッド・ハケット・フィッシャー（David Hackett Fischer）"Washington's Crossing"
- 伝記・自伝　マーク・スティーヴンス（Mark Stevens），アナリン・スワン（Annalyn Swan）"de Kooning：An American Master"
- 詩　　　　　テッド・クーザー（Ted Kooser）"Delights & Shadows"
- 一般ノンフィクション　スティーブ・コール（Steve Coll）「アフガン諜報戦争—CIAの見えざる闘いソ連侵攻から9.11前夜まで」（"Ghost Wars"）
- 音楽　　　　スティーヴン・スタッキー（Steven Stucky）"Second Concerto for Orchestra"

2006年
◇ジャーナリズム
- 公益　　　　タイムズ・ピカユーン（The Times-Picayune, New Orleans）—ハリケーン"カトリーナ"とその余波に関する大胆かつ多面的な報道，および，新聞社の資材を活用した被災地への貢献に対して（委員会によって公益部門から選出された）
　　　　　　　サン・ヘラルド（Sun Herald, Biloxi-Gulfport）—ハリケーン"カトリーナ"に関する勇敢かつ広範囲にわたる報道により，紙面・オンラインの両方にわたり，混乱する読者に必要な情報を届け続けたことに対して
- 速報報道　　タイムズ・ピカユーンのスタッフ（Staff of The Times-Picayune, New Orleans）—街と新聞が直面した絶望的な状況を乗り越えての，ハリケーン"カトリーナ"に関する勇敢かつ精力的な報道に対して
- 調査報道　　Susan Schmidt, James V.Grimaldi, R.Jeffrey Smith（：The Washington Post）—共和党のロビイスト，ジャック・エイブラモフによる米議会買収工作を暴き，その後の改善措置への取り組みを報じた，粘り強い調査報道に対して
- 解説報道　　デイヴィッド・フィンケル（David Finkel：The Washington Post）—イエメンに民主主義を敷くというアメリカ政府の試みを追った，野心的かつ鋭いケース・スタディに対して
- 取材担当分野報道　Dana Priest（：The Washington Post）—"秘密軍事施設"（テロ容疑者収容所）に関する根気強く熱心な報道，および，政府の反テロ対策を追い論議の的となったその他特集記事に対して
- 国内報道　　James Risen, Eric Lichtblau（：The New York Times）—反テロ対策と市民の自由の境界線について国民的な議論を呼ぶ結果となった，盗聴策に関する，入念な調査を経た報道に対して
　　　　　　　サン・ディエゴ・ユニオン・トリビューンのスタッフ（Staffs of The San Diego Union-Tribune），コプリー・ニュース・サービスのスタッフ（Staffs

of Copley News Service）—元共和党員ランディ・カニンガムを失脚させ刑務所に送る結果となった収賄摘発に対して
- ●国際報道　ジョセフ・カーン（Joseph Kahn），Jim Yardley（：The New York Times）—中国で急発展を遂げる法制度整備における公平性の欠如についての，野心的な報道に対して
- ●特集記事　Jim Sheeler（：Rocky Mountain News, Denver）—イラクで戦死した同僚の家族たちを喪失感から立ち直らせ，誇りを持つよう勇気づけた，ある海兵隊少佐の感動的な行動を追った記事に対して
- ●評論　Nicholas D.Kristof（：The New York Times）—危険を冒しながらもダルフールの大量虐殺事件を追い続け，死者の声を世界に向けて発信した，写実的かつ強烈なコラムに対して
- ●批評　ロビン・ギバン（Robin Givhan：The Washington Post）—ファッション批評を文化批評へと発展させた，機知に富み，鋭い観察眼をもって書かれた評論に対して
- ●社説　Rick Attig, Doug Bates（：The Oregonian, Portland）—忘れ去られたオレゴン州精神病院での虐待事件に関する，深い調査を経た説得力ある社説に対して
- ●漫画　マイク・ロコヴィッチ（Mike Luckovich：The Atlanta Journal-Constitution）—シンプルかつ痛烈なスタイルで描かれた，力強い風刺漫画に対して
- ●速報写真　ダラス・モーニング・ニュースのスタッフ（Staff of The Dallas Morning News）—ハリケーン"カトリーナ"の被害がニューオーリンズに残した混乱と苦痛を，鮮烈に描写した写真に対して
- ●企画写真　Todd Heisler（：Rocky Mountain News, Denver）—イラクで戦死したコロラド州海兵人の葬儀の舞台裏を追った，心に残る写真に対して

◇文学・音楽
- ●フィクション　ジェラルディン・ブルックス（Geraldine Brooks）「マーチ家の父 もうひとつの若草物語」（"March"）
- ●戯曲　該当者なし
- ●歴史　デヴィッド・M.オシンスキー（David M.Oshinsky）"Polio： An American Story"
- ●伝記・自伝　カイ・バード（Kai Bird），マーティン・シャーウィン（Martin J.Sherwin）「オッペンハイマー――「原爆の父」と呼ばれた男の栄光と悲劇」（"American Prometheus： The Triumph and Tragedy of J.Robert Oppenheimer"）
- ●詩　クラウディア・エマーソン（Claudia Emerson）"Late Wife"
- ●一般ノンフィクション　キャロライン・エルキンス（Caroline Elkins）"Imperial Reckoning： The Untold Story of Britain's Gulag in Kenya"
- ●音楽　ユーディ・ワイナー（Yehudi Wyner）"Piano Concerto： 'Chiavi in Mano'"

◇特別賞
- ●特別表彰　エドマンド・S.モーガン（Edmund S.Morgan）—過去50年間にわたりアメリカ歴史学者として執筆した，創造的かつ多大な影響力を持つ一連の作品に対して

　　セロニアス・モンク（Thelonious Monk）—ジャズの発展に重大で恒久的な影響を与えた，特徴的かつ革新的な作曲作品に対して（本人の死後，特別表彰された）

2007年
◇ジャーナリズム
- ●公益　ウォール・ストリート・ジャーナル（The Wall Street Journal）—取り調べに発展し，アメリカ実業界に大きな変化を招く結果となった，一部の企業役員が自社株の発効日を操作した事件に関する，独創的かつ包括的な調査に対して
- ●速報報道　オレゴニアンのスタッフ（Staff of The Oregonian, Portland）—オレゴン州の山で行方不明となったある家族の悲劇を紙面・オンラインの両方で語った，粘り強く熟練した報道に対して

- 調査報道　　Brett Blackledge（：The Birmingham（AL）News）―国立2年制大学のえこひいきと汚職を暴露し，学長解雇およびその他是正措置を取る結果となった報道に対して（委員会によって公益部門に移された）
- 解説報道　　Kenneth R.Weiss, Usha Lee McFarling, Rick Loomis（：The Los Angeles Times）―世界の海が直面する苦境について描写し，紙面・オンライン両方で読者および国に行動を訴えかけた記事に対して
- 地方報道　　Debbie Cenziper（：The Miami Herald）―マイアミの住宅業者の撤退，取り調べ，起訴の引き金となった，浪費，えこひいき，管理制度不足に関する記事に対して
- 国内報道　　Charlie Savage（：The Boston Globe）―新法案の条項を回避して異論を唱える際にブッシュ大統領が度々用いる"署名声明"についての，暴露記事に対して
- 国際報道　　ウォール・ストリート・ジャーナルのスタッフ（Staff of The Wall Street Journal）―格差から環境汚染まで，中国で勢いを増す資本主義が生む悪影響について鋭く切り込んだ記事に対して
- 特集記事　　Andrea Elliott（：The New York Times）―アメリカに移住したイマーム（イスラム教指導者）が，新天地で奮闘しつつ信者たちを指導する様を追った，丁寧で印象深い描写に対して
- 評論　　　　Cynthia Tucker（：The Atlanta Journal-Constitution）―強い道徳観と社会についての説得力ある知識を示した，大胆で頭脳明晰なコラムに対して
- 批評　　　　ジョナサン・ゴールド（Jonathan Gold：LA Weekly）―博識グルメ家の楽しみが詰まった，味わい深く広範囲に及ぶレストラン批評に対して
- 社説　　　　Arthur Browne, Beverly Weintraub, Heidi Evans（：New York Daily News）―国や市にその健康被害を無視され続けているグラウンド・ゼロ作業者の声を代弁した，同情を呼び心を動かす社説に対して
- 漫画　　　　ウォルト・ハンデルスマン（Walt Handelsman：Newsday, Long Island, NY）―ありのままを正直に描いた教養ある風刺画，および，ひょうきんなアニメーションの印象的な使用に対して
- 速報写真　　Oded Balilty（：Associated Press）―ヨルダン川西岸への非合法な移住者を排除するイスラエル治安部隊と，それに抵抗するユダヤ人女性の印象深い写真に対して
- 企画写真　　Renée C.Byer（：The Sacramento Bee）―小児がんに侵されて亡くなった息子と，共に戦った未婚の母親を追った詳細な描写に対して

◇文学・音楽
- フィクション　　コーマック・マッカーシー（Cormac McCarthy）「ザ・ロード」（"The Road"）
- 戯曲　　　　デイヴィッド・リンゼイ・アベイア（David Lindsay-Abaire）"Rabbit Hole"
- 歴史　　　　ジーン・ロバーツ（Gene Roberts），ハンク・クリバノフ（Hank Klibanoff）"The Race Beat：The Press, the Civil Rights Struggle, and the Awakening of a Nation"
- 伝記・自伝　デビー・アップルゲート（Debby Applegate）"The Most Famous Man in America：The Biography of Henry Ward Beecher"
- 詩　　　　　ナターシャ・トレシューイー（Natasha Trethewey）"Native Guard"
- 一般ノンフィクション　ローレンス・ライト（Lawrence Wright）「倒壊する巨塔―アルカイダと「9.11」への道」（"The Looming Tower：Al-Qaeda and the Road to 9/11"）
- 音楽　　　　オーネット・コールマン（Ornette Coleman）"Sound Grammar"

◇特別賞
- 特別表彰　　ジョン・コルトレーン（John Coltrane）―優れた即興作品，卓越した演奏技量，ジャズの歴史におけるその存在の重要性に対して（本人の死後，特別表彰された）

  レイ・ブラッドベリ（Ray Bradbury）―他に類を見ないSF，ファンタジー作家としての，卓越した，多作かつ影響力の強いキャリアに対して

2008年
◇ジャーナリズム

- ●公益　　　　ワシントン・ポスト（The Washington Post）―デイナ・プリースト，アン・ハル，写真家ミシェル・ド・シレによる，連邦政府の介入を招いた，ウォルター・リード病院での負傷した退役軍人の虐待事実の暴露に対して
- ●速報報道　　ワシントン・ポストのスタッフ（Staff of The Washington Post）―バージニア工科大学での死者を伴う凶暴な銃乱射事件に関する，紙面・オンライン両方での優秀で多面的な報道に対して
- ●調査報道　　ウォルト・ボグダニッチ（Walt Bogdanich），Jake Hooker（: The New York Times）―アメリカおよび中国当局の取締り措置を招いた，中国産の薬や日用品に毒性のある成分が含まれていたという報道に対して

  シカゴ・トリビューンのスタッフ（Staff of Chicago Tribune）―大規模なリコールを招いた玩具，チャイルドシート，ベビーベッド等の危険を伴う製品に関する政府規制の欠陥，および政府の管理強化策に関して明らかにした記事に対して
- ●解説報道　　Amy Harmon（: The New York Times）―DNA鑑定をめぐるジレンマおよび倫理問題について，実際のエピソードを伴った，印象深い考察に対して
- ●地方報道　　David Umhoefer（: Milwaukee Journal Sentinel）―郡職員の年金割増を目的とした税法の回避，およびそれに対する改革と主要人物に対する起訴手続き等を追った報道に対して
- ●国内報道　　Jo Becker, Barton Gellman（: The Washington Post）―副大統領ディック・チェイニーの，隠ぺい指示を含む対テロ国策への強力な影響力に関する，明快な調査に対して
- ●国際報道　　Steve Fainaru（: The Washington Post）―米法律の届かないところで主に運営される，米軍のためのイラク民間警備会社を追った，生々しい一連の報道に対して
- ●特集記事　　Gene Weingarten（: The Washington Post）―無関心な通勤者で溢れる地下鉄の駅で，ひとつの試みとして美しい音楽を演奏した世界的なバイオリニストを追った記録に対して
- ●評論　　　　Steven Pearlstein（: The Washington Post）―国の複雑な経済不振について明快に記した，洞察力溢れるコラムに対して
- ●批評　　　　Mark Feeney（: The Boston Globe）―映画から写真，絵画までにわたる，印象的で多才な視覚芸術作品に対して
- ●社説　　　　該当者なし
- ●漫画　　　　Michael Ramirez（: Investor's Business Daily）―独自性，ユーモア，細部までの芸術性に富んだ，挑発的な風刺漫画に対して
- ●速報写真　　Adrees Latif（: Reuters）―ミャンマーで反政府デモを取材中に致命傷を負い路上に倒れる日本人ビデオジャーナリストを写した，印象的な写真に対して
- ●企画写真　　Preston Gannaway（: Concord（NH）Monitor）―両親の末期疾患と闘う家族の詳細な年代記に対して

◇文学・音楽
- ●フィクション　ジュノ・ディアス（Junot Diaz）「オスカー・ワオの短く凄まじい人生」（"The Brief Wondrous Life of Oscar Wao"）
- ●戯曲　　　　トレイシー・レッツ（Tracy Letts）"August: Osage County"
- ●歴史　　　　ダニエル・ウォーカー・ハウ（Daniel Walker Howe）"What Hath God Wrought: The Transformation of America, 1815-1848"
- ●伝記・自伝　ジョン・マテソン（John Matteson）"Eden's Outcasts: The Story of Louisa May Alcott and Her Father"
- ●詩　　　　　ロバート・ハス（Robert Hass）"Time and Materials"

  フィリップ・シュルツ（Philip Schultz）"Failure"
- ●一般ノンフィクション　サウル・フリードレンダー（Saul Friedländer）"The Years of Extermination: Nazi Germany and the Jews, 1939-1945"
- ●音楽　　　　デイヴィッド・ラング（David Lang）"The Little Match Girl Passion"

◇特別賞

- ●特別表彰　　ボブ・ディラン（Bob Dylan）―抒情的で並はずれた力を持つ歌詞を特徴とした曲と，ポップミュージックとアメリカ文化に与えた重要な影響に対して

2009年
　◇ジャーナリズム
- ●公益　　　　ラスベガス・サン（Las Vegas Sun）―ラスベガス・ストリップでの建設作業員に対する怠慢な規制が招いた高い死亡率，およびそれに対する政策の改善と安全条件の向上に関する報道に対して
- ●速報報道　　ニューヨーク・タイムズのスタッフ（Staff of The New York Times）―ウェブサイト上で記事を発表，その後も矢継ぎ早に情報豊富な報道を重ね，エリオット・スピッツァー州知事を辞任に追い込んだ迅速かつ徹底的なスキャンダル報道に対して
- ●調査報道　　David Barstow（：The New York Times）―アナリストとして活躍する退役将官らが，米国防総省にイラク戦争の正当性を語らせられていた事実，企業と秘密裏の関係を結んでいた人数を暴露した，粘り強い報道に対して
- ●解説報道　　Bettina Boxall, Julie Cart（：Los Angeles Times）―アメリカ西部で高まる山火事の脅威への対策に要するコストおよびその有効性に関する，斬新で綿密な調査に対して
- ●地方報道　　デトロイト・フリー・プレスのスタッフ（Detroit Free Press Staff）―偽証罪で取り調べを受け，職員2人が刑務所へと送られる結果となった，クワメ・キルパトリック市長の，部下との性的関係の否定等の偽証を暴露した報道に対して

　　　　　　　Ryan Gabrielson, Paul Giblin（：East Valley Tribune, Mesa, AZ）―郡保安官の移民法の執行や凶悪犯罪の取り調べ等，治安保護に対する多角的な取り組みに関し，紙面・オンライン両方での，資金を巧みに利用した調査に対して
- ●国内報道　　セントピーターズバーグ・タイムズのスタッフ（Staff of St.Petersburg Times）―2008年大統領選で，投票者へ正しい情報開示のため開設された政治犯罪の事実確認用サイト"PolitiFact"に対して（委員会によって国内報道部門に移された）
- ●国際報道　　ニューヨーク・タイムズのスタッフ（Staff of The New York Times）―アフガニスタンやパキスタンにて泥沼化するアメリカの軍事，政治的戦略に関する，危険な状況下にもかかわらず高頻度で力強くかつ革新的な報道に対して
- ●特集記事　　Lane DeGregory（：St.Petersburg Times）―虫が湧いた部屋に放置されて食事も与えられなかった女児が，その後新たな家族に引き取られるまでの，心を打つ詳細な記事に対して
- ●評論　　　　Eugene Robinson（：The Washington Post）―2008年大統領選挙での初めてのアフリカ系アメリカ人大統領の誕生に注目し，率直な言葉で歴史の大きな一場面を表現した，感銘を与えるコラムに対して
- ●批評　　　　Holland Cotter（：The New York Times）―マンハッタンから中国に至るまで，鋭い批評眼，明快な文章，印象的な物語性をもって書かれた，広範囲に及ぶ芸術評論に対して
- ●社説　　　　Mark Mahoney（：The Post-Star, Glens Falls, NY）―地方自治体の機密保持の危険性，および知る権利について，市民に効果的に警告を発した，厳しい視点での現実的な社説に対して
- ●漫画　　　　Steve Breen（：The San Diego Union-Tribune）―古典的なスタイルを踏襲し，生き生きとした画風で描かれた，力強くて明快かつユーモアに富んだ漫画に対して
- ●速報写真　　Patrick Farrell（：The Miami Herald）―ハイチを襲ったハリケーン"アイク"と暴風被害，およびその後の絶望と人道危機を残した，刺激的で構成力の高い一連の写真に対して
- ●企画写真　　Damon Winter（：The New York Times）―アメリカ大統領選挙でのバラク・オバマを様々な角度から巧みに捉えた，記憶に残る一連の写真に対して

　◇文学・音楽

- フィクション　エリザベス・ストラウト (Elizabeth Strout)「オリーヴ・キタリッジの生活」("Olive Kitteridge")
- 戯曲　リン・ノッテージ (Lynn Nottage) "Ruined"
- 歴史　アネット・ゴードン・リード (Annette Gordon-Reed) "The Hemingses of Monticello： An American Family"
- 伝記・自伝　ジョン・ミーチャム (Jon Meacham) "American Lion： Andrew Jackson in the White House"
- 詩　W.S.マーウィン (W.S.Merwin) "The Shadow of Sirius"
- 一般ノンフィクション　ダグラス・A.ブラックモン (Douglas A.Blackmon) "Slavery by Another Name： The Re-Enslavement of Black Americans from the Civil War to World War II"
- 音楽　スティーヴ・ライヒ (Steve Reich) "Double Sextet"

2010年
◇ジャーナリズム
- 公益　ブリストル・ヘラルド・クーリエ (Bristol (VA) Herald Courier) ―南西バージニアの何千人もの天然ガスの地主に対するロイヤルティの不正な管理体制を明らかにし，州の議員に矯正措置を促した，ダニエル・ギルバート記者の活動に対して
- 速報報道　シアトル・タイムズのスタッフ (Staff of The Seattle Times) ―4人の警官がカフェで射殺され，40時間にわたり容疑者追跡がなされた事件についての，紙面・オンライン両方での広範囲に及ぶ報道に対して
- 調査報道　Barbara Laker, Wendy Ruderman (： Philadelphia Daily News) ―警察の麻薬捜査班の無法状態を露呈させ，FBI捜査と多数の刑事事件の再調査という結果を招いた，工夫に富んだ報道に対して

  シェリ・フィンク (Sheri Fink ： ProPublica) ―ハリケーン"カトリーナ"の洪水被害で孤立したある病院で，医者らが疲弊しつつも緊急を要し生死に関わる決断の数々を下す様を記録した記事に対して
- 解説報道　Michael Moss, ニューヨーク・タイムズのスタッフ (Members of The New York Times Staff) ―不純物の混入したハンバーガーやその他食の安全問題について，連邦規則の欠陥に注目し改善に導いた，紙面とオンライン両方における厳しい報道に対して
- 地方報道　Raquel Rutledge (： Milwaukee Journal Sentinel) ―保育課程における，低所得の両親とその子に対する詐欺および虐待問題を露呈させ，州および連邦による業者の取締りを招いた，鋭い視点での報道に対して
- 国内報道　Matt Richtel, ニューヨーク・タイムズのスタッフ (Members of The New York Times Staff) ―運転中の携帯電話，パソコン，その他端末使用の危険性を訴え，使用を抑制する取り組みを普及させた，紙面・オンライン両方における痛烈な記事に対して
- 国際報道　アンソニー・シャディッド (Anthony Shadid ： The Washington Post) ―イラクから米軍が撤退した後，イラク国民と指導者が戦争の遺産のなか奮闘し，国の未来を形作ってゆく過程を記録した，充実した連載記事に対して
- 特集記事　Gene Weingarten (： The Washington Post) ―車内に置き去りにした子どもを亡くした，様々な社会的立場の両親たちのケースを記録した，心に残る記事に対して
- 評論　Kathleen Parker (： The Washington Post) ―様々な政治的，道徳的な論点について，自らの経験と価値観を用いて意外性のある結論を導き出す，洞察力とウィットに富んだコラムに対して
- 批評　Sarah Kaufman (： The Washington Post) ―ダンスの幅広い問題や話題に着目し，刺激的な意見と独創的な見識を用いて論じた，斬新で想像的なアプローチの批評に対して
- 社説　Tod Robberson, Colleen McCain Nelson, William McKenzie (： The Dallas Morning News) ―裕福な北部と苦難を抱える南部にまたがる不毛な社会的，経済的格差を非難した，厳しい社説に対して

- 漫画　　　　Mark Fiore ―痛烈なウィット，広範囲に及ぶ調査，複雑な問題を凝縮させる能力が政治解説の新しい形を生んだ，ウェブ版サンフランシスコ・クロニクルで発表のアニメ漫画に対して
- 速報写真　　Mary Chind（：The Des Moines Register）―レスキュー隊員が簡易的な紐にぶら下がり，水が溢れかえったダムに取り残された女性を救おうとする，息をのむ瞬間を捉えた写真に対して
- 企画写真　　Craig F.Walker（：The Denver Post）―反政府勢力が渦巻くイラクで軍隊に加わり，戦争の意味と人間について心を痛める10代若者を写した，詳細な写真に対して

◇文学・音楽
- フィクション　ポール・ハーディング（Paul Harding）「ティンカーズ」（"Tinkers"）
- 戯曲　　　　トム・キット（Tom Kitt［音楽］），ブライアン・ヨーキー（Brian Yorkey［脚本］）「ネクスト・トゥ・ノーマル」（"Next to Normal"）
- 歴史　　　　ライアカット・アハメド（Liaquat Ahamed）「世界恐慌―経済を破綻させた4人の中央銀行総裁」（"Lords of Finance：The Bankers Who Broke the World"）
- 伝記・自伝　T.J.スタイルズ（T.J.Stiles）"The First Tycoon：The Epic Life of Cornelius Vanderbilt"
- 詩　　　　　レイ・アーマントラウト（Rae Armantrout）"Versed"
- 一般ノンフィクション　デヴィッド・E.ホフマン（David E.Hoffman）"The Dead Hand：The Untold Story of the Cold War Arms Race and Its Dangerous Legacy"
- 音楽　　　　ジェニファー・ヒグドン（Jennifer Higdon）"Violin Concerto"

◇特別賞
- 特別表彰　　ハンク・ウィリアムズ（Hank Williams）―熟練した作詞家として，感情をまっすぐ心に訴えかける表現力と，カントリー音楽をアメリカの音楽と文化の中心に位置付けたその重要な役割に対して

2011年
◇ジャーナリズム
- 公益　　　　ロサンゼルス・タイムズ（Los Angeles Times）―カリフォルニア州ベル市で公務員らが資金を横領して過剰な給与を手にしていた事実を暴露し，逮捕と改革という結果を招いた汚職事件の記事に対して
- 速報報道　　該当者なし
- 調査報道　　Paige St.John（：Sarasota Herald-Tribune）―フロリダの住宅所有者が利用する住宅損害保険システムの不明瞭さと欠陥の調査，および保険業者の信頼性を判断するデータの提供，取締りの促進に対して
- 解説報道　　Mark Johnson, Kathleen Gallagher, Gary Porter, Lou Saldivar, Alison Sherwood（：Milwaukee Journal Sentinel）―難病に侵された4歳の少年を救うべく行われた，遺伝子技術を用いた壮大な取り組みについての，文章，図，動画，写真を駆使した，明快な調査報道に対して
- 地方報道　　Frank Main, Mark Konkol, John J.Kim（：Chicago Sun-Times）―シカゴ近隣で起きた暴力事件で"沈黙のおきて"が解決を遅らせるなか，被害者，犯罪者，刑事の日々を徹底取材した，読者を夢中にさせる記録に対して
- 国内報道　　Jesse Eisinger, Jake Bernstein（：ProPublica）―アメリカの経済崩壊に加担したウォール街の疑わしい慣行を暴露し，デジタルツールを使用して複雑な問題を平たく読者に説明した記事に対して
- 国際報道　　クリフォード・J.レヴィ（Clifford J.Levy），Ellen Barry（：The New York Times）―ロシアの行き詰まった司法制度を追ってわかりやすく報道し，ロシア国内の議論に多大なる影響を与えたことに対して
- 特集記事　　Amy Ellis Nutt（：The Star-Ledger, Newark, NJ）―男性6人が亡くなった，大西洋での商用漁船の不可解な沈没事故について，深く調査した記事に対して
- 評論　　　　David Leonhardt（：The New York Times）―財政赤字から医療保障制度改革

	まで，アメリカの複雑化した経済問題についてまっすぐ切り込んだ評論に対して
●批評	Sebastian Smee（：The Boston Globe）—愛と理解をもって優れた芸術作品の紹介を重ねた，芸術に関する鮮烈で生き生きとした文章に対して
●社説	Joseph Rago（：The Wall Street Journal）—オバマ大統領が主張した医療保障制度改革について巧みに論じた，攻撃的な社説に対して
●漫画	Mike Keefe（：The Denver Post）—ゆるく豊かな表現方法に強烈でウィットに富んだメッセージを込めた，広範囲に及ぶ時事漫画に対して
●速報写真	キャロル・ガジー（Carol Guzy），Nikki Kahn，Ricky Carioti（：The Washington Post）—ハイチを襲った壊滅的な大地震の後の絶望と悲しみを，間近で写し取った写真に対して
●企画写真	Barbara Davidson（：Los Angeles Times）—死者を伴う集団暴力事件に巻き込まれた被害者たちを写した，詳細な写真に対して
◇文学・音楽	
●フィクション	ジェニファー・イーガン（Jennifer Egan）「ならずものがやってくる」（"A Visit from the Goon Squad"）
●戯曲	ブルース・ノリス（Bruce Norris）"Clybourne Park"
●歴史	エリック・フォーナー（Eric Foner）「業火の試練—エイブラハム・リンカンとアメリカ奴隷制」（"The Fiery Trial: Abraham Lincoln and American Slavery"）
●伝記・自伝	ロン・チャーナウ（Ron Chernow）"Washington A Life"
●詩	ケイ・ライアン（Kay Ryan）"The Best of It: New and Selected Poems"
●一般ノンフィクション	シッダールタ・ムカジー（Siddhartha Mukherjee）「病の皇帝「がん」に挑む―人類4000年の苦闘」（"The Emperor of All Maladies: A Biography of Cancer"）
●音楽	周龍（Zhou Long）"Madame White Snake"
2012年	
◇ジャーナリズム	
●公益	フィラデルフィア・インクワイアラー（The Philadelphia Inquirer）—学校内に広まる暴力問題に着目し，紙面と動画を使って生徒間での犯罪を明らかにし，教師および生徒の安全を高める改革を推し進める結果となった調査に対して
●速報報道	タスカルーサ・ニュースのスタッフ（The Tuscaloosa（Ala.）News Staff）—死者を出したトルネードに際し，元来の方法に加えてソーシャルメディアでのリアルタイム更新を利用し，行方不明者の捜索等に貢献した，冒険的な報道スタイルに対して
●調査報道	Matt Apuzzo, Adam Goldman, Eileen Sullivan, Chris Hawley（：Associated Press）—ニューヨーク市警察がイスラム教徒の日常を監視していた問題を明らかにし，連邦政府の調査要求や，国内情報収集の適切な役割についての論争を引き起こした報道に対して
	Michael J.Berens，ケン・アームストロング（Ken Armstrong ：The Seattle Times）—ワシントン州の行政機関が，患者へ投与する鎮痛剤を安価だが危険性の高いメサドンへと変更した過程の調査，および健康被害警告が州全体に広がる結果となった報道に対して
●解説報道	David Kocieniewski（：The New York Times）—富裕層や企業による法の抜け穴利用や租税回避策，また法の持つ欠陥について，明快に解説した連載報道に対して
●地方報道	Sara Ganim, Members of The Patriot-News Staff, Harrisburg, PA—ペンシルベニア州立大学の前フットボールコーチ，ジェリー・サンダスキーの性的虐待スキャンダルを勇敢にも暴露した，熟達した記事に対して
●国内報道	David Wood（：The Huffington Post）—10年に及ぶイラクおよびアフガニスタンでの戦争で，重傷を負ったアメリカ人兵士の身体的，精神的な闘いを追った，興味深い調査に対して

- ●国際報道　　Jeffrey Gettleman（：The New York Times）―自らを危険にさらしながらも，軽視されがちだが世界がもっと目を向けるべきである東アフリカでの飢饉と紛争を追い続けた，生々しい記事に対して
- ●特集記事　　Eli Sanders（：The Stranger, a Seattle（Wash.）weekly）―残忍な手口で夫を殺害されたある女性の勇気ある法廷陳述，その他事件詳細の記録を含む，心を打つ記事に対して
- ●評論　　Mary Schmich（：The Chicago Tribune）―シカゴの特徴や文化を捉えて幅広く記した，現実派のコラムに対して
- ●批評　　Wesley Morris（：The Boston Globe）―極めて正確でシンプルな文体と，アートシアターから映画館までの興行成績の網羅を特徴とした，才気に溢れ，創意に富む映画評論に対して
- ●社説　　該当者なし
- ●漫画　　Matt Wuerker（：POLITICO）―ワシントンを飲み込んだ党派同士の衝突を描いた風刺画に代表される，常に新鮮で面白い時事漫画に対して
- ●速報写真　　Massoud Hossaini（：Agence France-Presse）―カブールのモスクの自爆テロ現場で，恐怖に泣き叫ぶ女児の悲痛な写真に対して
- ●企画写真　　Craig F.Walker（：The Denver Post）―重度の心的外傷後ストレス障害に苦しむイラク帰還兵を追い，見る者に国家が抱える問題を突きつけた，年代記写真に対して

◇文学・音楽
- ●フィクション　　該当者なし
- ●戯曲　　キアラ・アレグリア・ヒュディス（Quiara Alegría Hudes）"Water by the Spoonful"
- ●歴史　　マニング・マラブル（Manning Marable）"Malcolm X： A Life of Reinvention"
- ●伝記・自伝　　ジョン・ルイス・ギャディス（John Lewis Gaddis）"George F.Kennan： An American Life"
- ●詩　　トレイシー・K.スミス（Tracy K.Smith）「火星の生命」（"Life on Mars"）
- ●一般ノンフィクション　　スティーヴン・グリーンブラット（Stephen Greenblatt）「一四一七年、その一冊がすべてを変えた」（"The Swerve： How the World Became Modern"）
- ●音楽　　ケビン・パッツ（Kevin Puts）"Silent Night： Opera in Two Acts"

2013年
◇ジャーナリズム
- ●公益　　サン・センチネル（Sun Sentinel, Fort Lauderdale, FL）―勤務外の警官の無謀運転が市民の命を脅かし，処罰と対策が実施された事件についての，詳細な調査に対して
- ●速報報道　　デンバー・ポストのスタッフ（Staff of The Denver Post）―死者12人，負傷者58人を出したコロラド州オーロラの映画館での銃乱射事件に関する，ツイッターやフェイスブック，動画，紙媒体を駆使した，包括的な報道に対して
- ●調査報道　　David Barstow, Alejandra Xanic von Bertrab（：The New York Times）―企業慣行の改革を招く結果となった，メキシコ市場にはびこったウォルマートの贈賄工作過程の調査記事に対して
- ●解説報道　　ニューヨーク・タイムズのスタッフ（Staff of The New York Times）―アップルなどのIT企業のビジネスモデルが従業員や消費者にもたらすグローバル経済における光と影を明らかにした，鋭い視点の記事に対して
- ●地方報道　　Brad Schrade, Jeremy Olson, Glenn Howatt（：Star Tribune, Minneapolis）―規制強化の法的措置を招いた，保育所の規制の貧弱さを原因とした急増する幼児死亡問題についての，影響力ある報道に対して
- ●国内報道　　Lisa Song, Elizabeth McGowan, David Hasemyer（：InsideClimate News, Brooklyn, NY）―アメリカ国内の石油パイプライン規定の欠陥，特に議論を呼んだ"ディルビット"と呼ばれる石油の輸送に伴う環境保護上の危険性

についての，徹底した報道に対して
- ●国際報道　David Barboza（：The New York Times）―中国首相一族が所有する数十億ドルの隠し資産など，中国政府高官の汚職について，中国当局者による厳しい圧力に直面しつつも発表された印象的な暴露報道に対して
- ●特集記事　John Branch（：The New York Times）―雪崩によってスキー客が死亡した事故についての，マルチメディアを巧みに駆使した科学的な解説文に対して
- ●評論　Bret Stephens（：The Wall Street Journal）―アメリカの外交政策と国内政治に関する，鋭く捻りのきいたコラムに対して
- ●批評　Philip Kennicott（：The Washington Post）―芸術と背後にある社会的な力についての，題材と焦点を読者層に適合させた，表情豊かで情熱的な評論に対して
- ●社説　Tim Nickens, Daniel Ruth（：Tampa Bay Times）―居住者70万人が利用する水道水をめぐるフッ化物添加中止運動の結論を覆す助力となった，熱心な活動に対して
- ●漫画　Steve Sack（：Star Tribune, Minneapolis）―独自のスタイルと巧みなアイデアで明確な見解を示した，多様な時事漫画作品に対して
- ●速報写真　Rodrigo Abd, Manu Brabo, Narciso Contreras, ハリール・ハムラ（Khalil Hamra）, Muhammed Muheisen（：Associated Press）―多大なる危険を冒しながら撮影された，シリア内戦に関する心に訴えかける一連の写真に対して
- ●企画写真　Javier Manzano ―緊張した面持ちで持ち場につくシリア反体制派狙撃兵らと，金属製の壁に空いた弾痕から光の筋が漏れる様を写した，フランス通信社（AFP）発表の芸術的な写真に対して

◇文学・音楽
- ●フィクション　アダム・ジョンソン（Adam Johnson）「半島の密使」（"The Orphan Master's Son"）
- ●戯曲　アヤド・アクター（Ayad Akhtar）"Disgraced"
- ●歴史　フレデリック・ログボール（Fredrik Logevall）"Embers of War： The Fall of an Empire and the Making of America's Vietnam"
- ●伝記・自伝　トム・リース（Tom Reiss）「ナポレオンに背いた「黒い将軍」―忘れられた英雄アレックス・デュマ」（"The Black Count： Glory, Revolution, Betrayal, and the Real Count of Monte Cristo"）
- ●詩　シャロン・オールズ（Sharon Olds）"Stag's Leap"
- ●一般ノンフィクション　ギルバート・キング（Gilbert King）"Devil in the Grove： Thurgood Marshall, the Groveland Boys"
- ●音楽　キャロライン・ショー（Caroline Shaw）"Partita for 8 Voices"

2014年
◇ジャーナリズム
- ●公益　ガーディアン（The Guardian US）―政府と国民間のセキュリティとプライバシーの問題に議論を引き起こした，米国家安全保障局（NSA）による秘密監視活動の暴露に対して

　ワシントン・ポスト（The Washington Post）―米国家安全保障局（NSA）による秘密監視活動を暴露し，それが国家の安全の枠組みに適合した暴露であることを国民に説明した，洞察力ある記事に対して
- ●速報報道　ボストン・グローブのスタッフ（Staff of The Boston Globe）―ボストン・マラソンでの連続爆破事件と，街全体を封鎖しての容疑者捜査に関する，写真とデジタルツールを駆使して悲劇を伝えた，徹底的かつ感情を揺さぶる報道に対して
- ●調査報道　Chris Hamby（：The Center for Public Integrity, Washington, DC）―黒肺塵病に侵された炭鉱労働者に対し，一部の弁護士と医者がシステムを不正操作して給付金を認めず，法的矯正措置が取られる結果となった問題に関する報道に対して

- ●解説報道　　Eli Saslow（：The Washington Post）—景気後退後のアメリカでの食糧切符の普及と依存に関する貧困と依存について，読者に考えさせるきっかけを作った報道に対して
- ●地方報道　　Will Hobson, Michael LaForgia（：Tampa Bay Times）—市内に多く存在するホームレスへの住宅提供にまつわる，不潔な環境に関する徹底調査に対して
- ●国内報道　　David Philipps（：The Gazette, Colorado Springs, CO）—負傷した退役軍人らの退役後の生活と虐待問題に関する，デジタルツールを多用し議会の措置を促した，拡大調査に対して
- ●国際報道　　Jason Szep, Andrew R.C.Marshall（：Reuters）—ミャンマーのイスラム少数派ロヒンギャが，国外逃亡を図るも人身売買の犠牲となる等の暴力的な迫害に関する，勇気ある報道に対して
- ●特集記事　　該当者なし
- ●評論　　　　Stephen Henderson（：Detroit Free Press）—記者自身の故郷に蔓延する財政困難に関する，情熱と故郷への愛に満ちた遠慮のないコラムに対して
- ●批評　　　　Inga Saffron（：The Philadelphia Inquirer）—高度の専門知識，市民としての情熱，読みやすさを兼ね備えた，常に刺激的で意外性に満ちた建築批評に対して
- ●社説　　　　オレゴニアンのスタッフ（Editorial Staff of The Oregonian, Portland）—複雑で緊急を要する年金費用上昇問題に関し，必要とされる解決策とそれが日常生活に与える影響を読者に明白に示した，明快な社説に対して
- ●漫画　　　　Kevin Siers（：The Charlotte Observer）—鋭いウィットと大胆な芸術性をもって描かれた，読者に考えさせる時事漫画に対して
- ●速報写真　　タイラー・ヒックス（Tyler Hicks：The New York Times）—ケニアのウエストゲートモールで発生したテロ事件を勇気と技術をもって写し取った，人を惹きつける写真に対して
- ●企画写真　　Josh Haner（：The New York Times）—ボストン・マラソンでの連続爆破事件で両脚の大部分を失った被害者が，その後苦しみながらも立ち上がっていく様を追った，感動的なフォトエッセイに対して

◇文学・音楽
- ●フィクション　　ドナ・タート（Donna Tartt）"The Goldfinch"
- ●戯曲　　　　アニー・ベイカー（Annie Baker）"The Flick"
- ●歴史　　　　アラン・テイラー（Alan Taylor）"The Internal Enemy：Slavery and War in Virginia, 1772-1832"
- ●伝記・自伝　メーガン・マーシャル（Megan Marshall）"Margaret Fuller：A New American Life"
- ●詩　　　　　Vijay Seshadri "3 Sections"
- ●一般ノンフィクション　ダン・ファジン（Dan Fagin）"Toms River：A Story of Science and Salvation"
- ●音楽　　　　ジョン・ルーザー・アダムズ（John Luther Adams）"Become Ocean"

2015年
◇ジャーナリズム
- ●公益　　　　ポスト・アンド・クーリエ（The Post and Courier, Charleston, SC）—サウスカロライナが女性が男性に殺害される率が最も高い州である要因を探り，DV対策案について提案した，魅力的な連載企画 "死が2人を分かつまで" に対して
- ●速報報道　　シアトル・タイムズのスタッフ（The Seattle Times Staff）—43人の死者を出した地滑りについてのデジタル記事と，大災害を防ぐ手段はあったのかを調べた印象的な追跡記事に対して
- ●調査報道　　エリック・リプトン（Eric Lipton：The New York Times）—ロビイストの与える影響が，議会の指導者や州の司法長官をどう動かし，富裕層に有利な法へ司法が傾くかについての記事に対して

　　　　　　　ウォール・ストリート・ジャーナルのスタッフ（The Wall Street Journal

	Staff）—個人情報を前もって医療業者に渡すという，先例のない草分け的なプロジェクト"覆面をしないメディケア"に対して
●解説報道	Zachary R.Mider（：Bloomberg News）—アメリカ企業による租税回避の状況と，立法や規制でその抑制が困難な要因に関する，入念で明快かつ興味深い解説に対して
●地方報道	Rob Kuznia，Rebecca Kimitch，Frank Suraci（：The Daily Breeze，Torrance， CA）—財政難の小さい学区にはびこる汚職に関する，オンライン版を効果的に使った調査報道に対して
●国内報道	Carol D.Leonnig（：The Washington Post）—大統領護衛の際のセキュリティ過失や重要任務の無視等，シークレット・サービスの不祥事を追った，知的で粘り強い報道に対して
●国際報道	ニューヨーク・タイムズのスタッフ（The New York Times Staff）—アフリカのエボラ出血熱に関する，詳細かつ全体的な状況を読者に知らせ，当局に説明責任を果たさせた，最前線での生き生きとした報道に対して
●特集記事	Diana Marcum（：The Los Angeles Times）—カリフォルニア州セントラル・バレーからの，干ばつ被害に苦しむ生活を伝える写真と，独自性に溢れる感情豊かな視点からの記事に対して
●評論	Lisa Falkenberg（：The Houston Chronicle）—不当な判決を始め，司法や入国管理制度上の目に余る問題を多数生んだ大陪審の職権乱用について，生き生きと描かれた革新的なコラムに対して
●批評	Mary McNamara（：The Los Angeles Times）—文化景観のあらゆる変遷がテレビに与える影響について，内部からの視点を含み，抜け目なさとユーモアを兼ね備えた知識豊かな批評に対して
●社説	Kathleen Kingsbury（：The Boston Globe）—レストラン従業員の銀行口座の内情を読者に紹介し，割安メニューの価格の裏側や，所得に差をつける人的ロスについて明らかにした記事に対して
●漫画	Adam Zyglis（：The Buffalo News）—少ない言葉に幾重もの意味を含ませた，強烈な画風を特徴とする時事漫画に対して
●速報写真	セントルイス・ポスト・ディスパッチのスタッフ（St.Louis Post-Dispatch Photography Staff）—ミズーリ州ファーガソンでの暴動にて市民の絶望と怒りを写し取った力強い写真と，国に真実を伝える手助けをしたフォトジャーナリズムに対して
●企画写真	Daniel Berehulak（：freelance photographer，The New York Times）—西アフリカでのエボラ出血熱を写した，勇敢で心をつかむ一連の写真に対して
◇文学・音楽	
●フィクション	アンソニー・ドーア（Anthony Doerr）"All the Light We Cannot See"
●戯曲	ステファン・アドリー・ギジス（Stephen Adly Guirgis）"Between Riverside and Crazy"
●歴史	エリザベス・A.フェン（Elizabeth A.Fenn）"Encounters at the Heart of the World： A History of the Mandan People"
●伝記・自伝	デヴィッド・I.カーツァー（David I.Kertzer）"The Pope and Mussolini： The Secret History of Pius XI and the Rise of Fascism in Europe"
●詩	グレゴリー・パードロ（Gregory Pardlo）"Digest"
●一般ノンフィクション	エリザベス・コルバート（Elizabeth Kolbert）「6度目の大絶滅」（"The Sixth Extinction： An Unnatural History"）
●音楽	ジュリア・ウルフ（Julia Wolfe）"Anthracite Fields"

７フィールズ賞 Fields Medal

1924年，カナダのトロントでの第1回国際数学者会議の際，カナダの数学者J.C.フィールズ（John Charles Fields）の会議成功に対する尽力を称えて制定された数学賞。36年，第1回の

賞の贈呈がオスロで行われた。以後，4年ごとに国際数学者会議において，顕著な業績をあげた数学者に対して贈られる。ノーベル賞に数学分野がないことから，数学の「ノーベル賞」ともいわれる。受賞が今後の更なる業績の励みとなるように，受賞者の年齢は40歳までに限定されている。また，受賞者はロルフ・ネヴァリンナ賞，カール・フリードリヒ・ガウス賞の受賞対象からは外される。

＊日本人では，小平邦彦（1954年），広中平祐（70年），森重文（90年）の3名が受賞

【主催者】国際数学者連盟（IMU：International Mathematical Union）
【選考委員】国際数学者連盟（IMU）により選出される，通常IMU会長が委員長を務める。委員長以外の選考委員は受賞者の決定まで公表されない。2014年度の委員長はIngrid Daubechies
【選考基準】40歳以下の数学者で，最大4人までを対象とする。国籍不問
【締切・発表】IMU大会開催年の前年12月までに推薦状を選考委員長に提出，賞はオープニングセレモニーで授与される
【賞・賞金】賞金とアルキメデスの顔が刻されたメダル
【連絡先】International Mathematical Union Secretariat, Markgrafenstr.32 D-10117 Berlin, Germany 【FAX】+49 30 20372-439
【E-mail】secretary@mathunion.org
【URL】http://www.mathunion.org/

2006年	アンドレイ・オコンコフ（Andrei Okounkov ロシア：プリンストン大学）―組み合わせ論，表現論，代数幾何学への貢献に対して
	グリゴーリー・ペレルマン（Grigori Perelman ロシア：辞退）―幾何学への貢献とリッチ・フローの解析的かつ幾何的構造への革命的な洞察力に対して
	テレンス・タオ（Terence Tao オーストラリア：カリフォルニア大学）―偏微分方程式，組み合わせ論，調和解析，加法的整数論への貢献に対して
	ウェンデリン・ウェルナー（Wendelin Werner フランス：パリ第11大学）―確率論的レヴナー発展の開拓，2次元ブラウン運動の幾何学，共形場理論への貢献に対して
2010年	エロン・リンデンシュトラウス（Elon Lindenstrauss イスラエル：ヘブライ大学）―エルゴード理論における剛性測定，並びに整数論への応用に対して
	ゴ・バオ・チャウ（Ngô Bào Châu フランス，ベトナム：パリ第11大学）―新しい代数幾何学論の紹介を通じた，保型形式にて「跡公式の基本補題」の証明に対して
	スタニスラフ・スミルノフ（Stanislav Smirnov ロシア：ジュネーヴ大学）―パーコレーションの共形不変性の証明と統計物理学における平面イジング模型の証明に対して
	セドリック・ヴィラーニ（Cédric Villani フランス：リヨン第一大学）―ランダウ減衰およびボルツマン方程式の運動論に関わる研究成果に対して
2014年	アルトゥール・アビラ（Artur Avila ブラジル，フランス：フランス国立科学研究センター）―統一原理としての標準化の考えを応用し，その分野を一変させた力学系理論への深遠な貢献に対して
	マンジュル・バルガバ（Manjul Bhargava アメリカ：プリンストン大学）―数の幾何学で新しく効果的な手法を開発し，環論や，楕円曲線の平均階数の有限性に応用した功績に対して
	マルティン・ハイラー（Martin Hairer オーストリア：ウォーリック大学）―確率偏微分方程式理論への多大なる貢献，特に確率偏微分方程式の一定不変構造論の創造に対して
	マリアム・ミルザハニ（Maryam Mirzakhani イラン：スタンフォード大学）―リーマン面とそのモジュライ空間の力学と幾何学に関する多大なる貢献に

対して

8 フェリックス・ウフェボアニ賞（ユネスコ平和賞）The Félix Houphouet-Böigny Peace Prize

1989年ユネスコ総会において設立。国連憲章およびユネスコ憲章に則り，平和の促進・希求・維持の分野において多大なる貢献をした生存する個人，または活動を継続している公的機関および民間団体を称える目的のもとに授与される。賞名はコートジボアールの初代大統領，フェリックス・ウフェボアニ（Félix Houphouet-Böigny）の名にちなむ。受賞者はノーベル平和賞も受賞することが多く，注目される。

＊1995年，日本人として初めて緒方貞子国連難民高等弁務官が受賞

【主催者】国連教育科学文化機関（UNESCO）
【選考委員】Mário Soares（委員長：ポルトガル），Alioune Traoré（ユネスコ），Vigdís Finnbogadóttir（アイスランド），Joaquim Chissano（モザンビーク），Adolfo Pérez Esquivel（アルゼンチン），Iba Der Thiam（セネガル），Christian de Boissieu（フランス），Driss Bensari（モロッコ），Carlos de Souza-Gomes（ブラジル）
【選考方法】ユネスコ加盟国及びユネスコと協議の地位を有する非政府組織，審査委員会メンバー，過去の受賞者，学者，国際法機関，国際司法裁判所メンバー，平和団体などが候補者推薦の権利をもち，ユネスコ国内委員会を通してユネスコ事務局長に推薦状を提出
【締切・発表】パリのユネスコ本部で授賞式が行われる
【賞・賞金】賞金15万ドルと金メダル，賞状。受賞者複数の場合，賞金は均等分される
【連絡先】(Mr.Alioune Traore Executive Secretary of the Felix Houphouet-Boigny Peace Prize UNESCO) CRP 1, rue Miollis, 75732 Paris Cedex 15 France【TEL】+33 (0) 1 45 68 43 23【FAX】+33 (0) 1 45 68 56 86
【URL】http://portal.unesco.org/

2004年度	該当者なし
2005年度	アブドゥライ・ワッド（Abdoulaye Wade セネガル大統領）―セネガルの民主主義への貢献と，地域の政治論争を調停した功績に対して
2006年度	該当者なし
2007年度	マルティ・アハティサーリ（Martti Ahtisaari 元フィンランド大統領）―生涯をかけた世界平和への貢献に対して
2008年度	ルイス・イナシオ・ルーラ・ダ・シルヴァ（Luiz Inácio Lula da Silva ブラジル大統領）―ラテンアメリカの平和，対話，民主主義，社会正義，平等の権利を追求した行動，また，ブラジル国内の貧困撲滅と少数派の権利の保護への評価すべき貢献に対して
2010年度	The Grandmothers of the Plaza de Mayo Organization（アルゼンチン）―人権，正義，平和を求めた，30年以上にわたる根気強い闘争に対して
2013年度	フランソワ・オランド（François Hollande フランス大統領）―アフリカの平和と安定への多大なる貢献に対して

美　術

9 ヴェネチア・ビエンナーレ　la Biennale di Venezia

イタリアの国際美術展覧会。ヴェネチア市の提唱により「ヴェネチア市国際美術展」として1895年第1回開催。1910年以降隔年開催。次第に総合的な文化行事の形へと移行，38年（第21回）からグラン・プリが授与されるようになった。ムッソリーニ政権下，ファシズムの影響を強く受けるようになり，1942年には全体主義国家および中立国のみの参加となった。70年（第35回）からしばらく受賞制度が廃止されたが，86年に復活。各国のコミッショナーがキュレーションを担当する国別の展示と賞制度により，オリンピック的な性格をもちながら，現代美術の展覧会としての役割を果たしている。国際企画展―インターナショナル・アート・エキシビションでは，世界各国の国別展示（2015年は88カ国）と企画展示が出品され，国際展示部門（個人），国別パビリオン部門，生涯功労者部門でそれぞれ金獅子賞，最も有望な若手アーティストに銀獅子賞が授与される。この他，映画（→ヴェネチア映画祭参照），建築，音楽，ダンス，演劇とそれぞれフェスティヴァルが開催される。

　　＊日本人では，棟方志功が国際大賞（1956年），菅井汲がブライト基金賞（62年），堂本尚郎がアーサー・レイワ賞（64年），池田満寿夫が国際大賞（66年），高松次郎がカルダッツォ賞（68年），千住博が4つの平和賞（95年），森万里子が優秀賞（97年）を受賞。また，国際建築展（2004年）で妹島和世と西沢立衛が「金沢21世紀美術館」などの作品で，金獅子賞を受賞

【選考委員】〔2015年〕Naomi Beckwith（アメリカ），Sabine Breitwieser（オーストリア），Mario Codognato（イタリア），Ranjit Hoskote（インド），Yongwoo Lee（韓国）
【締切・発表】〔2015年〕開催期間は5月9日〜11月22日。受賞発表は5月9日になされた
【賞・賞金】金の獅子像
【連絡先】Ca' Giustinian, San Marco 1364/A 30124 Venice 【TEL】+39 041 5218711
【FAX】+39 041 2728329
【E-mail】info@labiennale.org
【URL】http://www.labiennale.org/

2005年（第51回）
　◇金獅子賞
　　●国際展示部門　トーマス・シュッテ（Thomas Schütte）
　　●35歳以下部門　レージナ・ホセ・ガリンド（Regina José Galindo）
　　●生涯功労賞　バーバラ・クルーガー（Barbara Kruger）
　　●国別パビリオン部門　フランス館
　◇若手イタリア人作家最優秀賞　ララ・ファヴァレット（Lara Favaretto）
2007年（第52回）
　◇金獅子賞
　　●国際展示部門　レオン・フェラーリ（León Ferrari）
　　●40歳以下部門　エミリー・ジャシール（Emily Jacir）
　　●美術批評家・美術史家賞　ベンジャミン・ブクロー（Benjamin Buchloh）
　　●生涯功労賞　マリック・シディベ（Malick Sidibé）

- 国別パビリオン部門　ハンガリー館
◇特別賞　　　　　ネドコ・ソラコフ（Nedko Solakov）
　　　　　　　　　リトアニア館

2009年（第53回）
◇金獅子賞
- 国際展示部門　トビアス・レーバーガー（Tobias Rehberger）
- 生涯功労賞　　オノ・ヨーコ（Yoko Ono）
　　　　　　　　ジョン・バルデッサリ（John Baldessari）
- 国別パビリオン部門　アメリカ館
◇銀獅子賞　　　　ナタリー・ユールベリ（Nathalie Djurberg）
◇特別賞　　　　　リジア・パペ（Lygia Pape）
　　　　　　　　　マイケル・エルムグリーン＆インガー・ドラッグセット（Michael Elmgreen & Ingar Dragset）
　　　　　　　　　ミン・ウォン（Ming Wong）
　　　　　　　　　ロベルト・クオーギ（Roberto Cuoghi）

2011年（第54回）
◇金獅子賞
- 国際展示部門　クリスチャン・マークレー（Christian Marclay）
- 生涯功労賞　　スターテヴァント（Sturtevant）
　　　　　　　　フランツ・ヴェスト（Franz West）
- 国別パビリオン部門　ドイツ館
◇銀獅子賞　　　　ハルーン・ミルザ（Haroon Mirza）
◇特別賞　　　　　リトアニア館
　　　　　　　　　クララ・リーデン（Klara Lidén）

2013年（第55回）
◇金獅子賞
- 国際展示部門　ティノ・セーガル（Tino Sehgal）
- 生涯功労賞　　マリア・ラスニック（Maria Lassnig）
　　　　　　　　マリサ・メルツ（Marisa Merz）
- 国別パビリオン部門　アンゴラ館
◇銀獅子賞
- 国際展示部門　カミーユ・アンロ（Camille Henrot）
◇特別賞
- 国際展示部門　シャロン・ヘイズ（Sharon Hayes）
　　　　　　　　ロベルト・クオーギ（Roberto Cuoghi）
- 国別パビリオン部門　キプロス，リトアニア
　　　　　　　　日本

2015年（第56回）
◇金獅子賞
- 国際展示部門　エイドリアン・パイパー（Adrian Piper）
- 生涯功労賞　　エル・アナツイ（El Anatsui）
- 国別パビリオン部門　アルメニア館
◇銀獅子賞
- 国際展示部門　イム・フンスン（Im Heung-Soon）
◇特別賞
- 国際展示部門　ハルン・ファロッキ（Harun Farocki）
　　　　　　　　アブナダラ（Abounaddara collective）

マッシニッサ・セルマーニ（Massinissa Selmani）
● 国別パビリオン部門 アメリカ館

10 高松宮殿下記念世界文化賞

　1988（昭和63）年，財団法人日本美術協会創立100年を記念し，同財団の総裁・故高松宮宣仁親王殿下の「世界の文化・芸術の普及向上に広く寄与したい」との遺志を継いで創設された。文化・芸術の振興こそが，人類の平和と繁栄の最も資することを確信し，国境や民族の壁を越えて，芸術の発展・普及・向上に顕著な貢献をした個人あるいは団体を顕彰するとともに，世界の文化・芸術活動の一層の普及・向上に広く寄与し，顕彰者のあとに続く芸術家の育成，奨励に資することを目的とする。絵画，彫刻，建築，音楽，演劇・映像の5部門がある。
　＊日本人では，黒澤明（1992年），丹下健三（93年），中村歌右衛門（95年），安藤忠雄（96年），槇文彦（99年），三宅一生（2005年），谷口吉生（2005年），草間彌生（06年），坂田藤十郎（08年），杉本博司（09年），伊東豊雄（10年），小澤征爾（11年），森下洋子（12年）が受賞

【主催者】（財）日本美術協会
【選考委員】〔国際顧問〕中曽根康弘（日本），ウィリアム・ルアーズ（アメリカ），ランベルト・ディーニ（イタリア），クリストファー・パッテン（イギリス），クラウス＝ディーター・レーマン（ドイツ），ジャン＝ピエール・ラファラン（フランス）〔名誉顧問〕ジャック・シラク（フランス），ヘルムート・シュミット（ドイツ），デイヴィッド・ロックフェラー（アメリカ），デイヴィッド・ロックフェラー・ジュニア（アメリカ），フランソワ・ピノー（フランス）
【選考方法】6人の国際顧問が主宰する6受賞者推薦委員会の推薦による。各委員会は地域の代表ではなく，国籍を問わず，国際的観点から，全世界の芸術家あるいは団体を対象に調査し，そのリストを日本美術協会に提出する
【選考基準】〔対象〕それぞれの分野において，顕著な業績を確立した，または，現在著しい活躍をし，将来を通じて最も期待され，その業績を嘱望されている芸術家，あるいは芸術活動をする団体。上記の芸術家，あるいは団体で特に次代の新たな創造者を育成・奨励していくことにおいて，顕著な実績をもつもの。年間1名を原則とする
【締切・発表】例年5月初旬までに内定。9月上旬発表。10月下旬授賞式
【賞・賞金】各部門1名。金メダル，顕彰状と賞金1500万円
【連絡先】〒110-0007 東京都台東区上野公園1-2（公財）日本美術協会 高松宮殿下記念世界文化賞【TEL】03-5832-6464【FAX】03-5832-6465
【URL】http：//www.praemiumimperiale.org

2005年（第17回）
　◇絵画部門　　　ロバート・ライマン（Robert Ryman アメリカ）—正方形のフォーマットに白一色で描かれた作品群で「白の画家」と呼ばれる
　◇彫刻部門　　　三宅一生（Issey Miyake 日本）—ファッションデザイナーの枠を超えて，人間の身体そのものの豊かな芸術性と可能性の追求に捧げてきた
　◇建築部門　　　谷口吉生（Yoshio Taniguchi 日本）—素材の質感を活かし，光のあふれる快適な空間を持つ，簡素でシャープな形態であるところが，設計の共通項
　◇音楽部門　　　マルタ・アルゲリッチ（Martha Argerich アルゼンチン）—卓越した技術と詩情あふれる表現力で聴き手を魅了する世界的なピアニスト
　◇演劇・映像部門　マース・カニングハム（Merce Cunningham アメリカ）—ダンスと現代芸術を結びつける舞踊振付師

2006年（第18回）
- ◇絵画部門　　　草間彌生（Yayoi Kusama 日本）―幻視体験に触発された，反復する水玉や無限に広がる網をモチーフにした絵画は，世界で高い評価を得ている
- ◇彫刻部門　　　クリスチャン・ボルタンスキー（Christian Boltanski フランス）「生と死」について問いかけ続ける現代アーティスト
- ◇建築部門　　　フライ・オットー（Frei Otto ドイツ）―自然との融和を唱え，超軽量，高性能の建築を手掛ける
- ◇音楽部門　　　スティーヴ・ライヒ（Steve Reich アメリカ）―最小限に抑えた音型を反復させるミニマル・ミュージックの先駆者
- ◇演劇・映像部門　マイヤ・プリセツカヤ（Maya Plisetskaya ロシア）―20世紀最高と称賛されるロシアのバレリーナで，元ボリショイ・バレエのプリマ。美貌と技巧，芸術性に抜きんで，「瀕死の白鳥」で名声を不動のものにした

2007年（第19回）
- ◇絵画部門　　　ダニエル・ビュレン（Daniel Buren フランス）―一貫してストライプを描き続け，美術界に新風を吹き込んできた
- ◇彫刻部門　　　トニー・クラッグ（Tony Cragg イギリス）―人間と自然の関係をテーマにした作品を制作し続けている。80年代の「ニュー・ブリティッシュ・スカルプチュア」をリードした
- ◇建築部門　　　ジャック・ヘルツォーク（Jacques Herzog スイス），ピエール・ド・ムーロン（Pierre de Meuron スイス）―故郷バーゼルを拠点とするチーム「ヘルツォーク＆ド・ムーロン」は，美術館「テート・モダン」，東京のプラダ・ブティック青山店など斬新な建築物を次々に完成
- ◇音楽部門　　　ダニエル・バレンボイム（Daniel Barenboim ピアニスト・指揮者，イスラエル）―70年代からパリ管弦楽団，シカゴ交響楽団，ベルリン国立歌劇場で音楽監督などを歴任。ピアニストの勘と指揮者の技術を両輪とする精緻な音楽表現で評価を得た
- ◇演劇・映像部門　エレン・スチュワート（Ellen Stewart アメリカ）―自前の劇場「ラ・ママ実験劇場」を創設して以来，主宰者，プロデューサーとして活躍

2008年（第20回）
- ◇絵画部門　　　リチャード・ハミルトン（Richard Hamilton イギリス）―1956年，ポップ・アートの幕開けとされるコラージュ「いったい何が今日の家庭をこれほど変え，魅力的にしているのか？」を制作，その後も版画やコラージュ，デザインなどジャンルを超えた多様な創作活動を続ける
- ◇彫刻部門　　　イリヤ＆エミリア・カバコフ（Ilya & Emilia Kabakov ウクライナ）―夫妻で，絵画やオブジェ，言葉，音などを用いた「トータル・インスタレーション」という表現手法で国際的に活躍
- ◇建築部門　　　ピーター・ズントー（Peter Zumthor スイス）―建てる「場所」と「用途」に真摯に向き合い，ふさわしい「素材」選びに労を惜しまない。宗教建築から美術館，温泉施設，住宅にいたるまで，一貫して精神性の高さを感じさせる
- ◇音楽部門　　　ズビン・メータ（Zubin Mehta インド）―その資質とバランス感覚において，当代随一の指揮者といわれる。中東和平を願い，ユダヤ人とアラブ人が同席するコンサートを行うなど，数々の人道的活動でも高い評価と期待を集めている
- ◇演劇・映像部門　坂田藤十郎（Tojuro Sakata 日本）―はんなりした色気，戯曲の深い解釈，芸容の大きさで現代を代表する歌舞伎俳優。当たり役である「曽根崎心中」のお初は通算1200回を超え，作者の近松門左衛門の作品を上演する「近松座」を旗揚げした

2009年（第21回）
- ◇絵画部門　　　杉本博司（Hiroshi Sugimoto 日本）―大判カメラを使い，「時間」や「歴史」を想起させる洗練された作品を発表し続ける
- ◇彫刻部門　　　リチャード・ロング（Richard Long イギリス）―約40年間にわたり世界中の山や草原，海岸を歩き，その痕跡を彫刻作品としてきた。木や石といった自然の素材を使って，円や線などの形を作り記録に残す独特の手法で，次世代

◇建築部門	ザハ・ハディド（Zaha Hadid イラク）―独創性と構想力が見直され，近年大型建築が次々に完成。幾何学的な曲線，直線，鋭角が織り成す，流動的でダイナミックな外観が特徴
◇音楽部門	アルフレート・ブレンデル（Alfred Brendel オーストリア）―ドイツ・オーストリア系音楽の権威として知られる世界的なピアニスト。音楽に関する著述も数多く，クラシック音楽の演奏家や聴衆の音楽に対する理解を一層深めたことでも高い評価を得た
◇演劇・映像部門	トム・ストッパード（Tom Stoppard チェコスロバキア）―チェコのユダヤ系の家系に生まれた世界的な劇作家。作品に『ローゼンクランツとギルデンスターンは死んだ』『恋におちたシェイクスピア』など

2010年（第22回）

◇絵画部門	エンリコ・カステラーニ（Enrico Castellani イタリア）―カンヴァス表裏に釘を打ち込んだ三次元の作品は，「光の絵画」と呼ばれる
◇彫刻部門	レベッカ・ホルン（Rebecca Horn ドイツ）―詩，彫刻，絵画，映像などあらゆる表現手段を横断しながら，内からわき出る物語を発展させる「変身の芸術家」
◇建築部門	伊東豊雄（Toyo Ito 日本）―2001年にオープンした複合施設『せんだいメディアテーク』が絶賛されて時代の寵児となり，柔軟な発想と実行力で建築界を牽引している
◇音楽部門	マウリツィオ・ポリーニ（Maurizio Pollini イタリア）―ショパンなどロマン派や古典の演奏で定評があるが，現代音楽の語り部の使命も果たすピアニスト
◇演劇・映像部門	ソフィア・ローレン（Sophia Loren イタリア）「イタリアの太陽」とたたえられる美貌と，圧倒的存在感を持ち続けるイタリアを代表する女優。『ふたりの女』（1960）でイタリア人女優初のアカデミー賞を受賞し，『ひまわり』（1970），『特別な一日』（1977）などで演技派女優として確固たる地位を築く

2011年（第23回）

◇絵画部門	ビル・ヴィオラ（Bill Viola アメリカ）―ビデオという新分野の先駆者として，映像芸術を牽引し，ビデオの可能性を追求し続けるビデオ・アートの第一人者。水や火，光など根源的な要素を使用し，生と死，再生，信仰といった宗教的，哲学的なモチーフを主題とする
◇彫刻部門	アニッシュ・カプーア（Anish Kapoor インド）―ヨーロッパのモダニズムとインド文化を融合させ，彫刻を神秘的空間に変貌させる独創的な現代彫刻家
◇建築部門	リカルド・レゴレッタ（Ricardo Legorreta メキシコ）―現代的感覚とメキシコの伝統文化を融合する建築家。色で表現する個性，大きな窓や空間，人々が集うパティオ（中庭）など伝統的なライフスタイルが建築物に投影されている
◇音楽部門	小澤征爾（Seiji Ozawa 日本）―トロント交響楽団，サンフランシスコ交響楽団，ボストン交響楽団，ウィーン国立歌劇場の音楽監督などを歴任。1992年からは，長野県松本市で「サイトウ・キネン・フェスティバル松本」を立ち上げ，総監督としてサイトウ・キネン・オーケストラを指揮，高い評価を得た
◇演劇・映像部門	ジュディ・デンチ（Judi Dench イギリス）―20代からシェイクスピア演劇を学び，舞台，映画，テレビで活躍してきたイギリスを代表する女優で，悲喜劇，古典・現代劇を問わない実力派

2012年（第24回）

◇絵画部門	蔡國強（Cai Guo-Qiang 中国）―絵の具の代わりに火薬を爆発させて描いた「火薬絵画」など，ダイナミックな作品制作で知られる中国を代表する現代美術家。2005年のヴェネツィア・ビエンナーレでは，初出展した中国館のキュレーターを務め，2008年の北京オリンピック開会式では，打ち上げ花火で《歴史の足跡》の演出を手掛けた
◇彫刻部門	チェッコ・ボナノッテ（Cecco Bonanotte イタリア）「具象彫刻の奇才」「造形の詩人」と呼ばれる現代イタリアを代表する彫刻家。人間を主題に据え，時間や空間までも感じさせる豊かで独創的な作品を生み出している。《対照》《期待》《綱渡り師たち》など深い精神性をたたえた作品は高く評価されている

◇建築部門	ヘニング・ラーセン（Henning Larsen デンマーク）——「光の巨匠」と呼ばれ，デンマーク，北欧を代表する現代建築家。『マルメ市立図書館』（スウェーデン，1997），『オペラハウス』（コペンハーゲン，2005）など，光と空間の相互作用によって生み出される独創的な作品は常に注目を集めてきた
◇音楽部門	フィリップ・グラス（Philip Glass アメリカ）——一定の音型を反復する「ミニマル・ミュージック」の旗手として知られる現代音楽の巨匠。オペラやダンス，映画と活動の幅は広く，自身が「劇場音楽」と呼ぶ曲は，クラシックのみならずロックやポップスにも多大な影響を与えている
◇演劇・映像部門	森下洋子（Yoko Morishita 日本）——1974年にブルガリアでのヴァルナ国際バレエコンクールで日本人初の金賞に輝くと，世界の名バレエ団への客演を重ね，150センチの身体に，情熱的な感情を秘めた踊りは"東洋の真珠"と国内外で高く評価される

2013年（第25回）

◇絵画部門	ミケランジェロ・ピストレット（Michelangelo Pistoletto イタリア）——鏡のように磨かれた金属板に人物などを描いた《ミラー絵画》シリーズで世界的名声を得た。1960年代には日常的な素材をアートに変容させる前衛運動，アルテ・ポーヴェラの中心的作家となり，現在までイタリアの現代美術を牽引する
◇彫刻部門	アントニー・ゴームリー（Antony Gormley イギリス）——現代のイギリスを代表する彫刻家。身長193センチの自らの身体を型取りして作った人体像で知られる。その表現は静的で，伝統的な西洋彫刻のような動きの表現を目的としない
◇建築部門	デイヴィッド・チッパーフィールド（David Chipperfield イギリス）——優美で静かな表現の中に，本質的な価値が光る設計で国際的に活躍する建築家。建築の場所と対話し，歴史，文化など土地の「文脈」を機能的な現代建築に融合する。商業施設の内装から大規模な公共建築まで幅広く手掛ける
◇音楽部門	プラシド・ドミンゴ（Plácido Domingo スペイン）——世界的テノール歌手であると同時に指揮者，歌劇場の芸術監督としても活躍
◇演劇・映像部門	フランシス・フォード・コッポラ（Francis Ford Coppola アメリカ）——監督，プロデューサー，脚本家として，数々の名作を生み出してきた映画界の巨匠

2014年（第26回）

◇絵画部門	マルシャル・レイス（Martial Raysse フランス）——詩人の心を宿したマルチな造形芸術家。油彩画，フランスの歴史上の名画をネガ処理した平面作品，ブロンズ彫刻，ネオンサインを使った立体オブジェや映画，と多様な表現活動を行ってきた
◇彫刻部門	ジュゼッペ・ペノーネ（Giuseppe Penone イタリア）——自然との直接的な関係のなかから，様々な作品を生み出すアーティスト。豊富な種類の素材を使い，自然と自己の関わりを反映させた作品を作る
◇建築部門	スティーヴン・ホール（Steven Holl アメリカ）——日本，中国などアジアでも活躍する世界的建築家。光や色彩による空間の「体験」と，その土地ごとの歴史や文化を融合させた作品は世界的に高い評価を受けている
◇音楽部門	アルヴォ・ペルト（Arvo Pärt エストニア）——1960年代後半から，グレゴリオ聖歌など中世の単旋聖歌，ルネサンス期の多声聖歌など「祈り」の音楽を探求し，簡素な音の組み合わせを，まるで鈴の音が鳴り続けるように一定のリズムで繰り返す「ティンティナブリ」という技法を見つけ，1976年のピアノのための小品『アリーナのために』で独自のスタイルの確立を印象づけた
◇演劇・映像部門	アソル・フガード（Athol Fugard 南アフリカ）——俳優，演出家としても活躍し，南アフリカでは国民的な人気を博す劇作家。作品に通底するのは，人間が持つ弱さや民衆の感情を描き出すことであり，その普遍的なメッセージによって世界各地で上演され，国際的な評価を確立した

11 ターナー賞 Turner Prize

イギリスの最も権威ある美術賞。若い才能を表彰し，世間に認知させることを目的とす

る。若い芸術家のための賞の設立を望んでいたJ.M.W.ターナー（J.M.W.Turner）の名を冠している。1984年Tate's Patrons of New Artにより設立。1987年，選考基準が「最も偉大な」アーティストから「最も重要な」インパクトを与えるアーティストに変更された。1990年度はスポンサーの破産により一時中断を余儀無くされたが，91年再開。この年から年齢制限が導入された。
【主催者】Tate's Patrons of New Art
【選考委員】作家もしくは批評家，イギリス国内・国外の学芸員，Tate's Patrons of New Artの代表により構成される（毎年変更）。〔2015年〕Penelope Curtis（審査委員長），Alistair Hudson, Jan Verwoert, Joanna Mytkowska, Kyla McDonald
【選考方法】審査員・一般人が4人の候補者をノミネート。審査委員により受賞者が決定される。ノミネーション作品は，受賞発表までの間テート・ブリテンで展示される
【選考基準】前年に優れた展示あるいはプレゼンテーションを行った50歳以下のイギリス人アーティストを対象とする
【締切・発表】〔2015年〕12月7日，発表・授与式が行われ，その模様は中継される
【賞・賞金】〔2015年〕受賞者に2万5千ポンド，他3人の候補者にそれぞれ5千ポンド
【連絡先】（Tate Britain）Millbank London, SW1P 4RG【TEL】+44（0）20 7887 8888
【E-mail】visiting.britain@tate.org.uk
【URL】http://www.tate.org.uk/

2004年	ジェレミー・デラー（Jeremy Deller）
2005年	サイモン・スターリング（Simon Starling）
2006年	トマ・アブツ（Tomma Abts）
2007年	マーク・ウォリンジャー（Mark Wallinger）
2008年	マーク・レッキー（Mark Leckey）
2009年	リチャード・ライト（Richard Wright）
2010年	スーザン・フィリップス（Susan Philipsz）
2011年	マーティン・ボイス（Martin Boyce）
2012年	エリザベス・プライス（Elizabeth Price）
2013年	ロール・プルーヴォ（Laure Prouvost）
2014年	ダンカン・キャンベル（Duncan Campbell）

12 ファエンツァ国際陶芸展大賞 Premio Faenza

1908年にファエンツァ陶芸美術館の館長，ガエターノ・バラルディーニ（Gaetano Ballardini）が憲章に記した「芸術的・技術的観点から国際的な陶芸展を設立しなければならない」という理念のもと，開催されている国際的陶芸展覧会。38年の開催当初は国内のみを対象としていたが，68年からは国際展に規模を拡大。89年から隔年開催。2013年から40歳以上の部と40歳未満の部に部門が分かれた。
＊日本人では，林康夫（1972年），松井利夫（陽和）（82年），深見陶治（85年），西田潤（2003年），川上智子（05年），加藤智也（09年），林茂樹（11年），出和絵理（11年）が受賞
【主催者】ファエンツァ国際陶芸美術館（Museo Internazionale delle Ceramiche in Faenza）
【選考委員】〔2015年〕Claudia Casali, Monika Gass, Höhr-Grenzhausen, Grant Gibson, Daniela Lotta
【選考方法】〔2015年〕2014年11月24日までに申込み，提出された作品画像ファイルにより作品を選考。2015年5月頃，選考委員が大賞を決定
【選考基準】参加者は3作品まで出品可能。年齢・国籍・主題の制限はない

【締切・発表】6月，ファエンツェで授賞式を開催。また，予選を通過した作品はすべて6月から翌年1月末までの間美術館で展示される
【賞・賞金】40歳以上の部は賞金150万ユーロ，40歳未満の部は賞金100万ユーロを授与されるほか，ファエンツァ国際陶芸美術館に作品が収められる
【連絡先】Via Campidori 2 – 48018 Faenza (RA) 【TEL】+39 0546 69 73 11
【E-mail】concorso@micfaenza.org
【URL】http://www.micfaenza.org/

2005年		Silvia Zotta (アルゼンチン)
		川上智子 (Tomoko Kawakami 日本)
2007年		Simone Lucietti (イタリア)
		イアン・マクドナルド (Ian McDonald アメリカ)
2009年		加藤智也 (Tomonari Kato 日本)
		Andrea Salvatori (イタリア)
2011年		林茂樹 (Shigeki Hayashi 日本)
		出和絵理 (Eri Dewa 日本)
		Giovanni Ruggiero (イタリア)
2013年		
	◇40歳以上	Paivi Ritaniemi (フィンランド)
	◇40歳未満	Nero/Alessandro Neretti (イタリア)
2015年		
	◇40歳以上	Silvia Celeste Calcagno (イタリア)
	◇40歳未満	Helene Kirchmair (オーストリア)
		Thomas Stollar (アメリカ)

13 プリ・アルス・エレクトロニカ Prix Ars Electronica

毎年オーストリアのリンツで開催されるメディアアート・電子芸術の国際的フェスティバル，アルス・エレクトロニカの一環として，1989年に開始されたコンテスト。アニメーション・フィルム・VFX，インタラクティブ・アート（インスタレーション，マルチメディアなど），デジタル・ミュージック＆サウンド・アート，U19（19歳未満限定），デジタル・コミュニティ，ハイブリッド・アートの部門がある。2014年からメディアアート・パイオニア部門が新設されるとともに，2組の部門（ハイブリッド・アートとデジタル・ミュージック＆サウンド・アート及びインタラクティブ・アートとデジタル・コミュニティ）が隔年開催されることになった。グランプリは授与される像にちなみ「ゴールデン・ニカ」と呼ばれる。
 ＊日本人では，藤幡正樹 (1996年)，坂本龍一，岩井俊雄，プロジェクト・タオス (97年)，池田亮司 (2001年)，刀根康尚 (02年)，吉田アミ，ユタ川崎，サチコ・M. (03年)，エキソニモ (06年)，三輪眞弘 (07年)，黒川良一 (10年)，赤松音呂 (15年) が，また準グランプリを八谷和彦 (1998年)，大場康雄 (2000年)，明和電機・土佐信道 (03年)，木村卓 (08年)，平川紀道 (08年)，SjQ++ (13年)，五島一浩 (14年) などが受賞
【主催者】アルス・エレクトロニカ・センター (Ars Electronica Center)
【選考委員】国際的に著名な7人の専門家が任命される
【選考基準】U19部門では，オーストリア在住の19歳未満という年齢制限がある
【締切・発表】3月に応募締切，5月末に受賞作が決定される。授賞式は9月にリンツで開催されるアルス・エレクトロニカ・フェスティバルの期間に行われ，テレビ放映される。また，期間内に受賞者は講義の形で作品を披露する

【賞・賞金】グランプリ受賞者には賞金と金のトロフィー（ゴールデン・ニカ像）が贈られる。メディアアート・パイオニア部門はトロフィーのみ，U19部門は賞金3千ユーロ，その他の部門は賞金1万ユーロ
【連絡先】Ars-Electronica-Straß e 1 4040 Linz, Austria【TEL】+43.732.7272-0【FAX】+43.732.7272-2
【E-mail】info@prixars.aec.at
【URL】http://www.aec.at/

2005年
- ◇インタラクティヴ・アート　Ieva Auzina（ラトビア），Esther Polak（オランダ）"MILKproject"
- ◇U19　　　　　　　Markus Sucher（オーストリア）"Rennacs Studies"
- ◇アニメーション・ヴィジュアルエフェクト　Tomek Baginski（ポーランド）"Fallen Art"
- ◇デジタル・ミュージック&サウンド・アート　Maryanne Amacher（アメリカ）"TEO！ A Sonic Sculpture"
- ◇デジタル・コミュニティ　Geetha Pious（インド）"Akshaya"
- ◇ネットビジョン　Benjamin Fry, Casey Reas（アメリカ）"Processing"

2006年
- ◇インタラクティヴ・アート　Paul DeMarinis（アメリカ）"The Messenger"
- ◇U19　　　　　　　Ehrentraud Hager（オーストリア），Alexander Niederklapfer（オーストリア），David Wurm（オーストリア），Magdalena Wurm（オーストリア）"Abenteuer Arbeitsweg"
- ◇アニメーション・ヴィジュアルエフェクト　Jan Bitzer（ドイツ），Ilija Brunck（ドイツ），Tom Weber（ドイツ）"458nm"
- ◇デジタル・ミュージック&サウンド・アート　shiiin, Eliane Radigue（フランス）"L'Ile résonante"
- ◇デジタル・コミュニティ　Antoni Abad（スペイン）"canal*ACCESSIBLE"
- ◇ネットビジョン　エキソニモ（exonemo 日本）"The Road Movie"

2007年
- ◇インタラクティヴ・アート　Ashok Sukumaran（インド）"Park View Hotel"
- ◇U19　　　　　　　Daniel Robinig（オーストリア），Manuel Salzmann（オーストリア），Matthäus Spindelböck（オーストリア）"VoIP-Wiki"
- ◇アニメーション・ヴィジュアルエフェクト　Ben Hibon（スイス，イギリス）"Codehunters"
- ◇デジタル・ミュージック&サウンド・アート　三輪眞弘（Masahiro Miwa 日本）"Reverse-Simulation Music"
- ◇デジタル・コミュニティ　"Overmundo"
- ◇ハイブリッド・アート　Oron Catts（オーストラリア）"SymbioticA"

2008年
- ◇インタラクティヴ・アート　Julius von Bismarck（ドイツ）"Image Fulgurator"
- ◇U19　　　　　　　Nana Susanne Thurner（オーストリア）"Homesick"
- ◇アニメーション・ヴィジュアルエフェクト　クリス・ラヴィス（Chris Lavis カナダ），マチェック・シェバウスキ（Maciek Szczerbowski カナダ），Jason Walker（カナダ，イギリス）"Madame Tutli-Putli"
- ◇デジタル・ミュージック&サウンド・アート　Marcos Alonso（スペイン），Günter Geiger（オーストリア），Sergi Jordà（スペイン），Martin Kaltenbrunner（オーストリア）"reactable"
- ◇デジタル・コミュニティ　"1kg More"
- ◇ハイブリッド・アート　Helen Evans（イギリス），Heiko Hansen（ドイツ）"Pollstream"

2009年
　　◇インタラクティヴ・アート　Lawrence Malstaf（ベルギー）"Nemo Observatorium"
　　◇U19　　　　　　　　　　Matej Petrek（オーストリア）"In den Tiefen"
　　◇アニメーション・フィルム・VFX　Iriz Pääbo（カナダ）"HA'Aki"
　　◇デジタル・ミュージック&サウンド・アート　Bill Fontana（アメリカ）"Speeds of Time –
　　　　　　　　　　　　　　　Versions 1 and 2"
　　◇デジタル・コミュニティ　"HiperBarrio"
　　◇ハイブリッド・アート　Neil Anderson, Eduardo Kac（ブラジル）, Neil Olszewski "Natural
　　　　　　　　　　　　　　　History of the Enigma"
2010年
　　◇インタラクティヴ・アート　Zach Lieberman（アメリカ）, James Powderly（アメリカ）, Tony
　　　　　　　　　　　　　　　Quan（アメリカ）, Evan Roth（アメリカ）, Chris Sugure（アメリカ）,
　　　　　　　　　　　　　　　Theo Watson（イギリス）"The EyeWriter"
　　◇U19　　　　　　　　　　Michael Moitzi（オーストリア）, Stefan Polic（オーストリア）
　　　　　　　　　　　　　　　"Automatisierter Drehfuß balltisch"
　　◇アニメーション・フィルム・VFX　Arev Manoukian（カナダ）"Nuit Blanche"
　　◇デジタル・ミュージック&サウンド・アート　黒川良一（Ryoichi Kurokawa 日本）"rheo： 5
　　　　　　　　　　　　　　　horizons"
　　◇デジタル・コミュニティ　"Chaos Computer Club"
　　◇ハイブリッド・アート　Stelarc（オーストラリア）"EAR ON ARM"
2011年
　　◇インタラクティヴ・アート　Julian Oliver（ニュージーランド）, Danja Vasiliev（ロシア）
　　　　　　　　　　　　　　　"Newstweek"
　　◇U19　　　　　　　　　　HBLA für Künstlerische Gestaltung －3a, 3b, 4a, 4b, HTL-Leonding
　　　　　　　　　　　　　　　（オーストリア）"Weltherberge Schulhaus"
　　◇アニメーション・フィルム・VFX　Alessandro Bavari（イタリア）"Metachaos"
　　◇デジタル・ミュージック&サウンド・アート　Jana Winderen（ノルウェー）"Energy Field"
　　◇デジタル・コミュニティ　"Fundación Ciudadano Inteligente"
　　◇ハイブリッド・アート　Art Orienté Objet（フランス）"May the Horse Live in me"
2012年
　　◇インタラクティヴ・アート　Timo Toots（エストニア）"Memopol-2"
　　◇U19　　　　　　　　　　Agnes Aistleitner（オーストリア）"state of revolution"
　　◇アニメーション・フィルム・VFX　Jeff Desom（ルクセンブルク）"Rear Window Loop"
　　◇デジタル・ミュージック&サウンド・アート　Jo Thomas（イギリス）"Crystal Sounds of a
　　　　　　　　　　　　　　　Synchrotron"
　　◇デジタル・コミュニティ　"Syrian People Know Their Way"
　　◇ハイブリッド・アート　Joe Davis（アメリカ）"Bacterial Radio"
2013年
　　◇インタラクティヴ・アート　André Décosterd（スイス）, Michel Décosterd（スイス）"Pendulum
　　　　　　　　　　　　　　　Choir"
　　◇U19　　　　　　　　　　Dominik Koller（オーストリア）"Visual：Drumset"
　　◇アニメーション・フィルム・VFX　Quayola（イタリア）, Memo Akten（トルコ）"Forms"
　　◇デジタル・ミュージック&サウンド・アート　Nicolas Bernier（カナダ）"frequencies (a)"
　　◇デジタル・コミュニティ　"El Campo de Cebada"
　　◇ハイブリッド・アート　Koen Vanmechelen（ベルギー）"The Cosmopolitan Chicken Project －
　　　　　　　　　　　　　　　Diversity and Dualism"
2014年
　　◇インタラクティヴ・アート　Paolo Cirio（イタリア）"Loophole for All"
　　◇U19　　　　　　　　　　Sarah Oos（オーストリア）"Femme Chanel － Emma Fenchel"

◇アニメーション・フィルム・VFX Universal Everything（イギリス）"Walking City"
◇デジタル・コミュニティ "Project Fumbaro Eastern Japan"
◇メディアアート・パイオニア Roy Ascott（イギリス）"Roy Ascott"

2015年
◇U19　　　　　　　Gabriel Radwan（オーストリア）"Inside & Between"
◇アニメーション・フィルム・VFX Alex Verhaest（ベルギー）"Temps Mort / Idle Times"
◇デジタル・ミュージック&サウンド・アート 赤松音呂（Nelo Akamatsu 日本）"Chijikinkutsu"
◇ハイブリッド・アート Gilberto Esparza（メキシコ）"Plantas Autofotosintéticas"
◇メディアアート・パイオニア Jeffrey Shaw（オーストラリア，香港）

14 プリッカー賞 The Pritzker Architecture Prize

1979年，ハイアット財団により創設された，建築家に贈られる賞。人間と建築環境へ一貫して重要な貢献をしている建築家をたたえることを目的にしている。ノーベル賞をモデルに設定された。

＊日本人では，丹下健三（1987年），安藤忠雄（93年），槇文彦（95年），妹島和世と西沢立衛（2010年）伊東豊雄（13年），坂茂（14年）が受賞

【主催者】ハイアット財団（The Hyatt Foundation）
【選考委員】〔2015年〕Lord Peter Palumbo（委員長），Stephen Breyer，Yung Ho Chang，Kristin Feireiss，Glenn Murcutt，Richard Rogers，Benedetta Tagliabue，Ratan N. Tata，Martha Thorne（事務局長）
【選考基準】原則1年につき1名（例外有り）
【締切・発表】〔2015年〕アメリカのニューワールドセンターのマイアミビーチで受賞式が行われた
【賞・賞金】賞金10万ドルとブロンズメダル（ルイス・サリバンによるデザイン）
【連絡先】Vallehermoso，40 28015 Madrid，Spain【TEL】+1 312 919 1312
【E-mail】MarthaThorne@PritzkerPrize.com
【URL】http://www.pritzkerprize.com/

2005年	トム・メイン（Thom Mayne アメリカ）
2006年	パウロ・メンデス・ダ・ロシャ（Paulo Mendes da Rocha ブラジル）
2007年	リチャード・ロジャース（Richard Rogers イギリス）
2008年	ジャン・ヌーヴェル（Jean Nouvel フランス）
2009年	ピーター・ズントー（Peter Zumthor スイス）
2010年	妹島和世（Kazuyo Sejima 日本），西沢立衛（Ryue Nishizawa 日本）
2011年	エドゥアルド・ソウト・デ・モウラ（Eduardo Souto de Moura ポルトガル）
2012年	王澍（Wang Shu 中国）
2013年	伊東豊雄（Toyo Ito 日本）
2014年	坂茂（Shigeru Ban 日本）
2015年	フライ・オットー（Frei Otto ドイツ）

15 ロバート・キャパ賞 Robert Capa Gold Medal

スペイン内戦，日中戦争，第2次世界大戦，中東戦争，インドシナ戦争を取材し，中東で地雷に触れて命を落とした写真家ロバート・キャパ（Robert Capa）の死の翌年である1955年にアメリカの「ライフ（LIFE）」誌と海外記者クラブが設立。海外において，なみはずれた勇気と進取の気性をもって撮影された写真に対して年に一度与えられる。

＊日本人では，唯一澤田教一が受賞（1970年）

【主催者】海外記者クラブ（Overseas Press Club of America）
【選考基準】アメリカ国内，あるいはアメリカに拠点を置く媒体において発表された作品を対象とする
【締切・発表】〔2015年〕1月30日応募締切。発表は4月30日
【賞・賞金】賞金1千ドルと賞状
【連絡先】（Overseas Press Club of America）40 West 45 Street New York, NY 10036
　【TEL】212-626-9220【FAX】212-626-9210
【URL】http://www.opcofamerica.org/

2004年度	アシュリー・ギルバートソン（Ashley Gilbertson）―ファルージャの戦闘（The Battle for Fallujah）
2005年度	クリス・ホンドロス（Chris Hondros）―タルアファルでの一夜（One Night in Tal Afar）
2006年度	パオロ・ペレグリン（Paolo Pellegrin）―本当の痛み：イスラエルとヒズボラ（True Pain： Israel & Hizbullah）
2007年度	ジョン・ムーア（John Moore）―ベーナズィール・ブットー暗殺（The Assassination of Benazir Bhutto）
2008年度	シャウル・シュワルツ（Shaul Schwarz）―ケニア：民主主義の残骸（Kenya： The Wreckage of a Democracy）
2009年度	ハリール・ハムラ（Khalil Hamra）―ガザでの戦争（"War in Gaza"）
2010年度	Agnes Dherbeys―タイでの暴動（Violence Erupts in Thailand）
2011年度	アンドレ・リオン（André Liohn）―リビアでの夜明け近く（Almost Dawn in Libya）
2012年度	ファビオ・ブッチャレッリ（Fabio Bucciarelli）―死の戦い（Battle to Death）
2013年度	タイラー・ヒックス（Tyler Hicks）―ケニアショッピングモール襲撃（Attack on a Kenyan Mall）
2014年度	マルカス・ブレスデール（Marcus Bleasdale）―中央アフリカ地獄（Central African Republic Inferno）

音　楽

16 MTVアワード　MTV Video Music Awards

　アメリカの音楽専門チャンネルMTVが主催する，ミュージック・ビデオの賞。各ビデオ部門のほかにも，振り付け，監督，撮影，編集，視覚効果など制作スタッフに対して贈られる部門も設けられている。1984年以来，毎年実施されており，盛大に行われる授賞イベントも注目されている。
【主催者】 MTV（Music Television）
【選考基準】〔対象〕前年の7月1日から翌年6月30日までの期間に発表されたすべてのミュージックビデオ
【締切・発表】〔2015年〕8月30日発表・授賞式
【賞・賞金】 ムーンマン（トロフィー）
【E-mail】 info@citia.org
【URL】 http://www.mtv.com/

第1回（1984年）
　　◇最優秀ビデオ　　カーズ（The Cars）"You Might Think"
　　◇最優秀男性アーティスト・ビデオ　デヴィッド・ボウイ（David Bowie）"China Girl"
　　◇最優秀女性アーティスト・ビデオ　シンディ・ローパー（Cyndi Lauper）「ハイ・スクールはダンステリア」（"Girls Just Want To Have Fun"）
　　◇最優秀グループ・ビデオ　ZZトップ（ZZ Top）"Legs"
　　◇最優秀コンセプト・ビデオ　ハービー・ハンコック（Herbie Hancock）"Rockit"
　　◇最優秀ステージ・パフォーマンス・ビデオ　ヴァン・ヘイレン（Van Halen）"Jump"
　　◇最優秀新人アーティスト・ビデオ　ユーリズミックス（Eurythmics）"Sweet Dreams～Are Made Of This"
　　◇最優秀パフォーマンス・ビデオ　マイケル・ジャクソン（Michael Jackson）「スリラー」（"Thriller"）
　　◇最優秀監督　　ZZトップ（ZZ Top），ティム・ニューマン（Tim Newman）"Sharp Dressed Man"
　　◇最優秀振付　　マイケル・ジャクソン（Michael Jackson），マイケル・ピーターズ（Michael Peters）「スリラー」（"Thriller"）
　　◇最優秀特殊効果　ハービー・ハンコック（Herbie Hancock）"Rockit"
　　◇最優秀アート・ディレクション　ハービー・ハンコック（Herbie Hancock）"Rockit"
　　◇最優秀編集　　ハービー・ハンコック（Herbie Hancock）"Rockit"
　　◇最優秀撮影　　ザ・ポリス（Police）「見つめていたい」（"Every Breath You Take"）
　　◇最優秀実験的ビデオ　ハービー・ハンコック（Herbie Hancock）"Rockit"
　　◇最優秀視聴者選出ビデオ　マイケル・ジャクソン（Michael Jackson）「スリラー」（"Thriller"）
第2回（1985年）
　　◇最優秀ビデオ　　ドン・ヘンリー（Don Henley）"The Boys Of Summer"
　　◇最優秀男性アーティスト・ビデオ　ブルース・スプリングスティーン（Bruce Springsteen）"I'm On Fire"
　　◇最優秀女性アーティスト・ビデオ　ティナ・ターナー（Tina Turner）「愛の魔力」（"What's Love Got To Do With It"）

- ◇最優秀グループ・ビデオ　USAフォー・アフリカ（USA For Africa）"We Are The World"
- ◇最優秀コンセプト・ビデオ　グレン・フライ（Glen Frey）"Smuggler's Blues"
- ◇最優秀ステージ・パフォーマンス・ビデオ　ブルース・スプリングスティーン（Bruce Springsteen）"Dancing In The Dark"
- ◇最優秀新人アーティスト・ビデオ　ティル・チューズデイ（'til Tuesday）「愛のVoices（ボイセズ）」（"Voices Carry"）
- ◇最優秀パフォーマンス・ビデオ　フィリップ・ベイリー&フィル・コリンズ（Phillip Bailey & Phil Collins）"Easy Lover"
- ◇特別賞　クインシー・ジョーンズ（Quincy Jones）
- ◇最優秀監督　ドン・ヘンリー（Don Henley），ジーン・バプティスト・マンディーノ（Jean Baptiste Mondino）"The Boys of Summer"
- ◇最優秀振付　エルトン・ジョン（Elton John）"Sad Songs～Say So Much"
- ◇最優秀特殊効果　トム・ペティ&ザ・ハートブレイカーズ（Tom Petty & The Heartbreakers），トニー・ミッチェル（Tony Mitchell），キャシー・ドーティ（Kathy Dougherty），ピーター・コッヘン（Peter Cohen）"Don't Come Around Here No More"
- ◇最優秀アート・ディレクション　ドン・ヘンリー（Don Henley），ブライアン・ジョーンズ（Bryan Jones）"The Boys of Summer"
- ◇最優秀編集　アート・オブ・ノイズ（The Art Of Noise），ズビグニェフ・リブチンスキ（Zbigniew Rybczynski）"Close～To The Edit"
- ◇最優秀撮影　ドン・ヘンリー（Don Henley），パスカル・ルベーグ（Pascal Lebegue）"The Boys of Summer"
- ◇最優秀実験的ビデオ　アート・オブ・ノイズ（The Art Of Noise），ズビグニェフ・リブチンスキ（Zbigniew Rybczynski）"Close～To The Edit"
- ◇最優秀視聴者選出ビデオ　USAフォー・アフリカ（USA For Africa）"We Are The World"

第3回（1986年）
- ◇最優秀ビデオ　ダイアー・ストレイツ（Dire Straits）"Money For Nothing"
- ◇最優秀男性アーティスト・ビデオ　ロバート・パーマー（Robert Palmer）「恋におぼれて」（"Addicted To Love"）
- ◇最優秀女性アーティスト・ビデオ　ホイットニー・ヒューストン（Whitney Houston）「恋は手さぐり」（"How Will I Know？"）
- ◇最優秀グループ・ビデオ　ダイアー・ストレイツ（Dire Straits）"Money For Nothing"
- ◇最優秀コンセプト・ビデオ　アーハ（a～ha）"Take On Me"
- ◇最優秀ステージ・パフォーマンス・ビデオ　ブライアン・アダムス&ティナ・ターナー（Bryan Adams & Tina Turner）"It's Only Love"
- ◇最優秀新人アーティスト・ビデオ　アーハ（a～ha）"Take On Me"
- ◇最優秀パフォーマンス・ビデオ　デヴィッド・ボウイ&ミック・ジャガー（David Bowie and Mick Jagger）"Dancing In The Streets"
- ◇特別賞　ボブ・ゲルドフ（Bob Geldof）
- ◇最優秀監督　アーハ（a～ha），スティーヴン・バロン（Steven Barron）"Take On Me"
- ◇最優秀振付　プリンス&ザ・レヴォリューション（Prince & the Revolution），プリンス（Prince）"Raspberry Beret"
- ◇最優秀特殊効果　アーハ（a～ha），マイケル・パターソン（Michael Patterson），カンダンス・レッキンジャー（Candance Reckinger）"Take On Me"
- ◇最優秀アート・ディレクション　ZZトップ（ZZ Top），ロン・コブ（Ron Cobb）"Rough Boy"
- ◇最優秀編集　アーハ（a～ha），デヴィッド・ヤードリー（David Yardley）"The Sun Always Shines on TV"
- ◇最優秀撮影　アーハ（a～ha），オリヴァー・ステイプルトン（Oliver Stapleton）"The Sun Always Shines On TV"
- ◇最優秀実験的ビデオ　アーハ（a～ha），スティーヴン・バロン（Steven Barron）"Take On Me"

◇最優秀視聴者選出ビデオ　アーハ (a～ha) "Take On Me"

第4回 (1987年)
　　◇最優秀ビデオ　　　ピーター・ガブリエル (Peter Gabriel) "Sledgehammer"
　　◇最優秀男性アーティスト・ビデオ　ピーター・ガブリエル (Peter Gabriel) "Sledgehammer"
　　◇最優秀女性アーティスト・ビデオ　マドンナ (Madonna) "Papa Don't Preach"
　　◇最優秀グループ・ビデオ　トーキング・ヘッズ (Talking Heads) "Wild Wild Life"
　　◇最優秀コンセプト・ビデオ　ピーター・ガブリエル (Peter Gabriel) "Sledgehammer"
　　◇最優秀ステージ・パフォーマンス・ビデオ　ボン・ジョヴィ (Bon Jovi) "Livin' On A Prayer"
　　◇最優秀新人アーティスト・ビデオ　クラウデッド・ハウス (Crowded House) "Don't Dream It's Over"
　　◇最優秀映画ビデオ　トーキング・ヘッズ (Talking Heads) "Wild Wild Life"
　　◇特別賞　　　ビル・グラハム＆ジャック・ヒーリー (Bill Graham & Jack Healey)
　　◇最優秀パフォーマンス・ビデオ　ピーター・ガブリエル (Peter Gabriel) "Sledgehammer"
　　◇最優秀監督　　　ピーター・ガブリエル (Peter Gabriel)，スティーヴン・ジョンソン (Stephen Johnson) "Sledgehammer"
　　◇最優秀振付　　　ジャネット・ジャクソン (Janet Jackson)，ポーラ・アブドゥル (Paula Abdul) "Nasty"
　　◇最優秀特殊効果　　ピーター・ガブリエル (Peter Gabriel)，スティーヴン・ジョンソン (Stephen Johnson)，ピーター・ロード (Peter Lord) "Sledgehammer"
　　◇最優秀アート・ディレクション　ピーター・ガブリエル (Peter Gabriel)，スティーヴン・ジョンソン (Stephen Johnson)，スティーヴン・クアイ (Stephen Quay)，ティム・クアイ (Tim Quay) "Sledgehammer"
　　◇最優秀編集　　　ピーター・ガブリエル (Peter Gabriel)，スティーヴン・ジョンソン (Stephen Johnson)，コリン・グリーン (Colin Green) "Sledgehammer"
　　◇最優秀撮影　　　ロビー・ネヴィル (Robbie Nevil)，マーク・プラマー (Mark Plummer)「セ・ラ・ヴィ」("C'est La Vie")
　　◇最優秀実験的ビデオ　ピーター・ガブリエル (Peter Gabriel)，スティーヴン・ジョンソン (Stephen Johnson)，ピーター・ガブリエル (Peter Gabriel) "Sledgehammer"
　　◇最優秀視聴者選出ビデオ　U2 "With Or Without You"

第5回 (1988年)
　　◇最優秀ビデオ　　　インエクセス (INXS) "Need You Tonight / Mediate"
　　◇最優秀男性アーティスト・ビデオ　プリンス (Prince) "U Got The Look"
　　◇最優秀女性アーティスト・ビデオ　スザンヌ・ヴェガ (Suzanne Vega)「ルカ」("Luka")
　　◇最優秀グループ・ビデオ　インエクセス (INXS) "Need You Tonight / Mediate"
　　◇最優秀コンセプト・ビデオ　ピンク・フロイド (Pink Floyd) "Learning To Fly"
　　◇最優秀ステージ・パフォーマンス・ビデオ　プリンス (Prince) "U Got The Look"
　　◇最優秀新人アーティスト・ビデオ　ガンズ・アンド・ローゼズ (Guns N'Roses) "Welcome To The Jungle"
　　◇最優秀映画ビデオ　ロス・ロボス (Los Lobos) "La Bamba"
　　◇特別賞　　　エルトン・ジョン＆バーニー・トーピン (Elton John & Bernie Taupin)
　　◇最優秀監督　　　ジョージ・マイケル (George Michael)，アンディ・モラハン (Andy Morahan)，ジョージ・マイケル (George Michael) "Father Figure"
　　◇最優秀振付　　　ジャネット・ジャクソン (Janet Jackson)，バリー・レザー (Barry Lather)「愛の法則」("The Pleasure Principle")
　　◇最優秀特殊効果　　スクイーズ (Squeeze)，ジム・フランシス (Jim Francis)，デイヴ・バートン (Dave Barton) "Hourglass"
　　◇最優秀アート・ディレクション　スクイーズ (Squeeze)，ジム・フランシス (Jim Francis)，デイヴ・バートン (Dave Barton) "Hourglass"

◇最優秀編集　　　インエクセス（INXS），リチャード・ローウェンスタイン（Richard Lowenstein）"Need You Tonight / Mediate"
◇最優秀撮影　　　スティング（Sting），ビル・ポープ（Bill Pope）"We'll Be Together"
◇ブレイクスルー・ビデオ　インエクセス（INXS）"Need You Tonight / Mediate"
◇最優秀視聴者選出ビデオ　インエクセス（INXS）"Need You Tonight / Mediate"

第6回（1989年）
◇最優秀ビデオ　　ニール・ヤング（Neil Young）"This Note's For You"
◇最優秀男性アーティスト・ビデオ　エルヴィス・コステロ（Elvis Costello）"Veronica"
◇最優秀女性アーティスト・ビデオ　ポーラ・アブドゥル（Paula Abdul）"Straight Up"
◇最優秀グループ・ビデオ　リヴィング・カラー（Living Colour）"Cult Of Personality"
◇最優秀ラップ・ビデオ　DJジャジィ・ジェフ&ザ・フレッシュ・プリンス（DJ Jazzy Jeff & The Fresh Prince）"Parents Just Don't Understand"
◇最優秀ステージ・ビデオ　リヴィング・カラー（Living Colour）"Cult Of Personality"
◇最優秀新人アーティスト・ビデオ　リヴィング・カラー（Living Colour）"Cult Of Personality"
◇最優秀ダンス・ビデオ　ポーラ・アブドゥル（Paula Abdul）"Straight Up"
◇最優秀ヘヴィ・メタル・ビデオ　ガンズ・アンド・ローゼズ（Guns N'Roses）"Sweet Child O'Mine"
◇最優秀ポストモダン・ビデオ　R.E.M. "La Orange Crush"
◇最優秀映画ビデオ　U2 with B.B.キング（U2 with B.B.King）"When Love Comes To Town"
◇最優秀ステージ・パフォーマンス・ビデオ　リヴィング・カラー（Living Colour）"Cult Of Personality"
◇最優秀監督　　　マドンナ（Madonna），デヴィッド・フィンチャー（David Fincher）"Express Yourself"
◇最優秀振付　　　ポーラ・アブドゥル（Paula Abdul）"Straight Up"
◇最優秀特殊効果　マイケル・ジャクソン（Michael Jackson），ジム・ブラッシュフィールド（Jim Blashfield）"Leave Me Alone"
◇最優秀アート・ディレクション　マドンナ（Madonna），ヴァンス・ロレンジーニ（Vance Lorenzini）"Express Yourself"
◇最優秀編集　　　ポーラ・アブドゥル（Paula Abdul），ジム・ヘイグッド（Jim Haygood）"Straight Up"
◇最優秀撮影　　　マドンナ（Madonna），マーク・プラマー（Mark Plummer）"Express Yourself"
◇ブレイクスルー・ビデオ　アート・オブ・ノイズ feat.トム・ジョーンズ（The Art Of Noise featuring Tom Jones），マーティン・ブリエニー（Martin Brierly），ステファロン・ロウ（Stephen Lowe）"Kiss"
◇最優秀視聴者選出ビデオ　マドンナ（Madonna）"Like A Prayer"

第7回（1990年）
◇最優秀ビデオ　　シニード・オコナー（Sinead O'Connor）「愛の哀しみ」("Nothing Compares To U")
◇最優秀男性アーティスト・ビデオ　ドン・ヘンリー（Don Henley）"The End Of The Innocence"
◇最優秀女性アーティスト・ビデオ　シニード・オコナー（Sinead O'Connor）「愛の哀しみ」("Nothing Compares To U")
◇最優秀グループ・ビデオ　B-52's（The B-52's）"Love Shack"
◇最優秀ラップ・ビデオ　M.C.ハマー（M.C.Hammer）"U Can't Touch This"
◇最優秀新人アーティスト・ビデオ　マイケル・ペン（Michael Penn）"No Myth"
◇最優秀ダンス・ビデオ　M.C.ハマー（M.C.Hammer）"U Can't Touch This"
◇最優秀ヘヴィ・メタル/ハード・ロック・ビデオ　エアロスミス（Aerosmith）"Janie's Got A Gun"
◇最優秀ポストモダン・ビデオ　シニード・オコナー（Sinead O'Connor）「愛の哀しみ」("Nothing Compares To U")

◇最優秀映画ビデオ　ビリー・アイドル（Billy Idol）"Cradle Of Love"
◇最優秀監督　マドンナ（Madonna），デヴィッド・フィンチャー（David Fincher）"Vogue"
◇最優秀振付　ジャネット・ジャクソン（Janet Jackson），アンソニー・トーマス（Anthony Thomas），ジャネット・ジャクソン（Janet Jackson）"Rhythm Nation"
◇最優秀特殊効果　ティアーズ・フォー・フィアーズ（Tears For Fears），ジム・ブラッシュフィールド（Jim Blashfield）"Sowing The Seeds Of Love"
◇最優秀アート・ディレクション　B-52's（The B-52's），マーティン・ラソウィッツ（Martin Lasowitz）"Love Shack"
◇最優秀編集　マドンナ（Madonna），ジム・ヘイグッド（Jim Haygood）"Vogue"
◇最優秀撮影　マドンナ（Madonna），パスカル・ルベーグ（Pascal Lebegue）"Vogue"
◇ブレイクスルー・ビデオ　ティアーズ・フォー・フィアーズ（Tears For Fears），ジム・ブラッシュフィールド（Jim Blashfield）"Sowing The Seeds Of Love"
◇最優秀視聴者選出ビデオ　エアロスミス（Aerosmith）"Janie's Got A Gun"

第8回（1991年）
◇最優秀ビデオ　R.E.M. "Losing My Religion"
◇最優秀男性アーティスト・ビデオ　クリス・アイザック（Chris Isaak）"Wicked Game～Concept"
◇最優秀女性アーティスト・ビデオ　ジャネット・ジャクソン（Janet Jackson）"Love Will Never Do Without You"
◇最優秀グループ・ビデオ　R.E.M. "Losing My Religion"
◇最優秀ラップ・ビデオ　LL クール J（LL Cool J）"Mama Said Knock You Out"
◇最優秀新人アーティスト・ビデオ　ジーザス・ジョーンズ（Jesus Jones）"Right Here, Right Now"
◇最優秀ダンス・ビデオ　C+Cミュージック・ファクトリー（C+C Music Factory）"Gonna Make You Sweat～Everybody Dance Now"
◇最優秀ヘヴィ・メタル/ハード・ロック・ビデオ　エアロスミス（Aerosmith）"The Other Side"
◇最優秀映画ビデオ　クリス・アイザック（Chris Isaak）"Wicked Game"
◇最優秀オルタナティブ・ビデオ　ジェーンズ・アディクション（Jane's Addiction）"Been Caught Stealing"
◇最優秀長編ビデオ　マドンナ（Madonna）"Immaculate Collection"
◇最優秀監督　R.E.M. "Losing My Religion"
◇最優秀振付　C+Cミュージック・ファクトリー（C+C Music Factory），ジャマール・グレイヴス（Jamale Graves）"Gonna Make You Sweat～Everybody Dance Now"
◇最優秀特殊効果　フェイス・ノー・モア（Faith No More），デヴィッド・フェイスフル（David Faithful），ライフ・ジーマン（Ralph Ziman）"Falling To Pieces"
◇最優秀アート・ディレクション　R.E.M.，ホセ・モンタナ（Jose Montana）"Losing My Religion"
◇最優秀編集　R.E.M.，ロバート・ダフィ（Robert Duffy）"Losing My Religion"
◇最優秀撮影　クリス・アイザック（Chris Isaak），ロルフ・ケスターマン（Rolf Kesterman）"Wicked Game"
◇ブレイクスルー・ビデオ　R.E.M. "Losing My Religion"
◇最優秀視聴者選出ビデオ　クイーンズライチ（Queensryche）「静寂」（"Silent Lucidity"）

第9回（1992年）
◇最優秀ビデオ　ヴァン・ヘイレン（Van Halen）"Right Now"
◇最優秀男性アーティスト・ビデオ　エリック・クラプトン（Eric Clapton）"Tears In Heaven～Performance"
◇最優秀女性アーティスト・ビデオ　アニー・レノックス（Annie Lennox）"Why"
◇最優秀グループ・ビデオ　U2 "Even Better Than The Real Thing"
◇最優秀ラップ・ビデオ　アレステッド・ディベロップメント（Arrested Development）"Tennessee"
◇最優秀新人アーティスト・ビデオ　ニルヴァーナ（Nirvana）"Smells Like Teen Spirit"
◇最優秀ダンス・ビデオ　プリンス&ザ・ニュー・パワー・ジェネレーション（Prince & The New

　　　　　　　　　Power Generation) "Cream"
　◇最優秀ヘヴィ・メタル/ハード・ロック・ビデオ　メタリカ (Metallica) "Enter Sandman"
　◇最優秀映画ビデオ　クイーン (Queen) "Bohemian Rapsody"
　◇最優秀オルタナティブ・ビデオ　ニルヴァーナ (Nirvana) "Smells Like Teen Spirit"
　◇最優秀監督　　　ヴァン・ヘイレン (Van Halen), マーク・フェンスク (Mark Fenske) "Right
　　　　　　　　　Now"
　◇最優秀振付　　　アン・ヴォーグ (En Vogue)「マイ・ラヴィン」("My Lovin'～You're Never
　　　　　　　　　Gonna Get It")
　◇最優秀特殊効果　U2, サイモン・テイラー (Simon Taylor) "Even Better Than The Real
　　　　　　　　　Thing"
　◇最優秀アート・ディレクション　レッド・ホット・チリ・ペッパーズ (Red Hot Chili Peppers),
　　　　　　　　　ニック・グッドマン (Nick Goodman) "Give It Away"
　◇最優秀編集　　　ヴァン・ヘイレン (Van Halen), ミッチェル・シノウェイ (Mitchell Sinoway)
　　　　　　　　　"Right Now"
　◇最優秀撮影　　　ガンズ・アンド・ローゼズ (Guns N'Roses), マイク・ソートン (Mike
　　　　　　　　　Southon), ダニエル・パール (Daniel Pearl) "November Rain"
　◇ブレイクスルー・ビデオ　レッド・ホット・チリ・ペッパーズ (Red Hot Chili Peppers), ステ
　　　　　　　　　ファン・セドナオイ (Stephane Sednaoui) "Give It Away"
　◇最優秀視聴者選出ビデオ　レッド・ホット・チリ・ペッパーズ (Red Hot Chili Peppers) "Under
　　　　　　　　　The Bridge"
第10回 (1993年)
　◇最優秀ビデオ　　パール・ジャム (Pearl Jam) "Jeremy"
　◇最優秀男性アーティスト・ビデオ　レニー・クラヴィッツ (Lenny Kravitz)「自由への疾走」
　　　　　　　　　("Are You Gonna Go My Way")
　◇最優秀女性アーティスト・ビデオ　k.d.ラング (k.d.lang) "Constant Craving"
　◇最優秀グループ・ビデオ　パール・ジャム (Pearl Jam) "Jeremy"
　◇最優秀ラップ・ビデオ　アレステッド・ディベロップメント (Arrested Development) "People
　　　　　　　　　Everyday"
　◇最優秀新人アーティスト・ビデオ　ストーン・テンプル・パイロッツ (Stone Temple Pilots)
　　　　　　　　　"Plush"
　◇最優秀ダンス・ビデオ　アン・ヴォーグ (En Vogue) "Free Your Mind"
　◇最優秀ヘヴィ・メタル/ハード・ロック・ビデオ　パール・ジャム (Pearl Jam) "Jeremy"
　◇最優秀映画ビデオ　アリス・イン・チェインズ (Alice In Chains) "Would?"
　◇最優秀オルタナティブ・ビデオ　ニルヴァーナ (Nirvana) "In Bloom"
　◇最優秀R&B・ビデオ　アン・ヴォーグ (En Vogue) "Free Your Mind"
　◇最優秀監督　　　パール・ジャム (Pearl Jam), マーク・ペリントン (Mark Pellington)
　　　　　　　　　"Jeremy"
　◇最優秀振付　　　アン・ヴォーグ (En Vogue), フランク・ガットソン (Frank Gatson), ラヴェ
　　　　　　　　　ル・スミス (Lavelle Smith), トラヴィス・ペイン (Travis Payne) "Free
　　　　　　　　　Your Mind"
　◇最優秀特殊効果　ピーター・ガブリエル (Peter Gabriel), リアル・ワールド・プロダクション
　　　　　　　　　(Real World Productions), コロッサル・ピクチャーズ (Colossal
　　　　　　　　　Pictures) "Steam"
　◇最優秀アート・ディレクション　マドンナ (Madonna), ジャン・ピーター・フラック (Jan Peter
　　　　　　　　　Flack) "Rain"
　◇最優秀編集　　　ピーター・ガブリエル (Peter Gabriel), ダグラス・ジーンズ (Douglas Jines)
　　　　　　　　　"Steam"
　◇最優秀撮影　　　マドンナ (Madonna), ハリス・サヴィデス (Harris Savides) "Rain"
　◇ブレイクスルー・ビデオ　ロス・ロボス (Los Lobos) "Kiko & The Lavender Moon"
　◇最優秀視聴者選出ビデオ　エアロスミス (Aerosmith) "Livin'On The Edge"

第11回（1994年）
- ◇最優秀ビデオ　　エアロスミス（Aerosmith）"Cryin"
- ◇最優秀男性アーティスト・ビデオ　トム・ペティ＆ザ・ハートブレイカーズ（Tom Petty & The Heartbreakers）"Mary Jane's Last Dance"
- ◇最優秀女性アーティスト・ビデオ　ジャネット・ジャクソン（Janet Jackson）"If"
- ◇最優秀グループ・ビデオ　エアロスミス（Aerosmith）"Cryin"
- ◇最優秀ラップ・ビデオ　スヌープ・ドギー・ドッグ（Snoop Doggy Dogg）"Doggy Dogg World"
- ◇最優秀新人アーティスト・ビデオ　カウンティング・クロウズ（Counting Crows）"Mr.Jones"
- ◇最優秀ダンス・ビデオ　ソルト・ン・ペパ＆アン・ヴォーグ（Salt-N-Pepa Featuring En Vogue）"Whatta Man"
- ◇最優秀ヘヴィ・メタル／ハード・ロック・ビデオ　サウンドガーデン（Soundgarden）"Black Hole Sun"
- ◇最優秀映画ビデオ　ブルース・スプリングスティーン（Bruce Springsteen）"Streets Of Philadelphia"
- ◇最優秀オルタナティブ・ビデオ　ニルヴァーナ（Nirvana），バーナデット・ディサント（Bernadette Disanto）"Heart – Shaped Box"
- ◇最優秀R&B・ビデオ　ソルト・ン・ペパ＆アン・ヴォーグ（Salt-N-Pepa Featuring En Vogue）"Whatta Man"
- ◇特別賞　　ザ・ローリング・ストーンズ（The Rolling Stones）
- ◇最優秀監督　R.E.M.，ジェイク・スコット（Jake Scott）"Everybody Hurts"
- ◇最優秀振付　ソルト・ン・ペパ＆アン・ヴォーグ（Salt-N-Pepa Featuring En Vogue）"Whatta Man"
- ◇最優秀特殊効果　ピーター・ガブリエル（Peter Gabriel），ブレット・レオナード（Brett Leonard），エンジェル・スタジオ（Angel Studios）"Kiss That Frog"
- ◇最優秀アート・ディレクション　ニルヴァーナ（Nirvana）"Heart – Shaped Box"
- ◇最優秀編集　R.E.M.，パット・シェフィールド（Pat Sheffield）"Everybody Hurts"
- ◇最優秀撮影　R.E.M.，ハリス・サヴィデス（Harris Savides）"Everybody Hurts"
- ◇ブレイクスルー・ビデオ　R.E.M."Everybody Hurts"
- ◇最優秀視聴者選出ビデオ　エアロスミス（Aerosmith）"Cryin"

第12回（1995年）
- ◇最優秀ビデオ　　TLC "Waterfalls"
- ◇最優秀男性アーティスト・ビデオ　トム・ペティ＆ザ・ハートブレイカーズ（Tom Petty & The Heartbreakers）"You Don't Know How It Feels"
- ◇最優秀女性アーティスト・ビデオ　マドンナ（Madonna）"Take A Bow"
- ◇最優秀グループ・ビデオ　TLC "Waterfalls"
- ◇最優秀ラップ・ビデオ　ドクター・ドレー（Dr.Dre）"Keep Their Heads Ringin"
- ◇最優秀新人アーティスト・ビデオ　フーティー＆ザ・ブロウフィッシュ（Hootie & The Blowfish）"Hold My Hand"
- ◇最優秀ダンス・ビデオ　マイケル・ジャクソン＆ジャネット・ジャクソン（Michael Jackson & Janet Jackson）"Scream"
- ◇最優秀ヘヴィ・メタル／ハード・ロック・ビデオ　ホワイト・ゾンビ（White Zombie）"More Human Than Human"
- ◇最優秀映画ビデオ　シール（Seal）"Kiss From A Rose"
- ◇最優秀オルタナティブ・ビデオ　ホワイト・ゾンビ（White Zombie）"More Human Than Human"
- ◇最優秀R&B・ビデオ　TLC "Waterfalls"
- ◇最優秀監督　ウィーザー（Weezer），スパイク・ジョーンズ（Spike Jonze）"Buddy Holly"
- ◇最優秀振付　マイケル・ジャクソン＆ジャネット・ジャクソン（Michael Jackson & Janet Jackson），ティナ・ランドン（Tina Landon），ラヴェル・スミス（Lavelle Smith），トラヴィス・ペイン（Travis Payne），シーン・チーズマン（Sean

　　　　　　　　　　　Cheeseman) "Scream"
　◇最優秀特殊効果　ザ・ローリング・ストーンズ (The Rolling Stones), フレッド・レイモンディ
　　　　　　　　　　　(Fred Raimondi) "Love is Strong"
　◇最優秀アート・ディレクション　マイケル・ジャクソン&ジャネット・ジャクソン (Michael
　　　　　　　　　　　Jackson & Janet Jackson), トム・フォドン (Tom Foden) "Scream"
　◇最優秀編集　　　ウィーザー (Weezer), エリック・ザンブランネン (Eric Zumbrunnen)
　　　　　　　　　　　"Buddy Holly"
　◇最優秀撮影　　　ザ・ローリング・ストーンズ (The Rolling Stones), ギャリー・ウォラー
　　　　　　　　　　　(Gary Waller), マイク・トリム (Mike Trim) "Love is Strong"
　◇ブレイクスルー・ビデオ　ウィーザー (Weezer) "Buddy Holly"
　◇最優秀視聴者選出ビデオ　TLC "Waterfalls"
第13回 (1996年)
　◇最優秀ビデオ　　スマッシング・パンプキンズ (Smashing Pumpkins) "Tonight, Tonight"
　◇最優秀男性アーティスト・ビデオ　ベック (BECK) "Where It's At"
　◇最優秀女性アーティスト・ビデオ　アラニス・モリセット (Alanis Morissette) "Ironic"
　◇最優秀グループ・ビデオ　フー・ファイターズ (Foo Fighters) "Big Me"
　◇最優秀ラップ・ビデオ　クーリオ feat.L.V. (Coolio Featuring LV) "Gangsta's Paradise"
　◇最優秀新人アーティスト・ビデオ　アラニス・モリセット (Alanis Morissette) "Ironic"
　◇最優秀ダンス・ビデオ　クーリオ (Coolio) "1, 2, 3, 4～Sumpin'New"
　◇最優秀ヘヴィ・メタル/ハード・ロック・ビデオ　メタリカ (Metallica) "Until It Sleeps"
　◇最優秀映画ビデオ　クーリオ feat.L.V. (Coolio Featuring LV) "Gangsta's Paradise"
　◇最優秀オルタナティブ・ビデオ　スマッシング・パンプキンズ (Smashing Pumpkins) "1979"
　◇最優秀R&B・ビデオ　フージーズ (Fugees) "Killing Me Softly"
　◇最優秀監督　　　スマッシング・パンプキンズ (Smashing Pumpkins), ジョナサン・デイトン
　　　　　　　　　　　(Jonathan Dayton), ヴァレリー・ファリス (Valerie Faris) "Tonight,
　　　　　　　　　　　Tonight"
　◇最優秀振付　　　ビョーク (Bjork), マイケル・ルーニー (Michael Rooney) "It's Oh So Qiuet"
　◇最優秀特殊効果　スマッシング・パンプキンズ (Smashing Pumpkins), クリス・ステイヴス
　　　　　　　　　　　(Chris Staves) "Tonight, Tonight"
　◇最優秀アート・ディレクション　スマッシング・パンプキンズ (Smashing Pumpkins), K.K.バ
　　　　　　　　　　　レット (K.K.Barrett), ウェイン・ホワイト (Wayne White) "Tonight,
　　　　　　　　　　　Tonight"
　◇最優秀編集　　　アラニス・モリセット (Alanis Morissette), スコット・グレイ (Scott Grey)
　　　　　　　　　　　"Ironic"
　◇最優秀撮影　　　スマッシング・パンプキンズ (Smashing Pumpkins), ダックラン・クイン
　　　　　　　　　　　(Decklan Quinn) "Tonight, Tonight"
　◇ブレイクスルー・ビデオ　スマッシング・パンプキンズ (Smashing Pumpkins) "Tonight,
　　　　　　　　　　　Tonight"
　◇最優秀視聴者選出ビデオ　ブッシュ (Bush) "Glycerine"
第14回 (1997年)
　◇最優秀ビデオ　　ジャミロクワイ (Jamiroquai) "Virtual Insanity"
　◇最優秀男性アーティスト・ビデオ　ベック (BECK) "Devil's Haircut"
　◇最優秀女性アーティスト・ビデオ　ジュエル (Jewel) "You Were Meant For Me"
　◇最優秀グループ・ビデオ　ノー・ダウト (No Doubt) "Don't Speak"
　◇最優秀ラップ・ビデオ　ノトーリアスB.I.G. (The Notorious B.I.G.) "Hypnotize"
　◇最優秀新人アーティスト・ビデオ　フィオナ・アップル (Fiona Apple) "Sleep To Dream"
　◇最優秀ダンス・ビデオ　スパイス・ガールズ (Spice Girls) "Wannabe"
　◇最優秀ヘヴィ・メタル/ハード・ロック・ビデオ　エアロスミス (Aerosmith) "Falling In Love～
　　　　　　　　　　　Is Hard On The Knees"

◇最優秀映画ビデオ　ウィル・スミス（Will Smith）"Men In Black"
◇最優秀オルタナティブ・ビデオ　サブライム（Sublime）"What I Got"
◇最優秀R&B・ビデオ　パフ・ダディ&ザ・ファミリー（feat.フェイス・エヴァンス&112）（Puff Daddy&The Family（featuring Faith Evans & 112））"I'll Be Missing You"
◇最優秀監督　ベック（BECK），ベック・ハンセン（Beck Hansen）"The New Pollution"
◇最優秀振付　ベック（BECK），ペギー・ヒッキー（Peggy Hickey）"The New Pollution"
◇最優秀特殊効果　ジャミロクワイ（Jamiroquai），ジョナサン・グレイザー（Jonathan Glazer），シーン・ブロウトン（Sean Broughton）"Virtual Insanity"
◇最優秀アート・ディレクション　ベック（BECK），K.K.バレット（K.K.Barrett）"The New Pollution"
◇最優秀編集　ベック（BECK），ハンク・コーウィン（Hank Corwin）"Devil's Haircut"
◇最優秀撮影　ジャミロクワイ（Jamiroquai），スティーヴン・キース・ローチ（Steven Keith-Roach）"Virtual Insanity"
◇ブレイクスルー・ビデオ　ジャミロクワイ（Jamiroquai）"Virtual Insanity"
◇最優秀視聴者選出ビデオ　プロディジー（Prodigy）"Breathe"

第15回（1998年）
　◇最優秀ビデオ　マドンナ（Madonna）"Ray Of Light"
　◇最優秀男性アーティスト・ビデオ　ウィル・スミス（Will Smith）"Just The Two Of Us"
　◇最優秀女性アーティスト・ビデオ　マドンナ（Madonna）"Ray Of Light"
　◇最優秀グループ・ビデオ　バックストリート・ボーイズ（Backstreet Boys）"Everybody〜Backstreet's Back"
　◇最優秀ラップ・ビデオ　ウィル・スミス（Will Smith）"Gettin'Jiggy Wit it"
　◇最優秀新人アーティスト・ビデオ　ナタリー・インブルーリア（Natalie Imbruglia）"Torn"
　◇最優秀ダンス・ビデオ　プロディジー（Prodigy）"Smack My Bitch Up"
　◇最優秀ヘヴィ・メタル/ハード・ロック・ビデオ　エアロスミス（Aerosmith）"Pink"
　◇最優秀映画ビデオ　エアロスミス（Aerosmith）"I Don't Want To Miss A Thing"
　◇最優秀オルタナティブ・ビデオ　グリーン・デイ（Green Day）"Time Of Your Life〜Good Riddance"
　◇最優秀R&B・ビデオ　ブランディ&モニカ（Brandy & Monica）"The Boy Is Mine"
　◇最優秀監督　ワイクリフ・ジョン feat.レフジー・オールスターズ（Wyclef Jean Featuring Refugee Allstars），ジョナス・アカーランド（Jonas Akerlund）"Gone Till November"
　◇最優秀振付　マドンナ（Madonna），マドンナ（Madonna）"Ray Of Light"
　◇最優秀特殊効果　マドンナ（Madonna），スティーヴ・マーガトロイド（Steve Murgatroyd），ダン・ウィリアムス（Dan Williams），スティーヴ・ハイアム（Steve Hiam），アンソニー・ウォルシャム（Anthony Walsham）「アナと雪の女王」（"Frozen"）
　◇最優秀アート・ディレクション　ビョーク（Bjork），ドノヴァン・デヴィッドソン（Donovan Davidson）"Bachelorette"
　◇最優秀編集　マドンナ（Madonna），ジョナス・アカーランド（Jonas Akerlund）"Ray Of Light"
　◇最優秀撮影　フィオナ・アップル（Fiona Apple），ハリス・サヴィデス（Harris Savides）"Criminal"
　◇ブレイクスルー・ビデオ　プロディジー（Prodigy）"Smack My Bitch Up"
　◇最優秀視聴者選出ビデオ　パフ・ダディ（Puff Daddy）"It's All About The Benjamins〜Rock Remix"

第16回（1999年）
　◇最優秀ビデオ　ローリン・ヒル（Lauryn Hill）"Doo Wop〜That Thing"
　◇最優秀男性アーティスト・ビデオ　ウィル・スミス（Will Smith）"Miami"
　◇最優秀女性アーティスト・ビデオ　ローリン・ヒル（Lauryn Hill）"Doo Wop〜That Thing"

◇最優秀グループ・ビデオ　TLC "No Scrubs"
◇最優秀ラップ・ビデオ　ジェイ・Z feat.アミル&ジャ・ルール (Jay-Z Featuring Amil & Ja Rule) "Can I Get A..."
◇最優秀新人アーティスト・ビデオ　エミネム (EMINEM) "My Name Is"
◇最優秀ダンス・ビデオ　リッキー・マーティン (Ricky Martin) "Livin' La Vida Loca"
◇最優秀ヘヴィ・メタル/ハード・ロック・ビデオ　コーン (Korn) "Freak On A Leash"
◇最優秀ヒップホップ・ビデオ　ビースティ・ボーイズ (Beastie Boys) "Intergalactic"
◇最優秀映画ビデオ　マドンナ (Madonna) "Beautiful Stranger"
◇最優秀R&B・ビデオ　ローリン・ヒル (Lauryn Hill) "Doo Wop〜That Thing"
◇最優秀ポップ・ビデオ　リッキー・マーティン (Ricky Martin) "Livin'La Vida Loca"
◇最優秀監督　ファットボーイ・スリム (Fatboy Slim), トーレンス・コミュニティ・ダンス・グループ (Torrence Community Dance Group) "Praise You"
◇最優秀振付　ファットボーイ・スリム (Fatboy Slim), リチャード・コウフィー (Richard Koufey), マイケル・ルーニー (Michael Rooney) "Praise You"
◇最優秀特殊効果　ガービッジ (Garbage), ショーン・ブロートン (Shawn Broughton), スチュワート・ゴードン (Stuart Gordon), ポール・シンプソン (Paul Simpson) "Special"
◇最優秀アート・ディレクション　ローリン・ヒル (Lauryn Hill), ギデオン・ポンテ (Gideon Ponte) "Doo Wop〜That Thing"
◇最優秀編集　コーン (Korn), ハイネス・ホール (Haines Hall), マイケル・サクス (Michael Sachs) "Freak On A Leash"
◇最優秀撮影　マリリン・マンソン (Marilyn Manson), マーティン・コッペン (Martin Coppen) "The Dope Show"
◇ブレイクスルー・ビデオ　ファットボーイ・スリム (Fatboy Slim) "Praise You"
◇最優秀視聴者選出ビデオ　バックストリート・ボーイズ (Backstreet Boys) "I Want It That Way"

第17回 (2000年)
◇最優秀ビデオ　エミネム (EMINEM) "The Real Slim Shady"
◇最優秀男性アーティスト・ビデオ　エミネム (EMINEM) "The Real Slim Shady"
◇最優秀女性アーティスト・ビデオ　アリーヤ (Aaliyah) "Try Again"
◇最優秀グループ・ビデオ　ブリンク182 (BLINK182) "All The Small Things"
◇最優秀ラップ・ビデオ　ドクター・ドレー feat.エミネム (Dr.Dre Featuring EMINEM) "Forgot About Dre"
◇最優秀新人アーティスト・ビデオ　メイシー・グレイ (Macy Gray) "I Try"
◇最優秀ダンス・ビデオ　ジェニファー・ロペス (Jennifer Lopez) "Waiting For Tonight"
◇最優秀ロック・ビデオ　リンプ・ビズキット (Limp Bizkit) "Break Stuff"
◇最優秀R&B・ビデオ　デスティニーズ・チャイルド (Destiny's Child) "Say My Name"
◇最優秀ヒップホップ・ビデオ　シスコ (Sisqo) "Thong Song"
◇最優秀映画ビデオ　アリーヤ (Aaliyah) "Try Again"
◇最優秀ポップ・ビデオ　イン・シンク (*NSYNC) "Bye Bye Bye"
◇最優秀監督　レッド・ホット・チリ・ペッパーズ (Red Hot Chili Peppers), ジョナサン・デイトン (Jonathan Dayton), ヴァレリー・ファリス (Valerie Faris) "Californication"
◇最優秀振付　イン・シンク (*NSYNC), ダーリン・ヘンソン (Darrin Henson) "Bye Bye Bye"
◇最優秀特殊効果　ビョーク (Bjork), グラスワークス (Glassworks) "All Is Full Of Love"
◇最優秀アート・ディレクション　レッド・ホット・チリ・ペッパーズ (Red Hot Chili Peppers), コリン・ストラウス (Colin Strause) "Californication"
◇最優秀編集　エイミー・マン (Aimee Mann), デイラン・ティッチナー (Dylan Tichneor) "Save Me"

◇最優秀撮影　　　メイシー・グレイ (Macy Gray)，ジェフ・クローネンウェット (Jeff Cronenwett) "Do Something"
◇ブレイクスルー・ビデオ　ビョーク (Bjork) "All Is Full Of Love"
◇最優秀視聴者選出ビデオ　イン・シンク (*NSYNC) "Bye Bye Bye"
第18回 (2001年)
◇最優秀ビデオ　　クリスティーナ・アギレラ，リル・キム，マイア，ピンク feat.ミッシー・エリオット (Christina Aguilera, Lil'Kim, Mya, P！NK Featuring Missy Elliott) "Lady Marmalade"
◇最優秀男性アーティスト・ビデオ　モービー feat.グウェン・ステファニー (Moby Featuring Gwen Stefani) "South Side"
◇最優秀女性アーティスト・ビデオ　イヴ feat.グウェン・ステファニー (Eve Featuring Gwen Stefani) "Let Me Blow Ya Mind"
◇最優秀グループ・ビデオ　イン・シンク (*NSYNC) "Pop"
◇最優秀ラップ・ビデオ　ネリー (Nelly) "Ride Wit Me"
◇最優秀新人アーティスト・ビデオ　アリシア・キーズ (Alicia Keys) "Fallin'"
◇最優秀ダンス・ビデオ　イン・シンク (*NSYNC) "Pop"
◇最優秀ロック・ビデオ　リンプ・ビズキット (Limp Bizkit) "Rollin"
◇最優秀R&B・ビデオ　デスティニーズ・チャイルド (Destiny's Child) "Survivor"
◇最優秀ヒップホップ・ビデオ　アウトキャスト (OUTKAST) "Ms.Jackson"
◇最優秀映画ビデオ　クリスティーナ・アギレラ，リル・キム，マイア，ピンク feat.ミッシー・エリオット (Christina Aguilera, Lil'Kim, Mya, P！NK Featuring Missy Elliott) "Lady Marmalade"
◇最優秀ポップ・ビデオ　イン・シンク (*NSYNC) "Pop"
◇最優秀監督　　　ファットボーイ・スリム (Fatboy Slim)，スパイク・ジョーンズ (Spike Jonze) "Weapon Of Choice"
◇最優秀振付　　　ファットボーイ・スリム (Fatboy Slim)，スパイク・ジョーンズ (Spike Jonze)，マイケル・ルーニー (Michael Rooney)，クリストファー・ウォーケン (Christopher Walken) "Weapon Of Choice"
◇最優秀特殊効果　ロビー・ウィリアムス (Robbie Williams)，カーター・ホワイト・FX (Carter White FX)，オーディオ・モーション・アンド・クリア・ポスト・プロダクション (Audio Motion and Clear Post Production) "Rock DJ"
◇最優秀アート・ディレクション　ファットボーイ・スリム (Fatboy Slim)，ヴァル・ウィルト (Val Wilt) "Weapon Of Choice"
◇最優秀編集　　　ファットボーイ・スリム (Fatboy Slim)，エリック・ザンブランネン (Eric Zumbrunnen) "Weapon Of Choice"
◇最優秀撮影　　　ファットボーイ・スリム (Fatboy Slim)，ランス・アコード (Lance Acord) "Weapon Of Choice"
◇ブレイクスルー・ビデオ　ファットボーイ・スリム (Fatboy Slim) "Weapon Of Choice"
◇最優秀視聴者選出ビデオ　イン・シンク (*NSYNC) "Pop"
◇MTV特別賞　　　マッドヴェイン (Mudvayne) "Dig"
第19回 (2002年)
◇最優秀ビデオ　　エミネム (EMINΞM) "Without Me"
◇最優秀男性アーティスト・ビデオ　エミネム (EMINΞM) "Without Me"
◇最優秀女性アーティスト・ビデオ　ピンク (P！NK) "Get the Party Started"
◇最優秀グループ・ビデオ　ノー・ダウト feat.バウンティー・キラー (No Doubt Featuring Bounty Killer) "Hey Baby"
◇最優秀ラップ・ビデオ　エミネム (EMINΞM) "Without Me"
◇最優秀新人アーティスト・ビデオ　アヴリル・ラヴィーン (Avril Lavigne) "Complicated"
◇最優秀ダンス・ビデオ　ピンク (P！NK) "Get the Party Started"

- ◇最優秀ロック・ビデオ　リンキン・パーク（Linkin Park）"In the End"
- ◇最優秀R&B・ビデオ　メアリー・J.ブライジ（Mary J.Blige）"No More Drama"
- ◇最優秀ヒップホップ・ビデオ　ジェニファー・ロペス feat.ジャ・ルール（Jennifer Lopez Featuring Ja Rule）"I'm Real – remix"
- ◇最優秀映画ビデオ　チャド・クルーガー feat.ジョージー・スコット（Chad Kroeger Featuring Josey Scott）"Hero"
- ◇最優秀ポップ・ビデオ　ノー・ダウト feat.バウンティー・キラー（No Doubt Featuring Bounty Killer）"Hey Baby"
- ◇最優秀監督　エミネム（EMINƎM），ジョセフ・カーン（Joseph Kahn）"Without Me"
- ◇最優秀振付　カイリー・ミノーグ（Kylie Minogue），マイケル・ルーニー（Michael Rooney）「熱く胸を焦がして」（"Can't Get You Out of My Head"）
- ◇最優秀特殊効果　ザ・ホワイト・ストライプス（The White Stripes），ミシェル・ゴンドリー（Michel Gondry），オリヴィエ・ゴンドリー（Olivier "Twist" Gondry），セバスチャン・ファウ（Sebastian Fau）"Fell in Love with a Girl"
- ◇最優秀アート・ディレクション　コールドプレイ（Coldplay），ティム・ホープ（Tim Hope）"Trouble"
- ◇最優秀編集　ザ・ホワイト・ストライプス（The White Stripes），ミクロス&デュラン（Mikos and Duran）"Fell in Love with A Girl"
- ◇最優秀撮影　モービー（Moby），ブラッド・ラッシング（Brad Rushing）"We Are All Made Of Stars"
- ◇ブレイクスルー・ビデオ　ザ・ホワイト・ストライプス（The White Stripes）"Fell in Love with A Girl"
- ◇最優秀視聴者選出ビデオ　ミシェル・ブランチ（Michelle Branch）"Everywhere"
- ◇MTV特別賞　ダッシュボード・コンフェッショナル（Dashboard Confessional）"Screaming Infidelities"

第20回（2003年）
- ◇最優秀ビデオ　ミッシー・エリオット（Missy Elliott）"Work It"
- ◇最優秀男性アーティスト・ビデオ　ジャスティン・ティンバーレイク（Justin Timberlake）"Cry Me A River"
- ◇最優秀女性アーティスト・ビデオ　ビヨンセ feat.ジェイ・Z（Beyoncé f/ Jay-Z）"Crazy In Love"
- ◇最優秀グループ・ビデオ　コールドプレイ（Coldplay）"The Scientist"
- ◇最優秀ポップ・ビデオ　ジャスティン・ティンバーレイク（Justin Timberlake）"Cry Me A River"
- ◇最優秀ラップ・ビデオ　フィフティーセント（50 Cent）"In Da Club"
- ◇最優秀R&B・ビデオ　ビヨンセ feat.ジェイ・Z（Beyoncé f/Jay-Z）"Crazy In Love"
- ◇最優秀ヒップホップ・ビデオ　ミッシー・エリオット（Missy Elliott）"Work It"
- ◇最優秀ダンス・ビデオ　ジャスティン・ティンバーレイク（Justin Timberlake）"Rock Your Body"
- ◇最優秀ロック・ビデオ　リンキン・パーク（Linkin Park）"Somewhere I Belong"
- ◇最優秀視聴者選出ビデオ　グッド・シャーロット（Good Charlotte）"Lifestyles of the Rich and Famous"
- ◇最優秀新人アーティスト・ビデオ　フィフティーセント（50 Cent）"In Da Club"
- ◇MTV2賞　AFI "Girls Not Grey"
- ◇ブレイクスルー・ビデオ　コールドプレイ（Coldplay）"The Scientist"
- ◇最優秀映画ビデオ　エミネム（EMINƎM）"Lose Yourself"
- ◇最優秀監督　コールドプレイ（Coldplay），ジェイミー・スレイヴス（Jamie Thraves）"The Scientist"
- ◇最優秀振付　ビヨンセ feat.ジェイ・Z（Beyoncé f/Jay-Z），フランク・ガットソン，Jr.（Frank Gatson Jr.）"Crazy In Love"
- ◇最優秀特殊効果　クイーンズ・オブ・ザ・ストーン・エイジ（Queens of the Stone Age），ナイジェル・サラグ（Nigel Sarrag）"Go With The Flow"

◇最優秀アート・ディレクション　レディオヘッド（Radiohead），クリス・ホープウェル（Chris Hopewell）"There There"
◇最優秀編集　ザ・ホワイト・ストライプス（The White Stripes），オリヴィエ・ガジャン（Olivier Gajan）"Seven Nation Army"
◇最優秀撮影　ジョニー・キャッシュ（Johnny Cash），ジャン・イヴ・エスコフィエ（Jean-Yves Escoffier）"Hurt"

第21回（2004年）
　◇最優秀ビデオ　アウトキャスト（OUTKAST）"Hey Ya！"
　◇最優秀男性アーティスト・ビデオ　アッシャー feat.リル・ジョン&リュダクリス（Usher f/Lil Jon & Ludacris）"Yeah！"
　◇最優秀女性アーティスト・ビデオ　ビヨンセ（Beyoncé）"Naughty Girl"
　◇最優秀グループ・ビデオ　ノー・ダウト（No Doubt）"It's My Life"
　◇最優秀ポップ・ビデオ　ノー・ダウト（No Doubt）"It's My Life"
　◇最優秀ラップ・ビデオ　ジェイ・Z（Jay-Z）"99 Problems"
　◇最優秀R&B・ビデオ　アリシア・キーズ（Alicia Keys）"If I Ain't Got You"
　◇最優秀ヒップホップ・ビデオ　アウトキャスト（OUTKAST）"Hey Ya！"
　◇最優秀ダンス・ビデオ　アッシャー feat.リル・ジョン&リュダクリス（Usher f/Lil Jon & Ludacris）"Yeah！"
　◇最優秀ロック・ビデオ　ジェット（Jet）"Are You Gonna Be My Girl"
　◇最優秀視聴者選出ビデオ　リンキン・パーク（Linkin Park）"Breaking the Habit"
　◇最優秀新人アーティスト・ビデオ　マルーン5（Maroon 5）"This Love"
　◇MTV2賞　　　　イエローカード（Yellowcard）"Ocean Avenue"
　◇ブレイクスルー・ビデオ　フランツ・フェルディナンド（Franz Ferdinand）"Take Me Out"
　◇最優秀TVゲームサウンドトラック　"Tony Hawk's Underground"
　◇最優秀監督　ジェイ・Z（Jay-Z）"99 Problems"
　◇最優秀振付　ブラック・アイド・ピーズ（The Black Eyed Peas）"Hey Mama"
　◇最優秀特殊効果　アウトキャスト（OUTKAST）"Hey Ya！"
　◇最優秀アート・ディレクション　アウトキャスト（OUTKAST）"Hey Ya！"
　◇最優秀編集　ジェイ・Z（Jay-Z）"99 Problems"
　◇最優秀撮影　ジェイ・Z（Jay-Z）"99 Problems"

第22回（2005年）
　◇最優秀ビデオ　グリーン・デイ（Green Day）"Boulevard of Broken Dreams"
　◇最優秀男性アーティスト・ビデオ　カニエ・ウェスト（Kanye West）"Jesus Walks"
　◇最優秀女性アーティスト・ビデオ　ケリー・クラークソン（Kelly Clarkson）"Since U Been Gone"
　◇最優秀グループ・ビデオ　グリーン・デイ（Green Day）"Boulevard of Broken Dreams"
　◇最優秀ポップ・ビデオ　ケリー・クラークソン（Kelly Clarkson）"Since U Been Gone"
　◇最優秀ラップ・ビデオ　リュダクリス（Ludacris）"Number One Spot"
　◇最優秀R&B・ビデオ　アリシア・キーズ（Alicia Keys）"Karma"
　◇最優秀ヒップホップ・ビデオ　ミッシー・エリオット feat.シアラ&ファット・マン・スクープ（Missy Elliott f/Ciara & Fat Man Scoop）"Lose Control"
　◇最優秀ダンス・ビデオ　ミッシー・エリオット feat.シアラ&ファット・マン・スクープ（Missy Elliott f/Ciara & Fat Man Scoop）"Lose Control"
　◇最優秀ロック・ビデオ　グリーン・デイ（Green Day）"Boulevard of Broken Dreams"
　◇最優秀視聴者選出ビデオ　グリーン・デイ（Green Day）"American Idiot"
　◇最優秀新人アーティスト・ビデオ　ザ・キラーズ（The Killers）"Mr.Brightside"
　◇MTV2賞　　　　フォール・アウト・ボーイ（Fall Out Boy）"Sugar, We're Goin Down"
　◇ブレイクスルー・ビデオ　ゴリラズ（Gorillaz）"Feel Good Inc."

◇最優秀TVゲームサウンドトラック　"Dance Dance Revolution Extreme"
◇最優秀監督　　　　グリーン・デイ（Green Day）"Boulevard of Broken Dreams"
◇最優秀振付　　　　グウェン・ステファニー（Gwen Stefani）"Hollaback Girl"
◇最優秀特殊効果　　ゴリラズ（Gorillaz）"Feel Good Inc."
◇最優秀アート・ディレクション　グウェン・ステファニー（Gwen Stefani）"What You Waiting For？"
◇最優秀編集　　　　グリーン・デイ（Green Day）"Boulevard of Broken Dreams"
◇最優秀撮影　　　　グリーン・デイ（Green Day）"Boulevard of Broken Dreams"

第23回（2006年）
◇最優秀ビデオ　　　パニック・アット・ザ・ディスコ（Panic！ At the Disco）"I Write Sins Not Tragedies"
◇最優秀男性アーティスト・ビデオ　ジェイムス・ブラント（James Blunt）"You're Beautiful"
◇最優秀女性アーティスト・ビデオ　ケリー・クラークソン（Kelly Clarkson）"Because of You"
◇最優秀グループ・ビデオ　オール・アメリカン・リジェクツ（The All-American Rejects）"Move Along"
◇最優秀ラップ・ビデオ　カミリオネア（Chamillionaire）"Ridin'"
◇最優秀R&B・ビデオ　ビヨンセ feat.スリム・サグ＆バンビー（Beyoncé f/Slim Thug & Bun B）"Check On It"
◇最優秀ヒップホップ・ビデオ　ブラック・アイド・ピーズ（The Black Eyed Peas）"My Humps"
◇最優秀ダンス・ビデオ　プッシーキャット・ドールズ feat.スヌープ・ドッグ（The Pussycat Dolls f/Snoop Dogg）"Buttons"
◇最優秀ロック・ビデオ　AFI "Miss Murder"
◇最優秀ポップ・ビデオ　ピンク（P！NK）"Stupid Girls"
◇最優秀新人アーティスト・ビデオ　アヴェンジド・セヴンフォールド（Avenged Sevenfold）"Bat Country"
◇最優秀視聴者選出ビデオ　フォール・アウト・ボーイ（Fall Out Boy）"Dance, Dance"
◇最優秀TVゲーム音楽　ジェレミー・ソウル（Jeremy Soule）"The Elder Scrolls IV：Oblivion"
◇最優秀TVゲームサウンドトラック　"Marc Eckō's Getting Up"
◇最優秀監督　　　　ナールズ・バークレイ（Gnarls Barkley）"Crazy"
◇最優秀振付　　　　シャキーラ feat.ワイクリフ・ジョン（Shakira f/Wyclef Jean）"Hips Don't Lie"
◇最優秀特殊効果　　ミッシー・エリオット（Missy Elliott）"We Run This"
◇最優秀アート・ディレクション　レッド・ホット・チリ・ペッパーズ（Red Hot Chili Peppers）"Dani California"
◇最優秀編集　　　　ナールズ・バークレイ（Gnarls Barkley）"Crazy"
◇最優秀撮影　　　　ジェイムス・ブラント（James Blunt）"You're Beautiful"

第24回（2007年）
◇最優秀ビデオ　　　リアーナ feat.ジェイ・Z（Rihanna f/Jay-Z）"Umbrella"
◇最優秀男性アーティスト・ビデオ　ジャスティン・ティンバーレイク（Justin Timberlake）
◇最優秀女性アーティスト・ビデオ　ファーギー（Fergie）
◇最優秀グループ・ビデオ　フォール・アウト・ボーイ（Fall Out Boy）
◇地球震撼のコラボレーション　ビヨンセ feat.シャキーラ（Beyoncé f/Shakira）"Beautiful Liar"
◇モンスターシングル　リアーナ feat.ジェイ・Z（Rihanna f/Jay-Z）"Umbrella"
◇最優秀新人アーティスト・ビデオ　ジム・クラス・ヒーローズ（Gym Class Heroes）
◇4分野で優れたアーティスト　ジャスティン・ティンバーレイク（Justin Timberlake）
◇最優秀監督　　　　ジャスティン・ティンバーレイク（Justin Timberlake），サミュエル・ベイヤー（Samuel Bayer）"What Goes Around.../...Comes Around"
◇最優秀振付　　　　ジャスティン・ティンバーレイク（Justin Timberlake），マーティー・クデル

カ（marty kudelka）"My Love"
　◇最優秀編集　　　　ナールズ・バークレイ（Gnarls Barkley），ケン・モウ（Ken Mowe）"Smiley Faces"
第25回（2008年）
　◇最優秀ビデオ　　　ブリトニー・スピアーズ（Britney Spears）"Piece of Me"
　◇最優秀男性アーティスト・ビデオ　クリス・ブラウン（Chris Brown）"With You"
　◇最優秀女性アーティスト・ビデオ　ブリトニー・スピアーズ（Britney Spears）"Piece Of Me"
　◇最優秀ヒップホップ・ビデオ　リル・ウェイン（Lil Wayne）"Lollipop"
　◇最優秀ポップ・ビデオ　ブリトニー・スピアーズ（Britney Spears）"Piece Of Me"
　◇最優秀ダンス・パフォーマンス・ビデオ　プッシーキャット・ドールズ（Pussycat Dolls）"When I Grow Up"
　◇最優秀新人アーティスト・ビデオ　トキオ・ホテル（Tokio Hotel）"Ready, Set, Go！"
　◇最優秀ロック・ビデオ　リンキン・パーク（Linkin Park）"Shadow of the Day"
　◇最優秀アート・ディレクション　ナールズ・バークレイ（Gnarls Barkley）"Run"
　◇最優秀振付　　　　ナールズ・バークレイ（Gnarls Barkley）"Run"
　◇最優秀撮影　　　　ザ・ホワイト・ストライプス（The White Stripes）"Conquest"
　◇最優秀監督　　　　エリカ・バドゥ（Erykah Badu）"Honey"
　◇最優秀編集　　　　デス・キャブ・フォー・キューティー（Death Cab For Cutie）"I Will Possess Your Heart"
　◇最優秀特殊効果　　カニエ・ウェスト feat.T－ペイン（Kanye West f/T-Pain）"Good Life"
第26回（2009年）
　◇最優秀ビデオ　　　ビヨンセ（Beyoncé）"Single Ladies（Put A Ring On It）"
　◇最優秀新人アーティスト・ビデオ　レディー・ガガ（Lady Gaga）"Poker Face"
　◇最優秀ヒップホップ・ビデオ　エミネム（EMINƎM）"We Made You"
　◇最優秀男性アーティスト・ビデオ　T.I."Live Your Life"
　◇最優秀ポップ・ビデオ　ブリトニー・スピアーズ（Britney Spears）"Womanizer"
　◇最優秀ロック・ビデオ　グリーン・デイ（Green Day）"21 Guns"
　◇最優秀女性アーティスト・ビデオ　テイラー・スウィフト（Taylor Swift）"You Belong With Me"
　◇最優秀ビデオ（賞を与えられるべき過去のビデオ）ビースティ・ボーイズ（Beastie Boys）"Sabotage"
　◇ブレイクスルー・ビデオ　マット＆キム（Matt And Kim）"Lessons Learned"
　◇最優秀アート・ディレクション　レディー・ガガ（Lady Gaga），ジェーソン・ハミルトン（Jason Hamilton）"Paparazzi"
　◇最優秀振付　　　　ビヨンセ（Beyoncé），ジャクエル・ナイト（Jaquel Knight），フランク・ガットソン，Jr.（Frank Gatson Jr.）"Single Ladies（Put A Ring On It）"
　◇最優秀撮影　　　　グリーン・デイ（Green Day），ジョナサン・セラ（Jonathan Sela）"21 Guns"
　◇最優秀監督　　　　グリーン・デイ（Green Day），マーク・ウェッブ（Marc Webb）"21 Guns"
　◇最優秀編集　　　　ビヨンセ（Beyoncé），ジャレット・フィジャル（Jarrett Fijal）"Single Ladies（Put A Ring On It）"
　◇最優秀特殊効果　　レディー・ガガ（Lady Gaga），チムニー・ポット（Chimney Pot）"Paparazzi"
第27回（2010年）
　◇最優秀ビデオ　　　レディー・ガガ（Lady Gaga）"Bad Romance"
　◇最優秀新人アーティスト　ジャスティン・ビーバー feat.リュダクリス（Justin Bieber f/Ludacris）"Baby"
　◇最優秀ヒップホップ・ビデオ　エミネム（EMINƎM）"Not Afraid"
　◇最優秀男性アーティスト・ビデオ　エミネム（EMINƎM）"Not Afraid"
　◇最優秀ポップ・ビデオ　レディー・ガガ（Lady Gaga）"Bad Romance"
　◇最優秀ロック・ビデオ　サーティー・セカンズ・トゥ・マーズ（30 Seconds To Mars）"Kings

and Queens"
- ◇最優秀女性アーティスト・ビデオ　レディー・ガガ (Lady Gaga) "Bad Romance"
- ◇最優秀コラボレーション　レディー・ガガ feat.ビヨンセ (Lady Gaga f/ Beyoncé) "Telephone"
- ◇最優秀ダンス・ミュージック・ビデオ　レディー・ガガ (Lady Gaga) "Bad Romance"
- ◇最優秀アート・ディレクション　フローレンス・アンド・ザ・マシーン (Florence + the Machine)，ルイス・コーコラン (Louise Corcoran)，アルデン・ジョンソン (Aldene Johnson) "Dog Days Are Over"
- ◇最優秀振付　レディー・ガガ (Lady Gaga)，ローリアン・ギブソン (Laurieann Gibson) "Bad Romance"
- ◇最優秀撮影　ジェイ・Z&アリシア・キーズ (Jay-Z & Alicia Keys)，ジョン・ペレ (John Perez) "Empire State of Mind"
- ◇最優秀監督　レディー・ガガ (Lady Gaga)，フランシス・ローレンス (Francis Lawrence) "Bad Romance"
- ◇最優秀編集　レディー・ガガ (Lady Gaga)，ジャレット・フィジャル (Jarrett Fijal) "Bad Romance"
- ◇最優秀特殊効果　ミューズ (Muse)，ハンブル (Humble)，サム・ステファンズ (Sam Stephens) "Uprising"
- ◇ブレイクスルー・ビデオ　ザ・ブラック・キーズ (The Black Keys) "Tighten Up"

第28回 (2011年)
- ◇最優秀ビデオ　ケイティ・ペリー (Katy Perry) "Firework"
- ◇最優秀新人アーティスト　タイラー・ザ・クリエイター (Tyler, The Creator) "Yonkers"
- ◇最優秀ヒップホップ・ビデオ　ニッキー・ミナージュ (Nicki Minaj) "Super Bass"
- ◇最優秀男性アーティスト・ビデオ　ジャスティン・ビーバー (Justin Bieber) "U Smile"
- ◇最優秀ポップ・ビデオ　ブリトニー・スピアーズ (Britney Spears) "Till the World Ends"
- ◇最優秀ロック・ビデオ　フー・ファイターズ (Foo Fighters) "Walk"
- ◇最優秀女性アーティスト・ビデオ　レディー・ガガ (Lady Gaga) "Born This Way" ケイティ・ペリー feat. カニエ・ウェスト (Katy Perry f/ Kanye West) "E.T."
- ◇最優秀メッセージビデオ　レディー・ガガ (Lady Gaga) "Born This Way"
- ◇最優秀アート・ディレクション　アデル (Adele)，ネイサン・パーカー (Nathan Parker) "Rolling in the Deep"
- ◇最優秀振付　ビヨンセ (Beyoncé)，フランク・ガットソン (Frank Gatson)，シェリル・ムラカミ (Sheryl Murakami)，ジェフリー・ページ (Jeffrey Page) "Run the World (Girls)"
- ◇最優秀撮影　アデル (Adele)，トム・タウネンド (Tom Townend) "Rolling in the Deep"
- ◇最優秀監督　ビースティ・ボーイズ (Beastie Boys)，アダム・ヤウチ (Adam Yauch) "Make Some Noise"
- ◇最優秀編集　アデル (Adele)，アート・ジョーンズ・アット・ワーク (Art Jones at Work) "Rolling in the Deep"
- ◇最優秀特殊効果　ケイティ・ペリー feat.カニエ・ウェスト (Katy Perry f/ Kanye West)，ジェフ・ドットソン・フォー・ドット&エフェクツ (Jeff Dotson for Dot & Effects) "E.T."
- ◇特別賞　ブリトニー・スピアーズ (Britney Spears)

第29回 (2012年)
- ◇最優秀ビデオ　リアーナ feat.カルヴィン・ハリス (Rihanna f/ Calvin Harris) "We Found Love"
- ◇最優秀新人アーティスト　ワン・ダイレクション (One Direction) "What Makes You Beautiful"
- ◇最優秀ヒップホップ・ビデオ　ドレイク feat.リル・ウェイン (Drake f/ Lil Wayne) "HYFR"
- ◇最優秀男性アーティスト・ビデオ　クリス・ブラウン (Chris Brown) "Turn Up The Music"
- ◇最優秀ポップ・ビデオ　ワン・ダイレクション (One Direction) "What Makes You Beautiful"

◇最優秀ロック・ビデオ　コールドプレイ (Coldplay) "Paradise"
◇最優秀女性アーティスト・ビデオ　ニッキー・ミナージュ (Nicki Minaj) "Starships"
◇最優秀エレクトロニック・ダンス・ミュージック・ビデオ　カルヴィン・ハリス (Calvin Harris) "Feel So Close"
◇最優秀メッセージビデオ　デミ・ロヴァート (Demi Lovato) "Skyscraper"
◇最優秀アート・ディレクション　ケイティ・ペリー (Katy Perry), ベンジ・バンプス (Benji Bamps) "Wide Awake"
◇最優秀振付　クリス・ブラウン (Chris Brown), アンウォー・"フィル"・バートン (Anwar "Flii" Burton) "Turn Up The Music"
◇最優秀撮影　M.I.A. (M.I.A.), アンドレ・シェメトフ (André Chemetoff) "Bad Girls"
◇最優秀監督　M.I.A. (M.I.A.), ロマン・ガヴラス (Romain Gavras) "Bad Girls"
◇最優秀編集　ビヨンセ (Beyoncé), アレクサンダー・ハンマー (Alexander Hammer), ジェレミー・シュフ (Jeremiah Shuff) "Countdown"
◇最優秀視覚効果　スクリレックス (Skrillex), デカ・ブラザーズ (Deka Brothers), トニー・T.ダティス (Tony "Truand" Datis) "First Of The Year (Equinox)"
◇最多シェアビデオ賞　ワン・ダイレクション (One Direction) "What Makes You Beautiful"

第30回 (2013年)
◇最優秀ビデオ　ジャスティン・ティンバーレイク (Justin Timberlake) "Mirrors"
◇最優秀ヒップホップ・ビデオ　マックルモア&ライアン・ルイス feat.レイ・ダルトン (Macklemore & Ryan Lewis f/ Ray Dalton) "Can't Hold Us"
◇最優秀男性アーティスト・ビデオ　ブルーノ・マーズ (Bruno Mars) "Locked Out Of Heaven"
◇最優秀ポップ・ビデオ　セレーナ・ゴメス (Selena Gomez) "Come & Get It"
◇アーティスト・トゥ・ウォッチ　オースティン・マホーン (Austin Mahone) "What About Love"
◇最優秀サマーソング賞　ワン・ダイレクション (One Direction) "Best Song Ever"
◇最優秀ロック・ビデオ　サーティー・セカンズ・トゥ・マーズ (Thirty Seconds To Mars) "Up in the Air"
◇最優秀女性アーティスト・ビデオ　テイラー・スウィフト (Taylor Swift) "I Knew You Were Trouble"
◇ソーシャルメッセージビデオ　マックルモア&ライアン・ルイス feat.メアリー・ランバート (Macklemore & Ryan Lewis f/ Mary Lambert) "Same Love"
◇最優秀コラボレーション賞　ピンク feat.ネイト・ルイス (P！nk f/ Nate Ruess) "Just Give Me A Reason"
◇最優秀アート・ディレクション　ジャネル・モネイ feat.エリカ・バドゥ (Janelle Monáe f/ Erykah Badu), ベロニカ・ログスドン (Veronica Logsdon) "Q.U.E.E.N"
◇最優秀振付　ブルーノ・マーズ (Bruno Mars) "Treasure"
◇最優秀撮影　マックルモア&ライアン・ルイス feat.レイ・ダルトン (Macklemore & Ryan Lewis f/ Ray Dalton), ジェイソン・ケーニヒ (Jason Koenig), ライアン・ルイス (Ryan Lewis), メゴ・リン (Mego Lin) "Can't Hold Us"
◇最優秀監督　ジャスティン・ティンバーレイク feat.ジェイ・Z (Justin Timberlake f/ Jay-Z), デヴィッド・フィンチャー (David Fincher) "Suit & Tie"
◇最優秀編集　ジャスティン・ティンバーレイク (Justin Timberlake), ジャレット・フィジャル (Jarrett Fijal at Bonch LA) "Mirrors"
◇最優秀視覚効果　キャピタル・シティーズ (Capital Cities), グラディ・ホール (Grady Hall), ジョナサン・ウー (Jonathan Wu), デレク・ジョンソン (Derek Johnson) "Safe and Sound"
◇特別賞　ジャスティン・ティンバーレイク (Justin Timberlake)

第31回 (2014年)
◇最優秀ビデオ　マイリー・サイラス (Miley Cyrus) "Wrecking Ball"
◇アーティスト・トゥ・ウォッチ　フィフス・ハーモニー (Fifth Harmony) "Miss Movin On"
◇最優秀ヒップホップ・ビデオ　ドレイク feat.マジード・ジョーダン (Drake f/ Majid Jordan)

"Hold On（We're Going Home）"
◇最優秀男性アーティスト・ビデオ　エド・シーラン feat. Pharrell Williams（Ed Sheeran）"Sing"
◇最優秀ポップ・ビデオ　アリアナ・グランデ feat.イギー・アゼリア（Ariana Grande f/ Iggy Azalea）"Problem"
◇最優秀ロック・ビデオ　ロード（Lorde）"Royals"
◇最優秀女性アーティスト・ビデオ　ケイティ・ペリー feat.ジューシー・J（Katy Perry f/ Juicy J）"Dark Horse"
◇最優秀コラボレーション賞　ビヨンセ feat.ジェイ・Z（Beyoncé f/ Jay-Z）"Drunk In Love"
◇MTVクラブランド　ゼッド feat.ヘイリー・ウィリアムス（Zedd f/ Hayley Williams）"Stay The Night"
◇ソーシャルメッセージビデオ　ビヨンセ（Beyoncé）"Pretty Hurts"
◇最優秀リリック・ビデオ賞　ファイヴ・セカンズ・オブ・サマー（5 Seconds Of Summer）"Don't Stop"
◇最優秀アート・ディレクション　アーケイド・ファイア（Arcade Fire），アナスタシア・マサロ（Anastasia Masaro）"Reflektor"
◇最優秀振付　　　　シーア（Sia），ライアン・ハフィントン（Ryan Heffington）"Chandelier"
◇最優秀撮影　　　　ビヨンセ（Beyoncé），ダレン・ルー（Darren Lew），ジャクソン・ハント（Jackson Hunt）"Pretty Hurts"
◇最優秀監督　　　　DJスネイク＆リル・ジョン（DJ Snake & Lil Jon），ダニエルズ（DANIELS）"Turn Down For What"
◇最優秀編集　　　　エミネム（EMINƎM），ケン・モウ（Ken Mowe）"Rap God"
◇最優秀視覚効果　　オーケー・ゴー（OK Go），ファースト・アベニュー・マシン（1stAveMachine）"The Writing's On The Wall"
◇特別賞　　　　　　ビヨンセ（Beyoncé）

17 エリザベート王妃国際コンクール Queen Elisabeth International Music Competition of Belgium

　1951年，ベルギー青少年音楽院の創設者ルネ・ニコリの提唱により，ベルギー王妃エリザベートの名を冠して創設された。前身はウジェーヌ・イザイの名を冠したイザイ・コンクール。2年ごとにブリュッセル（ベルギー）で開催されている。88年に声楽部門が新たに加えられた。審査部門は開催年次により異なり，ピアノ，声楽，ヴァイオリンの順に行われている。世界4大コンクールの一つ。

　＊数多くの日本人が入賞。〔ピアノ〕賀集裕子（1956年），内田光子（68年），神谷郁代（72年），花房晴美（75年），梅根恵（83年），若林顕，仲道郁代，三木香代（87年），坂井千春（91年），松本和将（2003年）〔ヴァイオリン〕豊田耕児（59年），潮田益子（63年），鈴木秀太郎（63，67年），藤原浜雄（71年），石川静（76年），堀米ゆず子，清水高師，塚原るり子（80年），川口エリサ，四方恭子（85年），諏訪内晶子，菅野美絵子，鈴木裕子，杉浦美知（89年），戸田弥生，安彦千恵（93年），玉井菜採，高木和弘（97年），小野明子（2001年），松山冴花（05年），成田達輝（12年），毛利文香（15年）〔作曲〕諸井誠（53年），松本日之春（69年），西村朗，藤掛廣幸（77年），酒井健治（2011年）

　【選考委員】国際的に著名な音楽家。開催前には発表されない。(2015年：ヴァイオリン部門）Arie Van Lysebeth（審査員長），Pierre Amoyal, Patrice Fontanarosa, Daniel Hope, Nai-Yuan Hu, Dong-Suk Kang, Nam Yun Kim, Mihaela Martin, Midori, Natalia Prischepenko, Marco Rizzi, Akiko Suwanai, Gilbert Varga

　【選考方法】毎年5〜6月の一カ月間にわたり一次予選（課題曲：通過者24人。声楽部門は36人）→二次予選（課題曲：通過者12人）→本選（ピアノ・ヴァイオリン部門の場合，課題曲

は新曲）が行われる。なお，本選の模様は録音され，放送およびCD発売される。作曲部門の入賞曲はコンクール課題曲となる

【選考基準】 ピアノ・ヴァイオリン・声楽部門は18歳以上30歳以下。国籍不問

【締切・発表】〔2016年：ピアノ部門〕2016年1月10日申込締切。予選～ファイナル：5月2日～28日，入賞者コンサート：5月31日

【賞・賞金】〔2015年：ヴァイオリン部門〕第1位2万5千ユーロ，第2位2万ユーロ，第3位1万7千ユーロ，第4位1万2千5百ユーロ，第5位1万ユーロ，第6位8千ユーロ。本選出場者には4千ユーロ

【連絡先】（Secretariat of the Queen Elisabeth Competition）20, rue aux Laines B-1000 Brussels Belgium **【TEL】** +32 2 213 40 50 **【FAX】** +32 2 514 32 97

【E-mail】 info@qeimc.be

【URL】 http://www.concours-reine-elisabeth.be/

2005年
　◇ヴァイオリン
　　● 第1位　　　セルゲイ・ハチャトゥリアン（Sergey Khachatryan アルメニア）
　　● 第2位　　　ヨシフ・イワノフ（Yossif Ivanov ベルギー）
　　● 第3位　　　ソフィア・ジャフェ（Sophia Jaffé ドイツ）
　　● 第4位　　　松山冴花（Saeka Matsuyama 日本）
　　● 第5位　　　ミハイル・オヴルツキー（Mikhail Ovrutsky アメリカ）
　　● 第6位　　　クヮン・ヒョクジュ（Kwun Hyuk-joo 韓国）
　◇作曲（ベルギー）　ハンス・スルイユス（Hans Sluijs）
2006年
　◇作曲　　　　　ミゲル・ガルベス・タロンシェール（Miguel Gálvez-taroncher スペイン）
　　　　　　　　　「La Luna y la Muerte」
2007年
　◇ピアノ
　　● 第1位　　　アンナ・ヴィニツカヤ（Anna Vinnitskaya ロシア）
　　● 第2位　　　プラメナ・マンゴヴァ（Plamena Mangova ブルガリア）
　　● 第3位　　　フランチェスコ・ピアモンテージ（Francesco Piemontesi スイス）
　　● 第4位　　　イリヤ・ラシュコフスキー（Ilya Rashkovskiy ロシア）
　　● 第5位　　　イム・ヒョソン（Lim Hyo-Sun 韓国）
　　● 第6位　　　リーブレヒト・ファンベッケフォールト（Liebrecht Vanbeckevoort ベルギー）
2008年
　◇声楽
　　● 第1位　　　ズザボル・ブリックナー（Szabolcs Brickner ハンガリー）
　　● 第2位　　　イザベル・ドルエ（Isabelle Druet フランス）
　　● 第3位　　　ベルナデッタ・グラビアス（Bernadetta Grabias ポーランド）
　　● 第4位　　　アンナ・カシャン（Anna Kasyan グルジア）
　　● 第5位　　　ユーリイ・ハラヅェツスキ（Yury Haradzetski ベラルーシ）
　　● 第6位　　　ガブリエル・フィリポネ（Gabrielle Philiponet フランス）
　◇作曲　　　　　チョ・ユンファ（Cho Eun-Hwa 韓国）「Agens」
2009年
　◇ヴァイオリン
　　● 第1位　　　レイ・チェン（Ray Chen オーストラリア）
　　● 第2位　　　ロレンツォ・ガット（Lorenzo Gatto ベルギー）

- ●第3位 イリアン・ガーネット（Ilian Gârnet モルドバ）
- ●第4位 キム・スーヤン（Kim Suyoen 韓国）
- ●第5位 ニキータ・ボリソグレフスキー（Nikita Borisoglebsky ロシア）
- ●第6位 ユン・ソヨン（Yoon Soyoung 韓国）
- ◇作曲 チョン・ミンジェ（Jeon Minje 韓国）「Target」

2010年
- ◇ピアノ
  - ●第1位 デニス・コジュキン（Denis Kozhukhin ロシア）
  - ●第2位 エフゲニー・ボジャノフ（Evgeni Bozhanov ブルガリア）
  - ●第3位 ハンネス・ミナー（Hannes Minnaar オランダ）
  - ●第4位 ユーリイ・ファヴォリン（Yury Favorin ロシア）
  - ●第5位 キム・テヒョン（Kim Tae-Hyung 韓国）
  - ●第6位 キム・ダソル（Kim Da Sol 韓国）

2011年
- ◇声楽
  - ●第1位 ヘアラン・ホン（Haeran Hong 韓国）
  - ●第2位 トーマス・ブロンデル（Thomas Blondelle ベルギー）
  - ●第3位 エレナ・ガリツカヤ（Elena Galitskaya ロシア）
  - ●第4位 アナイク・モレル（Anaïk Morel フランス）
  - ●第5位 コンスタンティン・シュシャコフ（Konstantin Shushakov ロシア）
  - ●第6位 クレマンティーヌ・マルゲーヌ（Clémentine Margaine フランス）
- ◇作曲 酒井健治（Kenji Sakai 日本）"Concerto pour violon et orchestre"

2012年
- ◇ヴァイオリン
  - ●第1位 アンドレイ・バラーノフ（Andrey Baranov ロシア）
  - ●第2位 成田達輝（Tatsuki Narita 日本）
  - ●第3位 シン・ヒョンス（Shin Hyun Su 韓国）
  - ●第4位 エステル・ユー（Esther Yoo アメリカ）
  - ●第5位 チェン・ユーチェン（Tseng Yu-Chien 台湾）
  - ●第6位 アルティオム・シシュコフ（Artiom Shishkov ベラルーシ）
- ◇作曲 ミシェル・ペトロッシアン（Michel Petrossian フランス）"In the wake of Ea"

2013年
- ◇ピアノ
  - ●第1位 ボリス・ギルトブルグ（Boris Giltburg イスラエル）
  - ●第2位 レミ・ジェニエ（Rémi Geniet フランス）
  - ●第3位 マテウズ・ボロヴィアック（Mateusz Borowiak イギリス，ポーランド）
  - ●第4位 スタニスラフ・フリステンコ（Stanislav Khristenko ロシア）
  - ●第5位 ツァン・ツォ（Zhang Zuo 中国）
  - ●第6位 アンドリュー・タイソン（Andrew Tyson アメリカ）

2014年
- ◇声楽
  - ●第1位 ファン・スミ（Hwang Sumi 韓国）
  - ●第2位 ジョディ・ドゥヴォス（Jodie Devos ベルギー）
  - ●第3位 サラ・ローラン（Sarah Laulan フランス）
  - ●第4位 シャオ・ユー（Shao Yu 中国）
  - ●第5位 パク・ヘソン（Park Hyesang 韓国）
  - ●第6位 キアラ・スケラス（Chiara Skerath スイス）

2015年
◇ヴァイオリン
- 第1位　　　イム・ジヨン (Lim Ji Young 韓国)
- 第2位　　　オレクシー・セメネンコ (Oleksii Semenenko ウクライナ)
- 第3位　　　ウィリアム・ハーゲン (William Hagen アメリカ)
- 第4位　　　トビアス・フェルドマン (Tobias Feldmann ドイツ)
- 第5位　　　ステファン・ワーツ (Stephen Waarts アメリカ，オランダ)
- 第6位　　　毛利文香 (Fumika Mohri 日本)

18 グラミー賞 Grammy Awards

　音楽業界の振興と支援を目的としてレコード会社の経営者らにより1959年創設された，アメリカの最大の音楽賞。正式名称は「NARASアチーブメント・アワーズ」。蓄音機―グラムフォンのレプリカが授与されることから「グラミー賞」と呼ばれるようになった。アーティストのみならず，プロデューサー，デザイナー，エンジニアなど幅広い音楽関係者に贈られる。ポップス，ロック，ジャズ，ブルース，フォーク，クラシック音楽などおよそ30にわたる分野がある。売り上げ・チャートの上位者に関係なく，優秀な作品に与えられる。授賞式には，世界中のレコード業界の関係者が集まり，演奏も行われるなど，年に一度の大イベントとして世界中にテレビ放送される。
　＊日本人では，石岡瑛子 (1986年アルバムパッケージ部門)，坂本龍一 (88年最優秀映画・テレビオリジナルアルバム部門)，喜多郎 (2000年ニュー・エイジ最優秀アルバム部門)，松本孝弘 (2010年最優秀ポップ・インストゥルメンタル・アルバム部門)，内田光子 (2010年最優秀クラシック器楽独奏 (オーケストラつき) 部門) が受賞

【主催者】全米レコーディング芸術科学アカデミー (NARAS：National Academy of Recording Arts & Science)
【選考委員】NARAS会員 (6作品以上をリリースしたボーカリスト，指揮者，ソングライター，作曲家，エンジニア，プロデューサー，器楽家，編曲者，アートディレクター，ライナーノーツライター，などに会員資格がある)
【選考方法】会員による投票と特別指名により，各部門5のノミネート作が決定される。会員は一般分野の4部門 (最優秀アルバム，レコード，楽曲，新人賞) とその他分野の内，最大8分野 (自分の専門分野) に投票できる。投票の結果は極秘に集計され，グラミー賞授賞式で発表される
【選考基準】前年10月1日から9月30日までにリリースされた作品を対象とする
【締切・発表】〔2015年〕2月8日発表・授与式
【賞・賞金】蓄音機のレプリカ。賞金はない
【連絡先】3030 Olympic Blvd.Santa Monica, CA 90404【TEL】310.392.3777【FAX】310.399.3090
【E-mail】Webmaster@GRAMMY.com
【URL】http://www.grammy.com/

2004年 (第47回)
◇最優秀レコード　　レイ・チャールズ＆ノラ・ジョーンズ (Ray Charles & Norah Jones) "Here We Go Again"
◇最優秀アルバム　　レイ・チャールズ＆Various Artists (Ray Charles & Various Artists) "Genius Loves Company"
◇最優秀楽曲　　　　ジョン・メイヤー (John Mayer) "Daughters"

◇最優秀新人　　マルーン5（Maroon 5）
◇最優秀女性ポップ歌手　ノラ・ジョーンズ（Norah Jones）"Sunrise"
◇最優秀男性ポップ歌手　ジョン・メイヤー（John Mayer）"Daughters"
◇最優秀ポップ・ヴォーカル・デュオ，グループ　ロス・ロンリー・ボーイズ（Los Lonely Boys）"Heaven"
◇最優秀ポップ・ヴォーカル・コラボレーション　レイ・チャールズ&ノラ・ジョーンズ（Ray Charles & Norah Jones）"Here We Go Again"
◇最優秀ポップ・インストゥルメンタル・アーティスト　ベン・ハーパー（Ben Harper）"11th Commandment"
◇最優秀ポップ・インストゥルメンタル・アルバム　"Henry Mancini：Pink Guitar"
◇最優秀ポップ・アルバム　レイ・チャールズ&Various Artists（Ray Charles & Various Artists）"Genius Loves Company"
◇最優秀ダンス・レコーディング作品　ブリトニー・スピアーズ（Britney Spears）"Toxic"
◇最優秀エレクトロニック/ダンスアルバム　ベースメント・ジャックス（Basement Jaxx）"Kish Kash"
◇最優秀トラディショナル・ポップ・ヴォーカル・アルバム　ロッド・スチュワート（Rod Stewart）"Stardust...The Great American Songbook Volume III"
◇最優秀ロック歌手　ブルース・スプリングスティーン（Bruce Springsteen）"Code Of Silence"
◇最優秀ロック・ヴォーカル・デュオ，グループ　U2 "Vertigo"
◇最優秀ハード・ロック・アーティスト　ヴェルヴェット・リヴォルヴァー（Velvet Revolver）"Slither"
◇最優秀メタル・アーティスト　モーターヘッド（Motörhead）"Whiplash"
◇最優秀ロック・インストゥルメンタル・アーティスト　ブライアン・ウィルソン（Brian Wilson）"Mrs.O'Leary's Cow"
◇最優秀ロック楽曲　U2 "Vertigo"
◇最優秀ロック・アルバム　グリーン・デイ（Green Day）"American Idiot"
◇最優秀オルタナティヴ・ミュージック・アルバム　ウィルコ（Wilco）"A Ghost Is Born"
◇最優秀女性R&B歌手　アリシア・キーズ（Alicia Keys）"If I Ain't Got You"
◇最優秀男性R&B歌手　プリンス（Prince）"Call My Name"
◇最優秀R&Bヴォーカル・デュオ，グループ　アッシャー&アリシア・キーズ（Usher & Alicia Keys）"My Boo"
◇最優秀トラディショナルR&B歌手　プリンス（Prince）"Musicology"
◇最優秀アーバン/オルタナティヴ・アーティスト　ジル・スコット（Jill Scott）"Cross My Mind"
◇最優秀R&B楽曲　アリシア・キーズ（Alicia Keys）"You Don't Know My Name"
◇最優秀R&Bアルバム　アリシア・キーズ（Alicia Keys）"The Diary Of Alicia Keys"
◇最優秀コンテンポラリーR&Bアルバム　アッシャー（Usher）"Confessions"
◇最優秀ラップ・ソロ・アーティスト　ジェイ・Z（Jay-Z）"99 Problems"
◇最優秀ラップ・デュオ，グループ　ブラック・アイド・ピーズ（The Black Eyed Peas）"Let's Get It Started"
◇最優秀ラップ/サング・コラボレーション　アッシャー feat.リル・ジョン&リュダクリス（Usher featuring Lil Jon & Ludacris）"Yeah！"
◇最優秀ラップ楽曲　カニエ・ウェスト（Kanye West）"Jesus Walks"
◇最優秀ラップ・アルバム　カニエ・ウェスト（Kanye West）"The College Dropout"
◇最優秀女性カントリー歌手　グレッチェン・ウィルソン（Gretchen Wilson）"Redneck Woman"
◇最優秀男性カントリー歌手　ティム・マックグロウ（Tim McGraw）"Live Like You Were Dying"
◇最優秀カントリー・ヴォーカル・デュオ，グループ　ディクシー・チックス（Dixie Chicks）"Top Of The World"
◇最優秀カントリー・ヴォーカル・コラボレーション　ロレッタ・リン&ジャック・ホワイト（Loretta Lynn & Jack White）"Portland Oregon"

◇最優秀カントリー・インストゥルメンタル・アーティスト ニッティ・グリッティ・ダート・バンド feat.アール・スクラッグス（Nitty Gritty Dirt Band featuring Earl Scruggs）
　　　　　　　　ランディ・スクラッグス（Randy Scruggs）
　　　　　　　　バッサー・クレメンツ＆ジェリー・ダグラス（Vassar Clements & Jerry Douglas）"Earl's Breakdown"
◇最優秀カントリー楽曲 ティム・マックグロウ（Tim McGraw）"Live Like You Were Dying"
◇最優秀カントリー・アルバム ロレッタ・リン（Loretta Lynn）"Van Lear Rose"
◇最優秀ブルーグラス・アルバム リッキー・スキャッグス＆ケンタッキー・サンダー（Ricky Skaggs & Kentucky Thunder）"Brand New Strings"
◇最優秀ニュー・エイジ・アルバム ウィル・アッカーマン（Will Ackerman）"Returning"
◇最優秀コンテンポラリー・ジャズ・アルバム ビル・フリゼール（Bill Frisell）"Unspeakable"
◇最優秀ジャズ・ヴォーカル・アルバム ナンシー・ウィルソン（Nancy Wilson）"R.S.V.P.（Rare Songs, Very Personal）"
◇最優秀ジャズ・インストゥルメンタル（ソロ）ハービー・ハンコック（Herbie Hancock）"Speak Like A Child"
◇最優秀ジャズ・インストゥルメンタル・アルバム（個人またはグループ）マッコイ・タイナー（McCoy Tyner）、ゲイリー・バーツ（Gary Bartz）、テレンス・ブランチャード（Terence Blanchard）、クリスチャン・マックブライド（Christian McBride）、ルイス・ナッシュ（Lewis Nash）"Illuminations"
◇最優秀ジャズ・ビッグバンド・アルバム マリア・シュナイダー・オーケストラ（Maria Schneider Orchestra）"Concert In The Garden"
◇最優秀ラテン・ジャズ・アルバム チャーリー・ヘイデン（Charlie Haden）"Land Of The Sun"
◇最優秀ゴスペル・アーティスト レイ・チャールズ＆グラディス・ナイト（Ray Charles & Gladys Knight）"Heaven Help Us All"
◇最優秀ロック・ゴスペル・アルバム サード・デイ（Third Day）"Wire"
◇最優秀ポップ/コンテンポラリー・ゴスペル・アルバム スティーブン・カーティス・チャップマン（Steven Curtis Chapman）"All Things New"
◇最優秀サザン、カントリー、ブルーグラス・ゴスペル・アルバム ランディ・トラヴィス（Randy Travis）"Worship & Faith"
◇最優秀トラディショナル・ソウル・ゴスペル・アルバム ベン・ハーパー＆ザ・ブラインド・ボーイズ・オブ・アラバマ（Ben Harper & The Blind Boys Of Alabama）"There Will Be A Light"
◇最優秀コンテンポラリー・ソウル・ゴスペル・アルバム スモーキー・ノーフル（Smokie Norful）"Nothing Without You"
◇最優秀ゴスペル・アルバム（聖歌隊・合唱団）ザ・ブルックリン・タバナクル・クワイア（The Brooklyn Tabernacle Choir）"Live...This is Your House"
◇最優秀ラテン・ポップ・アルバム マーク・アントニー（Marc Anthony）"Amar Sin Mentiras"
◇最優秀ラテン・ロック/オルタナティヴ・アルバム オゾマトリ（Ozomatli）"Street Signs"
◇最優秀トラディショナル・トロピカル・ラテン・アルバム イスラエル・ロペス"カチャーオ"（Israel López"Cachao"）"¡Ahora Sí！"
◇最優秀サルサ/メレンゲ・アルバム スパニッシュ・ハーレム・オーケストラ feat.ルベン・ブレイズ（Spanish Harlem Orchestra featuring Rubén Blades）"Across 110th Street"
◇最優秀メキシカン/メキシカン－アメリカン・アルバム イントカブレ（Intocable）"Intimamente"
◇最優秀テハノ・アルバム デイヴィッド・リー・ガーザ（David Lee Garza）
　　　　　　　　ジョエル・ガズマン＆サニー・サウセダ（Joel Guzman & Sunny Sauceda）"Polkas, Gritos y Acordeo'nes"
◇最優秀トラディショナル・ブルース・アルバム エッタ・ジェームズ（Etta James）"Blues To The Bone"

◇最優秀コンテンポラリー・ブルース・アルバム　ケブモ（Keb'Mo'）"Keep It Simple"
◇最優秀トラディショナル・フォーク・アルバム　"Beautiful Dreamer － The Songs Of Stephen Foster"
◇最優秀コンテンポラリー・フォーク・アルバム　スティーヴ・アール（Steve Earle）"The Revolution Starts...Now"
◇最優秀ネイティブ・アメリカン・ミュージック・アルバム　ビル・ミラー（Bill Miller）"Cedar Dream Songs"
◇最優秀ハワイアン・ミュージック・アルバム　"Slack Key Guitar Volume 2"
◇最優秀レゲエ・アルバム　トゥーツ＆ザ・メイタルズ（Toots & The Maytals）"True Love"
◇最優秀トラディショナル・ワールド・ミュージック・アルバム　レディスミス・ブラック・マンバゾ（Ladysmith Black Mambazo）"Raise Your Spirit Higher"
◇最優秀コンテンポラリー・ワールド・ミュージック・アルバム　ユッスー・ンドゥール（Youssou N'Dour）"Egypt"
◇最優秀ポルカ・アルバム　ブレイヴ・コンボ（Brave Combo）"Let's Kiss：25th Anniversary Album"
◇最優秀子供向けミュージカル・アルバム　"cELLAbration！　A Tribute To Ella Jenkins"
◇最優秀子供向け朗読アルバム　トム・チャピン（Tom Chapin）"The Train They Call The City Of New Orleans"
◇最優秀朗読アルバム　ビル・クリントン（Bill Clinton）"My Life"
◇最優秀コメディ・アルバム　ジョン・スチュワート＆ザ・キャスト・オブ・ザ・デイリーショー（Jon Stewart And The Cast Of The Daily Show）"The Daily Show With Jon Stewart Presents...America：A Citizen's Guide To Democracy Inaction"
◇最優秀ミュージカル・ショー・アルバム　スティーブン・シュワルツ（Stephen Schwartz 作詞・曲）「ウィキッド」（"Wicked"）
◇最優秀映画・TV・その他ヴィジュアルメディア音楽コンピレーション・サウンドトラック・アルバム　ザック・ブラフ（Zach Braff プロデューサー）"Garden State"
◇最優秀映画・TV・その他ヴィジュアルメディア音楽サウンドトラック・アルバム　ハワード・ショア（Howard Shore 作曲）「ロード・オブ・ザ・リング 王の帰還」（"The Lord Of The Rings － The Return Of The King"）
◇最優秀映画・TV・その他ヴィジュアルメディア音楽作品　アニー・レノックス（Annie Lennox），フラン・ウォルシュ（Fran Walsh），ハワード・ショア（Howard Shore）"Into The West"（from「ロード・オブ・ザ・リング 王の帰還」）
◇最優秀インストゥルメンタル作曲　パキート・デリヴェラ（Paquito D'Rivera 作曲）"Merengue"
◇最優秀インストゥルメンタル編曲　スライド・ハンプトン（Slide Hampton 編曲）"Past Present & Future"
◇最優秀ヴォーカル伴奏編曲　ヴィクター・ヴァナコア（Victor Vanacore 編曲）"Over The Rainbow"
◇最優秀レコーディング・パッケージ アート・ディレクター：ダン・ネーデル（Dan Nadel），ピーター・ブキャナン・スミス（Peter Buchanan-Smith）"A Ghost Is Born"
◇最優秀ボックス，特別限定版パッケージ　ステファン・サグマイスター（Stefan Sagmeister アート・ディレクター）"Once In A Lifetime"
◇最優秀ライナー・ノーツ　ローレン・ショーンバーグ（Loren Schoenberg）"The Complete Columbia Recordings Of Woody Herman And His Orchestra & Woodchoppers（1945 － 1947）"
◇最優秀ヒストリカル・アルバム プロデューサー：ダニエル・クーパー（Daniel Cooper），マイケル・D.グレイ（Michael D.Gray）"Night Train To Nashville：Music City Rhythm & Blues, 1945 － 1970"
◇最優秀録音技術アルバム（クラシック以外）エンジニア：アル・シュミット（Al Schmitt），エド・タッカー（Ed Thacker），ジョエル・W.モス（Joel W.Moss），ジョン・ハリス（John Harris），マーク・フレミング（Mark Fleming），ピート・カラム（Pete Karam），ロベルト・フェルナンデス（Robert Fernandez），セス・プレサント（Seth Presant），テリー・ハワード（Terry Howard）

"Genius Loves Company"
◇最優秀プロデューサー（クラシック以外）ジョン・シャンクス（John Shanks）
◇最優秀リミックス・レコーディング（クラシック以外）ジャック・ル・コント（Jacques Lu Cont リミキサー）"It's My Life（Jacques Lu Cont's Thin White Duke Mix）"
◇最優秀サラウンド・サウンド・アルバム エンジニア：アル・シュミット（Al Schmitt），ダグ・サックス（Doug Sax），ロベルト・ハドリー（Robert Hadley），ハーバート・ウォルトル（Herbert Waltl），ジョン・R.バーク（John R.Burk），フィル・ラモーン（Phil Ramone）"Genius Loves Company"
◇最優秀録音技術アルバム（クラシック）ジャック・レナー（Jack Renner エンジニア）"Higdon：City Scape; Concerto For Orchestra"
◇最優秀プロデューサー（クラシック）デイヴィッド・フロスト（David Frost）
◇最優秀クラシック・アルバム ロリン・マゼール（Lorin Maazel 指揮）"Adams：On The Transmigration Of Souls"
◇最優秀オーケストラ演奏 ロリン・マゼール（Lorin Maazel 指揮）"Adams：On The Transmigration Of Souls"
◇最優秀オペラ録音 ルネ・ヤーコブス（René Jacobs 指揮），アンジェリカ・キルヒシュレーガー（Angelika Kirchschlager），ロレンツォ・レガッツォ（Lorenzo Regazzo），パトリツィア・チョーフィ（Patrizia Ciofi），サイモン・キーンリサイド（Simon Keenlyside），ヴェロニク・ゲンズ（Véronique Gens）"Mozart：Le Nozze Di Figaro"
◇最優秀クラシック合唱 ノーマン・マッケンジー（Norman Mackenzie クワイア・ディレクター），ロバート・スパーノ（Robert Spano 指揮）"Berlioz：Requiem"
◇最優秀クラシック器楽独奏（オーケストラつき）アンドレ・プレヴィン（André Previn 指揮），アンネ＝ゾフィー・ムッター（Anne-Sophie Mutter）"Previn：Violin Concerto "Anne－Sophie"／Bernstein：Serenade"
◇最優秀クラシック器楽独奏（オーケストラなし）デイヴィッド・ラッセル（David Russell）"Aire Latino（Morel, Villa－Lobos, Ponce, etc.）"
◇最優秀室内楽演奏 マルタ・アルゲリッチ（Martha Argerich），ミハイル・プレトニョフ（Mikhail Pletnev）"Prokofiev（Arr.Pletnev）：Cinderella－Suite For Two Pianos／Ravel：Ma Mère L'Oye"
◇最優秀クラシック小編成演奏（指揮者あり，またはなし）ジェフ・フォン・デル・シュミット（Jeff von der Schmidt 指揮），サウスウェスト・チェンバー・ミュージック（Southwest Chamber Music）"Carlos Chávez－Complete Chamber Music, Vol.2"
◇最優秀クラシック声楽 スーザン・グラハム（Susan Graham）"Ives：Songs（The Things Our Fathers Loved; The Housatonic At Stockbridge, etc.）"
◇最優秀現代音楽作品 ジョン・アダムズ（John Adams 作曲）"Adams：On The Transmigration Of Souls"
◇最優秀クラシック・クロスオーバー・アルバム ロサンゼルス・ギター・カルテット（Los Angeles Guitar Quartet）"LAGQ's Guitar Heroes"
◇最優秀短編ビデオ作品 U2，アレックス＆マーティン（アレックス・カーティス（Alex Courtes），マーティン・フォーゲロル（Martin Fougerol）監督）"Vertigo"
◇最優秀長編ビデオ作品 デイヴィッド・リーランド（David Leland 監督）"Concert For George"

2005年（第48回）
◇最優秀レコード　グリーン・デイ（Green Day）"Boulevard Of Broken Dreams"
◇最優秀アルバム　U2 "How To Dismantle An Atomic Bomb"
◇最優秀楽曲　U2 "Sometimes You Can't Make It On Your Own"
◇最優秀新人　ジョン・レジェンド（John Legend）
◇最優秀女性ポップ歌手　ケリー・クラークソン（Kelly Clarkson）"Since U Been Gone"
◇最優秀男性ポップ歌手　スティーヴィー・ワンダー（Stevie Wonder）"From The Bottom Of My Heart"

- ◇最優秀ポップ・ヴォーカル・デュオ，グループ　マルーン5（Maroon 5）"This Love"
- ◇最優秀ポップ・ヴォーカル・コラボレーション　ゴリラズ feat.デ・ラ・ソウル（Gorillaz featuring De La Soul）"Feel Good Inc."
- ◇最優秀ポップ・インストゥルメンタル・アーティスト　レス・ポール（Les Paul）"Caravan"
- ◇最優秀ポップ・インストゥルメンタル・アルバム　バート・バカラック（Burt Bacharach）"At This Time"
- ◇最優秀ポップ・アルバム　ケリー・クラークソン（Kelly Clarkson）"Breakaway"
- ◇最優秀ダンス・レコーディング作品　ケミカル・ブラザーズ feat.Q－ティップ（The Chemical Brothers featuring Q-Tip）"Galvanize"
- ◇最優秀エレクトロニック/ダンスアルバム　ケミカル・ブラザーズ（The Chemical Brothers）"Push The Button"
- ◇最優秀トラディショナル・ポップ・ヴォーカル・アルバム　トニー・ベネット（Tony Bennett）"The Art Of Romance"
- ◇最優秀ロック歌手　ブルース・スプリングスティーン（Bruce Springsteen）"Devils & Dust"
- ◇最優秀ロック・ヴォーカル・デュオ，グループ　U2 "Sometimes You Can't Make It On Your Own"
- ◇最優秀ハード・ロック・アーティスト　システム・オブ・ア・ダウン（System Of A Down）"B.Y.O.B."
- ◇最優秀メタル・アーティスト　スリップノット（Slipknot）"Before I Forget"
- ◇最優秀ロック・インストゥルメンタル・アーティスト　レス・ポール&フレンズ（Les Paul & Friends）"69 Freedom Special"
- ◇最優秀ロック楽曲　U2 "City Of Blinding Lights"
- ◇最優秀ロック・アルバム　U2 "How To Dismantle An Atomic Bomb"
- ◇最優秀オルタナティヴ・ミュージック・アルバム　ザ・ホワイト・ストライプス（The White Stripes）"Get Behind Me Satan"
- ◇最優秀女性R&B歌手　マライア・キャリー（Mariah Carey）"We Belong Together"
- ◇最優秀男性R&B歌手　ジョン・レジェンド（John Legend）"Ordinary People"
- ◇最優秀R&Bヴォーカル・デュオ，グループ　ビヨンセ&スティーヴィー・ワンダー（Beyoncé & Stevie Wonder）"So Amazing"
- ◇最優秀トラディショナルR&B歌手　アレサ・フランクリン（Aretha Franklin）"A House Is Not A Home"
- ◇最優秀アーバン/オルタナティヴ・アーティスト　ダミアン・マーレー（Damian Marley）"Welcome To Jamrock"
- ◇最優秀R&B楽曲　マライア・キャリー（Mariah Carey）"We Belong Together"
- ◇最優秀R&Bアルバム　ジョン・レジェンド（John Legend）"Get Lifted"
- ◇最優秀コンテンポラリーR&Bアルバム　マライア・キャリー（Mariah Carey）"The Emancipation Of Mimi"
- ◇最優秀ラップ・ソロ・アーティスト　カニエ・ウェスト（Kanye West）"Gold Digger"
- ◇最優秀ラップ・デュオ，グループ　ブラック・アイド・ピーズ（The Black Eyed Peas）"Don't Phunk With My Heart"
- ◇最優秀ラップ/サング・コラボレーション　ジェイ・Z feat.リンキン・パーク（Jay-Z featuring Linkin Park）"Numb/Encore"
- ◇最優秀ラップ楽曲　カニエ・ウェスト（Kanye West）"Diamonds From Sierra Leone"
- ◇最優秀ラップ・アルバム　カニエ・ウェスト（Kanye West）"Late Registration"
- ◇最優秀女性カントリー歌手　エミールー・ハリス（Emmylou Harris）"The Connection"
- ◇最優秀男性カントリー歌手　キース・アーバン（Keith Urban）"You'll Think Of Me"
- ◇最優秀カントリー・ヴォーカル・デュオ，グループ　アリソン・クラウス&ユニオン・ステーション（Alison Krauss And Union Station）"Restless"
- ◇最優秀カントリー・ヴォーカル・コラボレーション　フェイス・ヒル&ティム・マックグロウ（Faith Hill & Tim McGraw）"Like We Never Loved At All"

◇最優秀カントリー・インストゥルメンタル・アーティスト アリソン・クラウス&ユニオン・ステーション（Alison Krauss And Union Station）"Unionhouse Branch"
◇最優秀カントリー楽曲 ラスカル・フラッツ（Rascal Flatts）"Bless The Broken Road"
◇最優秀カントリー・アルバム アリソン・クラウス&ユニオン・ステーション（Alison Krauss And Union Station）"Lonely Runs Both Ways"
◇最優秀ブルーグラス・アルバム デル・マッコリー・バンド（The Del McCoury Band）"The Company We Keep"
◇最優秀ニュー・エイジ・アルバム ポール・ウィンター・コンソート（Paul Winter Consort）"Silver Solstice"
◇最優秀コンテンポラリー・ジャズ・アルバム パット・メセニー・グループ（Pat Metheny Group）"The Way Up"
◇最優秀ジャズ・ヴォーカル・アルバム ダイアン・リーブス（Dianne Reeves）"Good Night, And Good Luck."
◇最優秀ジャズ・インストゥルメンタル（ソロ） ソニー・ロリンズ（Sonny Rollins）"Why Was I Born？"
◇最優秀ジャズ・インストゥルメンタル・アルバム（個人またはグループ） ウェイン・ショーター・カルテット（Wayne Shorter Quartet）"Beyond The Sound Barrier"
◇最優秀ジャズ・ビッグバンド・アルバム デイヴ・ホランド・ビッグ・バンド（Dave Holland Big Band）"Overtime"
◇最優秀ラテン・ジャズ・アルバム エディ・パルミエリ（Eddie Palmieri）"Listen Here！"
◇最優秀ゴスペル・アーティスト シーシーワイナンズ（CeCe Winans）"Pray"
◇最優秀ゴスペル楽曲 ヨランダ・アダムス（Yolanda Adams）"Be Blessed"
◇最優秀ロック・ゴスペル・アルバム オーディオ・アドレナリン（Audio Adrenaline）"Until My Heart Caves In"
◇最優秀ポップ/コンテンポラリー・ゴスペル・アルバム キャスティング・クラウンズ（Casting Crowns）"Lifesong"
◇最優秀サザン，カントリー，ブルーグラス・ゴスペル・アルバム エイミー・グラント（Amy Grant）"Rock Of Ages...Hymns & Faith"
◇最優秀トラディショナル・ソウル・ゴスペル・アルバム ドニー・マクラーキン（Donnie McClurkin）"Psalms, Hymns & Spiritual Songs"
◇最優秀コンテンポラリー・ソウル・ゴスペル・アルバム シーシーワイナンズ（CeCe Winans）"Purified"
◇最優秀ゴスペル・アルバム（聖歌隊・合唱団） グラディス・ナイト&セインツ・ユニファイド・ヴォイス（Gladys Knight & The Saints Unified Voices）"One Voice"
◇最優秀ラテン・ポップ・アルバム ラウラ・パウジーニ（Laura Pausini）"Escucha"
◇最優秀ラテン・ロック/オルタナティヴ・アルバム シャキーラ（Shakira）"Fijacio'n Oral Vol.1"
◇最優秀トラディショナル・トロピカル・ラテン・アルバム ベボ・バルデス（Bebo Valdés）"Bebo De Cuba"
◇最優秀サルサ/メレンゲ・アルバム ウィリー・チリーノ（Willy Chirino）"Son Del Alma"
◇最優秀メキシカン/メキシカン－アメリカン・アルバム ルイス・ミゲル（Luis Miguel）"México En La Piel"
◇最優秀テハノ・アルバム リトル・ジョー&ラ・ファミリア（Little Joe Y La Familia）"Chicanisimo"
◇最優秀トラディショナル・ブルース・アルバム B.B.キング&フレンズ（B.B.King & Friends）"80"
◇最優秀コンテンポラリー・ブルース・アルバム デルバート・マックリントン（Delbert McClinton）"Cost Of Living"
◇最優秀トラディショナル・フォーク・アルバム ティム・オブライエン（Tim O'Brien）"Fiddler's Green"
◇最優秀コンテンポラリー・フォーク・アルバム ジョン・プライン（John Prine）"Fair & Square"
◇最優秀ネイティブ・アメリカン・ミュージック・アルバム "Sacred Ground － A Tribute To

音楽　　　　　　　　　　　　　　　81　　　　　　　　　　　　　　　18 グラミー賞

Mother Earth"
◇最優秀ハワイアン・ミュージック・アルバム　"Masters Of Hawaiian Slack Key Guitar – Vol.1"
◇最優秀レゲエ・アルバム　ダミアン・マーレー（Damian Marley）"Welcome To Jamrock"
◇最優秀トラディショナル・ワールド・ミュージック・アルバム　アリ・ファルカ・トゥーレ&トゥマニ・ジャバテ（Ali Farka Touré & Toumani Diabaté）"In The Heart Of The Moon"
◇最優秀コンテンポラリー・ワールド・ミュージック・アルバム　ジルベルト・ジル（Gilberto Gil）"Eletracu'stico"
◇最優秀ポルカ・アルバム　ジミー・スター&ヒズ・オーケストラ（Jimmy Sturr & His Orchestra）"Shake, Rattle And Polka！"
◇最優秀子供向けミュージカル・アルバム　"Songs From The Neighborhood – The Music Of Mister Rogers"
◇最優秀子供向け朗読アルバム　"Marlo Thomas & Friends：Thanks & Giving All Year Long"
◇最優秀朗読アルバム　バラク・オバマ（Barack Obama）"Dreams From My Father"
◇最優秀コメディ・アルバム　クリス・ロック（Chris Rock）"Never Scared"
◇最優秀ミュージカル・ショー・アルバム　エリック・アイドル（Eric Idle 作詞・曲）、ジョン・デュ・プレ（John Du Prez 作曲）「モンティ・パイソンのスパマロット」（"Monty Python's Spamalot"）
◇最優秀映画・TV・その他ヴィジュアルメディア音楽コンピレーション・サウンドトラック・アルバム　プロデューサー：ジェームズ・オースティン（James Austin）、スチュアート・ベンジャミン（Stuart Benjamin）、テイラー・ハックフォード（Taylor Hackford）"Ray"
◇最優秀映画・TV・その他ヴィジュアルメディア音楽サウンドトラック・アルバム　クレイグ・アームストロング（Craig Armstrong 作曲）"Ray"
◇最優秀映画・TV・その他ヴィジュアルメディア音楽作品　アラン・シルヴェストリ（Alan Silvestri）、グレン・バラード（Glen Ballard）"Believe"（from「ポーラー・エクスプレス」）
◇最優秀インストゥルメンタル作曲　ビリー・チャイルズ（Billy Childs 作曲）"Into The Light"
◇最優秀インストゥルメンタル編曲　ゴードン・L.グッドウィン（Gordon L.Goodwin 編曲）"The Incredits"
◇最優秀ヴォーカル伴奏編曲　ビリー・チャイルズ（Billy Childs 編曲）、ジル・ゴールドスタイン（Gil Goldstein 編曲）、ハイター・ペレイラ（Heitor Pereira 編曲）"What Are You Doing The Rest Of Your Life？"
◇最優秀レコーディング・パッケージ　アート・ディレクター：エイミー・マン（Aimee Mann）、ゲイル・マロウィッツ（Gail Marowitz）"The Forgotten Arm"
◇最優秀ボックス、特別限定版パッケージ　イアン・カトラー（Ian Cuttler アート・ディレクター）"The Legend"
◇最優秀ライナー・ノーツ　ジョン・スウェド（John Szwed）"The Complete Library Of Congress Recordings By Alan Lomax"
◇最優秀ヒストリカル・アルバム　プロデューサー：アンナ・ローマックス・ウッド（Anna Lomax Wood）、ジェフリー・アラン・グリーンバーグ（Jeffrey Alan Greenberg）"The Complete Library Of Congress Recordings By Alan Lomax"
◇最優秀録音技術アルバム（クラシック以外）　エンジニア：アラン・ダグラス（Alan Douglas）、ミック・グゾウスキー（Mick Guzauski）"Back Home"
◇最優秀プロデューサー（クラシック以外）　スティーブ・リリーホワイト（Steve Lillywhite）
◇最優秀リミックス・レコーディング（クラシック以外）　ルイ・ヴェガ（Louie Vega リミキサー）"Superfly（Louie Vega EOL Mix）"
◇最優秀サラウンド・サウンド・アルバム　エンジニア：チャック・エインレイ（Chuck Ainlay）、ボブ・ルートヴィヒ（Bob Ludwig）、プロデューサー：チャック・エインレイ（Chuck Ainlay）、マーク・ノップラー（Mark Knopfler）"Brothers In Arms – 20th Anniversary Edition"

◇最優秀録音技術アルバム（クラシック）　ダ・ホン・セートゥ（Da-Hong Seetoo エンジニア）"Mendelssohn：The Complete String Quartets"
◇最優秀プロデューサー（クラシック）　ティム・ハンドレイ（Tim Handley）
◇最優秀クラシック・アルバム　レオナード・スラトキン（Leonard Slatkin 指揮），クワイア・ディレクター：キャロル・オット（Carole Ott），クリストファー・キーバ（Christopher Kiver），ジェイソン・ハリス（Jason Harris），ジェリー・ブラックストーン（Jerry Blackstone），メアリー・アリス・ストラク（Mary Alice Stollak），ウィリアム・ハマー（William Hammer）"Bolcom：Songs Of Innocence And Of Experience"
◇最優秀オーケストラ演奏　マリス・ヤンソンス（Mariss Jansons 指揮）"Shostakovich：Sym.No. 13"
◇最優秀オペラ録音　コリン・デービス（Colin Davis 指揮），アナ・イバラ（Ana Ibarra），ビュレント・ベジューズ（Bulent Bezduz），カルロス・アルバレス（Carlos Alvarez），ジェーン・ヘンシェル（Jane Henschel），マリア・ホセ・モレノ（Maria José Moreno），マリーナ・ドマシェンコ（Marina Domashenko），ミケーレ・ペルトゥージ（Michele Pertusi）"Verdi：Falstaff"
◇最優秀クラシック合唱　レオナード・スラトキン（Leonard Slatkin 指揮），クワイア・ディレクター：キャロル・オット（Carole Ott），クリストファー・キーバ（Christopher Kiver），ジェイソン・ハリス（Jason Harris），ジェリー・ブラックストーン（Jerry Blackstone），メアリー・アリス・ストラク（Mary Alice Stollak），ウィリアム・ハマー（William Hammer）"Bolcom：Songs Of Innocence And Of Experience"
◇最優秀クラシック器楽独奏（オーケストラつき）　クラウディオ・アバド（Claudio Abbado 指揮），マルタ・アルゲリッチ（Martha Argerich）"Beethoven：Piano Cons. Nos.2&3"
◇最優秀クラシック器楽独奏（オーケストラなし）　エフゲニー・キーシン（Evgeny Kissin）"Scriabin, Medtner, Stravinsky"
◇最優秀室内楽演奏　エマーソン・ストリング・カルテット（Emerson String Quartet）"Mendelssohn：The Complete String Quartets"
◇最優秀クラシック小編成演奏（指揮者あり，またはなし）　ピエール・ブーレーズ（Pierre Boulez 指揮），ヒラリー・サマーズ（Hilary Summers），アンサンブル・インターコンテンポラン（Ensemble InterContemporain）"Boulez：Le Marteau Sans Maître, Dérive 1&2"
◇最優秀クラシック声楽　トーマス・クヴァストホフ（Thomas Quasthoff）"Bach：Cantatas"
◇最優秀現代音楽作曲　ウィリアム・ボルコム（William Bolcom 作曲）"Songs Of Innocence And Of Experience"
◇最優秀クラシック・クロスオーバー・アルバム　タートル・アイランド・ストリング・カルテット with イン・カルテット（Turtle Island String Quartet With Ying Quartet）"4+Four"
◇最優秀短編ビデオ作品　ミッシー・エリオット feat.シアラ&ファット・マン・スクープ（Missy Elliott featuring Ciara & Fat Man Scoop），デーブ・メイヤーズ（Dave Meyers 監督），ミッシー・エリオット（Missy Elliott 監督）"Lose Control"
◇最優秀長編ビデオ作品　ボブ・ディラン（Bob Dylan），マーティン・スコセッシ（Martin Scorsese 監督）"No Direction Home"

2006年（第49回）
　◇最優秀レコード　ディクシー・チックス（Dixie Chicks）"Not Ready To Make Nice"
　◇最優秀アルバム　ディクシー・チックス（Dixie Chicks）"Taking The Long Way"
　◇最優秀楽曲　ディクシー・チックス（Dixie Chicks）"Not Ready To Make Nice"
　◇最優秀新人　キャリー・アンダーウッド（Carrie Underwood）
　◇最優秀女性ポップ歌手　クリスティーナ・アギレラ（Christina Aguilera）"Ain't No Other Man"
　◇最優秀男性ポップ歌手　ジョン・メイヤー（John Mayer）"Waiting On The World To Change"
　◇最優秀ポップ・ヴォーカル・デュオ，グループ　ブラック・アイド・ピーズ（The Black Eyed

Peas) "My Humps"
◇最優秀ポップ・ヴォーカル・コラボレーション トニー・ベネト&スティーヴィー・ワンダー (Tony Bennett & Stevie Wonder) "For Once In My Life"
◇最優秀ポップ・インストゥルメンタル・アーティスト ジョージ・ベンソン(&アル・ジャロウ) (George Benson (&Al Jarreau)) "Mornin'"
◇最優秀ポップ・インストゥルメンタル・アルバム ペーター・フランプトン(Peter Frampton) "Fingerprints"
◇最優秀ポップ・アルバム ジョン・メイヤー(John Mayer) "Continuum"
◇最優秀ダンス・レコーディング作品 ジャスティン・ティンバーレイク&ティンバランド(Justin Timberlake & Timbaland) "Sexy Back"
◇最優秀エレクトロニック/ダンスアルバム マドンナ(Madonna) "Confessions On A Dance Floor"
◇最優秀トラディショナル・ポップ・ヴォーカル・アルバム トニー・ベネト(Tony Bennett) "Duets：An American Classic"
◇最優秀ロック歌手 ボブ・ディラン(Bob Dylan) "Someday Baby"
◇最優秀ロック・ヴォーカル・デュオ、グループ レッド・ホット・チリ・ペッパーズ(Red Hot Chili Peppers) "Dani California"
◇最優秀ハード・ロック・アーティスト ウルフマザー(Wolfmother) "Woman"
◇最優秀メタル・アーティスト スレイヤー(Slayer) "Eyes Of The Insane"
◇最優秀ロック・インストゥルメンタル・アーティスト フレーミング・リップス(The Flaming Lips) "The Wizard Turns On..."
◇最優秀ロック楽曲 レッド・ホット・チリ・ペッパーズ(Red Hot Chili Peppers) "Dani California"
◇最優秀ロック・アルバム レッド・ホット・チリ・ペッパーズ(Red Hot Chili Peppers) "Stadium Arcadium"
◇最優秀オルタナティヴ・ミュージック・アルバム ナールズ・バークレイ(Gnarls Barkley) "St. Elsewhere"
◇最優秀女性R&B歌手 メアリー・J.ブライジ(Mary J.Blige) "Be Without You"
◇最優秀男性R&B歌手 ジョン・レジェンド(John Legend) "Heaven"
◇最優秀R&Bヴォーカル・デュオ、グループ ジョン・レジェンド(John Legend), ジョス・ストーン(Joss Stone), ヴァン・ハント(Van Hunt) "Family Affair"
◇最優秀トラディショナルR&B歌手 ジョージ・ベンソン&アル・ジャロウ feat.ジル・スコット(George Benson & Al Jarreau featuring Jill Scott) "God Bless The Child"
◇最優秀アーバン/オルタナティヴ・アーティスト ナールズ・バークレイ(Gnarls Barkley) "Crazy"
◇最優秀R&B楽曲 メアリー・J.ブライジ(Mary J.Blige) "Be Without You"
◇最優秀R&Bアルバム メアリー・J.ブライジ(Mary J.Blige) "The Breakthrough"
◇最優秀コンテンポラリーR&Bアルバム ビヨンセ(Beyoncé) "B'Day"
◇最優秀ラップ・ソロ・アーティスト T.I. "What You Know"
◇最優秀ラップ・デュオ、グループ カミリオネア feat.クレイジー・ボーン(Chamillionaire featuring Krayzie Bone) "Ridin"
◇最優秀ラップ/サング・コラボレーション ジャスティン・ティンバーレイク feat.T.I.(Justin Timberlake featuring T.I.) "My Love"
◇最優秀ラップ楽曲 リュダクリス feat.ファレル(Ludacris featuring Pharrell) "Money Maker"
◇最優秀ラップ・アルバム リュダクリス(Ludacris) "Release Therapy"
◇最優秀女性カントリー歌手 キャリー・アンダーウッド(Carrie Underwood) "Jesus, Take The Wheel"
◇最優秀男性カントリー歌手 ヴィンス・ギル(Vince Gill) "The Reason Why"
◇最優秀カントリー・ヴォーカル・デュオ、グループ ディクシー・チックス(Dixie Chicks) "Not

　　　　Ready To Make Nice"
◇最優秀カントリー・ヴォーカル・コラボレーション　ボン・ジョヴィ&ジェニファー・ネトルズ（Bon Jovi & Jennifer Nettles）"Who Says You Can't Go Home"
◇最優秀カントリー・インストゥルメンタル・アーティスト　ブライアン・サットン&ドック・ワトソン（Bryan Sutton & Doc Watson）"Whiskey Before Breakfast"
◇最優秀カントリー楽曲　キャリー・アンダーウッド（Carrie Underwood）"Jesus, Take The Wheel"
◇最優秀カントリー・アルバム　ディクシー・チックス（Dixie Chicks）"Taking The Long Way"
◇最優秀ブルーグラス・アルバム　リッキー・スキャッグス&ケンタッキー・サンダー（Ricky Skaggs And Kentucky Thunder）"Instrumentals"
◇最優秀ニュー・エイジ・アルバム　エンヤ（Enya）"Amarantine"
◇最優秀コンテンポラリー・ジャズ・アルバム　ベラ・フレック&ザ・フレックトーンズ（Béla Fleck & The Flecktones）"The Hidden Land"
◇最優秀ジャズ・ヴォーカル・アルバム　ナンシー・ウィルソン（Nancy Wilson）"Turned To Blue"
◇最優秀ジャズ・インストゥルメンタル（ソロ）　マイケル・ブレッカー（Michael Brecker）"Some Skunk Funk"
◇最優秀ジャズ・インストゥルメンタル・アルバム（個人またはグループ）　チック・コリア（Chick Corea）"The Ultimate Adventure"
◇最優秀ジャズ・ビッグバンド・アルバム　ランディ・ブレッカー with マイケル・ブレッカー（Randy Brecker With Michael Brecker），ジム・ベアード（Jim Beard），ウィル・リー（Will Lee），ピーター・アースキン（Peter Erskine），マルシオ・ドクター（Marcio Doctor），ヴィンス・メンドーサ指揮 WDR ビッグバンド・ケルン（Vince Mendoza conducting The WDR Big Band Köln）"Some Skunk Funk"
◇最優秀ラテン・ジャズ・アルバム　ブライアン・リンチ，エディ・パルミエリ・プロジェクト（The Brian Lynch/Eddie Palmieri Project）"Simpático"
◇最優秀ゴスペル・アーティスト　ヨランダ・アダムス（Yolanda Adams）"Victory"
◇最優秀ゴスペル楽曲　カーク・フランクリン（Kirk Franklin）"Imagine Me"
◇最優秀ロック，ラップ・ゴスペル・アルバム　ジョニー・ラング（Jonny Lang）"Turn Around"
◇最優秀ポップ/コンテンポラリー・ゴスペル・アルバム　サード・デイ（Third Day）"Wherever You Are"
◇最優秀サザン，カントリー，ブルーグラス・ゴスペル・アルバム　ランディ・トラヴィス（Randy Travis）"Glory Train"
◇最優秀トラディショナル・ゴスペル・アルバム　イスラエル&ニュー・ブリード（Israel & New Breed）"Alive In South Africa"
◇最優秀コンテンポラリー・R&B・ゴスペル・アルバム　カーク・フランクリン（Kirk Franklin）"Hero"
◇最優秀ラテン・ポップ・アルバム　アルホーナ（Arjona）"Adentro"
　　　　ジュリエッタ・ベネガス（Julieta Venegas）"Limo'n Y Sal"
◇最優秀ラテン・ロック，オルタナティヴ，アーバン・アルバム　マナ（Maná）"Amar Es Combatir"
◇最優秀トロピカル・ラテン・アルバム　ジルベルト・サンタ・ローザ（Gilberto Santa Rosa）"Directo Al Corazo'n"
◇最優秀メキシカン/メキシカン-アメリカン・アルバム　ペペ・アギラル（Pepe Aguilar）"Historias De Mi Tierra"
◇最優秀テハノ・アルバム　センテ・バレラ・イ・タコナーゾ（Chente Barrera y Taconazo）"Sigue El Taconazo"
◇最優秀ノルテーニャ・アルバム　ロス・ティグレス・デル・ノルテ（Los Tigres Del Norte）"Historias Que Contar"
◇最優秀バンダ・アルバム　ジョアン・セバスチャン（Joan Sebástian）"Más Allá Del Sol"
◇最優秀トラディショナル・ブルース・アルバム　アイク・ターナー（Ike Turner）"Risin' With

The Blues"
◇最優秀コンテンポラリー・ブルース・アルバム　イルマ・トーマス(Irma Thomas)"After The Rain"
◇最優秀トラディショナル・フォーク・アルバム　ブルース・スプリングスティーン(Bruce Springsteen)"We Shall Overcome – The Seeger Sessions"
◇最優秀コンテンポラリー・フォーク／アメリカーナ・アルバム　ボブ・ディラン(Bob Dylan)"Modern Times"
◇最優秀ネイティブ・アメリカン・ミュージック・アルバム　メアリー・ヤングブラッド(Mary Youngblood)"Dance With The Wind"
◇最優秀ハワイアン・ミュージック・アルバム　"Legends Of Hawaiian Slack Key Guitar – Live From Maui"
◇最優秀レゲエ・アルバム　ジギー・マーリィ(Ziggy Marley)"Love Is My Religion"
◇最優秀トラディショナル・ワールド・ミュージック・アルバム　ソウェト・ゴスペル・クワイア(Soweto Gospel Choir)"Blessed"
◇最優秀コンテンポラリー・ワールド・ミュージック・アルバム　クレズマティックス(The Klezmatics)"Wonder Wheel – Lyrics By Woody Guthrie"
◇最優秀ポルカ・アルバム　ジミー・スター＆ヒズ・オーケストラ(Jimmy Sturr & His Orchestra)"Polka In Paradise"
◇最優秀子供向けミュージカル・アルバム　ダニエル・ザンズ(Daniel Zanes)"Catch That Train！"
◇最優秀子供向け朗読アルバム　ビル・ハーレイ(Bill Harley)"Blah Blah Blah：Stories About Clams, Swamp Monsters, Pirates & Dogs"
◇最優秀朗読アルバム　ジミー・カーター(Jimmy Carter)"Our Endangered Values：America's Moral Crisis"
◇最優秀朗読アルバム(詩，オーディオブック，ストーリーテリング含む)　オジー・デイヴィス(Ossie Davis)，ルビー・ディー(Ruby Dee)"With Ossie And Ruby：In This Life Together"
◇最優秀コメディ・アルバム　ルイス・ブラック(Lewis Black)"The Carnegie Hall Performance"
◇最優秀ミュージカル・ショー・アルバム　「ジャージー・ボーイズ」("Jersey Boys")
◇最優秀映画・TV・その他ヴィジュアルメディア音楽コンピレーション・サウンドトラック・アルバム　ホアキン・フェニックスほか(Joaquin Phoenix)「ウォーク・ザ・ライン 君につづく道」("Walk The Line")
◇最優秀映画・TV・その他ヴィジュアルメディア音楽サウンドトラック・アルバム　ジョン・ウィリアムズ(John Williams 作曲)「SAYURI」("Memoirs Of A Geisha")
◇最優秀映画・TV・その他ヴィジュアルメディア音楽作品　ランディ・ニューマン(Randy Newman)"Our Town"(from「カーズ」)
◇最優秀インストゥルメンタル作曲　ジョン・ウィリアムズ(John Williams 作曲)"A Prayer For Peace"
◇最優秀インストゥルメンタル編曲　チック・コリア(Chick Corea 編曲)"Three Ghouls"
◇最優秀ヴォーカル伴奏編曲　ホルヘ・カランドレリ(Jorge Calandrelli 編曲)"For Once In My Life"
◇最優秀レコーディング・パッケージ　アダム・ジョーンズ(Adam Jones アート・ディレクター)"10,000 Days"
◇最優秀ボックス，特別限定版パッケージ　アート・ディレクター：アントニー・キーディス(Anthony Kiedis)，チャド・スミス(Chad Smith)，フレア(Flea)，ジョン・フルシアンテ(John Frusciante)，マット・テイラー(Matt Taylor)"Stadium Arcadium"
◇最優秀ライナー・ノーツ　ダン・モーゲンスターン(Dan Morgenstern)"If You Got To Ask, You Ain't Got It！"
◇最優秀ヒストリカル・アルバム　プロデューサー：ミーガン・ヘネシー(Meagan Hennessey)，リチャード・マーティン(Richard Martin)"Lost Sounds：Blacks And The Birth Of The Recording Industry 1891 – 1922"

◇最優秀録音技術アルバム（クラシック以外）　エンジニア：デーブ・フリードマン（Dave Fridmann）、フレーミング・リップス（The Flaming Lips）"At War With The Mystics"
◇最優秀プロデューサー（クラシック以外）　リック・ルービン（Rick Rubin）
◇最優秀リミックス・レコーディング（クラシック以外）　ジャック・ル・コント（Jacques Lu Cont リミキサー）"Talk (Thin White Duke Mix)"
◇最優秀サラウンド・サウンド・アルバム　エンジニア：エリオット・シャイナー（Elliot Scheiner）、ダーシー・プロパー（Darcy Proper）、プロデューサー：ドナルド・フェイゲン（Donald Fagen）"Morph The Cat"
◇最優秀録音技術アルバム（クラシック）　マイケル・J.ビショップ（Michael J.Bishop エンジニア）"Elgar：Enigma Variations; Britten：The Young Person's Guide To The Orchestra,　Four Sea Interludes"
◇最優秀プロデューサー（クラシック）　エレイン・L.マートン（Elaine L.Martone）
◇最優秀クラシック・アルバム　マイケル・ティルソン・トーマス（Michael Tilson Thomas 指揮）"Mahler：Symphony No.7"
◇最優秀オーケストラ演奏　マイケル・ティルソン・トーマス（Michael Tilson Thomas 指揮）"Mahler：Symphony No.7"
◇最優秀オペラ録音　ロバート・スパーノ（Robert Spano 指揮）、ドーン・アップショウ（Dawn Upshaw）、ジェシカ・リヴェラ（Jessica Rivera）、ケリー・オコナー（Kelley O'Connor）"Golijov：Ainadamar：Fountain Of Tears"
◇最優秀クラシック合唱　ポール・ヒリアー（Paul Hillier 指揮）"Pärt：Da Pacem"
◇最優秀クラシック器楽独奏（オーケストラつき）　ジョン・マクラフリン・ウィリアムス（John McLaughlin Williams 指揮）、アンジェリン・チャン（Angelin Chang）"Messiaen：Oiseaux Exotiques (Exotic Birds)"
◇最優秀クラシック器楽独奏（オーケストラなし）　マウリツィオ・ポリーニ（Maurizio Pollini）"Chopin：Nocturnes"
◇最優秀室内楽演奏　エマーソン・ストリング・カルテット（Emerson String Quartet）"Intimate Voices"
◇最優秀クラシック小編成演奏　ピーター・ルーテンベルグ（Peter Rutenberg 指揮）、ロサンゼルス・チェンバー・シンガーズ・カペラ（コーリー・カールトン）（Los Angeles Chamber Singers' Capella (Corey Carleton)）"Padilla：Sun Of Justice"
◇最優秀クラシック声楽　ロレイン・ハント・リーバーソン（Lorraine Hunt Lieberson）"Rilke Songs"
◇最優秀現代音楽作曲　オスヴァルト・ゴリジョフ（Osvaldo Golijov 作曲）"Golijov：Ainadamar：Fountain Of Tears"
◇最優秀クラシック・クロスオーバー・アルバム　ブリン・ターフェル（Bryn Terfel）"Simple Gifts"
◇最優秀短編ビデオ作品　オーケー・ゴー（OK Go）、監督：アンディ・ロス（Andy Ross）、ダミアン・クラシュ、Jr.（Damian Kulash Jr.）、ダン・コノプカ（Dan Konopka）、ティモシー・ノルドウィンド（Timothy Nordwind）、トリシュ・シエ（Trish Sie）"Here It Goes Again"
◇最優秀長編ビデオ作品　ブルース・スプリングスティーン（Bruce Springsteen）、トム・ジムニー（Thom Zimny 監督）"Wings For Wheels：The Making Of Born To Run"

2007年（第50回）
　◇最優秀レコード　エイミー・ワインハウス（Amy Winehouse）"Rehab"
　◇最優秀アルバム　ハービー・ハンコック（Herbie Hancock）"River：The Joni Letters"
　◇最優秀楽曲　エイミー・ワインハウス（Amy Winehouse）"Rehab"
　◇最優秀新人　エイミー・ワインハウス（Amy Winehouse）
　◇最優秀女性ポップ歌手　エイミー・ワインハウス（Amy Winehouse）"Rehab"
　◇最優秀男性ポップ歌手　ジャスティン・ティンバーレイク（Justin Timberlake）"What Goes Around...Comes Around"
　◇最優秀ポップ・ヴォーカル・デュオ、グループ　マルーン5（Maroon 5）"Makes Me Wonder"

◇最優秀ポップ・ヴォーカル・コラボレーション　ロバート・プラント&アリソン・クラウス（Robert Plant & Alison Krauss）"Gone Gone Gone（Done Moved On）"
◇最優秀ポップ・インストゥルメンタル・アーティスト　ジョニ・ミッチェル（Joni Mitchell）"One Week Last Summer"
◇最優秀ポップ・インストゥルメンタル・アルバム　ビースティ・ボーイズ（Beastie Boys）"The Mix – Up"
◇最優秀ポップ・アルバム　エイミー・ワインハウス（Amy Winehouse）"Back To Black"
◇最優秀ダンス・レコーディング作品　ジャスティン・ティンバーレイク（Justin Timberlake）"LoveStoned/I Think She Knows"
◇最優秀エレクトロニック/ダンスアルバム　ケミカル・ブラザーズ（The Chemical Brothers）"We Are The Night"
◇最優秀トラディショナル・ポップ・ヴォーカル・アルバム　マイケル・ブーブレ（Michael Bublé）"Call Me Irresponsible"
◇最優秀ロック歌手　ブルース・スプリングスティーン（Bruce Springsteen）"Radio Nowhere"
◇最優秀ロック・ヴォーカル・デュオ，グループ　ザ・ホワイト・ストライプス（The White Stripes）"Icky Thump"
◇最優秀ハード・ロック・アーティスト　フー・ファイターズ（Foo Fighters）"The Pretender"
◇最優秀メタル・アーティスト　スレイヤー（Slayer）"Final Six"
◇最優秀ロック・インストゥルメンタル・アーティスト　ブルース・スプリングスティーン（Bruce Springsteen）"Once Upon A Time In The West"
◇最優秀ロック楽曲　ブルース・スプリングスティーン（Bruce Springsteen）"Radio Nowhere"
◇最優秀ロック・アルバム　フー・ファイターズ（Foo Fighters）"Echoes, Silence, Patience & Grace"
◇最優秀オルタナティヴ・ミュージック・アルバム　ザ・ホワイト・ストライプス（The White Stripes）"Icky Thump"
◇最優秀女性R&B歌手　アリシア・キーズ（Alicia Keys）"No One"
◇最優秀男性R&B歌手　プリンス（Prince）"Future Baby Mama"
◇最優秀R&Bヴォーカル・デュオ，グループ　チャカ・カーン feat.メアリー・J.ブライジ（Chaka Khan featuring Mary J.Blige）"Disrespectful"
◇最優秀トラディショナルR&B歌手　ジェラルド・レバート（Gerald Levert）"In My Songs"
◇最優秀アーバン/オルタナティヴ・アーティスト　ルーペ・フィアスコ feat.ジル・スコット（Lupe Fiasco featuring Jill Scott）"Daydreamin'"
◇最優秀R&B楽曲　アリシア・キーズ（Alicia Keys）"No One"
◇最優秀R&Bアルバム　チャカ・カーン（Chaka Khan）"Funk This"
◇最優秀コンテンポラリーR&Bアルバム　ニーヨ（Ne-Yo）"Because Of You"
◇最優秀ラップ・ソロ・アーティスト　カニエ・ウェスト（Kanye West）"Stronger"
◇最優秀ラップ・デュオ，グループ　コモン feat.カニエ・ウェスト（Common featuring Kanye West）"Southside"
◇最優秀ラップ/サング・コラボレーション　リアーナ feat.ジェイ・Z（Rihanna featuring Jay-Z）"Umbrella"
◇最優秀ラップ楽曲　カニエ・ウェスト feat.T-ペイン（Kanye West featuring T-Pain）"Good Life"
◇最優秀ラップ・アルバム　カニエ・ウェスト（Kanye West）"Graduation"
◇最優秀女性カントリー歌手　キャリー・アンダーウッド（Carrie Underwood）"Before He Cheats"
◇最優秀男性カントリー歌手　キース・アーバン（Keith Urban）"Stupid Boy"
◇最優秀カントリー・ヴォーカル・デュオ，グループ　イーグルス（Eagles）"How Long"
◇最優秀カントリー・ヴォーカル・コラボレーション　ウィリー・ネルソン&レイ・プライス（Willie Nelson & Ray Price）"Lost Highway"
◇最優秀カントリー・インストゥルメンタル・アーティスト　ブラッド・ペイズリー（Brad

Paisley）"Throttleneck"
◇最優秀カントリー楽曲 キャリー・アンダーウッド（Carrie Underwood）"Before He Cheats"
◇最優秀カントリー・アルバム ヴィンス・ギル（Vince Gill）"These Days"
◇最優秀ブルーグラス・アルバム ジム・ラウダーデール（Jim Lauderdale）"The ブルーグラス・ダイアリーズ"
◇最優秀ニュー・エイジ・アルバム ポール・ウィンター・コンソート（Paul Winter Consort）"Crestone"
◇最優秀コンテンポラリー・ジャズ・アルバム ハービー・ハンコック（Herbie Hancock）"River：The Joni Letters"
◇最優秀ジャズ・ヴォーカル・アルバム パティ・オースティン（Patti Austin）"Avant Gershwin"
◇最優秀ジャズ・インストゥルメンタル（ソロ）マイケル・ブレッカー（Michael Brecker）"Anagram"
◇最優秀ジャズ・インストゥルメンタル・アルバム（個人またはグループ）マイケル・ブレッカー（Michael Brecker）"Pilgrimage"
◇最優秀ジャズ・ビッグバンド・アルバム テレンス・ブランチャード（Terence Blanchard）"A Tale Of God's Will（A Requiem For Katrina）"
◇最優秀ラテン・ジャズ・アルバム パキート・デリヴェラ・クインテット（Paquito D'Rivera Quintet）"Funk Tango"
◇最優秀ゴスペル・アーティスト クラーク・シスターズ（The Clark Sisters）"Blessed & Highly Favored"
◇最優秀ゴスペル・アーティスト アレサ・フランクリン＆メアリー・J.ブライジ（feat.ハーレム・ボーイズ・クワイア）（Aretha Franklin & Mary J.Blige（featuring The Harlem Boys Choir））"Never Gonna Break My Faith"
◇最優秀ゴスペル楽曲 クラーク・シスターズ（The Clark Sisters）"Blessed & Highly Favored"
◇最優秀ロック，ラップ・ゴスペル・アルバム アシュレー・クリーブランド（Ashley Cleveland）"Before The Daylight's Shot"
◇最優秀ポップ/コンテンポラリー・ゴスペル・アルバム イスラエル＆ニュー・ブリード（Israel And New Breed）"A Deeper Level"
◇最優秀サザン，カントリー，ブルーグラス・ゴスペル・アルバム リッキー・スキャッグス＆ザ・ホワイト（Ricky Skaggs & The Whites）"Salt Of The Earth"
◇最優秀トラディショナル・ゴスペル・アルバム クラーク・シスターズ（The Clark Sisters）"Live － One Last Time"
◇最優秀コンテンポラリー・R&B・ゴスペル・アルバム フレッド・ハモンド（Fred Hammond）"Free To Worship"
◇最優秀ラテン・ポップ・アルバム アレハンドロ・サンズ（Alejandro Sanz）"El Tren De Los Momentos"
◇最優秀ラテン・ロック，オルタナティヴ・アルバム ブラック・グアジャバ（Black Guayaba）"No Hay Espacio"
◇最優秀ラテン・アーバン・アルバム カジェ・トレセ（Calle 13）"Residente O Visitante"
◇最優秀トロピカル・ラテン・アルバム ファン・ルイス・ゲーラ（Juan Luis Guerra）"La Llave De Mi Corazo'n"
◇最優秀メキシカン/メキシカン－アメリカン・アルバム ペペ・アギラル（Pepe Aguilar）"100% Mexicano"
◇最優秀テハノ・アルバム リトル・ジョー＆ラ・ファミリア（Little Joe & La Familia）"Before The Next Teardrop Falls"
◇最優秀ノルテーニャ・アルバム ロス・ティグレス・デル・ノルテ（Los Tigres Del Norte）"Detalles Y Emociones"
◇最優秀バンダ・アルバム エル・チャポー（El Chapo）"Te Va A Gustar"
◇最優秀トラディショナル・ブルース・アルバム アンリ・ジェームス・タウンゼンド（Henry James Townsend），ジョー・ウィリー"パイントップ"パーキンス（Joe Willie "Pinetop" Perkins），ロベルト・ロックウッド，Jr.（Robert Lockwood

Jr.），デビッド"ハニーボーイ"エドワーズ（David "Honeyboy" Edwards）"Last Of The Great Mississippi Delta Bluesmen：Live In Dallas"
◇最優秀コンテンポラリー・ブルース・アルバム　JJ ケール＆エリック・クラプトン（JJ Cale & Eric Clapton）"The Road To Escondido"
◇最優秀トラディショナル・フォーク・アルバム　レヴォン・ヘルム（Levon Helm）"Dirt Farmer"
◇最優秀コンテンポラリー・フォーク/アメリカーナ・アルバム　スティーヴ・アール（Steve Earle）"Washington Square Serenade"
◇最優秀ネイティブ・アメリカン・ミュージック・アルバム　ジョニー・ホワイトホース（Johnny Whitehorse）"Totemic Flute Chants"
◇最優秀ハワイアン・ミュージック・アルバム　"Treasures Of Hawaiian Slack Key Guitar"
◇最優秀ザディコ，ケイジャン・ミュージック・アルバム　テランス・シミエン＆ザディコ・エクスペリエンス（Terrance Simien & The Zydeco Experience）"Live！Worldwide"
◇最優秀レゲエ・アルバム　ステファン・マーレー（Stephen Marley）"Mind Control"
◇最優秀トラディショナル・ワールド・ミュージック・アルバム　ソウェト・ゴスペル・クワイア（Soweto Gospel Choir）"African Spirit"
◇最優秀コンテンポラリー・ワールド・ミュージック・アルバム　アンジェリック・キジョ（Angelique Kidjo）"Djin Djin"
◇最優秀ポルカ・アルバム　ジミー・スター＆ヒズ・オーケストラ（Jimmy Sturr & His Orchestra）"Come Share The Wine"
◇最優秀子供向けミュージカル・アルバム　"A Green And Red Christmas"
◇最優秀子供向け朗読アルバム　ジム・デール（Jim Dale）"Harry Potter And The Deathly Hallows"
◇最優秀朗読アルバム　バラク・オバマ（Barack Obama）"The Audacity Of Hope：Thoughts On Reclaiming The American Dream"
◇最優秀コメディ・アルバム　フライト・オブ・ザ・コンコルド（Flight Of The Conchords）"The Distant Future"
◇最優秀ミュージカル・ショー・アルバム　「春のめざめ」（"Spring Awakening"）
◇最優秀映画・TV・その他ヴィジュアルメディア音楽コンピレーション・サウンドトラック・アルバム　プロデューサー：ジョージ・マーティン（George Martin），ジャイルズ・マーティン（Giles Martin）"Love"
◇最優秀映画・TV・その他ヴィジュアルメディア音楽サウンドトラック・アルバム　マイケル・ジアッキノ（Michael Giacchino 作曲）「レミーのおいしいレストラン」（"Ratatouille"）
◇最優秀映画・TV・その他ヴィジュアルメディア音楽作品　ヘンリー・クリーガー（Henry Krieger），サイーダ・ギャレット（Siedah Garrett）"Love You I Do"
◇最優秀インストゥルメンタル作曲　マリア・シュナイダー（Maria Schneider 作曲）"Cerulean Skies"
◇最優秀インストゥルメンタル編曲　ヴィンセント・メンドーサ（Vincent Mendoza 編曲）"In A Silent Way"
◇最優秀ヴォーカル伴奏編曲　ジョン・クレイトン（John Clayton 編曲）"I'm Gonna Live Till I Die"
◇最優秀レコーディング・パッケージ　ザカリー・ニッパー（Zachary Nipper アート・ディレクター）"Cassadaga"
◇最優秀ボックス，特別限定版パッケージ　マサキ・コイケ（Masaki Koike アート・ディレクター）"What It Is！：Funky Soul And Rare Grooves（1967 － 1977）"
◇最優秀ライナー・ノーツ　ブルース・ネメロフ（Bruce Nemerov）"John Work, III：Recording Black Culture"
◇最優秀ヒストリカル・アルバム　プロデューサー：ホルヘ・アレバロ・マテウス（Jorge Arévalo Mateus），ノラ・ガスリー（Nora Guthrie）"The Live Wire － Woody Guthrie In Performance 1949"
◇最優秀録音技術アルバム（クラシック以外）　エンジニア：キャメロン・クレイグ（Cameron

　　　　　　　　Craig），エメリー・ドビンズ（Emery Dobyns），ジミー・ホガース（Jimmy
　　　　　　　　Hogarth），チャド・ブレイク（Tchad Blake）"Beauty & Crime"
◇最優秀プロデューサー（クラシック以外）マーク・ロンソン（Mark Ronson）
◇最優秀リミックス・レコーディング（クラシック以外）ベニー・ベナッシ（Benny Benassi リミ
　　　　　　　　キサー）"Bring The Noise (Benny Benassi Sfaction Remix)"
◇最優秀サラウンド・サウンド・アルバム エンジニア：ポール・ヒックス（Paul Hicks），ティム・
　　　　　　　　ヤング（Tim Young），プロデューサー：ジョージ・マーティン（George
　　　　　　　　Martin），ジャイルズ・マーティン（Giles Martin）"Love"
◇最優秀録音技術アルバム（クラシック）ジョン・ニュートン（John Newton エンジニア）
　　　　　　　　"Grechaninov：Passion Week"
◇最優秀プロデューサー（クラシック）ジュディス・シャーマン（Judith Sherman）
◇最優秀クラシック・アルバム レオナード・スラトキン（Leonard Slatkin 指揮）"Tower：Made
　　　　　　　　In America"
◇最優秀オーケストラ演奏 レオナード・スラトキン（Leonard Slatkin 指揮）"Tower：Made In
　　　　　　　　America"
◇最優秀オペラ録音 チャールズ・マッケラス（Charles Mackerras 指揮），ジェーン・ヘンシェル
　　　　　　　　（Jane Henschel），ジェニファー・ラーモア（Jennifer Larmore），レベッ
　　　　　　　　カ・エバンズ（Rebecca Evans）"Humperdinck：Hansel & Gretel"
◇最優秀クラシック合唱 サイモン・ハルゼー（Simon Halsey コーラス・マスター），サイモン・ラ
　　　　　　　　トル（Simon Rattle 指揮）"Brahms：Ein Deutsches Requiem"
◇最優秀クラシック器楽独奏（オーケストラつき）ブラムウェル・トーヴィ（Bramwell Tovey 指
　　　　　　　　揮），ジェームス・エーネス（James Ehnes）"Barber / Korngold /
　　　　　　　　Walton：Violin Concertos"
◇最優秀クラシック器楽独奏（オーケストラなし）ギャーリック・オールソン（Garrick Ohlsson）
　　　　　　　　"Beethoven Sonatas, Vol.3"
◇最優秀室内楽演奏 エイス・ブラックバード（Eighth Blackbird）"Strange Imaginary Animals"
◇最優秀クラシック小編成演奏 ユーリ・バシュメット（Yuri Bashmet 指揮），モスクワ・ソロイ
　　　　　　　　スツ（Moscow Soloists）"Stravinsky：Apollo, Concerto In D; Prokofiev：
　　　　　　　　20 Visions Fugitives"
◇最優秀クラシック声楽 ロレイン・ハント・リーバーソン（Lorraine Hunt Lieberson）"Lorraine
　　　　　　　　Hunt Lieberson Sings Peter Lieberson：Neruda Songs"
◇最優秀現代音楽作曲 ジョアン・タワー（Joan Tower 作曲）"Made In America"
◇最優秀クラシック・クロスオーバー・アルバム タートル・アイランド・ストリング・カルテット
　　　　　　　　（Turtle Island String Quartet）"A Love Supreme：The Legacy Of John
　　　　　　　　Coltrane"
◇最優秀短編ビデオ作品 ジョニー・キャッシュ（Johnny Cash），トニー・ケイ（Tony Kaye 監督）
　　　　　　　　"God's Gonna Cut You Down"
◇最優秀長編ビデオ作品 マドンナ（Madonna），ジョナス・アカーランド（Jonas Akerlund 監督）
　　　　　　　　"The Confessions Tour"
2008年（第51回）
　　◇最優秀レコード　ロバート・プラント＆アリソン・クラウス（Robert Plant & Alison Krauss）
　　　　　　　　"Please Read The Letter"
　　◇最優秀アルバム　ロバート・プラント＆アリソン・クラウス（Robert Plant & Alison Krauss）
　　　　　　　　"Raising Sand"
　　◇最優秀楽曲　　コールドプレイ（Coldplay）"Viva La Vida"
　　◇最優秀新人　　アデル（Adele）
　　◇最優秀女性ポップ歌手 アデル（Adele）"Chasing Pavements"
　　◇最優秀男性ポップ歌手 ジョン・メイヤー（John Mayer）"Say"
　　◇最優秀ポップ・ヴォーカル・デュオ，グループ コールドプレイ（Coldplay）"Viva La Vida"
　　◇最優秀ポップ・ヴォーカル・コラボレーション アリソン・クラウス＆ロバート・プラント
　　　　　　　　（Alison Krauss & Robert Plant）"Rich Woman"

音楽　　18 グラミー賞

- ◇最優秀ポップ・インストゥルメンタル・アーティスト　イーグルス（Eagles）"I Dreamed There Was No War"
- ◇最優秀ポップ・インストゥルメンタル・アルバム　ベラ・フレック&ザ・フレックトーンズ（Béla Fleck & The Flecktones）"Jingle All The Way"
- ◇最優秀ポップ・アルバム　ダフィー（Duffy）"Rockferry"
- ◇最優秀ダンス・レコーディング作品　ダフト・パンク（Daft Punk）"Harder Better Faster Stronger"
- ◇最優秀エレクトロニック/ダンスアルバム　ダフト・パンク（Daft Punk）"Alive 2007"
- ◇最優秀トラディショナル・ポップ・ヴォーカル・アルバム　ナタリー・コール（Natalie Cole）"Still Unforgettable"
- ◇最優秀ロック歌手　ジョン・メイヤー（John Mayer）"Gravity"
- ◇最優秀ロック・ヴォーカル・デュオ，グループ　キングス・オブ・レオン（Kings Of Leon）"Sex On Fire"
- ◇最優秀ハード・ロック・アーティスト　マーズ・ヴォルタ（The Mars Volta）"Wax Simulacra"
- ◇最優秀メタル・アーティスト　メタリカ（Metallica）"My Apocalypse"
- ◇最優秀ロック・インストゥルメンタル・アーティスト　ザッパ・プレイズ・ザッパ feat.スティーヴ・ヴァイ&ナポレオン・マーフィー・ブロック（Zappa Plays Zappa featuring Steve Vai & Napoleon Murphy Brock）"Peaches En Regalia"
- ◇最優秀ロック楽曲　ブルース・スプリングスティーン（Bruce Springsteen）"Girls In Their Summer Clothes"
- ◇最優秀ロック・アルバム　コールドプレイ（Coldplay）"Viva La Vida Or Death And All His Friends"
- ◇最優秀オルタナティヴ・ミュージック・アルバム　レディオヘッド（Radiohead）"In Rainbows"
- ◇最優秀女性R&B歌手　アリシア・キーズ（Alicia Keys）"Superwoman"
- ◇最優秀男性R&B歌手　ニーヨ（Ne-Yo）"Miss Independent"
- ◇最優秀R&Bヴォーカル・デュオ，グループ　アル・グリーン feat.ジョン・レジェンド（Al Green featuring John Legend）"Stay With Me（By The Sea）"
- ◇最優秀トラディショナルR&B歌手　アル・グリーン feat.アンソニー・ハミルトン（Al Green featuring Anthony Hamilton）"You've Got The Love I Need"
- ◇最優秀アーバン/オルタナティヴ・アーティスト　クリセット・ミッシェル feat.ウィル・アイ・アム（Chrisette Michele featuring will.i.am）"Be OK"
- ◇最優秀R&B楽曲　ニーヨ（Ne-Yo）"Miss Independent"
- ◇最優秀R&Bアルバム　ジェニファー・ハドソン（Jennifer Hudson）"Jennifer Hudson"
- ◇最優秀コンテンポラリーR&Bアルバム　メアリー・J.ブライジ（Mary J.Blige）"Growing Pains"
- ◇最優秀ラップ・ソロ・アーティスト　リル・ウェイン（Lil Wayne）"A Milli"
- ◇最優秀ラップ・デュオ，グループ　ジェイ・Z & T.I.feat.カニエ・ウェスト&リル・ウェイン（Jay-Z & T.I.featuring Kanye West & Lil Wayne）"Swagga Like Us"
- ◇最優秀ラップ/サング・コラボレーション　エステル feat.カニエ・ウェスト（Estelle featuring Kanye West）"American Boy"
- ◇最優秀ラップ楽曲　リル・ウェイン feat.スタティック・メジャー（Lil Wayne featuring Static Major）"Lollipop"
- ◇最優秀ラップ・アルバム　リル・ウェイン（Lil Wayne）"Tha Carter III"
- ◇最優秀女性カントリー歌手　キャリー・アンダーウッド（Carrie Underwood）"Last Name"
- ◇最優秀男性カントリー歌手　ブラッド・ペイズリー（Brad Paisley）"Letter To Me"
- ◇最優秀カントリー・ヴォーカル・デュオ，グループ　シュガーランド（Sugarland）"Stay"
- ◇最優秀カントリー・ヴォーカル・コラボレーション　ロバート・プラント&アリソン・クラウス（Robert Plant & Alison Krauss）"Killing The Blues"
- ◇最優秀カントリー・インストゥルメンタル・アーティスト　ブラッド・ペイズリー（Brad Paisley），ジェームズ・バートン（James Burton），ヴィンス・ギル（Vince Gill），ジョン・ジョーゲンソン（John Jorgenson），アルバート・リー（Albert

Lee），ブレント・メイソン（Brent Mason），レッド・ボルカート（Redd Volkaert），スティーブ・ウォリナー（Steve Wariner）"Cluster Pluck"
◇最優秀カントリー楽曲　シュガーランド（Sugarland）"Stay"
◇最優秀カントリー・アルバム　ジョージ・ストレイト（George Strait）"Troubadour"
◇最優秀ブルーグラス・アルバム　リッキー・スキャッグス＆ケンタッキー・サンダー（Ricky Skaggs & Kentucky Thunder）"Honoring The Fathers Of Bluegrass：Tribute To 1946 And 1947"
◇最優秀ニュー・エイジ・アルバム　ジャック・デジョネット（Jack DeJohnette）"Peace Time"
◇最優秀コンテンポラリー・ジャズ・アルバム　ランディ・ブレッカー（Randy Brecker）"Randy In Brasil"
◇最優秀ジャズ・ヴォーカル・アルバム　カサンドラ・ウィルソン（Cassandra Wilson）"Loverly"
◇最優秀ジャズ・インストゥルメンタル（ソロ）　テレンス・ブランチャード（Terence Blanchard）"Be – Bop"
◇最優秀ジャズ・インストゥルメンタル・アルバム（個人またはグループ）　チック・コリア＆ゲイリー・バートン（Chick Corea & Gary Burton）"The New Crystal Silence"
◇最優秀ジャズ・ビッグバンド・アルバム　ヴァンガード・ジャズ・オーケストラ（The Vanguard Jazz Orchestra）"Monday Night Live At The Village Vanguard"
◇最優秀ラテン・ジャズ・アルバム　アルトゥーロ・オ・ファリル＆アフロ・ラテン・ジャズオーケストラ（Arturo O'Farrill & The Afro-Latin Jazz Orchestra）"Song For Chico"
◇最優秀ゴスペル・アーティスト　メアリー・メアリー（Mary Mary）"Get Up"
◇最優秀ゴスペル楽曲　カーク・フランクリン（Kirk Franklin）"Help Me Believe"
◇最優秀ロック，ラップ・ゴスペル・アルバム　トビーマック（TobyMac）"Alive And Transported"
◇最優秀ポップ/コンテンポラリー・ゴスペル・アルバム　シーシーワイナンズ（CeCe Winans）"Thy Kingdom Come"
◇最優秀サザン，カントリー，ブルーグラス・ゴスペル・アルバム　ゲイザー・ヴォーカル・バンド（Gaither Vocal Band）"Lovin' Life"
◇最優秀トラディショナル・ゴスペル・アルバム　ザ・ブラインド・ボーイズ・オブ・アラバマ（The Blind Boys Of Alabama）"Down In New Orleans"
◇最優秀コンテンポラリー・R&B・ゴスペル・アルバム　カーク・フランクリン（Kirk Franklin）"The Fight Of My Life"
◇最優秀ラテン・ポップ・アルバム　フアネス（Juanes）"La Vida...Es Un Ratico"
◇最優秀ラテン・ロック，オルタナティヴ・アルバム　ハグアーレス（Jaguares）"45"
◇最優秀ラテン・アーバン・アルバム　ウィシン＆ヤンデル（Wisin y Yandel）"Los Extraterrestres"
◇最優秀トロピカル・ラテン・アルバム　ホセ・フェリシアーノ（José Feliciano）"Sen～or Bachata"
◇最優秀リージョナル・メキシカン・アルバム　マリアッチ・ディーヴァス（Mariachi Divas）"Canciones De Amor"
マリアッチ・ロス・カンペーロス・デ・ナティ・カーノ（Mariachi Los Camperos de Nati Cano）"Amor, Dolor Y Lágrimas：Mu'sica Ranchera"
◇最優秀テハノ・アルバム　ルーベン・ラモス＆メキシカン・レボリューション（Ruben Ramos & The Mexican Revolution）"Viva La Revolucion"
◇最優秀ノルテーニャ・アルバム　ロス・ティグレス・デル・ノルテ（Los Tigres Del Norte）"Rai'ces"
◇最優秀バンダ・アルバム　ジョアン・セバスチャン（Joan Sebástian）"No Es De Madera"
◇最優秀トラディショナル・ブルース・アルバム　B.B.キング（B.B.King）"One Kind Favor"
◇最優秀コンテンポラリー・ブルース・アルバム　ドクター・ジョン＆ザ・ロウワー911（Dr.John And The Lower 911）"City That Care Forgot"
◇最優秀トラディショナル・フォーク・アルバム　ピート・シーガー（Pete Seeger）"At 89"
◇最優秀コンテンポラリー・フォーク/アメリカーナ・アルバム　ロバート・プラント＆アリソン・

クラウス（Robert Plant & Alison Krauss）"Raising Sand"
◇最優秀ネイティブ・アメリカン・ミュージック・アルバム "Come To Me Great Mystery - Native American Healing Songs"
◇最優秀ハワイアン・ミュージック・アルバム ティア・カレル&ダニエル・ホー（Tia Carrere & Daniel Ho）"Ikena"
◇最優秀ザディコ，ケイジャン・ミュージック・アルバム ボーソレイユ&マイケル・デューセ（BeauSoleil & Michael Doucet）"Live At The 2008 New Orleans Jazz & Heritage Festival"
◇最優秀レゲエ・アルバム バーニング・スピア（Burning Spear）"Jah Is Real"
◇最優秀トラディショナル・ワールド・ミュージック・アルバム レディスミス・ブラック・マンバゾ（Ladysmith Black Mambazo）"Ilembe：Honoring Shaka Zulu"
◇最優秀コンテンポラリー・ワールド・ミュージック・アルバム ミッキー・ハート（Mickey Hart），ザキール・フセイン（Zakir Hussain），スィキル・アデボジュ（Sikiru Adepoju），ジョヴァンニ・イダルゴ（Giovanni Hidalgo）"Global Drum Project"
◇最優秀ポルカ・アルバム ジミー・スター&ヒズ・オーケストラ（Jimmy Sturr & His Orchestra）"Let The Whole World Sing"
◇最優秀子供向けミュージカル・アルバム ゼイ・マイト・ビー・ジャイアンツ（They Might Be Giants）"Here Come The 123s"
◇最優秀子供向け朗読アルバム ビル・ハーレイ（Bill Harley）"Yes To Running！ Bill Harley Live"
◇最優秀朗読アルバム ボー・ブリッジズ（Beau Bridges），シンシア・ニクソン（Cynthia Nixon），ブレア・アンダーウッド（Blair Underwood）"An Inconvenient Truth（Al Gore）"
◇最優秀コメディ・アルバム ジョージ・カーリン（George Carlin）"It's Bad For Ya"
◇最優秀ミュージカル・ショー・アルバム リン＝マニュエル・ミランダ（Lin-Manuel Miranda 作詞・曲）「イン・ザ・ハイツ」（"In The Heights"）
◇最優秀映画・TV・その他ヴィジュアルメディア音楽コンピレーション・サウンドトラック・アルバム 「JUNO/ジュノ」（"Juno"）
◇最優秀映画・TV・その他ヴィジュアルメディア音楽サウンドトラック・アルバム ハンス・ジマー（Hans Zimmer 作曲），ジェイムズ・ニュートン・ハワード（James Newton Howard 作曲）「ダークナイト」（"The Dark Knight"）
◇最優秀映画・TV・その他ヴィジュアルメディア音楽作品 ピーター・ガブリエル（Peter Gabriel），トーマス・ニューマン（Thomas Newman）"Down To Earth"
◇最優秀インストゥルメンタル作曲 ジョン・ウィリアムズ（John Williams 作曲）"The Adventures Of Mutt"
◇最優秀インストゥルメンタル編曲 ピーター・ガブリエル（Peter Gabriel 編曲），トーマス・ニューマン（Thomas Newman 編曲）"Define Dancing"
◇最優秀ヴォーカル伴奏編曲 ナン・シュワルツ（Nan Schwartz 編曲）"Here's That Rainy Day"
◇最優秀レコーディング・パッケージ アート・ディレクター：ブルース・ダックワース（Bruce Duckworth），デイヴィッド・ターナー（David Turner），サラ・モファット（Sarah Moffat）"Death Magnetic"
◇最優秀ボックス，特別限定版パッケージ アート・ディレクター：クリスティアン・マンロー（Christiaan Munro），メル・マクスウェル（Mel Maxwell），スタンリー・ドンウッド（Stanley Donwood）"In Rainbows"
◇最優秀ライナー・ノーツ フランシス・デービス（Francis Davis）"Kind Of Blue：50th Anniversary Collector's Edition"
◇最優秀ヒストリカル・アルバム プロデューサー：アート・ローゼンバウム（Art Rosenbaum），スティーブン・レッドベター（Steven Ledbetter）"Art Of Field Recording Volume I：Fifty Years Of Traditional American Music Documented By Art Rosenbaum"

◇最優秀録音技術アルバム（クラシック以外）エンジニア：ジャック・ホワイト（Jack White），ジョセフ・チカレッリ（Joseph Chiccarelli），ヴァンス・パウエル（Vance Powell）"Consolers Of The Lonely"
◇最優秀プロデューサー（クラシック以外）リック・ルービン（Rick Rubin）
◇最優秀リミックス・レコーディング（クラシック以外）ジャスティス（Justice リミキサー）"Electric Feel（Justice Remix）"
◇最優秀サラウンド・サウンド・アルバム マイケル・J.ビショップ（Michael J.Bishop エンジニア），ロバート・ウッズ（Robert Woods プロデューサー）"Mussorgsky：Pictures At An Exhibition; Night On Bald Mountain; Prelude To Khovanshchina"
◇最優秀録音技術アルバム（クラシック）エンジニア：クリストファー・ウィリス（Christopher Willis），デイヴィッド・フロスト（David Frost），トム・ラザルス（Tom Lazarus）"Traditions And Transformations：Sounds Of Silk Road Chicago"
◇最優秀プロデューサー（クラシック）デイヴィッド・フロスト（David Frost）
◇最優秀クラシック・アルバム ジェームズ・コンロン（James Conlon 指揮），アンソニー・ディーン・グリフィー（Anthony Dean Griffey），オードラ・マクドナルド（Audra McDonald），パティ・ルポーン（Patti LuPone）"Weill：Rise And Fall Of The City Of Mahagonny"
◇最優秀オーケストラ演奏 ベルナルト・ハイティンク（Bernard Haitink 指揮）"Shostakovich：Symphony No.4"
◇最優秀オペラ録音 ジェームズ・コンロン（James Conlon 指揮），アンソニー・ディーン・グリフィー（Anthony Dean Griffey），オードラ・マクドナルド（Audra McDonald），パティ・ルポーン（Patti LuPone）"Weill：Rise And Fall Of The City Of Mahagonny"
◇最優秀クラシック合唱 サイモン・ハルゼー（Simon Halsey コーラス・マスター），サイモン・ラトル（Simon Rattle 指揮）"Symphony Of Psalms"
◇最優秀クラシック器楽独奏（オーケストラつき）エサ・ペッカ・サロネン（Esa-Pekka Salonen 指揮），ヒラリー・ハーン（Hilary Hahn）"Schoenberg / Sibelius：Violin Concertos"
◇最優秀クラシック器楽独奏（オーケストラなし）グローリア・チェン（Gloria Cheng）"Piano Music Of Salonen, Stucky, And Lutoslawski"
◇最優秀室内楽演奏 パシフィカ・カルテット（Pacifica Quartet）"Carter, Elliott：String Quartets Nos.1 And 5"
◇最優秀クラシック小編成演奏 チャールズ・ブルフィー（Charles Bruffy 指揮），フェニックス・コーラル（Phoenix Chorale）"Spotless Rose：Hymns To The Virgin Mary"
◇最優秀クラシック声楽 ヒラ・プリットマン（Hila Plitmann）"Corigliano：Mr.Tambourine Man：Seven Poems Of Bob Dylan"
◇最優秀現代音楽曲 ジョン・コリグリアーノ（John Corigliano 作曲）"Mr.Tambourine Man：Seven Poems Of Bob Dylan"
◇最優秀クラシック・クロスオーバー・アルバム キングズ・シンガーズ（The King's Singers）"Simple Gifts"
◇最優秀短編ビデオ作品 ウィーザー（Weezer），マシュー・カレン（Mathew Cullen 監督）"Pork And Beans"
◇最優秀長編ビデオ作品 トム・ペティ&ザ・ハートブレイカーズ（Tom Petty & The Heartbreakers），ピーター・ボグダノーヴィチ（Peter Bogdanovich 監督）"Runnin' Down A Dream"

2009年（第52回）
　◇最優秀レコード　キングス・オブ・レオン（Kings Of Leon）"Use Somebody"
　◇最優秀アルバム　テイラー・スウィフト（Taylor Swift）"Fearless"
　◇最優秀楽曲　ビヨンセ（Beyoncé）"Single Ladies（Put A Ring On It）"

◇最優秀新人　　ザック・ブラウン・バンド（Zac Brown Band）
◇最優秀女性ポップ歌手　ビヨンセ（Beyoncé）"Halo"
◇最優秀男性ポップ歌手　ジェイソン・ムラーズ（Jason Mraz）"Make It Mine"
◇最優秀ポップ・ヴォーカル・デュオ，グループ　ブラック・アイド・ピーズ（The Black Eyed Peas）"I Gotta Feeling"
◇最優秀ポップ・ヴォーカル・コラボレーション　ジェイソン・ムラーズ&コルビー・キャレイ（Jason Mraz & Colbie Caillat）"Lucky"
◇最優秀ポップ・インストゥルメンタル・アーティスト　ベラ・フレック（Béla Fleck）"Throw Down Your Heart"
◇最優秀ポップ・インストゥルメンタル・アルバム　ブッカー・T.ジョーンズ（Booker T.Jones）"Potato Hole"
◇最優秀ポップ・アルバム　ブラック・アイド・ピーズ（The Black Eyed Peas）"The E.N.D."
◇最優秀ダンス・レコーディング作品　レディー・ガガ（Lady Gaga）"Poker Face"
◇最優秀エレクトロニック/ダンス・アルバム　レディー・ガガ（Lady Gaga）"Poker Face"
◇最優秀トラディショナル・ポップ・ヴォーカル・アルバム　マイケル・ブーブレ（Michael Bublé）
◇最優秀ロック歌手　ブルース・スプリングスティーン（Bruce Springsteen）"Working On A Dream"
◇最優秀ロック・ヴォーカル・デュオ，グループ　キングス・オブ・レオン（Kings Of Leon）"Use Somebody"
◇最優秀ハード・ロック・アーティスト　エーシー・ディーシー（AC/DC）"War Machine"
◇最優秀メタル・アーティスト　ジューダス・プリースト（Judas Priest）"Dissident Aggressor"
◇最優秀ロック・インストゥルメンタル・アーティスト　ジェフ・ベック（Jeff Beck）"A Day In The Life"
◇最優秀ロック楽曲　キングス・オブ・レオン（Kings Of Leon）"Use Somebody"
◇最優秀ロック・アルバム　グリーン・デイ（Green Day）"21st Century Breakdown"
◇最優秀オルタナティヴ・ミュージック・アルバム　フェニックス（Phoenix）"Wolfgang Amadeus Phoenix"
◇最優秀女性R&B歌手　ビヨンセ（Beyoncé）"Single Ladies（Put A Ring On It）"
◇最優秀男性R&B歌手　マックスウェル（Maxwell）"Pretty Wings"
◇最優秀R&Bヴォーカル・デュオ，グループ　ジェイミー・フォックス&T－ペイン（Jamie Foxx & T-Pain）"Blame It"
◇最優秀トラディショナルR&B歌手　ビヨンセ（Beyoncé）"At Last"
◇最優秀アーバン/オルタナティヴ・アーティスト　インディア・アリー&ドベ・ニャオレ（India.Arie & Dobet Gnahore）"Pearls"
◇最優秀R&B楽曲　ビヨンセ（Beyoncé）"Single Ladies（Put A Ring On It）"
◇最優秀R&Bアルバム　マックスウェル（Maxwell）"Blacksummers' Night"
◇最優秀コンテンポラリーR&Bアルバム　ビヨンセ（Beyoncé）"I Am...Sasha Fierce"
◇最優秀ラップ・ソロ・アーティスト　ジェイ・Z（Jay-Z）"D.O.A.（Death Of Auto － Tune）"
◇最優秀ラップ・デュオ，グループ　エミネム（EMINEM），ドクター・ドレー&フィフティーセント（Dr.Dre & 50 Cent）"Crack A Bottle"
◇最優秀ラップ/サング・コラボレーション　ジェイ・Z（Jay-Z），リアーナ&カニエ・ウェスト（Rihanna & Kanye West）"Run This Town"
◇最優秀ラップ楽曲　ジェイ・Z（Jay-Z），リアーナ&カニエ・ウェスト（Rihanna & Kanye West）"Run This Town"
◇最優秀ラップ・アルバム　エミネム（EMINEM）"Relapse"
◇最優秀女性カントリー歌手　テイラー・スウィフト（Taylor Swift）"White Horse"
◇最優秀カントリー男性歌手　キース・アーバン（Keith Urban）"Sweet Thing"
◇最優秀カントリー・ヴォーカル・デュオ，グループ　レディ・アンテベラム（Lady Antebellum）"I Run To You"

◇最優秀カントリー・ヴォーカル・コラボレーション　キャリー・アンダーウッド&ランディ・トラヴィス (Carrie Underwood & Randy Travis) "I Told You So"
◇最優秀カントリー・インストゥルメンタル・アーティスト　スティーブ・ウォリナー (Steve Wariner) "Producer's Medley"
◇最優秀カントリー楽曲　テイラー・スウィフト (Taylor Swift) "White Horse"
◇最優秀カントリー・アルバム　テイラー・スウィフト (Taylor Swift) "Fearless"
◇最優秀ブルーグラス・アルバム　スティーヴ・マーティン (Steve Martin) "The Crow / New Songs For The Five - String Banjo"
◇最優秀ニュー・エイジ・アルバム　デイヴィッド・ダーリング (David Darling) "Prayer For Compassion"
◇最優秀コンテンポラリー・ジャズ・アルバム　ジョー・ザビヌル&ザビヌル・シンジケート (Joe Zawinul & The Zawinul Syndicate) "75"
◇最優秀ジャズ・ヴォーカル・アルバム　カート・エリング (Kurt Elling) "Dedicated To You：Kurt Elling Sings The Music Of Coltrane And Hartman"
◇最優秀ジャズ・インストゥルメンタル即興演奏（ソロ）　テレンス・ブランチャード (Terence Blanchard) "Dancin' 4 Chicken"
◇最優秀ジャズ・インストゥルメンタル・アルバム（個人またはグループ）　チック・コリア&ジョン・マクラフリン・ファイブピースバンド (Chick Corea & John McLaughlin Five Peace Band) "Five Peace Band - Live"
◇最優秀ジャズ・ビッグバンド・アルバム　ニュー・オルレアン・ジャズ・オーケストラ (New Orleans Jazz Orchestra) "Book One"
◇最優秀ラテン・ジャズ・アルバム　ベボ・バルデス&チューチョ・バルデス (Bebo Valdés And Chucho Valdés) "Juntos Para Siempre"
◇最優秀ゴスペル・アーティスト　ドニー・マクラーキン feat.カレン・クラーク・シェアード (Donnie McClurkin Featuring Karen Clark Sheard) "Wait On The Lord"
◇最優秀ゴスペル楽曲　メアリー・メアリー feat.キアラ"キキ"シェアード (Mary Mary Featuring Kierra "KiKi" Sheard) "God In Me"
◇最優秀ロック，ラップ・ゴスペル・アルバム　サード・デイ (Third Day) "Live Revelations"
◇最優秀ポップ/コンテンポラリー・ゴスペル・アルバム　イスラエル・ホートン (Israel Houghton) "The Power Of One"
◇最優秀サザン，カントリー，ブルーグラス・ゴスペル・アルバム　ジェイソン・クラブ (Jason Crabb) "Jason Crabb"
◇最優秀トラディショナル・ゴスペル・アルバム　"Oh Happy Day"
◇最優秀コンテンポラリーR&B・ゴスペル・アルバム　ヘザー・ヘッドリー (Heather Headley) "Audience Of One"
◇最優秀ラテン・ポップ・アルバム　ラ クインタ エスタシオン (La Quinta Estación) "Sin Frenos"
◇最優秀ラテン・ロック，オルタナティヴ，アーバン・アルバム　カジェ・トレセ (Calle 13) "Los De Atras Vienen Conmigo"
◇最優秀トロピカル・ラテン・アルバム　ルイス・エンリケ (Luis Enrique) "Ciclos"
◇最優秀リージョナル・メキシカン・アルバム　ビンセント・フェルナンデス (Vicente Fernández) "Necesito De Ti"
◇最優秀テハノ・アルバム　ロス テックスマニアックス (Los Texmaniacs) "Borders Y Bailes"
◇最優秀ノルテーニャ・アルバム　ロス・ティグレス・デル・ノルテ (Los Tigres Del Norte) "Tu Noche Con...Los Tigres Del Norte"
◇最優秀バンダ・アルバム　ルピージョ・リヴェラ (Lupillo Rivera) "Tu Esclavo Y Amo"
◇最優秀アメリカーナ・アルバム　レヴォン・ヘルム (Levon Helm) "Electric Dirt"
◇最優秀トラディショナル・ブルース・アルバム　ランブリン・ジャック・エリオット (Ramblin' Jack Elliott) "A Stranger Here"
◇最優秀コンテンポラリー・ブルース・アルバム　デレク・トラックス・バンド (The Derek Trucks Band) "Already Free"

◇最優秀トラディショナル・フォーク・アルバム　ラウドン・ウェインライトⅢ（Loudon Wainwright Ⅲ）"High Wide & Handsome：The Charlie Poole Project"
◇最優秀コンテンポラリー・フォーク・アルバム　スティーヴ・アール（Steve Earle）"Townes"
◇最優秀ハワイアン・ミュージック・アルバム　"Masters Of Hawaiian Slack Key Guitar, Volume 2"
◇最優秀ネイティブアメリカン・ミュージック・アルバム　ビル・ミラー（Bill Miller）"Spirit Wind North"
◇最優秀ザディコ，ケイジャン・ミュージック・アルバム　バックウィート・ザディコ（Buckwheat Zydeco）"Lay Your Burden Down"
◇最優秀レゲエ・アルバム　ステファン・マーレー（Stephen Marley）"Mind Control － Acoustic"
◇最優秀トラディショナル・ワールド・ミュージック・アルバム　ママドゥ・ジャバテ（Mamadou Diabate）"Douga Mansa"
◇最優秀コンテンポラリー・ワールド・ミュージック・アルバム　ベラ・フレック（Béla Fleck）"Throw Down Your Heart：Tales From The Acoustic Planet，Vol.3 － Africa Sessions"
◇最優秀子供向けミュージカル・アルバム　バック・ハウディー（Buck Howdy）"Aaaaah！Spooky，Scary Stories & Songs"
◇最優秀子供向け朗読アルバム　マイケル・J.フォックス（Michael J.Fox）"Always Looking Up"
◇最優秀朗読アルバム　マイケル・J.フォックス（Michael J.Fox）"Always Looking Up"
◇最優秀コメディ・アルバム　ステファン・コルバート（Stephen Colbert）"A Colbert Christmas：The Greatest Gift Of All！"
◇最優秀ミュージカル・ショー・アルバム　デイヴィッド・カディック&デイヴィッド・レイ（David Caddick & David Lai プロデューサー）「ウエスト・サイド物語」（"West Side Story"）
◇最優秀映画・TV・その他ヴィジュアルメディア音楽コンピレーション・サウンドトラック・アルバム　「スラムドッグ$ミリオネア」（"Slumdog Millionaire"）
◇最優秀映画・TV・その他ヴィジュアルメディア音楽サウンドトラック・アルバム　マイケル・ジアッキノ（Michael Giacchino 作曲）「カールじいさんの空飛ぶ家」（"Up"）
◇最優秀映画・TV・その他ヴィジュアルメディア音楽作品　ガルザー（Gulzar），A.R.ラーマン（A.R.Rahman），タンビ・シャー（Tanvi Shah）"Jai Ho"（from「スラム・ドッグ・ミリオネア」）
◇最優秀インストゥルメンタル作曲　マイケル・ジアッキノ（Michael Giacchino 作曲）"Married Life"（from「カールじいさんの空飛ぶ家」）
◇最優秀インストゥルメンタル編曲　ビル・カンリフ（Bill Cunliffe 編曲）"West Side Story Medley"
◇最優秀ヴォーカル伴奏編曲　クラウス・オガーマン（Claus Ogerman 編曲）"Quiet Nights"
◇最優秀レコーディング・パッケージ　ステファン・サグマイスター（Stefan Sagmeister アート・ディレクター）"Everything That Happens Will Happen Today"
◇最優秀ボックス，特別限定版パッケージ　アート・ディレクター：ゲーリー・バーデン（Gary Burden），ジェニス・ヘオ（Jenice Heo），ニール・ヤング（Neil Young）"Neil Young Archives Vol.I（1963 － 1972）"
◇最優秀アルバム・ライナーノーツ　ダン・モーゲンスターン（Dan Morgenstern）"The Complete Louis Armstrong Decca Sessions（1935 － 1946）"
◇最優秀ヒストリカル・アルバム　アンディ・マッカイ（Andy McKaie プロデューサー），エリック・ラブソン（Erick Labson エンジニア）"The Complete Chess Masters（1950 － 1967）"
◇最優秀録音技術アルバム（クラシック以外）　イモージェン・ヒープ（Imogen Heap エンジニア）"Ellipse"
◇最優秀プロデューサー（クラシック以外）　ブレンダン・オブライエン（Brendan O'Brien）
◇最優秀サラウンド・サウンド・アルバム　マイケル・J.ビショップ（Michael J.Bishop エンジニア），エレイン・L.マートン（Elaine L.Martone プロデューサー）

"Transmigration"
◇最優秀リミックス・レコーディング(クラシック以外) デイヴィッド・ゲッタ(David Guetta リミキサー) "When Love Takes Over (Electro Extended Remix)"
◇最優秀録音技術アルバム(クラシック) ピーター・ラエンガー(Peter Laenger エンジニア) "Mahler：Symphony No.8; Adagio From Symphony No.10"
◇最優秀プロデューサー(クラシック) スティーブン・エプスタイン(Steven Epstein)
◇最優秀クラシック・アルバム マイケル・ティルソン・トーマス(Michael Tilson Thomas 指揮) "Mahler：Symphony No.8; Adagio From Symphony No.10"
◇最優秀クラシック・オーケストラ演奏 ジェームズ・レバイン(James Levine 指揮) "Ravel：Daphnis Et Chloé"
◇最優秀クラシック・オペラ録音 ダニエル・ハーディング(Daniel Harding 指揮)，ギドン・サクス(Gidon Saks)，イアン・ボストリッジ(Ian Bostridge)，ジョナサン・レマル(Jonathan Lemalu)，マシュー・ローズ(Matthew Rose)，ネイサン・ガン(Nathan Gunn)，ニール・デイヴィス(Neal Davies) "Britten：Billy Budd"
◇最優秀クラシック合唱 マイケル・ティルソン・トーマス(Michael Tilson Thomas 指揮) "Mahler：Symphony No.8; Adagio From Symphony No.10"
◇最優秀クラシック器楽独奏(オーケストラつき) ウラディミール・アシュケナージ(Vladimir Ashkenazy 指揮)，エフゲニー・キーシン(Evgeny Kissin) "Prokofiev：Piano Concertos Nos.2&3"
◇最優秀クラシック器楽独奏(オーケストラなし) シャロン・イズビン(Sharon Isbin) "Journey To The New World"
◇最優秀クラシック室内楽演奏 エマーソン・ストリング・カルテット(Emerson String Quartet) "Intimate Letters"
◇最優秀クラシック小編成演奏 ポール・ヒリアー(Paul Hillier 指揮)，シアター・オブ・ヴォイス(Theatre Of Voices)，アルス・ノヴァ・コペンハーゲン(Ars Nova Copenhagen) "Lang, David：The Little Match Girl Passion"
◇最優秀クラシック声楽 ルネ・フレミング(Renée Fleming) "Verismo Arias"
◇最優秀現代音楽作曲 ジェニファー・ヒグドン(Jennifer Higdon 作曲) "Higdon, Jennifer：Percussion Concerto"
◇最優秀クラシック・クロスオーバー・アルバム ヨーヨー・マ&Various Artists(Yo-Yo Ma) "Yo-Yo Ma & Friends：Songs Of Joy And Peace"
◇最優秀短編ビデオ作品 ブラック・アイド・ピーズ(The Black Eyed Peas)，マーク・クヂ(Mark Kudsi 監督)，マシュー・カレン(Mathew Cullen 監督) "Boom Boom Pow"
◇最優秀長編ビデオ作品 エイドリアン・ウィルズ(Adrian Wills 監督) "The Beatles Love—All Together Now"

2010年(第53回)
◇最優秀レコード　レディ・アンテベラム(Lady Antebellum) "Need You Now"
◇最優秀アルバム　アーケイド・ファイア(Arcade Fire) "The Suburbs"
◇最優秀楽曲　レディ・アンテベラム(Lady Antebellum) "Need You Now"
◇最優秀新人　エスペランサ・スポルディング(Esperanza Spalding)
◇最優秀女性ポップ歌手 レディー・ガガ(Lady Gaga) "Bad Romance"
◇最優秀男性ポップ歌手 ブルーノ・マーズ(Bruno Mars) "Just The Way You Are"
◇最優秀ポップ・ヴォーカル・デュオ，グループ トレイン(Train) "Hey, Soul Sister (Live)"
◇最優秀ポップ・ヴォーカル・コラボレーション ハービー・ハンコック，インディア・アリー，ジェフ・ベック，コノノNo.1，ウム・サンガレ，ピンク&シール(Herbie Hancock, India.Arie, Jeff Beck, Konono No.1, Oumou Sangare, Pink & Seal) "Imagine"
◇最優秀ポップ・インストゥルメンタル・アーティスト ジェフ・ベック(Jeff Beck) "Nessun Dorma"

◇最優秀ポップ・インストゥルメンタル・アルバム ラリー・カールトン&松本孝弘（Larry Carlton & Tak Matsumoto）"Take Your Pick"
◇最優秀ポップ・アルバム レディー・ガガ（Lady Gaga）"The Fame Monster"
◇最優秀ダンス・レコーディング作品 リアーナ（Rihanna）"Only Girl（In The World）"
◇最優秀エレクトロニック/ダンス・アルバム ラ・ルー（La Roux）"La Roux"
◇最優秀トラディショナル・ポップ・ヴォーカル・アルバム マイケル・ブーブレ（Michael Bublé）"Crazy Love"
◇最優秀ロック歌手 ポール・マッカートニー（Paul McCartney）"Helter Skelter"
◇最優秀ロック・ヴォーカル・デュオ，グループ ザ・ブラック・キーズ（The Black Keys）"Tighten Up"
◇最優秀ハード・ロック・アーティスト ゼム・クルックド・ヴァルチャーズ（Them Crooked Vultures）"New Fang"
◇最優秀メタル・アーティスト アイアン・メイデン（Iron Maiden）"El Dorado"
◇最優秀ロック・インストゥルメンタル・アーティスト ジェフ・ベック（Jeff Beck）"Hammerhead"
◇最優秀ロック楽曲 ニール・ヤング（Neil Young）"Angry World"
◇最優秀ロック・アルバム ミューズ（Muse）"The Resistance"
◇最優秀オルタナティヴ・ミュージック・アルバム ザ・ブラック・キーズ（The Black Keys）"Brothers"
◇最優秀女性R&B歌手 ファンタジア（Fantasia）"Bittersweet"
◇最優秀男性R&B歌手 アッシャー（Usher）"There Goes My Baby"
◇最優秀R&Bヴォーカル・デュオ，グループ シャーデー（Sade）"Soldier Of Love"
◇最優秀トラディショナルR&B歌手 ジョン・レジェンド&ザ・ルーツ（John Legend & The Roots）"Hang On In There"
◇最優秀アーバン/オルタナティヴ・アーティスト シーロー・グリーン（Cee Lo Green）"F*** You"
◇最優秀R&B楽曲 ジョン・レジェンド（John Legend）"Shine"
◇最優秀R&Bアルバム ジョン・レジェンド&ザ・ルーツ（John Legend & The Roots）"Wake Up！"
◇最優秀コンテンポラリーR&Bアルバム アッシャー（Usher）"Raymond V Raymond"
◇最優秀ラップ・ソロ・アーティスト エミネム（EMINEM）"Not Afraid"
◇最優秀ラップ・デュオ，グループ ジェイ・Z&スウィズ・ビーツ（Jay-Z & Swizz Beatz）"On To The Next One"
◇最優秀ラップ/サング・コラボレーション アリシア・キーズ&ジェイ・Z（Alicia Keys & Jay-Z）"Empire State Of Mind"
◇最優秀ラップ楽曲 アリシア・キーズ（Alicia Keys）"Empire State Of Mind"
◇最優秀ラップ・アルバム エミネム（EMINEM）"Recovery"
◇最優秀女性カントリー歌手 ミランダ・ランバート（Miranda Lambert）"The House That Built Me"
◇最優秀カントリー男性歌手 キース・アーバン（Keith Urban）"'Til Summer Comes Around"
◇最優秀カントリー・ヴォーカル・デュオ，グループ レディ・アンテベラム（Lady Antebellum）"Need You Now"
◇最優秀カントリー・ヴォーカル・コラボレーション アラン・ジャクソン&ザック・ブラウン・バンド（Alan Jackson & Zac Brown Band）"As She's Walking Away"
◇最優秀カントリー・インストゥルメンタル・アーティスト マーティ・スチュアート（Marty Stuart）"Hummingbyrd"
◇最優秀カントリー楽曲 レディ・アンテベラム（Lady Antebellum）"Need You Now"
◇最優秀カントリー・アルバム レディ・アンテベラム（Lady Antebellum）"Need You Now"
◇最優秀ブルーグラス・アルバム パティ・ラブレス（Patty Loveless）"Mountain Soul II"

◇最優秀ニュー・エイジ・アルバム　ポール・ウィンター・コンソート（Paul Winter Consort）"Miho： Journey To The Mountain"
◇最優秀コンテンポラリー・ジャズ・アルバム　ザ・スタンリー・クラーク・バンド（The Stanley Clarke Band）"The Stanley Clarke Band"
◇最優秀ジャズ・ヴォーカル・アルバム　ディー・ディー・ブリッジウォーター（Dee Dee Bridgewater）"Eleanora Fagan（1915-1959）： To Billie With Love From Dee Dee"
◇最優秀ジャズ・インストゥルメンタル即興演奏（ソロ）ハービー・ハンコック（Herbie Hancock）"A Change Is Gonna Come"
◇最優秀ジャズ・インストゥルメンタル・アルバム（個人またはグループ）ジェームス・ムーディ（James Moody）"Moody 4B"
◇最優秀ジャズ・ビッグバンド・アルバム　ミンガス・ビッグ・バンド（Mingus Big Band）"Mingus Big Band Live At Jazz Standard"
◇最優秀ラテン・ジャズ・アルバム　チューチョ・バルデース＆アフロ・キューバ・メッセンジャーズ（Chucho Valdés & The Afro-Cuban Messengers）"Chucho's Steps"
◇最優秀ゴスペル・アーティスト　ビービー・ワイナンズ＆シーシー・ワイナンズ（BeBe Winans & CeCe Winans）"Grace"
◇最優秀ゴスペル楽曲　カーク・ウェイラム（Kirk Whalum），レイラ・ハサウェイ（Lalah Hathaway）"It's What I Do"
◇最優秀ロック，ラップ・ゴスペル・アルバム　スウィッチフット（Switchfoot）"Hello Hurricane"
◇最優秀ポップ/コンテンポラリー・ゴスペル・アルバム　イスラエル・ホートン（Israel Houghton）"Love God.Love People."
◇最優秀サザン，カントリー，ブルーグラス・ゴスペル・アルバム　ダイアモンド・リオ（Diamond Rio）"The Reason"
◇最優秀トラディショナル・ゴスペル・アルバム　パティ・グリフィン（Patty Griffin）"Downtown Church"
◇最優秀コンテンポラリーR&B・ゴスペル・アルバム　ビービー・ワイナンズ＆シーシー・ワイナンズ（BeBe Winans & CeCe Winans）"Still"
◇最優秀ラテン・ポップ・アルバム　アレハンドロ・サンズ（Alejandro Sanz）"Paraiso Express"
◇最優秀ラテン・ロック，オルタナティヴ，アーバン・アルバム　グルーポ・ファンタズマ（Grupo Fantasma）"El Existential"
◇最優秀トロピカル・ラテン・アルバム　スパニッシュ・ハーレム・オーケストラ（The Spanish Harlem Orchestra）"Viva La Tradición"
◇最優秀テハノ・アルバム　リトル・ジョー＆ラ・ファミリア（Little Joe & La Familia）"Recuerdos"
◇最優秀ノルテーニャ・アルバム　イントカブレ（Intocable）"Classic"
◇最優秀バンダ・アルバム　エル・グエロ＆スー・バンダ・センテナリオ（El Güero y Su Banda Centanario）"Enamórate De Mí"
◇最優秀アメリカーナ・アルバム　メイヴィス・ステイプルズ（Mavis Staples）"You Are Not Alone"
◇最優秀トラディショナル・ブルース・アルバム　ウィリー・パーキンス＆ウィリー・スミス（Willie Perkins & Willie Smith）"Joined At The Hip"
◇最優秀コンテンポラリー・ブルース・アルバム　バディ・ガイ（Buddy Guy）"Living Proof"
◇最優秀トラディショナル・フォーク・アルバム　キャロライナ・チョコレート・ドロップス（Carolina Chocolate Drops）"Genuine Negro Jig"
◇最優秀コンテンポラリー・フォーク・アルバム　レイ・ラモンターニュ＆ザ・パリア・ドッグス（Ray LaMontange And The Pariah Dogs）"God Willin' & The Creek Don't Rise"
◇最優秀ハワイアン・ミュージック・アルバム　ティア・カレル（Tia Carrere）"Huana Ke Aloha"
◇最優秀ネイティブアメリカン・ミュージック・アルバム　"2010 Gathering Of Nations Pow Wow： A Spirit's Dance"

◇最優秀ザディコ，ケイジャン・ミュージック・アルバム チャビー・キャリア&ザ・バイユー・スワンプ（Chubby Carrier And The Bayou Swamp）"Zydeco Junkie"
◇最優秀レゲエ・アルバム ブジュ・バントン（Buju Banton）"Before The Dawn"
◇最優秀トラディショナル・ワールド・ミュージック・アルバム アリー・ファルカ・トゥーレ&トゥマニ・ジャバテ（Ali Farka Touré & Toumani Diabate）"Ali And Toumani"
◇最優秀コンテンポラリー・ワールド・ミュージック・アルバム ベラ・フレック（Béla Fleck）"Throw Down Your Heart, Africa Sessions Part 2: Unreleased Tracks"
◇最優秀子供向けミュージカル・アルバム ピート・シーガー（Pete Seeger）"Tomorrow's Children"
◇最優秀子供向け朗読アルバム エマ・ウォルトン・ハミルトン&ジュリー・アンドリュース（Emma Walton Hamilton & Julie Andrews）"Julie Andrews' Collection Of Poems, Songs, And Lullabies"
◇最優秀朗読アルバム ジョン・スチュワート（Jon Stewart）"The Daily Show With Jon Stewart Presents Earth（The Audiobook）"
◇最優秀コメディ・アルバム ルイス・ブラック（Lewis Black）"Stark Raving Black"
◇最優秀ミュージカル・ショー・アルバム ビリー・ジョー・アームストロング（Billie Joe Armstrong プロデューサー）"American Idiot（Featuring Green Day）"
◇最優秀映画・TV・その他映像メディア音楽コンピレーション・サウンドトラック・アルバム プロデューサー：ステファン・ブルートン（Stephen Bruton）, T=ボーン・バーネット（T Bone Burnett）「クレイジー・ハート」（"Crazy Heart"）
◇最優秀映画・TV・その他映像メディア音楽サウンドトラック・アルバム ランディ・ニューマン（Randy Newman 作曲）「トイ・ストーリー3」（"Toy Story 3"）
◇最優秀映画・TV・その他映像メディア音楽作品 ライアン・ビンガム（Ryan Bingham）, T=ボーン・バーネット（T Bone Burnett）"The Weary Kind（From Crazy Heart）"
◇最優秀インストゥルメンタル作曲 ビリー・チャイルズ（Billy Childs 作曲）"The Path Among The Trees"
◇最優秀インストゥルメンタル編曲 ヴィンセント・メンドーサ（Vincent Mendoza 編曲）"Carlos"
◇最優秀ヴォーカル伴奏編曲 クリストファー・ティン（Christopher Tin 編曲）"Baba Yetu"
◇最優秀レコーディング・パッケージ マイケル・カーニー（Michael Carney アート・ディレクター）"Brothers"
◇最優秀ボックス，特別限定版パッケージ アート・ディレクター：ジャック・ホワイト（Jack White），ロブ・ジョーンズ（Rob Jones）"Under Great White Northern Lights（Limited Edition Box Set）"
◇最優秀アルバム・ライナーノーツ ロバート・ゴードン（Robert Gordon ライター）"Keep An Eye On The Sky"
◇最優秀ヒストリカル・アルバム プロデューサー：アラン・ラウス（Allan Rouse），ジェフ・ジョーンズ（Jeff Jones），エンジニア：ガイ・マッシー（Guy Massey），ポール・ヒックス（Paul Hicks），サム・オクル（Sam Okell），シーン・マギー（Sean Magee），スティーブ・ルーク（Steve Rooke）"The Beatles（The Original Studio Recordings）"
◇最優秀録音技術アルバム（クラシック以外）エンジニア：チャド・フランスコビアック（Chad Franscoviak），ジョー・フェルラ（Joe Ferla），マニー・マロクィン（Manny Marroquin），マイケル・H.ブラウアー（Michael H.Brauer）"Battle Studies"
◇最優秀プロデューサー（クラシック以外）デンジャー・マウス（Danger Mouse）
◇最優秀サラウンド・サウンド・アルバム キース・O.ジョンソン（Keith O.Johnson エンジニア），デイヴィッド・フロスト（David Frost プロデューサー）"Britten's Orchestra"
◇最優秀リミックス・レコーディング（クラシック以外）リミキサー：アフロジャック（Afrojack），デイヴィッド・ゲッタ（David Guetta）"Revolver（David

Guetta's One Love Club Remix)"
◇最優秀録音技術アルバム（クラシック）エンジニア：ブランディ・レーン（Brandie Lane），デヴィッド・シェバ（David Sabee），コリー・クルッケンバーグ（Kory Kruckenberg），レスリー・アン・ジョーンズ（Leslie Ann Jones）"Porter, Quincy： Complete Viola Works"
エンジニア：ダーク・ソボッカ（Dirk Sobotka），ジョン・ヒル（John Hill），マーク・ドナヒュー（Mark Donahue）"Daugherty： Metropolis Symphony; Deus Ex Machina"
◇最優秀プロデューサー（クラシック）デイヴィッド・フロスト（David Frost）
◇最優秀クラシック・アルバム　リッカルド・ムーティ（Riccardo Muti 指揮）"Verdi： Requiem"
◇最優秀クラシック・オーケストラ演奏　ジャンカルロ・ゲレーロ（Giancarlo Guerrero 指揮）"Daugherty： Metropolis Symphony; Deus Ex Machina"
◇最優秀クラシック・オペラ録音　ケント・ナガノ（Kent Nagano 指揮），ダニエル・ベルヒャー（Daniel Belcher），エカテリーナ・レキーナ（Ekaterina Lekhina），マリー＝アンジュ・トドロヴィッチ（Marie-Ange Todorovitch）"Saariaho： L'Amour De Loin"
◇最優秀クラシック合唱　リッカルド・ムーティ（Riccardo Muti 指揮）"Verdi： Requiem"
◇最優秀クラシック器楽独奏（オーケストラつき）内田光子（Mitsuko Uchida）"Mozart： Piano Concertos Nos.23 & 24"
◇最優秀クラシック器楽独奏（オーケストラなし）ポール・ジェイコブス（Paul Jacobs）"Messiaen： Livre Du Saint-Sacrement"
◇最優秀クラシック室内楽演奏　パーカー・カルテット（Parker Quartet）"Ligeti： String Quartets Nos.1 & 2"
◇最優秀クラシック小編成演奏　ジョルディ・サバール（Jordi Savall 指揮），エスペリオン XXI（Hesperion XXI），ラ・カペッラ・レイアル・デ・カタルーニャ（La Capella Reial de Catalunya）"Dinastia Borja"
◇最優秀クラシック声楽　チェチーリア・バルトリ（Cecilia Bartoli）"Sacrificium"
◇最優秀現代音楽作曲　マイケル・ドアティ（Michael Daugherty 作曲）"Daugherty, Michael： Deus Ex Machina"
◇最優秀クラシック・クロスオーバー・アルバム　ルーカス・リッチマン（Lucas Richman 指揮），クリストファー・ティン（Christopher Tin プロデューサー）"Tin, Christopher： Calling All Dawns"
◇最優秀短編ビデオ作品　レディー・ガガ（Lady Gaga），フランシス・ローレンス（Francis Lawrence 監督）"Bad Romance"
◇最優秀長編ビデオ作品　トム・ディチロ（Tom Dicillo 監督）"When You're Strange"
2011年（第54回）
◇最優秀レコード　アデル（Adele）"Rolling In The Deep"
◇最優秀アルバム　アデル（Adele）"21"
◇最優秀楽曲　アデル（Adele）"Rolling In The Deep"
◇最優秀新人　ボン・イヴェール（Bon Iver）
◇最優秀ポップソロ歌手　アデル（Adele）"Someone Like You"
◇最優秀ポップ・デュオ，グループ　エイミー・ワインハウス&トニー・ベネット（Amy Winehouse & Tony Bennett）"Body And Soul"
◇最優秀ポップ・インストゥルメンタル・アルバム　ブッカー・T.ジョーンズ（Booker T.Jones）"The Road From Memphis"
◇最優秀ポップ・アルバム　アデル（Adele）"21"
◇最優秀ダンス・レコーディング作品　スクリレックス（Skrillex）"Scary Monsters And Nice Sprites"
◇最優秀ダンス/エレクトロニカ・アルバム　スクリレックス（Skrillex）"Scary Monsters And Nice Sprites"
◇最優秀トラディショナル・ポップ・ヴォーカル・アルバム　トニー・ベネット（Tony Bennett）

"Duets II"
◇最優秀ロック歌手 フー・ファイターズ(Foo Fighters) "Walk"
◇最優秀ハード・ロック/メタル・アーティスト フー・ファイターズ(Foo Fighters) "White Limo"
◇最優秀ロック楽曲 フー・ファイターズ(Foo Fighters) "Walk"
◇最優秀ロック・アルバム フー・ファイターズ(Foo Fighters) "Wasting Light"
◇最優秀オルタナティヴ・ミュージック・アルバム ボン・イヴェール(Bon Iver) "Bon Iver"
◇最優秀R&B歌手 コリーヌ・ベイリー・レイ(Corinne Bailey Rae) "Is This Love"
◇最優秀トラディショナルR&B歌手 シーロー・グリーン&メラニー・フィオナ(Cee Lo Green & Melanie Fiona) "Fool For You"
◇最優秀R&B楽曲 シーロー・グリーン(Cee Lo Gree) "Fool For You"
◇最優秀R&Bアルバム クリス・ブラウン(Chris Brown) "F.A.M.E."
◇最優秀ラップ・アーティスト ジェイ・Z&カニエ・ウェスト(Jay-Z & Kanye West) "Otis"
◇最優秀ラップ/サング・コラボレーション ファーギー、カニエ・ウェスト、キッド・カディ、リアーナ(Fergie, Kanye West, Kid Cudi & Rihanna) "All Of The Lights"
◇最優秀ラップ楽曲 カニエ・ウェスト(Kanye West) "All Of The Lights"
◇最優秀ラップ・アルバム カニエ・ウェスト(Kanye West) "My Beautiful Dark Twisted Fantasy"
◇最優秀カントリーソロ歌手 テイラー・スウィフト(Taylor Swift) "Mean"
◇最優秀カントリー・デュオ/グループ ザ・シビル・ウォーズ(The Civil Wars) "Barton Hollow"
◇最優秀カントリー楽曲 テイラー・スウィフト(Taylor Swift) "Mean"
◇最優秀カントリー・アルバム レディ・アンテベラム(Lady Antebellum) "Own The Night"
◇最優秀ブルーグラス・アルバム アリソン・クラウス&ユニオン・ステーション(Alison Krauss And Union Station) "Paper Airplane"
◇最優秀ニュー・エイジ・アルバム パット・メセニー(Pat Metheny) "What's It All About"
◇最優秀ジャズ・ヴォーカル・アルバム テリ・リン・キャリントン(Terri Lyne Carrington) "The Mosaic Project"
◇最優秀ジャズ・インストゥルメンタル即興演奏(ソロ) チック・コリア(Chick Corea) "500 Miles High"
◇最優秀ジャズ・インストゥルメンタル・アルバム チック・コリア、レニー・ホワイト、スタンリー・クラーク(Chick Corea, Lenny White & Stanley Clarke) "Forever"
◇最優秀ジャズ・ビッグバンド・アルバム クリスチャン・マクブライド・ビッグ・バンド(Christian McBride Big Band) "The Good Feeling"
◇最優秀ゴスペル楽曲 カーク・フランクリン(Kirk Franklin) "Hello Fear"
◇最優秀ゴスペル/コンテンポラリー・クリスチャン・ミュージック リアンドリア・ジョンソン(Le'Andria Johnson) "Jesus"
◇最優秀コンテンポラリー・クリスチャン・ミュージック楽曲 ローラ・ストーリー(Laura Story) "Blessings"
◇最優秀コンテンポラリー・クリスチャン・ミュージックアルバム クリス・トムリン(Chris Tomlin) "And If Our God Is For Us..."
◇最優秀ラテン・ポップ、ロック、オルタナティヴ、アーバン・アルバム マナ(Maná) "Drama Y Luz"
◇最優秀トロピカル・ラテン・アルバム カチャオ(Cachao) "The Last Mambo"
◇最優秀リージョナル・メキシカン・アルバム ペペ・アギラル(Pepe Aguilar) "Bicentenario"
◇最優秀バンダ、ノルテーニャ・アルバム ロス・ティグレス・デル・ノルテ(Los Tigres Del Norte) "Los Tigres Del Norte And Friends"
◇最優秀アメリカーナ・アルバム レヴォン・ヘルム(Levon Helm) "Ramble At The Ryman"
◇最優秀ブルース・アルバム テデスキ・トラックス・バンド(Tedeschi Trucks Band) "Revelator"
◇最優秀フォーク・アルバム ザ・シビル・ウォーズ(The Civil Wars) "Barton Hollow"
◇最優秀リージョナル・ルーツ・ミュージック・アルバム リバース・ブラス・バンド(Rebirth

Brass Band）"Rebirth Of New Orleans"
◇最優秀レゲエ・アルバム　ステファン・マーレー（Stephen Marley）"Revelation Pt 1： The Root Of Life"
◇最優秀ワールド・ミュージック・アルバム　ティナリウェン（Tinariwen）"Tassili"
◇最優秀子供向けアルバム　"All About Bullies...Big And Small"
◇最優秀朗読アルバム　ベティ・ホワイト（Betty White）"If You Ask Me（And Of Course You Won't）"
◇最優秀コメディ・アルバム　ルイス・C.K.（Louis C.K.）"Hilarious"
◇最優秀ミュージカル・シアター・アルバム　アンドリュー・ラネルズ＆ジョシュ・ギャッド（Andrew Rannells & Josh Gad）"The Book Of Mormon"
◇最優秀映像メディア向けコンピレーション・サウンドトラック　プロデューサー：ケビン・ウィーバー（Kevin Weaver），ランダル・ポスター（Randall Poster），スチュワート・ラーマン（Stewart Lerman）「ボードウォーク・エンパイア」（"Boardwalk Empire： Volume 1"）
◇最優秀映像メディア向けスコア・サウンドトラック　アレクサンドル・デスプラ（Alexandre Desplat 作曲）「英国王のスピーチ」（"The King's Speech"）
◇最優秀映像メディア向け楽曲　アラン・メンケン（Alan Menken），グレン・スレイター（Glenn Slater）"I See The Light（From Tangled）"
◇最優秀インストゥルメンタル作曲　ベラ・フレック＆ハワード・レヴィ（Béla Fleck & Howard Levy 作曲）"Life In Eleven"
◇最優秀インストゥルメンタル編曲　ゴードン・L.グッドウィン（Gordon L.Goodwin 編曲）"Rhapsody In Blue"
◇最優秀ヴォーカル伴奏編曲　ホルヘ・カランドレリ（Jorge Calandrelli 編曲）"Who Can I Turn To（When Nobody Needs Me）"
◇最優秀レコーディング・パッケージ　キャロライン・ロバート（Caroline Robert アート・ディレクター）"Scenes From The Suburbs"
◇最優秀ボックス，特別限定版パッケージ　アート・ディレクター：デヴィッド・ベット（David Bett），ミシェル・ホーム（Michelle Holme）"The Promise： The Darkness On The Edge Of Town Story"
◇最優秀アルバム・ライナーノーツ　アダム・マチャド（Adam Machado）"Hear Me Howling！： Blues, Ballads & Beyond As Recorded By The San Francisco Bay By Chris Strachwitz In The 1960s"
◇最優秀ヒストリカル・アルバム　プロデューサー：ポール・マッカートニー（Paul McCartney），エンジニア：サム・オクル（Sam Okell），スティーブ・ルーク（Steve Rooke）"Band On The Run（Paul McCartney Archive Collection － Deluxe Edition）"
◇最優秀録音技術アルバム（クラシック以外）　エンジニア：マイク・シプリー（Mike Shipley），ニール・カッペリーノ（Neal Cappellino），ブラッド・ブラックウッド（Brad Blackwood）"Paper Airplane"
◇最優秀プロデューサー（クラシック以外）　ポール・エプワース（Paul Epworth）
◇最優秀サラウンド・サウンド・アルバム　エンジニア：エリオット・シャイナー（Elliot Scheiner），ボブ・ルートヴィヒ（Bob Ludwig），プロデューサー：ビル・レヴェンソン（Bill Levenson），エリオット・シャイナー（Elliot Scheiner）"Layla And Other Assorted Love Songs（Super Deluxe Edition）"
◇最優秀リミックス・レコーディング（クラシック以外）　スクリレックス（Skrillex リミキサー）"Cinema（Skrillex Remix）"
◇最優秀録音技術アルバム（クラシック）　エンジニア：ファン・ビョンジュン（Hwang Byeong-Joon），ジョン・ニュートン（John Newton），ジェシー・ルイス（Jesse Lewis）"Aldridge： Elmer Gantry"
◇最優秀プロデューサー（クラシック）　ジュディス・シャーマン（Judith Sherman）
◇最優秀クラシック・オーケストラ演奏　グスターボ・ドゥダメル（Gustavo Dudamel 指揮）

"Brahms：Symphony No.4"
◇最優秀クラシック・オペラ録音 アラン・ギルバート（Alan Gilbert 指揮），エリック・オーウェンス（Eric Owens），ジェラルド・フィンレー（Gerald Finley），メレディス・アーワディ（Meredith Arwady），リチャード・ポール・フィンク（Richard Paul Fink），サーシャ・クック（Sasha Cooke），トーマス・グレン（Thomas Glenn）"Adams：Doctor Atomic"
◇最優秀クラシック合唱 エリック・ウィテカー（Eric Whitacre 指揮）"Light & Gold"
◇最優秀クラシック器楽独奏 ジャンカルロ・ゲレーロ（Giancarlo Guerrero 指揮），クリストファー・ラム（Christopher Lamb）"Schwantner：Concerto For Percussion & Orchestra"
◇最優秀クラシック小編成演奏 リンド・エッカート&スティーブン・マッキー（Rinde Eckert & Steven Mackey），エイス・ブラックバード（Eighth Blackbird）"Mackey：Lonely Motel - Music From Slide"
◇最優秀クラシック声楽・ソロ ジョイス・ディドナート（Joyce DiDonato）"Diva Divo"
◇最優秀現代音楽作曲 ハーシャル・ガーファイン（Herschel Garfein 作曲），ロバート・オールドリッジ（Robert Aldridge 作曲）"Aldridge, Robert：Elmer Gantry"
◇最優秀短編ビデオ作品 アデル（Adele），サム・ブラウン（Sam Brown 監督）"Rolling In The Deep"
◇最優秀長編ビデオ作品 フー・ファイターズ（Foo Fighters），ジェームズ・モル（James Moll 監督）"Foo Fighters：Back And Forth"

2012年（第55回）
◇最優秀レコード ゴティエ&キンブラ（Gotye & Kimbra）"Somebody That I Used To Know"
◇最優秀アルバム マムフォード&サンズ（Mumford & Sons）"Babel"
◇最優秀楽曲 ファンfeat.ジャネル・モネイ（Fun.featuring Janelle Monáe）"We Are Young"
◇最優秀新人 ファン（Fun.）
◇最優秀ポップソロ歌手 アデル（Adele）"Set Fire To The Rain［Live］"
◇最優秀ポップ・ヴォーカル・デュオ，グループ ゴティエ&キンブラ（Gotye & Kimbra）"Somebody That I Used To Know"
◇最優秀ポップ・インストゥルメンタル・アルバム クリス・ボッティ（Chris Botti）"Impressions"
◇最優秀ポップ・アルバム ケリー・クラークソン（Kelly Clarkson）"Stronger"
◇最優秀ダンス・レコーディング作品 シラー・ミッチェル&スクリレックス（Sirah Mitchell & Skrillex）"Bangarang"
◇最優秀ダンス/エレクトロニカ・アルバム スクリレックス（Skrillex）"Bangarang"
◇最優秀トラディショナル・ポップ・ヴォーカル・アルバム ポール・マッカートニー（Paul McCartney）"Kisses On The Bottom"
◇最優秀ロック歌手 ザ・ブラック・キーズ（The Black Keys）"Lonely Boy"
◇最優秀ハード・ロック/メタル・アーティスト ヘイルストーム（Halestorm）"Love Bites（So Do I）"
◇最優秀ロック楽曲 ザ・ブラック・キーズ（The Black Keys）"Lonely Boy"
◇最優秀ロック・アルバム ザ・ブラック・キーズ（The Black Keys）"El Camino"
◇最優秀オルタナティヴ・ミュージック・アルバム ゴティエ（Gotye）"Making Mirrors"
◇最優秀R&B歌手 アッシャー（Usher）"Climax"
◇最優秀トラディショナルR&B歌手 ビヨンセ（Beyoncé）"Love On Top"
◇最優秀アーバン・コンテンポラリー・アルバム フランク・オーシャン（Frank Ocean）"Channel Orange"
◇最優秀R&B楽曲 ミゲル・ジョンテル・ピメンテル（Miguel Jontel Pimentel）"Adorn"
◇最優秀R&Bアルバム ロバート・グラスパー・エクスペリメント（Robert Glasper Experiment）"Black Radio"
◇最優秀ラップ・アーティスト ジェイ・Z&カニエ・ウェスト（Jay-Z & Kanye West）"N****s In

　　　　　　Paris"
◇最優秀ラップ/サング・コラボレーション　ジェイ・Z，ザ・ドリーム，フランク・オーシャン，カニエ・ウェスト（Jay-Z, The-Dream, Frank Ocean & Kanye West）"No Church In The Wild"
◇最優秀ラップ楽曲　ジェイ・Z&カニエ・ウェスト（Jay-Z & Kanye West）"N****s In Paris"
◇最優秀ラップ・アルバム　ドレイク（Drake）"Take Care"
◇最優秀カントリーソロ歌手　キャリー・アンダーウッド（Carrie Underwood）"Blown Away"
◇最優秀カントリー・デュオ/グループ　リトル・ビッグ・タウン（Little Big Town）"Pontoon"
◇最優秀カントリー楽曲　キャリー・アンダーウッド（Carrie Underwood）"Blown Away"
◇最優秀カントリー・アルバム　ザック・ブラウン・バンド（Zac Brown Band）"Uncaged"
◇最優秀ブルーグラス・アルバム　スティープ・キャニオン・レンジャーズ（The Steep Canyon Rangers）"Nobody Knows You"
◇最優秀ニュー・エイジ・アルバム　オマー・アクラム（Omar Akram）"Echoes Of Love"
◇最優秀ジャズ・ヴォーカル・アルバム　エスペランサ・スポルディング（Esperanza Spalding）"Radio Music Society"
◇最優秀ジャズ・インストゥルメンタル即興演奏（ソロ）　ゲイリー・バートン&チック・コリア（Gary Burton & Chick Corea）"Hot House"
◇最優秀ジャズ・インストゥルメンタル・アルバム　パット・メセニー・ユニティ・バンド（Pat Metheny Unity Band）"Unity Band"
◇最優秀ジャズ・ビッグバンド・アルバム　アルトゥーロ・サンドヴァル（Arturo Sandoval）"Dear Diz（Every Day I Think Of You）"
◇最優秀ラテン・ジャズ・アルバム　ザ・クレア・フィッシャー・ラテン・ジャズ・ビッグ・バンド（The Clare Fischer Latin Jazz Big Band）"¡Ritmo！"
◇最優秀ゴスペル/コンテンポラリー・クリスチャン・ミュージック　マット・レッドマン（Matt Redman）"10,000 Reasons（Bless The Lord）"
◇最優秀コンテンポラリー・クリスチャン・ミュージック楽曲　マット・レッドマン（Matt Redman）"10,000 Reasons（Bless The Lord）"
　　　　　　イスラエル&ニュー・ブリード（Israel & New Breed）"Your Presence Is Heaven"
◇最優秀ゴスペル楽曲　メアリー・メアリー（Mary Mary）"Go Get It"
◇最優秀ゴスペルアルバム　レクレー（Lecrae）"Gravity"
◇最優秀コンテンポラリー・クリスチャン・ミュージックアルバム　トビーマック（Tobymac）"Eye On It"
◇最優秀ラテン・ポップ・アルバム　フアネス（Juanes）"MTV Unplugged Deluxe Edition"
◇最優秀ラテン・ロック，オルタナティヴ，アーバン・アルバム　ケツァール（Quetzal）"Imaginaries"
◇最優秀トロピカル・ラテン・アルバム　マルロウ・ロサード&ラ・リケーナ（Marlow Rosado Y La Riqueña）"Retro"
◇最優秀リージョナル・メキシカン・アルバム（テハノ含む）　リラ・ダウンズ（Lila Downs）"Pecados Y Milagros"
◇最優秀アメリカーナ・アルバム　ボニー・レイット（Bonnie Raitt）"Slipstream"
◇最優秀ブルース・アルバム　ドクター・ジョン（Dr.John）"Locked Down"
◇最優秀フォーク・アルバム　スチュアート・ダンカン，ヨーヨー・マ，エドガー・メイヤー，クリス・シーリ（Stuart Duncan, Yo-Yo Ma, Edgar Meyer & Chris Thile）"The Goat Rodeo Sessions"
◇最優秀リージョナル・ルーツ・ミュージック・アルバム　スティーヴ・ライリー，ウィルソン・サボイ，ウェイン・トゥープス（Steve Riley, Wilson Savoy & Wayne Toups）"The Band Courtbouillon"
◇最優秀レゲエ・アルバム　ジミー・クリフ（Jimmy Cliff）"Rebirth"
◇最優秀ワールド・ミュージック・アルバム　ラヴィ・シャンカール（Ravi Shankar）"The Living

Room Sessions Part 1"
◇最優秀子供向けアルバム　オーキー・ドゥーキー・ブラザーズ（The Okee Dokee Brothers）"Can You Canoe？"
◇最優秀朗読アルバム　ジャニス・イアン（Janis Ian）"Society's Child： My Autobiography"
◇最優秀コメディ・アルバム　ジミー・ファロン（Jimmy Fallon）"Blow Your Pants Off"
◇最優秀ミュージカル・シアター・アルバム　スティーヴ・カジー（Steve Kazee）、クリスティン・ミリオティ（Cristin Milioti）、プロデューサー：スティーブン・エプスタイン（Steven Epstein）、マーティン・ロウ（Martin Lowe）"Once： A New Musical"
◇最優秀映像メディア向けコンピレーション・サウンドトラック　ウディ・アレン（Woody Allen プロデューサー）「ミッドナイト・イン・パリ」（"Midnight In Paris"）
◇最優秀映像メディア向けスコア・サウンドトラック　トレント・レズナー（Trent Reznor 作曲）、アッティカス・ロス（Atticus Ross 作曲）"The Girl With The Dragon Tattoo"
◇最優秀映像メディア向け楽曲　T＝ボーン・バーネット（T Bone Burnett）、テイラー・スウィフト（Taylor Swift）、ジョン・ポール・ホワイト（John Paul White）、ジョイ・ウィリアムズ（Joy Williams）"Safe & Sound（From The Hunger Games）"
◇最優秀インストゥルメンタル作曲　チック・コリア（Chick Corea 作曲）"Mozart Goes Dancing"
◇最優秀インストゥルメンタル編曲　ギル・エヴァンス（Gil Evans 編曲）"How About You"
◇最優秀ヴォーカル伴奏編曲　サラ・メモリー（Thara Memory 編曲）、エスペランサ・スポルディング（Esperanza Spalding 編曲）"City Of Roses"
◇最優秀レコーディング・パッケージ　アート・ディレクター：ミカエル・アムザラグ（Michael Amzalag）、マティアス・オグスティニアック（Mathias Augustyniak）"Biophilia"
◇最優秀ボックス，特別限定版パッケージ　フリッツ・クラーケ（Fritz Klaetke アート・ディレクター）"Woody At 100： The Woody Guthrie Centennial Collection"
◇最優秀アルバム・ライナーノーツ　ビリー・ベラ（Billy Vera）"Singular Genius： The Complete ABC Singles"
◇最優秀ヒストリカル・アルバム　プロデューサー：アラン・ボイド（Alan Boyd）、マーク・リネット（Mark Linett）、ブライアン・ウィルソン（Brian Wilson）、デニス・ウルフ（Dennis Wolfe）"The Smile Sessions（Deluxe Box Set）"
◇最優秀録音技術アルバム（クラシック以外）　リチャード・キング（Richard King エンジニア）"The Goat Rodeo Sessions"
◇最優秀プロデューサー（クラシック以外）　ダン・オーアーバック（Dan Auerbach）
◇最優秀サラウンド・サウンド・アルバム　エンジニア：ジム・アンダーソン（Jim Anderson）、ダーシー・プロパー（Darcy Proper）、プロデューサー：マイケル・フリードマン（Michael Friedman）"Modern Cool"
◇最優秀リミックス・レコーディング（クラシック以外）　リミキサー：ジョセフ・レイ（Joseph Ray）、スクリレックス（Skrillex）、ダニエル・ステファンズ（Daniel Stephens）"Promises（Skrillex & Nero Remix）"
◇最優秀録音技術アルバム（クラシック）　エンジニア：トム・コールフィールド（Tom Caulfield）、ジョン・ニュートン（John Newton）、マーク・ドナヒュー（Mark Donahue）"Life & Breath － Choral Works By René Clausen"
◇最優秀プロデューサー（クラシック）　ブラントン・アルスポー（Blanton Alspaugh）
◇最優秀クラシック・オーケストラ演奏　マイケル・ティルソン・トーマス（Michael Tilson Thomas 指揮）"Adams： Harmonielehre & Short Ride In A Fast Machine"
◇最優秀クラシック・オペラ録音　ジェームズ・レバイン＆ファビオ・ルイージ（James Levine & Fabio Luisi 指揮）、ハンス・ピーター・ケーニッヒ（Hans-Peter König）、ジェイ・ハンター・モリス（Jay Hunter Morris）、ブリン・ターフェル（Bryn Terfel）、デボラ・ヴォイト（Deborah Voigt）"Wagner： Der Ring Des Nibelungen"
◇最優秀クラシック合唱　チャールズ・ブルフィー（Charles Bruffy 指揮）"Life & Breath －

　　　　　　　Choral Works By René Clausen"
　◇最優秀クラシック室内楽/小編成演奏　エイス・ブラックバード（Eighth Blackbird）"Meanwhile"
　◇最優秀クラシック器楽独奏　キム・カシュカシャン（Kim Kashkashian）"Kurtág & Ligeti：Music For Viola"
　◇最優秀クラシック声楽・ソロ　ルネ・フレミング（Renée Fleming）"Poèmes"
　◇グラミー賞 最優秀クラシック・コンペンディアム　アントニ・ヴィト（Antoni Wit）"Penderecki：Fonogrammi; Horn Concerto; Partita; The Awakening Of Jacob; Anaklasis"
　◇最優秀現代音楽作曲　ステファン・ハートキ（Stephen Hartke 作曲）"Hartke, Stephen：Meanwhile - Incidental Music To Imaginary Puppet Plays"
　◇最優秀短編ビデオ作品　リアーナ＆カルヴィン・ハリス（Rihanna & Calvin Harris），メリナ・マトソウカス（Melina Matsoukas 監督）"We Found Love"
　◇最優秀長編ビデオ作品　マムフォード＆サンズ，オールド・クロウ・メディスン・ショウ，エドワード・シャープ＆ザ・マグネティック・ゼロズ（Mumford & Sons，Old Crow Medicine Show & Edward Sharpe & The Magnetic Zeros），エメット・マロイ（Emmett Malloy 監督）「ビッグ・イージー・エクスプレス」（"Big Easy Express"）

2013年（第56回）
　◇最優秀レコード　ダフト・パンク，ナイル・ロジャース，ファレル・ウィリアムス（Daft Punk, Nile Rodgers & Pharrell Williams）"Get Lucky"
　◇最優秀アルバム　ダフト・パンク（Daft Punk）"Random Access Memories"
　◇最優秀楽曲　　　ロード（Lorde）"Royals"
　◇最優秀新人　　　マックルモア＆ライアン・ルイス（Macklemore & Ryan Lewis）
　◇最優秀ポップソロ歌手　ロード（Lorde）"Royals"
　◇最優秀ポップ・デュオ/グループ　ダフト・パンク，ナイル・ロジャース，ファレル・ウィリアムス（Daft Punk，Nile Rodgers & Pharrell Williams）"Get Lucky"
　◇最優秀ポップ・インストゥルメンタル・アルバム　ハーブ・アルパート（Herb Alpert）"Steppin' Out"
　◇最優秀ポップ・アルバム　ブルーノ・マーズ（Bruno Mars）"Unorthodox Jukebox"
　◇最優秀ダンス・レコーディング作品　フォクシーズ＆ゼッド（Foxes & Zedd）"Clarity"
　◇最優秀ダンス/エレクトロニカ・アルバム　ダフト・パンク（Daft Punk）"Random Access Memories"
　◇最優秀トラディショナル・ポップ・ヴォーカル・アルバム　マイケル・ブーブレ（Michael Bublé）"To Be Loved"
　◇最優秀ロック歌手　イマジン・ドラゴンズ（Imagine Dragons）"Radioactive"
　◇最優秀メタル・アーティスト　ブラック・サバス（Black Sabbath）"God Is Dead？"
　◇最優秀ロック楽曲　デイヴ・グロール（Dave Grohl），ポール・マッカートニー（Paul McCartney），クリス・ノヴォセリック（Krist Novoselic），パット・スミアー（Pat Smear）"Cut Me Some Slack"
　◇最優秀ロック・アルバム　レッド・ツェッペリン（Led Zeppelin）"Celebration Day"
　◇最優秀オルタナティヴ・ミュージック・アルバム　ヴァンパイア・ウィークエンド（Vampire Weekend）"Modern Vampires Of The City"
　◇最優秀R&B歌手　レイラ・ハサウェイ＆スナーキー・パピー（Lalah Hathaway & Snarky Puppy）"Something"
　◇最優秀トラディショナルR&B歌手　ゲイリー・クラーク，Jr.（Gary Clark Jr.）"Please Come Home"
　◇最優秀R&B楽曲　ジャスティン・ティンバーレイク（Justin Timberlake）"Pusher Love Girl"
　◇最優秀R&Bアルバム　アリシア・キーズ（Alicia Keys）"Girl On Fire"
　◇最優秀アーバン・コンテンポラリー・アルバム　リアーナ（Rihanna）"Unapologetic"
　◇最優秀ラップ・アーティスト　マックルモア＆ライアン・ルイス＆ワンズ（Macklemore & Ryan

Lewis & Wanz）"Thrift Shop"
◇最優秀ラップ/サング・コラボレーション　ジェイ・Z&ジャスティン・ティンバーレイク（Jay-Z & Justin Timberlake）"Holy Grail"
◇最優秀ラップ楽曲　マックルモア&ライアン・ルイス&ワンズ（Macklemore & Ryan Lewis & Wanz）"Thrift Shop"
◇最優秀ラップ・アルバム　マックルモア&ライアン・ルイス（Macklemore & Ryan Lewis）"The Heist"
◇最優秀カントリーソロ歌手　ダリアス・ラッカー（Darius Rucker）"Wagon Wheel"
◇最優秀カントリー・デュオ/グループ　ザ・シビル・ウォーズ（The Civil Wars）"From This Valley"
◇最優秀カントリー楽曲　ケイシー・マスグレイヴス（Kacey Musgraves）"Merry Go 'Round"
◇最優秀カントリー・アルバム　ケイシー・マスグレイヴス（Kacey Musgraves）"Same Trailer Different Park"
◇最優秀ブルーグラス・アルバム　デル・マッコリー・バンド（The Del McCoury Band）"The Streets Of Baltimore"
◇最優秀ニュー・エイジ・アルバム　ローラ・サリバン（Laura Sullivan）"Love's River"
◇最優秀ジャズ・ヴォーカル・アルバム　グレゴリー・ポーター（Gregory Porter）"Liquid Spirit"
◇最優秀ジャズ・インストゥルメンタル即興演奏（ソロ）　ウェイン・ショーター（Wayne Shorter）"Orbits"
◇最優秀ジャズ・インストゥルメンタル・アルバム　テリ・リン・キャリントン（Terri Lyne Carrington）"Money Jungle：Provocative In Blue"
◇最優秀ジャズ・ビッグバンド・アルバム　ランディ・ブレッカー，カリス・フィルハーモニー，ヴウォデク・パウリク・トリオ（Randy Brecker, Kalisz Philharmonic & Wlodek Pawlik Trio）"Night In Calisia"
◇最優秀ラテン・ジャズ・アルバム　パキート・デリヴェラ&トリオ・コヘンチ（Paquito D'Rivera & Trio Corrente）"Song For Maura"
◇最優秀ゴスペル/コンテンポラリー・クリスチャン・ミュージック　ターシャ・コブス（Tasha Cobbs）"Break Every Chain［Live］"
◇最優秀コンテンポラリー・クリスチャン・ミュージック楽曲　マンディーサ（Mandisa）"Overcomer"
◇最優秀コンテンポラリー・クリスチャン・ミュージックアルバム　マンディーサ（Mandisa）"Overcomer"
◇最優秀ゴスペル楽曲　タイ・トリベット（Tye Tribbett）"If He Did It Before...Same God［Live］"
◇最優秀ゴスペルアルバム　タイ・トリベット（Tye Tribbett）"Greater Than［Live］"
◇最優秀ラテン・ポップ・アルバム　ドラコ・ロサ（Draco Rosa）"Vida"
◇最優秀ラテン・ロック，オルタナティヴ，アーバン・アルバム　ラ・サンタ・セシリア（La Santa Cecilia）"Treinta Días"
◇最優秀トロピカル・ラテン・アルバム　パシフィック・マンボ・オーケストラ（Pacific Mambo Orchestra）"Pacific Mambo Orchestra"
◇最優秀リージョナル・メキシカン・アルバム（テハノ含む）　マリアッチ・ディーヴァス・デ・シンディー・シェア（Mariachi Divas De Cindy Shea）"A Mi Manera"
◇最優秀アメリカン・ルーツ・ソング　エディ・ブリッケル，スティーヴ・マーティン（Edie Brickell, Steve Martin）"Love Has Come For You"
◇最優秀アメリカーナ・アルバム　ロドニー・クロウェル&エミルー・ハリス（Rodney Crowell & Emmylou Harris）"Old Yellow Moon"
◇最優秀ブルース・アルバム　ベン・ハーパー&チャーリー・マッスルホワイト（Ben Harper & Charlie Musselwhite）"Get Up！"
◇最優秀フォーク・アルバム　ガイ・クラーク（Guy Clark）"My Favorite Picture Of You"
◇最優秀リージョナル・ルーツ・ミュージック・アルバム　テランス・シミエン&ザディコ・エクスペリエンス（Terrance Simien & The Zydeco Experience）"Dockside

Sessions"
◇最優秀レゲエ・アルバム　ジギー・マーリィ（Ziggy Marley）"Ziggy Marley In Concert"
◇最優秀ワールド・ミュージック・アルバム　ジプシー・キングス（Gipsy Kings）"Savor Flamenco" レディスミス・ブラック・マンバゾ（Ladysmith Black Mambazo）"Live：Singing For Peace Around The World"
◇最優秀子供向けアルバム　ジェニファー・ガソイ（Jennifer Gasoi）"Throw A Penny In The Wishing Well"
◇最優秀朗読アルバム　ステファン・コルバート（Stephen Colbert）"America Again：Re-becoming The Greatness We Never Weren't"
◇最優秀コメディ・アルバム　キャシー・グリフィン（Kathy Griffin）"Calm Down Gurrl"
◇最優秀ミュージカル・シアター・アルバム　ビリー・ポーター（Billy Porter），スターク・サンズ（Stark Sands），シンディ・ローパー（Cyndi Lauper 作詞，曲，プロデューサー），プロデューサー：サミー・ジェイムズ，Jr.（Sammy James Jr.），スティーブン・オルムス（Stephen Oremus），ウィリアム・ウィットマン（William Wittman）"Kinky Boots"
◇最優秀映像メディア向けコンピレーション・サウンドトラック　デイヴ・グロール（Dave Grohl）"Sound City：Real To Reel"
◇最優秀映像メディア向けスコア・サウンドトラック　トーマス・ニューマン（Thomas Newman 作曲，プロデューサー），ビル・バーンスタイン（Bill Bernstein プロデューサー）「007 スカイフォール」（"Skyfall"）
◇最優秀映像メディア向け楽曲　アデル（Adele），ポール・エプワース（Paul Epworth）「007 スカイフォール」（"Skyfall"）
◇最優秀インストゥルメンタル作曲　クレア・フィッシャー（Clare Fischer 作曲）"Pensamientos For Solo Alto Saxophone And Chamber Orchestra"
◇最優秀インストゥルメンタル編曲　ゴードン・グッドウィン（Gordon Goodwin 編曲）"On Green Dolphin Street"
◇最優秀ヴォーカル伴奏編曲　ジル・ゴールドスタイン（Gil Goldstein 編曲）"Swing Low"
◇最優秀レコーディング・パッケージ　アート・ディレクター：サラ・ドッズ（Sarah Dodds），シャウナ・ドッズ（Shauna Dodds）"Long Night Moon"
◇最優秀ボックス，特別限定版パッケージ　アート・ディレクター：サイモン・アーリス（Simon Earith），ジェームス・マスグレイブ（James Musgrave）"Wings Over America（Deluxe Edition）"
◇最優秀アルバム・ライナーノーツ　ニール・テセ（Neil Tesser）"Afro Blue Impressions（Remastered & Expanded）"
◇最優秀ヒストリカル・アルバム　レオ・サックス（Leo Sacks プロデューサー）"The Complete Sussex And Columbia Albums" プロデューサー：テリー・ランディ（Teri Landi），アンドリュー・ルーグ・オールダム（Andrew Loog Oldham），スティーブン・ローゼンタール（Steve Rosenthal）"Charlie Is My Darling － Ireland 1965"
◇最優秀録音技術アルバム（クラシック以外）　エンジニア：ピーター・フランコ（Peter Franco），ミック・グゾウスキー（Mick Guzauski），フローリアン・ラガッタ（Florian Lagatta），ダニエル・ラーナー（Daniel Lerner），アントニー・チェバート（Antoine Chabert），ボブ・ルートヴィヒ（Bob Ludwig）"Random Access Memories"
◇最優秀プロデューサー（クラシック以外）　ファレル・ウィリアムス（Pharrell Williams）
◇最優秀サラウンド・サウンド・アルバム　アル・シュミット（Al Schmitt エンジニア），トミー・リピューマ（Tommy LiPuma プロデューサー）"Summertime Sadness（Cedric Gervais Remix）"
◇最優秀リミックス・レコーディング（クラシック以外）　セドリック・ガーベ（Cedric Gervais リミキサー）"Summertime Sadness（Cedric Gervais Remix）"
◇最優秀録音技術アルバム（クラシック）　エンジニア：デイヴィッド・フロスト（David Frost），

　　　　　　　　ブライアン・ロシュ（Brian Losch），ティム・マーティン（Tim Martyn）
　　　　　　　　"Winter Morning Walks"
◇最優秀プロデューサー（クラシック） デイヴィッド・フロスト（David Frost）
◇最優秀クラシック・オーケストラ演奏 オスモ・ヴァンスカ（Osmo Vänskä 指揮）"Sibelius：
　　　　　　　　Symphonies Nos.1 & 4"
◇最優秀クラシック・オペラ録音 トーマス・アデス（Thomas Adès 指揮），サイモン・キーンリサ
　　　　　　　　イド（Simon Keenlyside），イザベル・レオナルド（Isabel Leonard），オー
　　　　　　　　ドリー・ルナ（Audrey Luna），アラン・オーク（Alan Oke）"Adès：The
　　　　　　　　Tempest"
◇最優秀クラシック合唱 トヌ・カリユステ（Tõnu Kaljuste 指揮）"Pärt：Adam's Lament"
◇最優秀クラシック器楽独奏 エヴェリン・グレニー（Evelyn Glennie），デヴィッド・アラン・ミ
　　　　　　　　ラー（David Alan Miller 指揮）"Corigliano：Conjurer - Concerto For
　　　　　　　　Percussionist & String Orchestra"
◇最優秀クラシック室内楽/小編成演奏 ブラッド・ウェルス（Brad Wells 指揮），ルームフル・オ
　　　　　　　　ブ・ティース（Roomful Of Teeth）"Roomful Of Teeth"
◇最優秀クラシック声楽・ソロ ドーン・アップショウ（Dawn Upshaw）"Winter Morning Walks"
◇グラミー賞 最優秀クラシック・コンペンディアム クリストフ・エッシェンバッハ（Christoph
　　　　　　　　Eschenbach 指揮）"Hindemith：Violinkonzert; Symphonic
　　　　　　　　Metamorphosis; Konzertmusik"
◇最優秀現代音楽作曲 マリア・シュナイダー（Maria Schneider 作曲）"Schneider, Maria：
　　　　　　　　Winter Morning Walks"
◇最優秀短編ビデオ作品 ジェイ・Z&ジャスティン・ティンバーレイク（Jay-Z & Justin
　　　　　　　　Timberlake），デヴィッド・フィンチャー（David Fincher 監督）"Suit &
　　　　　　　　Tie"
◇最優秀長編ビデオ作品 ポール・マッカートニー（Paul McCartney），ジョナス・アカーランド
　　　　　　　　（Jonas Åkerlund 監督）"Live Kisses"
　　　　　　　　ニコラス・ジャック・デイヴィス（Nicolas Jack Davies），フレデリック・ス
　　　　　　　　コット（Frederick Scott）"The Road To Red Rocks"
2014年（第57回）
◇最優秀レコード サム・スミス（Sam Smith）"Stay With Me（Darkchild Version）"
◇最優秀アルバム ベック（BECK）"Morning Phase"
◇最優秀楽曲 サム・スミス（Sam Smith）"Stay With Me（Darkchild Version）"
◇最優秀新人 サム・スミス（Sam Smith）
◇最優秀ポップソロ歌手 ファレル・ウィリアムス（Pharrell Williams）"Happy（Live）"
◇最優秀ポップ・デュオ/グループ ア・グレイト・ビッグ・ワールド&クリスティーナ・アギレラ
　　　　　　　　（A Great Big World & Christina Aguilera）"Say Something"
◇最優秀ポップ・アルバム サム・スミス（Sam Smith）"In The Lonely Hour"
◇最優秀ダンス・レコーディング作品 クリーン・バンディット&ジェス・グリン（Clean Bandit &
　　　　　　　　Jess Glynne）"Rather Be"
◇最優秀ダンス/エレクトロニック・アルバム エイフェックス・ツイン（Aphex Twin）"Syro"
◇最優秀トラディショナル・ポップ・ヴォーカル・アルバム トニー・ベネット&レディー・ガガ
　　　　　　　　（Tony Bennett & Lady Gaga）"Cheek To Cheek"
◇最優秀ロック歌手 ジャック・ホワイト（Jack White）"Lazaretto"
◇最優秀メタル・アーティスト テネイシャスD（Tenacious D）"The Last In Line"
◇最優秀ロック楽曲 パラモア（Paramore）"Ain't It Fun"
◇最優秀ロック・アルバム ベック（BECK）"Morning Phase"
◇最優秀オルタナティヴ・ミュージック・アルバム セイント・ヴィンセント（St.Vincent）"St.
　　　　　　　　Vincent"
◇最優秀R&B歌手 ビヨンセ&ジェイ・Z（Beyoncé & Jay-Z）"Drunk In Love"
◇最優秀トラディショナルR&B歌手 レイラ・ハサウェイ，ロバート・グラスパー・エクスペリメ

ント，マルコム=ジャマル・ワーナー（Lalah Hathaway, Robert Glasper Experiment & Malcolm-Jamal Warner）"Jesus Children"
◇最優秀R&B楽曲　ビヨンセ feat.ジェイ・Z（Beyoncé f/ Jay-Z）"Drunk In Love"
◇最優秀R&Bアルバム　ベビーフェイス&トニ・ブラクストン（Babyface & Toni Braxton）"Love, Marriage & Divorce"
◇最優秀アーバン・コンテンポラリー・アルバム　ファレル・ウィリアムス（Pharrell Williams）"Girl"
◇最優秀ラップ・アーティスト　ケンドリック・ラマー（Kendrick Lamar）"I"
◇最優秀ラップ/サング・コラボレーション　エミネム&リアーナ（EMINEM & Rihanna）"The Monster"
◇最優秀ラップ楽曲　ケンドリック・ラマー（Kendrick Lamar）"I"
◇最優秀ラップ・アルバム　エミネム（EMINEM）"The Marshall Mathers LP2"
◇最優秀カントリーソロ歌手　キャリー・アンダーウッド（Carrie Underwood）"Something In The Water"
◇最優秀カントリー・デュオ/グループ　ザ・バンド・ペリー（The Band Perry）"Gentle On My Mind"
◇最優秀カントリー楽曲　グレン・キャンベル（Glen Campbell）"I'm Not Gonna Miss You"
◇最優秀カントリー・アルバム　ミランダ・ランバート（Miranda Lambert）"Platinum"
◇最優秀ブルーグラス・アルバム　アールズ・オブ・レスター（The Earls Of Leicester）"The Earls Of Leicester"
◇最優秀ニュー・エイジ・アルバム　リッキー・Kej&ウーター・ケラーマン（Ricky Kej & Wouter Kellerman）"Winds Of Samsara"
◇最優秀ジャズ・インストゥルメンタル即興演奏（ソロ）　チック・コリア（Chick Corea）"Fingerprints"
◇最優秀ジャズ・インストゥルメンタル・アルバム　チック・コリア・トリオ（Chick Corea Trio）"Trilogy"
◇最優秀ジャズ・ビッグバンド・アルバム　ゴードン・グッドウィンズ・ビッグ・ファット・バンド（Gordon Goodwin's Big Phat Band）"Life In The Bubble"
◇最優秀ラテン・ジャズ・アルバム　アルトゥーロ・オ・ファリル&アフロ・ラテン・ジャズオーケストラ（Arturo O'Farrill & The Afro Latin Jazz Orchestra）"The Offense Of The Drum"
◇最優秀ゴスペル・アーティスト/楽曲　スモーキー・ノーフル（Smokie Norful）"No Greater Love"
◇最優秀コンテンポラリー・クリスチャン・ミュージック・アーティスト/楽曲　フォー・キング&カントリー，レクレー（For King & Country & Lecrae）"Messengers"
◇最優秀ゴスペルアルバム　エリカ・キャンベル（Erica Campbell）"Help"
◇最優秀コンテンポラリー・クリスチャン・ミュージックアルバム　フォー・キング&カントリー（For King & Country）"Run Wild.Live Free.Love Strong."
◇最優秀ルーツ・ゴスペル・アルバム　マイク・ファリス（Mike Farris）"Shine For All The People"
◇最優秀ラテン・ポップ・アルバム　ルーベン・ブラデス（Rubén Blades）"Tangos"
◇最優秀ラテン・ロック，オルタナティヴ，アーバン・アルバム　カジェ・トレセ（Calle 13）"Multiviral"
◇最優秀トロピカル・ラテン・アルバム　カルロス・ヴィーヴェス（Carlos Vives）"Más + Corazón Profundo"
◇最優秀リージョナル・メキシカン・アルバム（テハノ含む）　ビンセント・フェルナンデス（Vicente Fernández）"Mano A Mano – Tangos A La Manera De Vicente Fernández"
◇最優秀アメリカン・ルーツ・アーティスト　ロザンヌ・キャッシュ（Rosanne Cash）"A Feather's Not A Bird"
◇最優秀アメリカン・ルーツ・ソング　ロザンヌ・キャッシュ（Rosanne Cash）"A Feather's Not A Bird"
◇最優秀アメリカーナ・アルバム　ロザンヌ・キャッシュ（Rosanne Cash）"The River & The

Thread"
◇最優秀ブルース・アルバム ジョニー・ウィンター（Johnny Winter）"Step Back"
◇最優秀フォーク・アルバム オールド・クロウ・メディスン・ショウ（Old Crow Medicine Show）"Remedy"
◇最優秀リージョナル・ルーツ・ミュージック・アルバム ジョエル・ソニエ（Jo-EL Sonnier）"The Legacy"
◇最優秀レゲエ・アルバム ジギー・マーリィ（Ziggy Marley）"Fly Rasta"
◇最優秀ワールド・ミュージック・アルバム アンジェリック・キジョ（Angelique Kidjo）"Eve"
◇最優秀子供向けアルバム ニーラ・バスワニ（Neela Vaswani）"I Am Malala：How One Girl Stood Up For Education And Changed The World（Malala Yousafzai）"
◇最優秀朗読アルバム ジョーン・リバーズ（Joan Rivers）"Diary Of A Mad Diva"
◇最優秀コメディ・アルバム "ウィアード・アル"・ヤンコビック（"Weird Al" Yankovic）"Mandatory Fun"
◇最優秀ミュージカル・シアター・アルバム ジェシー・ミューラー（Jessie Mueller），プロデューサー：ジェイソン・ハウランド（Jason Howland），スティーヴ・シドウェル（Steve Sidwell），ビリー・ジェイ・ステイン（Billy Jay Stein）"Beautiful：The Carole King Musical"
◇最優秀映像メディア向けコンピレーション・サウンドトラック プロデューサー：クリステン・アンダーソン＝ロペス（Kristen Anderson-Lopez），ロバート・ロペス（Robert Lopez），トム・マクドゥガル（Tom MacDougall），クリス・モンタン（Chris Montan）「アナと雪の女王」（"Frozen"）
◇最優秀映像メディア向けスコア・サウンドトラック アレクサンドル・デスプラ（Alexandre Desplat 作曲），プロデューサー：ウェス・アンダーソン（Wes Anderson），ランダル・ポスター（Randall Poster）「グランド・ブダペスト・ホテル」（"The Grand Budapest Hotel"）
◇最優秀映像メディア向け楽曲 クリステン・アンダーソン＝ロペス（Kristen Anderson-Lopez），ロバート・ロペス（Robert Lopez）"Let It Go"
◇最優秀インストゥルメンタル作曲 ジョン・ウィリアムズ（John Williams）"The Book Thief"
◇最優秀インストゥルメンタル編曲（アカペラ）編曲：ベン・ブラム（Ben Bram），ミッチ・グラッシ（Mitch Grassi），スコット・ホーイング（Scott Hoying），アヴィ・カプラン（Avi Kaplan），カースティ・マルドナード（Kirstin Maldonado），ケヴィン・オルソラ（Kevin Olusola）"Daft Punk"
◇最優秀ヴォーカル伴奏編曲 ビリー・チャイルズ（Billy Childs 編曲）"New York Tendaberry"
◇最優秀レコーディング・パッケージ アート・ディレクター：ジェフ・アメン（Jeff Ament），ドン・ペンドルトン（Don Pendleton），ジョー・スピックス（Joe Spix），ジェローム・ターナー（Jerome Turner）"Lightning Bolt"
◇最優秀ボックス，特別限定版パッケージ アート・ディレクター：スーザン・アーチー（Susan Archie），ディーン・ブラックウッド（Dean Blackwood），ジャック・ホワイト（Jack White）"The Rise & Fall Of Paramount Records, Volume One（1917-27）"
◇最優秀アルバム・ライナーノーツ アシュレイ・カーン（Ashley Kahn）"Offering：Live At Temple University"
◇最優秀ヒストリカル・アルバム プロデューサー：コリン・エスコット（Colin Escott），シェリル・パウェルスキー（Cheryl Pawelski）"The Garden Spot Programs, 1950"
◇最優秀録音技術アルバム（クラシック以外）エンジニア：トム・エルムハースト（Tom Elmhirst），デヴィッド・グリーンバウム（David Greenbaum），コール・M．グライフ＝ニール（Cole Marsden Greif-Neill），フローリアン・ラガッタ（Florian Lagatta），ロビー・ネルソン（Robbie Nelson），ダレル・ソープ（Darrell Thorp），キャシディ・タービン（Cassidy Turbin），ジョー・ヴィシャーノ（Joe Visciano），ボブ・ルートヴィヒ（Bob Ludwigm）"Morning Phase"
◇最優秀プロデューサー（クラシック以外）マックス・マーティン（Max Martin）

◇最優秀サラウンド・サウンド・アルバム　エンジニア：エリオット・シャイナー（Elliot Scheiner），ボブ・ルートヴィヒ（Bob Ludwig）"Beyoncé"
◇最優秀リミックス・レコーディング（クラシック以外）　タイズ・ミヒール・ビェルウェスト（Tijs Michiel Verwest リミキサー）"All Of Me（Tiësto's Birthday Treatment Remix）"
◇最優秀録音技術アルバム（クラシック）　マイクル・ビショップ（Michael Bishop エンジニア，マスタリング・エンジニア）"Vaughan Williams：Dona Nobis Pacem; Symphony No.4; The Lark Ascending"
◇最優秀プロデューサー（クラシック）　ジュディス・シャーマン（Judith Sherman）
◇最優秀クラシック・オーケストラ演奏　デヴィッド・ロバートソン（David Robertson 指揮）"Adams, John：City Noir"
◇最優秀クラシック・オペラ録音　ポール・オデット（Paul O'Dette 指揮），ステファン・スタブス（Stephen Stubbs 指揮），アーロン・シーハン（Aaron Sheehan）"Charpentier：La Descente D'Orphée Aux Enfers"
◇最優秀クラシック合唱　クレイグ・ヘラ・ジョンソン（Craig Hella Johnson 指揮）"The Sacred Spirit Of Russia"
◇最優秀クラシック器楽独奏　ジェイソン・ボー（Jason Vieaux）"Play"
◇最優秀クラシック室内楽/小編成演奏　プロデューサー：ヒラリー・ハーン（Hilary Hahn），アンドリュー・K.マイヤー（Andreas K.Meyer）"In 27 Pieces － The Hilary Hahn Encores"
◇最優秀クラシック・ソロヴォーカル・アルバム　アンネ・ゾフィー・フォン・オッター（Anne Sofie Von Otter）"Douce France"
◇最優秀コンテンポラリー・インストゥルメンタル・アルバム　エドガー・メイヤー＆クリス・シーリ（Edgar Meyer & Chris Thile）"Bass & Mandolin"
◇グラミー賞 最優秀クラシック・コンペンディアム　ジョン・シュナイダー（John Schneider プロデューサー）"Partch：Plectra & Percussion Dances"
◇最優秀現代音楽作曲　ジョン・ルーサー・アダムズ（John Luther Adams 作曲）"Adams, John Luther：Become Ocean"
◇最優秀短編ビデオ作品　ファレル・ウィリアムス（Pharrell Williams），ウィー・アー・フロム・LA（We Are From LA 監督）"Happy"
◇最優秀長編ビデオ作品　メリー・クレイトン，リサ・フィッシャー，ジュディス・ヒル，ダーレン・ラヴ（Merry Clayton, Lisa Fischer, Judith Hill & Darlene Love），モーガン・ネヴィル（Morgan Neville 監督）"20 Feet From Stardom"

19 チャイコフスキー国際コンクール International Tchaikovsky Competition

　1958年に初めて開催され，以降4年毎にモスクワで行われている総合音楽コンクール。コンクール組織委員会の初代委員長はショスタコーヴィッチ。当初はピアノとバイオリンの2部門であったが，62年（第2回）からチェロ部門，66年（第3回）から声楽部門，90年（第9回）から弦楽器製作部門が創設され，現在に至る。4年に一度開催していたが，第13回は会場の改修工事遅延やサッカー・ワールドカップとの同時期開催回避，運営資金集めの難航などのため1年遅れて実施された。世界4大コンクールの一つ。
　＊日本人の入賞者は以下の通り。〔ピアノ〕松浦豊明（61年），小山実稚恵（82年），上原彩子（2002年）。上原彩子はピアノ部門初の女性優勝者となった。〔ヴァイオリン〕久保陽子（62年），潮田益子，佐藤陽子（66年），藤川真弓（70年），清水高師（78年），加藤知子（82年），諏訪内晶子（90年），横山奈加子（94年），川久保賜紀（2002年），神尾真由子（07年）〔チェロ〕安田謙一郎（66年），岩崎洸（70年），菅野博文（74年），藤原真理（78年），秋津智（86年）〔声楽〕水野貴子，小濱妙美（90年），佐藤美枝子（98年）。また，94年のチェロ

製作部門では，橋本剛俊が1位入賞
【主催者】Russian State Concert Company "Sodruzhestvo"
【選考委員】〔2015年〕ピアノ部門：Dmitri Bashkirovほか。ヴァイオリン部門：Salvatore Accardoほか。チェロ部門：Wolfgang Boettcherほか。声楽部門：Sarah Billinghurstほか
【選考方法】部門ごとに12名以上から成る審査員団により選考される。2002年から事前にビデオ審査が課されるようになった。予選（1次，2次）と本選の順で行われ，課題曲はチャイコフスキーの作品を中心に，古典派から現代曲まで幅広く選曲される。本選ではロシア・シンフォニー・オーケストラが参加
【選考基準】〔資格〕ピアノ・ヴァイオリン・チェロの各部門は17～32歳，声楽は20～32歳
【締切・発表】〔2015年〕2015年3月1日申込締切。日程：2015年6月15日～7月3日
【賞・賞金】第1位賞金3万ドルと金メダル，2位2万ドルと銀メダル，3位1万ドルと銅メダル，4位5千ドルと賞状，5位3千ドルと賞状，6位2千ドルと賞状。各部門の第1位受賞者から選出されたグランプリ1名に賞金10万ドル
【連絡先】（Russian Federation）Arbat Str.35, ♯557 119002 Moscow【TEL】+7-499-2481943【FAX】+7-495-2483494
【E-mail】info@tchaikovskycompetition.com
【URL】http：//tchaikovskycompetition.com

2007年（第13回）
◇ピアノ
- 第1位　該当者なし
- 第2位　ミロスラフ・クルティシェフ（Miroslav Kultishev ロシア）
- 第3位　アレクサンドル・ルビャンツェフ（Alexander Lubjantsev ロシア）
- 第4位　イム・ドンヒョク（Lim Dong Hyek 韓国）
  　　　セルゲイ・ソボレフ（Sergey Sobolev ロシア）
- 第5位　ベンジャミン・モーゼル（Benjamin Moser ドイツ）
- 第6位　フォードル・アミロフ（Feodor Amirov ロシア）

◇ヴァイオリン
- 第1位　神尾真由子（Mayuko Kamio 日本）
- 第2位　ニキータ・ボリソグレフスキー（Nikita Borisoglebsky ロシア）
- 第3位　有希・マヌエラ・ヤンケ（Yuki Manuela Janke ドイツ）
- 第4位　ユン・ソヨン（Yoon Soyoung 韓国）
- 第5位　シン・ヒョンス（Shin Hyun-Su 韓国）
- 第6位　ワン・チージョン（Wang Zhijiong 中国）

◇チェロ
- 第1位　セルゲイ・アントノフ（Sergey Antonov ロシア）
- 第2位　アレクサンドル・ボウズロフ（Alexander Bouzlov ロシア）
- 第3位　イシュトヴァン・ヴァルダイ（István Várdai ハンガリー）
- 第4位　エフゲニー・ルミヤンツェフ（Evgeniy Rumianzev ロシア）
- 第5位　ナレク・アナザリャン（Narek Ahnazarian アルメニア）
- 第6位　ダヴィット・ピア（David Pia スイス）

◇声楽（女声）
- 第1位　アルビナ・シャギマラトーワ（Albina Shagimuratova ロシア）
- 第2位　オレシャ・ペトロヴァ（Olesya Petrova ロシア）
- 第3位　マリカ・グロールダヴァ（Marika Gulordava グルジア）
- 第4位　アンナ・ヴィクトローヴァ（Anna Viktorova ロシア）

- ◇声楽(男声)
  - 第1位　　　アレクサンドル・ツィムバリュク (Alexander Tsymbalyuk ウクライナ)
  - 第2位　　　ドミトリ・ベロセルスキー (Dmitriy Beloselskiy ロシア)
  - 第3位　　　マキシム・ペステル (Maxim Paster ウクライナ)
  - 第4位　　　ペトル・トルステンコ (Petr Tolstenko ロシア)

2011年 (第14回)
- ◇ピアノ
  - 第1位, グランプリ　ダニール・トリフォノフ (Daniil Trifonov ロシア)
  - 第2位　　　ソン・ヨルム (Son Yeol Eum 韓国)
  - 第3位　　　チョ・ソンジン (Cho Seong Jin 韓国)
  - 第4位　　　アレクサンダー・ロマノフスキー (Alexander Romanovsky ウクライナ)
  - 第5位　　　アレクセイ・チェルノフ (Alexei Chernov ロシア)
- ◇ヴァイオリン
  - 第1位　　　該当者なし
  - 第2位　　　セルゲイ・ドガーディン (Sergey Dogadin ロシア)
  　　　　　　イタマール・ゾーマン (Itamar Zorman イスラエル)
  - 第3位　　　Lee Jehye (韓国)
  - 第4位　　　ナイジェル・アームストロング (Nigel Armstrong アメリカ)
  - 第5位　　　エリック・シルバーガー (Eric Silberger アメリカ)
- ◇チェロ
  - 第1位　　　ナレク・ハクナザリャン (Narek Hakhnazaryan アルメニア)
  - 第2位　　　エドガー・モロー (Edgar Moreau フランス)
  - 第3位　　　イヴァン・カリズナー (Ivan Karizna ベラルーシ)
  - 第4位　　　ノルベルト・アンガー (Norbert Anger ドイツ)
  - 第5位　　　ウンベルト・クレリチ (Umberto Clerici イタリア)
- ◇声楽(女声)
  - 第1位　　　ソ・サンヨン (Seo Sun Young 韓国)
  - 第2位　　　該当者なし
  - 第3位　　　エレーナ・グシェーヴァ (Elena Guseva ロシア)
- ◇声楽(男声)
  - 第1位　　　パク・ジョンミン (Park Jongmin 韓国)
  - 第2位　　　Amartuvshin Enkhbat (モンゴル)

2015年 (第15回)
- ◇ピアノ
  - 第1位　　　ドミトリー・マスレエフ (Dmitry Masleev ロシア)
  - 第2位　　　ジョージ・リー (George Li アメリカ)
  　　　　　　ルーカス・ゲニューシャス (Lukas Geniušas ロシア, リトアニア)
  - 第3位　　　ダニール・ハリトーノフ (Daniel Kharitonov ロシア)
  　　　　　　セルゲイ・レチキン (Sergey Redkin ロシア)
  - 第4位　　　リュカ・デバルグ (Lucas Debargue フランス)
- ◇ヴァイオリン
  - 第1位　　　該当者なし
  - 第2位　　　チェン・ユーチェン (Yu-Chien Tseng 台湾)
  - 第3位　　　ハイク・カザジャン (Haik Kazazyan ロシア)
  　　　　　　アレクサンドラ・コヌノーヴァ (Alexandra Conunova モルドバ)
  　　　　　　パヴェル・ミリュコフ (Pavel Milyukov ロシア)
  - 第4位　　　クララ・ジュミ・カン (Clara-Jumi Kang ドイツ)

- 第5位　　　　キム・ボムソリ（Kim Bomsori 韓国）
◇チェロ
- 第1位　　　　アンドレイ・イオヌト・イオニツァ（Andrei Ionut Ioniță ルーマニア）
- 第2位　　　　アレクサンドル・ラム（Alexander Ramm ロシア）
- 第3位　　　　アレクサンドル・ブズロフ（Alexander Buzlov ロシア）
- 第4位　　　　パブロ・フェルナンデス（Pablo Ferrandez-Castro スペイン）
- 第5位　　　　スン・ミン・カン（Seung Min Kang 韓国）
- 第6位　　　　ヨナタン・ローゼマン（Jonathan Roozeman オランダ）
◇声楽（女声）
- 第1位　　　　ユリヤ・マトチキナ（Yulia Matochkina ロシア）
- 第2位　　　　スヴェトラーナ・モスカレンコ（Svetlana Moskalenko ロシア）
- 第3位　　　　マネ・ガロヤン（Mane Galoyan アルメニア）
- 第4位　　　　アントニナ・ヴェセニナ（Antonina Vesenina ロシア）
◇声楽（男声）
- 第1位．グランプリ　アリウンバートル・ガンバートル（Ariunbaatar Ganbaatar モンゴル）
- 第2位　　　　ワン・チュアンユエ（Wang Chuanyue 中国）
- 第3位　　　　ユー・ハンスン（Yoo Hansung 韓国）
- 第4位　　　　ドミトリー・グリゴリエフ（Dmitry Grigoriev ロシア）

20 パガニーニ国際ヴァイオリン・コンクール Concorso Internazionale di Violino Premio Nicolò Paganini

1954年，イタリアの名ヴァイオリニスト，ニコロ・パガニーニ（Nicolò Paganini）の名を冠して創始された。イタリアのジェノヴァで毎年開催されていたが，2002年から隔年となった。厳しい審査で知られており，1位受賞者が選出されないことも多々ある。部門はヴァイオリンのみ。特別賞として，最年少本選出場者に与えられるエンリコ・コスタ記念賞，パガニーニの奇想曲最優秀演奏者に与えられるレナート・デ・バルビエリ記念賞，第1位に与えられるマリオ・ルミネッリ記念賞，現代曲の最優秀者に与えられるカルロ・フェリーチェ劇場友の会賞などがある。2010年の開催以降，「コンクールそのものの価値を高めるための重要な取り組みを展開中」という理由を掲げて延期していたが，2015年に5年ぶりに開催された。
　＊日本人の受賞歴は以下の通り。広瀬悦子（62年），石井志都子（63年），久保陽子，徳江尚子，宗倫匡（64年），久保陽子（65年），篠崎功子，奥村喜音子（66年），藤原浜雄，柳田昌子（68年），綿谷恵子（70年），佐藤陽子（72年），高橋筆子（76年），中島幸子，毛利友美（77年），清水高師（78年），長沼由里子，千住真理子（79年），石井光子（80年），永田邦子（81年），沼田園子，鈴木裕子（82年），渡辺玲子（83，84年），川口エリサ（84年），渡辺玲子，上田明子（86年），諏訪内晶子（88年），二村英仁（88，89，92，93，94年），川田知子（89年），牧田由美（91年），神谷美千子（92年），江口有香（93年），米元響子，上里英子，永田真希（97年），山崎貴子，糸井真紀（98年），庄司紗矢香，小野明子（99年），日下紗矢子，阿藤果林（2000年），宇根京子（02年），正戸里佳（06年），毛利文香（15年）。99年，庄司紗矢香（当時16歳）がコンクール史上最年少で優勝，話題になった

【主催者】ジェノヴァ市（Comune di Genova）
【選考委員】〔2015年〕Fabio Luisi（審査員長），Heiner Madl, Giuseppe Acquaviva, Pavel Berman, Enrico Girardi, Bartlomiej Niziol, Steve Roger
【選考方法】1次予選（ピアノ伴奏コンチェルト），2次予選（ソナタ1曲，バッハ課題曲，パガニーニ課題曲ほか），本選（パガニーニの課題曲を含むオーケストラとのコンチェルト）
【選考基準】〔資格〕16歳～30歳

【締切・発表】〔2015年〕2014年9月2日申込締切。日程：2015年2月28日〜3月8日
【賞・賞金】賞金1位 2万ユーロ，2位 1万ユーロ，3位 5千ユーロ，4〜6位 1500ユーロ
【連絡先】（Comune Di Genova Direzione Cultura E Turismo Segreteria Concorso Internazionale Di Violino "Premio Paganini"）c/o Archivio Generale Piazza Dante – I° Piano 16121 Genova
【E-mail】staff@premiopaganini.it
【URL】http://www.paganini.comune.genova.it/

2006年（第51回）
　◇第1位　　　　ニン・フェン（Ning Feng 中国）
　◇第2位　　　　イ・ユラ（Lee Yura 韓国）
　◇第3位　　　　正戸里佳（Rika Masato 日本）
　◇エンリコ・コスタ記念賞　チョー・ヒュンジョ（Choo Hyunjoo 韓国）
　◇レナート・デ・バルビエリ記念賞，マリオ・ルミネッツィ記念賞　ニン・フェン（Ning Feng 中国）
　◇審査委員会特別賞　セルゲイ・マーロフ（Sergey Malov ロシア）
2008年（第52回）
　◇第1位　　　　該当者なし
　◇第2位　　　　ステファニー・チョン（Stephanie Jeong アメリカ）
　◇第3位　　　　ショーン・リー（Sean Lee アメリカ）
　◇エンリコ・コスタ記念賞　フランチェスカ・デゴ（Francesca Dego イタリア）
　◇レナート・デ・バルビエリ記念賞，カルロ・フェリーチェ劇場友の会賞　エフゲニー・スヴィリドフ（Evgeny Sviridov ロシア）
　◇審査委員会特別賞，マリオ・ルミネッツィ記念賞　ステファニー・チョン（Stephanie Jeong アメリカ）
2010年（第53回）
　◇第1位　　　　該当者なし
　◇第2位　　　　キム・ダミ（Kim Dami 韓国）
　◇第3位　　　　ステファン・タララ（Stefan Tarara ドイツ）
　◇エンリコ・コスタ記念賞，審査委員会特別賞　チェン・ユーチェン（Yu-Chien Tseng 台湾）
　◇レナート・デ・バルビエリ記念賞，マリオ・ルミネッツィ記念賞　キム・ダミ（Kim Dami 韓国）
　◇カルロ・フェリーチェ劇場友の会賞　ステファン・タララ（Stefan Tarara ドイツ）
2015年（第54回）
　◇第1位　　　　ヤン・インモ（Yang In Mo 韓国）
　◇第2位　　　　毛利文香（Mohri Fumika 日本）
　◇第3位　　　　アルブレヒト・メンツェル（Albrecht Menzel ドイツ）
　◇第4位　　　　Diana Pasko（ロシア）
　◇第5位　　　　エリー・スー（Elly Suh アメリカ）
　◇第6位　　　　Dainis Medianiks（ラトビア）
　◇ブラッコ財団賞，エンリコ・コスタ記念賞，マリオ・ルミネッツィ記念賞　ヤン・インモ（Yang In Mo 韓国）
　◇レナート・デ・バルビエリ記念賞　Tan Yabing（中国）

21 フレデリック・ショパン国際ピアノコンクール

International Frederick Chopin Piano Competition

　5年に1回ポーランドのワルシャワで開催される，フレデリック・ショパン（Frederick Chopin）を記念して1927年に創設されたピアノ・コンクール。55年以降，5年に1回行われて

いる（第二次世界大戦により一時中断）。課題曲はショパンの作品のみ。1～6位が選出されるほか，ショパン協会により優れたマズルカ演奏者に与えられるマズルカ賞，ポーランド放送により優れたポロネーズ演奏者に与えられるポロネーズ賞，国立交響楽団により優れたコンツェルト演奏者に与えられるコンツェルト賞などがある。ポーランド大統領後援。世界4大コンクールの一つ。

＊1937年，原智恵子が日本人として初出場，入賞からは外れたものの，「聴衆賞」を受賞。以降，田中希代子(55年)，中村紘子(65年)，内田光子(70年)，海老彰子(80年)，小山実雅恵(85年)，横山幸雄，高橋多佳子(90年)，宮谷理香(95年)，佐藤美香(2000年)，山本貴志，関本昌平(05年)が入賞

【選考委員】国際的に有名な音楽家。予選審査員はポーランド人のみ。(2015年) Ludmil Angelov, Akiko Ebi, Adam Harasiewicz, Yves Henry, Andrzej Jasiński, Ivan Klánský, Anna Malikova, Alberto Nosè, Piotr Paleczny, Ewa Pobłocka, Katarzyna Popowa-Zydroń, Marta Sosińska-Janczewska, Wojciech Świtała, Dina Yoffe

【選考方法】10月17日のショパンの命日の時期にあわせて3週間にわたって開催。予備審査，一次予選，二次予選を経て本選となる。予選では独奏曲，そして本選ではオーケストラと共演するピアノ・コンチェルトが課題となる

【選考基準】〔2015年〕1985年から1999年生まれのピアニスト。国籍不問

【締切・発表】〔2015年〕2014年12月1日申込締切。日程：2015年10月2日～23日

【賞・賞金】1位から3位へは，金・銀・銅のメダルを授与。(2015年)1位3万ユーロ，2位2万5千ユーロ，3位2万ユーロ，4位1万5千ユーロ，5位1万ユーロ，6位7千ユーロ。本選出場者には4千ユーロ。マズルカ，ポロネーズ，コンツェルト等の各賞受賞者には3千ユーロが授与される。また，順位発表後，入賞者によるコンサートが行われる

【連絡先】(The Fryderyk Chopin Institute) 43 Tamka Street 00-355 Warsaw Poland
【TEL】(+48 22) 44 16 100 【FAX】(+48 22) 44 16 113
【E-mail】nifc@nifc.pl
【URL】http://www.konkurs.chopin.pl/

2005年（第15回）
◇第1位　　　　ラファウ・ブレハッチ (Rafał Blechacz ポーランド)
◇第2位　　　　該当者なし
◇第3位　　　　イム・ドンヒョク (Lim Dong Hyek 韓国)
　　　　　　　　イム・ドンミン (Lim Dong Min 韓国)
◇第4位　　　　山本貴志 (Takashi Yamamoto 日本)
　　　　　　　　関本昌平 (Shohei Sekimoto 日本)
◇第5位　　　　該当者なし
◇第6位　　　　リー・カ・リン・コリーン (Lee Ka-Ling Colleen 香港)
◇ポロネーズ賞，マズルカ賞，コンツェルト賞 ラファウ・ブレハッチ (Rafał Blechacz ポーランド)

2010年（第16回）
◇第1位　　　　ユリアンナ・アヴデーエワ (Yulianna Avdeeva ロシア)
◇第2位　　　　ルーカス・ゲニューシャス (Lukas Geniušas ロシア，リトアニア)
　　　　　　　　インゴルフ・ヴンダー (Ingolf Wunder オーストリア)
◇第3位　　　　ダニール・トリフォノフ (Daniil Trifonov ロシア)
◇第4位　　　　エフゲニー・ボジャノフ (Evgeni Bozhanov ブルガリア)
◇第5位　　　　フランソワ・デュモン (François Dumont フランス)
◇第6位　　　　該当者なし
◇マズルカ賞　　ダニール・トリフォノフ (Daniil Trifonov ロシア)

◇ポロネーズ賞・コンチェルト賞 インゴルフ・ヴンダー（Ingolf Wunder オーストリア）

22 ロン・ティボー・クレスパン国際音楽コンクール
Concours international Marguerite-Long-Jacques-Thibaud

1943年第1回開催。若い演奏家の発表の場を設けるために、ピアニストのマルグリット・ロン（Marguerite Long）と、ヴァイオリニストのジャック・ティボー（Jacques Thibaud）により設立された。彼等にちなみ、ピアノとヴァイオリンの2部門がある。第2回より、国内にとどまらず国際的に応募を募るようになった。当初3年毎に開催されていたが、49年からは2年毎になり、83年からはピアノ、ヴァイオリン、ガラコンサート公演という3年サイクルになった。2011年から声楽部門が新設され、2007年に亡くなった名オペラ歌手レジーヌ・クレスパンの名前がコンクール名に加わった。フランス・パリにて開催。世界4大コンクールの一つ。

＊日本人の受賞歴は以下の通り。〔ヴァイオリン〕豊田耕児 (57年)、石井志都子 (59年)、前橋汀子 (67年)、藤村佑子、宗倫匡 (67年)、佐藤陽子、徳江尚子 (69年)、清水高師 (75年)、沢和樹、畑麻子 (77年)、豊田弓乃 (79年)、長沼由里子、豊田弓乃 (81年)、景山誠治、白石礼子 (84年)、菅野美絵子 (87年)、小林美恵、西沢和江、相曽賢一朗 (90年)、樫本大進、新垣裕子 (96年)、山田晃子、米元響子 (2002年)、南紫音、矢野玲子 (05年)、長尾春花 (08年)、成田達輝 (10年)、青木尚佳 (14年) 〔ピアノ〕田中希代子 (53年)、松浦豊明 (59年)、弘中孝 (69年)、田近完 (73年)、植田克己、岡本愛子 (77年)、高橋裕希子 (79年)、清水和音、伊藤恵 (81年)、藤原由紀乃、田部京子、上田晴子 (86年)、横山幸雄、坂井千春 (89年)、野原みどり、青柳晋 (92年)、梯剛之、大崎結真、佐藤美香 (98年)、木村綾子、岡本麻子 (2001年)、田村響 (07年)、佐野隆哉、斉藤一也 (09年)。特に山田晃子は、16歳の史上最年少優勝であり、注目を集めた

【選考委員】〔2015年：ピアノ部門〕Stephen Kovacevich（審査委員長）、Frank Braley、Jean-Claude Pennetier、Philippe Chabanis、Fabienne Voisin、Zhu Xiao Mei、Anatol Ugorsky、Evgueny Koroliov、Paul Hughes、Cristina Ortiz、Midori Nohara
【選考方法】CD審査、予選、準決戦、本選（オーケストラとのコンチェルトによるリサイタル）が行われる。本選の模様は録音されCD化される
【選考基準】〔資格〕30歳以下。国籍不問
【締切・発表】〔2015年〕2015年5月1日申込締切。予選～ファイナル：10月22日～27日
【賞・賞金】〔2015年〕第1位 2万5000ユーロ、第2位 1万5000ユーロ、第3位 6000ユーロ、第4位 4500ユーロ、第5位 3000ユーロ。モナコ・アルベール2世大公賞 6100ユーロ、サセム（SACEM）賞 3千ユーロ
【連絡先】（Fondation Long-Thibaud Crespin）32 avenue Matignon, 75008 Paris **【TEL】**33 1 42 66 66 80 **【FAX】**33 1 42 66 06 43
【E-mail】contact@long-thibaud-crespin.org
【URL】http://www.long-thibaud-crespin.org/

2004年（第34回）
◇ピアノ
- 第1位　　宋思衡 (Song Siheng 中国)
- 第2位　　アルベルト・ノセ (Alberto Nosé イタリア)
- 第3位　　ジャン・フレデリック・ヌーブルジェ (Jean-Frédéric Neuburger フランス)
- 第4位　　ウー・ムーイェ (Wu Mu-Ye 中国)
- 第5位　　パーヴェル・ドンブロフスキー (Pavel Dombrovsky ロシア)

- 第6位　　　ヴェラ・ツィバコフ（Véra Tsybakow フランス）
- 市民賞（BNPパリバ財団賞）　ジャン・フレデリック・ヌーブルジェ（Jean-Frédéric Neuburger フランス）
- フランス国立放送フィルハーモニー管弦楽団賞　ジャン・フレデリック・ヌーブルジェ（Jean-Frédéric Neuburger フランス）
- パリ・コンセルヴァトワール生徒賞　アルベルト・ノセ（Alberto Nosé イタリア）
- レニエ・モナコ王子賞　ジャン・フレデリック・ヌーブルジェ（Jean-Frédéric Neuburger フランス）
- モーツァルト友の会賞　パーヴェル・ドンブロフスキー（Pavel Dombrovsky ロシア）
- ヴィルクローズ音楽院賞　アルベルト・ノセ（Alberto Nosé イタリア）
- シェヴィヨン・ボノー財団賞　リシャール・デュビュニョン（Richard Dubugnon フランス）

2005年（第35回）
◇ヴァイオリン
- 第1位　　　フレデリーケ・サイス（Frederieke Saeijs オランダ）
- 第2位　　　南紫音（Shion Minami 日本）
- 第3位　　　ハイク・カザジャン（Haik Kazazyan アルメニア）
- 第4位　　　パク・チユン（Park Ji Yoon 韓国）
- 第5位　　　ジュリアン・ズルマン（Julien Szulman フランス）
- 第6位　　　有希・マヌエラ・ヤンケ（Yuki-Manuela Janke ドイツ）
- 市民賞（BNPパリバ財団賞）　ハイク・カザジャン（Haik Kazazyan アルメニア，ロシア）
- フランス国立管弦楽団賞　フレデリーケ・サイス（Frederieke Saeijs オランダ）
- モナコ・アルベール2世大公賞　フレデリーケ・サイス（Frederieke Saeijs オランダ）
- ニコール・アンリオ・シュヴァイツァー賞　フレデリーケ・サイス（Frederieke Saeijs オランダ）
- サセム（SACEM）賞　南紫音（Shion Minami 日本）
- 日本製紙グループ賞　矢野玲子（Ryoko Yano 日本）
- モーツァルト友の会賞　パク・チユン（Park Ji Yoon 韓国）
- サムソン・フランソワ協会スカルボ賞　有希・マヌエラ・ヤンケ（Yuki-Manuela Janke ドイツ）
- パリ・コンセルヴァトワール賞　フレデリーケ・サイス（Frederieke Saeijs オランダ）

2007年（第36回）
◇ピアノ
- 第1位　　　田村響（Hibiki Tamura 日本）
- 第2位　　　キム・ジュンヒ（Kim Jun-Hee 韓国）
- 第3位　　　ソフィア・グリャック（Sofya Gulyak ロシア）
- 第4位　　　キム・テヒョン（Kim Tae-Hyung 韓国）
- 第5位　　　アントワーヌ・ド・グロレ（Antoine de Grolee フランス）
- 第6位　　　トリスタン・プァッフ（Tristan Pfaff フランス）
- フランス国立管弦楽団賞　ソフィア・グリャック（Sofya Gulyak ロシア）
- モナコ・アルベール大公賞　キム・ジュンヒ（Kim Jun-Hee 韓国）
- ピエール・ラクロワ財団賞　田村響（Hibiki Tamura 日本）
- サセム（SACEM）賞　田村響（Hibiki Tamura 日本）
- モーツァルト友の会賞　キム・ジュンヒ（Kim Jun-Hee 韓国）
- ジェルマン・ムニエ賞　田村響（Hibiki Tamura 日本）
- 日本製紙グループ賞　キム・ジュンヒ（Kim Jun-Hee 韓国）
- マダム・ガービィ・パスキエ賞　田村響（Hibiki Tamura 日本）
- パリ・コンセルヴァトワール生徒賞　田村響（Hibiki Tamura 日本）
- シェヴィヨン・ボノー財団賞　ベッツィ・ジョラス（Betsy Jolas フランス）

2008年（第37回）
  ◇ヴァイオリン
  - 第1位　　　　シン・ヒョンス（Shin Hyun-Su 韓国）
  - 第2位　　　　該当者なし
  - 第3位　　　　ノア・ベンディックス＝バルグリー（Noah Bendix-Balgley ドイツ，アメリカ）
  - 第4位　　　　サテニィク・クールドイアン（Saténik Khourdoïan フランス）
  - 第5位　　　　長尾春花（Haruka Nagao 日本）
  - 第6位　　　　該当者なし
  - 聴衆賞（トランスアトランティーク銀行賞）　サテニィク・クールドイアン（Saténik Khourdoïan フランス）
  - フランス国立放送フィルハーモニー管弦楽団賞　シン・ヒョンス（Shin Hyun-Su 韓国）
  - モナコ・アルベール2世大公賞　シン・ヒョンス（Shin Hyun-Su 韓国）
  - サセム（SACEM）賞　サテニィク・クールドイアン（Saténik Khourdoïan フランス）
  - 日本製紙グループ賞　ノア・ベンディックス＝バルグリー（Noah Bendix-Balgley ドイツ，アメリカ）
  - パリ・コンセルヴァトワール生徒賞　シン・ヒョンス（Shin Hyun-Su 韓国）
  - マダム・ガービィ・パスキエ賞　サテニィク・クールドイアン（Saténik Khourdoïan フランス）

2009年（第38回）
  ◇ピアノ
  - 第1位　　　　該当者なし
  - 第2位　　　　マリア・マシチェワ（Maria Masycheva ロシア）
  - 第3位　　　　ギョーム・ヴァンサン（Guillaume Vincent フランス）
  - 第4位　　　　チェン・ユンジェ（Chen Yunjie 中国）
  - 第5位　　　　佐野隆哉（Takaya Sano 日本）
  - 聴衆賞（トランスアトランティーク銀行賞）　佐野隆哉（Takaya Sano 日本）
  - フランス国立管弦楽団賞　ギョーム・ヴァンサン（Guillaume Vincent フランス）
  - モナコ・アルベール2世大公賞　マリア・マシチェワ（Maria Masycheva ロシア）
  - ピエール・ラクロワ財団賞　ギョーム・ヴァンサン（Guillaume Vincent フランス）
  - サセム（SACEM）賞　ギョーム・ヴァンサン（Guillaume Vincent フランス）
  - モーツァルト友の会賞　チェン・ユンジェ（Chen Yunjie 中国）
  - ジェルマン・ムニエ賞　チェン・ユンジェ（Chen Yunjie 中国）
  - マダム・ガービィ・パスキエ賞　斉藤一也（Kazuya Saito 日本）
  - パリ・コンセルヴァトワール生徒賞　佐野隆哉（Takaya Sano 日本）
  - シェヴィヨン・ボノー財団賞　フィリップ・ルルー（Philippe Leroux フランス）

2010年（第39回）
  ◇ヴァイオリン
  - 第1位　　　　ソレンヌ・パイダシ（Solenne Païdassi フランス）
  - 第2位　　　　成田達輝（Tatsuki Narita 日本）
  - 第3位　　　　ギョーム・シレム（Guillaume Chilemme フランス）
  - 第4位　　　　マチルド・ボルサレロ－エルマン（Mathilde Borsarello-Herrmann フランス）
  - 第5位　　　　ユージェン・チキンデレアヌ（Eugen Tichindeleanu ルーマニア）
  - 聴衆賞（トランスアトランティーク銀行賞），フランス国立放送フィルハーモニー管弦楽団賞　ソレンヌ・パイダシ（Solenne Païdassi フランス）
  - サセム（SACEM）賞　成田達輝（Tatsuki Narita 日本）
  - パリ・コンセルヴァトワール生徒賞　ギョーム・シレム（Guillaume Chilemme フランス）

2011年（第40回）
  ◇声楽

- 第1位　　　シム・キーワン（Sim Kihwan 韓国）
- 第2位　　　ロマン・ブルデンコ（Roman Burdenko ロシア）
- 第3位　　　イーダ・ファルク・ヴィンランド（Ida Falk Windland スウェーデン）
- 第4位　　　マリー・アデライン・ヘンリー（Marie-Adeline Henry フランス）
- 第5位　　　マリーナ・ブッチャレッリ（Marina Bucciarelli イタリア）
- 第6位　　　ユリア・レージネヴァ（Yulia Lezhneva ロシア）
- フランス国立管弦楽団賞　ロマン・ブルデンコ（Roman Burdenko ロシア）
- モナコ・アルベール2世大公賞　マリー・アデライン・ヘンリー（Marie-Adeline Henry フランス）
- 聴衆賞（トランスアトランティーク銀行賞）　イーダ・ファルク・ヴィンランド（Ida Falk Windland スウェーデン）

2012年（第41回）
　◇ピアノ
- 第1位　　　該当者なし
- 第2位　　　アン・ジョン・ドゥ（An Jong Do 韓国）
- 第3位　　　イスマエル・マルゲン（Ismaël Margain フランス）
- 第4位　　　パク・ジュヨン（Park JuYoung 韓国）
- 第5位　　　ウォン・ジェヨン（Won Jae-Yeon 韓国）
- 第6位　　　アンドレイス・オソキンス（Andrejs Osokins ラトビア）
- モナコ・アルベール2世大公賞・"Rivers"解釈賞　アン・ジョン・ドゥ（An Jong Do 韓国）
- 聴衆賞（トランスアトランティーク銀行賞）　イスマエル・マルゲン（Ismaël Margain フランス）

2014年（第42回）
　◇ヴァイオリン
- 第1位　　　アイレン・プリッチン（Aylen Pritchin ロシア）
- 第2位　　　青木尚佳（Naoka Aoki 日本）
- 第3位　　　フリデリケ・スタークロフ（Friederike Starkloff ドイツ）
- 第4位　　　ミン・キュンジ（Min Kyung Ji 韓国）
- 第5位　　　Hildegarde Fesneau（フランス）
- モナコ・アルベール2世大公賞　青木尚佳（Naoka Aoki 日本）
- サセム（SACEM）賞　アイレン・プリッチン（Aylen Pritchin ロシア）

映画・演劇・TV

23 アカデミー賞 Academy Awards

　映画芸術科学アカデミー協会(The Academy of MotionPicture Arts and Sciences)に所属する会員約5千名の投票により、毎年1回決定される世界最大の映画賞。受賞者にはトロフィー「オスカー像」が贈られることから、「オスカー」とも呼ばれる(公式には1939年から)。作品賞、監督賞、主演男優賞、主演女優賞、助演男優賞、助演女優賞、外国語映画賞、脚本賞、脚色賞、撮影賞、美術賞、衣装デザイン賞、メイクアップ賞、特殊効果賞、編集賞、音響賞、音響効果賞、作曲賞、主題歌賞、長編ドキュメンタリー賞、短編ドキュメンタリー賞、短編アニメ映画賞、長編アニメ映画賞、短編実写映画賞の部門があり、歴史が古く、かつ名誉あるのは、作品、監督、脚本、主演男優、主演女優の五部門で、いわゆる五冠と呼ばれている。

　＊日本人では、黒澤明監督作品「羅生門」が名誉賞(外国語映画賞)(51年)、「デルス・ウザーラ」が外国語映画賞(75年)、黒澤自身も長年の功績に対し名誉賞(89年)を受賞。衣笠貞之助監督作品「地獄門」が名誉賞(外国語映画賞)(54年)、和田三造が「地獄門」で衣装賞(54年)、稲垣浩監督作品「宮本武蔵」が(55年)名誉賞(外国語映画賞)、ナンシー梅木が「サヨナラ」で助演女優賞(57年)、ワダエミが「乱」で衣装賞(85年)、坂本龍一が「ラストエンペラー」で作曲賞(87年)、石岡瑛子が「ドラキュラ」で衣装賞(92年)、伊比恵子監督作品「ザ・パーソナルズ」が短編ドキュメンタリー賞(97年)、宮崎駿監督作品「千と千尋の神隠し」が長編アニメ賞(2002年)、宮城島卓夫がゴードン・E.ソーヤー賞(04年)、滝田洋二郎監督作品「おくりびと」が外国語映画賞(08年)、加藤久仁生監督作品「つみきのいえ」が短編アニメーション映画賞、宮崎駿が名誉賞(14年)を受賞している

【主催者】映画芸術科学アカデミー協会(Academy of Motion Picture Arts and Sciences)
【選考委員】アカデミー協会会員全員が投票権を持つ(投票権を放棄している会員もいる)。会員は、監督・俳優・女優他著名な映画人など、アメリカ映画に携わる人々から成る。会員になるには、映画芸術・科学への貢献が認められて同会員に推薦されるか、あるいはアカデミー賞にノミネートされることが必要とされる
【選考方法】個々の会員がその専門分野に投票し、各部門最高5候補までのノミネーションが決定される。ただし、作品賞部門に関しては、会員全員によって投票される。外国映画賞、ドキュメンタリーといった部門に関しては、アカデミーの会員が選考のための小委員会を作り、そこでノミネーションが選ばれる。最終選考は、ほぼ全ての部門が会員全員の投票によって決定される
【選考基準】前年の1/1～12/31に連続1週間以上、ロサンゼルスの商業劇場で有料で上映された35ミリ以上の作品を対象とし、原則各部門1作品・1名とする
【締切・発表】1月下旬にノミネート発表、2月下旬に授賞式。授賞式の模様は全米だけでなく世界中にTV中継され、アメリカ映画界最大のイベントとなっている
【賞・賞金】オスカー像
【連絡先】(Academy Foundation) 8949 Wilshire Boulevard Beverly Hills, CA 90211
　【TEL】310-247-3000 【FAX】310-859-9619
　【URL】http://www.oscar.com/

第77回（2004年）
- ◇作品賞　「ミリオンダラー・ベイビー」（"Million Dollar Baby"）
- ◇監督賞　クリント・イーストウッド（Clint Eastwood）「ミリオンダラー・ベイビー」（"Million Dollar Baby"）
- ◇主演男優賞　ジェイミー・フォックス（Jamie Foxx）「Ray/レイ」（"Ray"）
- ◇主演女優賞　ヒラリー・スワンク（Hilary Swank）「ミリオンダラー・ベイビー」（"Million Dollar Baby"）
- ◇助演男優賞　モーガン・フリーマン（Morgan Freeman）「ミリオンダラー・ベイビー」（"Million Dollar Baby"）
- ◇助演女優賞　ケイト・ブランシェット（Cate Blanchett）「アビエイター」（"The Aviator"）
- ◇オリジナル脚本賞　チャーリー・カウフマン（Charlie Kaufman），ミシェル・ゴンドリー（Michel Gondry），ピエール・ビスマス（Pierre Bismuth）「エターナル・サンシャイン」（"Eternal Sunshine of the Spotless Mind"）
- ◇脚色賞　アレクサンダー・ペイン（Alexander Payne），ジム・テイラー（Jim Taylor）「サイドウェイ」（"Sideways"）
- ◇撮影賞　ロバート・リチャードソン（Robert Richardson）「アビエイター」（"The Aviator"）
- ◇美術監督・装置賞　ダンテ・フェレッティ（Dante Ferretti［美術］），フランチェスカ・ロ・スキアーヴォ（Francesca Lo Schiavo［装置］）「アビエイター」（"The Aviator"）
- ◇音響賞　スコット・ミラン（Scott Millan），グレッグ・オロフ（Greg Orloff），ボブ・ビーマー（Bob Beemer），スティーヴ・カンタメッサ（Steve Cantamessa）「Ray/レイ」（"Ray"）
- ◇音響効果賞　マイケル・シルヴァーズ（Michael Silvers），ランディ・トム（Randy Thom）「Mr.インクレディブル」（"The Incredibles"）
- ◇編集賞　セルマ・スクーンメイカー（Thelma Schoonmaker）「アビエイター」（"The Aviator"）
- ◇作曲賞　ヤン・A.P.カチュマレク（Jan A.P.Kaczmarek）「ネバーランド」（"Finding Neverland"）
- ◇主題歌賞　ジョルジ・ドレクスレ（Jorge Drexler）'Al Otro Lado Del Río'（「モーターサイクル・ダイアリーズ」）
- ◇衣装デザイン賞　サンディ・パウエル（Sandy Powell）「アビエイター」（"The Aviator"）
- ◇メイクアップ賞　ヴァリ・オレイリー（Valli O'Reilly），ビル・コルソ（Bill Corso）「レモニー・スニケットの世にも不幸せな物語」（"Lemony Snicket's A Series of Unfortunate Events"）
- ◇特殊効果賞　ジョン・ダイクストラ（John Dykstra），スコット・ストクデック（Scott Stokdyk），アンソニー・ラモリナラ（Anthony LaMolinara），ジョン・フレイザー（John Frazier）「スパイダーマン2」（"Spider-Man 2"）
- ◇外国語映画賞　「海を飛ぶ夢」（"Mar adentro"）
- ◇ドキュメンタリー映画賞（長編）　「未来を写した子どもたち」（"Born Into Brothels: Calcutta's Red Light Kids"）
- ◇ドキュメンタリー映画賞（短編）　"Mighty Times: The Children's March"
- ◇短編実写映画賞　"Wasp"
- ◇長編アニメーション映画賞　「Mr.インクレディブル」（"The Incredibles"）
- ◇短編アニメーション映画賞　"Ryan"
- ◇名誉賞　シドニー・ルメット（Sidney Lumet）
- ◇ジーン・ハーショルト友愛賞　ロジャー・メイヤー（Roger Mayer）
- ◇ゴードン・E.ソーヤー賞　宮城島卓夫（Tak Miyagishima）

第78回（2005年）
- ◇作品賞　「クラッシュ」（"Crash"）
- ◇監督賞　アン・リー（Ang Lee）「ブロークバック・マウンテン」（"Brokeback

◇主演男優賞　フィリップ・シーモア・ホフマン (Philip Seymour Hoffman)「カポーティ」("Capote")
◇主演女優賞　リース・ウィザースプーン (Reese Witherspoon)「ウォーク・ザ・ライン 君につづく道」("Walk The Line")
◇助演男優賞　ジョージ・クルーニー (George Clooney)「シリアナ」("Syriana")
◇助演女優賞　レイチェル・ワイズ (Rachel Weisz)「ナイロビの蜂」("The Constant Gardener")
◇オリジナル脚本賞　ポール・ハギス (Paul Haggis)，ボビー・モレスコ (Robert Moresco)「クラッシュ」("Crash")
◇脚色賞　ラリー・マクマートリー (Larry McMurtry)，ダイアナ・オサナ (Diana Ossana)「ブロークバック・マウンテン」("Brokeback Mountain")
◇撮影賞　ディオン・ビーブ (Dion Beebe)「SAYURI」("Memoirs of a Geisha")
◇美術監督・装置賞　ジョン・マイヤー (John Myhre [美術])，グレッチェン・ラウ (Gretchen Rau [装置])「SAYURI」("Memoirs of a Geisha")
◇音響賞　クリストファー・ボイス (Christopher Boyes)，マイケル・セマニック (Michael Semanick)，マイケル・ヘッジス (Michael Hedges)，ハモンド・ピーク (Hammond Peek)「キング・コング」("King Kong")
◇音響効果賞　マイケル・ホプキンス (Michael Hopkins)，イーサン・ヴァン・ダー・リン (Ethan Van der Ryn)「キング・コング」("King Kong")
◇編集賞　ヒューズ・ウィンボーン (Hughes Winborne)「クラッシュ」("Crash")
◇作曲賞　グスターボ・サンタオラヤ (Gustavo Santaolalla)「ブロークバック・マウンテン」("Brokeback Mountain")
◇主題歌賞　ジョーダン・ヒューストン (Jordan Houston)，セドリック・コールマン (Cedric Coleman)，ポール・ボールガール (Paul Beauregard) 'It's Hard Out Here for a Pimp'("Hustle & Flow")
◇衣装デザイン賞　コリーン・アトウッド (Colleen Atwood)「SAYURI」("Memoirs of a Geisha")
◇メイクアップ賞　ハワード・バーガー (Howard Berger)，タミ・レイン (Tami Lane)「ナルニア国物語/第1章：ライオンと魔女」("The Chronicles of Narnia: The Lion, the Witch and the Wardrobe")
◇特殊効果賞　ジョー・レッテリ (Joe Letteri)，ブライアン・ヴァン・ハル (Brian Van't Hul)，クリスチャン・リヴァーズ (Christian Rivers)，リチャード・テイラー (Richard Taylor)「キング・コング」("King Kong")
◇外国語映画賞　「ツォツィ」("Tsotsi")
◇ドキュメンタリー映画賞 (長編)　「皇帝ペンギン」("La marche de l'empereur")
◇ドキュメンタリー映画賞 (短編)　"A Note of Triumph: The Golden Age of Norman Corwin"
◇短編実写映画賞　"Six Shooter"
◇長編アニメーション映画賞　「ウォレスとグルミット 野菜畑で大ピンチ！」("Wallace & Gromit in The Curse of the Were-Rabbit")
◇短編アニメーション映画賞　"The Moon and the Son: An Imagined Conversation"
◇名誉賞　ロバート・アルトマン (Robert Altman)
◇ゴードン・E. ソーヤー賞　ゲーリー・デモス (Gary Demos)

第79回 (2006年)
◇作品賞　「ディパーテッド」("The Departed")
◇監督賞　マーティン・スコセッシ (Martin Scorsese)「ディパーテッド」("The Departed")
◇主演男優賞　フォレスト・ウィテカー (Forest Whitaker)「ラストキング・オブ・スコットランド」("The Last King of Scotland")
◇主演女優賞　ヘレン・ミレン (Helen Mirren)「クィーン」("The Queen")

◇助演男優賞　　　アラン・アーキン（Alan Arkin）「リトル・ミス・サンシャイン」（"Little Miss Sunshine"）
◇助演女優賞　　　ジェニファー・ハドソン（Jennifer Hudson）「ドリームガールズ」（"Dreamgirls"）
◇オリジナル脚本賞　マイケル・アーント（Michael Arndt）「リトル・ミス・サンシャイン」（"Little Miss Sunshine"）
◇脚色賞　　　　　ウィリアム・モナハン（William Monahan）「ディパーテッド」（"The Departed"）
◇撮影賞　　　　　ギジェルモ・ナヴァロ（Guillermo Navarro）「パンズ・ラビリンス」（"El laberinto del fauno"）
◇美術監督・装置賞　エウヘニオ・カバイェーロ（Eugenio Caballero［美術］），ピラール・レブエルタ（Pilar Revuelta［装置］）「パンズ・ラビリンス」（"El laberinto del fauno"）
◇音響賞　　　　　マイケル・ミンクラー（Michael Minkler），ボブ・ビーマー（Bob Beemer），ウィリー・D.バートン（Willie D.Burton）「ドリームガールズ」（"Dreamgirls"）
◇音響効果賞　　　アラン・ロバート・マーレイ（Alan Robert Murray），バブ・アスマン（Bub Asman）「硫黄島からの手紙」（"Letters from Iwo Jima"）
◇編集賞　　　　　セルマ・スクーンメイカー（Thelma Schoonmaker）「ディパーテッド」（"The Departed"）
◇作曲賞　　　　　グスターボ・サンタオラヤ（Gustavo Santaolalla）「バベル」（"Babel"）
◇主題歌賞　　　　メリッサ・エスリッジ（Melissa Etheridge）'I Need To Wake Up'「不都合な真実」"An Inconvenient Truth"）
◇衣装デザイン賞　ミレーナ・カノネロ（Milena Canonero）「マリー・アントワネット」（"Marie Antoinette"）
◇メイクアップ賞　ダビド・マルティ（David Martí），モンセ・リベ（Montse Ribé）「パンズ・ラビリンス」（"El laberinto del fauno"）
◇特殊効果賞　　　ジョン・ノール（John Knoll），ハル・ヒッケル（Hal T.Hickel），チャールズ・ギブソン（Charles Gibson），アレン・ホール（Allen Hall）「パイレーツ・オブ・カリビアン／デッドマンズ・チェスト」（"Pirates of the Caribbean: Dead Man's Chest"）
◇外国語映画賞　　「善き人のためのソナタ」（"Das Leben der Anderen"）
◇ドキュメンタリー映画賞（長編）「不都合な真実」（"An Inconvenient Truth"）
◇ドキュメンタリー映画賞（短編）「中国 エイズ孤児の村」（"The Blood of Yingzhou District"）
◇短編実写映画賞　"West Bank Story"
◇長編アニメーション映画賞　「ハッピー フィート」（"Happy Feet"）
◇短編アニメーション映画賞　"The Danish Poet"
◇名誉賞　　　　　エンニオ・モリコーネ（Ennio Morricone）
◇ジーン・ハーショルト友愛賞　シェリー・ランシング（Sherry Lansing）
◇ゴードン・E.ソーヤー賞　レイ・フィーニー（Ray Feeney）

第80回（2007年）
◇作品賞　　　　　「ノーカントリー」（"No Country for Old Men"）
◇監督賞　　　　　ジョエル・コーエン（Joel Coen），イーサン・コーエン（Ethan Coen）「ノーカントリー」（"No Country for Old Men"）
◇主演男優賞　　　ダニエル・デイ＝ルイス（Daniel Day-Lewis）「ゼア・ウィル・ビー・ブラッド」（"There Will Be Blood"）
◇主演女優賞　　　マリオン・コティヤール（Marion Cotillard）「エディット・ピアフ～愛の讃歌～」（"La Vie en Rose"）
◇助演男優賞　　　ハビエル・バルデム（Javier Bardem）「ノーカントリー」（"No Country for Old Men"）

◇助演女優賞	ティルダ・スウィントン（Tilda Swinton）「フィクサー」（"Michael Clayton"）	
◇オリジナル脚本賞	ディアブロ・コディ（Diablo Cody）「JUNO/ジュノ」（"Juno"）	
◇脚色賞	ジョエル・コーエン（Joel Coen），イーサン・コーエン（Ethan Coen）「ノー・カントリー」（"No Country for Old Men"）	
◇撮影賞	ロバート・エルスウィット（Robert Elswit）「ゼア・ウィル・ビー・ブラッド」（"There Will Be Blood"）	
◇美術監督・装置賞	ダンテ・フェレッティ（Dante Ferretti［美術］），フランチェスカ・ロ・スキアーヴォ（Francesca Lo Schiavo［装置］）「スウィーニー・トッド フリート街の悪魔の理髪師」（"Sweeney Todd The Demon Barber of Fleet Street"）	
◇音響賞	スコット・ミラン（Scott Millan），デヴィッド・パーカー（David Parker），カーク・フランシス（Kirk Francis）「ボーン・アルティメイタム」（"The Bourne Ultimatum"）	
◇音響効果賞	カレン・ベイカー・ランダース（Karen Baker Landers），パー・ホールバーグ（Per Hallberg）「ボーン・アルティメイタム」（"The Bourne Ultimatum"）	
◇編集賞	クリストファー・ラウズ（Christopher Rouse）「ボーン・アルティメイタム」（"The Bourne Ultimatum"）	
◇作曲賞	ダリオ・マリアネッリ（Dario Marianelli）「つぐない」（"Atonement"）	
◇主題歌賞	グレン・ハンサード（Glen Hansard），マルケタ・イルグロヴァ（Marketa Irglova）'Falling Slowly'（「ONCE ダブリンの街角で」"Once"）	
◇衣装デザイン賞	アレクサンドラ・バーン（Alexandra Byrne）「エリザベス：ゴールデン・エイジ」（"Elizabeth: The Golden Age"）	
◇メイクアップ賞	ディディエ・ラヴェーニュ（Didier Lavergne），ジャン・アーチボルド（Jan Archibald）「エディット・ピアフ～愛の讃歌～」（"La Vie en Rose"）	
◇特殊効果賞	マイケル・フィンク（Michael Fink），ビル・ウェステンホファー（Bill Westenhofer），ベン・モリス（Ben Morris），トレヴァー・ウッド（Trevor Wood）「ライラの冒険 黄金の羅針盤」（"The Golden Compass"）	
◇外国語映画賞	「ヒトラーの贋札」（"The Counterfeiters"）	
◇ドキュメンタリー映画賞（長編）	"Taxi to the Dark Side"	
◇ドキュメンタリー映画賞（短編）	"Freeheld"	
◇短編実写映画賞	"Le Mozart des Pickpockets"	
◇長編アニメーション映画賞	「レミーのおいしいレストラン」（"Ratatouille"）	
◇短編アニメーション映画賞	"Peter & the Wolf"	
◇名誉賞	ロバート・F.ボイル（Robert F.Boyle）	
◇ゴードン・E.ソーヤー賞	デービッド・グラフトン（David Grafton）	

第81回（2008年）

◇作品賞	「スラムドッグ$ミリオネア」（"Slumdog Millionaire"）
◇監督賞	ダニー・ボイル（Danny Boyle）「スラムドッグ$ミリオネア」（"Slumdog Millionaire"）
◇主演男優賞	ショーン・ペン（Sean Penn）「ミルク」（"Milk"）
◇主演女優賞	ケイト・ウィンスレット（Kate Winslet）「愛を読むひと」（"The Reader"）
◇助演男優賞	ヒース・レジャー（Heath Ledger）「ダークナイト」（"The Dark Knight"）
◇助演女優賞	ペネロペ・クルス（Penélope Cruz）「それでも恋するバルセロナ」（"Vicky Cristina Barcelona"）
◇オリジナル脚本賞	ダスティン・ランス・ブラック（Dustin Lance Black）「ミルク」（"Milk"）
◇脚色賞	サイモン・ビューフォイ（Simon Beaufoy）「スラムドッグ$ミリオネア」（"Slumdog Millionaire"）
◇撮影賞	アンソニー・ドッド・マントル（Anthony Dod Mantle）「スラムドッグ$ミリオネア」（"Slumdog Millionaire"）
◇美術監督・装置賞	ドナルド・グラハム・バート（Donald Graham Burt），ビクター・J.ゾルフォ（Victor J.Zolfo）「ベンジャミン・バトン 数奇な人生」（"The Curious Case

◇音響賞	of Benjamin Button")
	イアン・タップ（Ian Tapp），リチャード・プライク（Richard Pryke），レスール・プークティ（Resul Pookutty）「スラムドッグ＄ミリオネア」（"Slumdog Millionaire"）
◇音響効果賞	リチャード・キング（Richard King）「ダークナイト」（"The Dark Knight"）
◇編集賞	クリス・ディケンズ（Chris Dickens）「スラムドッグ＄ミリオネア」（"Slumdog Millionaire"）
◇作曲賞	A.R.ラーマン（A.R.Rahman）「スラムドッグ＄ミリオネア」（"Slumdog Millionaire"）
◇主題歌賞	A.R.ラーマン（A.R.Rahman），ガルザー（Gulzar）'Jai Ho'（「スラムドッグ＄ミリオネア」"Slumdog Millionaire"）
◇衣裳デザイン賞	マイケル・オコナー（Michael O'Connor）「ある公爵夫人の生涯」（"The Duchess"）
◇メイクアップ賞	グレッグ・キャノン（Greg Cannom）「ベンジャミン・バトン 数奇な人生」（"The Curious Case of Benjamin Button"）
◇特殊効果賞	エリック・バルバ（Eric Barba），スティーブ・プリーグ（Steve Preeg），バート・ダルトン（Burt Dalton），クレイグ・バロン（Craig Barron）「ベンジャミン・バトン 数奇な人生」（"The Curious Case of Benjamin Button"）
◇外国語映画賞	「おくりびと」（"Departures"）
◇ドキュメンタリー映画賞（長編）	「マン・オン・ワイヤー」（"Man on Wire"）
◇ドキュメンタリー映画賞（短編）	"Smile Pinki"
◇短編実写映画賞	"Spielzeugland（Toyland）"
◇長編アニメーション映画賞	「ウォーリー」（"WALL-E"）
◇短編アニメーション映画賞	「つみきのいえ」（"La Maison en Petits Cubes"）
◇ジーン・ハーショルト友愛賞	ジェリー・ルイス（Jerry Lewis）
◇ゴードン・E.ソーヤー賞	エド・キャットムル（Ed Catmull）

第82回（2009年）
◇作品賞	「ハート・ロッカー」（"The Hurt Locker"）
◇監督賞	キャスリン・ビグロー（Kathryn Bigelow）「ハート・ロッカー」（"The Hurt Locker"）
◇主演男優賞	ジェフ・ブリッジス（Jeff Bridges）「クレイジー・ハート」（"Crazy Heart"）
◇主演女優賞	サンドラ・ブロック（Sandra Bullock）「しあわせの隠れ場所」（"The Blind Side"）
◇助演男優賞	クリストフ・ヴァルツ（Christoph Waltz）「イングロリアス・バスターズ」（"Inglourious Basterds"）
◇助演女優賞	モニーク（Mo'Nique）「プレシャス」（"Precious：Based on the Novel 'Push' by Sapphire"）
◇オリジナル脚本賞	マーク・ボール（Mark Boal）「ハート・ロッカー」（"The Hurt Locker"）
◇脚色賞	ジェフリー・フレッチャー（Geoffrey Fletcher）「プレシャス」（"Precious：Based on the Novel 'Push' by Sapphire"）
◇撮影賞	マウロ・フィオーレ（Mauro Fiore）「アバター」（"Avatar"）
◇美術監督・装置賞	リック・カーター（Rick Carter プロダクション・デザイン），ロバート・ストロンバーグ（Robert Stromberg プロダクション・デザイン），キム・シンクレア（Kim Sinclair セット・デコレイション）「アバター」（"Avatar"）
◇音響賞	ポール・N.J.オットソン（Paul N.J.Ottosson），レイ・ベケット（Ray Beckett）「ハート・ロッカー」（"The Hurt Locker"）
◇音響効果賞	ポール・N.J.オットソン（Paul N.J.Ottosson）「ハート・ロッカー」（"The Hurt Locker"）
◇編集賞	ボブ・ムラウスキー（Bob Murawski），クリス・イニス（Chris Innis）「ハート・ロッカー」（"The Hurt Locker"）

◇作曲賞	マイケル・ジアッキノ（Michael Giacchino）「カールじいさんの空飛ぶ家」（"Up"）
◇主題歌賞	ライアン・ビンガム（Ryan Bingham 作詞・曲），T＝ボーン・バーネット（T Bone Burnett 作詞・曲）'The Weary Kind (Theme From Crazy Heart)'（「クレイジー・ハート」"Crazy Heart"）
◇衣装デザイン賞	サンディ・パウエル（Sandy Powell）「ヴィクトリア女王 世紀の愛」（"The Young Victoria"）
◇メイクアップ賞	バーニー・バーマン（Barney Burman），ミンディー・ホール（Mindy Hall），ジョエル・ハーロウ（Joel Harlow）「スター・トレック」（"Star Trek"）
◇特殊効果賞	ジョー・レッテリ（Joe Letteri），ステファン・ローゼンバウム（Stephen Rosenbaum），リチャード・バネハム（Richard Baneham），アンディー・ジョーンズ（Andrew R.Jones）「アバター」（"Avatar"）
◇外国語映画賞	「瞳の奥の秘密」（"The Secret in Their Eyes"）
◇ドキュメンタリー映画賞（長編）	「ザ・コーヴ」（"The Cove"）
◇ドキュメンタリー映画賞（短編）	"Music by Prudence"
◇短編実写映画賞	"The New Tenants"
◇長編アニメーション映画賞	「カールじいさんの空飛ぶ家」（"Up"）
◇短編アニメーション映画賞	「ロゴラマ」（"Logorama"）
◇名誉賞	ローレン・バコール（Lauren Bacall） ロジャー・コーマン（Roger Corman） ゴードン・ウィリス（Gordon Willis）
◇アーヴィング・G.サルバーグ記念賞 ジョン・カレー（John Calley）	

第83回（2010年）

◇作品賞	「英国王のスピーチ」（"The King's Speech"）
◇監督賞	トム・フーパー（Tom Hooper）「英国王のスピーチ」（"The King's Speech"）
◇主演男優賞	コリン・ファース（Colin Firth）「英国王のスピーチ」（"The King's Speech"）
◇主演女優賞	ナタリー・ポートマン（Natalie Portman）「ブラック・スワン」（"Black Swan"）
◇助演男優賞	クリスチャン・ベイル（Christian Bale）「ザ・ファイター」（"The Fighter"）
◇助演女優賞	メリッサ・レオ（Melissa Leo）「ザ・ファイター」（"The Fighter"）
◇オリジナル脚本賞	デヴィッド・サイドラー（David Seidler）「英国王のスピーチ」（"The King's Speech"）
◇脚色賞	アーロン・ソーキン（Aaron Sorkin）「ソーシャル・ネットワーク」（"The Social Network"）
◇撮影賞	ウォーリー・フィスター（Wally Pfister）「インセプション」（"Inception"）
◇美術監督・装置賞	ロバート・ストロンバーグ（Robert Stromberg プロダクション・デザイン），カレン・オハラ（Karen O'Hara セット・デコレイション）「アリス・イン・ワンダーランド」（"Alice in Wonderland"）
◇音響賞	ローラ・ハーシュバーグ（Lora Hirschberg），ゲイリー・A.リッツォ（Gary A. Rizzo），エド・ノヴィック（Ed Novick）「インセプション」（"Inception"）
◇音響効果賞	リチャード・キング（Richard King）「インセプション」（"Inception"）
◇編集賞	アンガス・ウォール（Angus Wall），カーク・バクスター（Kirk Baxter）「ソーシャル・ネットワーク」（"The Social Network"）
◇作曲賞	トレント・レズナー（Trent Reznor），アッティカス・ロス（Atticus Ross）「ソーシャル・ネットワーク」（"The Social Network"）
◇主題歌賞	ランディ・ニューマン（Randy Newman 作詞・曲）'We Belong Together'（「トイ・ストーリー3」"Toy Story 3"）
◇衣装デザイン賞	コリーン・アトウッド（Colleen Atwood）「アリス・イン・ワンダーランド」（"Alice in Wonderland"）

◇メイクアップ賞	リック・ベイカー（Rick Baker），デイヴ・エルジー（Dave Elsey）「ウルフマン」（"The Wolfman"）
◇特殊効果賞	ポール・フランクリン（Paul Franklin），クリス・コーボールド（Chris Corbould），アンドリュー・ロックリー（Andrew Lockley），ピーター・ベブ（Peter Bebb）「インセプション」（"Inception"）
◇外国語映画賞	「未来を生きる君たちへ」（"In a Better World"）
◇ドキュメンタリー映画賞（長編）	「インサイド・ジョブ 世界不況の知られざる真実」（"Inside Job"）
◇ドキュメンタリー映画賞（短編）	"Strangers No More"
◇短編実写映画賞	"God of Love"
◇長編アニメーション映画賞	「トイ・ストーリー3」（"Toy Story 3"）
◇短編アニメーション映画賞	"The Lost Thing"
◇名誉賞	ケヴィン・ブラウンロー（Kevin Brownlow） ジャン＝リュック・ゴダール（Jean-Luc Godard） イーライ・ウォラック（Eli Wallach）
◇アーヴィング・G.サルバーグ記念賞	フランシス・フォード・コッポラ（Francis Ford Coppola）

第84回（2011年）

◇作品賞	「アーティスト」（"The Artist"）
◇監督賞	ミシェル・アザナヴィシウス（Michel Hazanavicius）「アーティスト」（"The Artist"）
◇主演男優賞	ジャン・デュジャルダン（Jean Dujardin）「アーティスト」（"The Artist"）
◇主演女優賞	メリル・ストリープ（Meryl Streep）「マーガレット・サッチャー 鉄の女の涙」（"The Iron Lady"）
◇助演男優賞	クリストファー・プラマー（Christopher Plummer）「人生はビギナーズ」（"Beginners"）
◇助演女優賞	オクタヴィア・スペンサー（Octavia Spencer）「ヘルプ ～心がつなぐストーリー～」（"The Help"）
◇オリジナル脚本賞	ウディ・アレン（Woody Allen）「ミッドナイト・イン・パリ」（"Midnight in Paris"）
◇脚色賞	アレクサンダー・ペイン（Alexander Payne），ナット・ファクソン（Nat Faxon），ジム・ラッシュ（Jim Rash）「ファミリー・ツリー」（"The Descendants"）
◇撮影賞	ロバート・リチャードソン（Robert Richardson）「ヒューゴの不思議な発明」（"Hugo"）
◇美術監督・装置賞	ダンテ・フェレッティ（Dante Ferretti プロダクション・デザイン），フランチェスカ・ロ・スキアーヴォ（Francesca Lo Schiavo セット・デコレイション）「ヒューゴの不思議な発明」（"Hugo"）
◇音響賞	トム・フライシュマン（Tom Fleischman），ジョン・ミッドグレイ（John Midgley）「ヒューゴの不思議な発明」（"Hugo"）
◇音響効果賞	フィリップ・ストックトン（Philip Stockton），ユージーン・ギアーティ（Eugene Gearty）「ヒューゴの不思議な発明」（"Hugo"）
◇編集賞	カーク・バクスター（Kirk Baxter），アンガス・ウォール（Angus Wall）「ドラゴン・タトゥーの女」（"The Girl with the Dragon Tattoo"）
◇作曲賞	ルドヴィック・ブールス（Ludovic Bource）「アーティスト」（"The Artist"）
◇主題歌賞	ブレット・マッケンジー（Bret McKenzie 作詞・曲）'Man Or Muppet'（「ザ・マペッツ」"The Muppets"）
◇衣装デザイン賞	マーク・ブリッジス（Mark Bridges）「アーティスト」（"The Artist"）
◇メイクアップ賞	マーク・クーリア（Mark Coulier），J.ロイ・ヘランド（J.Roy Helland）「マーガレット・サッチャー 鉄の女の涙」（"The Iron Lady"）
◇特殊効果賞	ロブ・レガト（Rob Legato），ジョス・ウィリアムズ（Joss Williams），ベン・

	グロスマン（Ben Grossmann），アレックス・ヘニング（Alex Henning）「ヒューゴの不思議な発明」（"Hugo"）
◇外国語映画賞	「別離」（"A Separation"）
◇ドキュメンタリー映画賞（長編）	"Undefeated"
◇ドキュメンタリー映画賞（短編）	"Saving Face"
◇短編実写映画賞	"The Shore"
◇長編アニメーション映画賞	「ランゴ」（"Rango"）
◇短編アニメーション映画賞	"The Fantastic Flying Books of Mr.Morris Lessmore"
◇ジーン・ハーショルト友愛賞	オプラ・ウィンフリー（Oprah Winfrey）
◇ゴードン・E.ソーヤー賞	ダグラス・トランブル（Douglas Trumbull）
◇名誉賞	ジェームズ・アール・ジョーンズ（James Earl Jones） ディック・スミス（Dick Smith）

第85回（2012年）

◇作品賞	「アルゴ」（"Argo"）
◇監督賞	アン・リー（Ang Lee）「ライフ・オブ・パイ/トラと漂流した227日」（"Life of Pi"）
◇主演男優賞	ダニエル・デイ=ルイス（Daniel Day-Lewis）「リンカーン」（"Lincoln"）
◇主演女優賞	ジェニファー・ローレンス（Jennifer Lawrence）「世界にひとつのプレイブック」（"Silver Linings Playbook"）
◇助演男優賞	クリストフ・ヴァルツ（Christoph Waltz）「ジャンゴ 繋がれざる者」（"Django Unchained"）
◇助演女優賞	アン・ハサウェイ（Anne Hathaway）「レ・ミゼラブル」（"Les Misérables"）
◇オリジナル脚本賞	クエンティン・タランティーノ（Quentin Tarantino）「ジャンゴ 繋がれざる者」（"Django Unchained"）
◇脚色賞	クリス・テリオ（Chris Terrio）「アルゴ」（"Argo"）
◇撮影賞	クラウディオ・ミランダ（Claudio Miranda）「ライフ・オブ・パイ/トラと漂流した227日」（"Life of Pi"）
◇美術監督・装置賞	リック・カーター（Rick Carter プロダクション・デザイン），ジム・エリクソン（Jim Erickson セット・デコレイション）「リンカーン」（"Lincoln"）
◇音響賞	アンディ・ネルソン（Andy Nelson），マーク・パターソン（Mark Paterson），サイモン・ヘイズ（Simon Hayes）「レ・ミゼラブル」（"Les Misérables"）
◇音響効果賞	パー・ホールバーグ（Per Hallberg），カレン・ベイカー・ランダース（Karen Baker Landers）「007 スカイフォール」（"Skyfall"）
	ポール・N.J.オットソン（Paul N.J.Ottosson）「ゼロ・ダーク・サーティ」（"Zero Dark Thirty"）
◇編集賞	ウィリアム・ゴールデンバーグ（William Goldenberg）「アルゴ」（"Argo"）
◇作曲賞	マイケル・ダナ（Mychael Danna）「ライフ・オブ・パイ/トラと漂流した227日」（"Life of Pi"）
◇主題歌賞	アデル（Adele 作詞・曲），ポール・エプワース（Paul Epworth 作詞・曲）'Skyfall'（「007 スカイフォール」"Skyfall"）
◇衣装デザイン賞	ジャクリーン・デュラン（Jacqueline Durran）「アンナ・カレーニナ」（"Anna Karenina"）
◇メイクアップ・ヘアスタイリング賞	リサ・ウェストコット（Lisa Westcott），ジュリー・ダートネル（Julie Dartnell）「レ・ミゼラブル」（"Les Misérables"）
◇特殊効果賞	ビル・ウェステンホファー（Bill Westenhofer），ギョーム・ロシェロン（Guillaume Rocheron），エリック=ジャン・デ・ブール（Erik-Jan De Boer），ドナルド・R.エリオット（Donald R.Elliott）「ライフ・オブ・パイ/トラと漂流した227日」（"Life of Pi"）
◇外国語映画賞	「愛、アムール」（"Amour"）

◇ドキュメンタリー映画賞（長編）　「シュガーマン 奇跡に愛された男」（"Searching for Sugar Man"）
◇ドキュメンタリー映画賞（短編）　"Inocente"
◇短編実写映画賞　　"Curfew"
◇長編アニメーション映画賞　「メリダとおそろしの森」（"Brave"）
◇短編アニメーション映画賞　「紙ひこうき」（"Paperman"）
◇ジーン・ハーショルト友愛賞　ジェフリー・カッツェンバーグ（Jeffrey Katzenberg）
◇名誉賞　　　　　　ハル・ニーダム（Hal Needham）
　　　　　　　　　　D.A.ペネベイカー（D.A.Pennebaker）
　　　　　　　　　　ジョージ・スティーブンス，Jr.（George Stevens Jr.）

第86回（2013年）
◇作品賞　　　　　　「それでも夜は明ける」（"12 Years a Slave"）
◇監督賞　　　　　　アルフォンソ・キュアロン（Alfonso Cuarón）「ゼロ・グラビティ」（"Gravity"）
◇主演男優賞　　　　マシュー・マコノヒー（Matthew McConaughey）「ダラス・バイヤーズクラブ」（"Dallas Buyers Club"）
◇主演女優賞　　　　ケイト・ブランシェット（Cate Blanchett）「ブルージャスミン」（"Blue Jasmine"）
◇助演男優賞　　　　ジャレッド・レトー（Jared Leto）「ダラス・バイヤーズクラブ」（"Dallas Buyers Club"）
◇助演女優賞　　　　ルピタ・ニョンゴ（Lupita Nyong'o）「それでも夜は明ける」（"12 Years a Slave"）
◇オリジナル脚本賞　スパイク・ジョーンズ（Spike Jonze）「her/世界でひとつの彼女」（"Her"）
◇脚色賞　　　　　　ジョン・リドリー（John Ridley）「それでも夜は明ける」（"12 Years a Slave"）
◇撮影賞　　　　　　エマニュエル・ルベツキ（Emmanuel Lubezki）「ゼロ・グラビティ」（"Gravity"）
◇美術監督・装置賞　キャサリン・マーティン（Catherine Martin プロダクション・デザイン），ビヴァリー・ダン（Beverley Dunn セット・デコレイション）「華麗なるギャツビー」（"The Great Gatsby"）
◇音響賞　　　　　　スキップ・リーヴセイ（Skip Lievsay），ニヴ・アディリ（Niv Adiri），クリストファー・ベンステッド（Christopher Benstead），クリス・ムンロ（Chris Munro）「ゼロ・グラビティ」（"Gravity"）
◇音響効果賞　　　　グレン・フリーマントル（Glenn Freemantle）「ゼロ・グラビティ」（"Gravity"）
◇編集賞　　　　　　アルフォンソ・キュアロン（Alfonso Cuarón），マーク・サンガー（Mark Sanger）「ゼロ・グラビティ」（"Gravity"）
◇作曲賞　　　　　　スティーヴン・プライス（Steven Price）「ゼロ・グラビティ」（"Gravity"）
◇主題歌賞　　　　　クリステン・アンダーソン＝ロペス（Kristen Anderson-Lopez 作詞・曲），ロバート・ロペス（Robert Lopez 作詞・曲）'Let It Go'（「アナと雪の女王」"Frozen"）
◇衣装デザイン賞　　キャサリン・マーティン（Catherine Martin）「華麗なるギャツビー」（"The Great Gatsby"）
◇メイクアップ・ヘアスタイリング賞　アドルイーサ・リー（Adruitha Lee），ロビン・マシューズ（Robin Mathews）「ダラス・バイヤーズクラブ」（"Dallas Buyers Club"）
◇特殊効果賞　　　　ティム・ウェバー（Tim Webber），クリス・ローレンス（Chris Lawrence），デヴィッド・シャーク（David Shirk），ニール・コーボールド（Neil Corbould）「ゼロ・グラビティ」（"Gravity"）
◇外国語映画賞　　　「グレート・ビューティー/追憶のローマ」（"The Great Beauty"）
◇ドキュメンタリー映画賞（長編）　「バックコーラスの歌姫（ディーバ）たち」（"20 Feet from Stardom"）

◇ドキュメンタリー映画賞（短編）　"The Lady in Number 6: Music Saved My Life"
◇短編実写映画賞　"Helium"
◇長編アニメーション映画賞　「アナと雪の女王」（"Frozen"）
◇短編アニメーション映画賞　"Mr.Hublot"
◇ジーン・ハーショルト友愛賞　アンジェリーナ・ジョリー（Angelina Jolie）
◇ゴードン・E.ソーヤー賞　ピーター・W.アンダーソン（Peter W.Anderson）
◇名誉賞　　　　アンジェラ・ランズベリー（Angela Lansbury）
　　　　　　　スティーヴ・マーティン（Steve Martin）
　　　　　　　ピエロ・トシ（Piero Tosi）

第87回（2014年）
　◇作品賞　　　「バードマン あるいは（無知がもたらす予期せぬ奇跡）」（"Birdman or (The Unexpected Virtue of Ignorance)"）
　◇監督賞　　　アレハンドロ・ゴンサレス・イニャリトゥ（Alejandro G.Iñárritu）「バードマン あるいは（無知がもたらす予期せぬ奇跡）」（"Birdman or (The Unexpected Virtue of Ignorance)"）
　◇主演男優賞　エディ・レッドメイン（Eddie Redmayne）「博士と彼女のセオリー」（"The Theory of Everything"）
　◇主演女優賞　ジュリアン・ムーア（Julianne Moore）「アリスのままで」（"Still Alice"）
　◇助演男優賞　J.K.シモンズ（J.K.Simmons）「セッション」（"Whiplash"）
　◇助演女優賞　パトリシア・アークエット（Patricia Arquette）「6才のボクが、大人になるまで。」（"Boyhood"）
　◇オリジナル脚本賞　アレハンドロ・ゴンサレス・イニャリトゥ（Alejandro G.Iñárritu），ニコラス・ヒアコボーネ（Nicolás Giacobone），アレクサンダー・ディネラリス，Jr.（Alexander Dinelaris, Jr.），アルマンド・ボー（Armando Bo）「バードマン あるいは（無知がもたらす予期せぬ奇跡）」（"Birdman or (The Unexpected Virtue of Ignorance)"）
　◇脚色賞　　　グレアム・ムーア（Graham Moore）「イミテーション・ゲーム/エニグマと天才数学者の秘密」（"The Imitation Game"）
　◇撮影賞　　　エマニュエル・ルベツキ（Emmanuel Lubezki）「バードマン あるいは（無知がもたらす予期せぬ奇跡）」（"Birdman or (The Unexpected Virtue of Ignorance)"）
　◇美術監督・装置賞　アダム・ストックハウゼン（Adam Stockhausen プロダクション・デザイン），アンナ・ピノック（Anna Pinnock セット・デコレイション）「グランド・ブダペスト・ホテル」（"The Grand Budapest Hotel"）
　◇音響賞　　　クレイグ・マン（Craig Mann），ベン・ウィルキンス（Ben Wilkins），トマス・カーリー（Thomas Curley）「セッション」（"Whiplash"）
　◇音響効果賞　アラン・ロバート・マーレイ（Alan Robert Murray），バブ・アスマン（Bub Asman）「アメリカン・スナイパー」（"American Sniper"）
　◇編集賞　　　トム・クロス（Tom Cross）「セッション」（"Whiplash"）
　◇作曲賞　　　アレクサンドル・デスプラ（Alexandre Desplat）「グランド・ブダペスト・ホテル」（"The Grand Budapest Hotel"）
　◇主題歌賞　　ジョン・ステファンズ（John Stephens 作詞・曲），ロニー・リン（Lonnie Lynn 作詞・曲）'Glory'（「グローリー/明日（あす）への行進」"Selma"）
　◇衣装デザイン賞　ミレーナ・カノネロ（Milena Canonero）「グランド・ブダペスト・ホテル」（"The Grand Budapest Hotel"）
　◇メイクアップ・ヘアスタイリング賞　フランシス・ハノン（Frances Hannon），マーク・クーリア（Mark Coulier）「グランド・ブダペスト・ホテル」（"The Grand Budapest Hotel"）
　◇特殊効果賞　ポール・フランクリン（Paul Franklin），アンドリュー・ロックリー（Andrew Lockley），イアン・ハート（Ian Hunter），スコット・フィッシャー（Scott

　　　　　　　　　　　　Fisher)「インターステラー」("Interstellar")
◇外国語映画賞　　　「イーダ」("Ida")
◇ドキュメンタリー映画賞（長編）　"CitizenFour"
◇ドキュメンタリー映画賞（短編）　"Crisis Hotline: Veterans Press 1"
◇短編実写映画賞　　"The Phone Call"
◇長編アニメーション映画賞　「ベイマックス」("Big Hero 6")
◇短編アニメーション映画賞　「愛犬とごちそう」("Feast")
◇ジーン・ハーショルト友愛賞　ハリー・ベラフォンテ(Harry Belafonte)
◇ゴードン・E.ソーヤー賞　デヴィッド・ウィンチェスター・グレイ(David Winchester Gray)
◇名誉賞　　　　　　ジャン＝クロード・カリエール(Jean-Claude Carrière)
　　　　　　　　　　宮崎駿(Hayao Miyazaki)
　　　　　　　　　　モーリン・オハラ(Maureen O'Hara)

24 ヴェネチア国際映画祭 Mostra Internazionale d'Arte Cinematografica

　世界で最も古い歴史をもつ映画祭。3大映画祭の一つ。ヴェネチア・ビエンナーレの一部門として1932年第1回開催。第二次世界大戦による中断や低迷を経て、69年から79年の間全ての賞制度が廃止、一時混乱に陥ったが、80年にコンペティション部門が復活、「金獅子賞」「銀獅子賞」が再び選出されるようになり、翌81年が改めて開催回数が38回と定められた。以降、国際的に権威ある映画祭として毎年8月末から9月初めに開催されている。メイン・コンペでは金獅子賞（最優秀作品賞）、銀獅子賞（監督賞）、審査員特別賞、男優賞、女優賞、オゼッラ賞（技術賞、脚本賞）、マルチェロ・マストロヤンニ賞（新人俳優賞）が選出される。この他、斬新性と先鋭性のある作品を集めたオリゾンティ部門、修復された古典作品を上映するヴェニス・クラシック部門、フィルム・マーケットなどが開催される。

　＊日本人の受賞は以下の通り。稲垣浩「無法松の一生」金獅子賞（58年）、小林正樹「人間の條件」サンジョルジュ賞（60年）・「上意討ち 拝領妻始末」国際映画批評家連盟賞（67年）、溝口健二「西鶴一代女」国際賞（52年）・「雨月物語」銀獅子賞（53年）・「山椒太夫」銀獅子賞（54年）、黒澤明「羅生門」金獅子賞（51年）・「七人の侍」銀獅子賞（55年）、三船敏郎「用心棒」主演男優賞（61年）・「赤ひげ」主演男優賞（65年）、熊井啓「千利休 本覺坊遺文」銀獅子賞（89年）、市川崑「ビルマの竪琴」サンジョルジュ賞（56年）、北野武「HANA-BI」金獅子賞（97年）・「座頭市」監督賞（2003年）、竹中直人「無能の人」国際映画批評家連盟賞（91年）、スタジオジブリ（宮崎駿監督）「ハウルの動く城」オゼッラ賞（2004年）、宮崎駿・特別功労賞（05年）、染谷将太、二階堂ふみ「ヒミズ」マルチェロ・マストロヤンニ賞（11年）

【主催者】la Biennale di Venezia − Cinema section
【選考委員】長編部門では、各国から7もしくは9人が任命される。〔2014年〕Alexandre Desplat（委員長）、Joan Chen, Philip Gröning, Jessica Hausner, Jhumpa Lahiri, Sandy Powell, Tim Roth, Elia Suleiman, Carlo Verdone
【選考基準】前年9月1日以降に製作されたいまだ上映されていない35ミリ長編映画。短編映画は30分以内の35ミリ映画
【締切・発表】〔2015年〕6月末応募締切。7月中にコンペ参加作が発表される。映画祭開催期間は9月2日〜15日
【賞・賞金】金の獅子像、銀の獅子像
【連絡先】Ca' Giustinian, San Marco 1364/A 30124 Venice【TEL】+39 041 52 18 711
　【FAX】+39 041 52 18 854
【E-mail】cinema@labiennale.org

【URL】http://www.labiennale.org/en/cinema/

第62回（2005年）
　　◇金獅子賞　　　　　アン・リー（Ang Lee）「ブロークバック・マウンテン」（"Brokeback Mountain"）
　　◇審査員特別大賞　　アベル・フェラーラ（Abel Ferrara）「マリー 〜もうひとりのマリア〜」（"Mary"）
　　◇特別監督賞　　　　フィリップ・ガレル（Philippe Garrel）「恋人たちの失われた革命」（"Les Amants Reguliers"）
　　◇最優秀男優賞　　　デイヴィッド・ストラザーン（David Strathairn）「グッドナイト&グッドラック」（"Good Night, and Good Luck"）
　　◇最優秀女優賞　　　ジョヴァンナ・メッツォジョルノ（Giovanna Mezzogiorno）"La bestia nel cuore"
　　◇特別賞　　　　　　イザベル・ユペール（Isabelle Huppert）
　　◇マルチェロ・マストロヤンニ賞　メノティ・セザール（Menothy Cesar）"Vers le sud"
　　◇オゼッラ賞（脚本賞）ジョージ・クルーニー（George Clooney），グラント・ヘスロフ（Grant Heslov）「グッドナイト&グッドラック」（"Good Night, and Good Luck"）
　　◇オゼッラ賞（技術貢献賞）ウィリアム・リュプシャンスキー（William Lubtchansky）「恋人たちの失われた革命」（"Les Amants Reguliers"）
　　◇特別功労賞　　　　宮崎駿（Hayao Miyazaki）
　　　　　　　　　　　　ステファニア・サンドレッリ（Stefania Sandrelli）

第63回（2006年）
　　◇金獅子賞　　　　　ジャ・ジャンクー（Jia Zhangke）「長江哀歌（エレジー）」（"Sanxia haoren"）
　　◇審査員特別大賞　　マハマト=サレ・ハルーン（Mahamat-Saleh Haroun）"Daratt"
　　◇監督賞　　　　　　アラン・レネ（Alain Resnais）「六つの心」（"Coeurs"）
　　◇最優秀男優賞　　　ベン・アフレック（Ben Affleck）「ハリウッドランド」（"Hollywoodland"）
　　◇最優秀女優賞　　　ヘレン・ミレン（Helen Mirren）「クィーン」（"The Queen"）
　　◇特別賞　　　　　　ダニエル・ユイレ（Danièle Huillet），ジャン=マリー・ストローブ（Jean-Marie Straub）
　　◇マルチェロ・マストロヤンニ賞　イジルド・ル・ベスコ（Isild Le Besco）"L'intouchable"
　　◇オゼッラ賞（脚本賞）ピーター・モーガン（Peter Morgan）「クィーン」（"The Queen"）
　　◇オゼッラ賞（技術貢献賞）エマニュエル・ルベツキ（Emmanuel Lubezki）「トゥモロー・ワールド」（"Children of Men"）
　　◇特別功労賞　　　　デヴィッド・リンチ（David Lynch）

第64回（2007年）
　　◇金獅子賞　　　　　アン・リー（Ang Lee）「ラスト、コーション」（"Se, jie"）
　　◇審査員特別大賞　　アブデルラティーフ・ケシーシュ（Abdellatif Kechiche）「クスクス粒の秘密」（"La Graine et le mulet"）
　　　　　　　　　　　　トッド・ヘインズ（Todd Haynes）「アイム・ノット・ゼア」（"I'm Not There"）
　　◇特別監督賞　　　　ブライアン・デ・パルマ（Brian De Palma）「リダクテッド 真実の価値」（"Redacted"）
　　◇最優秀男優賞　　　ブラッド・ピット（Brad Pitt）「ジェシー・ジェームズの暗殺」（"The Assassination of Jesse James by the Coward Robert Ford"）
　　◇最優秀女優賞　　　ケイト・ブランシェット（Cate Blanchett）「アイム・ノット・ゼア」（"I'm Not There"）
　　◇特別賞　　　　　　ニキータ・ミハルコフ（Nikita Mikhalkov）
　　◇マルチェロ・マストロヤンニ賞　ハフシア・ヘルジ（Hafsia Herzi）「クスクス粒の秘密」（"La Graine et le mulet"）

◇オゼッラ賞（脚本賞）　ポール・ラヴァーティ（Paul Laverty）「この自由な世界で」（"It's a Free World..."）
◇オゼッラ賞（技術貢献賞）　ロドリゴ・プリエト（Rodrigo Prieto）「ラスト、コーション」（"Se, jie"）
◇特別功労賞　ティム・バートン（Tim Burton）
第65回（2008年）
　◇金獅子賞　ダーレン・アロノフスキー（Darren Aronofsky）「レスラー」（"The Wrestler"）
　◇銀獅子賞　アレクセイ・ゲルマン（Aleksei German Jr.）「宇宙飛行士の医者」（"Bumaznyj soldat"）
　◇審査員特別大賞　ハイレ・ゲリマ（Haile Gerima）「テザ 慟哭の大地」（"Teza"）
　◇最優秀男優賞　シルヴィオ・オルランド（Silvio Orlando）「ボローニャの夕暮れ」（"Il papa di Giovanna"）
　◇最優秀女優賞　ドミニク・ブラン（Dominique Blanc）"L'autre"
　◇特別賞　ヴェルナー・シュレーター（Werner Schroeter）
　◇マルチェロ・マストロヤンニ賞　ジェニファー・ローレンス（Jennifer Lawrence）「あの日、欲望の大地で」（"The Burning Plain"）
　◇オゼッラ賞（脚本賞）　ハイレ・ゲリマ（Haile Gerima）「テザ 慟哭の大地」（"Teza"）
　◇オゼッラ賞（技術貢献賞）　アリシェール・ハミドホジャエフ（Alisher Khamidkhodjaev），マキシム・ドロズドフ（Maksim Drozdov）「宇宙飛行士の医者」（"Bumaznyj soldat"）
　◇特別功労賞　エルマンノ・オルミ（Ermanno Olmi）
第66回（2009年）
　◇金獅子賞　サミュエル・マオズ（Samuel Maoz）「レバノン」（"Lebanon"）
　◇銀獅子賞　シリン・ネシャット（Shirin Neshat）"Zanan Bedone Mardan（Women Without Men）"
　◇審査員特別大賞　ファティ・アキン（Fatih Akin）「ソウル・キッチン」（"Soul Kitchen"）
　◇最優秀男優賞　コリン・ファース（Colin Firth）「シングルマン」（"A Single Man"）
　◇最優秀女優賞　クセニア・ラパポルト（Ksenia Rappoport）「重なりあう時」（"La doppia ora"）
　◇マルチェロ・マストロヤンニ賞　ジャスミン・トリンカ（Jasmine Trinca）"Il grande sogno"
　◇オゼッラ賞（脚本賞）　トッド・ソロンズ（Todd Solondz）"Life during Wartime"
　◇オゼッラ賞（技術貢献賞）　シルヴィー・オリーブ（Sylvie Olivé）「ミスター・ノーバディ」（"Mr. Nobody"）
第67回（2010年）
　◇金獅子賞　ソフィア・コッポラ（Sofia Coppola）"Somewhere"
　◇銀獅子賞　アレックス・デ・ラ・イグレシア（Álex de la Iglesia）「気狂いピエロの決闘」（"Balada triste de trompeta"）
　◇審査員特別大賞　イエジー・スコリモフスキ（Jerzy Skolimowski）「エッセンシャル・キリング」（"Essential Killing"）
　◇最優秀男優賞　ヴィンセント・ギャロ（Vincent Gallo）「エッセンシャル・キリング」（"Esse8ntial Killing"）
　◇最優秀女優賞　アリアーヌ・ラベド（Ariane Labed）"Attenberg"
　◇特別賞　モンテ・ヘルマン（Monte Hellman）
　◇マルチェロ・マストロヤンニ賞　ミラ・クニス（Mila Kunis）「ブラック・スワン」（"Black Swan"）
　◇オゼッラ賞（脚本賞）　アレックス・デ・ラ・イグレシア（Álex de la Iglesia）「気狂いピエロの決闘」（"Balada triste de trompeta"）
　◇オゼッラ賞（撮影賞）　ミハイル・クリチマン（Mikhail Krichman）"Ovsyanki（Silent Souls）"
　◇特別功労賞　ジョン・ウー（John Woo）

第68回（2011年）
- ◇金獅子賞　　　　　アレクサンドル・ソクーロフ（Aleksander Sokurov）「ファウスト」（"Faust"）
- ◇銀獅子賞　　　　　ツァイ・シャンチュン（Shangjun Cai）「人山人海」（"Ren Shan Ren Hai"）
- ◇審査員特別大賞　　エマヌエーレ・クリアレーゼ（Emanuele Crialese）「海と大陸」（"Terraferma"）
- ◇最優秀男優賞　　　マイケル・ファスベンダー（Michael Fassbender）「SHAME －シェイム－」（"Shame"）
- ◇最優秀女優賞　　　ディニー・イップ（Deanie Yip）「桃さんのしあわせ」（"Tao jie"）
- ◇マルチェロ・マストロヤンニ賞　染谷将太（Shôta Sometani），二階堂ふみ（Fumi Nikaidô）「ヒミズ」（"Himizu"）
- ◇オゼッラ賞（脚本賞）ヨルゴス・ランティモス（Yorgos Lanthimos），エフティミス・フィリッポウ（Efthimis Filippou）"Alpis（Alps）"
- ◇オゼッラ賞（撮影賞）ロビー・ライアン（Robbie Ryan）"Wuthering Heights"
- ◇特別功労賞　　　　マルコ・ベロッキオ（Marco Bellocchio）

第69回（2012年）
- ◇金獅子賞　　　　　キム・ギドク（Kim Ki-duk）「嘆きのピエタ」（"Pieta"）
- ◇銀獅子賞　　　　　ポール・トーマス・アンダーソン（Paul Thomas Anderson）「ザ・マスター」（"The Master"）
- ◇審査員特別大賞　　ウルリヒ・ザイドル（Ulrich Seidl）「パラダイス：神」（"Glaube"）
- ◇最優秀男優賞　　　フィリップ・シーモア・ホフマン（Philip Seymour Hoffman），ホアキン・フェニックス（Joaquin Phoenix）「ザ・マスター」（"The Master"）
- ◇最優秀女優賞　　　ハダス・ヤロン（Hadas Yaron）「フィル・ザ・ヴォイド」（"Lemale Et Ha'chalal"）
- ◇マルチェロ・マストロヤンニ賞　マルコ・ベロッキオ（Marco Bellocchio）「眠れる美女」（"Bella Addormentata" "È Stato Il Figlio"）
- ◇脚本賞　　　　　　オリヴィエ・アサイヤス（Olivier Assayas）「5月の後」（"Apres Mai"）
- ◇技術貢献賞　　　　ダニエーレ・チプリ（Daniele Ciprì）"È Stato Il Figlio"
- ◇特別功労賞　　　　フランチェスコ・ロージ（Francesco Rosi）

第70回（2013年）
- ◇金獅子賞　　　　　ジャンフランコ・ロージ（Gianfranco Rosi）「ローマ環状線、めぐりゆく人生たち」（"Sacro Gra"）
- ◇銀獅子賞　　　　　アレクサンドロス・アブラナス（Alexandros Avranas）"Miss Violence"
- ◇審査員特別大賞　　ツァイ・ミンリャン（Tsai Ming-liang）「郊遊〈ピクニック〉」（"Jiaoyou"）
- ◇審査員特別賞　　　フィリップ・グレーニング（Philip Gröning）「警察官の妻」（"Die Frau Des Polizisten"）
- ◇最優秀男優賞　　　テミス・パヌ（Themis Panou）"Miss Violence"
- ◇最優秀女優賞　　　エレナ・コッタ（Elena Cotta）「シチリアの裏通り」（"Via Castellana Bandiera"）
- ◇マルチェロ・マストロヤンニ賞　タイ・シェリダン（Tye Sheridan）"Joe"
- ◇脚本賞　　　　　　スティーヴ・クーガン（Steve Coogan），ジェフ・ポープ（Jeff Pope）「あなたを抱きしめる日まで」（"Philomena"）
- ◇特別功労賞　　　　ウィリアム・フリードキン（William Friedkin）

第71回（2014年）
- ◇金獅子賞　　　　　ロイ・アンダーソン（Roy Andersson）「実存を省みる枝の上の鳩」（"En Duva Satt På En Gren Och Funderade På Tillvaron"）
- ◇銀獅子賞　　　　　アンドレイ・コンチャロフスキー（Andrej Koncalovskij）「白夜と配達人」（"Belye Nochi Pochtalona Alekseya Tryapitsyna"）
- ◇審査員特別大賞　　ジョシュア・オッペンハイマー（Joshua Oppenheimer）「ルック・オブ・サイレンス」（"The Look Of Silence"）

◇審査員特別賞　カーン・ミュデジ (Kaan Müjdeci) "Sivas"
◇最優秀男優賞　アダム・ドライバー (Adam Driver)「ハングリー・ハーツ」("Hungry Hearts")
◇最優秀女優賞　アルバ・ロルヴァケル (Alba Rohrwacher)「ハングリー・ハーツ」("Hungry Hearts")
◇マルチェロ・マストロヤンニ賞　ロマン・ポール (Romain Paul) "Le Dernier Coup De Marteau"
◇脚本賞　ラフシャーン・バニエッテマード (Rakhshan Banietemad)，ファリド・ムスタファヴィ (Farid Mostafavi) "Ghesseha"
◇特別功労賞　セルマ・スクーンメイカー (Thelma Schoonmaker)，フレデリック・ワイズマン (Frederick Wiseman)

25 エミー賞 Emmy Award

アカデミー賞を主催する映画芸術科学アカデミー協会を手本として，1946年に設立された米国テレビ芸術科学アカデミーが1949年に創設した賞。アメリカのテレビドラマを始めとする番組のほか，テレビに関連する様々な業績に与えられる。現在の部門は，プライムタイム・エミー賞(夜間番組)，デイタイム・エミー賞(昼間番組)，スポーツ・エミー賞，ニュース・ドキュメンタリー・エミー賞，技術・工学エミー賞，国際エミー賞(アメリカ以外のテレビ番組を対象に授賞)があり，プライムタイム・エミー賞はテレビ芸術科学アカデミーが，国際エミー賞は国際テレビ芸術科学アカデミーが，それ以外の部門は米国テレビ芸術科学アカデミーが主催している。放送業界において最も権威と歴史のある賞とされる。
【主催者】テレビ芸術科学アカデミー (The Academy of Television Arts & Sciences)，米国テレビ芸術科学アカデミー (National Academy of Television Arts & Sciences)，国際テレビ芸術科学アカデミー (International Academy of Television Arts & Sciences)
【選考方法】アカデミーに所属する会員の投票により決定
【締切・発表】〔2015年〕技術・工学エミー賞は1月8日，デイタイム・エミー賞は4月26日，スポーツ・エミー賞は5月5日，プライムタイム・エミー賞は9月20日，国際エミー賞は11月23日に授賞式
【賞・賞金】エミー像
【連絡先】(The Academy of Television Arts & Sciences) 5220 Lankershim Blvd.North Hollywood, CA 91601【TEL】(The Academy of Television Arts & Sciences) (818) 754-2800
【URL】http://www.emmys.com/

第1回 (1949年)
　◇最優秀人物賞　シャーリー・ディンズデール (Shirley Dinsdale)
　◇最優秀TV映画　"The Necklace (Your Show Time Series)"
　◇人気テレビ番組　マイク・ストーキー (Mike Stokey) "Pantomime Quiz Time"
　◇特別賞　ルイス・マクマヌス (Louis McManus)
　◇放送局賞　KTLA
第2回 (1950年)
　◇最優秀録画番組人物賞　ミルトン・バール (Milton Berle)
　◇最優秀生放送番組人物賞　エド・ウィン (Ed Wynn)
第3回 (1951年)
　◇最優秀男優賞　アラン・ヤング (Alan Young)
　◇最優秀女優賞　ガートルード・バーグ (Gertrude Berg)
　◇最優秀人物賞　グルーチョ・マルクス (Groucho Marx)

第4回（1952年）
　◇最優秀男優賞　　　シド・シーザー（Sid Caesar）
　◇最優秀女優賞　　　イモジン・コカ（Imogene Coca）
第5回（1953年）
　◇最優秀男優賞　　　トーマス・ミッチェル（Thomas Mitchell）
　◇最優秀女優賞　　　ヘレン・ヘイズ（Helen Hayes）
　◇最優秀人物賞　　　フルトン・J.シーン（Bishop Fulton J.Sheen）
第6回（1954年）
　◇最優秀男優賞　　　ドナルド・オコナー（Donald O'Connor）"Colgate Comedy Hour"
　◇最優秀助演男優賞　アート・カーニー（Art Carney）"The Jackie Gleason Show"
　◇最優秀女優賞　　　イブ・アーデン（Eve Arden）"Our Miss Brooks"
　◇最優秀助演女優賞　ヴィヴィアン・ヴァンス（Vivian Vance）「アイ・ラブ・ルーシー」（"I Love Lucy"）
　◇最優秀人物賞　　　エドワード・R.マロー（Edward R.Murrow）
第7回（1955年）
　◇最優秀男優賞（シリーズ番組）　ダニー・トーマス（Danny Thomas）"Make Room for Daddy"
　◇最優秀助演男優賞（シリーズ番組）　アート・カーニー（Art Carney）"The Jackie Gleason Show"
　◇最優秀女優賞（シリーズ番組）　ロレッタ・ヤング（Loretta Young）"The Loretta Young Show"
　◇最優秀助演女優賞（シリーズ番組）　オードリー・メドウズ（Audrey Meadows）"The Jackie Gleason Show"
　◇最優秀監督賞　　　フランクリン・シャフナー（Franklin Schaffner）"Studio One"
　◇最優秀新人賞　　　ジョージ・ゴベル（George Gobel）
第8回（1956年）
　◇最優秀男優賞（シリーズ番組）　フィル・シルヴァース（Phil Silvers）"The Phil Silvers Show"
　◇最優秀助演男優賞　アート・カーニー（Art Carney）"The Honeymooners"
　◇最優秀女優賞（シリーズ番組）　ルシル・ボール（Lucille Ball）「アイ・ラブ・ルーシー」（"I Love Lucy"）
　◇最優秀助演女優賞　ナネット・ファブレイ（Nanette Fabray）"Caesar's Hour"
　◇最優秀監督賞（収録シリーズ）　ナット・ハイケン（Nat Hiken）"Phil Silvers Show"
　◇最優秀監督賞（生放送シリーズ）　フランクリン・シャフナー（Franklin Schaffner）"The Caine Mutiny Court Martial"
第9回（1957年）
　◇最優秀男優賞（シリーズ番組）　ロバート・ヤング（Robert Young）「パパは何でも知っている」（"Father Knows Best"）
　◇最優秀助演男優賞　カール・ライナー（Carl Reiner）"Caesar's Hour"
　◇最優秀女優賞（シリーズ番組）　ロレッタ・ヤング（Loretta Young）"The Loretta Young Show"
　◇最優秀助演女優賞　パット・キャロル（Pat Carroll）"Caesar's Hour"
　◇最優秀監督賞（30分未満番組）　シェルドン・レナード（Sheldon Leonard）"Danny Thomas Show"
　◇最優秀監督賞（1時間以上番組）　ラルフ・ネルソン（Ralph Nelson）「プレイハウス90」（"Playhouse 90"）
第10回（1958年）
　◇最優秀主演男優賞（ドラマ，コメディシリーズ）　ロバート・ヤング（Robert Young）「パパは何でも知っている」（"Father Knows Best"）
　◇最優秀助演男優賞（ドラマ，コメディシリーズ）　カール・ライナー（Carl Reiner）"Caesar's Hour"
　◇最優秀主演女優賞（ドラマ，コメディシリーズ）　ジェーン・ワイアット（Jane Wyatt）「パパは何でも知っている」（"Father Knows Best"）
　◇最優秀助演女優賞（ドラマ，コメディシリーズ）　アン・B.デイヴィス（Ann B.Davis）"Bob

　　　　Cummings Show"
　◇最優秀監督賞（30分未満）ロバート・スティーヴンス（Robert Stevens）"Alfred Hitchcock Presents"
　◇最優秀監督賞（1時間以上）ボブ・バナー（Bob Banner）"Dinah Shore - Chevy Show"
第11回（1959年）
　◇最優秀主演男優賞（コメディシリーズ）ジャック・ベニー（Jack Benny）"The Jack Benny Show"
　◇最優秀主演男優賞（ドラマシリーズ）レイモンド・バー（Raymond Burr）「ペリー・メイスン」（"Perry Mason"）
　◇最優秀助演男優賞（コメディシリーズ）トム・ポストン（Tom Poston）"Steve Allen Show"
　◇最優秀助演男優賞（ドラマシリーズ）デニス・ウィーヴァー（Dennis Weaver）「ガンスモーク」（"Gunsmoke"）
　◇最優秀主演女優賞（コメディシリーズ）ジェーン・ワイアット（Jane Wyatt）「パパは何でも知っている」（"Father Knows Best"）
　◇最優秀主演女優賞（ドラマシリーズ）ロレッタ・ヤング（Loretta Young）"The Loretta Young Show"
　◇最優秀助演女優賞（コメディシリーズ）アン・B.デイヴィス（Ann B.Davis）"Bob Cummings Show"
　◇最優秀助演女優賞（ドラマシリーズ）バーバラ・ヘイル（Barbara Hale）「ペリー・メイスン」（"Perry Mason"）
　◇最優秀監督賞（ドラマシリーズ）ジョージ・シェーファー（George Schaefer）"Hallmark Hall of Fame"
　◇最優秀監督賞（音楽・バラエティ番組）バッド・ヨーキン（Bud Yorkin）"An Evening with Fred Astaire"
　◇最優秀監督賞（コメディシリーズ）ピーター・テュークスベリー（Peter Tewksbury）「パパは何でも知っている」（"Father Knows Best"）
第12回（1960年）
　◇最優秀男優賞（シリーズドラマ）ロバート・スタック（Robert Stack）「アンタッチャブル」（"The Untouchables"）
　◇最優秀女優賞（シリーズドラマ）ジェーン・ワイアット（Jane Wyatt）「パパは何でも知っている」（"Father Knows Best"）
　◇最優秀監督賞（コメディシリーズ）ラルフ・レヴィ（Ralph Levy），バッド・ヨーキン（Bud Yorkin）"Jack Benny Hour Specials"
　◇最優秀監督賞（ドラマシリーズ）ロバート・マリガン（Robert Mulligan）"The Moon and Sixpence"
第13回（1961年）
　◇最優秀主演男優賞　レイモンド・バー（Raymond Burr）「ペリー・メイスン」（"Perry Mason"）
　◇最優秀助演男優賞　ドン・ノッツ（Don Knotts）"The Andy Griffiths Show"
　◇最優秀主演女優賞　バーバラ・スタンウィック（Barbara Stanwyck）"Barbara Stanwyck Show"
　◇最優秀助演女賞　ロディ・マクドウォール（Roddy McDowall）"Equitable's American Heritage"
　◇最優秀監督賞（コメディシリーズ）シェルドン・レナード（Sheldon Leonard）"The Danny Thomas Show"
　◇最優秀監督賞（ドラマシリーズ）ジョージ・シェーファー（George Schaefer）"Hallmark Hall of Fame"
第14回（1962年）
　◇最優秀主演男優賞　E.G.マーシャル（E.G.Marshall）「弁護士プレストン」（"The Defenders"）
　◇最優秀助演男優賞　ドン・ノッツ（Don Knotts）「メイベリー110番」（"The Andy Griffith Show"）
　◇最優秀主演女優賞　シャーリー・ブース（Shirley Booth）「ヘイゼルおばさん」（"Hazel"）
　◇最優秀助演女優賞　パメラ・ブラウン（Pamela Brown）"Hallmark Hall of Fame"
　◇最優秀監督賞（コメディシリーズ）ナット・ハイケン（Nat Hiken）"Car 54, Where Are You?"

◇最優秀監督賞（ドラマシリーズ）フランクリン・シャフナー（Franklin Schaffner）「弁護士プレストン」（"The Defenders"）

第15回（1963年）
　◇最優秀男優賞（シリーズ番組）E.G.マーシャル（E.G.Marshall）「弁護士プレストン」（"The Defenders"）
　◇最優秀助演男優賞　ドン・ノッツ（Don Knotts）「メイベリー110番」（"The Andy Griffith Show"）
　◇最優秀女優賞（シリーズ番組）シャーリー・ブース（Shirley Booth）「ヘイゼルおばさん」（"Hazel"）
　◇最優秀助演女優賞　グレンダ・ファレル（Glenda Farrell）「ベン・ケーシー」（"Ben Casey"）
　◇最優秀監督賞（コメディシリーズ）ジョン・リッチ（John Rich）"The Dick Van Dyke Show"
　◇最優秀監督賞（ドラマシリーズ）スチュアート・ローゼンバーグ（Stuart Rosenberg）「弁護士プレストン」（"The Defenders"）

第16回（1964年）
　◇最優秀男優賞（シリーズ番組）ディック・ヴァン・ダイク（Dick Van Dyke）"The Dick Van Dyke Show"
　◇最優秀助演男優賞　アルバート・ポールセン（Albert Paulsen）"Bob Hope Presents the Chrysler Theatre"
　◇最優秀女優賞（シリーズ番組）メアリー・タイラー・ムーア（Mary Tyler Moore）"The Dick Van Dyke Show"
　◇最優秀助演女優賞　ルース・ホワイト（Ruth White）"Hallmark Hall of Fame"
　◇最優秀監督賞（コメディシリーズ）ジェリー・パリス（Jerry Paris）"The Dick Van Dyke Show"
　◇最優秀監督賞（ドラマシリーズ）トム・グライス（Tom Gries）"East Side/West Side"
　◇最優秀監督賞（バラエティシリーズ）ロバート・シアラー（Robert Scheerer）"The Danny Kaye Show"

第17回（1965年）
　◇最優秀人物賞（俳優・パフォーマー）ディック・ヴァン・ダイク（Dick Van Dyke）"The Dick Van Dyke Show"
　　　　　　　　　　　　　　　　　　　バーブラ・ストライサンド（Barbra Streisand）"My Name is Barbra"
　　　　　　　　　　　　　　　　　　　アルフレッド・ラント（Alfred Lunt）"Hallmark Hall of Fame"
　　　　　　　　　　　　　　　　　　　リン・フォンテイン（Lynn Fontaine）"Hallmark Hall of Fame"
　　　　　　　　　　　　　　　　　　　レナード・バーンスタイン（Leonard Bernstein）"New York Philharmonic Young People's Concerts with"
　◇最優秀人物賞（監督）ポール・ボガート（Paul Bogart）「弁護士プレストン」（"The Defenders"）

第18回（1966年）
　◇最優秀主演男優賞（ドラマシリーズ）ビル・コスビー（Bill Cosby）「アイ・スパイ」（"I Spy"）
　◇最優秀主演男優賞（コメディシリーズ）ディック・ヴァン・ダイク（Dick Van Dyke）"The Dick Van Dyke Show"
　◇最優秀助演男優賞（コメディ番組）ドン・ノッツ（Don Knotts）「メイベリー110番」（"The Andy Griffith Show"）
　◇最優秀助演男優賞（ドラマ番組）ジェームズ・デイリー（James Daly）"Hallmark Hall of Fame"
　◇最優秀主演女優賞（ドラマシリーズ）バーバラ・スタンウィック（Barbara Stanwyck）"The Big Valley"
　◇最優秀主演女優賞（コメディシリーズ）メアリー・タイラー・ムーア（Mary Tyler Moore）"The Dick Van Dyke Show"
　◇最優秀助演女優賞（コメディ番組）アリス・ピアース（Alice Pearce）「奥さまは魔女」（"Bewitched"）
　◇最優秀助演女優賞（ドラマ番組）リー・グラント（Lee Grant）「ペイトンプレイス物語」（"Peyton Place"）
　◇最優秀監督賞（コメディシリーズ）ウィリアム・アッシャー（William Asher）「奥さまは魔女」

("Bewitched")
◇最優秀監督賞（ドラマシリーズ）シドニー・ポラック（Sydney Pollack）"Bob Hope Presents The Chrysler Theatre"
◇最優秀監督賞（バラエティシリーズ）アラン・ハンドリー（Alan Handley）"The Julie Andrews Show"

第19回（1967年）
　◇最優秀主演男優賞（コメディシリーズ）ドン・アダムス（Don Adams）「それ行けスマート」("Get Smart")
　◇最優秀主演男優賞（ドラマシリーズ）ビル・コスビー（Bill Cosby）「アイ・スパイ」("I Spy")
　◇最優秀助演男優賞（コメディ番組）ドン・ノッツ（Don Knotts）「メイベリー110番」("The Andy Griffith Show")
　◇最優秀助演男優賞（ドラマ番組）イーライ・ウォラック（Eli Wallach）"Xerox Special"
　◇最優秀主演女優賞（コメディシリーズ）ルシル・ボール（Lucille Ball）「ルーシー・ショー」("The Lucy Show")
　◇最優秀主演女優賞（ドラマシリーズ）バーバラ・ベイン（Barbara Bain）「スパイ大作戦」("Mission: Impossible")
　◇最優秀助演女優賞（コメディ番組）フランシス・ベイヴィア（Frances Bavier）「メイベリー110番」("The Andy Griffith Show")
　◇最優秀助演女優賞（ドラマ番組）アグネス・ムーアヘッド（Agnes Moorehead）「ワイルド・ウェスト」("Wild, Wild West")
　◇最優秀監督賞（コメディシリーズ）ジェームズ・フローリー（James Frawley）"The Monkees"
　◇最優秀監督賞（ドラマシリーズ）アレックス・シーガル（Alex Segal）「セールスマンの死」("Death of a Salesman")
　◇最優秀監督賞（バラエティシリーズ）フィルダー・クック（Fielder Cook）"Brigadoon"

第20回（1968年）
　◇最優秀主演男優賞（コメディシリーズ）ドン・アダムス（Don Adams）「それ行けスマート」("Get Smart")
　◇最優秀主演男優賞（ドラマシリーズ）ビル・コスビー（Bill Cosby）「アイ・スパイ」("I Spy")
　◇最優秀助演男優賞（ドラマ番組）ミルバーン・ストーン（Milburn Stone）「ガンスモーク」("Gunsmoke")
　◇最優秀助演男優賞（コメディ番組）ワーナー・クレンペラー（Werner Klemperer）"Hogan's Heroes"
　◇最優秀主演女優賞（コメディシリーズ）ルシル・ボール（Lucille Ball）「ルーシー・ショー」("The Lucy Show")
　◇最優秀主演女優賞（ドラマシリーズ）バーバラ・ベイン（Barbara Bain）「スパイ大作戦」("Mission: Impossible")
　◇最優秀助演女優賞（コメディ番組）マリオン・ローン（Marion Lorne）「奥さまは魔女」("Bewitched")
　◇最優秀助演女優賞（ドラマ番組）バーバラ・アンダーソン（Barbara Anderson）「鬼警部アイアンサイド」("Ironside")
　◇最優秀監督賞（コメディシリーズ）ブルース・ビルソン（Bruce Bilson）「それ行けスマート」("Get Smart")
　◇最優秀監督賞（ドラマシリーズ）ポール・ボガート（Paul Bogart）"CBS Playhouse"
　◇最優秀監督賞（バラエティシリーズ）ジャック・ヘイリー（Jack Haley）"Movin' In With Nancy"

第21回（1969年）
　◇最優秀主演男優賞（コメディシリーズ）ドン・アダムス（Don Adams）「それ行けスマート」("Get Smart")
　◇最優秀主演男優賞（ドラマシリーズ）カール・ベッツ（Carl Betz）「弁護士ジャッド」("Judd For The Defense")

◇最優秀助演男優賞（シリーズ番組）ワーナー・クレンペラー（Werner Klemperer）"Hogan's Heroes"
◇最優秀主演女優賞（コメディシリーズ）ホープ・ラング（Hope Lange）"The Ghost and Mrs. Muir"
◇最優秀主演女優賞（ドラマシリーズ）バーバラ・ベイン（Barbara Bain）「スパイ大作戦」（"Mission: Impossible"）
◇最優秀助演女優賞（シリーズ番組）スーザン・セント・ジェームズ（Susan Saint James）"The Name of the Game"
◇最優秀監督賞（ドラマシリーズ）デヴィッド・グリーン（David Green）"The People Next Door CBS Playhouse"
◇最優秀監督賞（コメディ・バラエティ・音楽番組）グレッグ・ギャリソン（Greg Garrison）"The Dean Martin Show"

第22回（1970年）
◇最優秀主演男優賞（コメディシリーズ）ウィリアム・ウィンダム（William Windom）"My World and Welcome To It"
◇最優秀主演男優賞（ドラマシリーズ）ロバート・ヤング（Robert Young）「ドクター・ウェルビー」（"Marcus Welby, M.D."）
◇最優秀助演男優賞（コメディ）マイケル・コンスタンティン（Michael Constantine）「黒人教師ディックス」（"Room 222"）
◇最優秀助演男優賞（ドラマ）ジェームズ・ブローリン（James Brolin）「ドクター・ウェルビー」（"Marcus Welby, M.D."）
◇最優秀主演女優賞（コメディシリーズ）ホープ・ラング（Hope Lange）"The Ghost and Mrs. Muir"
◇最優秀主演女優賞（ドラマシリーズ）スーザン・ハンプシャー（Susan Hampshire）"The Forsyte Saga"
◇最優秀助演女優賞（コメディ）カレン・ヴァレンタイン（Karen Valentine）「黒人教師ディックス」（"Room 222"）
◇最優秀助演女優賞（ドラマ）ゲイル・フィッシャー（Gail Fisher）「マニックス」（"Mannix"）
◇最優秀監督賞（ドラマシリーズ）ポール・ボガート（Paul Bogart）"Shadow Game CBS Playhouse"
◇最優秀監督賞（コメディ・バラエティ・音楽番組）ドワイト・ヘミオン（Dwight A. Hemion）"The Sound of Burt Bacharach Kraft Music Hall"

第23回（1971年）
◇最優秀主演男優賞（コメディシリーズ）ジャック・クラグマン（Jack Klugman）"The Odd Couple"
◇最優秀主演男優賞（ドラマシリーズ）ハル・ホルブルック（Hal Holbrook）"The Senator-The Bold Ones"
◇最優秀助演男優賞（コメディ）エドワード・アスナー（Edward Asner）"The Mary Tyler Moore Show"
◇最優秀助演男優賞（ドラマ）デヴィット・バーンズ（David Burns）"The Price Hallmark Hall of Fame"
◇最優秀主演女優賞（コメディシリーズ）ジェーン・ステイプルトン（Jean Stapleton）"All In the Family"
◇最優秀主演女優賞（ドラマシリーズ）スーザン・ハンプシャー（Susan Hampshire）"The First Churchills Masterpiece Theatre"
◇最優秀助演女優賞（コメディ）ヴァレリー・ハーパー（Valerie Harper）"The Mary Tyler Moore Show"
◇最優秀助演女優賞（ドラマ）マーガレット・レイトン（Margaret Leighton）「ハムレット」（"Hamlet Hallmark Hall of Fame"）
◇最優秀監督賞（コメディシリーズ）ジェイ・サンドリッチ（Jay Sandrich）"The Mary Tyler Moore Show"
◇最優秀監督賞（ドラマシリーズ）ダリル・デューク（Daryl Duke）"The Bold Ones-The Senator

映画・演劇・TV　　　　　　　　　145　　　　　　　　25 エミー賞

　　　　　　　　　　Segment"
　◇最優秀監督賞（ミニシリーズ映画・ドラマスペシャル）フィルダー・クック（Fielder Cook）
　　　　　　　　　　"The Price Hallmark Hall of Fame"
　◇最優秀監督賞（バラエティシリーズ）スターリング・ジョンソン（Sterling Johnson）"Timex
　　　　　　　　　　Presents Peggy Fleming at Sun Valley"
　　　　　　　　　　マーク・ウォーレン（Mark Warren）"Rowan and Martin's Laugh-In"
第24回（1972年）
　◇最優秀主演男優賞（コメディシリーズ）キャロル・オコーナー（Carroll O'Connor）"All In The
　　　　　　　　　　Family"
　◇最優秀主演男優賞（ドラマシリーズ）ピーター・フォーク（Peter Falk）「刑事コロンボ」
　　　　　　　　　　（"Columbo NBC Mystery Movie"）
　◇最優秀助演男優賞（コメディ）エドワード・アスナー（Edward Asner）"The Mary Tyler Moore
　　　　　　　　　　Show"
　◇最優秀助演男優賞（ドラマ）ジャック・ウォーデン（Jack Warden）"Brian's Song Movie of the
　　　　　　　　　　Week"
　◇最優秀主演女優賞（コメディシリーズ）ジェーン・ステイプルトン（Jean Stapleton）"All in the
　　　　　　　　　　Family"
　◇最優秀主演女優賞（ドラマシリーズ）グレンダ・ジャクソン（Glenda Jackson）「エリザベス R」
　　　　　　　　　　（"Elizabeth R Masterpiece Theatre"）
　◇最優秀助演女優賞（コメディ）サリー・ストラザース（Sally Struthers）"All In The Family"
　　　　　　　　　　ヴァレリー・ハーパー（Valerie Harper）"The Mary Tyler Moore Show"
　◇最優秀助演女優賞（ドラマ）ジェニー・アガター（Jenny Agutter）"The Snow Goose Hallmark
　　　　　　　　　　Hall of Fame"
　◇最優秀監督賞（コメディシリーズ）ジョン・リッチ（John Rich）"All In the Family"
　　　　　　　　　　アート・フィッシャー（Art Fisher）"The Sonny & Cher Comedy Hour"
　◇最優秀監督賞（ドラマシリーズ）アレクサンダー・シンガー（Alexander Singer）"The Bold
　　　　　　　　　　Ones-The Lawyers"
　◇最優秀監督賞（ミニシリーズ映画・ドラマスペシャル）トム・グライス（Tom Gries）"The
　　　　　　　　　　Glass House The New CBS Friday Night Movies"
　◇最優秀監督賞（バラエティシリーズ）マーティン・チャーニン（Martin Charnin），ウォルター・
　　　　　　　　　　C.ミラー（Walter C.Miller）"Jack Lemmon in 'S Wonderful, 'S
　　　　　　　　　　Marvelous, 'S Gers"
第25回（1973年）
　◇最優秀主演男優賞（コメディシリーズ）ジャック・クラグマン（Jack Klugman）"The Odd
　　　　　　　　　　Couple"
　◇最優秀主演男優賞（ドラマシリーズ）リチャード・トーマス（Richard Thomas）「わが家は11
　　　　　　　　　　人」（"The Waltons"）
　◇最優秀助演男優賞（コメディ）テッド・ナイト（Ted Knight）"The Mary Tyler Moore Show"
　◇最優秀助演男優賞（ドラマ）スコット・ジャコビー（Scott Jacoby）"That Certain Summer
　　　　　　　　　　Wednesday Movie of the Week"
　◇最優秀主演女優賞（コメディシリーズ）メアリー・タイラー・ムーア（Mary Tyler Moore）"The
　　　　　　　　　　Mary Tyler Moore Show"
　◇最優秀主演女優賞（ドラマシリーズ）ミシェル・リアーン（Michael Learned）「わが家は11人」
　　　　　　　　　　（"The Waltons"）
　◇最優秀助演女優賞（コメディ）ヴァレリー・ハーパー（Valerie Harper）"The Mary Tyler
　　　　　　　　　　Moore Show"
　◇最優秀助演女優賞（ドラマ）エレン・コービー（Ellen Corby）「わが家は11人」（"The Waltons"）
　◇最優秀監督賞（コメディシリーズ）ジェイ・サンドリッチ（Jay Sandrich）"The Mary Tyler
　　　　　　　　　　Moore Show"
　◇最優秀監督賞（ドラマシリーズ）ジェリー・ソープ（Jerry Thorpe）"Kung Fu"

◇最優秀監督賞（ミニシリーズ映画・ドラマスペシャル）ジョセフ・サージェント（Joseph Sargent）"The Marcus-Nelson Murders The CBS Thursday Night M"
◇最優秀監督賞（バラエティシリーズ）ボブ・フォッシー（Bob Fosse）"Singer Presents Liza with a "Z""

第26回（1974年）
◇プライムタイム・エミー賞
- 最優秀男優賞（シリーズ番組）アラン・アルダ（Alan Alda）"M*A*S*H"
- 最優秀男優賞（特別番組）ハル・ホルブルック（Hal Holbrook）"Pueblo ABC Theatre"
- 最優秀主演男優賞（コメディシリーズ）アラン・アルダ（Alan Alda）"M*A*S*H"
- 最優秀主演男優賞（ドラマシリーズ）テリー・サバラス（Telly Savalas）「刑事コジャック」（"Kojak"）
- 最優秀主演男優賞（限定シリーズ）ウィリアム・ホールデン（William Holden）"The Blue Knight"
- 最優秀助演男優賞 マイケル・モリアーティ（Michael Moriarty）"The Glass Menagerie"
- 最優秀助演男優賞（コメディ）ロブ・ライナー（Rob Reiner）"All In The Family"
- 最優秀助演男優賞（ドラマ）マイケル・モリアーティ（Michael Moriarty）"The Glass Menagerie"
- 最優秀助演男優賞（バラエティ・音楽番組）ハーヴィー・コーマン（Harvey Korman）"The Carol Burnett Show"
- 最優秀女優賞（シリーズ番組）メアリー・タイラー・ムーア（Mary Tyler Moore）"The Mary Tyler Moore Show"
- 最優秀女優賞（特別番組）シシリー・タイソン（Cicely Tyson）"The Autobiography of Miss Jane Pittman"
- 最優秀主演女優賞（コメディシリーズ）メアリー・タイラー・ムーア（Mary Tyler Moore）"The Mary Tyler Moore Show"
- 最優秀主演女優賞（ドラマ）シシリー・タイソン（Cicely Tyson）"The Autobiography of Miss Jane Pittman"
- 最優秀主演女優賞（ドラマシリーズ）ミシェル・リアーン（Michael Learned）「わが家は11人」（"The Waltons"）
- 最優秀主演女優賞（限定シリーズ）ミルドレッド・ナトウィック（Mildred Natwick）"The Snoop Sisters NBC Tuesday Mystery Movie"
- 最優秀助演女優賞 ジョアンナ・マイルズ（Joanna Miles）"The Glass Menagerie"
- 最優秀助演女優賞（コメディ）クロリス・リーチマン（Cloris Leachman）"The Mary Tyler Moore Show"
- 最優秀助演女優賞（ドラマ）ジョアンナ・マイルズ（Joanna Miles）"The Glass Menagerie"
- 最優秀助演女優賞（バラエティ・音楽番組）ブレンダ・ヴァッカーロ（Brenda Vaccaro）"The Shape of Things"
- 最優秀監督賞（シリーズ番組）ロバート・バトラー（Robert Butler）"The Blue Knight"
- 最優秀監督賞（特別番組）ドワイト・ヘミオン（Dwight Hemion）"Barbra Streisand...And Other Musical Instruments"
- 最優秀監督賞（コメディシリーズ）ジャッキー・クーパー（Jackie Cooper）"M*A*S*H"
- 最優秀監督賞（ドラマシリーズ）ロバート・バトラー（Robert Butler）"The Blue Knight"
- 最優秀監督賞（単発ドラマ・コメディ番組）ジョン・コーティ（John Korty）"The Autobiography of Miss Jane Pittman"
- 最優秀監督賞（バラエティシリーズ）ドワイト・ヘミオン（Dwight Hemion）"Barbra Streisand...And Other Musical Instruments" デイブ・パワーズ（Dave Powers）"The Carol Burnett Show"

第27回（1975年）
◇プライムタイム・エミー賞
- 最優秀男優賞（特別番組）ローレンス・オリヴィエ（Laurence Olivier）"Love Among the

- 最優秀主演男優賞（コメディシリーズ）　トニー・ランドール（Tony Randall）"The Odd Couple"
- 最優秀主演男優賞（ドラマシリーズ）　ロバート・ブレーク（Robert Blake）「刑事バレッタ」（"Baretta"）
- 最優秀主演男優賞（限定シリーズ）　ピーター・フォーク（Peter Falk）「刑事コロンボ」（"Columbo NBC Sunday Mystery Movie"）
- 最優秀助演男優賞（コメディシリーズ）　エドワード・アスナー（Edward Asner）"The Mary Tyler Moore Show"
- 最優秀助演男優賞（ドラマシリーズ）　ウィル・ギア（Will Geer）「わが家は11人」（"The Waltons"）
- 最優秀助演男優賞（バラエティ・音楽番組）　ジャック・アルバートソン（Jack Albertson）"Cher"
- 最優秀女優賞（特別番組）　キャサリン・ヘプバーン（Katharine Hepburn）"Love Among the Ruins ABC Theatre"
- 最優秀主演女優賞（コメディシリーズ）　ヴァレリー・ハーパー（Valerie Harper）"Rhoda"
- 最優秀主演女優賞（ドラマシリーズ）　ジーン・マーシュ（Jean Marsh）"Upstairs, Downstairs Masterpiece Theatre"
- 最優秀主演女優賞（限定シリーズ）　ジェシカ・ウォルター（Jessica Walter）"Amy Prentiss NBC Sunday Mystery Movie"
- 最優秀助演女優賞（コメディシリーズ）　ベティ・ホワイト（Betty White）"The Mary Tyler Moore Show"
- 最優秀助演女優賞（ドラマシリーズ）　エレン・コービー（Ellen Corby）「わが家は11人」（"The Waltons"）
- 最優秀助演女優賞（バラエティ・音楽番組）　クロリス・リーチマン（Cloris Leachman）"Cher"
- 最優秀監督賞（コメディシリーズ）　ジーン・レイノルズ（Gene Reynolds）"M*A*S*H"
- 最優秀監督賞（ドラマシリーズ）　ビル・ベイン（Bill Bain）"Upstairs, Downstairs Masterpiece Theatre"
- 最優秀監督賞（ドラマ・コメディ特別番組）　ジョージ・キューカー（George Cukor）"Love Among the Ruins ABC Theatre"
- 最優秀監督賞（コメディ・バラエティ・音楽番組シリーズ）　デイブ・パワーズ（Dave Powers）"The Carol Burnett Show"
- 最優秀監督賞（コメディ・バラエティ・音楽特別番組）　ビル・デイヴィス（Bill Davis）"An Evening with John Denver"

第28回（1976年）
◇プライムタイム・エミー賞
- 最優秀主演男優賞（ドラマ・コメディ特別番組）　アンソニー・ホプキンス（Anthony Hopkins）"The Lindbergh Kidnapping Case NBC World Premiere M"
- 最優秀主演男優賞（コメディシリーズ）　ジャック・アルバートソン（Jack Albertson）"Chico and The Man"
- 最優秀主演男優賞（ドラマシリーズ）　ピーター・フォーク（Peter Falk）「刑事コロンボ」（"Columbo NBC Sunday Mystery Movie"）
- 最優秀主演男優賞（限定シリーズ）　ハル・ホルブルック（Hal Holbrook）"Sandburg's Lincoln"
- 最優秀助演男優賞（コメディシリーズ）　テッド・ナイト（Ted Knight）"The Mary Tyler Moore Show"
- 最優秀助演男優賞（ドラマシリーズ）　アンソニー・ザーブ（Anthony Zerbe）"Harry O"
- 最優秀助演男優賞（バラエティ・音楽番組）　チェヴィー・チェイス（Chevy Chase）"NBC's Saturday Night"
- 最優秀主演女優賞（ドラマ・コメディ特別番組）　スーザン・クラーク（Susan Clark）"Babe"
- 最優秀主演女優賞（コメディシリーズ）　メアリー・タイラー・ムーア（Mary Tyler Moore）"The Mary Tyler Moore Show"

- 最優秀主演女優賞（ドラマシリーズ）ミシェル・リアーン（Michael Learned）「わが家は11人」（"The Waltons"）
- 最優秀主演女優賞（限定シリーズ）ローズマリー・ハリス（Rosemary Harris）"Notorious Woman Masterpiece Theatre"
- 最優秀助演女優賞（コメディシリーズ）ベティ・ホワイト（Betty White）"The Mary Tyler Moore Show"
- 最優秀助演女優賞（ドラマシリーズ）エレン・コービー（Ellen Corby）「わが家は11人」（"The Waltons"）
- 最優秀助演女優賞（バラエティ・音楽番組）ヴィッキー・ローレンス（Vicki Lawrence）"The Carol Burnett Show"
- 最優秀監督賞（コメディシリーズ）ジーン・レイノルズ（Gene Reynolds）"M*A*S*H"
- 最優秀監督賞（ドラマシリーズ）デヴィッド・グリーン（David Greene）"Rich Man, Poor Man"
- 最優秀監督賞（コメディ・バラエティ・音楽番組シリーズ）デイブ・ウィルソン（Dave Wilson）"NBC's Saturday Night"
- 最優秀監督賞（コメディ・バラエティ・音楽特別番組）ドワイト・ヘミオン（Dwight Hemion）"Steve and Eydie: "Out Love is Here to Stay""
- 最優秀監督賞（特別番組）ダニエル・ペトリー（Daniel Petrie）"Eleanor and Franklin ABC Theatre"

第29回（1977年）
◇プライムタイム・エミー賞
- 最優秀主演男優賞（ドラマ・コメディ特別番組）エド・フランダース（Ed Flanders）"Harry S.Truman: Plain Speaking"
- 最優秀主演男優賞（コメディシリーズ）キャロル・オコーナー（Carroll O'Connor）"All In The Family"
- 最優秀主演男優賞（ドラマシリーズ）ジェームズ・ガーナー（James Garner）「ロックフォードの事件メモ」（"The Rockford Files"）
- 最優秀主演男優賞（限定シリーズ）クリストファー・プラマー（Christopher Plummer）"The Moneychangers NBC World Premiere The Big Event"
- 最優秀助演男優賞（ドラマ・コメディ特別番組）バージェス・メレディス（Burgess Meredith）"Tail Gunner Joe The Big Event"
- 最優秀助演男優賞（コメディシリーズ）ゲイリー・バーゴフ（Gary Burghoff）"M*A*S*H"
- 最優秀助演男優賞（ドラマシリーズ）ゲイリー・フランク（Gary Frank）「ファミリー・愛の肖像」（"Family"）
- 最優秀助演男優賞（コメディ・バラエティ・音楽番組シリーズ）ティム・コーンウェイ（Tim Conway）"The Carol Burnett Show"
- 最優秀主演女優賞（ドラマ・コメディ特別番組）サリー・フィールド（Sally Field）"Sybil The Big Event"
- 最優秀主演女優賞（コメディシリーズ）ベアトリス・アーサー（Beatrice Arthur）"Maude"
- 最優秀主演女優賞（ドラマシリーズ）リンゼー・ワグナー（Lindsay Wagner）「バイオニック・ジェミー」（"The Bionic Woman"）
- 最優秀主演女優賞（限定シリーズ）パティ・デューク（Patty Duke Astin）"Captains and The Kings NBC's Best Seller"
- 最優秀助演女優賞（ドラマ・コメディ特別番組）ダイアナ・ハイランド（Diana Hyland）"The Boy In The Plastic Bubble The ABC Friday Night"
- 最優秀助演女優賞（コメディシリーズ）メアリー・ケイ・プレイス（Mary Kay Place）"Mary Hartman, Mary Hartman"
- 最優秀助演女優賞（ドラマシリーズ）クリスティ・マクニコル（Kristy McNichol）「ファミリー・愛の肖像」（"Family"）
- 最優秀助演女優賞（コメディ・バラエティ・音楽番組シリーズ）リタ・モレノ（Rita Moreno）"The Muppet Show"

- 最優秀監督賞（ドラマ・コメディ特別番組）ダニエル・ペトリー（Daniel Petrie）"Eleanor and Franklin： The White House Years ABC T"
- 最優秀監督賞（コメディシリーズ）アラン・アルダ（Alan Alda）"M*A*S*H"
- 最優秀監督賞（ドラマシリーズ）デヴィッド・グリーン（David Greene）「ルーツ」（"Roots"）
- 最優秀監督賞（コメディ・バラエティ・音楽番組シリーズ）デイブ・パワーズ（Dave Powers）"The Carol Burnett Show"
- 最優秀監督賞（コメディ・バラエティ・音楽特別番組）ドワイト・ヘミオン（Dwight Hemion）"America Salutes Richard Rodgers： The Sound of His"

第30回（1978年）
◇プライムタイム・エミー賞
- 最優秀主演男優賞（ドラマ・コメディ特別番組）フレッド・アステア（Fred Astaire）"A Family Upside Down"
- 最優秀主演男優賞（コメディシリーズ）キャロル・オコーナー（Carroll O'Connor）"All In The Family"
- 最優秀主演男優賞（ドラマシリーズ）エドワード・アスナー（Edward Asner）「事件記者ルー・グラント」（"Lou Grant"）
- 最優秀主演男優賞（限定シリーズ）マイケル・モリアーティ（Michael Moriarty）「ホロコースト 戦争と家族」（"Holocaust"）
- 最優秀助演男優賞（ドラマ・コメディ特別番組）ハワード・ダ・シルヴァ（Howard Da Silva）"Verna： USO Girl Great Performances"
- 最優秀助演男優賞（コメディシリーズ）ロブ・ライナー（Rob Reiner）"All In The Family"
- 最優秀助演男優賞（ドラマシリーズ）ロバート・ヴォーン（Robert Vaughn）"Washington： Behind Closed Doors"
- 最優秀助演男優賞（バラエティ・音楽番組）ティム・コーンウェイ（Tim Conway）"The Carol Burnett Show"
- 最優秀主演女優賞（ドラマ・コメディ特別番組）ジョアン・ウッドワード（Joanne Woodward）"See How She Runs GE Theater"
- 最優秀主演女優賞（コメディシリーズ）ジェーン・ステイプルトン（Jean Stapleton）"All In The Family"
- 最優秀主演女優賞（ドラマシリーズ）サダ・トンプソン（Sada Thompson）「ファミリー・愛の肖像」（"Family"）
- 最優秀主演女優賞（限定シリーズ）メリル・ストリープ（Meryl Streep）「ホロコースト 戦争と家族」（"Holocaust"）
- 最優秀助演女優賞（ドラマ・コメディ特別番組）エヴァ・ル・ガリエンヌ（Eva Le Gallienne）"The Royal Family"
- 最優秀助演女優賞（コメディシリーズ）ジュリー・カヴナー（Julie Kavner）"Rhoda"
- 最優秀助演女優賞（ドラマシリーズ）ナンシー・マーチャンド（Nancy Marchand）「事件記者ルー・グラント」（"Lou Grant"）
- 最優秀助演女優賞（バラエティ・音楽番組）ギルダ・ラドナー（Gilda Radner）"Saturday Night Live"
- 最優秀監督賞（ドラマ・コメディ特別番組）デヴィッド・ローウェル・リッチ（David Lowell Rich）"The Defection of Simas Kudirka"
- 最優秀監督賞（コメディシリーズ）ポール・ボガート（Paul Bogart）"All In the Family"
- 最優秀監督賞（ドラマシリーズ）マーヴィン・J.チョムスキー（Marvin J.Chomsky）「ホロコースト 戦争と家族」（"Holocaust"）
- 最優秀監督賞（コメディ・バラエティ・音楽番組シリーズ）デイブ・パワーズ（Dave Powers）"The Carol Burnett Show"
- 最優秀監督賞（コメディ・バラエティ・音楽特別番組）ドワイト・ヘミオン（Dwight Hemion）"The Sentry Collection Presents Ben Vereen-His Root"

第31回（1979年）
◇プライムタイム・エミー賞

- 最優秀主演男優賞（コメディシリーズ）　キャロル・オコーナー（Carroll O'Connor）"All In The Family"
- 最優秀主演男優賞（ドラマシリーズ）　ロン・リーブマン（Ron Leibman）「熱血弁護士カズ」（"Kaz"）
- 最優秀主演男優賞（限定シリーズ・特別番組）　ピーター・ストラウス（Peter Strauss）"The Jericho Mile"
- 最優秀助演男優賞（ドラマシリーズ）　スチュアート・マーゴリン（Stuart Margolin）「ロックフォードの事件メモ」（"The Rockford Files"）
- 最優秀助演男優賞（限定シリーズ・特別番組）　マーロン・ブランド（Marlon Brando）"Roots：The Next Generation"
- 最優秀助演男優賞（コメディ・バラエティ・音楽番組シリーズ）　ロバート・ギョーム（Robert Guillaume）"Soap"
- 最優秀主演女優賞（コメディシリーズ）　ルース・ゴードン（Ruth Gordon）"Taxi"
- 最優秀主演女優賞（ドラマシリーズ）　マリエット・ハートレー（Mariette Hartley）「超人ハルク」（"The Incredible Hulk"）
- 最優秀主演女優賞（限定シリーズ・特別番組）　ベティ・デイヴィス（Bette Davis）"Strangers：The Story of a Mother and Daughter"
- 最優秀助演女優賞（ドラマシリーズ）　クリスティ・マクニコル（Kristy McNichol）「ファミリー・愛の肖像」（"Family"）
- 最優秀助演女優賞（限定シリーズ・特別番組）　エスター・ローレ（Esther Rolle）"Summer of my German Soldier"
- 最優秀助演女優賞（コメディ・バラエティ・音楽番組シリーズ）　サリー・ストラザース（Sally Struthers）"All in the Family"
- 最優秀監督賞（ドラマシリーズ）　ジャッキー・クーパー（Jackie Cooper）"The White Shadow"
- 最優秀監督賞（限定シリーズ・特別番組）　デヴィッド・グリーン（David Greene）"Friendly Fire"
- 最優秀監督賞（コメディ・バラエティ・音楽番組シリーズ）　ノアム・ピトリク（Noam Pitlik）"Barney Miller"

第32回（1980年）
◇プライムタイム・エミー賞
- 最優秀主演男優賞（コメディシリーズ）　リチャード・モリガン（Richard Mulligan）"Soap"
- 最優秀主演男優賞（ドラマシリーズ）　エドワード・アスナー（Edward Asner）「事件記者ルー・グラント」（"Lou Grant"）
- 最優秀主演男優賞（限定シリーズ・特別番組）　パワーズ・ブース（Powers Boothe）"Guyana Tragedy：The Story of Jim Jones"
- 最優秀助演男優賞（ドラマシリーズ）　スチュアート・マーゴリン（Stuart Margolin）「ロックフォードの事件メモ」（"The Rockford Files"）
- 最優秀助演男優賞（限定シリーズ・特別番組）　ジョージ・グリザード（George Grizzard）"The Oldest Living Graduate"
- 最優秀助演男優賞（コメディ・バラエティ・音楽番組シリーズ）　ハリー・モーガン（Harry Morgan）"M*A*S*H"
- 最優秀主演女優賞（コメディシリーズ）　キャスリン・デイモン（Cathryn Damon）"Soap"
- 最優秀主演女優賞（ドラマシリーズ）　バーバラ・ベル・ゲディス（Barbara Bel Geddes）「ダラス」（"Dallas"）
- 最優秀主演女優賞（限定シリーズ・特別番組）　パティ・デューク（Patty Duke Astin）"The Miracle Worker"
- 最優秀助演女優賞（ドラマシリーズ）　ナンシー・マーチャンド（Nancy Marchand）「事件記者ルー・グラント」（"Lou Grant"）
- 最優秀助演女優賞（限定シリーズ）　メア・ウィニンガム（Mare Winningham）"Amber Waves"
- 最優秀助演女優賞（コメディ・バラエティ・音楽番組シリーズ）　ロレッタ・スウィット

(Loretta Swit) "M*A*S*H"
- 最優秀監督賞（コメディシリーズ）ジェームズ・バロウズ（James Burrows）"Taxi"
- 最優秀監督賞（ドラマシリーズ）ロジャー・ヤング（Roger Young）「事件記者ルー・グラント」（"Lou Grant"）
- 最優秀監督賞（限定シリーズ・特別番組）マーヴィン・J.チョムスキー（Marvin J.Chomsky）"Attica"
- 最優秀監督賞（バラエティ・音楽番組）ドワイト・ヘミオン（Dwight Hemion）"IBM Presents Baryshnikov on Broadway"

第33回（1981年）
◇プライムタイム・エミー賞
- 最優秀主演男優賞（コメディシリーズ）ジャド・ハーシュ（Judd Hirsch）"Taxi"
- 最優秀主演男優賞（ドラマシリーズ）ダニエル・J.トラバンティ（Daniel J.Travanti）「ヒルストリート・ブルース」（"Hill Street Blues"）
- 最優秀主演男優賞（限定シリーズ・特別番組）アンソニー・ホプキンス（Anthony Hopkins）"The Bunker"
- 最優秀助演男優賞（ドラマシリーズ）マイケル・コンラッド（Michael Conrad）「ヒルストリート・ブルース」（"Hill Street Blues"）
- 最優秀助演男優賞（限定シリーズ・特別番組）デヴィッド・ワーナー（David Warner）"Masada"
- 最優秀助演男優賞（コメディ・バラエティ・音楽番組シリーズ）ダニー・デヴィート（Danny DeVito）"Taxi"
- 最優秀主演女優賞（コメディシリーズ）イザベル・サンフォード（Isabel Sanford）"The Jeffersons"
- 最優秀主演女優賞（ドラマシリーズ）バーバラ・バブコック（Barbara Babcock）「ヒルストリート・ブルース」（"Hill Street Blues"）
- 最優秀主演女優賞（限定シリーズ・特別番組）ヴァネッサ・レッドグレーヴ（Vanessa Redgrave）"Playing for Time"
- 最優秀助演女優賞（ドラマシリーズ）ナンシー・マーチャンド（Nancy Marchand）「事件記者ルー・グラント」（"Lou Grant"）
- 最優秀助演女優賞（限定シリーズ・特別番組）ジェーン・アレクサンダー（Jane Alexander）"Playing for Time"
- 最優秀助演女優賞（コメディ・バラエティ・音楽番組シリーズ）アイリーン・ブレナン（Eileen Brennan）"Private Benjamin"
- 最優秀監督賞（コメディシリーズ）ジェームズ・バロウズ（James Burrows）"Taxi"
- 最優秀監督賞（ドラマシリーズ）ロバート・バトラー（Robert Butler）「ヒルストリート・ブルース」（"Hill Street Blues"）
- 最優秀監督賞（限定シリーズ・特別番組）ジェームズ・ゴールドストーン（James Goldstone）"Kent State"
- 最優秀監督賞（バラエティ・音楽番組）ドン・ミッシャー（Don Mischer）"The Kennedy Center Honors: A National Celebration"

第34回（1982年）
◇プライムタイム・エミー賞
- 最優秀主演男優賞（コメディシリーズ）アラン・アルダ（Alan Alda）"M*A*S*H"
- 最優秀主演男優賞（ドラマシリーズ）ダニエル・J.トラバンティ（Daniel J.Travanti）「ヒルストリート・ブルース」（"Hill Street Blues"）
- 最優秀主演男優賞（限定シリーズ・特別番組）ミッキー・ルーニー（Mickey Rooney）"Bill"
- 最優秀助演男優賞（ドラマシリーズ）マイケル・コンラッド（Michael Conrad）「ヒルストリート・ブルース」（"Hill Street Blues"）
- 最優秀助演男優賞（限定シリーズ・特別番組）ローレンス・オリヴィエ（Laurence Olivier）"Brideshead Revisited Great Performances"
- 最優秀助演男優賞（コメディ・バラエティ・音楽番組シリーズ）クリストファー・ロイド

(Christopher Lloyd)"Taxi"
- 最優秀主演女優賞（コメディシリーズ）キャロル・ケイン（Carol Kane）"Taxi"
- 最優秀主演女優賞（ドラマシリーズ）ミシェル・リアーン（Michael Learned）"Nurse"
- 最優秀主演女優賞（限定シリーズ・特別番組）イングリッド・バーグマン（Ingrid Bergman）"A Woman Called Golda"
- 最優秀助演女優賞（ドラマシリーズ）ナンシー・マーチャンド（Nancy Marchand）「事件記者ルー・グラント」("Lou Grant")
- 最優秀助演女優賞（限定シリーズ・特別番組）ペニー・フラー（Penny Fuller）"The Elephant Man"
- 最優秀助演女優賞（コメディ・バラエティ・音楽番組シリーズ）ロレッタ・スウィット（Loretta Swit）"M*A*S*H"
- 最優秀監督賞（コメディシリーズ）アラン・ラフキン（Alan Rafkin）"One Day at a Time"
- 最優秀監督賞（ドラマシリーズ）ハリー・ハリス（Harry Harris）"Fame"
- 最優秀監督賞（限定シリーズ・特別番組）マーヴィン・J.チョムスキー（Marvin J.Chomsky）"Inside the Third Reich"
- 最優秀監督賞（バラエティ・音楽番組）ドワイト・ヘミオン（Dwight Hemion）"Goldie and Kids...Listen to Us"

第35回（1983年）
◇プライムタイム・エミー賞
- 最優秀主演男優賞（コメディシリーズ）ジャド・ハーシュ（Judd Hirsch）"Taxi"
- 最優秀主演男優賞（ドラマシリーズ）エド・フランダース（Ed Flanders）"St.Elsewhere"
- 最優秀主演男優賞（限定シリーズ・特別番組）トミー・リー・ジョーンズ（Tommy Lee Jones）"The Executioner's Song"
- 最優秀助演男優賞（ドラマシリーズ）ジェームズ・ココ（James Coco）"St.Elsewhere"
- 最優秀助演男優賞（限定シリーズ・特別番組）リチャード・キリー（Richard Kiley）"The Thorn Birds"
- 最優秀助演男優賞（コメディ・バラエティ・音楽番組シリーズ）クリストファー・ロイド（Christopher Lloyd）"Taxi"
- 最優秀主演女優賞（コメディシリーズ）シェリー・ロング（Shelley Long）"Cheers"
- 最優秀主演女優賞（ドラマシリーズ）タイン・デイリー（Tyne Daly）「女刑事キャグニー&レイシー」("Cagney & Lacey")
- 最優秀主演女優賞（限定シリーズ・特別番組）バーバラ・スタンウィック（Barbara Stanwyck）"The Thorn Birds"
- 最優秀助演女優賞（ドラマシリーズ）ドリス・ロバーツ（Doris Roberts）"St.Elsewhere"
- 最優秀助演女優賞（限定シリーズ・特別番組）ジーン・シモンズ（Jean Simmons）"The Thorn Birds"
- 最優秀助演女優賞（コメディ・バラエティ・音楽番組シリーズ）キャロル・ケイン（Carol Kane）"Taxi"
- 最優秀監督賞（コメディシリーズ）ジェームズ・バロウズ（James Burrows）"Cheers"
- 最優秀監督賞（ドラマシリーズ）ジェフ・ブレックナー（Jeff Bleckner）「ヒルストリート・ブルース」("Hill Street Blues")
- 最優秀監督賞（限定シリーズ・特別番組）ジョン・アーマン（John Erman）"Who Will Love My Children？"
- 最優秀監督賞（バラエティ・音楽番組）ドワイト・ヘミオン（Dwight Hemion）"Sheena Easton...Act One"

第36回（1984年）
◇プライムタイム・エミー賞
- 最優秀主演男優賞（コメディシリーズ）ジョン・リッター（John Ritter）"Three's Company"
- 最優秀主演男優賞（ドラマシリーズ）トム・セレック（Tom Selleck）「私立探偵マグナム」("Magnum, P.I.")

- 最優秀主演男優賞（限定シリーズ・特別番組）　ローレンス・オリヴィエ（Laurence Olivier）"Laurence Olivier's King Lear"
- 最優秀助演男優賞（コメディシリーズ）　パット・ハリントン（Pat Harrington）"One Day at a Time"
- 最優秀助演男優賞（ドラマシリーズ）　ブルース・ウェイツ（Bruce Weitz）「ヒルストリート・ブルース」（"Hill Street Blues"）
- 最優秀助演男優賞（限定シリーズ・特別番組）　アート・カーニー（Art Carney）"Terrible Joe Moran An ITT Theatre Special"
- 最優秀主演女優賞（コメディシリーズ）　ジェーン・カーティン（Jane Curtin）"Kate & Allie"
- 最優秀主演女優賞（ドラマシリーズ）　タイン・デイリー（Tyne Daly）「女刑事キャグニー&レイシー」（"Cagney & Lacey"）
- 最優秀主演女優賞（限定シリーズ・特別番組）　ジェーン・フォンダ（Jane Fonda）"The Dollmaker An ABC Theatre Presentation"
- 最優秀助演女優賞（コメディシリーズ）　リー・パールマン（Rhea Perlman）"Cheers"
- 最優秀助演女優賞（ドラマシリーズ）　アルフレ・ウッダード（Alfre Woodard）「ヒルストリート・ブルース」（"Hill Street Blues"）
- 最優秀助演女優賞（限定シリーズ・特別番組）　ロクサーナ・ザル（Roxana Zal）"Something About Amelia An ABC Theatre Presentation"
- 最優秀監督賞（コメディシリーズ）　ビル・パースキー（Bill Persky）"Kate & Allie"
- 最優秀監督賞（ドラマシリーズ）　コーリイ・アレン（Corey Allen）「ヒルストリート・ブルース」（"Hill Street Blues"）
- 最優秀監督賞（限定シリーズ・特別番組）　ジェフ・ブレックナー（Jeff Bleckner）"Concealed Enemies American Playhouse"
- 最優秀監督賞（バラエティ・音楽番組）　ドワイト・ヘミオン（Dwight Hemion）"Here's Television Entertainment"

第37回（1985年）

◇プライムタイム・エミー賞
- 最優秀主演男優賞（コメディシリーズ）　ロバート・ギョーム（Robert Guillaume）"Benson"
- 最優秀主演男優賞（ドラマシリーズ）　ウィリアム・ダニエルズ（William Daniels）"St. Elsewhere"
- 最優秀主演男優賞（限定シリーズ・特別番組）　リチャード・クレンナ（Richard Crenna）"The Rape of Richard Beck An ABC Theater Presentati"
- 最優秀助演男優賞（コメディシリーズ）　ジョン・ラロクエット（John Larroquette）"Night Court"
- 最優秀助演男優賞（ドラマシリーズ）　エドワード・ジェームス・オルモス（Edward James Olmos）"Miami Vice"
- 最優秀助演男優賞（限定シリーズ・特別番組）　カール・マルデン（Karl Malden）"Fatal Vision"
- 最優秀主演女優賞（コメディシリーズ）　ジェーン・カーティン（Jane Curtin）"Kate & Allie"
- 最優秀主演女優賞（ドラマシリーズ）　タイン・デイリー（Tyne Daly）「女刑事キャグニー&レイシー」（"Cagney & Lacey"）
- 最優秀主演女優賞（限定シリーズ・特別番組）　ジョアン・ウッドワード（Joanne Woodward）"Do You Remember Love"
- 最優秀助演女優賞（コメディシリーズ）　リー・パールマン（Rhea Perlman）"Cheers"
- 最優秀助演女優賞（ドラマシリーズ）　ベティ・トーマス（Betty Thomas）「ヒルストリート・ブルース」（"Hill Street Blues"）
- 最優秀助演女優賞（限定シリーズ・特別番組）　キム・スタンレー（Kim Stanley）"Cat on a Hot Tin Roof American Playhouse"
- 最優秀監督賞（コメディシリーズ）　ジェイ・サンドリッチ（Jay Sandrich）「コスビー・ショー」（"The Cosby Show"）
- 最優秀監督賞（ドラマシリーズ）　カレン・アーサー（Karen Arthur）「女刑事キャグニー&レイシー」（"Cagney & Lacey"）

- 最優秀監督賞（限定シリーズ・特別番組）ラモント・ジョンソン（Lamont Johnson）"Wallenberg：A Hero's Story"
- 最優秀監督賞（バラエティ・音楽番組）テリー・ヒューズ（Terry Hughes）"Sweeney Todd Great Performances"

第38回（1986年）
◇プライムタイム・エミー賞
- 最優秀主演男優賞（コメディシリーズ）マイケル・J.フォックス（Michael J.Fox）"Family Ties"
- 最優秀主演男優賞（ドラマシリーズ）ウィリアム・ダニエルズ（William Daniels）"St. Elsewhere"
- 最優秀主演男優賞（ミニシリーズ・特別番組）ダスティン・ホフマン（Dustin Hoffman）「セールスマンの死」（"Death of a Salesman"）
- 最優秀助演男優賞（コメディシリーズ）ジョン・ラロクエット（John Larroquette）"Night Court"
- 最優秀助演男優賞（ドラマシリーズ）ジョン・カーレン（John Karlen）「女刑事キャグニー＆レイシー」（"Cagney & Lacey"）
- 最優秀助演男優賞（ミニシリーズ・特別番組）ジョン・マルコヴィッチ（John Malkovich）「セールスマンの死」（"Death of a Salesman"）
- 最優秀主演女優賞（コメディシリーズ）ベティ・ホワイト（Betty White）"The Golden Girls"
- 最優秀主演女優賞（ドラマシリーズ）シャロン・グレース（Sharon Gless）「女刑事キャグニー＆レイシー」（"Cagney & Lacey"）
- 最優秀主演女優賞（ミニシリーズ・特別番組）マーロ・トーマス（Marlo Thomas）"Nobody's Child"
- 最優秀助演女優賞（コメディシリーズ）リー・パールマン（Rhea Perlman）"Cheers"
- 最優秀助演女優賞（ドラマシリーズ）ボニー・バートレット（Bonnie Bartlett）"St.Elsewhere"
- 最優秀助演女優賞（ミニシリーズ・特別番組）コリーン・デューハスト（Colleen Dewhurst）"Between Two Women"
- 最優秀監督賞（コメディシリーズ）ジェイ・サンドリッチ（Jay Sandrich）「コスビー・ショー」（"The Cosby Show"）
- 最優秀監督賞（ドラマシリーズ）ジョーグ・スタンフォード・ブラウン（Georg Stanford Brown）「女刑事キャグニー＆レイシー」（"Cagney & Lacey"）
- 最優秀監督賞（ミニシリーズ・特別番組）ジョセフ・サージェント（Joseph Sargent）"Love is Never Silent Hallmark Hall of Fame"
- 最優秀監督賞（バラエティ・音楽番組）ワリス・フセイン（Waris Hussein）"Copacabana"

第39回（1987年）
◇プライムタイム・エミー賞
- 最優秀主演男優賞（コメディシリーズ）マイケル・J.フォックス（Michael J.Fox）"Family Ties"
- 最優秀主演男優賞（ドラマシリーズ）ブルース・ウィリス（Bruce Willis）「こちらブルームーン探偵社」（"Moonlighting"）
- 最優秀主演男優賞（ミニシリーズ・特別番組）ジェームズ・ウッズ（James Woods）"Promise Hallmark Hall of Fame"
- 最優秀助演男優賞（コメディシリーズ）ジョン・ラロクエット（John Larroquette）"Night Court"
- 最優秀助演男優賞（ドラマシリーズ）ジョン・ヒラーマン（John Hillerman）「私立探偵マグナム」（"Magnum, P.I."）
- 最優秀助演男優賞（ミニシリーズ・特別番組）ダブニ・コールマン（Dabney Coleman）"Sworn to Silence"
- 最優秀主演女優賞（コメディシリーズ）ルー・マクラナハン（Rue McClanahan）"The Golden Girls"
- 最優秀主演女優賞（ドラマシリーズ）シャロン・グレース（Sharon Gless）「女刑事キャグニー＆レイシー」（"Cagney & Lacey"）

- 最優秀主演女優賞（ミニシリーズ・特別番組）ジーナ・ローランズ（Gena Rowlands）"The Betty Ford Story"
- 最優秀助演女優賞（コメディシリーズ）ジャッキー・ハリー（Jackee Harry）"227"
- 最優秀助演女優賞（ドラマシリーズ）ボニー・バートレット（Bonnie Bartlett）"St.Elsewhere"
- 最優秀助演女優賞（ミニシリーズ・特別番組）パイパー・ローリー（Piper Laurie）"Promise Hallmark Hall of Fame"
- 最優秀監督賞（コメディシリーズ）テリー・ヒューズ（Terry Hughes）"The Golden Girls"
- 最優秀監督賞（ドラマシリーズ）グレゴリー・ホブリット（Gregory Hoblit）「L.A.ロー 七人の弁護士」（"L.A.Law"）
- 最優秀監督賞（ミニシリーズ・特別番組）グレン・ジョーダン（Glenn Jordan）"Promise Hallmark Hall of Fame"
- 最優秀監督賞（バラエティ・音楽番組）ドン・ミッシャー（Don Mischer）"The Kennedy Center Honors：A Celebration of the P"

第40回（1988年）
◇プライムタイム・エミー賞
- 最優秀主演男優賞（コメディシリーズ）マイケル・J.フォックス（Michael J.Fox）"Family Ties"
- 最優秀主演男優賞（ドラマシリーズ）リチャード・キリー（Richard Kiley）"A Year in the Life"
- 最優秀主演男優賞（ミニシリーズ・特別番組）ジェイソン・ロバーズ（Jason Robards）"Inherit the Wind"
- 最優秀助演男優賞（コメディシリーズ）ジョン・ラロクエット（John Larroquette）"Night Court"
- 最優秀助演男優賞（ドラマシリーズ）ラリー・ドレイク（Larry Drake）「L.A.ロー 七人の弁護士」（"L.A.Law"）
- 最優秀助演男優賞（ミニシリーズ・特別番組）ジョン・シーア（John Shea）"Baby M"
- 最優秀主演女優賞（コメディシリーズ）ベアトリス・アーサー（Beatrice Arthur）"The Golden Girls"
- 最優秀主演女優賞（ドラマシリーズ）タイン・デイリー（Tyne Daly）「女刑事キャグニー&レイシー」（"Cagney & Lacey"）
- 最優秀主演女優賞（ミニシリーズ・特別番組）ジェシカ・タンディ（Jessica Tandy）「別れの時」（"Foxfire Hallmark Hall of Fame"）
- 最優秀助演女優賞（コメディシリーズ）エステル・ゲティ（Estelle Getty）"The Golden Girls"
- 最優秀助演女優賞（ドラマシリーズ）パトリシア・ウエティッグ（Patricia Wettig）「ナイスサーティーズ」（"Thirtysomething"）
- 最優秀助演女優賞（ミニシリーズ・特別番組）ジェーン・シーモア（Jane Seymour）"Onassis：The Richest Man in the World"
- 最優秀監督賞（コメディシリーズ）グレゴリー・ホブリット（Gregory Hoblit）"Hooperman"
- 最優秀監督賞（ドラマシリーズ）マーク・ティンカー（Mark Tinker）"St.Elsewhere"
- 最優秀監督賞（ミニシリーズ・特別番組）ラモント・ジョンソン（Lamont Johnson）"Gore Vidal's Lincoln"
- 最優秀監督賞（バラエティ・音楽番組）パトリシア・バーチ（Patricia Birch），ハンフリー・バートン（Humphrey Burton）"Celebrating Gershwin Great Performances"

第41回（1989年）
◇プライムタイム・エミー賞
- 最優秀主演男優賞（コメディシリーズ）リチャード・モリガン（Richard Mulligan）"Empty Nest"
- 最優秀主演男優賞（ドラマシリーズ）キャロル・オコーナー（Carroll O'Connor）「新・夜の大捜査線」（"In The Heat Of The Night"）
- 最優秀主演男優賞（ミニシリーズ・特別番組）ジェームズ・ウッズ（James Woods）"My

Name Is Bill W.Hallmark Hall Of Fame"
- 最優秀助演男優賞(コメディシリーズ) ウディ・ハレルソン(Woody Harrelson) "Cheers"
- 最優秀助演男優賞(ドラマシリーズ) ラリー・ドレイク(Larry Drake) 「L.A.ロー 七人の弁護士」("L.A.Law")
- 最優秀助演男優賞(ミニシリーズ・特別番組) デレク・ジャコビ(Derek Jacobi) "The Tenth Man Hallmark Hall Of Fame"
- 最優秀主演女優賞(コメディシリーズ) キャンディス・バーゲン(Candice Bergen) 「TVキャスター マーフィー・ブラウン」("Murphy Brown")
- 最優秀主演女優賞(ドラマシリーズ) ダナ・デラニー(Dana Delany) 「チャイナ・ビーチ」("China Beach")
- 最優秀主演女優賞(ミニシリーズ・特別番組) ホリー・ハンター(Holly Hunter) 「沈黙の裁き」("Roe vs.Wade")
- 最優秀助演女優賞(コメディシリーズ) リー・パールマン(Rhea Perlman) "Cheers"
- 最優秀助演女優賞(ドラマシリーズ) メラニー・メイロン(Melanie Mayron) 「ナイスサーティーズ」("Thirtysomething")
- 最優秀助演女優賞(ミニシリーズ・特別番組) コリーン・デューハスト(Colleen Dewhurst) "Those She Left Behind"
- 最優秀監督賞(コメディシリーズ) ピーター・ボールドウィン(Peter Baldwin) 「素晴らしき日々」("The Wonder Years")
- 最優秀監督賞(ドラマシリーズ) ロバート・アルトマン(Robert Altman) "Tanner '88"
- 最優秀監督賞(ミニシリーズ・特別番組) サイモン・ウィンサー(Simon Wincer) "Lonesome Dove"
- 最優秀監督賞(バラエティ・音楽番組) ジム・ヘンソン(Jim Henson) "The Jim Henson Hour"
- 最優秀監督賞(特別イベント) ドワイト・ヘミオン(Dwight Hemion) "The 11th Annual Kennedy Center Honors： A Celebrati"

第42回(1990年)
◇プライムタイム・エミー賞
- 最優秀主演男優賞(コメディシリーズ) テッド・ダンソン(Ted Danson) "Cheers"
- 最優秀主演男優賞(ドラマシリーズ) ピーター・フォーク(Peter Falk) 「刑事コロンボ」("Columbo")
- 最優秀主演男優賞(ミニシリーズ・特別番組) ヒューム・クローニン(Hume Cronyn) "Age-old Friends"
- 最優秀助演男優賞(コメディシリーズ) アレックス・ロッコ(Alex Rocco) "The Famous Teddy Z"
- 最優秀助演男優賞(ドラマシリーズ) ジミー・スミッツ(Jimmy Smits) 「L.A.ロー 七人の弁護士」("L.A.Law")
- 最優秀助演男優賞(ミニシリーズ・特別番組) ビンセント・ガーデニア(Vincent Gardenia) "Age-old Friends"
- 最優秀主演女優賞(コメディシリーズ) キャンディス・バーゲン(Candice Bergen) 「TVキャスター マーフィー・ブラウン」("Murphy Brown")
- 最優秀主演女優賞(ドラマシリーズ) パトリシア・ウエティッグ(Patricia Wettig) 「ナイスサーティーズ」("Thirtysomething")
- 最優秀主演女優賞(ミニシリーズ・特別番組) バーバラ・ハーシー(Barbara Hershey) "A Killing In A Small Town"
- 最優秀助演女優賞(コメディシリーズ) ベベ・ニューワース(Bebe Neuwirth) "Cheers"
- 最優秀助演女優賞(ドラマシリーズ) マージ・ヘルゲンバーガー(Marg Helgenberger) 「チャイナ・ビーチ」("China Beach")
- 最優秀助演女優賞(ミニシリーズ・特別番組) エヴァ・マリー・セイント(Eva Marie Saint) "People Like Us"
- 最優秀監督賞(コメディシリーズ) マイケル・ディナー(Michael Dinner) 「素晴らしき日々」

　　　　　　（"The Wonder Years"）
- 最優秀監督賞（ドラマシリーズ）スコット・ウィナント（Scott Winant）「ナイスサーティーズ」（"Thirtysomething"）
　　　　　　トーマス・カーター（Thomas Carter）"Equal Justice"
- 最優秀監督賞（ミニシリーズ・特別番組）ジョセフ・サージェント（Joseph Sargent）"Caroline？ Hallmark Hall Of Fame"
- 最優秀監督賞（バラエティ・音楽番組）ドワイト・ヘミオン（Dwight Hemion）"The Kennedy Center Honors： A Celebration of the P"
- 最優秀監督賞（クラシック音楽・ダンス番組）ピーター・ローゼン（Peter Rosen），アラン・スコグ（Alan Skog）"The Eighth Van Cliburn Int'l Piano Competition"
- 最優秀監督賞（情報番組）ジーン・ラスコ（Gene Lasko）"W.Eugene Smith － Photography Made Difficult"

第43回（1991年）
◇プライムタイム・エミー賞
- 最優秀主演男優賞（コメディシリーズ）バート・レイノルズ（Burt Reynolds）"Evening Shade"
- 最優秀主演男優賞（ドラマシリーズ）ジェームズ・アール・ジョーンズ（James Earl Jones）「バード事件簿」（"Gabriel's Fire"）
- 最優秀主演男優賞（ミニシリーズ・特別番組）ジョン・ギールグッド（John Gielgud）"Summer's Lease Masterpiece Theatre"
- 最優秀助演男優賞（コメディシリーズ）ジョナサン・ウィンターズ（Jonathan Winters）"Davis Rules"
- 最優秀助演男優賞（ドラマシリーズ）ティモシー・バスフィールド（Timothy Busfield）「ナイスサーティーズ」（"Thirtysomething"）
- 最優秀助演男優賞（ミニシリーズ・特別番組）ジェームズ・アール・ジョーンズ（James Earl Jones）"Heat Wave"
- 最優秀主演女優賞（コメディシリーズ）カースティ・アレイ（Kirstie Alley）"Cheers"
- 最優秀主演女優賞（ドラマシリーズ）パトリシア・ウエティッグ（Patricia Wettig）「ナイスサーティーズ」（"Thirtysomething"）
- 最優秀主演女優賞（ミニシリーズ・特別番組）リン・ウィットフィールド（Lynn Whitfield）「裸の女王 ジョセフィン・ベイカー・ストーリー」（"The Josephine Baker Story"）
- 最優秀助演女優賞（コメディシリーズ）ベベ・ニューワース（Bebe Neuwirth）"Cheers"
- 最優秀助演女優賞（ドラマシリーズ）マッジ・シンクレア（Madge Sinclair）「バード事件簿」（"Gabriel's Fire"）
- 最優秀助演女優賞（ミニシリーズ・特別番組）ルビー・ディー（Ruby Dee）"Decoration Day Hallmark Hall of Fame"
- 最優秀監督賞（コメディシリーズ）ジェームズ・バロウズ（James Burrows）"Cheers"
- 最優秀監督賞（ドラマシリーズ）トーマス・カーター（Thomas Carter）"Equal Justice"
- 最優秀監督賞（ミニシリーズ・特別番組）ブライアン・ギブソン（Brian Gibson）「裸の女王 ジョセフィン・ベイカー・ストーリー」（"The Josephine Baker Story"）
- 最優秀監督賞（バラエティ・音楽番組）ハル・ガーニー（Hal Gurnee）"Late Night With David Letterman"

第44回（1992年）
◇プライムタイム・エミー賞
- 最優秀主演男優賞（コメディシリーズ）クレイグ・T.ネルソン（Craig T.nelson）"Coach"
- 最優秀主演男優賞（ドラマシリーズ）クリストファー・ロイド（Christopher Lloyd）"Avonlea"
- 最優秀主演男優賞（ミニシリーズ・特別番組）ボー・ブリッジズ（Beau Bridges）"Without Warning： The James Brady Story"
- 最優秀助演男優賞（コメディシリーズ）マイケル・ジェッター（Michael Jeter）"Evening

Shade"
- 最優秀助演男優賞（ドラマシリーズ）　リチャード・ダイサート（Richard Dysart）「L.A.ロー 七人の弁護士」（"L.A.Law"）
- 最優秀助演男優賞（ミニシリーズ・特別番組）　ヒューム・クローニン（Hume Cronyn）"Neil Simon's "Broadway Bound""
- 最優秀主演女優賞（コメディシリーズ）　キャンディス・バーゲン（Candice Bergen）「TVキャスター マーフィー・ブラウン」（"Murphy Brown"）
- 最優秀主演女優賞（ドラマシリーズ）　ダナ・デラニー（Dana Delany）「チャイナ・ビーチ」（"China Beach"）
- 最優秀主演女優賞（ミニシリーズ・特別番組）　ジーナ・ローランズ（Gena Rowlands）"Face Of A Stranger"
- 最優秀助演女優賞（コメディシリーズ）　ローリー・メトカルフ（Laurie Metcalf）"Roseanne"
- 最優秀助演女優賞（ドラマシリーズ）　ヴァレリー・マハフェイ（Valerie Mahaffey）「たどりつけばアラスカ」（"Northern Exposure"）
- 最優秀助演女優賞（ミニシリーズ・特別番組）　アマンダ・プラマー（Amanda Plummer）「ミス・ローズホワイトの秘密」（"Miss Rose White Hallmark Hall Of Fame"）
- 最優秀監督賞（コメディシリーズ）　バーネット・ケルマン（Barnet Kellman）「TVキャスター マーフィー・ブラウン」（"Murphy Brown"）
- 最優秀監督賞（ドラマシリーズ）　エリック・レーンウービル（Eric Laneuville）"I'll Fly Away"
- 最優秀監督賞（ミニシリーズ・特別番組）　ジョセフ・サージェント（Joseph Sargent）「ミス・ローズホワイトの秘密」（"Miss Rose White Hallmark Hall Of Fame"）
- 最優秀監督賞（バラエティ・音楽番組）　パトリシア・バーチ（Patricia Birch）"Unforgettable, With Love： Natalie Cole Sings The S"

第45回（1993年）
◇プライムタイム・エミー賞
- 最優秀主演男優賞（コメディシリーズ）　テッド・ダンソン（Ted Danson）"Cheers"
- 最優秀主演男優賞（ドラマシリーズ）　トム・スケリット（Tom Skerritt）「ピケット・フェンス」（"Picket Fences"）
- 最優秀主演男優賞（ミニシリーズ・特別番組）　ロバート・モース（Robert Morse）"American Playhouse"
- 最優秀助演男優賞（コメディシリーズ）　マイケル・リチャーズ（Michael Richards）「となりのサインフェルド」（"Seinfeld"）
- 最優秀助演男優賞（ドラマシリーズ）　チャド・ロウ（Chad Lowe）"Life Goes On"
- 最優秀助演男優賞（ミニシリーズ・特別番組）　ボー・ブリッジス（Beau Bridges）「しゃべりすぎた女」（"The Positively True Adventures of the Alleged Texas"）
- 最優秀主演女優賞（コメディシリーズ）　ロザンヌ・アーノルド（Roseanne Arnold）"Roseanne"
- 最優秀主演女優賞（ドラマシリーズ）　キャシー・ベイカー（Kathy Baker）「ピケット・フェンス」（"Picket Fences"）
- 最優秀主演女優賞（ミニシリーズ・特別番組）　ホリー・ハンター（Holly Hunter）「しゃべりすぎた女」（"The Positively True Adventures of the Alleged Texas"）
- 最優秀助演女優賞（コメディシリーズ）　ローリー・メトカルフ（Laurie Metcalf）"Roseanne"
- 最優秀助演女優賞（ドラマシリーズ）　メアリー・アリス（Mary Alice）"I'll Fly Away"
- 最優秀助演女優賞（ミニシリーズ・特別番組）　メアリー・タイラー・ムーア（Mary Tyler Moore）"Stolen Babies"
- 最優秀監督賞（コメディシリーズ）　ベティ・トーマス（Betty Thomas）"Dream On"
- 最優秀監督賞（ドラマシリーズ）　バリー・レビンソン（Barry Levinson）「ホミサイド 殺人捜査課」（"Homicide： Life on the Street"）
- 最優秀監督賞（ミニシリーズ・特別番組）　ジェームズ・サドウィズ（James Sadwith）"Sinatra"
- 最優秀監督賞（バラエティ・音楽番組）　ウォルター・C．ミラー（Walter C.miller）"The 1992 Tony Awards"

第46回（1994年）
◇プライムタイム・エミー賞
- 最優秀主演男優賞（コメディシリーズ）ケルシー・グラマー（Kelsey Grammer）「そりゃないぜ!? フレイジャー」（"Frasier"）
- 最優秀主演男優賞（ドラマシリーズ）デニス・フランツ（Dennis Franz）「NYPDブルー」（"NYPD Blue"）
- 最優秀主演男優賞（ミニシリーズ・特別番組）ヒューム・クローニン（Hume Cronyn）「白い犬とワルツを」（"To Dance With The White Dog（Hallmark Hall Of Fame）"）
- 最優秀助演男優賞（コメディシリーズ）マイケル・リチャーズ（Michael Richards）「となりのサインフェルド」（"Seinfeld"）
- 最優秀助演男優賞（ドラマシリーズ）フィヴァッシュ・フィンケル（Fyvush Finkel）「ピケット・フェンス」（"Picket Fences"）
- 最優秀助演男優賞（ミニシリーズ・特別番組）マイケル・グールジャン（Michael Goorjian）"David's Mother"
- 最優秀主演女優賞（コメディシリーズ）キャンディス・バーゲン（Candice Bergen）「TVキャスター マーフィー・ブラウン」（"Murphy Brown"）
- 最優秀主演女優賞（ドラマシリーズ）セーラ・ウォード（Sela Ward）"Sisters"
- 最優秀主演女優賞（ミニシリーズ・特別番組）カースティ・アレイ（Kirstie Alley）"David's Mother"
- 最優秀助演女優賞（コメディシリーズ）ローリー・メトカルフ（Laurie Metcalf）"Roseanne"
- 最優秀助演女優賞（ドラマシリーズ）リー・テイラー・ヤング（Leigh Taylor-young）「ピケット・フェンス」（"Picket Fences"）
- 最優秀助演女優賞（ミニシリーズ・特別番組）シシリー・タイソン（Cicely Tyson）"Oldest Living Confederate Widow Tells All"
- 最優秀監督賞（コメディシリーズ）ジェームズ・バロウズ（James Burrows）「そりゃないぜ!? フレイジャー」（"Frasier"）
- 最優秀監督賞（ドラマシリーズ）ダニエル・サッカイム（Daniel Sackheim）「NYPDブルー」（"NYPD Blue"）
- 最優秀監督賞（ミニシリーズ・特別番組）ジョン・フランケンハイマー（John Frankenheimer）"Against The Wall"
- 最優秀監督賞（バラエティ・音楽番組）ウォルター・C.ミラー（Walter C.miller）"The Tony Awards"

第47回（1995年）
◇プライムタイム・エミー賞
- 最優秀主演男優賞（コメディシリーズ）ケルシー・グラマー（Kelsey Grammer）「そりゃないぜ!? フレイジャー」（"Frasier"）
- 最優秀主演男優賞（ドラマシリーズ）マンディ・パティンキン（Mandy Patinkin）「シカゴ ホープ」（"Chicago Hope"）
- 最優秀主演男優賞（ミニシリーズ・特別番組）ラウル・ジュリア（Raul Julia）「バーニング・シーズン」（"The Burning Season"）
- 最優秀助演男優賞（コメディシリーズ）デイヴィッド・ハイド・ピアース（David Hyde Pierce）「そりゃないぜ!? フレイジャー」（"Frasier"）
- 最優秀助演男優賞（ドラマシリーズ）レイ・ウォルストン（Ray Walston）「ピケット・フェンス」（"Picket Fences"）
- 最優秀助演男優賞（ミニシリーズ・特別番組）ドナルド・サザーランド（Donald Sutherland）"Citizen X"
- 最優秀主演女優賞（コメディシリーズ）キャンディス・バーゲン（Candice Bergen）「TVキャスター マーフィー・ブラウン」（"Murphy Brown"）
- 最優秀主演女優賞（ドラマシリーズ）キャシー・ベイカー（Kathy Baker）「ピケット・フェンス」（"Picket Fences"）

- 最優秀主演女優賞（ミニシリーズ・特別番組）グレン・クローズ（Glenn Close）「アーミー・エンジェル」("Serving In Silence: The Margarethe Cammermeyer St")
- 最優秀助演女優賞（コメディシリーズ）クリスティン・バランスキー（Christine Baranski）"Cybill"
- 最優秀助演女優賞（ドラマシリーズ）ジュリアナ・マルグリーズ（Julianna Margulies）「ER 緊急救命室」("ER")
- 最優秀助演女優賞（ミニシリーズ・特別番組）シャーリー・ナイト（Shirley Knight）「誘導尋問」("Indictment: The McMartin Trial")
  - ジュディ・デイヴィス（Judy Davis）「アーミー・エンジェル」("Serving In Silence: The Margarethe Cammermeyer St")
- 最優秀監督賞（コメディシリーズ）デビッド・リー（David Lee）「そりゃないぜ!? フレイジャー」("Frasier")
- 最優秀監督賞（ドラマシリーズ）ミミ・レダー（Mimi Leder）「ER 緊急救命室」("ER")
- 最優秀監督賞（ミニシリーズ・特別番組）ジョン・フランケンハイマー（John Frankenheimer）「バーニング・シーズン」("The Burning Season")
- 最優秀監督賞（バラエティ・音楽番組）ジェフ・マーゴーリス（Jeff Margolis）"The 67th Annual Academy Awards"

第48回（1996年）
◇プライムタイム・エミー賞
- 最優秀主演男優賞（コメディシリーズ）ジョン・リスゴー（John Lithgow）"3rd Rock From The Sun"
- 最優秀主演男優賞（ドラマシリーズ）デニス・フランツ（Dennis Franz）「NYPDブルー」("NYPD Blue")
- 最優秀主演男優賞（ミニシリーズ・特別番組）アラン・リックマン（Alan Rickman）「ラスプーチン」("Rasputin")
- 最優秀助演男優賞（コメディシリーズ）リップ・トーン（Rip Torn）"The Larry Sanders Show"
- 最優秀助演男優賞（ドラマシリーズ）レイ・ウォルストン（Ray Walston）「ピケット・フェンス」("Picket Fences")
- 最優秀助演男優賞（ミニシリーズ・特別番組）トム・ハルス（Tom Hulce）"The Heidi Chronicles"
- 最優秀主演女優賞（コメディシリーズ）ヘレン・ハント（Helen Hunt）"Mad About You"
- 最優秀主演女優賞（ドラマシリーズ）キャシー・ベイカー（Kathy Baker）「ピケット・フェンス」("Picket Fences")
- 最優秀主演女優賞（ミニシリーズ・特別番組）ヘレン・ミレン（Helen Mirren）「第一容疑者」("Prime Suspect: Scent Of Darkness")
- 最優秀助演女優賞（コメディシリーズ）ジュリア・ルイス＝ドレイファス（Julia Louis-Dreyfus）「となりのサインフェルド」("Seinfeld")
- 最優秀助演女優賞（ドラマシリーズ）タイン・デイリー（Tyne Daly）"Christy"
- 最優秀助演女優賞（ミニシリーズ・特別番組）グレタ・スカッキ（Greta Scacchi）「ラスプーチン」("Rasputin")
- 最優秀監督賞（コメディシリーズ）マイケル・レンベック（Michael Lembeck）「フレンズ」("Friends")
- 最優秀監督賞（ドラマシリーズ）ジェレミー・カガン（Jeremy Kagan）「シカゴホープ」("Chicago Hope")
- 最優秀監督賞（ミニシリーズ・特別番組）ジョン・フランケンハイマー（John Frankenheimer）"Andersonville"
- 最優秀監督賞（バラエティ・音楽番組）ルイス・J.ホービッツ（Louis J.Horvitz）"The Kennedy Center Honors"

第49回（1997年）
◇プライムタイム・エミー賞

- 最優秀主演男優賞（コメディシリーズ）ジョン・リスゴー（John Lithgow）"3rd Rock From The Sun"
- 最優秀主演男優賞（ドラマシリーズ）デニス・フランツ（Dennis Franz）「NYPDブルー」（"NYPD Blue"）
- 最優秀主演男優賞（ミニシリーズ・特別番組）アーマンド・アサンテ（Armand Assante）「ゴッチ・ザ・マフィア 武闘派暴力組織」（"Gotti"）
- 最優秀助演男優賞（コメディシリーズ）マイケル・リチャーズ（Michael Richards）「となりのサインフェルド」（"Seinfeld"）
- 最優秀助演男優賞（ドラマシリーズ）ヘクター・エリゾンド（Hector Elizondo）「シカゴホープ」（"Chicago Hope"）
- 最優秀助演男優賞（ミニシリーズ・特別番組）ボー・ブリッジズ（Beau Bridges）"The Second Civil War"
- 最優秀主演女優賞（コメディシリーズ）ヘレン・ハント（Helen Hunt）"Mad About You"
- 最優秀主演女優賞（ドラマシリーズ）ジリアン・アンダーソン（Gillian Anderson）「X-ファイル」（"The X-Files"）
- 最優秀主演女優賞（ミニシリーズ・特別番組）アルフレ・ウッダード（Alfre Woodard）「ミス・エバーズ・ボーイズ 黒人看護婦の苦悩」（"Miss Evers' Boys"）
- 最優秀助演女優賞（コメディシリーズ）クリスティン・ジョンストン（Kristen Johnston）"3rd Rock From The Sun"
- 最優秀助演女優賞（ドラマシリーズ）キム・デラニー（Kim Delaney）「NYPDブルー」（"NYPD Blue"）
- 最優秀助演女優賞（ミニシリーズ・特別番組）ダイアナ・リグ（Diana Rigg）"Rebecca（Masterpiece)"
- 最優秀監督賞（コメディシリーズ）デビッド・リー（David Lee）「そりゃないぜ!? フレイジャー」（"Frasier"）
- 最優秀監督賞（ドラマシリーズ）マーク・ティンカー（Mark Tinker）「NYPDブルー」（"NYPD Blue"）
- 最優秀監督賞（ミニシリーズ・特別番組）アンドレイ・コンチャロフスキー（Andrei Konchalovsky）"The Odyssey"
- 最優秀監督賞（バラエティ・音楽番組）ドン・ミッシャー（Don Mischer）"Centennial Olympic Games： Opening Ceremonies"

第50回（1998年）

◇プライムタイム・エミー賞
- 最優秀主演男優賞（コメディシリーズ）ケルシー・グラマー（Kelsey Grammer）「そりゃないぜ!? フレイジャー」（"Frasier"）
- 最優秀主演男優賞（ドラマシリーズ）アンドレ・ブラウアー（Andre Braugher）「ホミサイド 殺人捜査課」（"Homicide： Life On The Street"）
- 最優秀主演男優賞（ミニシリーズ・映画）ゲイリー・シニーズ（Gary Sinise）「ジョージ・ウォレス アラバマの反逆者」（"George Wallace"）
- 最優秀助演男優賞（コメディシリーズ）デイヴィッド・ハイド・ピアース（David Hyde Pierce）「そりゃないぜ!? フレイジャー」（"Frasier"）
- 最優秀助演男優賞（ドラマシリーズ）ゴードン・クラップ（Gordon Clapp）「NYPDブルー」（"NYPD Blue"）
- 最優秀助演男優賞（ミニシリーズ・映画）ジョージ・C.スコット（George C.Scott）"12 Angry Men"
- 最優秀主演女優賞（コメディシリーズ）ヘレン・ハント（Helen Hunt）"Mad About You"
- 最優秀主演女優賞（ドラマシリーズ）クリスティン・ラティ（Christine Lahti）「シカゴホープ」（"Chicago Hope"）
- 最優秀主演女優賞（ミニシリーズ・映画）エレン・バーキン（Ellen Barkin）「翼があるなら」（"Before Women Had Wings〔Oprah Winfrey Presents〕"）
- 最優秀助演女優賞（コメディシリーズ）リサ・クドロー（Lisa Kudrow）「フレンズ」

- 　("Friends")
- 最優秀助演女優賞（ドラマシリーズ）キャメロン・マンハイム（Camryn Manheim）「ザ・プラクティス」("The Practice")
- 最優秀助演女優賞（ミニシリーズ・映画）メア・ウィニンガム（Mare Winningham）「ジョージ・ウォレス アラバマの反逆者」("George Wallace")
- 最優秀監督賞（コメディシリーズ）トッド・ホーランド（Todd Holland）"The Larry Sanders Show"
- 最優秀監督賞（ドラマシリーズ）パリス・バークレー（Paris Barclay）「NYPDブルー」("NYPD Blue")
　　　　マーク・ティンカー（Mark Tinker）"Brooklyn South"
- 最優秀監督賞（ミニシリーズ・映画）ジョン・フランケンハイマー（John Frankenheimer）「ジョージ・ウォレス アラバマの反逆者」("George Wallace")
- 最優秀監督賞（バラエティ・音楽番組）ルイス・J.ホービッツ（Louis J.Horvitz）"The 70th Annual Academy Awards"

第51回（1999年）
　◇プライムタイム・エミー賞
- 最優秀主演男優賞（コメディシリーズ）ジョン・リスゴー（John Lithgow）"3rd Rock From The Sun"
- 最優秀主演男優賞（ドラマシリーズ）デニス・フランツ（Dennis Franz）「NYPDブルー」("NYPD Blue")
- 最優秀主演男優賞（ミニシリーズ・映画）スタンリー・トゥッチ（Stanley Tucci）「ザ・ジャーナリスト」("Winchell")
- 最優秀助演男優賞（コメディシリーズ）デイヴィッド・ハイド・ピアース（David Hyde Pierce）「そりゃないぜ!? フレイジャー」("Frasier")
- 最優秀助演男優賞（ドラマシリーズ）マイケル・バダルコ（Michael Badalucco）「ザ・プラクティス」("The Practice")
- 最優秀助演男優賞（ミニシリーズ・映画）ピーター・オトゥール（Peter O'Toole）"Joan Of Arc"
- 最優秀主演女優賞（コメディシリーズ）ヘレン・ハント（Helen Hunt）"Mad About You"
- 最優秀主演女優賞（ドラマシリーズ）エディ・ファルコ（Edie Falco）「ザ・ソプラノズ」("The Sopranos")
- 最優秀主演女優賞（ミニシリーズ・映画）ヘレン・ミレン（Helen Mirren）"The Passion Of Ayn Rand"
- 最優秀助演女優賞（コメディシリーズ）クリスティン・ジョンストン（Kristen Johnston）"3rd Rock From The Sun"
- 最優秀助演女優賞（ドラマシリーズ）ホランド・テイラー（Holland Taylor）「ザ・プラクティス」("The Practice")
- 最優秀助演女優賞（ミニシリーズ・映画）アン・バンクロフト（Anne Bancroft）"Deep In My Heart"
- 最優秀監督賞（コメディシリーズ）トーマス・シュラム（Thomas Schlamme）"Sports Night"
- 最優秀監督賞（ドラマシリーズ）パリス・バークレー（Paris Barclay）「NYPDブルー」("NYPD Blue")
- 最優秀監督賞（ミニシリーズ・映画）アラン・アーカッシュ（Allan Arkush）"The Temptations"
- 最優秀監督賞（バラエティ・音楽番組）ポール・ミラー（Paul Miller）"1998 Tony Awards"

第52回（2000年）
　◇プライムタイム・エミー賞
- 最優秀主演男優賞（コメディシリーズ）マイケル・J.フォックス（Michael J.Fox）「スピン・シティ」("Spin City")
- 最優秀主演男優賞（ドラマシリーズ）ジェームズ・ガンドルフィーニ（James Gandolfini）「ザ・ソプラノズ」("The Sopranos")

- 最優秀主演男優賞（ミニシリーズ・映画）ジャック・レモン（Jack Lemmon）「モリー先生との火曜日」("Oprah Winfrey Presents: Tuesdays With Morrie")
- 最優秀助演男優賞（コメディシリーズ）ショーン・ヘイズ（Sean Hayes）「ふたりは友達？ ウィル＆グレイス」("Will & Grace")
- 最優秀助演男優賞（ドラマシリーズ）リチャード・シフ（Richard Schiff）「ザ・ホワイトハウス」("The West Wing")
- 最優秀助演男優賞（ミニシリーズ・映画）ハンク・アザリア（Hank Azaria）「モリー先生との火曜日」("Oprah Winfrey Presents: Tuesdays With Morrie")
- 最優秀主演女優賞（コメディシリーズ）パトリシア・ヒートン（Patricia Heaton）「Hey！ レイモンド」("Everybody Loves Raymond")
- 最優秀主演女優賞（ドラマシリーズ）セーラ・ウォード（Sela Ward）"Once And Again"
- 最優秀主演女優賞（ミニシリーズ・映画）ハル・ベリー（Halle Berry）「アカデミー 栄光と悲劇」("Introducing Dorothy Dandridge")
- 最優秀助演女優賞（コメディシリーズ）メーガン・ムラリー（Megan Mullally）「ふたりは友達？ ウィル＆グレイス」("Will & Grace")
- 最優秀助演女優賞（ドラマシリーズ）アリソン・ジャネイ（Allison Janney）「ザ・ホワイトハウス」("The West Wing")
- 最優秀助演女優賞（ミニシリーズ・映画）ヴァネッサ・レッドグレーヴ（Vanessa Redgrave）"If These Walls Could Talk 2"
- 最優秀監督賞（コメディシリーズ）トッド・ホーランド（Todd Holland）"Malcolm In The Middle"
- 最優秀監督賞（ドラマシリーズ）トーマス・シュラム（Thomas Schlamme）「ザ・ホワイトハウス」("The West Wing")
- 最優秀監督賞（ミニシリーズ・映画）チャールズ・S.ダットン（Charles S.Dutton）"The Corner"
- 最優秀監督賞（バラエティ・音楽番組）ルイス・J.ホービッツ（Louis J.Horvitz）"72nd Annual Academy Awards"

第53回（2001年）
◇プライムタイム・エミー賞
- 最優秀主演男優賞（コメディシリーズ）エリック・マコーマック（Eric McCormack）「ふたりは友達？ ウィル＆グレイス」("Will & Grace")
- 最優秀主演男優賞（ドラマシリーズ）ジェームズ・ガンドルフィーニ（James Gandolfini）「ザ・ソプラノズ」("The Sopranos")
- 最優秀主演男優賞（ミニシリーズ・映画）ケネス・ブラナー（Kenneth Branagh）「謀議」("Conspiracy")
- 最優秀助演男優賞（コメディシリーズ）ピーター・マクニコル（Peter MacNicol）「アリー my Love」("Ally McBeal")
- 最優秀助演男優賞（ドラマシリーズ）ブラッドリー・ウィットフォード（Bradley Whitford）「ザ・ホワイトハウス」("The West Wing")
- 最優秀助演男優賞（ミニシリーズ・映画）ブライアン・コックス（Brian Cox）"Nuremberg"
- 最優秀主演女優賞（コメディシリーズ）パトリシア・ヒートン（Patricia Heaton）「Hey！ レイモンド」("Everybody Loves Raymond")
- 最優秀主演女優賞（ドラマシリーズ）エディ・ファルコ（Edie Falco）「ザ・ソプラノズ」("The Sopranos")
- 最優秀主演女優賞（ミニシリーズ・映画）ジュディ・デイヴィス（Judy Davis）「ジュディ・ガーランド物語」("Life With Judy Garland: Me And My Shadows")
- 最優秀助演女優賞（コメディシリーズ）ドリス・ロバーツ（Doris Roberts）「Hey！ レイモンド」("Everybody Loves Raymond")
- 最優秀助演女優賞（ドラマシリーズ）アリソン・ジャネイ（Allison Janney）「ザ・ホワイトハウス」("The West Wing")

- 最優秀助演女優賞（ミニシリーズ・映画）タミー・ブランチャード（Tammy Blanchard）「ジュディ・ガーランド物語」（"Life With Judy Garland: Me And My Shadows"）
- 最優秀監督賞（コメディシリーズ）トッド・ホーランド（Todd Holland）"Malcolm In The Middle"
- 最優秀監督賞（ドラマシリーズ）トーマス・シュラム（Thomas Schlamme）「ザ・ホワイトハウス」（"The West Wing"）
- 最優秀監督賞（ミニシリーズ・映画）マイク・ニコルズ（Mike Nichols）「エマ・トンプソンのウィット 命の詩」（"Wit"）
- 最優秀監督賞（バラエティ・音楽番組）デヴィッド・マレット（David Mallet）"Cirque Du Soleil's Dralion"

第54回（2002年）

◇プライムタイム・エミー賞
- 最優秀主演男優賞（コメディシリーズ）レイ・ロマノ（Ray Romano）「Hey！ レイモンド」（"Everybody Loves Raymond"）
- 最優秀主演男優賞（ドラマシリーズ）マイケル・チクリス（Michael Chiklis）「ザ・シールド ルール無用の警察バッジ」（"The Shield"）
- 最優秀主演男優賞（ミニシリーズ・映画）アルバート・フィニー（Albert Finney）「チャーチル 大英帝国の嵐」（"The Gathering Storm"）
- 最優秀助演男優賞（コメディシリーズ）ブラッド・ギャレット（Brad Garrett）「Hey！ レイモンド」（"Everybody Loves Raymond"）
- 最優秀助演男優賞（ドラマシリーズ）ジョン・スペンサー（John Spencer）「ザ・ホワイトハウス」（"The West Wing"）
- 最優秀助演男優賞（ミニシリーズ・映画）マイケル・モリアーティ（Michael Moriarty）"James Dean"
- 最優秀主演女優賞（コメディシリーズ）ジェニファー・アニストン（Jennifer Aniston）「フレンズ」（"Friends"）
- 最優秀主演女優賞（ドラマシリーズ）アリソン・ジャネイ（Allison Janney）「ザ・ホワイトハウス」（"The West Wing"）
- 最優秀主演女優賞（ミニシリーズ・映画）ローラ・リニー（Laura Linney）「アイリス」（"Wild Iris"）
- 最優秀助演女優賞（コメディシリーズ）ドリス・ロバーツ（Doris Roberts）「Hey！ レイモンド」（"Everybody Loves Raymond"）
- 最優秀助演女優賞（ドラマシリーズ）ストッカード・チャニング（Stockard Channing）「ザ・ホワイトハウス」（"The West Wing"）
- 最優秀助演女優賞（ミニシリーズ・映画）ストッカード・チャニング（Stockard Channing）"The Matthew Shepard Story"
- 最優秀監督賞（コメディシリーズ）マイケル・パトリック・キング（Michael Patrick King）「セックス・アンド・ザ・シティ」（"Sex And The City"）
- 最優秀監督賞（ドラマシリーズ）アラン・ボール（Alan Ball）「シックス・フィート・アンダー」（"Six Feet Under"）
- 最優秀監督賞（ミニシリーズ・映画・ドラマスペシャル番組）フィル・アルデン・ロビンソン他7名（Phil Alden Robinson）「バンド・オブ・ブラザース」（"Band Of Brothers"）
- 最優秀監督賞（バラエティ・音楽番組）ロン・デ・モラエス（Ron de Moraes），バッキー・ガンツ（Bucky Gunts），ケニー・オルテガ（Kenny Ortega）"Opening Ceremony Salt Lake 2002 Olympic Winter Gam"

第55回（2003年）

◇プライムタイム・エミー賞
- 最優秀主演男優賞（コメディシリーズ）トニー・シャルーブ（Tony Shalhoub）「名探偵モンク」（"Monk"）

映画・演劇・TV　　　　　　　　　　　165　　　　　　　　　　　25 エミー賞

- 最優秀主演男優賞（ドラマシリーズ）　ジェームズ・ガンドルフィーニ（James Gandolfini）「ザ・ソプラノズ」（"The Sopranos"）
- 最優秀主演男優賞（ミニシリーズ・映画）　ウィリアム・H.メイシー（William H.Macy）「ドア・トゥ・ドア バッグに愛とまごころを」（"Door To Door"）
- 最優秀助演男優賞（コメディシリーズ）　ブラッド・ギャレット（Brad Garrett）「Hey！ レイモンド」（"Everybody Loves Raymond"）
- 最優秀助演男優賞（ドラマシリーズ）　ジョー・パントリアーノ（Joe Pantoliano）「ザ・ソプラノズ」（"The Sopranos"）
- 最優秀助演男優賞（ミニシリーズ・映画）　ベン・ギャザラ（Ben Gazzara）"Hysterical Blindness"
- 最優秀主演女優賞（コメディシリーズ）　デブラ・メッシング（Debra Messing）「ふたりは友達？ ウィル＆グレイス」（"Will & Grace"）
- 最優秀主演女優賞（ドラマシリーズ）　エディ・ファルコ（Edie Falco）「ザ・ソプラノズ」（"The Sopranos"）
- 最優秀主演女優賞（ミニシリーズ・映画）　マギー・スミス（Maggie Smith）「美しきイタリア、わたしの家」（"My House In Umbria"）
- 最優秀助演女優賞（コメディシリーズ）　ドリス・ロバーツ（Doris Roberts）「Hey！ レイモンド」（"Everybody Loves Raymond"）
- 最優秀助演女優賞（ドラマシリーズ）　タイン・デイリー（Tyne Daly）"Judging Amy"
- 最優秀助演女優賞（ミニシリーズ・映画）　ジーナ・ローランズ（Gena Rowlands）"Hysterical Blindness"
- 最優秀監督賞（コメディシリーズ）　ロバート・B.ウィード（Robert B.Weide）"Curb Your Enthusiasm"
- 最優秀監督賞（ドラマシリーズ）　クリストファー・ミシアノ（Christopher Misiano）「ザ・ホワイトハウス」（"The West Wing"）
- 最優秀監督賞（ミニシリーズ・映画・ドラマスペシャル番組）　スティーヴン・シャクター（Steven Schachter）「ドア・トゥ・ドア バッグに愛とまごころを」（"Door To Door"）
- 最優秀監督賞（バラエティ・音楽番組）　グレン・ウェイス（Glenn Weiss）"The 56th Annual Tony Awards"
- 最優秀監督賞（ノンフィクション番組）　スタンリー・ネルソン（Stanley Nelson）"American Experience"

第56回（2004年）
◇プライムタイム・エミー賞

- 最優秀主演男優賞（コメディシリーズ）　ケルシー・グラマー（Kelsey Grammer）「そりゃないぜ!? フレイジャー」（"Frasier"）
- 最優秀主演男優賞（ドラマシリーズ）　ジェームズ・スペイダー（James Spader）「ザ・プラクティス」（"The Practice"）
- 最優秀主演男優賞（ミニシリーズ・映画）　アル・パチーノ（Al Pacino）「エンジェルス・イン・アメリカ」（"Angels In America"）
- 最優秀助演男優賞（コメディシリーズ）　デイヴィッド・ハイド・ピアース（David Hyde Pierce）「そりゃないぜ!? フレイジャー」（"Frasier"）
- 最優秀助演男優賞（ドラマシリーズ）　マイケル・インペリオーリ（Michael Imperioli）「ザ・ソプラノズ」（"The Sopranos"）
- 最優秀助演男優賞（ミニシリーズ・映画）　ジェフリー・ライト（Jeffrey Wright）「エンジェルス・イン・アメリカ」（"Angels In America"）
- 最優秀主演女優賞（コメディシリーズ）　サラ・ジェシカ・パーカー（Sarah Jessica Parker）「セックス・アンド・ザ・シティ」（"Sex And The City"）
- 最優秀主演女優賞（ドラマシリーズ）　アリソン・ジャネイ（Allison Janney）「ザ・ホワイトハウス」（"The West Wing"）
- 最優秀主演女優賞（ミニシリーズ・映画）　メリル・ストリープ（Meryl Streep）「エンジェル

- 最優秀助演女優賞（コメディシリーズ）　シンシア・ニクソン（Cynthia Nixon）「セックス・アンド・ザ・シティ」("Sex And The City")
- 最優秀助演女優賞（ドラマシリーズ）　ドレア・デ・マッテオ（Drea de Matteo）「ザ・ソプラノズ」("The Sopranos")
- 最優秀助演女優賞（ミニシリーズ・映画）　メアリー＝ルイーズ・パーカー（Mary-Louise Parker）「エンジェルス・イン・アメリカ」("Angels In America")
- 最優秀監督賞（コメディシリーズ）　ジョー・ルッソ（Joe Russo），アンソニー・ルッソ（Anthony Russo）「ブルース一家は大暴走！」("Arrested Development")
- 最優秀監督賞（ドラマシリーズ）　ウォルター・ヒル（Walter Hill）「デッドウッド 銃とSEXとワイルドタウン」("Deadwood")
- 最優秀監督賞（ミニシリーズ・映画・ドラマスペシャル番組）　マイク・ニコルズ（Mike Nichols）「エンジェルス・イン・アメリカ」("Angels In America")
- 最優秀監督賞（バラエティ・音楽番組）　ルイス・J.ホービッツ（Louis J.Horvitz）"The 76th Annual Academy Awards"
- 最優秀監督賞（ノンフィクション番組）　ケイト・デイヴィス（Kate Davis）"Jockey"

第57回（2005年）
◇プライムタイム・エミー賞
- 最優秀主演男優賞（コメディシリーズ）　トニー・シャルーブ（Tony Shalhoub）「名探偵モンク」("Monk")
- 最優秀主演男優賞（ドラマシリーズ）　ジェームズ・スペイダー（James Spader）「ボストン・リーガル」("Boston Legal")
- 最優秀主演男優賞（ミニシリーズ・映画）　ジェフリー・ラッシュ（Geoffrey Rush）「ライフ・イズ・コメディ！ ピーター・セラーズの愛し方」("The Life And Death Of Peter Sellers")
- 最優秀助演男優賞（コメディシリーズ）　ブラッド・ギャレット（Brad Garrett）「Hey! レイモンド」("Everybody Loves Raymond")
- 最優秀助演男優賞（ドラマシリーズ）　ウィリアム・シャトナー（William Shatner）「ボストン・リーガル」("Boston Legal")
- 最優秀助演男優賞（ミニシリーズ・映画）　ポール・ニューマン（Paul Newman）「追憶の街 エンパイア・フォールズ」("Empire Falls")
- 最優秀主演女優賞（コメディシリーズ）　フェリシティ・ハフマン（Felicity Huffman）「デスパレートな妻たち」("Desperate Housewives")
- 最優秀主演女優賞（ドラマシリーズ）　パトリシア・アークエット（Patricia Arquette）「ミディアム 霊能捜査官アリソン・デュボア」("Medium")
- 最優秀主演女優賞（ミニシリーズ・映画）　S.エパサ・マーカーソン（S.Epatha Merkerson）「ブルース・イン・ニューヨーク」("Lackawanna Blues")
- 最優秀助演女優賞（コメディシリーズ）　ドリス・ロバーツ（Doris Roberts）「Hey! レイモンド」("Everybody Loves Raymond")
- 最優秀助演女優賞（ドラマシリーズ）　ブライス・ダナー（Blythe Danner）"Huff"
- 最優秀助演女優賞（ミニシリーズ・映画）　ジェーン・アレクサンダー（Jane Alexander）「ルーズベルト 大統領の保養地」("Warm Springs")
- 最優秀監督賞（コメディシリーズ）　チャールズ・マクドゥーガル（Charles McDougall）「デスパレートな妻たち」("Desperate Housewives")
- 最優秀監督賞（ドラマシリーズ）　J.J.エイブラムス（J.J.Abrams）「ロスト」("Lost")
- 最優秀監督賞（ミニシリーズ・映画・ドラマスペシャル番組）　スティーヴン・ホプキンス（Stephen Hopkins）「ライフ・イズ・コメディ！ ピーター・セラーズの愛し方」("The Life And Death Of Peter Sellers")
- 最優秀監督賞（バラエティ・音楽番組）　バッキー・ガンツ（Bucky Gunts）"The Games Of The XXVIII Olympiad - Opening Ceremony"

- 最優秀監督賞（ノンフィクション番組）ジェイムズ・ミラー（James Miller）"Death In Gaza"

第58回（2006年）

◇プライムタイム・エミー賞
- 最優秀主演男優賞（コメディシリーズ）トニー・シャルーブ（Tony Shalhoub）「名探偵モンク」（"Monk"）
- 最優秀主演男優賞（ドラマシリーズ）キーファー・サザーランド（Kiefer Sutherland）"24"
- 最優秀主演男優賞（ミニシリーズ・映画）アンドレ・ブラウアー（Andre Braugher）"Thief"
- 最優秀助演男優賞（コメディシリーズ）ジェレミー・ピヴェン（Jeremy Piven）「アントラージュ★オレたちのハリウッド」（"Entourage"）
- 最優秀助演男優賞（ドラマシリーズ）アラン・アルダ（Alan Alda）「ザ・ホワイトハウス」（"The West Wing"）
- 最優秀助演男優賞（ミニシリーズ・映画）ジェレミー・アイアンズ（Jeremy Irons）「エリザベス1世」（"Elizabeth I"）
- 最優秀主演女優賞（コメディシリーズ）ジュリア・ルイス＝ドレイファス（Julia Louis-Dreyfus）"The New Adventures Of Old Christine"
- 最優秀主演女優賞（ドラマシリーズ）マリスカ・ハージティ（Mariska Hargitay）「LAW & ORDER 性犯罪特捜班」（"Law & Order: Special Victims Unit"）
- 最優秀主演女優賞（ミニシリーズ・映画）ヘレン・ミレン（Helen Mirren）「エリザベス1世」（"Elizabeth I"）
- 最優秀助演女優賞（コメディシリーズ）メーガン・ムラリー（Megan Mullally）「ふたりは友達？ ウィル&グレイス」（"Will & Grace"）
- 最優秀助演女優賞（ドラマシリーズ）ブライス・ダナー（Blythe Danner）"Huff"
- 最優秀助演女優賞（ミニシリーズ・映画）ケリー・マクドナルド（Kelly Macdonald）「ある日、ダウニング街で」（"The Girl In The Cafe"）
- 最優秀監督賞（コメディシリーズ）マーク・バックランド（Marc Buckland）「マイネーム・イズ・アール」（"My Name Is Earl"）
- 最優秀監督賞（ドラマシリーズ）ジョン・カサー（Jon Cassar）"24"
- 最優秀監督賞（ミニシリーズ・映画・ドラマスペシャル番組）トム・フーパー（Tom Hooper）「エリザベス1世」（"Elizabeth I"）
- 最優秀監督賞（バラエティ・音楽番組）ルイス・J．ホービッツ（Louis J.Horvitz）"78th Annual Academy Awards"
- 最優秀監督賞（ノンフィクション番組）ジョン・アルバート（Jon Alpert），マシュー・オニール（Matthew O'Neill）"Baghdad ER"

第59回（2007年）

◇プライムタイム・エミー賞
- 最優秀主演男優賞（コメディシリーズ）リッキー・ジャーヴェイス（Ricky Gervais）「エキストラ」（"Extras"）
- 最優秀主演男優賞（ドラマシリーズ）ジェームズ・スペイダー（James Spader）「ボストン・リーガル」（"Boston Legal"）
- 最優秀主演男優賞（ミニシリーズ・映画）ロバート・デュヴァル（Robert Duvall）「ブロークン・トレイル 遥かなる旅路」（"Broken Trail"）
- 最優秀助演男優賞（コメディシリーズ）ジェレミー・ピヴェン（Jeremy Piven）「アントラージュ★オレたちのハリウッド」（"Entourage"）
- 最優秀助演男優賞（ドラマシリーズ）テリー・オクィン（Terry O'Quinn）「ロスト」（"Lost"）
- 最優秀助演男優賞（ミニシリーズ・映画）トーマス・ヘイデン・チャーチ（Thomas Haden Church）「ブロークン・トレイル 遥かなる旅路」（"Broken Trail"）
- 最優秀主演女優賞（コメディシリーズ）アメリカ・フェレーラ（America Ferrera）「アグリー・ベティ」（"Ugly Betty"）
- 最優秀主演女優賞（ドラマシリーズ）サリー・フィールド（Sally Field）「ブラザーズ & シスターズ」（"Brothers & Sisters"）

- 最優秀主演女優賞（ミニシリーズ・映画）ヘレン・ミレン（Helen Mirren）「第一容疑者」（"Prime Suspect: The Final Act（Masterpiece Theatre）"）
- 最優秀助演女優賞（コメディシリーズ）ジェイミー・プレスリー（Jaime Pressly）「マイネーム・イズ・アール」（"My Name Is Earl"）
- 最優秀助演女優賞（ドラマシリーズ）キャサリン・ハイグル（Katherine Heigl）「グレイズ・アナトミー 恋の解剖学」（"Grey's Anatomy"）
- 最優秀助演女優賞（ミニシリーズ・映画）ジュディ・デイヴィス（Judy Davis）"The Starter Wife"
- 最優秀監督賞（コメディシリーズ）リチャード・シェパード（Richard Shepard）「アグリー・ベティ」（"Ugly Betty"）
- 最優秀監督賞（ドラマシリーズ）アラン・テイラー（Alan Taylor）「ザ・ソプラノズ」（"The Sopranos"）
- 最優秀監督賞（ミニシリーズ・映画・ドラマスペシャル番組）フィリップ・マーティン（Philip Martin）「第一容疑者」（"Prime Suspect: The Final Act（Masterpiece Theatre）"）
- 最優秀監督賞（バラエティ・音楽番組）ロブ・マーシャル（Rob Marshall）"Tony Bennett: An American Classic"
- 最優秀監督賞（ノンフィクション番組）スパイク・リー（Spike Lee）"When The Levees Broke: A Requiem In Four Acts"

第60回（2008年）
◇プライムタイム・エミー賞
- 最優秀主演男優賞（コメディシリーズ）アレック・ボールドウィン（Alec Baldwin）「サーティー・ロック」（"30 Rock"）
- 最優秀主演男優賞（ドラマシリーズ）ブライアン・クランストン（Bryan Cranston）「ブレイキング・バッド」（"Breaking Bad"）
- 最優秀主演男優賞（ミニシリーズ・映画）ポール・ジアマッティ（Paul Giamatti）"John Adams"
- 最優秀助演男優賞（コメディシリーズ）ジェレミー・ピヴェン（Jeremy Piven）「アントラージュ★オレたちのハリウッド」（"Entourage"）
- 最優秀助演男優賞（ドラマシリーズ）ジェリコ・イヴァネク（Zeljko Ivanek）「ダメージ」（"Damages"）
- 最優秀助演男優賞（ミニシリーズ・映画）トム・ウィルキンソン（Tom Wilkinson）"John Adams"
- 最優秀主演女優賞（コメディシリーズ）ティナ・フェイ（Tina Fey）「サーティー・ロック」（"30 Rock"）
- 最優秀主演女優賞（ドラマシリーズ）グレン・クローズ（Glenn Close）「ダメージ」（"Damages"）
- 最優秀主演女優賞（ミニシリーズ・映画）ローラ・リニー（Laura Linney）"John Adams"
- 最優秀助演女優賞（コメディシリーズ）ジーン・スマート（Jean Smart）「サマンサ Who？」（"Samantha Who？"）
- 最優秀助演女優賞（ドラマシリーズ）ダイアン・ウィースト（Dianne Wiest）"In Treatment"
- 最優秀助演女優賞（ミニシリーズ・映画）アイリーン・アトキンス（Dame Eileen Atkins）"Cranford（MASTERPIECE）"
- 最優秀監督賞（コメディシリーズ）バリー・ソネンフェルド（Barry Sonnenfeld）「プッシング・デイジー 恋するパイメーカー」（"Pushing Daisies"）
- 最優秀監督賞（ドラマシリーズ）グレッグ・ヤイタネス（Greg Yaitanes）「ドクター・ハウス」（"House"）
- 最優秀監督賞（ミニシリーズ・映画・ドラマスペシャル番組）ジェイ・ローチ（Jay Roach）「リカウント」（"Recount"）
- 最優秀監督賞（バラエティ・音楽番組）ルイス・J.ホービッツ（Louis J.Horvitz）"80th Annual Academy Awards"

- 最優秀監督賞（ノンフィクション番組）クリストファー・ウィルチャ（Christopher Wilcha），アダム・ベックマン（Adam Beckman）"This American Life"

第61回（2009年）
◇プライムタイム・エミー賞
- 最優秀主演男優賞（コメディシリーズ）アレック・ボールドウィン（Alec Baldwin）「サーティー・ロック」（"30 Rock"）
- 最優秀主演男優賞（ドラマシリーズ）ブライアン・クランストン（Bryan Cranston）「ブレイキング・バッド」（"Breaking Bad"）
- 最優秀主演男優賞（ミニシリーズ・映画）ブレンダン・グリーソン（Brendan Gleeson）"Into The Storm"
- 最優秀助演男優賞（コメディシリーズ）ジョン・クライヤー（Jon Cryer）「チャーリー・シーンのハーパー★ボーイズ」（"Two And A Half Men"）
- 最優秀助演男優賞（ドラマシリーズ）マイケル・エマーソン（Michael Emerson）「ロスト」（"Lost"）
- 最優秀助演男優賞（ミニシリーズ・映画）ケン・ハワード（Ken Howard）「グレイガーデンズ」（"Grey Gardens"）
- 最優秀主演女優賞（コメディシリーズ）トニ・コレット（Toni Collette）「ユナイテッド・ステイツ・オブ・タラ」（"United States Of Tara"）
- 最優秀主演女優賞（ドラマシリーズ）グレン・クローズ（Glenn Close）「ダメージ」（"Damages"）
- 最優秀主演女優賞（ミニシリーズ・映画）ジェシカ・ラング（Jessica Lange）「グレイガーデンズ」（"Grey Gardens"）
- 最優秀助演女優賞（コメディシリーズ）クリスティン・チェノウェス（Kristin Chenoweth）「プッシング・デイジー 恋するパイメーカー」（"Pushing Daisies"）
- 最優秀助演女優賞（ドラマシリーズ）チェリー・ジョーンズ（Cherry Jones）"24"
- 最優秀助演女優賞（ミニシリーズ・映画）ショーレ・アグダシュルー（Shohreh Aghdashloo）"House Of Saddam"
- 最優秀監督賞（コメディシリーズ）ジェフリー・ブリッツ（Jeff Blitz）「ジ・オフィス」（"The Office"）
- 最優秀監督賞（ドラマシリーズ）ロッド・ホルコム（Rod Holcomb）「ER 緊急救命室」（"ER"）
- 最優秀監督賞（ミニシリーズ・映画・ドラマスペシャル番組）ダーブラ・ウォルシュ（Dearbhla Walsh）「リトル・ドリット」（"Little Dorrit（Masterpiece）"）
- 最優秀監督賞（バラエティ・音楽シリーズ番組）ブルース・ゴワーズ（Bruce Gowers）"American Idol"
- 最優秀監督賞（バラエティ・音楽特別番組）バッキー・ガンツ（Bucky Gunts）"Beijing 2008 Olympic Games Opening Ceremony"
- 最優秀監督賞（ノンフィクション番組）マリーナ・ゼノヴィッチ（Marina Zenovich）"Roman Polanski: Wanted And Desired"

第62回（2010年）
◇プライムタイム・エミー賞
- 最優秀主演男優賞（コメディシリーズ）ジム・パーソンズ（Jim Parsons）「ビッグバン★セオリー」（"The Big Bang Theory"）
- 最優秀主演男優賞（ドラマシリーズ）ブライアン・クランストン（Bryan Cranston）「ブレイキング・バッド」（"Breaking Bad"）
- 最優秀主演男優賞（ミニシリーズ・映画）アル・パチーノ（Al Pacino）「死を処方する男 ジャック・ケヴォーキアンの真実」（"You Don't Know Jack"）
- 最優秀助演男優賞（コメディシリーズ）エリック・ストーンストリート（Eric Stonestreet）「モダン・ファミリー」（"Modern Family"）
- 最優秀助演男優賞（ドラマシリーズ）アーロン・ポール（Aaron Paul）「ブレイキング・バッド」（"Breaking Bad"）
- 最優秀助演男優賞（ミニシリーズ・映画）デイヴィッド・ストラザーン（David Strathairn）

「テンプル・グランディン」("Temple Grandin")
- 最優秀主演女優賞(コメディシリーズ) エディ・ファルコ(Edie Falco) 「ナース・ジャッキー」("Nurse Jackie")
- 最優秀主演女優賞(ドラマシリーズ) キーラ・セジウィック(Kyra Sedgwick) 「クローザー」("The Closer")
- 最優秀主演女優賞(ミニシリーズ・映画) クレア・デインズ(Claire Danes) 「テンプル・グランディン」("Temple Grandin")
- 最優秀助演女優賞(コメディシリーズ) ジェーン・リンチ(Jane Lynch) 「グリー」("Glee")
- 最優秀助演女優賞(ドラマシリーズ) アーチー・パンジャビ(Archie Panjabi) 「グッド・ワイフ」("The Good Wife")
- 最優秀助演女優賞(ミニシリーズ・映画) ジュリア・オーモンド(Julia Ormond) 「テンプル・グランディン」("Temple Grandin")
- 最優秀監督賞(コメディシリーズ) ライアン・マーフィー(Ryan Murphy) 「グリー」("Glee")
- 最優秀監督賞(ドラマシリーズ) スティーヴ・シル(Steve Shill) 「デクスター」("Dexter")
- 最優秀監督賞(ミニシリーズ・映画・ドラマスペシャル番組) ミック・ジャクソン(Mick Jackson) 「テンプル・グランディン」("Temple Grandin")
- 最優秀監督賞(バラエティ・音楽シリーズ番組) ドン・ロイ・キング(Don Roy King) "Saturday Night Live"
- 最優秀監督賞(バラエティ・音楽特別番組) バッキー・ガンツ(Bucky Gunts) "Vancouver 2010 Olympic Winter Games Opening Ceremony"
- 最優秀監督賞(ノンフィクション番組) バラック・グッドマン(Barak Goodman) "My Lai"

第63回(2011年)
◇プライムタイム・エミー賞
- 最優秀主演男優賞(コメディシリーズ) ジム・パーソンズ(Jim Parsons) 「ビッグバン★セオリー」("The Big Bang Theory")
- 最優秀主演男優賞(ドラマシリーズ) カイル・チャンドラー(Kyle Chandler) "Friday Night Lights"
- 最優秀主演男優賞(ミニシリーズ・映画) バリー・ペッパー(Barry Pepper) 「ケネディ家の人びと」("The Kennedys")
- 最優秀助演男優賞(コメディシリーズ) タイ・バーレル(Ty Burrell) 「モダン・ファミリー」("Modern Family")
- 最優秀助演男優賞(ドラマシリーズ) ピーター・ディンクレイジ(Peter Dinklage) 「ゲーム・オブ・スローンズ」("Game Of Thrones")
- 最優秀助演男優賞(ミニシリーズ・映画) ガイ・ピアース(Guy Pearce) 「ミルドレッド・ピアース」("Mildred Pierce")
- 最優秀主演女優賞(コメディシリーズ) メリッサ・マッカーシー(Melissa McCarthy) 「マイク&モリー マシュマロ系しあわせ日記」("Mike & Molly")
- 最優秀主演女優賞(ドラマシリーズ) ジュリアナ・マルグリーズ(Julianna Margulies) 「グッド・ワイフ」("The Good Wife")
- 最優秀主演女優賞(ミニシリーズ・映画) ケイト・ウィンスレット(Kate Winslet) 「ミルドレッド・ピアース」("Mildred Pierce")
- 最優秀助演女優賞(コメディシリーズ) ジュリー・ボーウェン(Julie Bowen) 「モダン・ファミリー」("Modern Family")
- 最優秀助演女優賞(ドラマシリーズ) マーゴ・マーティンデイル(Margo Martindale) "Justified"
- 最優秀助演女優賞(ミニシリーズ・映画) マギー・スミス(Maggie Smith) 「ダウントン・アビー」("Downton Abbey")
- 最優秀監督賞(コメディシリーズ) マイケル・アラン・スピラー(Michael Alan Spiller) 「モダン・ファミリー」("Modern Family")
- 最優秀監督賞(ドラマシリーズ) マーティン・スコセッシ(Martin Scorsese) 「ボードウォー

- 最優秀監督賞（ミニシリーズ・映画・ドラマスペシャル番組）ブライアン・パーシヴァル（Brian Percival）「ダウントン・アビー」（"Downton Abbey"）
- 最優秀監督賞（バラエティ・音楽シリーズ番組）ドン・ロイ・キング（Don Roy King）"Saturday Night Live"
- 最優秀監督賞（バラエティ・音楽特別番組）ロニー・プライス（Lonny Price）"Sondheim ! The Birthday Concert（Great Performances）"
- 最優秀監督賞（ノンフィクション番組）ジョシュ・フォックス（Josh Fox）"Gasland"

第64回（2012年）

◇プライムタイム・エミー賞

- 最優秀主演男優賞（コメディシリーズ）ジョン・クライヤー（Jon Cryer）「チャーリー・シーンのハーパー★ボーイズ」（"Two And A Half Men"）
- 最優秀主演男優賞（ドラマシリーズ）ダミアン・ルイス（Damian Lewis）「ホームランド」（"Homeland"）
- 最優秀主演男優賞（ミニシリーズ・映画）ケヴィン・コスナー（Kevin Costner）「宿敵 因縁のハットフィールド&マッコイ」（"Hatfields & McCoys"）
- 最優秀助演男優賞（コメディシリーズ）エリック・ストーンストリート（Eric Stonestreet）「モダン・ファミリー」（"Modern Family"）
- 最優秀助演男優賞（ドラマシリーズ）アーロン・ポール（Aaron Paul）「ブレイキング・バッド」（"Breaking Bad"）
- 最優秀助演男優賞（ミニシリーズ・映画）トム・ベレンジャー（Tom Berenger）「宿敵 因縁のハットフィールド&マッコイ」（"Hatfields & McCoys"）
- 最優秀主演女優賞（コメディシリーズ）ジュリア・ルイス＝ドレイファス（Julia Louis-Dreyfus）"Veep"
- 最優秀主演女優賞（ドラマシリーズ）クレア・デインズ（Claire Danes）「ホームランド」（"Homeland"）
- 最優秀主演女優賞（ミニシリーズ・映画）ジュリアン・ムーア（Julianne Moore）「ゲーム・チェンジ 大統領選を駆け抜けた女」（"Game Change"）
- 最優秀助演女優賞（コメディシリーズ）ジュリー・ボーウェン（Julie Bowen）「モダン・ファミリー」（"Modern Family"）
- 最優秀助演女優賞（ドラマシリーズ）マギー・スミス（Maggie Smith）「ダウントン・アビー」（"Downton Abbey"）
- 最優秀助演女優賞（ミニシリーズ・映画）ジェシカ・ラング（Jessica Lange）「アメリカン・ホラー・ストーリー」（"American Horror Story"）
- 最優秀監督賞（コメディシリーズ）スティーヴン・レヴィタン（Steven Levitan）「モダン・ファミリー」（"Modern Family"）
- 最優秀監督賞（ドラマシリーズ）ティム・ヴァン・パタン（Tim Van Patten）「ボードウォーク・エンパイア」（"Boardwalk Empire"）
- 最優秀監督賞（ミニシリーズ・映画・ドラマスペシャル番組）ジェイ・ローチ（Jay Roach）「ゲーム・チェンジ 大統領選を駆け抜けた女」（"Game Change"）
- 最優秀監督賞（バラエティ番組）ドン・ロイ・キング（Don Roy King）"Saturday Night Live"
- 最優秀監督賞（バラエティ特別番組）グレン・ウェイス（Glenn Weiss）"65th Annual Tony Awards"
- 最優秀監督賞（ノンフィクション番組）マーティン・スコセッシ（Martin Scorsese）"George Harrison： Living In The Material World"

第65回（2013年）

◇プライムタイム・エミー賞

- 最優秀主演男優賞（コメディシリーズ）ジム・パーソンズ（Jim Parsons）「ビッグバン★セオリー」（"The Big Bang Theory"）

- 最優秀主演男優賞（ドラマシリーズ）　ジェフ・ダニエルズ（Jeff Daniels）「ニュースルーム」（"The Newsroom"）
- 最優秀主演男優賞（ミニシリーズ・映画）　マイケル・ダグラス（Michael Douglas）「恋するリベラーチェ」（"Behind the Candelabra"）
- 最優秀助演男優賞（コメディシリーズ）　トニー・ヘイル（Tony Hale）"Veep"
- 最優秀助演男優賞（ドラマシリーズ）　ボビー・カナヴェイル（Bobby Cannavale）「ボードウォーク・エンパイア」（"Boardwalk Empire"）
- 最優秀助演男優賞（ミニシリーズ・映画）　ジェームズ・クロムウェル（James Cromwell）「アメリカン・ホラー・ストーリー」（"American Horror Story：Asylum"）
- 最優秀主演女優賞（コメディシリーズ）　ジュリア・ルイス＝ドレイファス（Julia Louis-Dreyfus）"Veep"
- 最優秀主演女優賞（ドラマシリーズ）　クレア・デインズ（Claire Danes）「ホームランド」（"Homeland"）
- 最優秀主演女優賞（ミニシリーズ・映画）　ローラ・リニー（Laura Linney）"The Big C：Hereafter"
- 最優秀助演女優賞（コメディシリーズ）　メリット・ウィヴァー（Merritt Wever）「ナース・ジャッキー」（"Nurse Jackie"）
- 最優秀助演女優賞（ドラマシリーズ）　アンナ・ガン（Anna Gunn）「ブレイキング・バッド」（"Breaking Bad"）
- 最優秀助演女優賞（ミニシリーズ・映画）　エレン・バースティン（Ellen Burstyn）"Political Animals"
- 最優秀監督賞（コメディシリーズ）　ゲイル・マンキューソ（Gail Mancuso）「モダン・ファミリー」（"Modern Family"）
- 最優秀監督賞（ドラマシリーズ）　デヴィッド・フィンチャー（David Fincher）「ハウス・オブ・カード」（"House of Cards"）
- 最優秀監督賞（ミニシリーズ・映画・ドラマスペシャル番組）　スティーヴン・ソダーバーグ（Steven Soderbergh）「恋するリベラーチェ」（"Behind the Candelabra"）
- 最優秀監督賞（バラエティシリーズ番組）　ドン・ロイ・キング（Don Roy King）"Saturday Night Live"
- 最優秀監督賞（バラエティ特別番組）　ルイス・J.ホービッツ（Louis J.Horvitz）"The Kennedy Center Honors"
- 最優秀監督賞（ノンフィクション番組）　ロバート・トラクテンバーグ（Robert Trachtenberg）"American Masters"

第66回（2014年）
　◇プライムタイム・エミー賞
- 最優秀主演男優賞（コメディシリーズ）　ジム・パーソンズ（Jim Parsons）「ビッグバン★セオリー」（"The Big Bang Theory"）
- 最優秀主演男優賞（ドラマシリーズ）　ブライアン・クランストン（Bryan Cranston）「ブレイキング・バッド」（"Breaking Bad"）
- 最優秀主演男優賞（ミニシリーズ・映画）　ベネディクト・カンバーバッチ（Benedict Cumberbatch）「シャーロック」（"Sherlock：His Last Vow（Masterpiece）"）
- 最優秀助演男優賞（コメディシリーズ）　タイ・バーレル（Ty Burrell）「モダン・ファミリー」（"Modern Family"）
- 最優秀助演男優賞（ドラマシリーズ）　アーロン・ポール（Aaron Paul）「ブレイキング・バッド」（"Breaking Bad"）
- 最優秀助演男優賞（ミニシリーズ・映画）　マーティン・フリーマン（Martin Freeman）「シャーロック」（"Sherlock：His Last Vow（Masterpiece）"）
- 最優秀主演女優賞（コメディシリーズ）　ジュリア・ルイス＝ドレイファス（Julia Louis-Dreyfus）"Veep"
- 最優秀主演女優賞（ドラマシリーズ）　ジュリアナ・マルグリーズ（Julianna Margulies）「グッ

ド・ワイフ」("The Good Wife")
- 最優秀主演女優賞(ミニシリーズ・映画) ジェシカ・ラング(Jessica Lange) 「アメリカン・ホラー・ストーリー」("American Horror Story: Coven")
- 最優秀助演女優賞(コメディシリーズ) アリソン・ジャネイ(Allison Janney) "Mom"
- 最優秀助演女優賞(ドラマシリーズ) アンナ・ガン(Anna Gunn) 「ブレイキング・バッド」("Breaking Bad")
- 最優秀助演女優賞(ミニシリーズ・映画) キャシー・ベイツ(Kathy Bates) 「アメリカン・ホラー・ストーリー」("American Horror Story: Coven")
- 最優秀監督賞(コメディシリーズ) ゲイル・マンキューソ(Gail Mancuso) 「モダン・ファミリー」("Modern Family")
- 最優秀監督賞(ドラマシリーズ) ケイリー・ジョージ・フクナガ(Cary Joji Fukunaga) "True Detective"
- 最優秀監督賞(ミニシリーズ・映画・ドラマスペシャル番組) コリン・バックシー(Colin Bucksey) 「ファーゴ」("Fargo")
- 最優秀監督賞(バラエティシリーズ番組) ドン・ロイ・キング(Don Roy King) "Saturday Night Live"
- 最優秀監督賞(バラエティ特別番組) グレン・ウェイス(Glenn Weiss) "67th Annual Tony Awards"
- 最優秀監督賞(ノンフィクション番組) ジハーン・ヌージャイム(Jehane Noujaim) "The Square"

26 カンヌ国際映画祭 Festival International du film de Cannes

フランスのカンヌで毎年5月に開かれる国際映画祭。世界3大映画祭の一つ。政治の介入が顕著になったヴェネチア映画祭に対抗意識をもって1939年開催が決定されたが,第二次世界大戦のため延期,46年フランス文化省,外務省の後援,国立映画センター(National Centre for Cinematography)の後援のもと18国が参加して開催された。メイン・コンペティション(各国からの正式出品作品による)の他に,批評家週間(62年新設),監督週間(69年新設)などがある。コンペティション部門では,最優秀作品「パルムドール(Palme d'Or)」,グランプリ,監督賞,男優賞,女優賞,脚本賞,審査員賞,短編パルムドール,カメラドール(新人監督賞),国際批評家賞などが選出される。最優秀作品賞は当初「グランプリ」と呼ばれていたが,55年「パルムドール」と名称を変更,「グランプリ」は別個に設定された。世界的に注目される映画イベントであり,新作のプロモーションの場としても機能している。

＊日本人の受賞は以下の通り。杉山公平「源氏物語」が撮影賞(52年),衣笠貞之助「地獄門」がグランプリ(54年)「白鷺」が特別表彰(59年),今村貞雄「白い山脈」がドキュメンタリー賞(57年),市川崑「鍵」が審査員特別賞(60年)「おとうと」が高等技術委員会賞(61年)「東京オリンピック」がカトリック映画事務局賞(65年),小林正樹「切腹」(63年)・「怪談」(65年)が国際審査員賞,勅使河原宏「砂の女」が国際審査員賞(64年),石岡瑛子(美術)「MISHIMA」が芸術貢献賞(85年),大島渚「愛の亡霊」が監督賞(78年),黒澤明「影武者」がパルムドール(80年),今村昌平「楢山節考」(83年)・「うなぎ」がパルムドール(97年)「黒い雨」が高等技術委員会賞(89年),三国連太郎「親鸞 白い道」が審査員賞(87年),小栗康平「死の刺」がグランプリ・批評家連盟賞(90年),河瀬(仙頭)直美「萌の朱雀」がカメラドール(97年),諏訪敦彦「M/OTHER」が国際批評家連盟賞(99年),青山真治「ユリイカ」が批評家連盟賞(2000年),柳楽優弥「誰も知らない」が男優賞(04年),河瀬直美「殯の森」がグランプリ(07年),黒沢清「トウキョウソナタ」がある視点部門審査員賞(08年),是枝裕和「そして父になる」が審査員賞(13年),黒沢清「岸辺の旅」がある視点部門監督賞(15年)

【主催者】L'Association Françoise du Festival International du Film
【選考委員】審査委員会は著名な映画人や文化人から選出される（国籍不問）。(2015年) 長編部門：Joel Cohen, Ethan Cohen (委員長), Rossy De Palma, Sophie Marceau, Sienna Miller, Rokia Traoré, Guillermo Del Toro, Xavier Dolan, Jake Gyllenhaal。短編部門：Aderrahmane Sissako (委員長), Cécile De France, Joana Hadjithomas, Daniel Olbrychski, Rebecca Zlotowski。ある視点部門：Isabella Rossellini (委員長), Haifaa Al-mansour, Nadine Labaki, Panos H.koutras, Tahar Rahim。カメラドール部門：Sabine Azéma (委員長), Delphine Gleize, Mselvil Poupaud, Claude Garnier, Didier Huck, Yann Gonzalez, Bernard Payen
【選考方法】運営委員会が応募作品の中からコンペ参加作品を選定，招待する。審査員の投票により各賞決定
【選考基準】参加資格のある作品は，映画祭開催1年前以内に製作されたこと，他の国際映画祭やイベントで上映されていないこと，短編映画は15分未満であることが条件
【締切・発表】〔2015年〕映画祭は5月13日〜24日に開催
【連絡先】(ASSOCIATION FRANCAISE DU FESTIVAL INTERNATIONAL DU FILM) 3, rue Amelie F-75007 Paris【TEL】33 (0) 1 53 59 61 00【FAX】33 (0) 1 53 59 61 10
【E-mail】festival@festival-cannes.fr
【URL】http://www.festival-cannes.fr/

第58回 (2005年)
◇パルムドール　　　リュック・ダルデンヌ (Luc Dardenne), ジャン＝ピエール・ダルデンヌ (Jean-Pierre Dardenne)「ある子供」("L'enfant")
◇グランプリ　　　　ジム・ジャームッシュ (Jim Jarmusch)「ブロークン・フラワーズ」("Broken Flowers")
◇監督賞　　　　　　ミヒャエル・ハネケ (Michael Haneke)「隠された記憶」("Caché")
◇男優賞　　　　　　トミー・リー・ジョーンズ (Tommy Lee Jones)「メルキアデス・エストラーダの3度の埋葬」("The Three Burials of Melquiades Estrada")
◇女優賞　　　　　　ハンナ・ラズロ (Hana Laszlo)「フリー・ゾーン〜明日が見える場所〜」("Free Zone")
◇脚本賞　　　　　　ギジェルモ・アリアガ (Guillermo Arriaga)「メルキアデス・エストラーダの3度の埋葬」("The Three Burials of Melquiades Estrada")
◇審査員賞　　　　　ワン・シャオシュアイ (Wang Xiaoshuai) "Shanghai Dreams"
◇カメラドール　　　ヴィムクティ・ジャヤスンダラ (Vimukthi Jayasundara) "Sulanga Enu Pinisa"
　　　　　　　　　　ミランダ・ジュライ (Miranda July)「君とボクの虹色の世界」("Me and You and Everyone We Know")
◇短編映画パルムドール　イゴール・ストレムビツキー (Igor Strembitsky) "Podorozhni"
◇審査員特別賞 (短編部門)　ヴァン・ソウェルウイン (Van Sowerwine) "Clara"

第59回 (2006年)
◇パルムドール　　　ケン・ローチ (Ken Loach)「麦の穂をゆらす風」("The Wind That Shakes the Barley")
◇グランプリ　　　　ブリュノ・デュモン (Bruno Dumont)「フランドル」("Flandres")
◇監督賞　　　　　　アレハンドロ・ゴンサレス・イニャリトゥ (Alejandro González Iñárritu)「バベル」("Babel")
◇男優賞　　　　　　ジャメル・ドゥブーズ (Jamel Debbouze), サミー・ナセリ (Samy Naceri), ロシュディ・ゼム (Roschdy Zem), サミ・ブアジラ (Sami Bouajila), ベルナルド・ブランカン (Bernard Blancan) "Indigènes"
◇女優賞　　　　　　ペネロペ・クルス (Penélope Cruz), カルメン・マウラ (Carmen Maura), ロ

　　　　　　　　　　ラ・ドゥエニャス（Lola Dueñas），ヨアンナ・コボ（Yohana Cobo），ブランカ・ポルティージョ（Blanca Portillo），チュス・ランプレアベ（Chus Lampreave）「ボルベール〈帰郷〉」（"Volver"）
　◇脚本賞　　　　ペドロ・アルモドバル（Pedro Almódovar）「ボルベール〈帰郷〉」（"Volver"）
　◇カメラドール　コーネル・ポランボア（Corneliu Porumboiu）"A fost sau n-a fost？"
　◇短編映画パルムドール　ボビー・ピアーズ（Bobbie Peers）"Sniffer"
　◇審査員賞　　　アンドレア・アーノルド（Andrea Arnold）"Red Road"
　◇審査員賞（短編映画）　パブロ・アグエロ（Pablo Agüero）"Primera nieve"
　◇審査員特別賞（短編映画）　フローランス・ミアイユ（Florence Miailhe）"Conte de quartier"
第60回（2007年）
　◇パルムドール　クリスチャン・ムンギウ（Cristian Mungiu）「4ヶ月、3週と2日」（"4 luni, 3 saptamâni si 2 zile"）
　◇グランプリ　　河瀬直美（Naomi Kawase）「殯の森」（"Mogari no mori"）
　◇第60回記念賞　ガス・ヴァン・サント（Gus Van Sant）"Paranoid Park"
　◇監督賞　　　　ジュリアン・シュナーベル（Julian Schnabel）「潜水服は蝶の夢を見る」（"Le scaphandre et le papillon"）
　◇男優賞　　　　コンスタンチン・ラヴロネンコ（Konstantin Lavronenko）「ヴェラの祈り」（"Izgnanie"）
　◇女優賞　　　　チョン・ドヨン（Jeon Do-yeon）「シークレット・サンシャイン」（"Milyang"）
　◇脚本賞　　　　ファティ・アキン（Fatih Akin）「そして、私たちは愛に帰る」（"Auf der anderen Seite"）
　◇カメラドール（新人監督賞）　エトガー・ケレット（Etgar Keret），シーラ・ゲフェン（Shira Geffen）「ジェリーフィッシュ」（"Meduzot"）
　◇カメラドール（特別賞）　アントン・コービイン（Anton Corbijn）「コントロール」（"Control"）
　◇短編映画パルムドール　エリザ・ミラー（Elisa Miller）"Ver llover"
　◇審査員賞　　　ヴァンサン・パロノー（Vincent Paronnaud），マルジャン・サトラピ（Marjane Satrapi）「ペルセポリス」（"Persepolis"）
　　　　　　　　　カルロス・レイガダス（Carlos Reygadas）"Luz silenciosa"
　◇審査員特別賞（短編映画）　アンソニー・チェン（Anthony Chen）"Ah ma"
　　　　　　　　　マーク・アルビストン（Mark Albiston）"Run"
　◇ヴァルカン賞　ヤヌス・カミンスキー（Janusz Kaminski）「潜水服は蝶の夢を見る」（"Le scaphandre et le papillon"）
第61回（2008年）
　◇パルムドール　ローラン・カンテ（Laurent Cantet）「パリ20区、僕たちのクラス」（"Entre les murs"）
　◇グランプリ　　マッテオ・ガローネ（Matteo Garrone）「ゴモラ」（"Gomorra"）
　◇特別賞　　　　カトリーヌ・ドヌーヴ（Catherine Deneuve），クリント・イーストウッド（Clint Eastwood）
　◇監督賞　　　　ヌリ・ビルゲ・ジェイラン（Nuri Bilge Ceylan）"Üç maymun"
　◇男優賞　　　　ベニチオ・デル・トロ（Benicio Del Toro）「チェ 28歳の革命」「チェ 39歳別れの手紙」（"Che: Part One" "Che: Part Two"）
　◇女優賞　　　　サンドラ・コルヴェローニ（Sandra Corveloni）"Linha de Passe"
　◇脚本賞　　　　ジャン＝ピエール・ダルデンヌ（Jean-Pierre Dardenne），リュック・ダルデンヌ（Luc Dardenne）「ロルナの祈り」（"Le silence de Lorna"）
　◇カメラドール　スティーブ・マックィーン（Steve McQueen）「ハンガー」（"Hunger"）
　◇カメラドール（特別賞）　ヴァレリヤ・ガイ・ゲルマニカ（Valeriya Gai Germanika）"Vse umrut, a ya ostanus"
　◇短編映画パルムドール　マリアン・クリサン（Marian Crisan）"Megatron"
　◇審査員賞　　　パオロ・ソレンティーノ（Paolo Sorrentino）"Il divo"

◇審査員賞（短編映画）　ジュリアス・エイブリー（Julius Avery）"Jerrycan"
◇ある視点部門
　●審査員賞　　　黒沢清（Kurosawa Kiyoshi）「トウキョウソナタ」
第62回（2009年）
　◇パルムドール　　ミヒャエル・ハネケ（Michael Haneke）「白いリボン」（"Das Weisse Band（The White Ribbon）"）
　◇グランプリ　　　ジャック・オーディアール（Jacques Audiard）「預言者」（"Un Prophete（A Prophet）"）
　◇生涯功労賞　　　アラン・レネ（Alain Resnais）
　◇男優賞　　　　　クリストフ・ヴァルツ（Christoph Waltz）「イングロリアス・バスターズ」（"Inglourious Basterds"）
　◇女優賞　　　　　シャルロット・ゲンズブール（Charlotte Gainsbourg）「アンチクライスト」（"Antichrist"）
　◇監督賞　　　　　ブリランテ・メンドーサ（Brillante Mendoza）"Kinatay"
　◇審査員賞　　　　アンドレア・アーノルド（Andrea Arnold）"Fish Tank"
　　　　　　　　　　パク・チャヌク（Park Chan-Wook）「渇き」（"Bak-Jwi（Thirst）"）
　◇脚本賞　　　　　メイ・フェン（Mei Feng）「スプリング・フィーバー」（"Chun Feng Chen Zui De Ye Wan（Spring Fever）"）
　◇カメラドール　　ウォーウィック・ソーントン（Warwick Thornton）"Samson and Delilah"
　◇カメラドール（特別賞）スカンダル・コプティ（Scandar Copti），ヤロン・シャーニ（Yaron Shani）"Ajami"
　◇短編映画パルムドール　ジョアン・サラヴィザ（Joao Salaviza）"Arena"
　◇審査員特別賞（短編映画）ルイス・サザーランド（Louis Sutherland），マーク・アルビストン（Mark Albiston）"The Six Dollar Fifty Man"
第63回（2010年）
　◇パルムドール　　アピチャッポン・ウィーラセタクン（Apichatpong Weerasethakul）「ブンミおじさんの森」（"Lung Boonmee Raluek Chat"）
　◇グランプリ　　　グザヴィエ・ボーヴォワ（Xavier Beauvois）「神々と男たち」（"Des Hommes Et Des Dieux"）
　◇男優賞　　　　　ハビエル・バルデム（Javier Bardem）「ビューティフル」（"Biutiful"）
　　　　　　　　　　エリオ・ジェルマーノ（Elio Germano）"La Nostra Vita"
　◇女優賞　　　　　ジュリエット・ビノシュ（Juliette Binoche）「トスカーナの贋作」（"Copie Conforme"）
　◇監督賞　　　　　マチュー・アマルリック（Mathieu Amalric）「さすらいの女神（ディーバ）たち」（"Tournée"）
　◇審査員賞　　　　マハマト＝サレ・ハルーン（Mahamat-saleh Haroun）"Un Homme Qui Crie"
　◇脚本賞　　　　　イ・チャンドン（Lee Chang-dong）「ポエトリー アグネスの詩（うた）」（"Poetry"）
　◇カメラドール　　マイケル・ロウ（Michael Rowe）"Año Bisiesto"
　◇短編映画パルムドール　セルジュ・アヴェディキアン（Serge Avédikian）"Chienne D'histoire"
　◇審査員賞（短編映画）フリーダ・ケンプ（Frida Kempff）"Micky Bader"
第64回（2011年）
　◇パルムドール　　テレンス・マリック（Terrence Malick）「ツリー・オブ・ライフ」（"The Tree Of Life"）
　◇グランプリ　　　ヌリ・ビルゲ・ジェイラン（Nuri Bilge Ceylan）"Bir Zamanlar Anadolu'da"
　　　　　　　　　　ジャン＝ピエール・ダルデンヌ（Jean-pierre Dardenne），リュック・ダルデンヌ（Luc Dardenne）「少年と自転車」（"Le Gamin Au Vélo"）
　◇男優賞　　　　　ジャン・デュジャルダン（Jean Dujardin）「アーティスト」（"The Artist"）
　◇女優賞　　　　　キルステン・ダンスト（Kirsten Dunst）「メランコリア」（"Melancholia"）

◇監督賞　　　　　　ニコラス・ウィンディング・レフン（Nicolas Winding Refn）「ドライヴ」
　　　　　　　　　　（"Drive"）
◇審査員賞　　　　　マイウェン（MAÏWENN）「パリ警視庁：未成年保護部隊」（"Polisse"）
◇脚本賞　　　　　　ジョセフ・シダー（Joseph Cedar）"Hearat Shulayim"
◇カメラドール　　　パブロ・ジョルジェッリ（Pablo Giorgelli）"Las Acacias"
◇短編映画パルムドール　Maryna Vroda "Cross"
◇審査員賞（短編映画）Wannes Destoop "Badpakje 46"

第65回（2012年）
◇パルムドール　　　ミヒャエル・ハネケ（Michael Haneke）「愛、アムール」（"Amour"）
◇グランプリ　　　　マッテオ・ガローネ（Matteo Garrone）"Reality"
◇男優賞　　　　　　マッツ・ミケルセン（Mads Mikkelsen）「偽りなき者」（"Jagten"）
◇女優賞　　　　　　クリスティーナ・フルトゥル（Cristina Flutur），コスミナ・ストラタン
　　　　　　　　　　（Cosmina Stratan）「汚（けが）れなき祈り」（"Dupā Dealuri"）
◇監督賞　　　　　　カルロス・レイガダス（Carlos Reygadas）「闇のあとの光」（"Post Tenebras
　　　　　　　　　　Lux"）
◇審査員賞　　　　　ケン・ローチ（Ken Loach）「天使の分け前」（"The Angels' Share"）
◇脚本賞　　　　　　クリスチャン・ムンギウ（Cristian Mungiu）「汚（けが）れなき祈り」（"Dupā
　　　　　　　　　　Dealuri"）
◇カメラドール　　　ベン・ザイトリン（Benh Zeitlin）「ハッシュパピー ～バスタブ島の少女～」
　　　　　　　　　　（"Beasts Of The Southern Wild"）
◇短編映画パルムドール　L.rezan Yesilbas "Sessiz-be Deng"

第66回（2013年）
◇パルムドール　　　アブデルラティーフ・ケシーシュ（Abdellatif Kechiche）「アデル、ブルーは
　　　　　　　　　　熱い色」（"La Vie D'adèle - Chapitre 1 & 2"）
◇グランプリ　　　　イーサン・コーエン（Ethan Coen），ジョエル・コーエン（Joel Coen）「イン
　　　　　　　　　　サイド・ルーウィン・デイヴィス 名もなき男の歌」（"Inside Llewyn Davis"）
◇男優賞　　　　　　ブルース・デーン（Bruce Dern）「ネブラスカ ふたつの心をつなぐ旅」
　　　　　　　　　　（"Nebraska"）
◇女優賞　　　　　　ベレニス・ベジョ（Bérénice Bejo）「ある過去の行方」（"Le Passé"）
◇監督賞　　　　　　アマト・エスカランテ（Amat Escalante）"Heli"
◇審査員賞　　　　　是枝裕和（Hirokazu Koreeda）「そして父になる」
◇脚本賞　　　　　　ジャ・ジャンクー（Jia Zhang-ke）「罪の手ざわり」（"Tian Zhu Ding"）
◇ウルカヌステクニカルアーティスト賞 マハマト＝サレ・ハルーン（Mahamat-saleh Haroun）
　　　　　　　　　　"Grigris"
◇カメラドール　　　アンソニー・チェン（Anthony Chen）「イロイロ ぬくもりの記憶」（"Ilo Ilo"）
◇短編映画パルムドール　Byoung-gon Moon "Safe"
◇特別賞（短編映画）Gudmundur Arnar Gudmundsson "Hvalfjordur"
　　　　　　　　　　Adriano Valerio "37° 4 S"

第67回（2014年）
◇パルムドール　　　ヌリ・ビルゲ・ジェイラン（Nuri Bilge Ceylan）「雪の轍」（"Winter Sleep"）
◇グランプリ　　　　アリーチェ・ロルヴァケル（Alice Rohrwacher）「夏をゆく人々」（"Le
　　　　　　　　　　Meraviglie"）
◇男優賞　　　　　　ティモシー・スポール（Timothy Spall）「ターナー、光に愛を求めて」（"Mr.
　　　　　　　　　　Turner"）
◇女優賞　　　　　　ジュリアン・ムーア（Julianne Moore）「マップ・トゥ・ザ・スターズ」
　　　　　　　　　　（"Maps To The Stars"）
◇監督賞　　　　　　ベネット・ミラー（Bennett Miller）「フォックスキャッチャー」
　　　　　　　　　　（"Foxcatcher"）
◇審査員賞　　　　　グザヴィエ・ドラン（Xavier Dolan）「マミー」（"Mommy"）

	ジャン=リュック・ゴダール（Jean-luc Godard）「さらば、愛の言葉よ」（"Adieu Au Langage"）
◇脚本賞	アンドレイ・ズビャギンツェフ（Andrey Zvyagintsev），オレグ・ネギン（Oleg Negin）"Leviathan"
◇カメラドール	サミュエル・サイス（Samuel Theis），Claire Burger，Marie Amachoukeli "Party Girl"
◇短編映画パルムドール	Simón Mesa Soto "Leidi"
◇特別賞（短編映画）	Clément Tréhin-lalanne "AÏSSA" Hallvar Witzø "Ja Vi Elsker"

第68回（2015年）

◇パルムドール	ジャック・オーディアール（Jacques Audiard）"Dheepan"
◇グランプリ	ラズロ・ネメス（László Nemes）"Saul Fia"
◇男優賞	ヴァンサン・ランドン（Vincent Lindon）"La Loi Du Marché"
◇女優賞	エマニュエル・ベルコ（Emmanuelle Bercot）"Mon Roi" ルーニー・マーラ（Rooney Mara）"Carol"
◇監督賞	ホウ・シャオシェン（Hou Hsiao-hsien）"Nie Yinniang"
◇審査員賞	ヨルゴス・ランティモス（Yorgos Lanthimos）"The Lobster"
◇脚本賞	ミシェル・フランコ（Michel Franco）"Chronic"
◇カメラドール	セザール・アウグスト・アセヴェド（César Augusto Acevedo）"La Tierra Y La Sombra"
◇短編映画パルムドール	Ely Dagher "Waves '98"
◇ある視点部門	
●監督賞	黒沢清（Kurosawa Kiyoshi）「岸辺の旅」

27 ゴールデン・グローブ賞 Golden Globe Awards

ハリウッド外国人映画記者協会会員により優れたアメリカの映画・テレビに与えられる賞。毎年1月～2月開催。外国人映画記者協会により1944年設立された。当初は映画に対してのみ与えられていたが，55年度からテレビ作品にも授与されるようになった。映画分野は，ドラマ部門とミュージカル・コメディ部門に分かれ，それぞれ主演男優・主演女優・助演男優・助演女優・監督・脚本・作曲・外国語映画賞などがある。テレビ分野ではドラマ，ミュージカル・コメディ，ミニシリーズ部門に分かれ，主演男優・主演女優・助演男優・助演女優などの賞が設定されている。特に映画分野はアカデミー賞と受賞作・受賞者が重なることも多く，アカデミー賞の前哨戦とも呼ばれる。この他，顕著な功績を残した人物に与えられるセシル・B.デミル賞がある。ハリウッドの勢力に左右されないために，アカデミー賞より先に賞の発表が行われる。

＊日本人の受賞は以下の通り。「二十四の瞳」（54年）が外国語映画賞，島田陽子が「将軍」（80年）でドラマ部門女優賞，坂本龍一が「ラスト・エンペラー」（87年），「シェルタリング・スカイ」（90年）で作曲賞，喜多郎が"Heaven and Earth"（93年）で作曲賞を受賞

【主催者】ハリウッド外国人映画記者協会（HFPA：Hollywood Foreign Press Association）
【選考方法】ドラマ・テレビ部門は約100名の協会員の投票により，セシル・B.デミル賞はHFPA理事会により決定される
【締切・発表】12月末にノミネート発表，授賞式は1～2月にビバリー・ヒルトン・ホテルで開催され，その模様はテレビ中継される
【賞・賞金】地球儀を象った金色の像
【連絡先】The Hollywood Foreign Press Association 646 N.Robertson Blvd.West Hollywood, CA 90069【TEL】(310) 657-1731【FAX】(310) 657-5576

【E-mail】 info@hfpa.org
【URL】 http://www.hfpa.org/

第62回（2004年度）
◇映画
- 作品賞（ドラマ）「アビエイター」（"The Aviator"）
- 主演男優賞（ドラマ）レオナルド・ディカプリオ（Leonardo DiCaprio）「アビエイター」（"The Aviator"）
- 主演女優賞（ドラマ）ヒラリー・スワンク（Hilary Swank）「ミリオンダラー・ベイビー」（"Million Dollar Baby"）
- 作品賞（ミュージカル・コメディ）「サイドウェイ」（"Sideways"）
- 主演男優賞（ミュージカル・コメディ）ジェイミー・フォックス（Jamie Foxx）「Ray/レイ」（"Ray"）
- 主演女優賞（ミュージカル・コメディ）アネット・ベニング（Annette Bening）「華麗なる恋の舞台で」（"Being Julia"）
- 助演男優賞　クライヴ・オーウェン（Clive Owen）「クローサー」（"Closer"）
- 助演女優賞　ナタリー・ポートマン（Natalie Portman）「クローサー」（"Closer"）
- 監督賞　クリント・イーストウッド（Clint Eastwood）「ミリオンダラー・ベイビー」（"Million Dollar Baby"）
- 脚本賞　アレクサンダー・ペイン（Alexander Payne），ジム・テイラー（Jim Taylor）「サイドウェイ」（"Sideways"）
- 作曲賞　ハワード・ショア（Howard Shore）「アビエイター」（"The Aviator"）
- 主題歌賞　ミック・ジャガー（Mick Jagger），デイヴ・スチュアート（David Stewart）'Old Habits Die Hard'（「アルフィー」"Alfie"）
- 外国語映画賞　「海を飛ぶ夢」（"Sea Inside"）
◇セシル・B.デミル賞　ロビン・ウィリアムズ（Robin Williams）
◇テレビ
- ベスト・テレビシリーズ賞（ドラマ）　"Nip/Tuck"
- 男優賞（ドラマ）イアン・マクシェーン（Ian McShane）「デッドウッド 銃とSEXとワイルドタウン」（"Deadwood"）
- 女優賞（ドラマ）マリスカ・ハージティ（Mariska Hargitay）「LAW & ORDER 性犯罪特捜班」（"Law & Order: Special Victims Unit"）
- ベスト・テレビシリーズ賞（ミュージカル・コメディ）「デスパレートな妻たち」（"Desperate Housewives"）
- 男優賞（ミュージカル・コメディ）ジェイソン・ベイトマン（Jason Bateman）「ブルース一家は大暴走！」（"Arrested Development"）
- 女優賞（ミュージカル・コメディ）テリー・ハッチャー（Teri Hatcher）「デスパレートな妻たち」（"Desperate Housewives"）
- ベスト・ミニシリーズ賞　「ピーター・セラーズの愛し方 ～ライフ・イズ・コメディ！」（"The Life and Death Of Peter Sellers"）
- 男優賞（ミニシリーズ）ジェフリー・ラッシュ（Geoffrey Rush）「ピーター・セラーズの愛し方 ～ライフ・イズ・コメディ！」（"The Life and Death Of Peter Sellers"）
- 女優賞（ミニシリーズ）グレン・クローズ（Glenn Close）「冬のライオン」（"The Lion In Winter"）
- 助演男優賞（ミニシリーズ）ウィリアム・シャトナー（William Shatner）「ボストン・リーガル」（"Boston Legal"）
- 助演女優賞（ミニシリーズ）アンジェリカ・ヒューストン（Anjelica Huston）「アイアン・エンジェルズ」（"Iron Jawed Angels"）

第63回（2005年度）
◇映画
- 作品賞（ドラマ）「ブロークバック・マウンテン」（"Brokeback Mountain"）
- 主演男優賞（ドラマ）フィリップ・シーモア・ホフマン（Philip Seymour Hoffman）「カポーティ」（"Capote"）
- 主演女優賞（ドラマ）フェリシティ・ハフマン（Felicity Huffman）「トランスアメリカ」（"Transamerica"）
- 作品賞（ミュージカル・コメディ）「ウォーク・ザ・ライン 君につづく道」（"Walk The Line"）
- 主演男優賞（ミュージカル・コメディ）ホアキン・フェニックス（Joaquin Phoenix）「ウォーク・ザ・ライン 君につづく道」（"Walk The Line"）
- 主演女優賞（ミュージカル・コメディ）リース・ウィザースプーン（Reese Witherspoon）「ウォーク・ザ・ライン 君につづく道」（"Walk The Line"）
- 助演男優賞　ジョージ・クルーニー（George Clooney）「シリアナ」（"Syriana"）
- 助演女優賞　レイチェル・ワイズ（Rachel Weisz）「ナイロビの蜂」（"The Constant Gardener"）
- 監督賞　アン・リー（Ang Lee）「ブロークバック・マウンテン」（"Brokeback Mountain"）
- 脚本賞　ラリー・マクマートリー（Larry McMurtry），ダイアナ・オサナ（Diana Ossana）「ブロークバック・マウンテン」（"Brokeback Mountain"）
- 作曲賞　ジョン・ウィリアムズ（John Williams）「SAYURI」（"Memoirs of a Geisha"）
- 主題歌賞　グスターボ・サンタオラヤ（Gustavo Santaolalla），バーニー・トーピン（Bernie Taupin）'A Love That Will Never Grow Old'（「ブロークバック・マウンテン」"Brokeback Mountain"）
- 外国語映画賞　「パラダイス・ナウ」（"Paradise Now"）

◇セシル・B.デミル賞　アンソニー・ホプキンス（Anthony Hopkins）
◇テレビ
- ベスト・テレビシリーズ賞（ドラマ）「ロスト」（"Lost"）
- 男優賞（ドラマ）ヒュー・ローリー（Hugh Laurie）「ドクター・ハウス」（"House"）
- 女優賞（ドラマ）ジーナ・デイヴィス（Geena Davis）「マダム・プレジデント～星条旗をまとった女神」（"Commander In Chief"）
- ベスト・テレビシリーズ賞（ミュージカル・コメディ）「デスパレートな妻たち」（"Desperate Housewives"）
- 男優賞（ミュージカル・コメディ）スティーヴ・カレル（Steve Carell）「ジ・オフィス」（"The Office"）
- 女優賞（ミュージカル・コメディ）メアリー＝ルイーズ・パーカー（Mary-Louise Parker）"Weeds"
- ベスト・ミニシリーズ賞　「追憶の街 エンパイア・フォールズ」（"Empire Falls"）
- 男優賞（ミニシリーズ）ジョナサン・リス・マイヤーズ（Jonathan Rhys Meyers）「エルヴィス」（"Elvis"）
- 女優賞（ミニシリーズ）S.エパサ・マーカーソン（S.Epatha Merkerson）「ブルース・イン・ニューヨーク」（"Lackawanna Blues"）
- 助演男優賞（ミニシリーズ）ポール・ニューマン（Paul Newman）「追憶の街 エンパイア・フォールズ」（"Empire Falls"）
- 助演女優賞（ミニシリーズ）サンドラ・オー（Sandra Oh）「グレイズ・アナトミー 恋の解剖学」（"Grey's Anatomy"）

第64回（2006年度）
◇映画
- 作品賞（ドラマ）「バベル」（"Babel"）
- 主演男優賞（ドラマ）フォレスト・ウィテカー（Forest Whitaker）「ラストキング・オブ・スコットランド」（"The Last King of Scotland"）

- 主演女優賞（ドラマ）ヘレン・ミレン（Helen Mirren）「クィーン」（"The Queen"）
- 作品賞（ミュージカル・コメディ）「ドリームガールズ」（"Dreamgirls"）
- 主演男優賞（ミュージカル・コメディ）サシャ・バロン・コーエン（Sacha Baron Cohen）「ボラット 栄光ナル国家カザフスタンのためのアメリカ文化学習」（"Borat: Cultural Learnings Of America For Make Benefit Glorious Nation Of Kazakhstan"）
- 主演女優賞（ミュージカル・コメディ）メリル・ストリープ（Meryl Streep）「プラダを着た悪魔」（"The Devil Wears Prada"）
- 助演男優賞 エディ・マーフィ（Eddie Murphy）「ドリームガールズ」（"Dreamgirls"）
- 助演女優賞 ジェニファー・ハドソン（Jennifer Hudson）「ドリームガールズ」（"Dreamgirls"）
- 監督賞 マーティン・スコセッシ（Martin Scorsese）「ディパーテッド」（"The Departed"）
- 脚本賞 ピーター・モーガン（Peter Morgan）「クィーン」（"The Queen"）
- 作曲賞 アレクサンドル・デスプラ（Alexandre Desplat）"The Painted Veil"
- 主題歌賞 プリンス（Prince）'The Song Of The Heart'（「ハッピー フィート」"Happy Feet"）
- 外国語映画賞 「硫黄島からの手紙」（"Letters From Iwo Jima"）
- アニメーション作品賞 「カーズ」（"Cars"）

◇セシル・B.デミル賞 ウォーレン・ビーティ（Warren Beatty）
◇テレビ
- ベスト・テレビシリーズ賞（ドラマ）「グレイズ・アナトミー 恋の解剖学」（"Grey's Anatomy"）
- 男優賞（ドラマ）ヒュー・ローリー（Hugh Laurie）「ドクター・ハウス」（"House"）
- 女優賞（ドラマ）キーラ・セジウィック（Kyra Sedgwick）「クローザー」（"The Closer"）
- ベスト・テレビシリーズ賞（ミュージカル・コメディ）「アグリー・ベティ」（"Ugly Betty"）
- 男優賞（ミュージカル・コメディ）アレック・ボールドウィン（Alec Baldwin）「サーティー・ロック」（"30 Rock"）
- 女優賞（ミュージカル・コメディ）アメリカ・フェレーラ（America Ferrera）「アグリー・ベティ」（"Ugly Betty"）
- ベスト・ミニシリーズ賞 「エリザベス1世」（"Elizabeth I"）
- 男優賞（ミニシリーズ）ビル・ナイ（Bill Nighy）「ナターシャの歌に」（"Gideon's Daughter"）
- 女優賞（ミニシリーズ）ヘレン・ミレン（Helen Mirren）「エリザベス1世」（"Elizabeth I"）
- 助演男優賞（ミニシリーズ）ジェレミー・アイアンズ（Jeremy Irons）「エリザベス1世」（"Elizabeth I"）
- 助演女優賞（ミニシリーズ）エミリー・ブラント（Emily Blunt）「ナターシャの歌に」（"Gideon's Daughter"）

第65回（2007年度）
◇映画
- 作品賞（ドラマ）「つぐない」（"Atonement"）
- 主演男優賞（ドラマ）ダニエル・デイ＝ルイス（Daniel Day-Lewis）「ゼア・ウィル・ビー・ブラッド」（"There Will Be Blood"）
- 主演女優賞（ドラマ）ジュリー・クリスティ（Julie Christie）「アウェイ・フロム・ハー 君を想う」（"Away From Her"）
- 作品賞（ミュージカル・コメディ）「スウィーニー・トッド フリート街の悪魔の理髪師」（"Sweeney Todd: The Demon Barber Of Fleet Street"）
- 主演男優賞（ミュージカル・コメディ）ジョニー・デップ（Johnny Depp）「スウィーニー・トッド フリート街の悪魔の理髪師」（"Sweeney Todd: The Demon Barber Of Fleet Street"）

- 主演女優賞（ミュージカル・コメディ）　マリオン・コティヤール（Marion Cotillard）「エディット・ピアフ〜愛の讃歌〜」("La Vie En Rose")
- 助演男優賞　ハビエル・バルデム（Javier Bardem）「ノーカントリー」("No Country For Old Men")
- 助演女優賞　ケイト・ブランシェット（Cate Blanchett）「アイム・ノット・ゼア」("I'm Not There")
- 監督賞　ジュリアン・シュナーベル（Julian Schnabel）「潜水服は蝶の夢を見る」("The Diving Bell And The Butterfly")
- 脚本賞　ジョエル・コーエン（Joel Coen），イーサン・コーエン（Ethan Coen）「ノーカントリー」("No Country For Old Men")
- 作曲賞　ダリオ・マリアネッリ（Dario Marianelli）「つぐない」("Atonement")
- 主題歌賞　エディ・ヴェダー（Eddie Vedder）'Guaranteed'「イントゥ・ザ・ワイルド」("Into The Wild")
- 外国語映画賞　「潜水服は蝶の夢を見る」("The Diving Bell And The Butterfly")
- アニメーション作品賞　「レミーのおいしいレストラン」("Ratatouille")

◇テレビ
- ベスト・テレビシリーズ賞（ドラマ）「マッドメン」("Mad Men")
- 男優賞（ドラマ）　ジョン・ハム（Jon Hamm）「マッドメン」("Mad Men")
- 女優賞（ドラマ）　グレン・クローズ（Glenn Close）「ダメージ」("Damages")
- ベスト・テレビシリーズ賞（ミュージカル・コメディ）「エキストラ」("Extras")
- 男優賞（ミュージカル・コメディ）　デヴィッド・ドゥカヴニー（David Duchovny）「カリフォルニケーション」("Californication")
- 女優賞（ミュージカル・コメディ）　ティナ・フェイ（Tina Fey）「サーティー・ロック」("30 Rock")
- ベスト・ミニシリーズ賞　"Longford"
- 男優賞（ミニシリーズ）　ジム・ブロードベント（Jim Broadbent）"Longford"
- 女優賞（ミニシリーズ）　クイーン・ラティファ（Queen Latifah）"Life Support"
- 助演男優賞（ミニシリーズ）　ジェレミー・ピヴェン（Jeremy Piven）「アントラージュ★オレたちのハリウッド」("Entourage")
- 助演女優賞（ミニシリーズ）　サマンサ・モートン（Samantha Morton）"Longford"

第66回（2008年度）
◇映画
- 作品賞（ドラマ）「スラムドッグ＄ミリオネア」("Slumdog Millionaire")
- 主演男優賞（ドラマ）　ミッキー・ローク（Mickey Rourke）「レスラー」("The Wrestler")
- 主演女優賞（ドラマ）　ケイト・ウィンスレット（Kate Winslet）「レボリューショナリー・ロード/燃え尽きるまで」("Revolutionary Road")
- 作品賞（ミュージカル・コメディ）「それでも恋するバルセロナ」("Vicky Cristina Barcelona")
- 主演男優賞（ミュージカル・コメディ）　コリン・ファレル（Colin Farrell）「ヒットマンズ・レクイエム」("In Bruges")
- 主演女優賞（ミュージカル・コメディ）　サリー・ホーキンス（Sally Hawkins）"Happy-Go-Lucky"
- 助演男優賞　ヒース・レジャー（Heath Ledger）「ダークナイト」("The Dark Knight")
- 助演女優賞　ケイト・ウィンスレット（Kate Winslet）「愛を読むひと」("The Reader")
- 監督賞　ダニー・ボイル（Danny Boyle）「スラムドッグ＄ミリオネア」("Slumdog Millionaire")
- 脚本賞　サイモン・ビューフォイ（Simon Beaufoy）「スラムドッグ＄ミリオネア」("Slumdog Millionaire")
- 作曲賞　A.R.ラーマン（A.R.Rahman）「スラムドッグ＄ミリオネア」("Slumdog

- 主題歌賞　　　ブルース・スプリングスティーン (Bruce Springsteen) 'The Wrestler'(「レスラー」 "The Wrestler")
- 外国語映画賞　「戦場でワルツを」("Waltz With Bashir")
- アニメーション作品賞　「ウォーリー」("Wall-E")

◇セシル・B.デミル賞　スティーブン・スピルバーグ (Steven Spielberg)

◇テレビ
- ベスト・テレビシリーズ賞（ドラマ）　「マッドメン」("Mad Men")
- 男優賞（ドラマ）　ガブリエル・バーン (Gabriel Byrne)　"In Treatment"
- 女優賞（ドラマ）　アンナ・パキン (Anna Paquin)　「トゥルーブラッド」("True Blood")
- ベスト・テレビシリーズ賞（ミュージカル・コメディ）　「サーティー・ロック」("30 Rock")
- 男優賞（ミュージカル・コメディ）　アレック・ボールドウィン (Alec Baldwin)　「サーティー・ロック」("30 Rock")
- 女優賞（ミュージカル・コメディ）　ティナ・フェイ (Tina Fey)　「サーティー・ロック」("30 Rock")
- ベスト・ミニシリーズ賞　"John Adams"
- 男優賞（ミニシリーズ）　ポール・ジアマッティ (Paul Giamatti)　"John Adams"
- 女優賞（ミニシリーズ）　ローラ・リニー (Laura Linney)　"John Adams"
- 助演男優賞（ミニシリーズ）　トム・ウィルキンソン (Tom Wilkinson)　"John Adams"
- 助演女優賞（ミニシリーズ）　ローラ・ダーン (Laura Dern)　「リカウント」("Recount")

第67回（2009年度）

◇映画
- 作品賞（ドラマ）　「アバター」("Avatar")
- 主演男優賞（ドラマ）　ジェフ・ブリッジス (Jeff Bridges)　「クレイジー・ハート」("Crazy Heart")
- 主演女優賞（ドラマ）　サンドラ・ブロック (Sandra Bullock)　「しあわせの隠れ場所」("The Blind Side")
- 助演男優賞（ドラマ）　クリストフ・ヴァルツ (Christoph Waltz)　「イングロリアス・バスターズ」("Inglourious Basterds")
- 助演女優賞（ドラマ）　モニーク (Mo'nique)　「プレシャス」("Precious: Based On The Novel Push By Sapphire")
- 作品賞（ミュージカル・コメディ）　「ハングオーバー！」("The Hangover")
- 主演男優賞（ミュージカル・コメディ）　ロバート・ダウニー, Jr.(Robert Downey Jr.)　「シャーロック・ホームズ」("Sherlock Holmes")
- 主演女優賞（ミュージカル・コメディ）　メリル・ストリープ (Meryl Streep)　「ジュリー&ジュリア」("Julie & Julia")
- 監督賞　　　ジェームズ・キャメロン (James Cameron)　「アバター」("Avatar")
- 脚本賞　　　ジェイソン・ライトマン (Jason Reitman), シェルダン・ターナー (Sheldon Turner)　「マイレージ、マイライフ」("Up In The Air")
- 作曲賞　　　マイケル・ジアッキノ (Michael Giacchino)　「カールじいさんの空飛ぶ家」("Up")
- 主題歌賞　　ライアン・ビンガム (Ryan Bingham 作詞・曲), T=ボーン・バーネット (T Bone Burnett 作詞・曲) 'The Weary Kind (Theme From Crazy Heart)'（「クレイジー・ハート」"Crazy Heart"）
- 外国語映画賞　「白いリボン」("White Ribbon (Das Weisse Band – Eine Deutsche Kindergeschichte)")
- アニメーション作品賞　「カールじいさんの空飛ぶ家」("Up")

◇セシル・B.デミル賞　マーティン・スコセッシ (Martin Scorsese)

◇テレビ

- ベスト・テレビシリーズ賞（ドラマ）「マッドメン」("Mad Men")
- 男優賞（ドラマ）マイケル・C.ホール（Michael C.Hall）「デクスター」("Dexter")
- 女優賞（ドラマ）ジュリアナ・マルグリーズ（Julianna Margulies）「グッド・ワイフ」("The Good Wife")
- ベスト・テレビシリーズ賞（ミュージカル・コメディ）「グリー」("Glee")
- 男優賞（ミュージカル・コメディ）アレック・ボールドウィン（Alec Baldwin）「サーティー・ロック」("30 Rock")
- 女優賞（ミュージカル・コメディ）トニ・コレット（Toni Collette）「ユナイテッド・ステイツ・オブ・タラ」("United States Of Tara")
- ベスト・ミニシリーズ賞 「グレイガーデンズ」("Grey Gardens")
- 男優賞（ミニシリーズ）ケヴィン・ベーコン（Kevin Bacon）"Taking Chance"
- 女優賞（ミニシリーズ）ドリュー・バリモア（Drew Barrymore）「グレイガーデンズ」("Grey Gardens")
- 助演男優賞（ミニシリーズ）ジョン・リスゴー（John Lithgow）「デクスター」("Dexter")
- 助演女優賞（ミニシリーズ）クロエ・セヴィニー（Chloë Sevigny）"Big Love"

第68回（2010年度）

◇映画
- 作品賞（ドラマ）「ソーシャル・ネットワーク」("The Social Network")
- 主演男優賞（ドラマ）コリン・ファース（Colin Firth）「英国王のスピーチ」("The King's Speech")
- 主演女優賞（ドラマ）ナタリー・ポートマン（Natalie Portman）「ブラック・スワン」("Black Swan")
- 助演男優賞（ドラマ）クリスチャン・ベイル（Christian Bale）「ザ・ファイター」("The Fighter")
- 助演女優賞（ドラマ）メリッサ・レオ（Melissa Leo）「ザ・ファイター」("The Fighter")
- 作品賞（ミュージカル・コメディ）「キッズ・オールライト」("The Kids Are All Right")
- 主演男優賞（ミュージカル・コメディ）ポール・ジアマッティ（Paul Giamatti）「バーニーズ・バージョン ローマと共に」("Barney's Version")
- 主演女優賞（ミュージカル・コメディ）アネット・ベニング（Annette Bening）「キッズ・オールライト」("The Kids Are All Right")
- 監督賞 デヴィッド・フィンチャー（David Fincher）「ソーシャル・ネットワーク」("The Social Network")
- 脚本賞 アーロン・ソーキン（Aaron Sorkin）「ソーシャル・ネットワーク」("The Social Network")
- 作曲賞 トレント・レズナー（Trent Reznor），アッティカス・ロス（Atticus Ross）「ソーシャル・ネットワーク」("The Social Network")
- 主題歌賞 ダイアン・ウォーレン（Diane Warren 作詞・曲）'You Haven't Seen The Last Of Me'（「バーレスク」"Burlesque"）
- 外国語映画賞 「未来を生きる君たちへ」("In A Better World")
- アニメーション作品賞 「トイ・ストーリー3」("Toy Story 3")

◇セシル・B.デミル賞 ロバート・デ・ニーロ（Robert De Niro）

◇テレビ
- ベスト・テレビシリーズ賞（ドラマ）「ボードウォーク・エンパイア」("Boardwalk Empire")
- 男優賞（ドラマ）スティーヴ・ブシェミ（Steve Buscemi）「ボードウォーク・エンパイア」("Boardwalk Empire")
- 女優賞（ドラマ）ケイティ・セイガル（Katey Sagal）"Sons Of Anarchy"
- ベスト・テレビシリーズ賞（ミュージカル・コメディ）「グリー」("Glee")
- 男優賞（ミュージカル・コメディ）ジム・パーソンズ（Jim Parsons）「ビッグバン★セオリー」("The Big Bang Theory")

- 女優賞（ミュージカル・コメディ）　ローラ・リニー（Laura Linney）「キャシーのbig C」（"The Big C"）
- ベスト・ミニシリーズ賞　"Carlos"
- 男優賞（ミニシリーズ）　アル・パチーノ（Al Pacino）「死を処方する男 ジャック・ケヴォーキアンの真実」（"You Don't Know Jack"）
- 女優賞（ミニシリーズ）　クレア・デインズ（Claire Danes）「テンプル・グランディン」（"Temple Grandin"）
- 助演男優賞（ミニシリーズ）　クリス・コルファー（Chris Colfer）「グリー」（"Glee"）
- 助演女優賞（ミニシリーズ）　ジェーン・リンチ（Jane Lynch）「グリー」（"Glee"）

第69回（2011年度）

◇映画
- 作品賞（ドラマ）「ファミリー・ツリー」（"The Descendants"）
- 主演男優賞（ドラマ）　ジョージ・クルーニー（George Clooney）「ファミリー・ツリー」（"The Descendants"）
- 主演女優賞（ドラマ）　メリル・ストリープ（Meryl Streep）「マーガレット・サッチャー 鉄の女の涙」（"Iron Lady"）
- 助演男優賞（ドラマ）　クリストファー・プラマー（Christopher Plummer）「人生はビギナーズ」（"Beginners"）
- 助演女優賞（ドラマ）　オクタヴィア・スペンサー（Octavia Spencer）「ヘルプ ～心がつなぐストーリー～」（"The Help"）
- 作品賞（ミュージカル・コメディ）「アーティスト」（"The Artist"）
- 主演男優賞（ミュージカル・コメディ）　ジャン・デュジャルダン（Jean Dujardin）「アーティスト」（"The Artist"）
- 主演女優賞（ミュージカル・コメディ）　ミシェル・ウィリアムズ（Michelle Williams）「マリリン 7日間の恋」（"My Week With Marilyn"）
- 監督賞　　　マーティン・スコセッシ（Martin Scorsese）「ヒューゴの不思議な発明」（"Hugo"）
- 脚本賞　　　ウディ・アレン（Woody Allen）「ミッドナイト・イン・パリ」（"Midnight In Paris"）
- 作曲賞　　　ルドヴィック・ブールス（Ludovic Bource）「アーティスト」（"The Artist"）
- 主題歌賞　　ジュリー・フロスト（Julie Frost 作詞・曲），ジミー・ハリー（Jimmy Harry 作詞・曲），マドンナ（Madonna 作詞・曲）"Masterpiece"（「ウォリスとエドワード 英国王冠をかけた恋」"W.E."）
- 外国語映画賞　「別離」（"A Separation"）
- アニメーション作品賞　「タンタンの冒険/ユニコーン号の秘密」（"The Adventures Of Tintin"）

◇セシル・B.デミル賞　モーガン・フリーマン（Morgan Freeman）

◇テレビ
- ベスト・テレビシリーズ賞（ドラマ）「ホームランド」（"Homeland"）
- 男優賞（ドラマ）　ケルシー・グラマー（Kelsey Grammer）"Boss"
- 女優賞（ドラマ）　クレア・デインズ（Claire Danes）「ホームランド」（"Homeland"）
- ベスト・テレビシリーズ賞（ミュージカル・コメディ）「モダン・ファミリー」（"Modern Family"）
- 男優賞（ミュージカル・コメディ）　マット・ルブラン（Matt LeBlanc）"Episodes"
- 女優賞（ミュージカル・コメディ）　ローラ・ダーン（Laura Dern）"Enlightened"
- ベスト・ミニシリーズ賞　「ダウントン・アビー」（"Downton Abbey（Masterpiece）"）
- 男優賞（ミニシリーズ）　イドリス・エルバ（Idris Elba）"Luther"
- 女優賞（ミニシリーズ）　ケイト・ウィンスレット（Kate Winslet）「ミルドレッド・ピアース」（"Mildred Pierce"）

- 助演男優賞（ミニシリーズ）　ピーター・ディンクレイジ（Peter Dinklage）「ゲーム・オブ・スローンズ」（"Game Of Thrones"）
- 助演女優賞（ミニシリーズ）　ジェシカ・ラング（Jessica Lange）「アメリカン・ホラー・ストーリー」（"American Horror Story"）

第70回（2012年度）
◇映画
- 作品賞（ドラマ）「アルゴ」（"Argo"）
- 主演男優賞（ドラマ）　ダニエル・デイ＝ルイス（Daniel Day-Lewis）「リンカーン」（"Lincoln"）
- 主演女優賞（ドラマ）　ジェシカ・チャステイン（Jessica Chastain）「ゼロ・ダーク・サーティ」（"Zero Dark Thirty"）
- 助演男優賞（ドラマ）　クリストフ・ヴァルツ（Christoph Waltz）「ジャンゴ 繋がれざる者」（"Django Unchained"）
- 助演女優賞（ドラマ）　アン・ハサウェイ（Anne Hathaway）「レ・ミゼラブル」（"Les Miserables"）
- 作品賞（ミュージカル・コメディ）「レ・ミゼラブル」（"Les Miserables"）
- 主演男優賞（ミュージカル・コメディ）　ヒュー・ジャックマン（Hugh Jackman）「レ・ミゼラブル」（"Les Miserables"）
- 主演女優賞（ミュージカル・コメディ）　ジェニファー・ローレンス（Jennifer Lawrence）「世界にひとつのプレイブック」（"Silver Linings Playbook"）
- 監督賞　ベン・アフレック（Ben Affleck）「アルゴ」（"Argo"）
- 脚本賞　クエンティン・タランティーノ（Quentin Tarantino）「ジャンゴ 繋がれざる者」（"Django Unchained"）
- 作曲賞　マイケル・ダナ（Mychael Danna）「ライフ・オブ・パイ／トラと漂流した227日」（"Life of Pi"）
- 主題歌賞　アデル（Adele），ポール・エプワース（Paul Epworth 作詞・作曲）'Skyfall'（「007 スカイフォール」"Skyfall"）
- 外国語映画賞　「愛、アムール」（"Amour"）
- アニメーション作品賞　「メリダとおそろしの森」（"Brave"）

◇セシル・B.デミル賞　ジョディ・フォスター（Jodie Foster）
◇テレビ
- ベスト・テレビシリーズ賞（ドラマ）「ホームランド」（"Homeland"）
- 男優賞（ドラマ）　ダミアン・ルイス（Damian Lewis）「ホームランド」（"Homeland"）
- 女優賞（ドラマ）　クレア・デインズ（Claire Danes）「ホームランド」（"Homeland"）
- ベスト・テレビシリーズ賞（ミュージカル・コメディ）「ガールズ」（"Girls"）
- 男優賞（ミュージカル・コメディ）　ドン・チードル（Don Cheadle）"House Of Lies"
- 女優賞（ミュージカル・コメディ）　レナ・ダナム（Lena Dunham）「ガールズ」（"Girls"）
- ベスト・ミニシリーズ賞「ゲーム・チェンジ 大統領選を駆け抜けた女」（"Game Change"）
- 男優賞（ミニシリーズ）　ケヴィン・コスナー（Kevin Costner）「宿敵 因縁のハットフィールド＆マッコイ」（"Hatfields & McCoys"）
- 女優賞（ミニシリーズ）　ジュリアン・ムーア（Julianne Moore）「ゲーム・チェンジ 大統領選を駆け抜けた女」（"Game Change"）
- 助演男優賞（ミニシリーズ）　エド・ハリス（Ed Harris）「ゲーム・チェンジ 大統領選を駆け抜けた女」（"Game Change"）
- 助演女優賞（ミニシリーズ）　マギー・スミス（Maggie Smith）「ダウントン・アビー」（"Downton Abbey：Season 2"）

第71回（2013年度）
◇映画
- 作品賞（ドラマ）「それでも夜は明ける」（"12 Years a Slave"）
- 主演男優賞（ドラマ）　マシュー・マコノヒー（Matthew McConaughey）「ダラス・バイヤー

　　　　　　　ズクラブ」("Dallas Buyers Club")
- 主演女優賞(ドラマ) ケイト・ブランシェット(Cate Blanchett)「ブルージャスミン」("Blue Jasmine")
- 助演男優賞(ドラマ) ジャレッド・レトー(Jared Leto)「ダラス・バイヤーズクラブ」("Dallas Buyers Club")
- 助演女優賞(ドラマ) ジェニファー・ローレンス(Jennifer Lawrence)「アメリカン・ハッスル」("American Hustle")
- 作品賞(ミュージカル・コメディ)「アメリカン・ハッスル」("American Hustle")
- 主演男優賞(ミュージカル・コメディ) レオナルド・ディカプリオ(Leonardo DiCaprio)「ウルフ・オブ・ウォールストリート」("The Wolf of Wall Street")
- 主演女優賞(ミュージカル・コメディ) エイミー・アダムス(Amy Adams)「アメリカン・ハッスル」("American Hustle")
- 監督賞　　アルフォンソ・キュアロン(Alfonso Cuarón)「ゼロ・グラビティ」("Gravity")
- 脚本賞　　スパイク・ジョーンズ(Spike Jonze)「her/世界でひとつの彼女」("Her")
- 作曲賞　　アレクサンダー・イーバート(Alex Ebert)「オール・イズ・ロスト ～最後の手紙～」("All Is Lost")
- 主題歌賞　作詞：ボノ(Bono)、ブライアン・バートン(Brian Burton)、アダム・クレイトン(Adam Clayton)、ジ・エッジ(The Edge)、ラリー・マレン(Larry Mullen) 'Ordinary Love'(「マンデラ 自由への長い道」"Mandela: Long Walk to Freedom")
- 外国語映画賞　「追憶のローマ」("The Great Beauty")
- アニメーション作品賞　「アナと雪の女王」("Frozen")

◇セシル・B.デミル賞 ウディ・アレン(Woody Allen)
◇テレビ
- ベスト・テレビシリーズ賞(ドラマ)「ブレイキング・バッド」("Breaking Bad")
- 男優賞(ドラマ) ブライアン・クランストン(Bryan Cranston)「ブレイキング・バッド」("Breaking Bad")
- 女優賞(ドラマ) ロビン・ライト(Robin Wright)「ハウス・オブ・カード」("House of Cards")
- ベスト・テレビシリーズ賞(ミュージカル・コメディ) "Brooklyn Nine-Nine"
- 男優賞(ミュージカル・コメディ) アンディ・サムバーグ(Andy Samberg) "Brooklyn Nine-Nine"
- 女優賞(ミュージカル・コメディ) エイミー・ポーラー(Amy Poehler) "Parks And Recreation"
- ベスト・ミニシリーズ賞　「恋するリベラーチェ」("Behind the Candelabra")
- 男優賞(ミニシリーズ) マイケル・ダグラス(Michael Douglas)「恋するリベラーチェ」("Behind the Candelabra")
- 女優賞(ミニシリーズ) エリザベス・モス(Elisabeth Moss)「トップ・オブ・ザ・レイク」("Top of the Lake")
- 助演男優賞(ミニシリーズ) ジョン・ヴォイト(Jon Voight)「レイ・ドノヴァン ザ・フィクサー」("Ray Donovan")
- 助演女優賞(ミニシリーズ) ジャクリーン・ビセット(Jacqueline Bisset) "Dancing on the Edge"

第72回(2014年度)
◇映画
- 作品賞(ドラマ)「6才のボクが、大人になるまで。」("Boyhood")
- 主演男優賞(ドラマ) エディ・レッドメイン(Eddie Redmayne)「博士と彼女のセオリー」("The Theory Of Everything")
- 主演女優賞(ドラマ) ジュリアン・ムーア(Julianne Moore)「アリスのままで」("Still Alice")

- 助演男優賞（ドラマ）　J.K.シモンズ（J.K.Simmons）「セッション」("Whiplash")
- 助演女優賞（ドラマ）　パトリシア・アークエット（Patricia Arquette）「6才のボクが、大人になるまで。」("Boyhood")
- 作品賞（ミュージカル・コメディ）「グランド・ブダペスト・ホテル」("The Grand Budapest Hotel")
- 主演男優賞（ミュージカル・コメディ）　マイケル・キートン（Michael Keaton）「バードマン あるいは（無知がもたらす予期せぬ奇跡）」("Birdman")
- 主演女優賞（ミュージカル・コメディ）　エイミー・アダムス（Amy Adams）「ビッグ・アイズ」("Big Eyes")
- 監督賞　リチャード・リンクレイター（Richard Linklater）「6才のボクが、大人になるまで。」("Boyhood")
- 脚本賞　アレハンドロ・ゴンサレス・イニャリトゥ（Alejandro González Iñárritu），ニコラス・ヒアコボーネ（Nicolás Giacobone），アレクサンダー・ディネラリス，Jr.（Alexander Dinelaris），アルマンド・ボー（Armando Bo）「バードマン あるいは（無知がもたらす予期せぬ奇跡）」("Birdman")
- 作曲賞　ヨハン・ヨハンソン（Jóhann Jóhannsson）「博士と彼女のセオリー」("The Theory Of Everything")
- 主題歌賞　コモン（Common），ジョン・レジェンド（John Legend）'Glory'（「グローリー/明日（あす）への行進」"Selma"）
- 外国語映画賞　"Leviathan"
- アニメーション作品賞　「ヒックとドラゴン2」("How to Train Your Dragon 2")
◇セシル・B.デミル賞　ジョージ・クルーニー（George Clooney）
◇テレビ
- ベスト・テレビシリーズ賞（ドラマ）　"The Affair"
- 男優賞（ドラマ）　ケヴィン・スペイシー（Kevin Spacey）「ハウス・オブ・カード」("House of Cards")
- 女優賞（ドラマ）　ルース・ウィルソン（Ruth Wilson）"The Affair"
- ベスト・テレビシリーズ賞（ミュージカル・コメディ）　"Transparent"
- 男優賞（ミュージカル・コメディ）　ジェフリー・タンバー（Jeffrey Tambor）"Transparent"
- 女優賞（ミュージカル・コメディ）　ジーナ・ロドリゲス（Gina Rodriguez）"Jane The Virgin"
- ベスト・ミニシリーズ賞　「ファーゴ」("Fargo")
- 男優賞（ミニシリーズ）　ビリー・ボブ・ソーントン（Billy Bob Thornton）「ファーゴ」("Fargo")
- 女優賞（ミニシリーズ）　マギー・ギレンホール（Maggie Gyllenhaal）"The Honorable Woman"
- 助演男優賞（ミニシリーズ）　マット・ボマー（Matt Bomer）"The Normal Heart"
- 助演女優賞（ミニシリーズ）　ジョアン・フロガット（Joanne Froggatt）「ダウントン・アビー」("Downton Abbey (Masterpiece)")

28 ゴールデン・ラズベリー賞（ラジー賞） The Golden Raspberry (RAZZIE) Awards

　1980年最低の映画を選出することを目的にジョン・ウィルソン（John Wilson）中心に設立されたアメリカの映画賞。アカデミー賞のパロディー版として知られる。分野は，最低映画，男優，女優，監督，脚本，新人，リメイク，カップル賞などがある。授賞式もアカデミー賞同様テレビ中継されるが，受賞者が式に来場することは極めて稀である。
【主催者】ゴールデン・ラズベリー賞財団（The Golden Raspberry Award Foundation）
【選考委員】世界各国の評論家やジャーナリストなど，財団の会員数百人
【選考方法】財団会員の投票により，候補作，受賞作を決定

> 【選考基準】予算額，俳優歴などに関わらず選出される
> 【締切・発表】発表はアカデミー賞受賞式の前日
> 【賞・賞金】8mmフィルム缶の上に金色のラズベリーを象ったトロフィー
> 【連絡先】P.O.Box 835, Artesia, CA 91702-0835
> 【E-mail】HeadRazzBerry@razzies.com
> 【URL】http：//www.razzies.com/

第25回（2004年）
　◇最低作品賞　　　　「キャットウーマン」（"Catwoman"）
　◇最低男優賞　　　　ジョージ・W.ブッシュ（George W.Bush）「華氏911」（"Fahrenheit 9/11"）
　◇最低女優賞　　　　ハル・ベリー（Halle Berry）「キャットウーマン」（"Catwoman"）
　◇最低助演男優賞　　ドナルド・ラムズフェルド（Donald Rumsfeld）「華氏911」（"Fahrenheit 9/11"）
　◇最低助演女優賞　　ブリトニー・スピアーズ（Britney Spears）「華氏911」（"Fahrenheit 9/11"）
　◇最低カップル賞　　ジョージ・W.ブッシュ（George W.Bush），コンドリーザ・ライス（Condoleeza Rice），ブッシュのペットの山羊「華氏911」（"Fahrenheit 9/11"）
　◇最低リメイク・続編賞　「スクービー・ドゥー2 モンスター パニック」（"Scooby Doo 2: Monsters Unleashed"）
　◇最低監督賞　　　　ピトフ（Pitof）「キャットウーマン」（"Catwoman"）
　◇最低脚本賞　　　　テレサ・レベック（Theresa Rebeck），ジョン・ブランカート（John Brancato），マイケル・フェリス（Michael Ferris），ジョン・ロジャース（John Rogers）「キャットウーマン」（"Catwoman"）
　◇過去25年間の最低ラジー・ルーザー賞　アーノルド・シュワルツェネッガー（Ah-Nuld Schwarzenegger）
　◇過去25年間の最低ドラマ作品賞　「バトルフィールド・アース」（"Battlefield Earth"）
　◇過去25年間の最低コメディ作品賞　「ジーリ」（"Gigli"）
　◇過去25年間の最低ミュージカル作品賞　「アメリカン・スター」（"From Justin To Kelly"）

第26回（2005年）
　◇最低作品賞　　　　"Dirty Love"
　◇最低男優賞　　　　ロブ・シュナイダー（Rob Schneider）"Deuce Bigalow"
　◇最低女優賞　　　　ジェニー・マッカーシー（Jenny McCarthy）"Dirty Love"
　◇最低助演男優賞　　ヘイデン・クリステンセン（Hayden Christensen）「スター・ウォーズ エピソード3/シスの復讐」（"Star Wars: Episode III – Revenge of the Sith"）
　◇最低助演女優賞　　パリス・ヒルトン（Paris Hilton）「蝋人形の館」（"House Of Whacks"）
　◇最低カップル賞　　ウィル・フェレル（Will Ferrell），ニコール・キッドマン（Nicole Kidman）「奥さまは魔女」（"Bewitched"）
　◇最低リメイク・続編賞　「マスク2」（"Son Of The Mask"）
　◇最低監督賞　　　　ジョン・アッシャー（John Asher）"Dirty Love"
　◇最低脚本賞　　　　ジェニー・マッカーシー（Jenny McCarthy）"Dirty Love"
　◇最もうんざりしたタブロイドネタ賞　トム・クルーズ（Tom Cruise），ケイティ・ホームズ（Katie Holmes）

第27回（2006年）
　◇最低作品賞　　　　「氷の微笑2」（"Basic Instinct 2"）
　◇最低男優賞　　　　マーロン・ウェイアンズ（Marlon Wayans），ショーン・ウェイアンズ（Shawn Wayans）「最凶赤ちゃん計画」（"Little Man"）
　◇最低女優賞　　　　シャロン・ストーン（Sharon Stone）「氷の微笑2」（"Basic Instinct 2"）
　◇最低助演男優賞　　M.ナイト・シャマラン（M.Night Shyamalan）「レディ・イン・ザ・ウォーター」（"Lady in the Water"）

◇最低助演女優賞　　カーメン・エレクトラ（Carmen Electra）「最'愛'絶叫計画」（"Date Movie" "Scary Movie 4"）
　◇最低カップル賞　　ショーン・ウェイアンズ（Shawn Wayans），ケリー・ワシントン（Kerry Washington），マーロン・ウェイアンズ（Marlon Wayans）「最凶赤ちゃん計画」（"Little Man"）
　◇最低リメイク・盗作賞　「最凶赤ちゃん計画」（"Little Man"）
　◇最低前編・続編賞　「氷の微笑2」（"Basic Instinct 2"）
　◇最低監督賞　　M.ナイト・シャマラン（M.Night Shyamalan）「レディ・イン・ザ・ウォーター」（"Lady in the Water"）
　◇最低脚本賞　　レオラ・バリッシュ（Leora Barish），ヘンリー・ビーン（Henry Bean）「氷の微笑2」（"Basic Instinct 2"）
　◇最低ファミリー映画賞　「RV」（"RV"）
第28回（2007年）
　◇最低作品賞　　"I Know Who Killed Me"
　◇最低男優賞　　エディ・マーフィ（Eddie Murphy）「マッド・ファット・ワイフ」（"Norbit"）
　◇最低女優賞　　リンジー・ローハン（Lindsay Lohan）"I Know Who Killed Me"
　◇最低助演男優賞　　エディ・マーフィ（Eddie Murphy）「マッド・ファット・ワイフ」（"Norbit"）
　◇最低助演女優賞　　エディ・マーフィ（Eddie Murphy）「マッド・ファット・ワイフ」（"Norbit"）
　◇最低カップル賞　　リンジー・ローハン（Lindsay Lohan）（一人二役）"I Know Who Killed Me"
　◇最低リメイク・盗作賞　"I Know Who Killed Me"
　◇最低前編・続編賞　「チャーリーと18人のキッズ in ブートキャンプ」（"Daddy Day Camp"）
　◇最低監督賞　　クリス・サイバートソン（Chris Sivertson）"I Know Who Killed Me"
　◇最低脚本賞　　ジェフリー・ハモンド（Jeffrey Hammond）"I Know Who Killed Me"
　◇最低ホラー映画賞　"I Know Who Killed Me"
第29回（2008年）
　◇最低作品賞　　「愛の伝道師 ラブ・グル」（"The Love Guru"）
　◇最低男優賞　　マイク・マイヤーズ（Mike Myers）「愛の伝道師 ラブ・グル」（"The Love Guru"）
　◇最低女優賞　　パリス・ヒルトン（Paris Hilton）"The Hottie & the Nottie"
　◇最低助演男優賞　　ピアース・ブロスナン（Pierce Brosnan）「マンマ・ミーア！」（"Mamma Mia！"）
　◇最低助演女優賞　　パリス・ヒルトン（Paris Hilton）「REPO！ レポ」（"Repo！ The Genetic Opera"）
　◇最低カップル賞　　パリス・ヒルトン（Paris Hilton），クリスティーン・レイキン（Christine Lakin），ジョエル・デービッド・ムーア（Joel David Moore）"The Hottie & the Nottie"
　◇最低前編・リメイク・スピンオフ・続編賞　「インディ・ジョーンズ/クリスタル・スカルの王国」（"Indiana Jones and The Kingdom of The Crystal Skull"）
　◇最低監督賞　　ウーヴェ・ボル（Uwe Boll）"1968：Tunnel Rats" "In The Name of The King：A Dungeon Siege Tale" "Postal"
　◇最低脚本賞　　マイク・マイヤーズ（Mike Myers），グレアム・ゴーディ（Graham Gordy）「愛の伝道師 ラブ・グル」（"The Love Guru"）
　◇最低功労賞　　ウーヴェ・ボル（Uwe Boll）
第30回（2009年）
　◇最低作品賞　　「トランスフォーマー/リベンジ」（"Transformers：Revenge Of The Fallen"）
　◇最低男優賞　　ケヴィン・ジョナス（Kevin Jonas），ジョー・ジョナス（Joe Jonas），ニック・ジョナス（Nick Jonas）「ジョナス・ブラザーズ/ザ・コンサート 3D」（"Jonas Brothers：The 3-D Concert Experience"）
　◇最低女優賞　　サンドラ・ブロック（Sandra Bullock）「ウルトラ I LOVE YOU！」（"All About Steve"）

- ◇最低助演男優賞　ビリー・レイ・サイラス（Billy Ray Cyrus）「ハンナ・モンタナ/ザ・ムービー」（"Hannah Montana: The Movie"）
- ◇最低助演女優賞　シエナ・ミラー（Sienna Miller）「G.I.ジョー」（"G.I.Joe: The Rise Of Cobra"）
- ◇最低カップル賞　サンドラ・ブロック（Sandra Bullock），ブラッドリー・クーパー（Bradley Cooper）「ウルトラ I LOVE YOU！」（"All About Steve"）
- ◇最低リメイク・続編賞　「マーシャル博士の恐竜ランド」（"Land of The Lost"）
- ◇最低監督賞　マイケル・ベイ（Michael Bay）「トランスフォーマー/リベンジ」（"Transformers: Revenge Of The Fallen"）
- ◇最低脚本賞　アーレン・クルーガー（Ehren Kruger），ロベルト・オーチー（Roberto Orci），アレックス・カーツマン（Alex Kurtzman）「トランスフォーマー/リベンジ」（"Transformers: Revenge Of The Fallen"）
- ◇過去10年間の最低作品賞　「バトルフィールド・アース」（"Battlefield Earth"）
- ◇過去10年間の最低男優賞　エディ・マーフィ（Eddie Murphy）
- ◇過去10年間の最低女優賞　パリス・ヒルトン（Paris Hilton）

第31回（2010年）
- ◇最低作品賞　「エアベンダー」（"The Last Airbender"）
- ◇最低男優賞　アシュトン・カッチャー（Ashton Kutcher）「キス&キル」「バレンタインデー」（"Killers" "Valentine's Day"）
- ◇最低女優賞　サラ・ジェシカ・パーカー（Sarah Jessica Parker），キム・キャトラル（Kim Cattrall），クリスティン・デイヴィス（Kristin Davis），シンシア・ニクソン（Cynthia Nixon）「セックス・アンド・ザ・シティ2」（"Sex & The City #2"）
- ◇最低助演男優賞　ジャクソン・ラスボーン（Jackson Rathbone）「エアベンダー」「エクリプス」（"The Last Airbender" "Twilight Saga: Eclipse"）
- ◇最低助演女優賞　ジェシカ・アルバ（Jessica Alba）「キラー・インサイド・ミー」「ミート・ザ・ペアレンツ3」「マチェーテ」「バレンタインデー」（"The Killer Inside Me" "Little Fockers" "Machete" "Valentine's Day"）
- ◇最低カップル賞/スクリーン・アンサンブル賞　全キャスト「セックス・アンド・ザ・シティ2」（"Sex & The City #2"）
- ◇最低前編・リメイク・スピンオフ・続編賞　「セックス・アンド・ザ・シティ2」（"Sex & The City #2"）
- ◇最低監督賞　M.ナイト・シャマラン（M.Night Shyamalan）「エアベンダー」（"The Last Airbender"）
- ◇最低脚本賞　M.ナイト・シャマラン（M.Night Shyamalan）「エアベンダー」（"The Last Airbender"）
- ◇最低3D作品賞　「エアベンダー」（"The Last Airbender"）

第32回（2011年）
- ◇最低作品賞　「ジャックとジル」（"Jack and Jill"）
- ◇最低男優賞　アダム・サンドラー（Adam Sandler）「ジャックとジル」「ウソツキは結婚のはじまり」（"Jack and Jill" "Just Go with It"）
- ◇最低女優賞　アダム・サンドラー（Adam Sandler）「ジャックとジル」（"Jack and Jill"）
- ◇最低助演男優賞　アル・パチーノ（Al Pacino）「ジャックとジル」（"Jack and Jill"）
- ◇最低助演女優賞　デヴィッド・スペード（David Spade）「ジャックとジル」（"Jack and Jill"）
- ◇最低カップル賞　アダム・サンドラー（Adam Sandler），ケイティ・ホームズ（Katie Holmes），アル・パチーノ（Al Pacino）「ジャックとジル」（"Jack and Jill"）
- ◇最低アンサンブル演技賞　全キャスト「ジャックとジル」（"Jack and Jill"）
- ◇最低前編・リメイク・盗作・続編賞　「ジャックとジル」（"Jack and Jill"）
- ◇最低監督賞　デニス・デューガン（Dennis Dugan）「ジャックとジル」「ウソツキは結婚のはじまり」（"Jack and Jill" "Just Go with It"）

◇最低脚本賞　　　スティーヴ・コーレン（Steve Koren），アダム・サンドラー（Adam Sandler），
　　　　　　　　　ベン・ズーク（Ben Zook）「ジャックとジル」（"Jack and Jill"）
第33回（2012年）
　◇最低作品賞　　　「トワイライト・サーガ/ブレイキング・ドーン Part 2」（"Twilight Saga：
　　　　　　　　　Breaking Dawn Part 2"）
　◇最低男優賞　　　アダム・サンドラー（Adam Sandler）"That's My Boy！"
　◇最低女優賞　　　クリステン・スチュワート（Kristen Stewart）「スノーホワイト」「トワイライ
　　　　　　　　　ト・サーガ/ブレイキング・ドーン Part 2」（"Snow White and the
　　　　　　　　　Huntsman" "Twilight Saga Breaking Dawn, Part 2"）
　◇最低助演男優賞　テイラー・ロートナー（Taylor Lautner）「トワイライト・サーガ/ブレイキン
　　　　　　　　　グ・ドーン Part 2」（"Twilight Saga Breaking Dawn, Part 2"）
　◇最低助演女優賞　リアーナ（Rihanna）「バトルシップ」（"Battleship"）
　◇最低アンサンブル演技賞　全キャスト「トワイライト・サーガ/ブレイキング・ドーン Part 2」
　　　　　　　　　（"Twilight Saga Breaking Dawn, Part 2"）
　◇最低リメイク・盗作・続編賞　「トワイライト・サーガ/ブレイキング・ドーン Part 2」
　　　　　　　　　（"Twilight Saga：Breaking Dawn Part 2"）
　◇最低カップル賞　マッケンジー・フォイ（Mackenzie Foy），テイラー・ロートナー（Taylor
　　　　　　　　　Lautner）「トワイライト・サーガ/ブレイキング・ドーン Part 2」
　　　　　　　　　（"Twilight Saga：Breaking Dawn Part 2"）
　◇最低監督賞　　　ビル・コンドン（Bill Condon）「トワイライト・サーガ/ブレイキング・ドー
　　　　　　　　　ン Part 2」（"Twilight Saga：Breaking Dawn Part 2"）
　◇最低脚本賞　　　デヴィッド・カスペ（David Caspe）"That's My Boy！"
第34回（2013年）
　◇最低作品賞　　　「ムービー43」（"Movie 43"）
　◇最低男優賞　　　ジェイデン・スミス（Jaden Smith）「アフター・アース」（"After Earth"）
　◇最低女優賞　　　タイラー・ペリー（Tyler Perry）"A Madea Christmas"
　◇最低助演男優賞　ウィル・スミス（Will Smith）「アフター・アース」（"After Earth"）
　◇最低助演女優賞　キム・カーダシアン（Kim Kardashian）"Tyler Perry's Temptation"
　◇最低スクリーン・コンボ賞　ジェイデン・スミス（Jaden Smith），ウィル・スミス（Will Smith）
　　　　　　　　　「アフター・アース」（"After Earth"）
　◇最低リメイク・盗作・続編賞　「ローン・レンジャー」（"The Lone Ranger"）
　◇最低監督賞　　　13人の監督（The 13 People Who Directed Movie 43）「ムービー43」（"Movie
　　　　　　　　　43"）
　◇最低脚本賞　　　19人の脚本家（19 "Screenwriters"）「ムービー43」（"Movie 43"）
第35回（2014年）
　◇最低作品賞　　　"Kirk Cameron's Saving Christmas"
　◇最低男優賞　　　カーク・キャメロン（Kirk Cameron）"Kirk Cameron's Saving Christmas"
　◇最低女優賞　　　キャメロン・ディアス（Cameron Diaz）"The Other Woman" "Sex Tape"
　◇最低助演男優賞　ケルシー・グラマー（Kelsey Grammer）「エクスペンダブルズ3 ワールドミッ
　　　　　　　　　ション」「オズ めざせ！エメラルドの国へ」「Think Like a Man Too」「ト
　　　　　　　　　ランスフォーマー/ロストエイジ」（"Expendables 3" "Legends of
　　　　　　　　　Oz" "Think Like a Man Too" "Transformers 4：Age of Extinction"）
　◇最低助演女優賞　ミーガン・フォックス（Megan Fox）「ミュータント・タートルズ」（"Teenage
　　　　　　　　　Mutant Ninja Turtles"）
　◇最低スクリーン・コンボ賞　カーク・キャメロンと彼のエゴ "Kirk Cameron's Saving Christmas"
　◇最低リメイク・続編賞　「アニー」（"Annie"）
　◇最低監督賞　　　マイケル・ベイ（Michael Bay）「トランスフォーマー/ロストエイジ」
　　　　　　　　　（"Transformers 4：Age of Extinction"）
　◇最低脚本賞　　　ダーレン・ドーン（Darren Doane），チェストン・ハーベイ（Cheston Hervey）

　　　　　　　　　　"Kirk Cameron's Saving Christmas"
◇救世主賞　　　ベン・アフレック（Ben Affleck）

29 セザール賞 César du Cinéma Français

　映画プロデューサーのジョルジュ・クラヴァンヌの提唱により，1975年フランス映画芸術技術アカデミーが設立され，76年より賞の授賞を開始。フランス版アカデミー賞とも言われ，フランス国内で最も権威ある映画賞となる。映画賞の名称はクラヴァンヌの友人だった著名な彫刻家・セザールにちなみ，受賞者にはセザールが制作したトロフィーが授与されている。授賞式は毎年2月後半から3月前半にかけて開催され，式の様子がテレビ中継される。
【主催者】フランス映画芸術技術アカデミー（Académie des Arts et Techniques du Cinéma）
【選考方法】約3500人の選定委員の投票によって決定
【締切・発表】〔2015年〕1月28日にノミネート作発表，2月20日に授賞式
【賞・賞金】トロフィー
【連絡先】16, avenue Elisée Reclus 75007 Paris FRANCE【TEL】+33 1 53 64 05 25
　【FAX】+33 1 53 64 05 24
　【E-mail】info@academie-cinema.org
　【URL】http://www.cesarducinema.com/

第1回（1975年）
　◇作品賞　　　　「追想」（"Le vieux fusil"）
　◇監督賞　　　　ベルトラン・タヴェルニエ（Bertrand Tavernier）「祭よ始まれ」（"Que la fête commence..."）
　◇主演男優賞　　フィリップ・ノワレ（Philippe Noiret）「追想」（"Le vieux fusil"）
　◇主演女優賞　　ロミー・シュナイダー（Romy Schneider）"L'Important c'est d'aimer"
第2回（1976年）
　◇作品賞　　　　「パリの灯は遠く」（"Mr.Klein"）
　◇監督賞　　　　ジョセフ・ロージー（Joseph Losey）「パリの灯は遠く」（"Mr.Klein"）
　◇主演男優賞　　ミシェル・ガラブリュ（Michel Galabru）「判事と殺人者」（"Le juge et l'assassin"）
　◇主演女優賞　　アニー・ジラルド（Annie Girardot）"Docteur Françoise Gailland"
第3回（1977年）
　◇作品賞　　　　「プロビデンス」（"Providence"）
　◇監督賞　　　　アラン・レネ（Alain Resnais）「プロビデンス」（"Providence"）
　◇主演男優賞　　ジャン・ロシュフォール（Jean Rochefort）"Le crabe-Tambour"
　◇主演女優賞　　シモーヌ・シニョレ（Simone Signoret）「これからの人生」（"La vie devant soi"）
第4回（1978年）
　◇作品賞　　　　「銀行」（"L'argent des autres"）
　◇監督賞　　　　クリスチャン・ド・シャロンジェ（Christian de Chalonge）「銀行」（"L'argent des autres"）
　◇主演男優賞　　ミシェル・セロー（Michel Serrault）「Mr.レディMr.マダム」（"La cage aux folles"）
　◇主演女優賞　　ロミー・シュナイダー（Romy Schneider）「ありふれた愛のストーリー」（"Une histoire simple"）
第5回（1979年）
　◇作品賞　　　　「テス」（"Tess"）

◇監督賞	ロマン・ポランスキー（Roman Polanski）「テス」（"Tess"）
◇主演男優賞	クロード・ブラッスール（Claude Brasseur）"La guerre des polices"
◇主演女優賞	ミュウ＝ミュウ（Miou-Miou）「夜よ、さようなら」（"La dérobade"）

第6回（1980年）
◇作品賞	「終電車」（"Le dernier métro"）
◇監督賞	フランソワ・トリュフォー（François Truffaut）「終電車」（"Le dernier métro"）
◇主演男優賞	ジェラール・ドパルデュー（Gérard Depardieu）「終電車」（"Le dernier métro"）
◇主演女優賞	カトリーヌ・ドヌーヴ（Catherine Deneuve）「終電車」（"Le dernier métro"）

第7回（1981年）
◇作品賞	「人類創世」（"La guerre du feu"）
◇監督賞	ジャン＝ジャック・アノー（Jean-Jacques Annaud）「人類創世」（"La guerre du feu"）
◇主演男優賞	ミシェル・セロー（Michel Serrault）"Garde à vue"
◇主演女優賞	イザベル・アジャーニ（Isabelle Adjani）「ポゼッション」（"Possession"）

第8回（1982年）
◇作品賞	「愛しきは、女/ラ・バランス」（"La balance"）
◇監督賞	アンジェイ・ワイダ（Andrzej Wajda）「ダントン」（"Danton"）
◇主演男優賞	フィリップ・レオタール（Philippe Léotard）「愛しきは、女/ラ・バランス」（"La balance"）
◇主演女優賞	ナタリー・バイ（Nathalie Baye）「愛しきは、女/ラ・バランス」（"La balance"）

第9回（1983年）
◇作品賞	「愛の記念に」（"À nos amours"）
	「ル・バル」（"Le bal"）
◇監督賞	エットーレ・スコラ（Ettore Scola）「ル・バル」（"Le bal"）
◇主演男優賞	コリューシュ（Coluche）「チャオ・パンタン」（"Tchao pantin"）
◇主演女優賞	イザベル・アジャーニ（Isabelle Adjani）「殺意の夏」（"L'été meurtrier"）

第10回（1984年）
◇作品賞	「フレンチ・コップス」（"Les ripoux"）
◇監督賞	クロード・ジディ（Claude Zidi）「フレンチ・コップス」（"Les ripoux"）
◇主演男優賞	アラン・ドロン（Alain Delon）「真夜中のミラージュ」（"Notre histoire"）
◇主演女優賞	サヴィーヌ・アゼマ（Savine Azéma）「田舎の日曜日」（"Un dimanche à la campagne"）

第11回（1985年）
◇作品賞	「赤ちゃんに乾杯！」（"3 hommes et un couffin"）
◇監督賞	ミシェル・ドヴィル（Michel Deville）「ゲームの殺人」（"Péril en la demeure"）
◇主演男優賞	クリストファー・ランバート（Christopher Lambert）「サブウェイ」（"Subway"）
◇主演女優賞	サンドリーヌ・ボネール（Sandrine Bonnaire）「冬の旅」（"Sans toit ni loi"）

第12回（1986年）
◇作品賞	「テレーズ」（"Thérèse"）
◇監督賞	アラン・カヴァリエ（Alain Cavalier）「テレーズ」（"Thérèse"）
◇主演男優賞	ダニエル・オートゥイユ（Daniel Auteuil）「愛と宿命の泉 PART I /フロレット家のジャン」（"Jean de Florette"）
◇主演女優賞	サヴィーヌ・アゼマ（Savine Azéma）「メロ」（"Mélo"）

第13回（1987年）
　◇作品賞　　　　「さよなら子供たち」（"Au revoir les enfants"）
　◇監督賞　　　　ルイ・マル（Louis Malle）「さよなら子供たち」（"Au revoir les enfants"）
　◇主演男優賞　　リシャール・ボーランジェ（Richard Bohringer）「フランスの思い出」（"Le grand chemin"）
　◇主演女優賞　　アネモーネ（Anémone）「フランスの思い出」（"Le grand chemin"）
第14回（1988年）
　◇作品賞　　　　「カミーユ・クローデル」（"Camille Claudel"）
　◇監督賞　　　　ジャン＝ジャック・アノー（Jean-Jacques Annaud）「子熊物語」（"L'ours"）
　◇主演男優賞　　ジャン＝ポール・ベルモンド（Jean-Paul Belmondo）「ライオンと呼ばれた男」（"Itinéraire d'un enfant gâté"）
　◇主演女優賞　　イザベル・アジャーニ（Isabelle Adjani）「カミーユ・クローデル」（"Camille Claudel"）
第15回（1989年）
　◇作品賞　　　　「美しすぎて」（"Trop belle pour toi"）
　◇監督賞　　　　ベルトラン・ブリエ（Bertrand Blier）「美しすぎて」（"Trop belle pour toi"）
　◇主演男優賞　　フィリップ・ノワレ（Philippe Noiret）「素顔の貴婦人」（"La vie et rien d'autre"）
　◇主演女優賞　　キャロル・ブーケ（Carole Bouquet）「美しすぎて」（"Trop belle pour toi"）
第16回（1990年）
　◇作品賞　　　　「シラノ・ド・ベルジュラック」（"Cyrano de Bergerac"）
　◇監督賞　　　　ジャン＝ポール・ラプノー（Jean-Paul Rappeneau）「シラノ・ド・ベルジュラック」（"Cyrano de Bergerac"）
　◇主演男優賞　　ジェラール・ドパルデュー（Gérard Depardieu）「シラノ・ド・ベルジュラック」（"Cyrano de Bergerac"）
　◇主演女優賞　　アンヌ・パリロー（Anne Parillaud）「ニキータ」（"Nikita"）
第17回（1991年）
　◇作品賞　　　　「めぐり逢う朝」（"Tous les matins du monde"）
　◇監督賞　　　　アラン・コルノー（Alain Corneau）「めぐり逢う朝」（"Tous les matins du monde"）
　◇主演男優賞　　ジャック・デュトロン（Jacques Dutronc）"Van Gogh"
　◇主演女優賞　　ジャンヌ・モロー（Jeanne Moreau）「海を渡るジャンヌ」（"La vieille qui marchait dans la mer"）
第18回（1992年）
　◇作品賞　　　　「野性の夜に」（"Les nuits fauves"）
　◇監督賞　　　　クロード・ソーテ（Claude Sautet）「愛を弾く女」（"Un coeur en hiver"）
　◇主演男優賞　　クロード・リッシュ（Claude Rich）"Le Souper"
　◇主演女優賞　　カトリーヌ・ドヌーヴ（Catherine Deneuve）「インドシナ」（"Indochine"）
第19回（1993年）
　◇作品賞　　　　「スモーキング／ノースモーキング」（"Smoking/No Smoking"）
　◇監督賞　　　　アラン・レネ（Alain Resnais）「スモーキング／ノースモーキング」（"Smoking/No Smoking"）
　◇主演男優賞　　ピエール・アルディティ（Pierre Arditi）「スモーキング／ノースモーキング」（"Smoking/No Smoking"）
　◇主演女優賞　　ジュリエット・ビノシュ（Juliette Binoche）「トリコロール／青の愛」（"Trois couleurs: Bleu"）
第20回（1994年）
　◇作品賞　　　　「野性の葦」（"Les roseaux sauvages"）
　◇監督賞　　　　アンドレ・テシネ（André Téchiné）「野性の葦」（"Les roseaux sauvages"）

◇主演男優賞　　ジェラール・ランヴァン（Gérard Lanvin）"Le fils préféré"
　　◇主演女優賞　　イザベル・アジャーニ（Isabelle Adjani）「王妃マルゴ」（"La reine Margot"）
第21回（1995年）
　　◇作品賞　　　　「憎しみ」（"La haine"）
　　◇監督賞　　　　クロード・ソーテ（Claude Sautet）「とまどい」（"Nelly & Monsieur Arnaud"）
　　◇主演男優賞　　ミシェル・セロー（Michel Serrault）「とまどい」（"Nelly & Monsieur Arnaud"）
　　◇主演女優賞　　イザベル・ユペール（Isabelle Huppert）「沈黙の女/ロウフィールド館の惨劇」（"La cérémonie"）
第22回（1996年）
　　◇作品賞　　　　「リディキュール」（"Ridicule"）
　　◇監督賞　　　　ベルトラン・タヴェルニエ（Bertrand Tavernier）"Capitaine Conan"
　　　　　　　　　　パトリス・ルコント（Patrice Leconte）「リディキュール」（"Ridicule"）
　　◇主演男優賞　　フィリップ・トレトン（Philippe Torreton）"Capitaine Conan"
　　◇主演女優賞　　ファニー・アルダン（Fanny Ardant）「ペダル・ドゥース」（"Pédale douce"）
第23回（1997年）
　　◇作品賞　　　　「恋するシャンソン」（"On connaît la chanson"）
　　◇監督賞　　　　リュック・ベッソン（Luc Besson）「フィフス・エレメント」（"The Fifth Element"）
　　◇主演男優賞　　アンドレ・デュソリエ（André Dussollier）「恋するシャンソン」（"On connaît la chanson"）
　　◇主演女優賞　　アリアンヌ・アスカリッド（Ariane Ascaride）「マルセイユの恋」（"Marius et Jeannette"）
第24回（1998年）
　　◇作品賞　　　　「天使が見た夢」（"La vie rêvée des anges"）
　　◇監督賞　　　　パトリス・シェロー（Patrice Chéreau）「愛する者よ、列車に乗れ」（"Ceux qui m'aiment prendront le train"）
　　◇主演男優賞　　ジャック・ヴィルレ（Jacques Villeret）「奇人たちの晩餐会」（"Le dîner de cons"）
　　◇主演女優賞　　エロディ・ブシェーズ（Élodie Bouchez）「天使が見た夢」（"La vie rêvée des anges"）
第25回（1999年）
　　◇作品賞　　　　「エステサロン/ヴィーナス・ビューティ」（"Vénus beauté（institut）"）
　　◇監督賞　　　　トニー・マーシャル（Tonie Marshall）「エステサロン/ヴィーナス・ビューティ」（"Vénus beauté（institut）"）
　　◇主演男優賞　　ダニエル・オートゥイユ（Daniel Auteuil）「橋の上の娘」（"La fille sur le pont"）
　　◇主演女優賞　　カリン・ヴィアール（Karin Viard）"Haut les coeurs！"
第26回（2000年）
　　◇作品賞　　　　「ムッシュ・カステラの恋」（"Le goût des autres"）
　　◇監督賞　　　　ドミニク・モル（Dominik Moll）「ハリー、見知らぬ友人」（"Harry un ami qui vous veut du bien"）
　　◇主演男優賞　　セルジ・ロペス（Sergi López）「ハリー、見知らぬ友人」（"Harry un ami qui vous veut du bien"）
　　◇主演女優賞　　ドミニク・ブラン（Dominique Blanc）"Stand-by"
第27回（2001年）
　　◇作品賞　　　　「アメリ」（"Le fabuleux destin d'Amélie Poulain"）
　　◇監督賞　　　　ジャン＝ピエール・ジュネ（Jean-Pierre Jeunet）「アメリ」（"Le fabuleux

		destin d'Amélie Poulain")
◇主演男優賞		ミシェル・ブーケ (Michel Bouquet) "Comment j'ai tué mon père"
◇主演女優賞		エマニュエル・ドゥヴォス (Emmanuelle Devos) 「リード・マイ・リップス」 ("Sur mes lèvres")

第28回 (2002年)
- ◇作品賞　「戦場のピアニスト」("The Pianist")
- ◇監督賞　ロマン・ポランスキー (Roman Polanski) 「戦場のピアニスト」("The Pianist")
- ◇主演男優賞　エイドリアン・ブロディ (Adrien Brody) 「戦場のピアニスト」("The Pianist")
- ◇主演女優賞　イザベル・カレ (Isabelle Carré) "Se souvenir des belles choses"

第29回 (2003年)
- ◇作品賞　「みなさん、さようなら」("Les invasions barbares")
- ◇監督賞　ドゥニ・アルカン (Denys Arcand) 「みなさん、さようなら」("Les invasions barbares")
- ◇主演男優賞　オマル・シャリフ (Omar Sharif) 「イブラヒムおじさんとコーランの花たち」("Monsieur Ibrahim et les fleurs du Coran")
- ◇主演女優賞　シルヴィー・テステュー (Sylvie Testud) "Stupeur et tremblements"

第30回 (2004年)
- ◇作品賞　"L'Esquive"
- ◇監督賞　アブデルラティーフ・ケシーシュ (Abdellatif Kechiche) "L'Esquive"
- ◇主演男優賞　マチュー・アマルリック (Mathieu Amalric) 「キングス&クイーン」("Rois et reine")
- ◇主演女優賞　ヨランド・モロー (Yolande Moreau) "Quand la mer monte..."

第31回 (2005年)
- ◇作品賞　「真夜中のピアニスト」("De battre mon coeur s'est arrêté")
- ◇監督賞　ジャック・オーディアール (Jacques Audiard) 「真夜中のピアニスト」("De battre mon coeur s'est arrêté")
- ◇主演男優賞　ミシェル・ブーケ (Michel Bouquet) "Le Promeneur du champ de Mars"
- ◇主演女優賞　ナタリー・バイ (Nathalie Baye) "Le Petit lieutenant"

第32回 (2006年)
- ◇作品賞　「レディ・チャタレー」("Lady Chatterley")
- ◇監督賞　ギヨーム・カネ (Guillaume Canet) "Ne le dis à personne"
- ◇主演男優賞　フランソワ・クリュゼ (Francois Cluzet) "Ne le dis à personne"
- ◇主演女優賞　マリナ・ハンズ (Marina Hands) 「レディ・チャタレー」("Lady Chatterley")

第33回 (2007年)
- ◇作品賞　「クスクス粒の秘密」("La Graine et le mulet")
- ◇監督賞　アブデルラティーフ・ケシーシュ (Abdellatif Kechiche) 「クスクス粒の秘密」("La Graine et le mulet")
- ◇主演男優賞　マチュー・アマルリック (Mathieu Amalric) 「潜水服は蝶の夢を見る」("Le scaphandre et le papillon")
- ◇主演女優賞　マリオン・コティヤール (Marion Cotillard) 「エディット・ピアフ～愛の讃歌～」("La môme")

第34回 (2008年)
- ◇作品賞　「セラフィーヌの庭」("Séraphine")
- ◇監督賞　ジャン=フランソワ・リシェ (Jean-Francois Richet) 「ジャック・メスリーヌ フランスで社会の敵No.1と呼ばれた男」("L'instinct de mort")
- ◇主演男優賞　ヴァンサン・カッセル (Vincent Cassel) 「ジャック・メスリーヌ フランスで社会の敵No.1と呼ばれた男」("L'instinct de mort")

◇主演女優賞　　　ヨランド・モロー（Yolande Moreau）「セラフィーヌの庭」("Séraphine")
第35回（2009年）
　◇作品賞　　　　　「預言者」("Un prophète")
　◇監督賞　　　　　ジャック・オーディアール（Jacques Audiard）「預言者」("Un prophète")
　◇主演男優賞　　　タハール・ラヒム（Tahar Rahim）「預言者」("Un prophète")
　◇主演女優賞　　　イザベル・アジャーニ（Isabelle Adjani）"La journée de la jupe"
第36回（2010年）
　◇作品賞　　　　　「神々と男たち」("Des hommes et des dieux")
　◇監督賞　　　　　ロマン・ポランスキー（Roman Polanski）「ゴーストライター」("The Ghost Writer")
　◇主演男優賞　　　エリック・エルモスニーノ（Eric Elmosnino）「ゲンスブールと女たち」("Gainsbourg（vie héroïque）")
　◇主演女優賞　　　サラ・フォレスティエ（Sara Forestier）"Le nom des gens"
第37回（2011年）
　◇作品賞　　　　　「アーティスト」("The Artist")
　◇監督賞　　　　　ミシェル・アザナヴィシウス（Michel Hazanavicius）「アーティスト」("The Artist")
　◇主演男優賞　　　オマール・シー（Omar Sy）「最強のふたり」("Intouchables")
　◇主演女優賞　　　ベレニス・ベジョ（Bérénice Bejo）「アーティスト」("The Artist")
第38回（2012年）
　◇作品賞　　　　　「愛、アムール」("Amour")
　◇監督賞　　　　　ミヒャエル・ハネケ（Michael Haneke）「愛、アムール」("Amour")
　◇主演男優賞　　　ジャン＝ルイ・トランティニャン（Jean-Louis Trintignant）「愛、アムール」("Amour")
　◇主演女優賞　　　エマニュエル・リヴァ（Emmanuelle Riva）「愛、アムール」("Amour")
第39回（2013年）
　◇作品賞　　　　　「不機嫌なママにメルシィ！」("Les Garçons et Guillaume, à table！")
　◇監督賞　　　　　ロマン・ポランスキー（Roman Polanski）「毛皮のヴィーナス」("La Vénus à la fourrure")
　◇主演男優賞　　　ギヨーム・ガリエンヌ（Guillaume Gallienne）「不機嫌なママにメルシィ！」("Les Garçons et Guillaume, à table！")
　◇主演女優賞　　　サンドリーヌ・キベルラン（Sandrine Kiberlain）"9 mois ferme"
第40回（2014年）
　◇作品賞　　　　　"Timbuktu"
　◇監督賞　　　　　アブデラマン・シサコ（Abderrahmane Sissako）"Timbuktu"
　◇主演男優賞　　　ピエール・ニネ（Pierre Niney）「イヴ・サンローラン」("Yves Saint Laurent")
　◇主演女優賞　　　アデル・エネル（Adèle Haenel）"Les Combattants"

30 トニー賞 Tony Awards

　女優のアントワネット・ペリー（Antoinette Perry）の功績をたたえて、1947年に設立された、アメリカの演劇賞。プレイ部門・ミュージカル部門（作品賞、男優賞、女優賞、演出家賞、脚本賞など）、衣装・照明などのカテゴリーと、地方劇場賞、個人の業績を讃える特別賞、他の部門に当てはまらない分野の個人・団体に与えられるトニー名誉賞がある。年1回ブロードウェイの芝居、ミュージカルを対象に選ばれ、受賞式は全米にテレビ中継される。
　＊日本人では、石岡瑛子が1988年に「M.Butterfly」、2012年に「スパイダーマン」で衣装・装置デザイン部門にノミネート、渡辺謙が2014年に「王様と私」で主演男優賞にノミ

ネートされた

【**主催者**】トニー賞プロダクション（Tony Award Production）―アメリカ劇場・製作者連盟（The League of American Theatres and Producers, Inc.）とアメリカン・シアター・ウイング（The American Theatre Wing）による提携企業

【**選考委員**】トニー賞運営委員会は24名からなり（連盟から10名，ウイングから10名，劇作家組合，俳優組合，United Scenic Artists，演出・振付協会からそれぞれ1名），この委員会が全分野の選考対象作とノミネート選出委員（15～30名）を選出するほか，名誉賞を決定する。受賞者の決定は投票による。1947年設立当初は，投票権はアメリカン・シアター・ウイング，娯楽産業俳優組合の委員会のメンバーに限定されていたが，54年に他の演劇関係者にも拡大され，俳優組合協会，劇作家組合，演出・振付家協会の理事会メンバー，United Scenic Artists, American Federation of Musicians Local 802のメンバーなど，今日ではおよそ7百人に与えられている

【**締切・発表**】5月にノミネート発表。授賞式は，毎年，ラジオ・シティ・ミュージックホールにて6月の第一日曜日に開催される

【**賞・賞金**】受賞者の名，部門名，作品名が刻されたメダル（ハーマン・ロスによるデザイン）

【**連絡先**】（American Theatre Wing）230 West 41st Street, Suite 1101 New York, NY 10036【**TEL**】（American Theatre Wing）212-765-0606【**FAX**】（American Theatre Wing）212-307-1910

【**E-mail**】（American Theatre Wing）mailbox@americantheatrewing.org

【**URL**】http://www.tonyawards.com/

2005年（第59回）
- ◇ミュージカル
    - ●作品賞　　　「モンティ・パイソンのスパマロット」("Monty Python's Spamalot")
    - ●リバイバル賞　「ラ・カージュ・オ・フォール」("La Cage aux Folles")
    - ●演出賞　　　マイク・ニコルズ（Mike Nichols）「モンティ・パイソンのスパマロット」("Monty Python's Spamalot")
    - ●主演男優賞　ノルベルト・レオ・バッツ（Norbert Leo Butz）「ペテン師と詐欺師」("Dirty Rotten Scoundrels")
    - ●主演女優賞　ヴィクトリア・クラーク（Victoria Clark）「ライト・イン・ザ・ピアッツァ」("The Light in the Piazza")
    - ●助演男優賞　ダン・フォグラー（Dan Fogler）「スペリング・ビー」("The 25th Annual Putnam County Spelling Bee")
    - ●助演女優賞　サラ・ラミレス（Sara Ramirez）「モンティ・パイソンのスパマロット」("Monty Python's Spamalot")
    - ●脚本賞　　　レイチェル・シェイキン（Rachel Sheinkin）「スペリング・ビー」("The 25th Annual Putnam County Spelling Bee")
    - ●楽曲賞　　　アダム・ゲッテル（Adam Guettel）「ライト・イン・ザ・ピアッツァ」("The Light in the Piazza")
    - ●編曲賞　　　テッド・スパーリング（Ted Sperling），アダム・ゲッテル（Adam Guettel），ブルース・コーリン（Bruce Coughlin）「ライト・イン・ザ・ピアッツァ」("The Light in the Piazza")
    - ●振付賞　　　ジェリー・ミッチェル（Jerry Mitchell）「ラ・カージュ・オ・フォール」("La Cage aux Folles")
    - ●舞台デザイン賞　マイケル・ヤーガン（Michael Yeargan）「ライト・イン・ザ・ピアッツァ」("The Light in the Piazza")
    - ●衣装デザイン賞　キャサリン・ズーバー（Catherine Zuber）「ライト・イン・ザ・ピアッツァ」

　　　　　　　　　　　　　　　（"The Light in the Piazza"）
　●照明デザイン賞　クリストファー・エイカーリンド（Christopher Akerlind）「ライト・イン・ザ・ピアッツァ」（"The Light in the Piazza"）
◇プレイ
　●作品賞　　　　「ダウト 疑いをめぐる寓話」（"Doubt"）
　●リバイバル賞　"Glengarry Glen Ross"
　●演出賞　　　　ダグ・ヒューズ（Doug Hughes）「ダウト 疑いをめぐる寓話」（"Doubt"）
　●主演男優賞　　ビル・アーウィン（Bill Irwin）「ヴァージニア・ウルフなんかこわくない」（"Edward Albee's Who's Afraid of Virginia Woolf?"）
　●主演女優賞　　チェリー・ジョーンズ（Cherry Jones）「ダウト 疑いをめぐる寓話」（"Doubt"）
　●助演男優賞　　リーブ・シュライバー（Liev Schreiber）"Glengarry Glen Ross"
　●助演女優賞　　アドリアーニ・レノックス（Adriane Lenox）「ダウト 疑いをめぐる寓話」（"Doubt"）
　●舞台デザイン賞　スコット・パスク（Scott Pask）「ピローマン」（"The Pillowman"）
　●衣装デザイン賞　ジェス・ゴールドスタイン（Jess Goldstein）"The Rivals"
　●照明デザイン賞　ブライアン・マクデヴィット（Brian MacDevitt）「ピローマン」（"The Pillowman"）
◇地方劇場賞　　　シアター・デ・ラ・ジューヌ・ルネ（Theatre de la Jeune Lune）
◇特別演劇賞　　　"Billy Crystal 700 Sundays"
◇特別賞　　　　　エドワード・オールビー（Edward Albee）
◇トニー名誉賞　　ピーター・ニューフェルド（Peter Neufeld）
　　　　　　　　　Theatre Communications Group

2006年（第60回）
◇ミュージカル
　●作品賞　　　　「ジャージー・ボーイズ」（"Jersey Boys"）
　●リバイバル賞　「パジャマゲーム」（"The Pajama Game"）
　●演出賞　　　　ジョン・ドイル（John Doyle）「スウィーニー・トッド」（"Sweeney Todd"）
　●主演男優賞　　ジョン・ロイド・ヤング（John Lloyd Young）「ジャージー・ボーイズ」（"Jersey Boys"）
　●主演女優賞　　ラシャンズ（LaChanze）「カラー・パープル」（"The Color Purple"）
　●助演男優賞　　クリスチャン・ホフ（Christian Hoff）「ジャージー・ボーイズ」（"Jersey Boys"）
　●助演女優賞　　ベス・リーヴェル（Beth Leavel）「ドロウジー・シャペロン」（"The Drowsy Chaperone"）
　●脚本賞　　　　ボブ・マーティン（Bob Martin），ドン・マッケラー（Don McKellar）「ドロウジー・シャペロン」（"The Drowsy Chaperone"）
　●楽曲賞　　　　リサ・ランバート（Lisa Lambert），グレッグ・モリソン（Greg Morrison）「ドロウジー・シャペロン」（"The Drowsy Chaperone"）
　●編曲賞　　　　サラ・トラヴィス（Sarah Travis）「スウィーニー・トッド」（"Sweeney Todd"）
　●振付賞　　　　キャスリーン・マーシャル（Kathleen Marshall）「パジャマゲーム」（"The Pajama Game"）
　●舞台デザイン賞　デイビッド・ガロ（David Gallo）「ドロウジー・シャペロン」（"The Drowsy Chaperone"）
　●衣装デザイン賞　グレッグ・バーンズ（Gregg Barnes）「ドロウジー・シャペロン」（"The Drowsy Chaperone"）
　●照明デザイン賞　ハウエル・ビンクリー（Howell Binkley）「ジャージー・ボーイズ」（"Jersey Boys"）
◇プレイ
　●作品賞　　　　「ヒストリー・ボーイズ」（"The History Boys"）

- ●リバイバル賞　"Awake and Sing!"
- ●演出賞　　　ニコラス・ハイトナー（Nicholas Hytner）「ヒストリー・ボーイズ」（"The History Boys"）
- ●主演男優賞　リチャード・グリフィス（Richard Griffiths）「ヒストリー・ボーイズ」（"The History Boys"）
- ●主演女優賞　シンシア・ニクソン（Cynthia Nixon）"Rabbit Hole"
- ●助演男優賞　イアン・マクディアミッド（Ian McDiarmid）"Faith Healer"
- ●助演女優賞　フランシス・デ・ラ・トゥーア（Frances de la Tour）「ヒストリー・ボーイズ」（"The History Boys"）
- ●舞台デザイン賞　ボブ・クローレイ（Bob Crowley）「ヒストリー・ボーイズ」（"The History Boys"）
- ●衣装デザイン賞　キャサリン・ズーバー（Catherine Zuber）"Awake and Sing!"
- ●照明デザイン賞　マーク・ヘンダーソン（Mark Henderson）「ヒストリー・ボーイズ」（"The History Boys"）
- ◇地方劇場賞　インティマン・シアター（Intiman Theatre）
- ◇特別賞　　　ハロルド・プリンス（Harold Prince）
  　　　　　　サラ・ジョーンズ（Sarah Jones）
- ◇トニー名誉賞　BMIリーマン・エンゲル・ミュージカル・シアター・ワークショップ（BMI Lehman Engel Musical Theatre Workshop）
  　　　　　　フォービドゥン・ブロードウェイ（Forbidden Broadway and its creator）
  　　　　　　ジェラルド・アレッサンドリーニ（Gerard Alessandrini）
  　　　　　　サミュエル・リフ（Samuel（Biff）Liff）
  　　　　　　エレン・スチュワート（Ellen Stewart）

2007年（第61回）

◇ミュージカル
- ●作品賞　　　「春のめざめ」（"Spring Awakening"）
- ●リバイバル賞　「カンパニー 結婚しない男」（"Company"）
- ●演出賞　　　マイケル・メイヤー（Michael Mayer）「春のめざめ」（"Spring Awakening"）
- ●主演男優賞　デイヴィッド・ハイド・ピアース（David Hyde Pierce）「カーテンズ」（"Curtains"）
- ●主演女優賞　クリスティーン・エバーソール（Christine Ebersole）「グレイガーデンズ」（"Grey Gardens"）
- ●助演男優賞　ジョン・ギャラガー, Jr.（John Gallagher Jr.）「春のめざめ」（"Spring Awakening"）
- ●助演女優賞　メアリー・ルイーズ・ウィルソン（Mary Louise Wilson）「グレイガーデンズ」（"Grey Gardens"）
- ●脚本賞　　　スティーブン・サテラ（Steven Sater）「春のめざめ」（"Spring Awakening"）
- ●楽曲賞　　　ダンカン・シーク（Duncan Sheik），スティーブン・サテラ（Steven Sater）「春のめざめ」（"Spring Awakening"）
- ●編曲賞　　　ダンカン・シーク（Duncan Sheik）「春のめざめ」（"Spring Awakening"）
- ●振付賞　　　ビル・T.ジョーンズ（Bill T.Jones）「春のめざめ」（"Spring Awakening"）
- ●舞台デザイン賞　ボブ・クローレイ（Bob Crowley）「メリー・ポピンズ」（"Mary Poppins"）
- ●衣装デザイン賞　ウィリアム・アイヴィ・ロング（William Ivey Long）「グレイガーデンズ」（"Grey Gardens"）
- ●照明デザイン賞　ケビン・アダムス（Kevin Adams）「春のめざめ」（"Spring Awakening"）

◇プレイ
- ●作品賞　　　「コースト・オブ・ユートピア」（"The Coast of Utopia"）
- ●リバイバル賞　"Journey's End"

- 演出賞　　　ジャック・オブライエン（Jack O'Brien）「コースト・オブ・ユートピア」（"The Coast of Utopia"）
- 主演男優賞　フランク・ランジェラ（Frank Langella）「フロスト/ニクソン」（"Frost/Nixon"）
- 主演女優賞　ジュリー・ホワイト（Julie White）"The Little Dog Laughed"
- 助演男優賞　ビリー・クラダップ（Billy Crudup）「コースト・オブ・ユートピア」（"The Coast of Utopia"）
- 助演女優賞　ジェニファー・エール（Jennifer Ehle）「コースト・オブ・ユートピア」（"The Coast of Utopia"）
- 舞台デザイン賞　ボブ・クローレイ（Bob Crowley），スコット・パスク（Scott Pask）「コースト・オブ・ユートピア」（"The Coast of Utopia"）
- 衣装デザイン賞　キャサリン・ズーバー（Catherine Zuber）「コースト・オブ・ユートピア」（"The Coast of Utopia"）
- 照明デザイン賞　ブライアン・マクデヴィット（Brian MacDevitt），ケネス・ポズナー（Kenneth Posner），ナターシャ・カッツ（Natasha Katz）「コースト・オブ・ユートピア」（"The Coast of Utopia"）

◇地方劇場賞　アライアンス・シアター（Alliance Theatre）
◇特別演劇賞　"Jay Johnson: The Two and Only"
◇トニー名誉賞　Gemze De Lappe
　　　　　　　アリス・ギルバート（Alyce Gilbert）
　　　　　　　ニール・マゼラ（Neil Mazzella）
　　　　　　　Seymour "Red" Press

2008年（第62回）

◇ミュージカル
- 作品賞　　「イン・ザ・ハイツ」（"In The Heights"）
- リバイバル賞　「南太平洋」（"Rodgers & Hammerstein's South Pacific"）
- 演出賞　　バートレット・シェール（Bartlett Sher）「南太平洋」（"Rodgers & Hammerstein's South Pacific"）
- 主演男優賞　パウロ・スショット（Paulo Szot）「南太平洋」（"Rodgers & Hammerstein's South Pacific"）
- 主演女優賞　パティ・ルポーン（Patti LuPone）「ジプシー」（"Gypsy"）
- 助演男優賞　ボイド・ゲインズ（Boyd Gaines）「ジプシー」（"Gypsy"）
- 助演女優賞　ローラ・ベナンティ（Laura Benanti）「ジプシー」（"Gypsy"）
- 脚本賞　　スチュー（Stew）"Passing Strange"
- 楽曲賞　　リン=マニュエル・ミランダ（Lin-Manuel Miranda）「イン・ザ・ハイツ」（"In The Heights"）
- 編曲賞　　アレックス・ラカモイレ（Alex Lacamoire），ビル・シャーマン（Bill Sherman）「イン・ザ・ハイツ」（"In The Heights"）
- 振付賞　　アンディ・ブランケンビューラー（Andy Blankenbuehler）「イン・ザ・ハイツ」（"In The Heights"）
- 舞台デザイン賞　マイケル・ヤーガン（Michael Yeargan）「南太平洋」（"Rodgers & Hammerstein's South Pacific"）
- 衣装デザイン賞　キャサリン・ズーバー（Catherine Zuber）「南太平洋」（"Rodgers & Hammerstein's South Pacific"）
- 照明デザイン賞　ドナルド・ホルダー（Donald Holder）「南太平洋」（"Rodgers & Hammerstein's South Pacific"）
- 音響デザイン賞　スコット・レーラー（Scott Lehrer）「南太平洋」（"Rodgers & Hammerstein's South Pacific"）

◇プレイ

- ●作品賞　　　　　"August：Osage County"
- ●リバイバル賞　　「ボーイング・ボーイング」("Boeing-Boeing")
- ●演出賞　　　　　アンナ・D.シャピロ(Anna D.Shapiro) "August：Osage County"
- ●主演男優賞　　　マーク・ライランス(Mark Rylance)「ボーイング・ボーイング」("Boeing-Boeing")
- ●主演女優賞　　　ディアナ・デュナガン(Deanna Dunagan) "August：Osage County"
- ●助演男優賞　　　ジム・ノートン(Jim Norton)「海をゆく者」("The Seafarer")
- ●助演女優賞　　　ロンディ・リード(Rondi Reed) "August：Osage County"
- ●舞台デザイン賞　トッド・ローゼンタール(Todd Rosenthal) "August：Osage County"
- ●衣装デザイン賞　カトリーナ・リンゼイ(Katrina Lindsay)「危険な関係」("Les Liaisons Dangereuses")
- ●照明デザイン賞　ケビン・アダムズ(Kevin Adams) "The 39 Steps"
- ●音響デザイン賞　マイク・プール(Mic Pool) "The 39 Steps"
- ◇地方劇場賞　　　シカゴ・シェイクスピア・シアター(Chicago Shakespeare Theater)
- ◇特別賞　　　　　ロバート・ラッセル・ベネット(Robert Russell Bennett)
  　　　　　　　　　スティーヴン・ソンドハイム(Stephen Sondheim)

2009年（第63回）
- ◇ミュージカル
  - ●作品賞　　　　　"Billy Elliot The Musical"
  - ●リバイバル賞　　「ヘアー」("Hair")
  - ●演出賞　　　　　スティーヴン・ダルドリー(Stephen Daldry) "Billy Elliot The Musical"
  - ●主演男優賞　　　デヴィッド・アルバレス(David Alvarez)，トレント・コワリック(Trent Kowalik)，キリル・クリシュ(Kiril Kulish) "Billy Elliot The Musical"
  - ●主演女優賞　　　アリス・リプリー(Alice Ripley)「ネクスト・トゥ・ノーマル」("Next to Normal")
  - ●助演男優賞　　　グレゴリー・ジュバラ(Gregory Jbara) "Billy Elliot The Musical"
  - ●助演女優賞　　　カレン・オリボ(Karen Olivo)「ウエスト・サイド物語」("West Side Story")
  - ●脚本賞　　　　　リー・ホール(Lee Hall) "Billy Elliot The Musical"
  - ●楽曲賞　　　　　トム・キット(Tom Kitt)，ブライアン・ヨーキー(Brian Yorkey)「ネクスト・トゥ・ノーマル」("Next to Normal")
  - ●編曲賞　　　　　マルティン・コッホ(Martin Koch) "Billy Elliot The Musical"
  　　　　　　　　　　マイケル・スタロビン(Michael Starobin)，トム・キット(Tom Kitt)「ネクスト・トゥ・ノーマル」("Next to Normal")
  - ●振付賞　　　　　ピーター・ダーリン(Peter Darling) "Billy Elliot The Musical"
  - ●舞台デザイン賞　イアン・マクニール(Ian MacNeil) "Billy Elliot The Musical"
  - ●衣装デザイン賞　ティム・ハットリー(Tim Hatley) "Shrek The Musical"
  - ●照明デザイン賞　リック・フィッシャー(Rick Fisher) "Billy Elliot The Musical"
  - ●音響デザイン賞　ポール・アルディッティ(Paul Arditti) "Billy Elliot The Musical"
- ◇プレイ
  - ●作品賞　　　　　「大人は、かく戦えり」("God of Carnage")
  - ●リバイバル賞　　"The Norman Conquests"
  - ●演出賞　　　　　マシュー・ウォーカス(Matthew Warchus)「大人は、かく戦えり」("God of Carnage")
  - ●主演男優賞　　　ジェフリー・ラッシュ(Geoffrey Rush)「瀕死の王」("Exit the King")
  - ●主演女優賞　　　マーシャ・ゲイ・ハーデン(Marcia Gay Harden)「大人は、かく戦えり」("God of Carnage")
  - ●助演男優賞　　　ロジャー・ロビンソン(Roger Robinson) "Joe Turner's Come and Gone"

- 助演女優賞　アンジェラ・ランズベリー（Angela Lansbury）「陽気な幽霊」("Blithe Spirit")
- 舞台デザイン賞　デレク・マクレーン（Derek McLane）「33の変奏曲」("33 Variations")
- 衣装デザイン賞　アンソニー・ワード（Anthony Ward）「メアリー・ステュアート」("Mary Stuart")
- 照明デザイン賞　ブライアン・マクデヴィット（Brian MacDevitt）"Joe Turner's Come and Gone"
- 音響デザイン賞　グレゴリー・クラーク（Gregory Clarke）「エクウス」("Equus")

◇地方劇場賞　シグネチャー・シアター（Signature Theatre）
◇特別演劇賞　リーザ・アット・ザ・パレス（Liza's at The Palace）
◇トニー名誉賞　シャーリー・ヘルツ（Shirley Herz）
◇特別賞　　　フィリス・ニューマン（Phyllis Newman）
　　　　　　　ジェリー・ハーマン（Jerry Herman）

2010年（第64回）

◇ミュージカル
- 作品賞　「メンフィス」("Memphis")
- リバイバル賞　「ラ・カージュ・オ・フォール」("La Cage aux Folles")
- 演出賞　テリー・ジョンソン（Terry Johnson）「ラ・カージュ・オ・フォール」("La Cage aux Folles")
- 主演男優賞　ダグラス・ホッジ（Douglas Hodge）「ラ・カージュ・オ・フォール」("La Cage aux Folles")
- 主演女優賞　キャサリン・ゼタ＝ジョーンズ（Catherine Zeta-Jones）「リトル・ナイト・ミュージック」("A Little Night Music")
- 助演男優賞　リーヴァイ・クライス（Levi Kreis）「ミリオンダラー・カルテット」("Million Dollar Quartet")
- 助演女優賞　ケイティ・フィナラン（Katie Finneran）「プロミセス・プロミセス」("Promises, Promises")
- 脚本賞　ジョー・ディピエトロ（Joe DiPietro）「メンフィス」("Memphis")
- 楽曲賞　ジョー・ディピエトロ（Joe DiPietro），デヴィッド・ブライアン（David Bryan）「メンフィス」("Memphis")
- 編曲賞　ダリル・ウォータース（Daryl Waters），デヴィッド・ブライアン（David Bryan）「メンフィス」("Memphis")
- 振付賞　ビル・T・ジョーンズ（Bill T.Jones）"Fela！"
- 舞台デザイン賞　クリスティーン・ジョーンズ（Christine Jones）「アメリカン・イディオット」("American Idiot")
- 衣装デザイン賞　マリナ・ドラジッチ（Marina Draghici）"Fela！"
- 照明デザイン賞　ケビン・アダムズ（Kevin Adams）「アメリカン・イディオット」("American Idiot")
- 音響デザイン賞　ロバート・カプロウィッツ（Robert Kaplowitz）"Fela！"

◇プレイ
- 作品賞　"Red"
- リバイバル賞　「フェンス」("Fences")
- 演出賞　マイケル・グランデージ（Michael Grandage）"Red"
- 主演男優賞　デンゼル・ワシントン（Denzel Washington）「フェンス」("Fences")
- 主演女優賞　ヴァイオラ・デイヴィス（Viola Davis）「フェンス」("Fences")
- 助演男優賞　エディ・レッドメイン（Eddie Redmayne）"Red"
- 助演女優賞　スカーレット・ヨハンソン（Scarlett Johansson）「橋からの眺め」("A View from the Bridge")
- 舞台デザイン賞　クリストファー・オラム（Christopher Oram）"Red"

- ●衣装デザイン賞　キャサリン・ズーバー（Catherine Zuber）"The Royal Family"
- ●照明デザイン賞　ニール・オースティン（Neil Austin）"Red"
- ●音響デザイン賞　アダム・コルク（Adam Cork）"Red"
- ◇地方劇場賞　　ユージン・オニール劇場センター（The Eugene O'Neill Theater Center）
- ◇イザベラ・スティーブン賞　デイヴィッド・ハイド・ピアース（David Hyde Pierce）
- ◇特別賞　　　　アラン・エイクボーン（Alan Ayckbourn）
  　　　　　　　　マリアン・セルデス（Marian Seldes）
- ◇トニー名誉賞　アライアンス・オブ・レジデント・シアター（Alliance of Resident Theatres）
  　　　　　　　　B.H.バリー（B.H.Barry）
  　　　　　　　　Midtown North & South New York City Police Precincts
  　　　　　　　　トム・ヴィオラ（Tom Viola）

2011年（第65回）
- ◇ミュージカル
  - ●作品賞　　　　"The Book of Mormon"
  - ●リバイバル賞　「エニシング・ゴーズ」（"Anything Goes"）
  - ●演出賞　　　　ケーシー・ニコロー（Casey Nicholaw），トレイ・パーカー（Trey Parker）"The Book of Mormon"
  - ●主演男優賞　　ノルベルト・レオ・バッツ（Norbert Leo Butz）「キャッチ・ミー・イフ・ユー・キャン」（"Catch Me If You Can"）
  - ●主演女優賞　　サットン・フォスター（Sutton Foster）「エニシング・ゴーズ」（"Anything Goes"）
  - ●助演男優賞　　ジョン・ラロクエット（John Larroquette）「ハウ・トゥー・サクシード―努力しないで出世する方法」（"How to Succeed in Business Without Really Trying"）
  - ●助演女優賞　　ニッキー・M.ジェームズ（Nikki M.James）"The Book of Mormon"
  - ●脚本賞　　　　トレイ・パーカー（Trey Parker），ロバート・ロペス（Robert Lopez），マット・ストーン（Matt Stone）"The Book of Mormon"
  - ●楽曲賞　　　　トレイ・パーカー（Trey Parker），ロバート・ロペス（Robert Lopez），マット・ストーン（Matt Stone）"The Book of Mormon"
  - ●編曲賞　　　　ラリー・ホックマン（Larry Hochman），スティーブン・オルムス（Stephen Oremus）"The Book of Mormon"
  - ●振付賞　　　　キャスリーン・マーシャル（Kathleen Marshall）「エニシング・ゴーズ」（"Anything Goes"）
  - ●舞台デザイン賞　スコット・パスク（Scott Pask）"The Book of Mormon"
  - ●衣装デザイン賞　ティム・チャペル（Tim Chappel），リジー・ガーディナー（Lizzy Gardiner）"Priscilla Queen of the Desert"
  - ●照明デザイン賞　ブライアン・マクデヴィット（Brian MacDevitt）"The Book of Mormon"
  - ●音響デザイン賞　ブライアン・ローナン（Brian Ronan）"The Book of Mormon"
- ◇プレイ
  - ●作品賞　　　　「ウォー・ホース―戦火の馬」（"War Horse"）
  - ●リバイバル賞　"The Normal Heart"
  - ●演出賞　　　　マリアンヌ・エリオット（Marianne Elliott），トム・モーリス（Tom Morris）「ウォー・ホース―戦火の馬」（"War Horse"）
  - ●主演男優賞　　マーク・ライランス（Mark Rylance）"Jerusalem"
  - ●主演女優賞　　フランシス・マクドーマンド（Frances McDormand）"Good People"
  - ●助演男優賞　　ジョン・ベンジャミン・ヒッキー（John Benjamin Hickey）"The Normal Heart"
  - ●助演女優賞　　エレン・バーキン（Ellen Barkin）"The Normal Heart"
  - ●舞台デザイン賞　ラエ・スミス（Rae Smith）「ウォー・ホース―戦火の馬」（"War Horse"）

- 衣装デザイン賞　デズモンド・ヒーリー（Desmond Heeley）"The Importance of Being Earnest"
- 照明デザイン賞　ポール・コンスタブル（Paule Constable）「ウォー・ホース—戦火の馬」（"War Horse"）
- 音響デザイン賞　クリストファー・シャット（Christopher Shutt）「ウォー・ホース—戦火の馬」（"War Horse"）
◇地方劇場賞　　ルッキンググラス・シアター・カンパニー（Lookingglass Theatre Company）
◇イザベラ・スティーブン賞　イブ・エンスラー（Eve Ensler）
◇特別賞　　　　ハンドスプリング・パペット・カンパニー（Handspring Puppet Company）
　　　　　　　　アソル・フガード（Athol Fugard）
　　　　　　　　フィリップ・J.スミス（Philip J.Smith）
◇トニー名誉賞　ウィリアム・ベルローニ（William Berloni）
　　　　　　　　ドラマ・ブック・ショップ（The Drama Book Shop）
　　　　　　　　シャロン・ジェンセン（Sharon Jensen）
　　　　　　　　アライアンス・フォー・インクルージョン・イン・ザ・アーツ（Alliance for Inclusion in the Arts）

2012年（第66回）
　◇ミュージカル
- 作品賞　　　　「Once ダブリンの街角で」（"Once"）
- リバイバル賞　「ポーギーとベス」（"The Gershwins' Porgy and Bess"）
- 演出賞　　　　ジョン・ティファニー（John Tiffany）「Once ダブリンの街角で」（"Once"）
- 主演男優賞　　スティーヴ・カジー（Steve Kazee）「Once ダブリンの街角で」（"Once"）
- 主演女優賞　　オードラ・マクドナルド（Audra McDonald）「ポーギーとベス」（"The Gershwins' Porgy and Bess"）
- 助演男優賞　　マイケル・マクグラス（Michael McGrath）"Nice Work If You Can Get It"
- 助演女優賞　　ジュディ・ケイ（Judy Kaye）"Nice Work If You Can Get It"
- 脚本賞　　　　エンダ・ウォルシュ（Enda Walsh）「Once ダブリンの街角で」（"Once"）
- 楽曲賞　　　　アラン・メンケン（Alan Menken），ジャック・フェルドマン（Jack Feldman）"Newsies"
- 編曲賞　　　　マーティン・ロウ（Martin Lowe）「Once ダブリンの街角で」（"Once"）
- 振付賞　　　　クリストファー・ガタリ（Christopher Gattelli）"Newsies"
- 舞台デザイン賞　ボブ・クローレイ（Bob Crowley）「Once ダブリンの街角で」（"Once"）
- 衣装デザイン賞　グレッグ・バーンズ（Gregg Barnes）"Follies"
- 照明デザイン賞　ナターシャ・カッツ（Natasha Katz）「Once ダブリンの街角で」（"Once"）
- 音響デザイン賞　クライヴ・グッドウィン（Clive Goodwin）「Once ダブリンの街角で」（"Once"）

　◇プレイ
- 作品賞　　　　"Clybourne Park"
- リバイバル賞　「セールスマンの死」（"Arthur Miller's Death of a Salesman"）
- 演出賞　　　　マイク・ニコルズ（Mike Nichols）「セールスマンの死」（"Arthur Miller's Death of a Salesman"）
- 主演男優賞　　ジェームズ・コーデン（James Corden）"One Man, Two Guvnors"
- 主演女優賞　　ニーナ・アリアンダ（Nina Arianda）「ヴィーナス・イン・ファー」（"Venus in Fur"）
- 助演男優賞　　クリスチャン・ボール（Christian Borle）「ピーターと星の守護団」（"Peter and the Starcatcher"）
- 助演女優賞　　ジュディス・ライト（Judith Light）"Other Desert Cities"
- 舞台デザイン賞　ダニエル・ワーレ（Donyale Werle）「ピーターと星の守護団」（"Peter and the Starcatcher"）

- 衣装デザイン賞　パロマ・ヤング（Paloma Young）「ピーターと星の守護団」（"Peter and the Starcatcher"）
- 照明デザイン賞　ジェフ・クロイター（Jeff Croiter）「ピーターと星の守護団」（"Peter and the Starcatcher"）
- 音響デザイン賞　ダロン・L.ウエスト（Darron L.West）「ピーターと星の守護団」（"Peter and the Starcatcher"）

◇地方劇場賞　シェイクスピア・シアター・カンパニー（Shakespeare Theatre Company）
◇イザベラ・スティーブン賞　バーナデット・ピーターズ（Bernadette Peters）
◇特別賞　俳優協会（Actors' Equity Association）
　　　　　ヒュー・ジャックマン（Hugh Jackman）
　　　　　エマニュエル・アゼンバーグ（Emanuel Azenberg）
◇トニー名誉賞　フレディ・ガーション（Freddie Gershon）
　　　　　アーティ・シカルディ（Artie Siccardi）
　　　　　TDFオープンドア（TDF Open Doors）

2013年（第67回）

◇ミュージカル
- 作品賞　"Kinky Boots"
- リバイバル賞　「ピピン」（"Pippin"）
- 演出賞　ダイアン・パウルス（Diane Paulus）「ピピン」（"Pippin"）
- 主演男優賞　ビリー・ポーター（Billy Porter）"Kinky Boots"
- 主演女優賞　パティナ・ミラー（Patina Miller）「ピピン」（"Pippin"）
- 助演男優賞　ガブリエル・エバート（Gabriel Ebert）"Matilda The Musical"
- 助演女優賞　アンドレア・マーティン（Andrea Martin）「ピピン」（"Pippin"）
- 脚本賞　デニス・ケリー（Dennis Kelly）"Matilda The Musical"
- 楽曲賞　シンディ・ローパー（Cyndi Lauper）"Kinky Boots"
- 編曲賞　スティーブン・オルムス（Stephen Oremus）"Kinky Boots"
- 振付賞　ジェリー・ミッチェル（Jerry Mitchell）"Kinky Boots"
- 舞台デザイン賞　ロブ・ハウエル（Rob Howell）"Matilda The Musical"
- 衣装デザイン賞　ウィリアム・アイヴィ・ロング（William Ivey Long）「シンデレラ」（"Rodgers + Hammerstein's Cinderella"）
- 照明デザイン賞　ヒュー・ヴァンストーン（Hugh Vanstone）"Matilda The Musical"
- 音響デザイン賞　ジョン・シヴァーズ（John Shivers）"Kinky Boots"

◇プレイ
- 作品賞　"Vanya and Sonia and Masha and Spike"
- リバイバル賞　「ヴァージニア・ウルフなんかこわくない」（"Who's Afraid of Virginia Woolf？"）
- 演出賞　パム・マッキノン（Pam MacKinnon）「ヴァージニア・ウルフなんかこわくない」（"Who's Afraid of Virginia Woolf？"）
- 主演男優賞　トレイシー・レッツ（Tracy Letts）「ヴァージニア・ウルフなんかこわくない」（"Who's Afraid of Virginia Woolf？"）
- 主演女優賞　シシリー・タイソン（Cicely Tyson）「バウンティフルへの旅」（"The Trip to Bountiful"）
- 助演男優賞　コートニー・B.ヴァンス（Courtney B.Vance）"Lucky Guy"
- 助演女優賞　ジュディス・ライト（Judith Light）"The Assembled Parties"
- 舞台デザイン賞　ジョン・リー・ベイティ（John Lee Beatty）"The Nance"
- 衣装デザイン賞　アン・ロス（Ann Roth）"The Nance"
- 照明デザイン賞　ジュールス・フィッシャー（Jules Fisher），ペギー・アイゼンハワー（Peggy Eisenhauer）"Lucky Guy"

- ●音響デザイン賞　レオン・ローゼンバーグ（Leon Rothenberg）"The Nance"
- ◇地方劇場賞　　ハンチントン・シアター・カンパニー（Huntington Theatre Company）
- ◇イザベラ・スティーブン賞　ラリー・クレイマー（Larry Kramer）
- ◇特別賞　　　　バーナード・ガーステン（Bernard Gersten）
　　　　　　　　ポール・リビン（Paul Libin）
　　　　　　　　ミン・チョウ・リー（Ming Cho Lee）
- ◇トニー名誉賞　マイケル・ブルームバーグ（NYC Mayor Michael R.Bloomberg）
　　　　　　　　キャリア・トランジション・フォー・ダンサーズ（Career Transition For Dancers）
　　　　　　　　ウィリアム・クレイヴァー（William Craver）
　　　　　　　　ピーター・ローレンス（Peter Lawrence）
　　　　　　　　ロスト・コロ（The Lost Colony）
　　　　　　　　「Matilda The Musical」を演じた4人の女優（The four actresses who created the title role of Matilda The Musical on Broadway）

2014年（第68回）
- ◇ミュージカル
  - ●作品賞　　　　"A Gentleman's Guide to Love & Murder"
  - ●リバイバル賞　「ヘドウィグ・アンド・アングリーインチ」（"Hedwig and the Angry Inch"）
  - ●演出賞　　　　ダルコ・トレズニヤック（Darko Tresnjak）"A Gentleman's Guide to Love & Murder"
  - ●主演男優賞　　ニール・パトリック・ハリス（Neil Patrick Harris）「ヘドウィグ・アンド・アングリーインチ」（"Hedwig and the Angry Inch"）
  - ●主演女優賞　　ジェシー・ミューラー（Jesse Mueller）"Beautiful − The Carole King Musical"
  - ●助演男優賞　　ジェームズ・モンロー・アイグルハート（James Monroe Iglehart）「アラジン」（"Aladdin"）
  - ●助演女優賞　　リナ・ホール（Lena Hall）「ヘドウィグ・アンド・アングリーインチ」（"Hedwig and the Angry Inch"）
  - ●脚本賞　　　　ロバート・L.フリードマン（Robert L.Freedman）"A Gentleman's Guide to Love & Murder"
  - ●楽曲賞　　　　ジェーソン・ロバート・ブラウン（Jason Robert Brown）「マディソン郡の橋」（"The Bridges of Madison County"）
  - ●編曲賞　　　　ジェーソン・ロバート・ブラウン（Jason Robert Brown）「マディソン郡の橋」（"The Bridges of Madison County"）
  - ●振付賞　　　　ウォーレン・カーライル（Warren Carlyle）"After Midnight"
  - ●舞台デザイン賞　クリストファー・バレッカ（Christopher Barreca）「ロッキー」（"Rocky"）
  - ●衣装デザイン賞　リンダ・チョー（Linda Cho）"A Gentleman's Guide to Love & Murder"
  - ●照明デザイン賞　ケビン・アダムズ（Kevin Adams）「ヘドウィグ・アンド・アングリーインチ」（"Hedwig and the Angry Inch"）
  - ●音響デザイン賞　ブライアン・ローナン（Brian Ronan）"Beautiful − The Carole King Musical"
- ◇プレイ
  - ●作品賞　　　　"All The Way"
  - ●リバイバル賞　"A Raisin in the Sun"
  - ●演出賞　　　　ケニー・リオン（Kenny Leon）"A Raisin in the Sun"
  - ●主演男優賞　　ブライアン・クランストン（Bryan Cranston）"All The Way"
  - ●主演女優賞　　オードラ・マクドナルド（Audra McDonald）"Lady Day at Emerson's Bar & Grill"
  - ●助演男優賞　　マーク・ライランス（Mark Rylance）「十二夜」（"Twelfth Night"）

- 助演女優賞　　　ソフィ・オコネド（Sophie Okonedo）"A Raisin in the Sun"
- 舞台デザイン賞　ベオウルフ・ボリット（Beowulf Boritt）"Act One"
- 衣装デザイン賞　ジェニー・ティラマニ（Jenny Tiramani）「十二夜」（"Twelfth Night"）
- 照明デザイン賞　ナターシャ・カッツ（Natasha Katz）「ガラスの動物園」（"The Glass Menagerie"）
- 音響デザイン賞　スティーヴ・キャニオン・ケネディ（Steve Canyon Kennedy）"Lady Day at Emerson's Bar & Grill"

◇地方劇場賞　　　シグネチャー・シアター（Signature Theatre）
◇イザベラ・スティーブン賞　ロージー・オドネル（Rosie O'Donnell）
◇特別賞　　　　　ジェーン・グリーンウッド（Jane Greenwood）
◇トニー名誉賞　　ジョセフ・P.ベニンカーサ（Joseph P.Benincasa）
　　　　　　　　　ジョーン・マーカス（Joan Marcus）
　　　　　　　　　シャーロット・ウィルコックス（Charlotte Wilcox）

2015年（第69回）

◇ミュージカル
- 作品賞　　　　"Fun Home"
- リバイバル賞　「王様と私」（"The King and I"）
- 演出賞　　　　サム・ゴールド（Sam Gold）"Fun Home"
- 主演男優賞　　マイケル・セルヴェリス（Michael Cerveris）"Fun Home"
- 主演女優賞　　ケリー・オハラ（Kelli O'Hara）「王様と私」（"The King and I"）
- 助演男優賞　　クリスチャン・ボール（Christian Borle）"Something Rotten！"
- 助演女優賞　　ルーシー・アン・マイルズ（Ruthie Ann Miles）「王様と私」（"The King and I"）
- 脚本賞　　　　リサ・クローン（Lisa Kron）"Fun Home"
- 楽曲賞　　　　ジャニーン・テソリ（Jeanine Tesori），リサ・クローン（Lisa Kron）"Fun Home"
- 編曲賞　　　　クリストファー・オースティン（Christopher Austin），ドン・セベスキー（Don Sebesky），ビル・エリオット（Bill Elliott）「巴里のアメリカ人」（"An American in Paris"）
- 振付賞　　　　クリストファー・ウィールドン（Christopher Wheeldon）「巴里のアメリカ人」（"An American in Paris"）
- 舞台デザイン賞　ボブ・クローレイ（Bob Crowley）「巴里のアメリカ人」（"An American in Paris"）
- 衣装デザイン賞　キャサリン・ズーバー（Catherine Zuber）「王様と私」（"The King and I"）
- 照明デザイン賞　ナターシャ・カッツ（Natasha Katz）「巴里のアメリカ人」（"An American in Paris"）

◇プレイ
- 作品賞　　　　「夜中に犬に起こった奇妙な事件」（"The Curious Incident of the Dog in the Night-Time"）
- リバイバル賞　"Skylight"
- 演出賞　　　　マリアンヌ・エリオット（Marianne Elliott）「夜中に犬に起こった奇妙な事件」（"The Curious Incident of the Dog in the Night-Time"）
- 主演男優賞　　アレックス・シャープ（Alex Sharp）「夜中に犬に起こった奇妙な事件」（"The Curious Incident of the Dog in the Night-Time"）
- 主演女優賞　　ヘレン・ミレン（Helen Mirren）"The Audience"
- 助演男優賞　　リチャード・マッケイブ（Richard McCabe）"The Audience"
- 助演女優賞　　アナリー・アシュフォード（Annaleigh Ashford）"You Can't Take It with You"
- 舞台デザイン賞　バニー・クリスティ（Bunny Christie），フィン・ロス（Finn Ross）「夜中に

犬に起こった奇妙な事件」("The Curious Incident of the Dog in the Night-Time")
- 衣装デザイン賞　クリストファー・オラム (Christopher Oram) "Wolf Hall Parts One & Two"
- 照明デザイン賞　ポール・コンスタブル (Paule Constable) 「夜中に犬に起こった奇妙な事件」("The Curious Incident of the Dog in the Night-Time")

◇地方劇場賞　　クリーブランド・プレイ・ハウス (Cleveland Play House)
◇イザベラ・スティーブン賞　スティーブン・シュワルツ (Stephen Schwartz)
◇特別賞　　　　トミー・チューン (Tommy Tune)
　　　　　　　　ジョン・キャメロン・ミッチェル (John Cameron Mitchell)
◇トニー名誉賞　アーノルド・エイブラムソン (Arnold Abramson)
　　　　　　　　エイドリアン・ブライアン＝ブラウン (Adrian Bryan-Brown)
　　　　　　　　ジーン・オドノヴァン (Gene O'Donovan)

31 ニューヨーク映画批評家協会賞 New York Film Critics Circle Awards

　批評家協会の中で最も古い歴史を持つニューヨーク映画批評家協会が主催し，1935年に開始。アカデミー賞にも大きな影響力を及ぼす賞の一つ。批評家が選ぶことから，娯楽性よりも芸術性や社会性に優れた作品が選ばれる傾向がある。賞の発表は12月中旬，授賞式は1月に開催される。1962年には新聞のストライキが原因で，受賞作が発表されなかった。2014年は，作品賞，監督賞，脚本賞，主演男優・女優賞，助演男優・女優賞，撮影賞，アニメ作品賞，ノンフィクション（ドキュメンタリー）賞，外国語作品賞，初監督賞，特別賞が授賞された。

【主催者】ニューヨーク映画批評家協会 (New York Film Critics Circle)
【選考方法】協会員の投票によって決定
【締切・発表】〔2014年〕12月1日発表。翌年1月授賞式
【賞・賞金】楯
【URL】http://www.nyfcc.com/

第1回 (1935年)
　◇作品賞　　　　「男の敵」("The Informer")
　◇監督賞　　　　ジョン・フォード (John Ford) 「男の敵」("The Informer")
　◇男優賞　　　　チャールズ・ロートン (Charles Laughton) 「戦艦バウンティ号の叛乱」("Mutiny on the Bounty")「人生は四十二から」("Ruggles of Red Gap")
　◇女優賞　　　　グレタ・ガルボ (Greta Garbo) 「アンナ・カレーニナ」("Anna Karenina")
第2回 (1936年)
　◇作品賞　　　　「オペラハット」("Mr.Deeds goes to Town")
　◇監督賞　　　　ルーベン・マムーリアン (Rouben Mamoulian) 「歌へ陽気に」("The Gay Desperado")
　◇男優賞　　　　ウォルター・ヒューストン (Walter Huston) 「孔雀夫人」("Dodsworth")
　◇女優賞　　　　ルイーゼ・ライナー (Luise Rainer) 「巨星ジーグフェルド」("The Great Ziegfeld")
第3回 (1937年)
　◇作品賞　　　　「ゾラの生涯」("The Life of Emile Zola")
　◇監督賞　　　　グレゴリー・ラ・カーヴァ (Gregory La Cava) 「ステージ・ドア」("Stage Door")
　◇男優賞　　　　ポール・ムニ (Paul Muni) 「ゾラの生涯」("The Life of Emile Zola")
　◇女優賞　　　　グレタ・ガルボ (Greta Garbo) 「椿姫」("Camille")

第4回（1938年）
- ◇作品賞　「城砦」（"The Citadel"）
- ◇監督賞　アルフレッド・ヒッチコック（Alfred Hitchcock）「バルカン超特急」（"The Lady vanishes"）
- ◇男優賞　ジェームズ・キャグニー（James Cagney）「汚れた顔の天使」（"Angels with dirty Faces"）
- ◇女優賞　マーガレット・サラヴァン（Margaret Sullavan）「三人の仲間」（"Three Comrades"）

第5回（1939年）
- ◇作品賞　「嵐ケ丘」（"Wuthering Heights"）
- ◇監督賞　ジョン・フォード（John Ford）「駅馬車」（"Stage Coach"）
- ◇男優賞　ジェームズ・スチュアート（James Stewart）「スミス都へ行く」（"Mr.Smith goes to Washington"）
- ◇女優賞　ビビアン・リー（Vivien Leigh）「風と共に去りぬ」（"Gone with the Wind"）

第6回（1940年）
- ◇作品賞　「怒りの葡萄」（"The Grapes of Wrath"）
- ◇監督賞　ジョン・フォード（John Ford）「怒りの葡萄」（"The Grapes of Wrath"）
- ◇男優賞　チャールズ・チャップリン（Charles Chaplin）「チャップリンの独裁者」（"The Great Dictator"）
- ◇女優賞　キャサリン・ヘプバーン（Katharine Hepburn）「フィラデルフィア物語」（"The Philadelphia Story"）

第7回（1941年）
- ◇作品賞　「市民ケーン」（"Citizen Kane"）
- ◇監督賞　ジョン・フォード（John Ford）「わが谷は緑なりき」（"How Green was my Valley"）
- ◇男優賞　ゲーリー・クーパー（Gary Cooper）「ヨーク軍曹」（"Sergeant York"）
- ◇女優賞　ジョーン・フォンテイン（Joan Fontaine）「断崖」（"Suspicion"）

第8回（1942年）
- ◇作品賞　"In Which We Serve"
- ◇監督賞　ジョン・ファロー（John Farrow）"Wake Island"
- ◇男優賞　ジェームズ・キャグニー（James Cagney）「ヤンキー・ドゥードゥル・ダンディ」（"Yankee Doodle Dandy"）
- ◇女優賞　アグネス・ムーアヘッド（Agnes Moorehead）「偉大なるアンバーソン家の人々」（"The magnificent Ambersons"）

第9回（1943年）
- ◇作品賞　「ラインの監視」（"Watch on the Rhine"）
- ◇監督賞　ジョージ・スティーブンス（George Stevens）"The more the merrier"
- ◇男優賞　ポール・ルーカス（Paul Lukas）「ラインの監視」（"Watch on the Rhine"）
- ◇女優賞　アイダ・ルピノ（Ida Lupino）「虚栄の花」（"The hard Way"）

第10回（1944年）
- ◇作品賞　「我が道を往く」（"Going my Way"）
- ◇監督賞　レオ・マッケリー（Leo McCarey）「我が道を往く」（"Going my Way"）
- ◇男優賞　バリー・フィッツジェラルド（Barry Fitzgerald）「我が道を往く」（"Going my Way"）
- ◇女優賞　タルーラ・バンクヘッド（Tallulah Bankhead）"Lifeboat"

第11回（1945年）
- ◇作品賞　「失われた週末」（"The lost Weekend"）
- ◇監督賞　ビリー・ワイルダー（Billy Wilder）「失われた週末」（"The lost Weekend"）

◇男優賞　　　該当者なし
◇女優賞　　　イングリッド・バーグマン（Ingrid Bergman）「白い恐怖」（"Spellbound"）「聖メリーの鐘」（"The Bells of St.Mary's"）

第12回（1946年）
◇作品賞　　　「我等の生涯の最良の年」（"The best Years of our Lives"）
◇監督賞　　　ウィリアム・ワイラー（Wililam Wyler）「我等の生涯の最良の年」（"The best Years of our Lives"）
◇男優賞　　　ローレンス・オリヴィエ（Laurence Olivier）「ヘンリィ五世」（"Henry V"）
◇女優賞　　　セリア・ジョンソン（Celia Johnson）「逢びき」（"Brief Encounter"）

第13回（1947年）
◇作品賞　　　「紳士協定」（"Gentleman's Agreement"）
◇監督賞　　　エリア・カザン（Elia Kazan）「紳士協定」（"Gentleman's Agreement"）
◇男優賞　　　ウィリアム・パウエル（William Powell）"Life with Father" "The Senator was indiscreet"
◇女優賞　　　デボラ・カー（Deborah Kerr）「黒水仙」（"Black Narcissus"）"I see a dark Stranger"

第14回（1948年）
◇作品賞　　　「黄金」（"The Treasure of the Sierra Madre"）
◇監督賞　　　ジョン・ヒューストン（John Huston）「黄金」（"The Treasure of the Sierra Madre"）
◇男優賞　　　ローレンス・オリヴィエ（Laurence Olivier）「ハムレット」（"Hamlet"）
◇女優賞　　　オリビア・デ・ハビランド（Olivia de Havilland）「蛇の穴」（"The Snake Pit"）

第15回（1949年）
◇作品賞　　　「オール・ザ・キングスメン」（"All the Kings Men"）
◇監督賞　　　キャロル・リード（Carol Reed）「落ちた偶像」（"The fallen Idol"）
◇男優賞　　　ブロデリック・クロフォード（Broderick Crawford）「オール・ザ・キングスメン」（"All the Kings Men"）
◇女優賞　　　オリビア・デ・ハビランド（Olivia de Havilland）「女相続人」（"The Heiress"）

第16回（1950年）
◇作品賞　　　「イヴの総て」（"All About Eve"）
◇監督賞　　　ジョゼフ・L.マンキーウィッツ（Joseph L.Mankiewicz）「イヴの総て」（"All About Eve"）
◇男優賞　　　グレゴリー・ペック（Gregory Peck）「頭上の敵機」（"Twelve O'Clock High"）
◇女優賞　　　ベティ・デイヴィス（Bette Davis）「イヴの総て」（"All About Eve"）

第17回（1951年）
◇作品賞　　　「欲望という名の電車」（"A Streetcar named Desire"）
◇監督賞　　　エリア・カザン（Elia Kazan）「欲望という名の電車」（"A Streetcar named Desire"）
◇男優賞　　　アーサー・ケネディ（Arthur Kennedy）"Bright Victory"
◇女優賞　　　ビビアン・リー（Vivien Leigh）「欲望という名の電車」（"A Streetcar named Desire"）

第18回（1952年）
◇作品賞　　　「真昼の決闘」（"High Noon"）
◇監督賞　　　フレッド・ジンネマン（Fred Zinnemann）「真昼の決闘」（"High Noon"）
◇男優賞　　　ラルフ・リチャードソン（Ralph Richardson）「超音ジェット機」（"The Sound Barrier"）
◇女優賞　　　シャーリー・ブース（Shirley Booth）「愛しのシバよ帰れ」（"Come back little Sheba"）

映画・演劇・TV　　　　　　　　　　213　　　31 ニューヨーク映画批評家協会賞

第19回（1953年）
　◇作品賞　　　「地上より永遠に」（"From here to Eternity"）
　◇監督賞　　　フレッド・ジンネマン（Fred Zinnemann）「地上より永遠に」（"From here to Eternity"）
　◇男優賞　　　バート・ランカスター（Burt Lancaster）「地上より永遠に」（"From here to Eternity"）
　◇女優賞　　　オードリー・ヘプバーン（Audrey Hepburn）「ローマの休日」（"Roman Holiday"）
第20回（1954年）
　◇作品賞　　　「波止場」（"On the Waterfront"）
　◇監督賞　　　エリア・カザン（Elia Kazan）「波止場」（"On the Waterfront"）
　◇男優賞　　　マーロン・ブランド（Marlon Brando）「波止場」（"On the Waterfront"）
　◇女優賞　　　グレース・ケリー（Grace Kelly）「喝采」（"The Country Girl"）「裏窓」（"Rear Window"）「ダイヤルMを廻せ」（"Dial M for Murder"）
第21回（1955年）
　◇作品賞　　　「マーティ」（"Marty"）
　◇監督賞　　　デヴィッド・リーン（David Lean）「旅情」（"Summertime"）
　◇男優賞　　　アーネスト・ボーグナイン（Ernest Borgnine）「マーティ」（"Marty"）
　◇女優賞　　　アンナ・マニャーニ（Anna Magnani）「バラの刺青」（"The Rose Tattoo"）
第22回（1956年）
　◇作品賞　　　「80日間世界一周」（"Around the World in Eighty Days"）
　◇監督賞　　　ジョン・ヒューストン（John Huston）「白鯨」（"Moby Dick"）
　◇男優賞　　　カーク・ダグラス（Kirk Douglas）「炎の人ゴッホ」（"Lust for Life"）
　◇女優賞　　　イングリッド・バーグマン（Ingrid Bergman）「追想」（"Anastasia"）
第23回（1957年）
　◇作品賞　　　「戦場にかける橋」（"The Bridge on the River Kwai"）
　◇監督賞　　　デヴィッド・リーン（David Lean）「戦場にかける橋」（"The Bridge on the River Kwai"）
　◇男優賞　　　アレック・ギネス（Alec Guiness）「戦場にかける橋」（"The Bridge on the River Kwai"）
　◇女優賞　　　デボラ・カー（Deborah Kerr）「白い砂」（"Heaven knows, Mr.Allison"）
第24回（1958年）
　◇作品賞　　　「手錠のまゝの脱獄」（"The defiant Ones"）
　◇監督賞　　　スタンリー・クレイマー（Stanley Kramer）「手錠のまゝの脱獄」（"The defiant Ones"）
　◇男優賞　　　デービッド・ニーブン（David Niven）「旅路」（"Separate Tables"）
　◇女優賞　　　スーザン・ヘイワード（Susan Hayward）「私は死にたくない」（"I want to live！"）
第25回（1959年）
　◇作品賞　　　「ベン・ハー」（"Ben-Hur"）
　◇監督賞　　　フレッド・ジンネマン（Fred Zinnemann）「尼僧物語」（"The Nun's Story"）
　◇男優賞　　　ジェームズ・スチュアート（James Stewart）「或る殺人」（"Anatomy of a Murder"）
　◇女優賞　　　オードリー・ヘプバーン（Audrey Hepburn）「尼僧物語」（"The Nun's Story"）
第26回（1960年）
　◇作品賞　　　「アパートの鍵貸します」（"The Apartment"）
　　　　　　　　「息子と恋人」（"Sons and Lovers"）
　◇監督賞　　　ビリー・ワイルダー（Billy Wilder）「アパートの鍵貸します」（"The

	Apartment")
	ジャック・カーディフ（Jack Cardiff）「息子と恋人」（"Sons and Lovers"）
◇男優賞	バート・ランカスター（Burt Lancaster）「エルマー・ガントリー/魅せられた男」（"Elmer Gantry"）
◇女優賞	デボラ・カー（Deborah Kerr）「サンダウナーズ」（"The Sundowners"）

第27回（1961年）

◇作品賞	「ウエスト・サイド物語」（"West Side Story"）
◇監督賞	ロバート・ロッセン（Robert Rossen）「ハスラー」（"The Hustler"）
◇男優賞	マクシミリアン・シェル（Maximilian Schell）「ニュールンベルグ裁判」（"Judgement at Nuremberg"）
◇女優賞	ソフィア・ローレン（Sophia Loren）「ふたりの女」（"La Ciocara"）

第28回（1962年）　開催中止

第29回（1963年）

◇作品賞	「トム・ジョーンズの華麗な冒険」（"Tom Jones"）
◇監督賞	トニー・リチャードソン（Tony Richardson）「トム・ジョーンズの華麗な冒険」（"Tom Jones"）
◇男優賞	アルバート・フィニー（Albert Finney）「トム・ジョーンズの華麗な冒険」（"Tom Jones"）
◇女優賞	パトリシア・ニール（Patricia Neal）「ハッド」（"Hud"）

第30回（1964年）

◇作品賞	「マイ・フェア・レディ」（"My fair Lady"）
◇監督賞	スタンリー・キューブリック（Stanley Kubrick）「博士の異常な愛情」（"Dr. Strangelove or: How I Learned to Stop Worrying and Love the Bomb"）
◇男優賞	レックス・ハリソン（Rex Harrison）「マイ・フェア・レディ」（"My fair Lady"）
◇女優賞	キム・スタンレー（Kim Stanley）「雨の午後の降霊祭」（"Seance on a wet Afternoon"）

第31回（1965年）

◇作品賞	「ダーリング」（"Darling"）
◇監督賞	ジョン・シュレシンジャー（John Schlesinger）「ダーリング」（"Darling"）
◇男優賞	オスカー・ウェルナー（Oskar Werner）「愚か者の船」（"Ship of Fools"）
◇女優賞	ジュリー・クリスティ（Julie Christie）「ダーリング」（"Darling"）

第32回（1966年）

◇作品賞	「わが命つきるとも」（"A Man for all Seasons"）
◇監督賞	フレッド・ジンネマン（Fred Zinnemann）「わが命つきるとも」（"A Man for all Seasons"）
◇男優賞	ポール・スコフィールド（Paul Scofield）「わが命つきるとも」（"A Man for all Seasons"）
◇女優賞	リン・レッドグレーヴ（Lynn Redgrave）「ジョージー・ガール」（"Georgy Girl"）
	エリザベス・テイラー（Elizabeth Taylor）「ヴァージニア・ウルフなんかこわくない」（"Who's afraid of Virginia Wolf？"）

第33回（1967年）

◇作品賞	「夜の大捜査線」（"In the Heat of the Night"）
◇監督賞	マイク・ニコルズ（Mike Nichols）「卒業」（"The Graduate"）
◇男優賞	ロッド・スタイガー（Rod Steiger）「夜の大捜査線」（"In the Heat of the Night"）
◇女優賞	イーディス・エヴァンス（Edith Evans）"The Whisperers"

第34回（1968年）
- ◇作品賞　　　「冬のライオン」（"The Lion in Winter"）
- ◇監督賞　　　ポール・ニューマン（Paul Newman）「レーチェル レーチェル」（"Rachel, Rachel"）
- ◇男優賞　　　アラン・アーキン（Alan Arkin）「愛すれど心さびしく」（"The Heart is a lonely Hunter"）
- ◇女優賞　　　ジョアン・ウッドワード（Joanne Woodward）「レーチェル レーチェル」（"Rachel, Rachel"）

第35回（1969年）
- ◇作品賞　　　「Z」（"Z"）
- ◇監督賞　　　コンスタンチン・コスタ＝ガヴラス（Constantin Costa-Gavras）「Z」（"Z"）
- ◇主演男優賞　ジョン・ヴォイト（John Voigt）「真夜中のカーボーイ」（"Midnight Cowboy"）
- ◇主演女優賞　ジェーン・フォンダ（Jane Fonda）「ひとりぼっちの青春」（"They shoot Horses, don't they？"）

第36回（1970年）
- ◇作品賞　　　「ファイブ・イージー・ピーセス」（"Five easy Pieces"）
- ◇監督賞　　　ボブ・ラフェルソン（Bob Rafelson）「ファイブ・イージー・ピーセス」（"Five easy Pieces"）
- ◇主演男優賞　ジョージ・C.スコット（George C.Scott）「パットン大戦車軍団」（"Patton"）
- ◇主演女優賞　グレンダ・ジャクソン（Glenda Jackson）「恋する女たち」（"Women in Love"）

第37回（1971年）
- ◇作品賞　　　「時計じかけのオレンジ」（"A Clockwork Orange"）
- ◇監督賞　　　スタンリー・キューブリック（Stanley Kubrick）「時計じかけのオレンジ」（"A Clockwork Orange"）
- ◇主演男優賞　ジーン・ハックマン（Gene Hackman）「フレンチ・コネクション」（"The French Connection"）
- ◇主演女優賞　ジェーン・フォンダ（Jane Fonda）「コールガール」（"Klute"）

第38回（1972年）
- ◇作品賞　　　「叫びとささやき」（"Viskningar och rop"）
- ◇監督賞　　　イングマール・ベルイマン（Ingmar Bergman）「叫びとささやき」（"Viskningar och rop"）
- ◇主演男優賞　ローレンス・オリヴィエ（Laurence Olivier）「探偵〈スルース〉」（"Sleuth"）
- ◇主演女優賞　リヴ・ウルマン（Liv Ullman）「叫びとささやき」（"Viskningar och rop"）"Utvandrama"

第39回（1973年）
- ◇作品賞　　　「映画に愛をこめて アメリカの夜」（"La Nuit Americaine"）
- ◇監督賞　　　フランソワ・トリュフォー（Francois Truffaut）「映画に愛をこめて アメリカの夜」（"La Nuit Americaine"）
- ◇主演男優賞　マーロン・ブランド（Marlon Brando）「ラストタンゴ・イン・パリ」（"Ultimo tango a Parigi"）
- ◇主演女優賞　ジョアン・ウッドワード（Joanne Woodward）"Summer Wishes, Winter Dreams"

第40回（1974年）
- ◇作品賞　　　「フェリーニのアマルコルド」（"Amarcord"）
- ◇監督賞　　　フェデリコ・フェリーニ（Federico Fellini）「フェリーニのアマルコルド」（"Amarcord"）
- ◇主演男優賞　ジャック・ニコルソン（Jack Nicholson）「チャイナタウン」（"Chinatown"）「さらば冬のかもめ」（"The last Detail"）
- ◇主演女優賞　リヴ・ウルマン（Liv Ullman）「ある結婚の風景」（"Scener ur ett aktenskap"）

第41回（1975年）
　◇作品賞　　　　　「ナッシュビル」（"Nashville"）
　◇監督賞　　　　　ロバート・アルトマン（Robert Altman）　「ナッシュビル」（"Nashville"）
　◇主演男優賞　　　ジャック・ニコルソン（Jack Nicholson）　「カッコーの巣の上で」（"One flew over the Cuckoo's Nest"）
　◇主演女優賞　　　イザベル・アジャーニ（Isabelle Adjani）　「アデルの恋の物語」（"L'Histoire d'Adele H."）

第42回（1976年）
　◇作品賞　　　　　「大統領の陰謀」（"All the President's Men"）
　◇監督賞　　　　　アラン・J.パクラ（Alan J.Pakula）　「大統領の陰謀」（"All the President's Men"）
　◇主演男優賞　　　ロバート・デ・ニーロ（Robert De Niro）　「タクシードライバー」（"Taxi Driver"）
　◇主演女優賞　　　リヴ・ウルマン（Liv Ullman）　「鏡の中の女」（"Ansikte mot ansikte"）

第43回（1977年）
　◇作品賞　　　　　「アニー・ホール」（"Annie Hall"）
　◇監督賞　　　　　ウディ・アレン（Woody Allen）　「アニー・ホール」（"Annie Hall"）
　◇主演男優賞　　　ジョン・ギールグッド（John Gielgud）　「プロビデンス」（"Providence"）
　◇主演女優賞　　　ダイアン・キートン（Diane Keaton）　「アニー・ホール」（"Annie Hall"）

第44回（1978年）
　◇作品賞　　　　　「ディア・ハンター」（"The Deer Hunter"）
　◇監督賞　　　　　テレンス・マリック（Terrence Malick）　「天国の日々」（"Days of Heaven"）
　◇主演男優賞　　　ジョン・ヴォイト（John Voigt）　「帰郷」（"Coming Home"）
　◇主演女優賞　　　イングリッド・バーグマン（Ingrid Bergman）　「秋のソナタ」（"Hostsonaten"）

第45回（1979年）
　◇作品賞　　　　　「クレイマー、クレイマー」（"Kramer vs.Kramer"）
　◇監督賞　　　　　ウディ・アレン（Woody Allen）　「マンハッタン」（"Manhattan"）
　◇主演男優賞　　　ダスティン・ホフマン（Dustin Hoffman）　「クレイマー、クレイマー」（"Kramer vs.Kramer"）
　◇主演女優賞　　　サリー・フィールド（Sally Field）　「ノーマ・レイ」（"Norma Rae"）

第46回（1980年）
　◇作品賞　　　　　「普通の人々」（"Ordinary People"）
　◇監督賞　　　　　ジョナサン・デミ（Jonathan Demme）　"Melvin and Howard"
　◇主演男優賞　　　ロバート・デ・ニーロ（Robert De Niro）　「レイジング・ブル」（"Ragin Bull"）
　◇主演女優賞　　　シシー・スペイセク（Sissy Spacek）　「歌え！ ロレッタ愛のために」（"Coal Miner's Daughter"）

第47回（1981年）
　◇作品賞　　　　　「レッズ」（"Reds"）
　◇監督賞　　　　　シドニー・ルメット（Sidney Lumet）　「プリンス・オブ・シティ」（"Prince of the City"）
　◇主演男優賞　　　バート・ランカスター（Burt Lancaster）　「アトランティック・シティ」（"Atlantic City"）
　◇主演女優賞　　　グレンダ・ジャクソン（Glenda Jackson）　"Stevie"

第48回（1982年）
　◇作品賞　　　　　「ガンジー」（"Gandhi"）
　◇監督賞　　　　　シドニー・ポラック（Sydney Pollack）　「トッツィー」（"Tootsie"）
　◇主演男優賞　　　ベン・キングズレー（Ben Kinglsey）　「ガンジー」（"Gandhi"）
　◇主演女優賞　　　メリル・ストリープ（Meryl Streep）　「ソフィーの選択」（"Sophie's Choice"）

第49回（1983年）
　◇作品賞　　　　「愛と追憶の日々」（"Terms of Endearment"）
　◇監督賞　　　　イングマール・ベルイマン（Ingmar Bergman）「ファニーとアレクサンデル」（"Fanny och Alexander"）
　◇主演男優賞　　ロバート・デュヴァル（Robert Duvall）"Tender Mercies"
　◇主演女優賞　　シャーリー・マクレーン（Shirley McLaine）「愛と追憶の日々」（"Terms of Endearment"）
第50回（1984年）
　◇作品賞　　　　「インドへの道」（"Passage to India"）
　◇監督賞　　　　デヴィッド・リーン（David Lean）「インドへの道」（"Passage to India"）
　◇主演男優賞　　スティーヴ・マーティン（Steve Martin）"All of Me"
　◇主演女優賞　　ペギー・アシュクロフト（Peggy Ashcroft）「インドへの道」（"Passage to India"）
第51回（1985年）
　◇作品賞　　　　「女と男の名誉」（"Prizzi's Honor"）
　◇監督賞　　　　ジョン・ヒューストン（John Huston）「女と男の名誉」（"Prizzi's Honor"）
　◇主演男優賞　　ジャック・ニコルソン（Jack Nicholson）「女と男の名誉」（"Prizzi's Honor"）
　◇主演女優賞　　ノルマ・アレアンドロ（Norma Aleandro）「オフィシャル・ストーリー」（"La historia oficial"）
第52回（1986年）
　◇作品賞　　　　「ハンナとその姉妹」（"Hannah and her Sisters"）
　◇監督賞　　　　ウディ・アレン（Woody Allen）「ハンナとその姉妹」（"Hannah and her Sisters"）
　◇主演男優賞　　ボブ・ホスキンズ（Bob Hoskins）「モナリザ」（"Mona Lisa"）
　◇主演女優賞　　シシー・スペイセク（Sissy Spacek）「ロンリー・ハート」（"Crimes of the Heart"）
第53回（1987年）
　◇作品賞　　　　「ブロードキャスト・ニュース」（"Broadcast News"）
　◇監督賞　　　　ジェームズ・L.ブルックス（James L.Brooks）「ブロードキャスト・ニュース」（"Broadcast News"）
　◇主演男優賞　　ジャック・ニコルソン（Jack Nicholson）「イーストウィックの魔女たち」（"The Witches of Eastwick"）「黄昏に燃えて」（"Ironweed"）「ブロードキャスト・ニュース」（"Broadcast News"）
　◇主演女優賞　　ホリー・ハンター（Holly Hunter）「ブロードキャスト・ニュース」（"Broadcast News"）
第54回（1988年）
　◇作品賞　　　　「偶然の旅行者」（"The accidental Tourist"）
　◇監督賞　　　　クリス・メンゲス（Chris Menges）「ワールド・アパート」（"A World apart"）
　◇主演男優賞　　ジェレミー・アイアンズ（Jeremy Irons）「戦慄の絆」（"Dead Ringers"）
　◇主演女優賞　　メリル・ストリープ（Meryl Streep）"A Cry in the Dark"
第55回（1989年）
　◇作品賞　　　　「マイ・レフトフット」（"My Left Foot"）
　◇監督賞　　　　ポール・マザースキー（Paul Mazursky）「敵、ある愛の物語」（"Enemies：A Love Story"）
　◇主演男優賞　　ダニエル・デイ＝ルイス（Daniel Day-Lewis）「マイ・レフトフット」（"My Left Foot"）
　◇主演女優賞　　ミシェル・ファイファー（Michelle Pfeiffer）「恋のゆくえ/ファビュラス・ベイカー・ボーイズ」（"The Fabulous Baker Boys"）

第56回（1990年）
　◇作品賞　　　　　「グッドフェローズ」（"Goodfellas"）
　◇監督賞　　　　　マーティン・スコセッシ（Martin Scorsese）「グッドフェローズ」（"Goodfellas"）
　◇主演男優賞　　　ロバート・デ・ニーロ（Robert De Niro）「グッドフェローズ」（"Goodfellas"）「レナードの朝」（"Awakenings"）
　◇主演女優賞　　　ジョアン・ウッドワード（Joanne Woodward）「ミスター＆ミセス・ブリッジ」（"Mr.& Mrs.Bridge"）
第57回（1991年）
　◇作品賞　　　　　「羊たちの沈黙」（"The Silence of the Lambs"）
　◇監督賞　　　　　ジョナサン・デミ（Jonathan Demme）「羊たちの沈黙」（"The Silence of the Lambs"）
　◇主演男優賞　　　アンソニー・ホプキンス（Anthony Hopkins）「羊たちの沈黙」（"The Silence of the Lambs"）
　◇主演女優賞　　　ジョディ・フォスター（Jodie Foster）「羊たちの沈黙」（"The Silence of the Lambs"）
第58回（1992年）
　◇作品賞　　　　　「ザ・プレイヤー」（"The Player"）
　◇監督賞　　　　　ロバート・アルトマン（Robert Altman）「ザ・プレイヤー」（"The Player"）
　◇主演男優賞　　　デンゼル・ワシントン（Denzel Washington）「マルコムX」（"Malcolm X"）
　◇主演女優賞　　　エマ・トンプソン（Emma Thompson）「ハワーズ・エンド」（"Howards End"）
第59回（1993年）
　◇作品賞　　　　　「シンドラーのリスト」（"Schindler's List"）
　◇監督賞　　　　　ジェーン・カンピオン（Jane Campion）「ピアノ・レッスン」（"The Piano"）
　◇主演男優賞　　　デヴィッド・シューリス（David Thewlis）「ネイキッド」（"Naked"）
　◇主演女優賞　　　ホリー・ハンター（Holly Hunter）「ピアノ・レッスン」（"The Piano"）
第60回（1994年）
　◇作品賞　　　　　「クイズ・ショウ」（"Quiz Show"）
　◇監督賞　　　　　クエンティン・タランティーノ（Quentin Tarantino）「パルプ・フィクション」（"Pulp Fiction"）
　◇主演男優賞　　　ポール・ニューマン（Paul Newman）「ノーバディーズ・フール」（"Nobody's Fool"）
　◇主演女優賞　　　リンダ・フィオレンティーノ（Linda Fiorentino）"The Last Seduction"
第61回（1995年）
　◇作品賞　　　　　「リービング・ラスベガス」（"Leaving Las Vegas"）
　◇監督賞　　　　　アン・リー（Ang Lee）「いつか晴れた日に」（"Sense and Sensibility"）
　◇主演男優賞　　　ニコラス・ケイジ（Nicolas Cage）「リービング・ラスベガス」（"Leaving Las Vegas"）
　◇主演女優賞　　　ジェニファー・ジェイソン・リー（Jennifer Jason Leigh）「ジョージア」（"Georgia"）
第62回（1996年）
　◇作品賞　　　　　「ファーゴ」（"Fargo"）
　◇監督賞　　　　　ラース・フォン・トリアー（Lars von Trier）「奇跡の海」（"Breaking the Waves"）
　◇主演男優賞　　　ジェフリー・ラッシュ（Geoffrey Rush）「シャイン」（"Shine"）
　◇主演女優賞　　　エミリー・ワトソン（Emily Watson）「奇跡の海」（"Breaking the Waves"）
第63回（1997年）
　◇作品賞　　　　　「L.A.コンフィデンシャル」（"L.A.Confidential"）
　◇監督賞　　　　　カーティス・ハンソン（Curtis Hanson）「L.A.コンフィデンシャル」（"L.A.

Confidential")
　◇主演男優賞　　ピーター・フォンダ（Peter Fonda）"Ulee's Gold"
　◇主演女優賞　　ジュリー・クリスティ（Julie Christie）「アフターグロウ」（"Afterglow"）
第64回（1998年）
　◇作品賞　　　　「プライベート・ライアン」（"Saving Private Ryan"）
　◇監督賞　　　　テレンス・マリック（Terrence Malick）「シン・レッド・ライン」（"The thin red Line"）
　◇主演男優賞　　ニック・ノルティ（Nick Nolte）「白い刻印」（"Affliction"）
　◇主演女優賞　　キャメロン・ディアス（Cameron Diaz）「メリーに首ったけ」（"There's something about Mary"）
第65回（1999年）
　◇作品賞　　　　「トプシー・ターヴィー」（"Topsy-Turvy"）
　◇監督賞　　　　マイク・リー（Mike Leigh）「トプシー・ターヴィー」（"Topsy-Turvy"）
　◇主演男優賞　　リチャード・ファーンズワース（Richard Farnsworth）「ストレイト・ストーリー」（"The Straight Story"）
　◇主演女優賞　　ヒラリー・スワンク（Hilary Swank）「ボーイズ・ドント・クライ」（"Boys don't cry"）
第66回（2000年）
　◇作品賞　　　　「トラフィック」（"Traffic"）
　◇監督賞　　　　スティーヴン・ソダーバーグ（Steven Soderbergh）「エリン・ブロコビッチ」（"Erin Brockovich"）「トラフィック」（"Traffic"）
　◇主演男優賞　　トム・ハンクス（Tom Hanks）「キャスト・アウェイ」（"Cast Away"）
　◇主演女優賞　　ローラ・リニー（Laura Linney）"You Can Count On Me"
第67回（2001年）
　◇作品賞　　　　「マルホランド・ドライブ」（"Mulholland Drive"）
　◇監督賞　　　　ロバート・アルトマン（Robert Altman）「ゴスフォード・パーク」（"Gosford Park"）
　◇主演男優賞　　トム・ウィルキンソン（Tom Wilkinson）「イン・ザ・ベッドルーム」（"In the Bedroom"）
　◇主演女優賞　　シシー・スペイセク（Sissy Spacek）「イン・ザ・ベッドルーム」（"In the Bedroom"）
第68回（2002年）
　◇作品賞　　　　「エデンより彼方に」（"Far From Heaven"）
　◇主演男優賞　　ダニエル・デイ＝ルイス（Daniel Day-Lewis）「ギャング・オブ・ニューヨーク」（"Gangs of New York"）
　◇主演女優賞　　ダイアン・レイン（Diane Lane）「運命の女」（"Unfaithful"）
　◇アニメーション賞　「千と千尋の神隠し」（"Spirited Away"）
第69回（2003年）
　◇作品賞　　　　「ロード・オブ・ザ・リング/王の帰還」（"The Lord Of The Rings: The Return Of The King"）
　◇監督賞　　　　ソフィア・コッポラ（Sofia Coppola）「ロスト・イン・トランスレーション」（"Lost in Translation"）
　◇主演男優賞　　ビル・マーレイ（Bill Murray）「ロスト・イン・トランスレーション」（"Lost in Translation"）
　◇主演女優賞　　ホープ・デイヴィス（Hope Davis）「アメリカン・スプレンダー」（"American Splendor"）"The Secret Lives of Dentists"
第70回（2004年）
　◇作品賞　　　　「サイドウェイ」（"Sideways"）
　◇監督賞　　　　クリント・イーストウッド（Clint Eastwood）「ミリオンダラー・ベイビー」

	("Million Dollar Baby")
◇主演男優賞	ポール・ジアマッティ (Paul Giamatti) 「サイドウェイ」("Sideways")
◇主演女優賞	イメルダ・スタウントン (Imelda Staunton) 「ヴェラ・ドレイク」("Vera Drake")

第71回 (2005年)
- ◇作品賞　　「ブロークバック・マウンテン」("Brokeback Mountain")
- ◇監督賞　　アン・リー (Ang Lee) 「ブロークバック・マウンテン」("Brokeback Mountain")
- ◇主演男優賞　ヒース・レジャー (Heath Ledger) 「ブロークバック・マウンテン」("Brokeback Mountain")
- ◇主演女優賞　リース・ウィザースプーン (Reese Witherspoon) 「ウォーク・ザ・ライン 君につづく道」("Walk The Line")
- ◇アニメーション賞　「ハウルの動く城」("Howl's Moving Castle")

第72回 (2006年)
- ◇作品賞　　「ユナイテッド93」("United 93")
- ◇監督賞　　マーティン・スコセッシ (Martin Scorsese) 「ディパーテッド」("The Departed")
- ◇主演男優賞　フォレスト・ウィテカー (Forest Whitaker) 「ラストキング・オブ・スコットランド」("The Last King of Scotland")
- ◇主演女優賞　ヘレン・ミレン (Helen Mirren) 「クィーン」("The Queen")

第73回 (2007年)
- ◇作品賞　　「ノーカントリー」("No Country for Old Men")
- ◇監督賞　　ジョエル・コーエン (Joel Coen), イーサン・コーエン (Ethan Coen) 「ノーカントリー」("No Country for Old Men")
- ◇主演男優賞　ダニエル・デイ＝ルイス (Daniel Day-Lewis) 「ゼア・ウィル・ビー・ブラッド」("There Will Be Blood")
- ◇主演女優賞　ジュリー・クリスティ (Julie Christie) 「アウェイ・フロム・ハー 君を想う」("Away from Her")

第74回 (2008年)
- ◇作品賞　　「ミルク」("Milk")
- ◇監督賞　　マイク・リー (Mike Leigh) "Happy-Go-Lucky"
- ◇主演男優賞　ショーン・ペン (Sean Penn) 「ミルク」("Milk")
- ◇主演女優賞　サリー・ホーキンス (Sally Hawkins) "Happy-Go-Lucky"

第75回 (2009年)
- ◇作品賞　　「ハート・ロッカー」("The Hurt Locker")
- ◇監督賞　　キャスリン・ビグロー (Kathryn Bigelow) 「ハート・ロッカー」("The Hurt Locker")
- ◇主演男優賞　ジョージ・クルーニー (George Clooney) 「マイレージ、マイライフ」「ファンタスティック Mr.FOX」("Up In The Air", "Fantastic Mr.Fox")
- ◇主演女優賞　メリル・ストリープ (Meryl Streep) 「ジュリー＆ジュリア」("Julie & Julia")

第76回 (2010年)
- ◇作品賞　　「ソーシャル・ネットワーク」("The Social Network")
- ◇監督賞　　デヴィッド・フィンチャー (David Fincher) 「ソーシャル・ネットワーク」("The Social Network")
- ◇主演男優賞　コリン・ファース (Colin Firth) 「英国王のスピーチ」("The King's Speech")
- ◇主演女優賞　アネット・ベニング (Annette Bening) 「キッズ・オールライト」("The Kids Are All Right")

第77回 (2011年)
- ◇作品賞　　「アーティスト」("The Artist")

◇監督賞　ミシェル・アザナヴィシウス（Michel Hazanavicius）「アーティスト」（"The Artist"）
◇主演男優賞　ブラッド・ピット（Brad Pitt）「マネーボール」「ツリー・オブ・ライフ」（"Moneyball," "The Tree of Life"）
◇主演女優賞　メリル・ストリープ（Meryl Streep）「マーガレット・サッチャー 鉄の女の涙」（"The Iron Lady"）

第78回（2012年）
◇作品賞　「ゼロ・ダーク・サーティ」（"Zero Dark Thirty"）
◇監督賞　キャスリン・ビグロー（Kathryn Bigelow）「ゼロ・ダーク・サーティ」（"Zero Dark Thirty"）
◇主演男優賞　ダニエル・デイ＝ルイス（Daniel Day-Lewis）「リンカーン」（"Lincoln"）
◇主演女優賞　レイチェル・ワイズ（Rachel Weisz）"The Deep Blue Sea"

第79回（2013年）
◇作品賞　「アメリカン・ハッスル」（"American Hustle"）
◇監督賞　スティーブ・マックィーン（Steve McQueen）「それでも夜は明ける」（"12 Years a Slave"）
◇主演男優賞　ロバート・レッドフォード（Robert Redford）「オール・イズ・ロスト 〜最後の手紙〜」（"All Is Lost"）
◇主演女優賞　ケイト・ブランシェット（Cate Blanchett）「ブルージャスミン」（"Blue Jasmine"）

第80回（2014年）
◇作品賞　「6才のボクが、大人になるまで。」（"Boyhood"）
◇監督賞　リチャード・リンクレイター（Richard Linklater）「6才のボクが、大人になるまで。」（"Boyhood"）
◇主演男優賞　ティモシー・スポール（Timothy Spall）「ターナー、光に愛を求めて」（"Mr. Turner"）
◇主演女優賞　マリオン・コティヤール（Marion Cotillard）「エヴァの告白」（"The Immigrant", "Two Days, One Night"）

32 ベルリン国際映画祭 Internationalen Filmfestspiele Berlin

　1951年からドイツの首都ベルリンで開催されている国際映画祭。毎年2月中旬開催。3大映画祭の一つ。56年，国際映画祭として公認された。国際コンペ長編部門・短編部門（金獅子・銀獅子賞），パノラマ部門，子どものためのキンダー・フィルム・フェスティバル部門（水晶熊賞），ドイツ映画専門のキノ部門，実験的な映画を扱うインターナショナル・フォーラム，回顧展，映画の買い付けが行われるヨーロッパ・フィルム・マーケットなどがある。特別功労賞である名誉金熊賞，ベルリナーレ・カメラ賞も授与される。国際コンペ部門では，金熊賞（最優秀作品賞），銀熊賞（審査員賞，監督賞，男優賞，女優賞，芸術貢献賞），新人監督賞アルフレッド・バウアー賞が与えられる。
　＊日本人の受賞は以下の通り。五所平之助「煙突の見える場所」ドイツ上院陪審賞（53年），今井正「純愛物語」監督賞（58年）・「武士道残酷物語」金熊賞（63年），家城巳代治「裸の太陽」青少年向き映画賞（59年），黒澤明「生きる」ドイツ上院陪審員賞（53年）・「隠し砦の三悪人」監督賞（59年），羽仁進「彼女と彼」カトリック映画事務局賞（64年），左幸子「彼女と彼」・「にっぽん昆虫記」女優賞（64年），田中絹代「サンダカン八番娼館」女優賞（75年），柳川武夫「彫る」短編金熊賞（76年），鈴木清順名誉賞（81年），小川紳介「ニッポン国古屋敷村」国際評論家連盟賞（82年），小林正樹「東京裁判」国際評論家連盟賞（85年），篠田正浩「鑓の権三」銀熊賞（86年），原一男「ゆきゆきて、神軍」カリガリ賞（87年），熊井啓「海と毒薬」銀熊賞（87年）・「日本の黒い夏－冤罪」ベルリナーレ・カメ

ラ賞 (2001年), 崔洋一「月はどっちに出ている」NETPAC賞 (94年), 利重剛「エレファント・ソング」NETPAC賞 (95年), 岩井俊二「Undo」NETPAC賞 (94年)・「PicNic」新聞記者賞 (96年), 市川崑・ベルリナーレ・カメラ賞 (2000年), 東陽一「絵の中のぼくの村」銀熊賞 (96年), 小栗康平「眠る男」アートシアター連盟賞 (97年), 大林宣彦「SADA」評論家連盟賞 (98年), 緒方明「独立少年合唱団」アルフレート・バウアー賞 (2000年), 小沼勝「NAGISA」児童映画部門グランプリ (01年), 宮崎駿「千と千尋の神隠し」金熊賞 (01年), 熊坂出「パーク アンド ラブ ホテル」審査員新人賞 (08年), 寺島しのぶ「キャタピラー」女優賞, 山田洋次・ベルリナーレ・カメラ賞 (10年), 黒木華「小さいおうち」女優賞 (14年)

【選考委員】〔国際コンペ長編部門〕7人以上の著名な映画人により構成される国際審査員がフェスティバルディレクターにより任命され, 審査にあたる。(2015年) 長編部門: Darren Aronofsky (審査委員長・アメリカ), Daniel Brühl (ドイツ), Martha De Laurentiis (アメリカ), Bong Joon-ho (韓国), Claudia Llosa (ペルー), Audrey Tautou (フランス), Matthew Weiner (アメリカ). 短編部門: Halil Altındere (トルコ), Madhusree Dutta (インド), Hadi Wahyuni A. (シンガポール)

【締切・発表】〔2015年〕長編部門は2014年10月31日, 短編部門は11月17日応募締切。映画祭は2015年2月5日〜15日に開催される

【賞・賞金】金熊賞受賞者には金の熊像 (Renee Sintenisデザイン), 銀熊賞受賞者には銀の熊像が授与される

【連絡先】Berlin International Film Festival Potsdamer Straße 5 D-10785 Berlin Germany
　【TEL】+49 30 259 20 0 【FAX】+49 30 259 20 299
　【E-mail】info@berlinale.de
　【URL】http://www.berlinale.de/

第55回 (2005年)
　◇金熊賞　　　　マーク・ドーンフォード＝メイ (Mark Dornford-May) "U-Carmen eKhayelitsha"
　◇名誉金熊賞　　イム・クォン・テク (Im Kwon-Taek)
　　　　　　　　　フェルナンド・フェルナン＝ゴメス (Fernando Fernán Gómez)
　◇銀熊賞
　　●監督賞　　　マルク・ローテムンド (Marc Rothemund)「白バラの祈り ゾフィー・ショル、最期の日々」("Sophie Scholl: Die letzten Tage")
　　●男優賞　　　ルー・テイラー・プッチ (Lou Taylor Pucci)「サムサッカー」("Thumbsucker")
　　●女優賞　　　ユリア・イェンチ (Julia Jentsch)「白バラの祈り ゾフィー・ショル、最期の日々」("Sophie Scholl: Die letzten Tage")
　　●音楽賞　　　アレクサンドル・デスプラ (Alexandre Desplat)「真夜中のピアニスト」("De Battre Mon Coeur s'est Arrêté")
　　●芸術貢献賞　ツァイ・ミンリャン (Tsai Ming Liang)「西瓜」("The Wayward Cloud")
　　●審査員グランプリ　クー・チャンウェイ (Gu Changwei)「孔雀 我が家の風景」("Peacock")
　◇ベルリナーレ・カメラ賞 松竹 (Shochiku)
　　　　　　　　　ヘレーネ・シュワルツ (Helene Schwarz)
　　　　　　　　　ダニエル・デイ＝ルイス (Daniel Day-Lewis)
　　　　　　　　　カトリーン・ザース (Katrin Sass)
　◇アルフレッド・バウアー賞　ツァイ・ミンリャン (Tsai Ming Liang)「西瓜」("The Wayward Cloud")
　◇青い天使賞 (ヨーロッパ映画賞)　ハニー・アブー・アサド (Hany Abu-Assad)「パラダイス・ナ

ウ」("Paradise Now")

第56回（2006年）
- ◇金熊賞　　ヤスミラ・ジュバニッチ（Jasmila Zbanic）「サラエボの花」("Grbavica")
- ◇名誉金熊賞　アンジェイ・ワイダ（Andrzej Wajda）
　　　　　　　イアン・マッケラン（Ian McKellen）
- ◇銀熊賞
  - 監督賞　マイケル・ウィンターボトム（Michael Winterbottom），マット・ホワイトクロス（Mat Whitecross）「グアンタナモ、僕達が見た真実」("The Road To Guantanamo")
  - 男優賞　モーリッツ・ブライブトロイ（Moritz Bleibtreu）「素粒子」("Elementarteilchen")
  - 女優賞　サンドラ・ヒュラー（Sandra Hüller）"Requiem"
  - 音楽賞　ピーター・カム（Peter Kam）"Isabella"
  - 芸術貢献賞　ユーゲン・フォーゲル（Jürgen Vogel）"Der freie Wille"
  - 審査員グランプリ　ペルニレ・フィッシャー・クリステンセン（Pernille Fischer Christensen）"En Soap"
  　　　　　　　　　　ジャファル・パナヒ（Jafar Panahi）「オフサイド・ガールズ」("Offside")
- ◇ベルリナーレ・カメラ賞　ミハエル・バルハウス（Michael Ballhaus）
  　　　　　　　　　　　　ローレンス・カーディッシュ（Laurence Kardish）
  　　　　　　　　　　　　ユルゲン・ベットヒャー（Jürgen Böttcher）
  　　　　　　　　　　　　ペーター・B.シューマン（Peter B.Schumann）
  　　　　　　　　　　　　ハンス・ヘルムート・プリンツラー（Hans Helmut Prinzler）
- ◇アルフレッド・バウアー賞　ロドリゴ・モレノ（Rodrigo Moreno）"El custodio"
- ◇審査員新人賞　ペルニレ・フィッシャー・クリステンセン（Pernille Fischer Christensen）"En Soap"

第57回（2007年）
- ◇金熊賞　　ワン・チュアンアン（Wang Quan'an）「トゥヤーの結婚」("Tuya's Marriage")
- ◇名誉金熊賞　アーサー・ペン（Arthur Penn）
- ◇銀熊賞
  - 監督賞　ジョセフ・シダー（Joseph Cedar）「ボーフォート ―レバノンからの撤退―」("Beaufort")
  - 男優賞　フリオ・チャベス（Julio Chavez）"El otro"
  - 女優賞　ニーナ・ホス（Nina Hoss）"Yella"
  - 音楽賞　デイヴィッド・マッケンジー（David Mackenzie）"Hallam Foe"
  - 芸術貢献賞　出演者全員「グッド・シェパード」("The Good Shepherd")
  - 審査員グランプリ　アリエル・ロッター（Ariel Rotter）"El otro"
- ◇ベルリナーレ・カメラ賞　クリント・イーストウッド（Clint Eastwood）
  　　　　　　　　　　　　ジャンニ・ミナ（Gianni Miná）
  　　　　　　　　　　　　マルタ・メシャーロシュ（Márta Mészáros）
  　　　　　　　　　　　　ロン・ホロウェイ（Ron Holloway）
  　　　　　　　　　　　　ドロシー・モリッツ（Dorothea Moritz）
- ◇アルフレッド・バウアー賞　パク・チャヌク（Park Chan-wook）「サイボーグでも大丈夫」("I'm A Cyborg, But That's Ok")
- ◇審査員新人賞　ラージネーシュ・ドーマラパッリ（Rajnesh Domalpalli）"Vanaja"

第58回（2008年）
- ◇金熊賞　　ジョゼ・パジーリャ（Jose Padilha）"Tropa de elite"
- ◇名誉金熊賞　フランチェスコ・ロージ（Francesco Rosi）
- ◇銀熊賞

- ●監督賞　　　　ポール・トーマス・アンダーソン（Paul Thomas Anderson）「ゼア・ウィル・
　　　　　　　　　ビー・ブラッド」（"There Will Be Blood"）
- ●男優賞　　　　レザ・ナジエ（Reza Najie）"Avaze Gonjeshk-ha"
- ●女優賞　　　　サリー・ホーキンス（Sally Hawkins）"Happy-Go-Lucky"
- ●芸術貢献賞（音楽）ジョニー・グリーンウッド（Jonny Greenwood）「ゼア・ウィル・ビー・
　　　　　　　　　ブラッド」（"There Will Be Blood"）
- ●脚本賞　　　　ワン・シャオシュアイ（Wang Xiaoshuai）"In Love We Trust"
- ●審査員グランプリ　エロール・モリス（Errol Morris）"Standard Operating Procedure"
- ◇ベルリナーレ・カメラ賞　オットー・ザンダー（Otto Sander）
　　　　　　　　　カールハインツ・ベーム（Karlheinz Böhm）
- ◇アルフレッド・バウアー賞　フェルナンド・エインビッケ（Fernando Eimbcke）"Lake Tahoe"
- ◇審査員新人賞　熊坂出（Izuru Kumasaka）「パーク アンド ラブ ホテル」（"Asyl: Park and
　　　　　　　　　Love Hotel"）

第59回（2009年）
- ◇金熊賞　　　　クラウディア・リョサ（Claudia Llosa）「悲しみのミルク」（"La teta
　　　　　　　　　asustada"）
- ◇名誉金熊賞　　モーリス・ジャール（Maurice Jarre）
- ◇銀熊賞
  - ●監督賞　　　　アスガル・ファルハーディー（Asghar Farhadi）「彼女が消えた浜辺」
　　　　　　　　　（"Darbareye Elly"）
  - ●男優賞　　　　ソティギ・クヤテ（Sotigui Kouyate）"London River"
  - ●女優賞　　　　ビルギット・ミニヒマイヤー（Birgit Minichmayr）"Alle Anderen"
  - ●芸術貢献賞（音響デザイン）ジェルジ・コバーチュ（György Kovács），ガボール・エルデーイ
　　　　　　　　　（Gábor Erdély），タマーシュ・セーケイ（Tamás Székely）"Katalin Varga"
  - ●脚本賞　　　　オーレン・ムーヴァーマン（Oren Moverman），アレッサンドロ・キャモン
　　　　　　　　　（Alessandro Camon）「メッセンジャー」（"The Messenger"）
  - ●審査員グランプリ　マレン・アデ（Maren Ade）"Alle Anderen"
　　　　　　　　　アドリアン・ビニエス（Adrian Biniez）"Gigante"
- ◇ベルリナーレ・カメラ賞　クロード・シャブロル（Claude Chabrol）
　　　　　　　　　ギュンター・ロールバッハ（Gunter Rohrbach）
　　　　　　　　　マノエル・デ・オリヴェイラ（Manoel de Oliveira）
- ◇アルフレッド・バウアー賞　アドリアン・ビニエス（Adrian Biniez）"Gigante"
　　　　　　　　　アンジェイ・ワイダ（Andrzej Wajda）「菖蒲」（"Tatarak"）
- ◇審査員新人賞　アドリアン・ビニエス（Adrian Biniez）"Gigante"

第60回（2010年）
- ◇金熊賞　　　　セミフ・カプランオール（Semih Kaplanoglu）「蜂蜜」（"Bal"）
- ◇名誉金熊賞　　ハンナ・シグラ（Hanna Schygulla）
　　　　　　　　　ヴォルフガング・コールハーゼ（Wolfgang Kohlhaase）
- ◇銀熊賞
  - ●監督賞　　　　ロマン・ポランスキー（Roman Polanski）「ゴーストライター」（"The Ghost
　　　　　　　　　Writer"）
  - ●男優賞　　　　グレゴリー・ドブリギン（Grigori Dobrygin），セルゲイ・プスケパリス
　　　　　　　　　（Sergei Puskepalis）"Kak ya provel etim letom"
  - ●女優賞　　　　寺島しのぶ（Shinobu Terajima）「キャタピラー」（"Caterpillar"）
  - ●芸術貢献賞（カメラ）パヴェル・コストマロフ（Pavel Kostomarov）"Kak ya provel etim
　　　　　　　　　letom"
  - ●脚本賞　　　　ワン・チュアンアン（Wang Quan'an），ナ・ジン（Na Jin）「再会の食卓」
　　　　　　　　　（"Tuan Yuan"）
  - ●審査員グランプリ　フロリン・セルバン（Florin Serban）"Eu cand vreau sa fluier, fluier

◇ベルリナーレ・カメラ賞　山田洋次（Yoji Yamada），
　　　　　　　　　　　ウルリッヒ・グレゴール（Ulrich Gregor），エリカ・グレゴール（Erika Gregor）
　　　　　　　　　　　Fine Art Foundry Noack
◇アルフレッド・バウアー賞　フロリン・セルバン（Florin Serban）"Eu cand vreau sa fluier, fluier"
◇審査員新人賞　　　　ババク・ナジャフィ（Babak Najafi）"Sebbe"

第61回（2011年）
　◇金熊賞　　　　　　アスガル・ファルハーディー（Asghar Farhadi）「別離」（"Jodaeiye Nader az Simin"）
　◇名誉金熊賞　　　　アーミン・ミューラー・スタール（Armin Mueller-Stahl）
　◇銀熊賞
　　●監督賞　　　　　ウルリッヒ・クーラー（Ulrich Köhler）"Schlafkrankheit"
　　●男優賞　　　　　男優陣のアンサンブル　「別離」（"Jodaeiye Nader az Simin"）
　　●女優賞　　　　　女優陣のアンサンブル　「別離」（"Jodaeiye Nader az Simin"）
　　●芸術貢献賞（カメラ）　ヴォイチェフ・スタロン（Wojciech Staron）"El premio"
　　●芸術貢献賞（プロダクションデザイン）　バルバラ・エンリケス（Barbara Enriquez）"El premio"
　　●脚本賞　　　　　ジョシュア・マーストン（Joshua Marston），アンダミオン・ムラタジ（Andamion Murataj）"The Forgiveness Of Blood"
　　●審査員グランプリ　タル・ベーラ（Béla Tarr）「ニーチェの馬」（"A torinói ló"）
　◇ベルリナーレ・カメラ賞　リア・ヴァン・リー（Lia van Leer）
　　　　　　　　　　　ジェローム・クレメント（Jérôme Clément）
　　　　　　　　　　　フランツ・シュタドラー（Franz Stadler），ローズマリー・シュタドラー（Rosemarie Stadler）
　　　　　　　　　　　ハリー・ベラフォンテ（Harry Belafonte）
　◇アルフレッド・バウアー賞　アンドレス・ファイエル（Andres Veiel）"Wer wenn nicht wir"
　◇審査員新人賞　　　アンドリュー・オクペハ・マックリーン（Andrew Okpeaha MacLean）"On the Ice"

第62回（2012年）
　◇金熊賞　　　　　　パオロ・タヴィアーニ（Paolo Taviani），ヴィットリオ・タヴィアーニ（Vittorio Taviani）「塀の中のジュリアス・シーザー」（"Cesare deve morire"）
　◇名誉金熊賞　　　　メリル・ストリープ（Meryl Streep）
　◇銀熊賞
　　●監督賞　　　　　クリスティアン・ペツォールト（Christian Petzold）「東ベルリンから来た女」（"Barbara"）
　　●男優賞　　　　　ミケル・ボー・フォルスガール（Mikkel Boe Folsgaard）「ロイヤル・アフェア　愛と欲望の王宮」（"En Kongelig Affære"）
　　●女優賞　　　　　ラシェル・ムワンザ（Rachel Mwanza）「魔女と呼ばれた少女」（"Rebelle"）
　　●芸術貢献賞（カメラ）　ルッツ・ライテマイヤー（Lutz Reitemeier）"Bai lu yuan"
　　●脚本賞　　　　　ニコライ・アーセル（Nikolaj Arcel），ラスマス・ヘイスターバング（Rasmus Heisterberg）「ロイヤル・アフェア　愛と欲望の王宮」（"En Kongelig Affære"）
　　●審査員グランプリ　ベンス・フリーガオフ（Bence Fliegauf）"Csak a szél"
　◇特別賞　　　　　　ウルスラ・メイエ（Ursula Meier）"L'enfant d'en haut"
　◇ベルリナーレ・カメラ賞　バベルスバーグ・スタジオ（Studio Babelsberg）
　　　　　　　　　　　Haro Senft
　　　　　　　　　　　レイ・ドルビー（Ray Dolby）
　◇アルフレッド・バウアー賞　ミゲル・ゴメス（Miguel Gomes）「熱波」（"Tabu"）
　◇審査員新人賞　　　バウデウェイン・コーレ（Boudewijn Koole）"Kauwboy"

第63回（2013年）
　◇金熊賞　　　　　カリン・ペーター・ネッツァー（Calin Peter Netzer）「私の、息子」("Poziţia Copilului")
　◇名誉金熊賞　　　クロード・ランズマン（Claude Lanzmann）
　◇銀熊賞
　　●監督賞　　　　デヴィッド・ゴードン・グリーン（David Gordon Green）"Prince Avalanche"
　　●男優賞　　　　ナジフ・ムジチ（Nazif Mujić）「鉄くず拾いの物語」("Epizoda u životu berača željeza")
　　●女優賞　　　　パウリーナ・ガルシア（Paulina García）「グロリアの青春」("Gloria")
　　●芸術貢献賞（カメラ）アジス・ジャンバキエフ（Aziz Zhambakiyev）"Uroki Garmonii"
　　●脚本賞　　　　ジャファル・パナヒ（Jafar Panahi）"Pardé"
　　●審査員グランプリ　ダニス・タノヴィッチ（Danis Tanovic）「鉄くず拾いの物語」("Epizoda u životu berača željeza")
　◇ベルリナーレ・カメラ賞　イザベラ・ロッセリーニ（Isabella Rossellini）
　　　　　　　　　　ローザ・フォン・ブラウンハイム（Rosa von Praunheim）
　　　　　　　　　　リチャード・リンクレイター（Richard Linklater）
　◇アルフレッド・バウアー賞　ドゥニ・コート（Denis Côté）"Vic+Flo ont vu un ours"
　◇特別賞　　　　　ガス・ヴァン・サント（Gus Van Sant）「プロミスト・ランド」("Promised Land")
　　　　　　　　　　ピア・マレ（Pia Marais）"Layla Fourie"
　◇審査員新人賞　　キム・モダン（Kim Mordaunt）"The Rocket"
第64回（2014年）
　◇金熊賞　　　　　ディアオ・イーナン（Diao Yinan）「薄氷の殺人」("Bai Ri Yan Huo")
　◇名誉金熊賞　　　ケン・ローチ（Ken Loach）
　◇銀熊賞
　　●監督賞　　　　リチャード・リンクレイター（Richard Linklater）「6才のボクが、大人になるまで。」("Boyhood")
　　●男優賞　　　　リャオ・ファン（Liao Fan）「薄氷の殺人」("Bai Ri Yan Huo")
　　●女優賞　　　　黒木華（Haru Kuroki）「小さいおうち」("Chiisai Ouchi")
　　●芸術貢献賞（カメラ）ツォン・ジエン（Zeng Jian）"Tui Na"
　　●脚本賞　　　　ディートリヒ・ブリュッグマン（Dietrich Brüggemann），アンナ・ブリュッグマン（Anna Brüggemann）"Kreuzweg"
　　●審査員グランプリ　ウェス・アンダーソン（Wes Anderson）「グランド・ブダペスト・ホテル」("The Grand Budapest Hotel")
　◇ベルリナーレ・カメラ賞　カール・バウムガルトナー（Karl Baumgartner）
　◇アルフレッド・バウアー賞　アラン・レネ（Alain Resnais）"Aimer, boire et chanter"
　◇審査員新人賞　　アロンソ・ルイス・パラシオス（Alonso Ruizpalacios）"Güeros"
第65回（2015年）
　◇金熊賞　　　　　ジャファル・パナヒ（Jafar Panahi）"Taxi"
　◇名誉金熊賞　　　ヴィム・ヴェンダース（Wim Wenders）
　◇銀熊賞
　　●監督賞　　　　ラドゥ・ジュデ（Radu Jude）"Aferim！"
　　　　　　　　　　マルゴスカ・シュモウスカ（Małgorzata Szumowska）"Body"
　　●男優賞　　　　トム・コートネイ（Tom Courtenay）"45 Years"
　　●女優賞　　　　シャーロット・ランプリング（Charlotte Rampling）"45 Years"
　　●芸術貢献賞（カメラ）Sturla Brandth Grøvlen "Victoria"
　　　　　　　　　　Evgeniy Privin, Sergey Mikhalchuk "Pod electricheskimi oblakami"
　　●脚本賞　　　　パトリシオ・グスマン（Patricio Guzmán）"El botón de nácar"

- ●審査員グランプリ　パブロ・ラライン（Pablo Larraín）"El Club"
◇ベルリナーレ・カメラ賞　マルセル・オフュルス（Marcel Ophüls）
　　　　　　　　　　　ナウム・クレイマン（Naum Kleiman）
　　　　　　　　　　　アリス・ウォーターズ（Alice Waters）
　　　　　　　　　　　カルロ・ペトリーニ（Carlo Petrini）
◇アルフレッド・バウアー賞　ジャイロ・ブスタマンテ（Jayro Bustamante）"Ixcanul"
◇審査員新人賞　ガブリエル・リプステイン（Gabriel Ripstein）"600 Millas"

33 モスクワ国際映画祭 Moskow International Film Festival

　世界の映画製作者の更なる理解・親交を深めることを目的とし，ロシアのモスクワで開催される映画祭。国際映画製作者連盟（FIAPF）公認の長編映画祭。かつては隔年開催であったが，1999年から毎年開催。メイン・コンペティション，「ある視点」部門，ロシア映画部門，非コンペティション部門，回顧上映部門があり，メイン・コンペではグランプリ作品賞（金のセント・ジョージ賞），特別審査員賞，監督賞，男優賞，女優賞（以上銀のセント・ジョージ賞），スタニスラフスキー賞，国際映画批評家連盟特別賞，ロシア映画批評家賞，ロシア映画クラブ賞，観客賞などが選ばれる。59年から67年の間はグランプリと金賞は別個のものであったが，69年から1本化された。金・銀のセント・ジョージ像の授与は89年から。ロシア文化省後援。

　＊日本人の受賞は以下の通り。島耕二「いつか来た道」審査委員賞（1959年），浦山桐郎「非行少女」金賞（63年），新藤兼人「裸の島」金賞（61年）・「裸の19才」グランプリ（71年），「生きたい」グランプリ（99年）・「ふくろう」特別功労賞（2003年），羽仁進「手をつなぐ子ら」審査員特別賞（65年），黒澤明「赤ひげ」ソ連映画人同盟賞（65年）・「デルス・ウザーラ」グランプリ（75年），山本薩夫「白い巨塔」銀賞（67年），今井正「橋のない川・第1部」ソ連映画人同盟賞（69年），小栗康平「泥の河」銀賞（81年），加藤嘉「ふるさと」最優秀男優賞（83年），宮沢りえ「華の愛〜遊園驚夢〜」最優秀女優賞（2001年），市川美日子「blue」最優秀女優賞（02年），大竹しのぶ「ふくろう」最優秀女優賞（03年），タカハタ秀太「ホテルビーナス」「ある視点」部門最優秀賞（04年），北野武・特別賞（08年），大森立嗣「さよなら渓谷」審査員特別賞（13年），熊切和嘉「私の男」金賞，浅野忠信「私の男」最優秀俳優賞（14年）

【主催者】モスクワ国際映画祭実行委員会
【選考委員】〔2015年〕メイン・コンペティション：Jean-Jacques Annaud（委員長・フランス），Jacqueline Bisset（イギリス），Fred Breinersdorfer（ドイツ），Aleksey Fedorchenko（ロシア），Fernando Sokolowicz（カザフスタン）
【選考基準】〔2015年〕2014年5月1日以降制作された36ミリ長編映画（少なくとも12作品）をメイン・コンペの対象とする
【締切・発表】〔2015年〕2015年4月20日まで各国からエントリー受け付け。受賞結果は6月19日〜26日に開催されるフェスティバルの期間中発表される
【賞・賞金】グランプリには賞金2万ドルと金のセント・ジョージ像
【連絡先】11 bld.1, Maly Kozikhinsky lane, Moscow, 123001, Russia【TEL】007 495 725 26 22【FAX】007 495 725 26 22
【E-mail】info@moscowfilmfestival.ru
【URL】http://www.moscowfilmfestival.ru/

第27回（2005年）
　◇金賞　　　　　「宇宙を夢見て」（"Kosmos kak predchuvstvie"（ロシア，監督：Alexey

　　　　　　　　　　　　　　　Uchitel)）
　◇銀賞
　　●審査員特別賞　　"Paha maa"（フィンランド，監督：Aku Louhimies）
　　●監督賞　　　　　トマス・ヴィンターベア（Thomas Vinterberg）「ディア・ウエンディ」（"Dear wendy"）
　　●最優秀俳優賞　　ハミド・ファラネジャド（Hamid Farahnejad）"Tabl-e Bozorg Zir-e Pai-e Chap"（イラン）
　　●最優秀女優賞　　ヴェセラ・カザーコワ（Vesela Kazakova）"Otkradnati ochi"（ブルガリア，トルコ）
　　●「ある視点」賞　"How the Garcia girls spent their summer"（アメリカ，監督：ジオルジーナ・ガルシア・リーデル）
　◇特別賞　　　　　　イシュトヴァーン・サボー（Istvan Szabo 映画監督）
　◇スタニスラフスキー賞　ジャンヌ・モロー（Jeanne Moreau 女優（フランス））
　◇国際映画批評家連盟特別賞　"Gitarrmongot"
　◇ロシア映画批評家賞　"Pribeny Obycejneho Silenstvi"
　◇観客賞　　　　　　"Chumscrabber"
　◇ロシア映画クラブ賞　"Chumscrabber"
第28回（2006年）
　◇金賞　　　　　　　"Om Sara"（スウェーデン，監督：Othman Karim）
　◇銀賞
　　●審査員特別賞　　"Driving lessons"（イギリス，監督：Jeremy Brock）
　　●監督賞　　　　　ベルトラン・ブリエ（Bertrand Blie）"Combien tu m'aimes？"（フランス）
　　●最優秀俳優賞　　イェンス・ハーツェル（Jens Harzer）"Der Lebensversicherer"（ドイツ）
　　●最優秀女優賞　　ジュリー・ウォルターズ（Julie Walters）"Driving Lessons"（イギリス）
　　●「ある視点」賞　"Chasma"（ウズベキスタン，監督：Yolkin Tuychiev）
　◇特別賞　　　　　　チェン・カイコー（Chen Kaige 映画監督）
　◇スタニスラフスキー賞　ジェラール・ドパルデュー（Gerard Depardieu 俳優（フランス））
　◇国際映画批評家連盟特別賞　「クブラドール」（"Kubrador"（フィリピン，監督：Jeffrey Jeturian））
　◇ロシア映画批評家賞　"Der Lebensversicherer"（ドイツ，監督：Bulent Akinci）
　◇観客賞　　　　　　"Driving lessons"（イギリス，監督：Jeremy Brock）
　◇ロシア映画クラブ賞　"Nankin Landscape"
第29回（2007年）
　◇金賞　　　　　　　"Travelling with pets"（ロシア，監督：Vera Storozheva）
　◇銀賞
　　●審査員特別賞　　"Rusuli Samkudhedi"（グルジア，監督：Aleko Tsabadze）
　　●監督賞　　　　　ジュゼッペ・トルナトーレ（Giuseppe Tornatore）「題名のない子守唄」（"La sconociuta"（イタリア））
　　●最優秀俳優賞　　ファブリス・ルキーニ（Fabrice Luchini）「モリエール」（"Moliere"（フランス））
　　●最優秀女優賞　　クリスティ・ストゥーボ（Kirsti Stubo）"Opium"（ハンガリー，ドイツ，アメリカ）
　　●「ある視点」賞　"Monotony"（ラトビア，監督：ユリス・ポシュクス）
　◇特別賞　　　　　　アレクセイ・バターロフ（Alexey Batalov）
　　　　　　　　　　　タチアナ・サモイロワ（Tatyana Samoilova）
　◇スタニスラフスキー賞　ダニエル・オルブリフスキ（Daniel Olbrychski 俳優（ポーランド））
　◇国際映画批評家連盟特別賞　"Nichego lichnogo"（ロシア，監督：Larisa Sadilova）
　◇ロシア映画批評家賞　"Ledsaget udgang"（デンマーク，監督：Erik Clausen）

◇観客賞　　　　　　「モリエール」("Moliere"（フランス，監督：Laurent Titard））
　　　　　　　　　　「題名のない子守唄」("La sconociuta"（イタリア，監督：Giuseppe Tornatore））
◇ロシア映画クラブ賞　"Ledsaget udgang"（デンマーク，監督：Erik Clausen）
第30回（2008年）
　◇金賞　　　　　　"Be hamin sadegi"（監督：Reza Mir Karimi）
　◇銀賞
　　● 審査員特別賞　　"Un coeur simple"（監督：Marion Laine）
　　● 監督賞　　　　　ヤヴォル・ガルデフ（Javor Gardev）"Zift"
　　● 最優秀俳優賞　　リチャード・ジェンキンス（Richard Jenkins）「扉をたたく人」("The Visitor")
　　● 最優秀女優賞　　マルゲリータ・ブイ（Margherita Buy）"Giorni e nuvole"
　　●「ある視点」賞　"Cumbia callera"（監督：Rene U.Villareal）
　◇特別賞　　　　　　北野武（Takeshi Kitano 映画監督）
　◇スタニスラフスキー賞　イザベル・ユペール（Isabelle Huppert 女優（フランス））
　◇国際映画批評家連盟特別賞　"Odnazhdi v provincii"（監督：Katya Shagalova）
　◇ロシア映画批評家賞　"Be hamin sadegi"（監督：Reza Mir Karimi）
　　　　　　　　　　　 "One shot"（監督：Linda Wendel））
第31回（2009年）
　◇金賞　　　　　　"Petya po doroge v tsarstvie nebesnoe"（ロシア，監督：Nikolay Dostal）
　◇銀賞
　　● 審査員特別賞　　"Chudo"（ロシア，監督：Aleksandr Proshkin）
　　● 監督賞　　　　　マリアナ・チェニーリョ（Mariana Chenillo）"Cinco dias sin Nora"（メキシコ）
　　● 最優秀俳優賞　　ウラジーミル・イリーイン（Vladimir Ilyin）"Palata No.6"（ロシア）
　　● 最優秀女優賞　　レナ・コステュック（Lena Kostyuk）"Melodya dlya sharmanki"（ウクライナ）
　　●「ある視点」賞　"Konphliktis Zona"（ジョージア，監督：Vano Burduli）
　◇特別賞　　　　　　レゾ・チヘイゼ（Rezo Chkheidze）
　◇スタニスラフスキー賞　オレグ・ヤンコフスキー（Oleg Yankovsky）
　◇国際映画批評家連盟特別賞　"Melodiya dlya sharmanki"（ウクライナ，監督：Kira Muratova）
　◇ロシア映画批評家賞　"Come Dio comanda"（イタリア，監督：Gabriele Salvatores）
第32回（2010年）
　◇金賞　　　　　　"Hermano"（ベネズエラ，監督：Marcel Rasquin）
　◇銀賞
　　● 審査員特別賞　　"Der Albaner"（ドイツ，アルバニア，監督：Johannes Naber）
　　● 監督賞　　　　　ヤン・キダヴァ・プロンスキ（Jan Kidawa-Błoński）"Różyczka"（ポーランド）
　　● 最優秀俳優賞　　Nik Xhelilaj "Der Albaner"（ドイツ，アルバニア）
　　● 最優秀女優賞　　Vilma Cibulková "Zemský Ráj to na Pohled"（チェコ）
　　●「ある視点」賞　"Rewers"（ポーランド，監督：Borys Lankosz）
　◇特別賞　　　　　　クロード・ルルーシュ（Claude Lelouch）
　◇スタニスラフスキー賞　エマニュエル・ベアール（Emmanuelle Béart）
第33回（2011年）
　◇金賞　　　　　　"Las Olas"（スペイン，監督：Alberto Morais）
　◇銀賞
　　● 審査員特別賞　　"Chapiteau-show"（ロシア，監督：Sergei Loban）
　　● 監督賞　　　　　ウォン・ジンポー（Wong Ching Po）"Fuk Sau Che Chi Sei"（香港）
　　● 最優秀俳優賞　　カルロス・アルヴァレス＝ノヴォア（Carlos Alvarez-Novoa）"Las Olas"（スペ

　　　　　　　　　　　　　　イン）
　　●最優秀女優賞　　Urszula Grabowska "Joanna"（ポーランド）
　　●「ある視点」賞　"Anarchija Zirmunose"（リトアニア，ハンガリー，監督：Saulius Drunga）
　◇特別賞　　　　　　ジョン・マルコヴィッチ（John Malkovich）
　◇スタニスラフスキー賞　ヘレン・ミレン（Helen Mirren）
第34回（2012年）
　◇金賞　　　　　　　"Junkhearts"（イギリス，監督：Tinge Krishnan ）
　◇銀賞
　　●審査員特別賞　　"Fecha De Caducidad"（メキシコ，監督：kenya Marquez）
　　●監督賞　　　　　アンドレイ・プロシュキン（Andrei Proshkin）"The Horde"（ロシア）
　　●最優秀俳優賞　　エディ・マーサン（Eddie Marshan）"Junkhearts"（イギリス）
　　●最優秀女優賞　　ローザ・カイルリーナ（Roza Hairullina）"The Horde"（ロシア）
　　●「ある視点」賞　"The Wreckers"（イギリス，監督：D.R.Hood）
　◇特別賞　　　　　　ティム・バートン（Tim Burton）
　◇スタニスラフスキー賞　カトリーヌ・ドヌーヴ（Catherine Deneuve）
第35回（2013年）
　◇金賞　　　　　　　"Zerre"（トルコ，監督：Erdem Tepegöz）
　◇銀賞
　　●審査員特別賞　　「さよなら渓谷」（日本，監督：大森立嗣）
　　●監督賞　　　　　Young-Heun Jung "Lebanon Emotion"（韓国）
　　●最優秀俳優賞　　Aleksey Shevchenkov "Iuda"（ロシア）
　　●最優秀女優賞　　Jale Arikan "Zerre"（トルコ）
　◇特別賞　　　　　　コスタ＝ガヴラス（Costa-Gavras）
　◇スタニスラフスキー賞　クセニア・ラパポルト（Xenia Rappoport）
第36回（2014年）
　◇金賞　　　　　　　「私の男」（日本，監督：熊切和嘉）
　◇銀賞
　　●審査員特別賞　　"Eye Am"（トルコ，監督：Hakki Kurtulus, Melik Saracoglu）
　　●監督賞　　　　　Valeriya Gay Germanika "Yes And Yes"（ロシア）
　　●最優秀俳優賞　　浅野忠信（Tadanobu Asano）「私の男」（日本）
　　●最優秀女優賞　　Natalka Polovinka "Brothers.The Final Confession"（ウクライナ）
　◇特別賞　　　　　　グレブ・パンフィーロフ（Gleb Panfilov）
　◇スタニスラフスキー賞　インナ・チュリコワ（Inna Churikova）
第37回（2015年）
　◇金賞　　　　　　　"Losers"（ブルガリア，監督：Ivaylo Hristov）
　◇銀賞
　　●審査員特別賞　　"Arventur"（ロシア，監督：Irina Evteeva）
　　●監督賞　　　　　Frederikke Aspöck "Rosita"（デンマーク）
　　●最優秀俳優賞　　Yerkebulan Daiyrov "Toll Bar"（カザフスタン）
　　●最優秀女優賞　　エレナ・リャドワ（Yelena Lyadova）"Orleans"（ロシア）
　◇特別賞　　　　　　ジャン＝ジャック・アノー（Jean-jacques Annaud）
　◇スタニスラフスキー賞　ジャクリーン・ビセット（Jacqueline Bisset）

34 ローザンヌ国際バレエコンクール　Prix De Lausanne

　　毎年スイスのローザンヌ・ボーリュ劇場で開催される世界的バレエ・コンクール。若い才能を発掘し，援助することを目的とする。1973年，P.ブラウンシュバイク（Philippe

Braunschweig）の尽力により設立された。スカラシップ，プロ研修賞，決勝のコンテンポラリー・ヴァリエーション最優秀者に与えられるコンテンポラリー・ダンス賞，決勝戦あるいは準決戦進出者で，スイス国籍者またはスイスに在住し3年間以上バレエ教育を受けている者が受賞対象となるベスト・スイス賞，観客の投票によって決められる観客賞が選出される。

＊日本人の受賞は以下の通り。吉田尚美（1978年），堀内元，力丸純奈（80年），貞松正一郎，木村規代香（82年），堀内充，吉田都（83年），平元久美，高部尚子，牛尾和美（84年），中村かおり，秋山珠子（86年），伊能貴子（87年），渡辺美咲，中村恵（88年），宮内真理子，奈良岡典子，榊原弘子，橋本美奈子，田中祐子，熊川哲也（89年），荒井祐子（90年），斉藤亜紀，佐々木陽平，古谷智子（91年），中野綾子，高橋宏尚，高久舞（92年），浅野美波，大植真太郎，上野水香（93年），泉敦子，柳井美紗子（94年），川村真樹，蔵健太（95年），河合佑香，中村祥子，樋口ゆり（96年），菅野真代，大石麻衣子（97年），菊池あやこ，横関雄一郎，植村麻依子，田中麻子（98年），小尻健太，神戸里奈，根本しゅん平（99年），加冶谷百合子，木田真理子，坂地亜美，清水健太，大貫真幹（2000年），平野亮一，倉永美紗，平田桃子（01年），竹田仁美（02年），贄田萌，井澤諒，松井学郎（04年），森志乃（06年），河野舞衣，ヨシヤマ・チャールズ・ルイス（07年），高田茜（08年），水谷実喜，根本里菜，高田樹（09年），佐々木万璃子（10年），加藤静流，堀沢悠子（11年），菅井円加（12年），山本雅也（13年），二山治雄，前田紗江，加藤三希央（14年），伊藤充，金原里奈（15年）が受賞

【主催者】ローザンヌ国際バレエコンクール「舞踊振興財団」（スイス）
【選考委員】〔2015年〕Cynthia Harvey（委員長＝アメリカ），Sylviane Bayard（オーストラリア），Chi Cao（イギリス），Lisa-maree Cullum（ドイツ），Franco De Vita（アメリカ），Simona Noja（ドイツ），Lidia Segni（アルゼンチン），Ethan Stiefel（アメリカ），György Szakaly（ハンガリー）
【選考方法】2段階の審査を経て選出された者（最大80名）がローザンヌでの選考に参加できる。選考はクラシック・コンテンポラリーの2ヴァリエーションとレッスンの全5日間の審査から決選進出者（最大20名）を選出。決選進出者は，舞台上でクラシック・バリエーションとコンテンポラリー・バリエーションを公開発表し，採点後，受賞者が決定
【選考基準】過去及び現在において，バレエ団とプロ契約を結び，ダンサーあるいは振付家としてプロ活動に従事する者，過去の受賞者の参加は認められない。年齢は15歳から18歳まで。一つのバレエ学校からの参加者数は最高4名に限られる。芸術性，身体能力，個性，音楽に対する想像力，感受性，技術などが審査される
【締切・発表】〔2015年〕最終登録締切は2014年11月30日。予選は2月1日より始まり，2月7日に決戦，受賞者発表
【賞・賞金】スカラシップ受賞者は対象となるバレエ学校の中から，希望する学校へ1年間授業料免除で留学できる特典と，留学期間中の生活援助金として1万6千スイスフランが授与される。プロ研修賞では，対象となるバレエ団の中から，希望するバレエ団の活動に研修生として1年間参加する特典と，研修期間中の生活援助金として1万6千スイスフランを授与。コンテンポラリー賞では，サマースクールに無料で参加できる特典（旅費・宿泊費込み）。ベスト・スイス賞では，エスポワール賞受賞者は希望する学校へ1年間授業料免除で留学。決選進出者には一律賞状とメダルが授与され，非入賞者には，1千スイスフランの奨学金が贈られる
【連絡先】PRIX DE LAUSANNE Av.Bergieres 6 CH-1004 Lausanne SWITZERLAND
【TEL】+41 (0) 21 643 2405 【FAX】+41 (0) 21 643 2409
【E-mail】contact@prixdelausanne.org
【URL】http://www.prixdelausanne.org/

第33回（2005年）
　◇1位・スカラシップ　キム・ユジン（Kim Yu Jin　韓国）
　◇2位・スカラシップ　ジェルリン・ンドゥジ（Zherlin Ndudi　ウクライナ）
　◇3位・スカラシップ　ハン・ソヘ（Han Seo Hye　韓国）
　◇4位・スカラシップ　カレン・アザチャン（Karen Azatyan　アルメニア）
　◇5位・スカラシップ　アトゥリーヌ・カイゼール（Adeline Kaiser　フランス）
　◇プロ研修賞・コンテンポラリー・ダンス賞　ウォン・ジョニン（Won Jin Young　韓国）
第34回（2006年）
　◇1位・スカラシップ　セルゲイ・ポルニン（Sergiy Polunin　ウクライナ）
　◇2位・スカラシップ　グオ・チョンウー（Guo Chengwu　中国）
　◇3位・スカラシップ　ホン・ヒャンギ（Hong Hyang Gee　韓国）
　◇4位・スカラシップ　ワジム・ムンタギーロフ（Vadim Muntagirov　ロシア）
　◇5位・スカラシップ　森志乃（Shino Mori　日本）
　◇6位・スカラシップ　チャン・イージン（Zhang Yijing　中国）
　◇コンテンポラリー・ダンス賞　グオ・チョンウー（Guo Chengwu　中国）
　◇観客賞　　　　　セルゲイ・ポルニン（Sergiy Polunin　ウクライナ）
第35回（2007年）
　◇1位・スカラシップ　パク・セウン（Park Sae-Eun　韓国）
　◇2位・スカラシップ　河野舞衣（Mai Kono　日本）
　◇3位・スカラシップ　キム・ジェイ（Kim Chaelee　韓国）
　◇4位・スカラシップ　ジェイムズ・ヘイ（James Hay　イギリス）
　◇5位・スカラシップ　テルモ・モレイラ（Telmo Moreira　ポルトガル）
　◇6位・スカラシップ　ディーリア・マシューズ（Delia Matthews　イギリス）
　◇コンテンポラリー・ダンス賞　チャールズ・ルイス・ヨシヤマ（Charles Lewis Yoshiyama　日本）
　◇観客賞　　　　　河野舞衣（Mai Kono　日本）
第36回（2008年）
　◇1位・スカラシップ　アレクス・マルティネス（Aleix Martinez　スペイン）
　◇2位・スカラシップ　リリ・フェルメリ（Lili Felmery　ハンガリー）
　◇3位・スカラシップ　ディラン・テダルディ（Dylan Tedaldi　アメリカ）
　◇4位・プロ研修賞　カイル・ディヴィス（Kyle Davis　アメリカ）
　◇5位・スカラシップ　高田茜（Akane Takada　日本）
　◇6位・プロ研修賞　イルラン・シルヴァ（Irlan Silva　ブラジル）
　◇7位・スカラシップ　マルセラ・デ・パイヴァ（Marcella de Paiva　ブラジル）
　◇コンテンポラリー・ダンス賞　アレクス・マルティネス（Aleix Martinez　スペイン）
　◇ベスト・スイス賞　ギョズデ・オズギュル（Gozde Ozgur　トルコ）
　◇観客賞　　　　　高田茜（Akane Takada　日本）
第37回（2009年）
　◇1位・スカラシップ　ハンナ・オニール（Hannah O'Neill　ニュージーランド）
　◇2位・スカラシップ　ペン・ツァオキアン（Peng Zhaoqian　中国）
　◇3位・スカラシップ　水谷実喜（Miki Mizutani　日本）
　◇4位・スカラシップ　エド・ウィジネン（Edo Wijnen　ベルギー）
　◇5位・スカラシップ　テルモ・モレイラ（Telmo Moreira　ポルトガル）
　◇6位・プロ研修賞　根本里菜（Rina Nemoto　日本）
　◇7位・プロ研修賞　セバスチャン・コンチャ（Sebastian Concha Vinet　チリ）
　◇次点・プロ研修賞　高田樹（Tatsuki Takada　日本）
　◇コンテンポラリー・ダンス賞　エド・ウィジネン（Edo Wijnen　ベルギー）
　◇観客賞　　　　　テルモ・モレイラ（Telmo Moreira　ポルトガル）

第38回（2010年）
- ◇1位・プロ研修賞 クリスチャン・エマヌエル・アムチャステギ（Cristian Emanuel Amuchastegui アルゼンチン）
- ◇2位・プロ研修賞 フランシスコ・ムンガンバ・レイナ（Francisco Mungamba Reina スペイン）
- ◇3位・スカラシップ 佐々木万璃子（Mariko Sasaki 日本）
- ◇4位・スカラシップ キャトリン・スタワルク（Caitlin Stawaruk オーストラリア）
- ◇5位・プロ研修賞 アーロン・シャラット（Aaron Sharratt アメリカ）
- ◇6位・スカラシップ クリストファー・エヴァンズ（Christopher Evans アメリカ）
- ◇7位・プロ研修賞 ルイス・ターナー（Lewis Turner イギリス）
- ◇コンテンポラリー・ダンス賞 ルイス・ターナー（Lewis Turner イギリス）
- ◇ベスト・スイス賞 アレクサンドラ・ヴァラヴァニス（Alexandra Valavanis スイス）
- ◇観客賞 クリスチャン・エマヌエル・アムチャステギ（Cristian Emanuel Amuchastegui アルゼンチン）

第39回（2011年）
- ◇1位・スカラシップ マヤラ・マグリ（Mayara Magri ブラジル）
- ◇2位・スカラシップ ハン・ソンウ（Han Sun Woo 韓国）
- ◇3位・スカラシップ チャン・ジーヤオ（Zhang Zhiyao 中国）
- ◇4位・スカラシップ パトリシア・チョウ（Patricia Zhou カナダ）
- ◇5位・スカラシップ 加藤静流（Shizuru Kato 日本）
- ◇6位・スカラシップ デリン・ウォーターズ（Derrin Harper Watters アメリカ）
- ◇7位・スカラシップ 堀沢悠子（Yuko Horisawa 日本）
- ◇コンテンポラリー・ダンス賞 デリン・ウォーターズ（Derrin Harper Watters アメリカ）
- ◇ベスト・スイス賞 ブノワ・ファーヴル（Benoît Favre スイス）
- ◇観客賞 マヤラ・マグリ（Mayara Magri ブラジル）

第40回（2012年）
- ◇1位・プロ研修賞 菅井円加（Madoka Sugai 日本）
- ◇2位・スカラシップ ハンナ・ベッテス（Hannah Bettes アメリカ）
- ◇3位・プロ研修賞 エドソン・バルボーサ（Edson Barbosa ブラジル）
- ◇4位・スカラシップ ニコラウス・トゥドリン（Nikolaus Tudorin オーストラリア）
- ◇5位・プロ研修賞 ミハエル・グリュネカー（Michael Gruenecker ドイツ）
- ◇6位・プロ研修賞 ソニア・ビノグラド（Sonia Vinograd スペイン）
- ◇7位・プロ研修賞 ワン・ラー（Wang Le 中国）
- ◇8位・プロ研修賞 ワン・ミンシュエン（Wang Mingxuan 中国）
- ◇コンテンポラリー・ダンス賞 菅井円加（Madoka Sugai 日本）
- ◇ベスト・スイス賞 ミハエル・グリュネカー（Michael Gruenecker ドイツ）
- ◇観客賞 ハンナ・ベッテス（Hannah Bettes アメリカ）

第41回（2013年）
- ◇1位・スカラシップ アドナイ・シルヴァ（Adhonay Silva ブラジル）
- ◇2位・プロ研修賞 リ・ウェンタオ（Li Wentao 中国）
- ◇3位・プロ研修賞 山本雅也（Masaya Yamamoto 日本）
- ◇4位・スカラシップ レティシア・ドミンゲス（Leticia Domingues ブラジル）
- ◇5位・スカラシップ セザール・コラレス（Cesar Corrales カナダ）
- ◇6位・プロ研修賞 ジョエル・ウェルナー（Joel Woellner オーストラリア）
- ◇7位・プロ研修賞 フランシスコ・セバスチャオ（Francisco Sebastião ポルトガル）
- ◇8位・スカラシップ チャン・ジンハオ（Zhang Jinhao 中国）
- ◇コンテンポラリー・ダンス賞 ジョエル・ウェルナー（Joel Woellner オーストラリア）
- ◇ベスト・スイス賞 ミコ・フォーガッティー（Miko Fogarty スイス）

◇観客賞　　　　　　アドナイ・シルヴァ（Adhonay Silva　ブラジル）
第42回（2014年）
　◇1位・スカラシップ　二山治雄（Haruo Niyama　日本）
　◇2位・スカラシップ　前田紗江（Sae Maeda　日本）
　◇3位・プロ研修賞　プレシャス・アダムズ（Precious Adams　アメリカ）
　◇4位・プロ研修賞　ダビッド・フェルナンド・ナバッロ・ユデス（David Fernando Navarro Yudes　スペイン）
　◇5位・プロ研修賞　ガロジャン・ポゴシアン（Garegin Pogossian　フランス）
　◇6位・プロ研修賞　加藤三希央（Mikio Kato　日本）
　◇コンテンポラリー・ダンス賞　プレシャス・アダムズ（Precious Adams　アメリカ）
　◇観客賞　　　　　　ダビッド・フェルナンド・ナバッロ・ユデス（David Fernando Navarro Yudes　スペイン）
第43回（2015年）
　◇1位・スカラシップ　ハリソン・リー（Harrison Lee　オーストラリア）
　◇2位・プロ研修賞　ジズ・パク（Jisoo Park　韓国）
　◇3位・プロ研修賞　伊藤充（Mitsuru Ito　日本）
　◇4位・プロ研修賞　ミゲル・ピニェイロ（Miguel Pinheiro　ポルトガル）
　◇5位・プロ研修賞　金原里奈（Rina Kanehara　日本）
　◇6位・プロ研修賞　ジュリアン・マッケイ（Julian MacKay　アメリカ）
　◇コンテンポラリー・ダンス賞　ミゲル・ピニェイロ（Miguel Pinheiro　ポルトガル）
　◇観客賞，ベスト・スイス賞　ルー・シュピヒティク（Lou Spichtig　スイス）

35 ローレンス・オリヴィエ賞　the Laurence Olivier Awards

　イギリスの最も有名な演劇賞。1976年，ウェストエンド演劇協会により設立された。1984年，ローレンス・オリヴィエ（Laurence Olivier）の名が冠された。毎年ロンドン演劇協会により授与される。青いウェッジウッドの壺を授与されたことから「Urnies」と呼ばれていたが，ローレンス・オリヴィエの名が付けられたことに伴い，今では「Larries」と呼ばれる。プレイ・ミュージカル・オペラ・ダンス（バレエ）部門がある。
　　＊日本人ではバレエ部門で森下洋子（1985年），ダンス部門で山海塾（2002年）が受賞。辻村寿三郎がノミネートを受けた（1990年）
【主催者】the Society Of London Theatre（ロンドン演劇協会）
【選考委員】演劇部門・オペラ部門・ダンス部門・関係団体の功労賞部門にそれぞれ審査委員会がある。演劇審査委員会は，専門家から5人，一般から8人が選ばれる。専門家は，プレイとミュージカルの両方を，一般参加者は4人がプレイを，4人がミュージカルを審査する。ダンス・オペラ・功労の部門は3人の専門家と，2人の一般参加者からなる。一般審査員は，9月から11月の間の応募により決定される
【選考方法】演劇部門では協会員と審査員の郵便投票により，オペラ・ダンス・功労部門では，審査委員会のみにより決定される
【選考基準】前年の1月1日から12月31日の間にイギリスで公演された演目を選考対象とする
【締切・発表】〔2015年〕4月12日，ロイヤル・オペラ・ハウスで発表・授賞式が行われた
【賞・賞金】ヘンリー5世に扮したオリヴィエを象ったブロンズ像（重量1.6kg）
【連絡先】32 Rose Street London WC2E 9ET【TEL】020 7557 6700【FAX】020 7557 6799
【E-mail】awards@soltukt.co.uk
【URL】http://www.olivierawards.com/

2005年（第29回）
  ◇プレイ
    ●作品賞　　　　「ヒストリー・ボーイズ」("The History Boys")
    ●作品賞（再演）　「ハムレット」("Hamlet")
    ●男優賞　　　　リチャード・グリフィス（Richard Griffiths）「ヒストリー・ボーイズ」("The History Boys")
    ●女優賞　　　　クレア・ヒギンズ（Clare Higgins）「ヘカベ」("Hecuba")
    ●助演俳優賞　　アマンダ・ハリス（Amanda Harris）「オセロー」("Othello")
    ●喜劇賞　　　　該当者なし
  ◇ミュージカル・エンタテインメント
    ●エンタテインメント作品賞　該当者なし
    ●ミュージカル作品賞（新作）「プロデューサーズ」("The Producers")
    ●ミュージカル作品賞（再演）「グランドホテル」("Grand Hotel")
    ●男優賞　　　　ネイサン・レイン（Nathan Lane）「プロデューサーズ」("The Producers")
    ●女優賞　　　　ローラ・ミッシェル・ケリー（Laura Michelle Kelly）「メリー・ポピンズ」("Mary Poppins")
    ●助演俳優賞　　マイケル・クロフォード（Michael Crawford）「ウーマン・イン・ホワイト」("The Woman In White")
  ◇オペラ
    ●作品賞　　　　ロイヤル・オペラ・ハウス（The Royal Opera House）「ムツェンスク郡のマクベス夫人」("Lady Macbeth Of Mtsensk")
    ●功績賞　　　　トーマス・アデス（Thomas Adès），ロイヤル・オペラ・ハウス（The Royal Opera House）「テンペスト」("The Tempest")
  ◇ダンス
    ●作品賞　　　　ランバート・ダンス・カンパニー（Rambert Dance Company）"Swamp"
    ●功績賞　　　　サン・フランシスコ・バレエ（San Francisco Ballet）
  ◇演出賞　　　　ニコラス・ハイトナー（Nicholas Hytner）「ヒストリー・ボーイズ」("The History Boys")
  ◇振付賞　　　　マシュー・ボーン（Matthew Bourne），スティーヴン・ミーア（Stephen Mear）「メリー・ポピンズ」("Mary Poppins")
  ◇装置デザイン賞　Giles Cadle "His Dark Materials"
  ◇衣装デザイン賞　ディードル・クランシー（Deirdre Clancy）「終わりよければすべてよし」("All's Well That Ends Well")
  ◇照明デザイン賞　ポール・コンスタブル（Paule Constable）"His Dark Materials"
  ◇音楽デザイン賞　ミック・ポッター（Mick Potter）「ウーマン・イン・ホワイト」("The Woman In White")
  ◇協会特別賞　　アラン・ベネット（Alan Bennett）
  ◇提携劇場における功績賞　アンドリュー・スコット（Andrew Scott）"A Girl In A Car With A Man"
2006年（第30回）
  ◇プレイ
    ●作品賞　　　　"On The Shore Of The Wide World"
    ●作品賞（再演）　「ヘッダ・ガブラー」("Hedda Gabler")
    ●男優賞　　　　ブライアン・デネヒー（Brian Dennehy）「セールスマンの死」("Death Of A Salesman")
    ●女優賞　　　　イヴ・ベスト（Eve Best）「ヘッダ・ガブラー」("Hedda Gabler")
    ●助演俳優賞　　ノーマ・ドゥメズウェニ（Noma Dumezweni）"A Raisin In The Sun"
    ●喜劇賞　　　　"Heroes"
  ◇ミュージカル・エンタテインメント

- エンタテインメント作品賞　"Something Wicked This Way Comes"
- ミュージカル作品賞(新作)　"Billy Elliot The Musical"
- ミュージカル作品賞(再演)　「ガイズ&ドールズ」("Guys And Dolls")
- 男優賞　　　ジェイムス・ローマス(James Lomas)、ジョージ・マグワイア(George Maguire)、リアム・モーワー(Liam Mower)　"Billy Elliot The Musical"
- 女優賞　　　ジェーン・クラコウスキー(Jane Krakowski)　「ガイズ&ドールズ」("Guys And Dolls")
- 助演俳優賞　セリア・イムリー(Celia Imrie)　"Acorn Antiques – The Musical！"

◇オペラ
- 作品賞　　　イングリッシュ・ナショナル・オペラ(English National Opera)　「蝶々夫人」("Madam Butterfly")
- 功績賞　　　サイモン・キーンリサイド(Simon Keenlyside)　"1984" "Billy Budd"

◇ダンス
- 作品賞　　　シルヴィ・ギエム(Sylvie Guillem)、ラッセル・マリファント(Russell Maliphant)　"Push"
- 功績賞　　　ピナ・バウシュ(Pina Bausch)　"Nelken and Palermo Palermo"

◇演出賞　　　リチャード・アール(Richard Eyre)　「ヘッダ・ガブラー」("Hedda Gabler")
◇振付賞　　　ピーター・ダーリン(Peter Darling)　"Billy Elliot The Musical"
◇装置デザイン賞　ロブ・ハウエル(Rob Howell)　「ヘッダ・ガブラー」("Hedda Gabler")
◇衣装デザイン賞　エス・デヴリン(Es Devlin)　"The Dog In The Manger"
◇照明デザイン賞　ポール・コンスタブル(Paule Constable)　「ドン・カルロ」("Don Carlos")
◇音楽デザイン賞　ポール・アルディッティ(Paul Arditti)　"Billy Elliot The Musical"
◇提携劇場における功績賞　"Bloody Sunday – Scenes From The Saville Inquiry"

2007年(第31回)
◇プレイ
- 作品賞　　　「ブラックバード」("Blackbird")
- 作品賞(再演)　「るつぼ」("The Crucible")
- 男優賞　　　ルーファス・シーウェル(Rufus Sewell)　「ロックンロール」("Rock 'N' Roll")
- 女優賞　　　タムジン・グレイグ(Tamsin Greig)　「から騒ぎ」("Much Ado About Nothing")
- 助演俳優賞　ジム・ノートン(Jim Norton)　「海をゆく者」("The Seafarer")
- 喜劇賞　　　"The 39 Steps"

◇ミュージカル・エンタテインメント
- エンタテインメント作品賞　該当者なし
- ミュージカル作品賞(新作)　"Caroline, Or Change"
- ミュージカル作品賞(再演)　「サンデー・イン・ザ・パーク・ウィズ・ジョージ」("Sunday In The Park With George")
- 男優賞　　　ダニエル・エヴァンス(Daniel Evans)　「サンデー・イン・ザ・パーク・ウィズ・ジョージ」("Sunday In The Park With George")
- 女優賞　　　ジェナ・ラッセル(Jenna Russell)　「サンデー・イン・ザ・パーク・ウィズ・ジョージ」("Sunday In The Park With George")
- 助演俳優賞　シーラ・ハンコック(Sheila Hancock)　「キャバレー」("Cabaret")

◇オペラ
- 作品賞　　　イングリッシュ・ナショナル・オペラ(English National Opera)　「イェヌーファ」("Jenûfa")
- 功績賞　　　アマンダ・ルークロフト(Amanda Roocroft)　「イェヌーファ」("Jenûfa")

◇ダンス
- 作品賞　　　ロイヤル・バレエ(The Royal Ballet)　"Chroma"

- ●功績賞　　　　　カルロス・アコスタ（Carlos Acosta）
- ◇演出賞　　　　　ドミニク・クック（Dominic Cooke）「るつぼ」（"The Crucible"）
- ◇振付賞　　　　　ハビエル・デ・フルトス（Javier De Frutos）「キャバレー」（"Cabaret"）
- ◇装置デザイン賞　デヴィッド・ファーリー（David Farley），ティモシー・バード（Timothy Bird）「サンデー・イン・ザ・パーク・ウィズ・ジョージ」（"Sunday In The Park With George"）
- ◇衣装デザイン賞　アリソン・キッティ（Alison Chitty）"The Voysey Inheritance"
- ◇照明デザイン賞　ナターシャ・シヴァーズ（Natasha Chivers），マイク・ロバートソン（Mike Robertson）「サンデー・イン・ザ・パーク・ウィズ・ジョージ」（"Sunday In The Park With George"）
- ◇音楽デザイン賞　ガレス・フライ（Gareth Fry）"Waves"
- ◇協会特別賞　　　ジョン・トムリンソン（John Tomlinson）
- ◇提携劇場における功績賞　"Pied Piper"

2008年（第32回）
- ◇プレイ
  - ●作品賞　　　　　"A Disappearing Number"
  - ●作品賞（再演）　「聖女ジャンヌ・ダルク」（"Saint Joan"）
  - ●男優賞　　　　　キウェテル・イジョフォー（Chiwetel Ejiofor）「オセロー」（"Othello"）
  - ●女優賞　　　　　クリスティン・スコット・トーマス（Kristin Scott Thomas）「かもめ」（"The Seagull"）
  - ●助演俳優賞　　　ロリー・キニア（Rory Kinnear）"The Man Of Mode"
  - ●喜劇賞　　　　　"Rafta Rafta"
  - ●新人賞　　　　　トム・ヒドルストン（Tom Hiddleston）「シンベリン」（"Cymbeline"）
- ◇ミュージカル・エンテテインメント
  - ●エンタテインメント作品賞　該当作なし
  - ●ミュージカル作品賞（新作）「ヘアスプレー」（"Hairspray"）
  - ●ミュージカル作品賞（再演）「魔笛」（"The Magic Flute – Impempe Yomlingo"）
  - ●男優賞　　　　　マイケル・ボール（Michael Ball）「ヘアスプレー」（"Hairspray"）
  - ●女優賞　　　　　リアン・ジョーンズ（Leanne Jones）「ヘアスプレー」（"Hairspray"）
  - ●助演俳優賞　　　トレイシー・ベネット（Tracie Bennett）「ヘアスプレー」（"Hairspray"）
- ◇オペラ
  - ●作品賞　　　　　ロイヤル・オペラ・ハウス（The Royal Opera）「ペレアスとメリザンド」（"Pelleas Et Melisande"）
  - ●功績賞　　　　　ナタリー・デセイ（Natalie Dessay）「連隊の娘」（"La Fille Du Regiment"）
- ◇ダンス
  - ●作品賞　　　　　ロイヤル・バレエ（The Royal Ballet）"Jewels"
  - ●功績賞　　　　　ロイヤル・バレエ（The Royal Ballet）"Jewels"
- ◇演出賞　　　　　ルパート・グールド（Rupert Goold）「マクベス」（"Macbeth"）
- ◇振付賞　　　　　トビー・セジウィック（Toby Sedgwick）「ウォー・ホース―戦火の馬」（"War Horse"）
- ◇装置デザイン賞　ラエ・スミス（Rae Smith）「ウォー・ホース―戦火の馬」（"War Horse"）
- ◇衣装デザイン賞　ヴィッキー・モーティマー（Vicki Mortimer）"The Man Of Mode"
- ◇照明デザイン賞　ハワード・ハリソン（Howard Harrison）「マクベス」（"Macbeth"）
- ◇音楽デザイン賞　ポール・アルディッティ（Paul Arditti），ジョセリン・ブーク（Jocelyn Pook）「聖女ジャンヌ・ダルク」（"Saint Joan"）
- ◇提携劇場における功績賞　ジャーウッド劇場（The Jerwood Theatre Upstairs at the Royal Court）"Gone Too Far！"
- ◇協会特別賞　　　アンドルー・ロイド・ウェバー（Andrew Lloyd Webber）

2009年（第33回）
- ◇プレイ
  - ●作品賞　　　　　"Black Watch"
  - ●作品賞（再演）　"The Histories"
  - ●男優賞　　　　　デレク・ジャコビ（Derek Jacobi）「十二夜」（"Twelfth Night"）
  - ●女優賞　　　　　マーガレット・タイザック（Margaret Tyzack）"The Chalk Garden"
  - ●助演俳優賞　　　パトリック・スチュアート（Patrick Stewart）「ハムレット」（"Hamlet"）
  - ●喜劇賞　　　　　「大人は、かく戦えり」（"God Of Carnage"）
- ◇ミュージカル・エンタテインメント
  - ●エンタテインメント作品賞　"La Clique"
  - ●ミュージカル作品賞（新作）「ジャージー・ボーイズ」（"Jersey Boys"）
  - ●ミュージカル作品賞（再演）「ラ・カージュ・オ・フォール」（"La Cage Aux Folles"）
  - ●男優賞　　　　　ダグラス・ホッジ（Douglas Hodge）「ラ・カージュ・オ・フォール」（"La Cage Aux Folles"）
  - ●女優賞　　　　　エレーナ・ロジャー（Elena Roger）「ピアフ」（"Piaf"）
  - ●助演俳優賞　　　レスリー・マルゲリータ（Lesli Margherita）「ゾロ」（"Zorro"）
- ◇オペラ
  - ●作品賞　　　　　イングリッシュ・ナショナル・オペラ（English National Opera）「パルテノペ」（"Partenope"）
  - ●功績賞　　　　　エドワード・ガードナー（Edward Gardner）"Boris Godunov" "Cavalliera Rusticana" "Der Rosenkavalier" "I Pagliacci" "Riders To The Sea" "Punch And Judy"
- ◇ダンス
  - ●作品賞　　　　　ピナ・バウシュ ヴッパタール舞踊団（Pina Bausch Tanztheater Wuppertal）"Cafe Muller" "The Rite Of Spring"
  - ●功績賞　　　　　フランダース・ロイヤル・バレエ（The company of the Royal Ballet of Flanders）"Impressing The Czar"
- ◇演出賞　　　　　　ジョン・ティファニー（John Tiffany）"Black Watch"
- ◇振付賞　　　　　　スティーヴン・ホゲット（Steven Hoggett）"Black Watch"
- ◇装置デザイン賞　　トッド・ローゼンタール（Todd Rosenthal）"August：Osage County"
- ◇衣装デザイン賞　　トム・ピパー（Tom Piper），エマ・ウィリアムズ（Emma Williams）"The Histories"
- ◇照明デザイン賞　　ポール・コンスタブル（Paule Constable）"The Chalk Garden"
- ◇音楽デザイン賞　　ガレス・フライ（Gareth Fry）"Black Watch"
- ◇カンパニー賞　　　マイケル・ボイド（Michael Boyd）"The Histories"
- ◇提携劇場における功績賞　ロイヤルコート・シアター（The Royal Court Theatre）"The Pride"
- ◇協会特別賞　　　　アラン・エイクボーン（Alan Ayckbourn）

2010年（第34回）
- ◇プレイ
  - ●作品賞　　　　　"The Mountaintop"
  - ●作品賞（再演）　「熱いトタン屋根の猫」（"Cat On A Hot Tin Roof"）
  - ●男優賞　　　　　マーク・ライランス（Mark Rylance）"Jerusalem"
  - ●女優賞　　　　　レイチェル・ワイズ（Rachel Weisz）「欲望という名の電車」（"A Streetcar Named Desire"）
  - ●助演女優賞　　　ルース・ウィルソン（Ruth Wilson）「欲望という名の電車」（"A Streetcar Named Desire"）
  - ●助演男優賞　　　エディ・レッドメイン（Eddie Redmayne）"Red"
  - ●喜劇賞　　　　　"The Priory"

- ◇ミュージカル・エンタテインメント
  - ●エンタテインメント作品賞　"Morecambe"
  - ●ミュージカル作品賞(新作)　「春のめざめ」("Spring Awakening")
  - ●ミュージカル作品賞(再演)　"Hello, Dolly !"
  - ●男優賞　　　　　アネイリン・バーナード(Aneurin Barnard)　「春のめざめ」("Spring Awakening")
  - ●女優賞　　　　　サマンサ・スパイロ(Samantha Spiro)　"Hello, Dolly !"
  - ●助演俳優賞　　　イワン・レオン(Iwan Rheon)　「春のめざめ」("Spring Awakening")
- ◇オペラ
  - ●作品賞　　　　　ロイヤル・オペラ・ハウス(The Royal Opera)　「トリスタンとイゾルデ」("Tristan Und Isolde")
  - ●功績賞　　　　　ニーナ・シュテンメ(Nina Stemme)　「トリスタンとイゾルデ」("Tristan Und Isolde")
- ◇ダンス
  - ●作品賞　　　　　ブランドストラップ・ロホ・プロジェクト(The Brandstrup-Rojo Project)　"Goldberg"
  - ●功績賞　　　　　ランバート・ダンス・カンパニー(Rambert Dance Company)
- ◇演出賞　　　　　　ルパート・グールド(Rupert Goold)　「エンロン」("Enron")
- ◇振付賞　　　　　　スティーヴン・ミーア(Stephen Mear)　"Hello, Dolly !"
- ◇装置デザイン賞　　ウルツ(Ultz)　"Jerusalem"
- ◇衣装デザイン賞　　ティム・チャペル(Tim Chappel), リジー・ガーディナー(Lizzy Gardiner)　"Priscilla Queen Of The Desert The Musical"
- ◇照明デザイン賞　　マーク・ヘンダーソン(Mark Henderson)　「太陽に灼かれて」("Burnt By The Sun")
- ◇音楽デザイン賞　　ブライアン・ローナン(Brian Ronan)　「春のめざめ」("Spring Awakening")
- ◇観客賞　　　　　　「ウィキッド」("Wicked")
- ◇提携劇場における功績賞　ロイヤルコート・シアター(The Royal Court Theatre)　"Cock"
- ◇協会特別賞　　　　マギー・スミス(Dame Maggie Smith)

2011年(第35回)
- ◇プレイ
  - ●作品賞　　　　　"Clybourne Park"
  - ●作品賞(再演)　　"After The Dance"
  - ●男優賞　　　　　ロジャー・アラム(Roger Allam)　「ヘンリー四世」("Henry IV Parts 1 & 2")
  - ●女優賞　　　　　ナンシー・キャロル(Nancy Carroll)　"After The Dance"
  - ●助演女優賞　　　ミシェル・テリー(Michelle Terry)　「トライブス」("Tribes")
  - ●助演男優賞　　　エンドリアン・スカーボロー(Adrian Scarborough)　"After The Dance"
  - ●喜劇賞　　　　　該当者なし
- ◇ミュージカル・エンタテインメント
  - ●エンタテインメント作品賞　"The Railway Children"
  - ●ミュージカル作品賞(新作)　"Legally Blonde - The Musical"
  - ●ミュージカル作品賞(再演)　「イントゥ・ザ・ウッズ」("Into The Woods")
  - ●男優賞　　　　　デイヴィッド・サクストン(David Thaxton)　「パッション」("Passion")
  - ●女優賞　　　　　シェリダン・スミス(Sheridan Smith)　"Legally Blonde - The Musical"
  - ●助演俳優賞　　　ジル・ハーフペニー(Jill Halfpenny)　"Legally Blonde - The Musical"
- ◇オペラ
  - ●作品賞　　　　　「ラ・ボエーム」("La Bohème")
  - ●功績賞　　　　　クリスティアン・ゲルハーヘル(Christian Gerhaher)　「タンホイザー」("Tannhäuser")

◇ダンス
- ●作品賞　　　　　　"Babel（Words）"
- ●功績賞　　　　　　アントニー・ゴームリー（Antony Gormley）"Babel（Words）"
◇演出賞　　　　　　　ハワード・デイヴィーズ（Howard Davies）"The White Guard"
◇振付賞　　　　　　　レオン・ボー（Leon Baugh）"Sucker Punch"
◇装置デザイン賞　　　バニー・クリスティ（Bunny Christie）"The White Guard"
◇衣装デザイン賞　　　ヒルデガルト・ベヒトラー（Hildegard Bechtler）"After The Dance"
◇照明デザイン賞　　　ニール・オースティン（Neil Austin）"The White Guard"
◇音楽デザイン賞　　　アダム・コルク（Adam Cork）「リア王」（"King Lear"）
◇観客賞　　　　　　　「ウィ・ウィル・ロック・ユー」（"We Will Rock You"）
◇提携劇場における功績賞　リリック・ハマースミス劇場（Lyric Hammersmith）"Blasted"

2012年（第36回）
◇プレイ
- ●作品賞　　　　　　"Collaborators"
- ●作品賞（再演）　　「アンナ・クリスティ」（"Anna Christie"）
- ●男優賞　　　　　　ベネディクト・カンバーバッチ（Benedict Cumberbatch），ジョニー・リー・ミラー（Jonny Lee Miller）「フランケンシュタイン」（"Frankenstein"）
- ●女優賞　　　　　　ルース・ウィルソン（Ruth Wilson）「アンナ・クリスティ」（"Anna Christie"）
- ●助演俳優賞　　　　シェリダン・スミス（Sheridan Smith）"Flare Path"
- ●喜劇賞　　　　　　該当者なし
◇ミュージカル・エンタテインメント
- ●エンタテインメント＆ファミリー作品賞　デレン・ブラウン（Derren Brown）"Svengali"
- ●ミュージカル作品賞（新作）　"Matilda The Musical"
- ●ミュージカル作品賞（再演）　「クレイジー・フォー・ユー」（"Crazy For You"）
- ●男優賞　　　　　　バーティー・カーヴェル（Bertie Carvel）"Matilda The Musical"
- ●女優賞　　　　　　ソフィア・キーリ（Sophia Kiely），エレノア・ワーシントン・コックス（Eleanor Worthington Cox），ケリー・イングラム（Kerry Ingram），クレオ・デメトリュー（Cleo Demetriou）"Matilda The Musical"
- ●助演俳優賞　　　　ナイジェル・ハーマン（Nigel Harman）"Shrek The Musical"
◇オペラ
- ●作品賞　　　　　　イングリッシュ・ナショナル・オペラ（English National Opera）「カストールとポリュックス」（"Castor And Pollux"）
- ●功績賞　　　　　　イングリッシュ・ナショナル・オペラ（English National Opera）
◇ダンス
- ●作品賞　　　　　　アクラム・カーン・カンパニー（Akram Khan Company）"Desh"
- ●功績賞　　　　　　エドワード・ワトソン（Edward Watson）"The Metamorphosis"
◇演出賞　　　　　　　マシュー・ウォーカス（Matthew Warchus）"Matilda The Musical"
◇振付賞　　　　　　　ピーター・ダーリン（Peter Darling）"Matilda The Musical"
◇装置デザイン賞　　　ロブ・ハウエル（Rob Howell）"Matilda The Musical"
◇衣装デザイン賞　　　ピーター・マッキントッシュ（Peter McKintosh）「クレイジー・フォー・ユー」（"Crazy For You"）
◇照明デザイン賞　　　ブルーノ・ポエット（Bruno Poet）「フランケンシュタイン」（"Frankenstein"）
◇音楽デザイン賞　　　サイモン・ベイカー（Simon Baker）"Matilda The Musical"
◇提携劇場における功績賞　ストラットフォード・イースト王立劇場（Theatre Royal Stratford East）"Roadkill"
◇観客賞　　　　　　　「レ・ミゼラブル」（"Les Misérables"）
◇協会特別賞　　　　　ティム・ライス（Tim Rice）
　　　　　　　　　　　モニカ・メイソン（Dame Monica Mason）

2013年（第37回）
- ◇プレイ
  - ●作品賞　　　「夜中に犬に起こった奇妙な事件」（"The Curious Incident Of The Dog In The Night-Time"）
  - ●作品賞（再演）「夜への長い旅路」（"Long Day's Journey Into Night"）
  - ●男優賞　　　ルーク・トレッダウェイ（Luke Treadaway）「夜中に犬に起こった奇妙な事件」（"The Curious Incident Of The Dog In The Night-Time"）
  - ●女優賞　　　ヘレン・ミレン（Helen Mirren）"The Audience"
  - ●助演男優賞　リチャード・マッケイブ（Richard McCabe）"The Audience"
  - ●助演女優賞　ニコラ・ウォーカー（Nicola Walker）「夜中に犬に起こった奇妙な事件」（"The Curious Incident Of The Dog In The Night-Time"）
  - ●喜劇賞　　　該当者なし
- ◇ミュージカル・エンタテインメント
  - ●エンタテインメント&ファミリー作品賞　"Goodnight Mister Tom"
  - ●ミュージカル作品賞（新作）「トップ・ハット」（"Top Hat"）
  - ●ミュージカル作品賞（再演）「スウィーニー・トッド」（"Sweeney Todd"）
  - ●男優賞　　　マイケル・ボール（Michael Ball）「スウィーニー・トッド」（"Sweeney Todd"）
  - ●女優賞　　　イメルダ・スタウントン（Imelda Staunton）「スウィーニー・トッド」（"Sweeney Todd"）
  - ●助演俳優賞　リー・ジマーマン（Leigh Zimmerman）「コーラスライン」（"A Chorus Line"）
- ◇オペラ
  - ●作品賞　　　ロバート・ウィルソン（Robert Wilson），フィリップ・グラス（Philip Glass）「海辺のアインシュタイン」（"Einstein On The Beach"）
  - ●功績賞　　　ブライアン・ヒメル（Bryan Hymel）"Les Troyens" "Robert Le Diable" "Rusalka"
- ◇ダンス
  - ●作品賞　　　ロイヤル・バレエ（The Royal Ballet）"Aeternum"
  - ●功績賞　　　マリアネラ・ヌニェス（Marianela Nuñez）"Aeternum"
- ◇演出賞　　　マリアンヌ・エリオット（Marianne Elliott）「夜中に犬に起こった奇妙な事件」（"The Curious Incident Of The Dog In The Night-Time"）
- ◇振付賞　　　ビル・ディーマー（Bill Deamer）「トップ・ハット」（"Top Hat"）
- ◇装置デザイン賞　バニー・クリスティ（Bunny Christie），フィン・ロス（Finn Ross）「夜中に犬に起こった奇妙な事件」（"The Curious Incident Of The Dog In The Night-Time"）
- ◇衣装デザイン賞　ジョン・モレル（Jon Morrell）「トップ・ハット」（"Top Hat"）
- ◇照明デザイン賞　ポール・コンスタブル（Paule Constable）「夜中に犬に起こった奇妙な事件」（"The Curious Incident Of The Dog In The Night-Time"）
- ◇音楽デザイン賞　イアン・ディッキンソン（Ian Dickinson），エイドリアン・サットン（Adrian Sutton）「夜中に犬に起こった奇妙な事件」（"The Curious Incident Of The Dog In The Night-Time"）
- ◇提携劇場における功績賞　ジャーウッド劇場（Jerwood Theatre）
- ◇観客賞　　　"Billy Elliot The Musical"
- ◇協会特別賞　ジリアン・リン（Gillian Lynne），マイケル・フレイン（Michael Frayn）

2014年（第38回）
- ◇プレイ
  - ●作品賞　　　"Chimerica"
  - ●作品賞（再演）「幽霊」（"Ghosts"）
  - ●男優賞　　　ロリー・キニア（Rory Kinnear）「オセロー」（"Othello"）
  - ●女優賞　　　レスリー・マンヴィル（Lesley Manville）「幽霊」（"Ghosts"）

- ●助演男優賞　　　ジャック・ローデン（Jack Lowden）「幽霊」（"Ghosts"）
- ●助演女優賞　　　シャロン・D.クラーク（Sharon D.Clarke）"The Amen Corner"
- ●喜劇賞　　　　　"Jeeves & Wooster In Perfect Nonsense"
- ◇ミュージカル・エンタテインメント
  - ●エンタテインメント＆ファミリー作品賞　ダッチス劇場（Duchess Theatre）「たのしい川べ」（"The Wind In The Willows"）
  - ●ミュージカル作品賞（新作）　"The Book Of Mormon"
  - ●ミュージカル作品賞（再演）　"Merrily We Roll Along"
  - ●男優賞　　　　　ギャヴィン・クリール（Gavin Creel）"The Book Of Mormon"
  - ●女優賞　　　　　ズリンカ・ツヴィテシッチ（Zrinka Cvitešić）「Once ダブリンの街角で」（"Once"）
  - ●助演俳優賞　　　スティーヴン・アシュフィールド（Stephen Ashfield）"The Book Of Mormon"
- ◇オペラ
  - ●作品賞　　　　　ロイヤル・オペラ・ハウス（The Royal Opera）「シチリアの晩鐘」（"Les Vêpres Siciliennes"）
  - ●功績賞　　　　　リンバリー・スタジオ・シアター（ロイヤル・オペラ・ハウス）（Linbury Studio Theatre, Royal Opera House）
- ◇ダンス
  - ●作品賞　　　　　イーストマン（Eastman）"Puz/zle"
  - ●功績賞　　　　　マイケル・ハル（Michael Hulls）
- ◇演出賞　　　　　リンゼイ・ターナー（Lyndsey Turner）"Chimerica"
- ◇振付賞　　　　　ケーシー・ニコロー（Casey Nicholaw）"The Book Of Mormon"
- ◇装置デザイン賞　エス・デヴリン（Es Devlin）"Chimerica"
- ◇衣裳デザイン賞　マーク・トンプソン（Mark Thompson）「チャーリーとチョコレート工場」（"Charlie And The Chocolate Factory"）
- ◇照明デザイン賞　ティム・ラトキン（Tim Lutkin），フィン・ロス（Finn Ross）"Chimerica" ポール・ピャント（Paul Pyant），ジョン・ドリスコル（Jon Driscoll）「チャーリーとチョコレート工場」（"Charlie And The Chocolate Factory"）
- ◇音楽デザイン賞　キャロリン・ダウニング（Carolyn Downing）"Chimerica" ギャレス・オーウェン（Gareth Owen）"Merrily We Roll Along"
- ◇提携劇場における功績賞　トリサイクルシアター（Tricycle Theatre）"Handbagged"
- ◇観客賞　　　　　「レ・ミゼラブル」（"Les Misérables"）
- ◇協会特別賞　　　ニコラス・ハイトナー（Nicholas Hytner），ニック・スタール（Nick Starr） マイケル・ホワイト（Michael White）

2015年（第39回）
- ◇プレイ
  - ●作品賞　　　　　"King Charles III"
  - ●作品賞（再演）　「橋からの眺め」（"A View From The Bridge"）
  - ●男優賞　　　　　マーク・ストロング（Mark Strong）「橋からの眺め」（"A View From The Bridge"）
  - ●女優賞　　　　　ペネロープ・ウィルトン（Penelope Wilton）"Taken At Midnight"
  - ●助演男優賞　　　ナサニエル・パーカー（Nathaniel Parker）"Wolf Hall" "Bring Up The Bodies"
  - ●助演女優賞　　　アンジェラ・ランズベリー（Angela Lansbury）「陽気な幽霊」（"Blithe Spirit"）
  - ●喜劇賞　　　　　"The Play That Goes Wrong"
- ◇ミュージカル・エンタテインメント
  - ●エンタテインメント＆ファミリー作品賞　"La Soirée"

- ミュージカル作品賞（新作）　"Sunny Afternoon"
- ミュージカル作品賞（再演）　"City Of Angels"
- 男優賞　ジョン・ダグリーシュ（John Dagleish）"Sunny Afternoon"
- 女優賞　ケイティ・ブレイベン（Katie Brayben）"Beautiful - The Carole King Musical"
- 助演男優賞　ジョージ・マグワイア（George Maguire）"Sunny Afternoon"
- 助演女優賞　ローナ・ウォント（Lorna Want）"Beautiful - The Carole King Musical"
- 音楽功績賞　レイ・デイヴィス（Ray Davies）"Sunny Afternoon"

◇オペラ
- 作品賞　イングリッシュ・ナショナル・オペラ（English National Opera）「ニュルンベルクのマイスタージンガー」（"The Mastersingers Of Nuremberg"）
- 功績賞　リチャード・ジョーンズ（Richard Jones）"The Girl Of The Golden West" "The Mastersingers Of Nuremberg" "Rodelinda"

◇ダンス
- 作品賞　ピーピング・トム（Peeping Tom）"32 Rue Vandenbranden"

　　ロイヤル・スウェーデン・バレエ（Royal Swedish Ballet）「ロミオとジュリエット」（"Juliet And Romeo"）
- 功績賞　クリスタル・パイト（Crystal Pite）"A Picture Of You Falling" "The Tempest Replica" "Polaris"

◇演出賞　イヴォ・ヴァン・ホーヴェ（Ivo Van Hove）「橋からの眺め」（"A View From The Bridge"）
◇振付賞　セルジオ・トルーヒヨ（Sergio Trujillo）「メンフィス」（"Memphis The Musical"）
◇装置デザイン賞　エス・デヴリン（Es Devlin）"The Nether"
◇衣装デザイン賞　クリストファー・オラム（Christopher Oram）"Wolf Hall" "Bring Up The Bodies"
◇照明デザイン賞　ハワード・ハリソン（Howard Harrison）"City Of Angels"
◇音楽デザイン賞　ギャレス・オーウェン（Gareth Owen）「メンフィス」（"Memphis The Musical"）
◇提携劇場における功績賞　"Bull"
◇観客賞　「ウィキッド」（"Wicked"）
◇協会特別賞　シルヴィ・ギエム（Sylvie Guillem），ケヴィン・スペイシー（Kevin Spacey）

漫画・アニメ

36 アヌシー国際アニメーション映画祭 Festival International du Film d'Animation d'Annecy

　1960年フランスのカンヌ国際映画祭からアニメーション部門が独立，世界初の大規模なアニメーション専門映画祭としてアヌシーで開催が始まった。例年6月に開催される。第2回は62年，第3回の63年以降は隔年で開催されるが，69年は中止。97年から毎年開催となる。国際アニメーション映画協会（ASIFA）公認の国際映画祭で，世界最大規模を誇る。
　＊日本人では久里洋二（1963年），川本喜八郎（73，77年），宮崎駿（93年），高畑勲（95年），黒坂圭太（98年），若林弾，岩崎誠，三宅淳（2001年），山村浩二（03年），細田守（07年），加藤久仁生（08年），川村真司，ナカムラマギコ，中村将良（10年），原恵一（11，15年），水江未来（12，14年），西久保瑞穂，新井風愉（14年）が受賞

【選考委員】（2015年）Marge Dean, Valérie Schermann, Guillemette Odicino（長編映画），Isabel Herguera, Bonnie Arnold, Niki Lindroth Von Bahr（短編映画）
【締切・発表】2015年は6月15〜20日の日程で開催
【連絡先】c/o Conservatoire d'art et d'histoire 18 avenue du Trésum, BP 399 74013 ANNECY Cedex, France【TEL】+33（0）4 50 10 09 00【FAX】+33（0）4 50 10 09 70
【E-mail】info@citia.org
【URL】http://www.annecy.org/home

1960年
　◇短編映画
　　● グランプリ　　ブジェチスラフ・ポヤル（Bretislav Pojar チェコ共和国（旧・チェコスロバキア））「ライオンと歌」（"Lev a pisnicka"（英題：The Lion and the Song））
　　● 評論家のグランプリ　フェイス・ハブリー（Faith Hubley アメリカ），ジョン・ハブリー（John Hubley アメリカ）"Moonbird"
　　● 音楽・音響賞　ドゥシャン・ヴコティチ（Dušan Vukotić クロアチア）"Osvetnik"
　　● 子ども向け作品賞　Boris Stepantsev（ロシア）"Petia i krasnaia chapotchka"
　　● オリジナリティーとユーモア賞　ヴァトロスラフ・ミミカ（Vatroslav Mimica クロアチア）"Kod fotografa"
　　　　　　　　ドゥシャン・ヴコティチ（Dušan Vukotić クロアチア）「月世界の牛」（"Krava na mjesecu"）
　　● 詩と民衆芸術への貢献賞　Roman Katchanov（ロシア），Anatole Karanovitch（ロシア）"Vlyublennoe oblako"（仏題：Le nuage amoureux）
　　● デザインの研究賞　ARCADY（フランス）"Prélude pour voix, orchestre et caméra"
　　● 人間的話題とグラフィック研究賞　ドゥシャン・ヴコティチ（Dušan Vukotić クロアチア）"O misto na slunci"
　　　　　　　　イジー・ブルデチュカ（Jiří Brdečka チェコ共和国）"Pozor！"
　◇広告映画
　　● 超短編賞　　"Necchi"〈フランス〉
　　　　　　　　"Morphy Richards Iron"〈フランス〉

1962年
　◇短編作品
　　● 短編作品グランプリ　ジョージ・ダニング（George Dunning　イギリス）"The Flying Man"
　　● 特別優秀賞　　　Boris Kolar（クロアチア）"Bumerang"
　　　　　　　　　　　Vladimir Lehky "Parazit"〈チェコ〉
　　● 国際クリスタル賞　ブルーノ・ボゼット（Bruno Bozzetto　イタリア）"Alpha Omega"
　　● デビュー賞　　　エマニュエーレ・ルザッティ（Emanuele Luzzati　イタリア），Giulio Gianini
　　　　　　　　　　　（イタリア）"I palidini di Francia"
　　● 風刺賞　　　　　リチャード・ウィリアムス（Richard Williams　イギリス）"A Lecture on Man"
　　● 子ども向け作品賞　Te Wei（中国），Chien Chia-Chun（中国）"Xiao kedou zhao mama"
　　● 審査員特別賞　　ジョン・ハブリー（John Hubley　アメリカ），フェイス・ハブリー（Faith Hubley　アメリカ）"Of Stars and Men"
1963年
　◇短編作品
　　● グランプリ　　　イジー・ブルデチュカ（Jiří Brdečka　チェコ共和国（旧チェコスロヴァキア））"Spatne namalovana slepice"（Gallina vogelbirdae/英題：Incorrectly Drawn Hen）
　　● 国際批評家連盟（FIPRESCI）賞　Jan Lenica（ポーランド）"Labirynt"
　　● 青少年のための作品賞　Vladimir Degtiarev（ロシア），B.Voronov（ロシア）"Qui a dit miaou ?"
　　● Helen Graysonデビュー作品賞　Marc Andrieux（フランス），Bernard Brevent（フランス）"L'œuf à la coque"
　　● 審査員特別賞　　Walerian Borowczyk（フランス）"Le concert de M.et Mme Kabal"
　　　　　　　　　　　久里洋二（日本）「人間動物園」（"Ningen Dobutsuen"）
　　　　　　　　　　　Carmen D'avino（アメリカ）"Stone sonata"
　◇広告作品
　　● 広告作品賞　　　Harold Hess（イタリア）"Baci Perugina"
1965年
　◇短編映画
　　　　　　　　　　　ジャン＝フランソワ・ラギオニ（Jean-François Laguionie　フランス）「お嬢さんとチェロ弾き」（"La demoiselle et le violoncelliste"（英題：The Young Lady and the Cellist））
　　● 国際批評家連盟賞　Vladimir Lehky（チェコ共和国）"Ptaci kohaci"
　　　　　　　　　　　Eliot Noyes（アメリカ）"Clay"
　　● 青少年のための作品賞　Pavel Procházka（チェコ共和国）"Popletena planeta"
　　● 審査員特別賞　　エマニュエーレ・ルザッティ（Emanuele Luzzati　イタリア）「泥棒かささぎ」（"La gazza ladra sinfonia"（英題：The Thieving Magpie））
　　　　　　　　　　　イジィ・トルンカ（Jiri Trnka　チェコ共和国）"Ruka"
　　　　　　　　　　　Peter Földes（フランス）"Un garçon plein d'avenir"
　◇広告映画
　　● 広告映画賞　　　Bob Balser（スペイン）"Triumph"（Manos llenas）
1967年
　◇短編作品
　　● グランプリ　　　ネデリコ・ドラギッチ（Nedeljko Dragić　クロアチア（旧ユーゴスラビア））"Krotitelj divljih konja"（英題：Tamer of Wild Horses）
　　　　　　　　　　　ジミー・T.ムラカミ（Jimmy T.Murakami　イギリス）"The Breath"
　　　　　　　　　　　Miroslaw Kijowicz（ポーランド）"Klatki"（英題：Cages）
　　　　　　　　　　　Manuel Otéro（フランス）"Arès contre Atlas"（英題：Ares vs.Atlas）
　　● 国際批評家連盟賞　Fred Wolf（アメリカ）"The Box"

- ●青少年のための作品賞 Roman Katchanov（ロシア）"Varejka"
- ●Helen Graysonデビュー作品賞 Stefan Schabenbeck（ポーランド）"Wszystko jest liczba"
- ●審査員特別賞　Eliot Noyes（カナダ）"Alphabet"
  　　　　　　　　Franz Winzentsen（ドイツ），Ursula Winzentsen（ドイツ）"Staub"

◇広告作品
- ●広告作品賞　Artur Correia（ポルトガル）"O melhor da rua"（シュウェップス）

1971年
　◇短編映画
- ●グランプリ　Ryszard Czekala（ポーランド）"Apel"（英題：The Appeal）
  　　　　　　　Robert Mitchell（アメリカ），Dale Case（アメリカ）"The Further Adventures of Uncle Sam"
  　　　　　　　Borislav Sajtinac（セルビア（旧・ユーゴスラビア））"Nevesta"（英題：The Bride）
- ●特別優秀賞　Vaclav Mergl（チェコ共和国）"Laokoon"
  　　　　　　　Marcell Jankovics（ハンガリー）"Melyviz"
  　　　　　　　Manuel Otéro，Daniel Suter，クロード・リュエ（Claude Luyet），ジョルジュ・シュヴィツゲベル（Georges Schwizgebel）"Patchwork"〈フランス〉
  　　　　　　　Anestos Tritchonis（アメリカ）"Simon Says …"
  　　　　　　　ノーマン・マクラレン（Norman McLaren カナダ）「シンクロミー」（"Synchromy"）
  　　　　　　　The Dream of the Sphinx（アメリカ）"The Dream of the Sphinx"
  　　　　　　　Pavel Procházka "The Preacher"
  　　　　　　　ラウル・セルヴェ（Raoul Servais ベルギー）"To Speak or Not to Speak"
  　　　　　　　Donyo Donev（ブルガリア）"Trim ata gloupatsi"
- ●審査員特別優秀賞　ジョン・ハブリー（John Hubley アメリカ）"Eggs"
- ●デビュー賞　"Scarabus"〈ベルギー〉
- ●青少年のための作品賞　カナダ「進化」（"Evolution"）
- ●審査員特別賞　Gerald Potterton（カナダ）"Last to Go"
  　　　　　　　　ヴァーツラフ・ベドジフ（Václav Bedrich チェコ共和国）"Nedokonceny weekend"

◇広告作品
- ●広告作品賞　"Darwin Active"〈アメリカ〉
  　　　　　　　"Mighty Joe Person ActiveAdvertising films"〈アメリカ〉

◇卒業制作
- ●映画学校 第1席　キャロライン・リーフ（Caroline Leaf アメリカ）"Sand or Peter and the Wolf"
- ●映画学校 第2席　James Gore（アメリカ），Adam Beckett（アメリカ）"The Letter"
- ●映画学校 第3席　Noureddin Zarrinkelk（ベルギー）"Pilules：Duty First"
  　　　　　　　　　Daniel Schelfthout（ベルギー）"Pilules：Soldatenuurtje"
  　　　　　　　　　Daniel Schelfthout（ベルギー）"Varia：De put"
  　　　　　　　　　Marc Ampe（ベルギー）"Varia：Sans titre"

1973年
　◇短編映画
- ●グランプリ　フランク・モリス（Frank Mouris アメリカ）「フランク・フィルム」（"Frank Film"）
- ●特別優秀賞　川本喜八郎（日本）「鬼」（"Oni"）
- ●特別優秀キャラクターデザイン賞　コ・ホードマン（Co Hoedeman カナダ）"Tchou-tchou"
- ●国際批評家連盟賞　Eliot Noyes（アメリカ）「サンドマン」（"The Sandman"）

- デビュー作品賞　Daniel Schelfthout（ベルギー）"Ego"
- 情報映画賞　ジョージ・ダニング（George Dunning イギリス）"The Maggot"
- 青少年のための作品賞　グイド・マヌリ（Guido Manuli イタリア），ブルーノ・ボゼット（Bruno Bozzetto イタリア）"Opera"
- エミール・レイノー賞　Émile Bourget（フランス）"La tête"
　　　　　　　　　川本喜八郎（日本）「鬼」（"Oni"）
- 審査員特別賞　ピョートル・カムラー（Piotr Kamler）"Cœur de secours"〈フランス〉
　　　　　　　　Bronislaw Zeman（ポーランド）"Och, och..."

◇教育的，科学的または産業映画
- TV作品賞　Sal Maimone（アメリカ）"A Goat in a Boat"

1975年
　◇短編映画
- グランプリ　ピョートル・カムラー（Piotr Kamler）"Le Pas"（英題：The Step）〈フランス〉
- 評論家賞　ウィル・ヴィントン（Will Vinton アメリカ）「月曜休館」（"Closed Mondays"）
- デビュー賞　Jacques Cardon（フランス）"L'empreinte"
- 子ども向け作品賞　Josef Sramek（チェコ共和国）"Kasparek, honza a drak"
- 審査員特別賞　アリソン・デ・ヴェア（Alison de Vere イギリス）"Café Bar"
　　　　　　　　ユーリー・ノルシュテイン（Yuri Norstein）「あおさぎと鶴」（"Tsaplia i juravl"〈ロシア〉）

1977年
　◇短編映画
- グランプリ　コ・ホードマン（Co Hoedeman カナダ）「砂の城」（"The Sand Castle"）
　　　　　　　ポール・ドリエセン（Paul Driessen オランダ）「ダビデ」（"David"）
- 国際批評家連盟賞　Csaba Szorady（ハンガリー）"Rondino"
　　　　　　　　　キャロライン・リーフ（Caroline Leaf カナダ）「ザムザ氏の変身」（"The Metamorphosis of Mr.Samsa"）
- デビュー賞　Michel Longuet（フランス）"Le fantôme de l'infirmière"
- 青少年のための作品賞　Fedor Khitruk（ロシア）"Icarus and the Wisemen"
- エミール・レイノー賞　川本喜八郎（日本）「道成寺」（"Dojoji"）
- 審査員特別賞　Tibor Hernádi（ハンガリー）"Animália – Állatságok"
　　　　　　　　Petar Gligorovski（ユーゴスラビア）"Feniks"
　　　　　　　　ズラトコ・グルギッチ（Zlatko Grgić ユーゴスラビア）"Ptica i crv"

　◇アニメーション化されたシークエンス
- 広告作品賞　"Showtime Campaign"〈アメリカ〉

1979年
　◇短編映画
- グランプリ　イシュ・パテル（Ishu Patel カナダ）「死後の世界（アフターライフ）」（"Afterlife"）
　　　　　　　アリソン・デ・ヴェア（Alison de Vere イギリス）「ミスター・パスカル」（"Mr.Pascal"）
- 評論家賞　Jean-Christophe Villard（フランス）"L'E motif"
- デビュー賞　Olivier Gillon（フランス）"Barbe-Bleue"
- 青少年のための作品賞　フェイス・ハブリー（Faith Hubley アメリカ）"Step by Step"
- 審査員特別賞　Jean-Thomas Bédard（カナダ）"L'âge de la chaise"
　　　　　　　　Jerzy Kucia（ポーランド）"Refleksy"
　　　　　　　　Jerzy Kucia "Refleksy"
　　　　　　　　Lynn Smith（カナダ）"This Is Your Museum Speaking"

◇教育，科学または産業映画
- 広告映画賞　　"Dr.Jerry et Mr.Debyll"〈フランス〉

1981年
◇短編映画
- グランプリ　　ズビグニェフ・リブチンスキ（Zbigniew Rybczynski ポーランド）「タンゴ」（"Tango"）
- 国際批評家連盟賞　Birgitta Jansson-Carleson（スウェーデン）"Semesterhemmet"
- デビュー賞　　José Xavier（フランス）"Désert"
- 子ども向け作品賞　"Sing Beast Sing"〈カナダ〉
- 審査員特別賞　Lina Gagnon（カナダ），Suzanne Gervais（カナダ），Clorinda Warny（カナダ）"Beginnings"
　　　　　　　　フレデリック・バック（Frédéric Back カナダ）「クラック！」（"Crac！"）
　　　　　　　　Joško Marušić（ユーゴスラビア）"Neboder"

◇広告映画
- 宣伝もしくは広告映画賞　Per Lygum（オランダ）"Balzaal"（Philips）

1983年
◇短編映画
- グランプリ　　ヤン・シュヴァンクマイエル（Jan Švankmajer チェコ共和国）「対話の可能性」（"Moznosti dialogu"（英題：Dimensions of Dialogue））
- Antenne 2賞　"Sans préavis"〈フランス〉
- Banc-Titre賞　ウィル・ヴィントン（Will Vinton アメリカ）"The Great Cognito"
- 評論家賞　　　ティム・バートン（Tim Burton アメリカ）「ヴィンセント」（"Vincent"）
- 国際批評家連盟賞　フェレンク・カーコ（Ferenc Cakó ハンガリー）"Ad astra"
　　　　　　　　ヤン・シュヴァンクマイエル（Jan Švankmajer）「対話の可能性」（"Moznosti dialogu"（英題：Dimensions of Dialogue））
　　　　　　　　グイド・マヌリ（Guido Manuli イタリア）"Solo un bacio"
- デビュー賞　　Krešimir Zimonić（ユーゴスラビア）"Album"
- ジュニア賞　　Johan Hagelbäck（スウェーデン）"Historien om Lilla och stora kanin"
- コダック賞　　Paul Brizzi（フランス），Gaetan Brizzi（フランス）"Chronique 1909"
- 審査員特別賞　デニス・タピコフ（Dennis Tupicoff オーストラリア）"Dance of Death"
　　　　　　　　Eduard Nazarov（ロシア）"Zhil-byl pyos"（Jil bil pios）
　　　　　　　　ジョナサン・ホジソン（Jonathan Hodgson イギリス）"Night Club"

◇教育，科学または産業映画
- 教育，科学映画賞　Jacques Rouxel（フランス）"Le sang"

◇広告映画
- 産業映画賞　　Martti Jannes（フィンランド）"Tasa Arvo"
- 宣伝賞　　　　Pierluigi de Mas（イタリア）"Régression"（Agis）

1985年
◇短編映画
- グランプリ　　ニコル・ヴァン・ゲーテム（Nicole Van Goethem ベルギー）「ギリシア悲劇」（"Een griekse tragedie"（英題：A Greek Tragedy））
- Antenne2賞　"Au-delà de minuit"〈フランス〉
- Banc-Titre / Cartoon Factory賞（最優秀ユーモア作品）Dusan Petricic（ユーゴスラビア）"Romeo i Julija"
- デビュー賞　　ジョン・ミニス（Jon Minnis カナダ）「シャレード」（"Charade"）
　　　　　　　　アリソン・スノーデン（Alison Snowden イギリス）"Second Class Mail"
- 観客賞　　　　ニコル・ヴァン・ゲーテム（Nicole Van Goethem）「ギリシア悲劇」（"Een griekse tragedie"（英題：A Greek Tragedy））

- 国際映画批評家連盟(FIPRESCI)賞　レイン・ラーマット(Rein Raamat エストニア(旧ソ連))　"Ad"(仏題：Enfer/英題：Hell)
- 青少年・スポーツ省賞　Paul Buchbinder(アメリカ)　"The Boy who Cried Wolf"
- コダック・フランス短編賞　Bruce Krebs(フランス), Mireille Boucard(フランス)　"5 doigts pour El Pueblo"
- 審査員特別賞　レイン・ラーマット(Rein Raamat エストニア(旧ソ連))　"Ad"(仏題：Enfer/英題：Hell)
  イシュ・パテル(Ishu Patel カナダ)　「パラダイス」("Paradise")
- デビュー作品特別賞　グイド・マヌリ(Guido Manuli イタリア)　"Incubus"
- アニメーション特別賞　Susan Young(イギリス)　"Carnival"
- UFOLEIS賞　Great Britain(イギリス)　"Skywhales"

◇長編映画
- 長編映画賞　Jozsef Gemes(ハンガリー)　"Dalias idok"(英題：Heroic Times)
- 最優秀フランス長編映画 コダック賞　André Lindon(フランス)　"L'enfant invisible"

◇TVシリーズ
- 最優秀フランスTVアニメーション 文化庁賞　Gilles Gay(フランス)　"Croc-Note Show"

◇教育・科学または産業映画
- 教育・科学または産業映画賞　Sidney Goldsmith(カナダ)　"Comet"

◇アニメーション化されたシークエンス
- 最優秀オープニングタイトル賞　Pat Gavin(イギリス), Graham Ralph(イギリス)　"The Entertainers"

1987年
◇短編映画
- グランプリ　Boiko Kanev(ブルガリア)　"Smatchkan sviat"(英題：A Crushed World)
  フレデリック・バック(Frédéric Back カナダ)　「木を植えた男」("L'homme qui plantait des arbres"(英題：The Man Who Planted Trees))
- アニメーションの新しい世代をよく表現している映画への特別優秀賞　Phil Austin(イギリス), Derek Hayes(イギリス)　"The Victor"
- Animatographe賞　Boiko Kanev(ブルガリア)　"Smatchkan sviat"(英題：A Crushed World)
- Canal+ 賞　フレデリック・バック(Frédéric Back カナダ)　「木を植えた男」("L'homme qui plantait des arbres"(英題：The Man Who Planted Trees))
- デビュー賞　E.Martchenko(ベラルーシ)　"Lafertovskaya makovnitsa"
- Soroptimiste Club賞　ウェンディ・ティルビー(Wendy Tilby カナダ)　"Tables of Content"
- 観客賞　フレデリック・バック(Frédéric Back カナダ)　「木を植えた男」("L'homme qui plantait des arbres"(英題：The Man Who Planted Trees))
- ANPAS賞　Michael Sporn(アメリカ)　"The Mysterious Tadpole"
- 国際批評家連盟賞(FIPRESCI)賞　Raimund Krumme(ドイツ)　"Seiltänzer"(英題：Rope Dance)
- 2Dコンピューターアニメーション賞　Michael Gaumnitz(フランス)　"Carnets d'esquisses"(英題：Sketch Notebook)
- 3Dコンピューターアニメーション賞　ジョン・ラセター(John Lasseter アメリカ)　「ルクソーJr.」("Luxo Jr.")
- 青少年・スポーツ省賞　Aidan Hickey(アイルランド)　"An Inside Job"
- Mellow Manor賞　ジョアンナ・クイン(Joanna Quinn イギリス)　"Girls Night Out"
- 審査員特別賞　Raimund Krumme(ドイツ)　"Seiltänzer"(英題：Rope Dance)
  ジョアンナ・クイン(Joanna Quinn イギリス)　"Girls Night Out"
  Nina Shorina(ロシア)　"Dver"(英題：The Door)
- UFOLEIS賞　ジョアンナ・クイン(Joanna Quinn イギリス)　"Girls Night Out"

◇長編映画
- 長編映画賞　　ジミー・T.ムラカミ (Jimmy T.Murakami イギリス)　「風が吹くとき」("When the Wind Blows")

◇TVスペシャル
- 国際批評家連盟 (FIPRESCI) 賞　アリソン・デ・ヴェア (Alison de Vere イギリス) "The Black Dog"
- TVスペシャル賞　アリソン・デ・ヴェア (Alison de Vere イギリス) "The Black Dog"

◇教育・科学または産業映画
- 最優秀受託作品映画賞　クリス・ヒントン (Chris Hinton カナダ) "Giordano"

◇広告映画
- 広告映画賞　　Olivier Esmein (フランス), François Boisrond (フランス) "Barman Story" (Orangina)

  ピーター・ロード (Peter Lord イギリス), デヴィッド・スプロクストン (David Sproxton イギリス) "Puppets" (The Guardian)

◇アニメーション化されたシークエンス
- 最優秀オープニングタイトル賞　Carl Willat (イギリス) "M-Mollusk" (MTV)

1989年
◇短編映画
- グランプリ　　マーク・ベイカー (Mark Baker イギリス)　「丘の農家」("The Hill Farm")
- 脚本特別優秀賞　Alexandre Fedoulov (ロシア) "Nayedine s prirodoï"
- 想像に役立つテクニック特別優秀賞　Lejf Marcussen (デンマーク) "Den Offentlige Røst."
- コンピューターで生成された映画特別優秀賞　マルク・キャロ (Marc Caro フランス) "Le topologue"
- アポロ賞　　Bill Kroyer (アメリカ) "Technological Threat"
- Canal+ 賞　　ジョルジュ・シュヴィツゲベル (Georges Schwizgebel スイス) "Le sujet du tableau"

  Serge Verny (フランス) "Thulé"
- デビュー作品郵便局賞　Jean-Loup Felicioli (フランス) "Sculpture, sculptures"
- デビュー賞　　Chris Casaday (アメリカ) "Pencil Dance"
- プレス賞　　ウォルフガング・ロイエンシュタイン (Wolfgang Lauenstein ドイツ), クリストフ・ロイエンシュタイン (Christoph Lauenstein ドイツ) 「バランス」("Balance")

  Lejf Marcussen (デンマーク) "Den Offentlige Røst."
- 短編映画賞　　フェレンク・カーコ (Ferenc Cakó ハンガリー) "Ab ovo"
- 審査員賞　　"La belle France" 〈フランス〉
- 農業省賞　　マーク・ベイカー (Mark Baker イギリス)　「丘の農家」("The Hill Farm")
- 観客賞　　ビル・プリンプトン (Bill Plympton アメリカ) "25 Ways to Quit Smoking"
- FIPRESCI賞　Susan Loughlin (イギリス) "Grand National"

  ネデリコ・ドラギッチ (Nedeljko Dragić ユーゴスラビア) "Slike iz sjećanja"
- 青少年・スポーツ省賞　マーク・ベイカー (Mark Baker イギリス)　「丘の農家」("The Hill Farm")
- 審査員特別賞　ピョトル・ドゥマラ (Piotr Dumala ポーランド) "Sciany" (英題：The Walls)

  ボリヴォイ・ドヴニコヴィチ (Borivoj Dovniković) 「素敵なラブストーリー」("Uzbudljiva ljubavna prica" (ユーゴスラビア))

◇長編映画
- 長編映画賞　ヤン・シュヴァンクマイエル (Jan Švankmajer スイス)　「アリス」("Neco z alenky" (英題：Alice))

◇TVシリーズ
- 最優秀アニメーション映画 Canal J賞　Michel Pillyser "Charlotte, Fléo et Benjamin：Le

petit chat"〈製作国：フランス〉
- 最優秀TVシリーズ賞 Laurence Arcadias（フランス）"Alex n° 3：Nuit de Chine"
  Barry Bruce（アメリカ）"Meet the Raisins"

◇教育・科学または産業映画
- 最優秀 受託作品映画賞 ポール・フィアーリンジャー（Paul Fierlinger アメリカ）"The Quitter"

◇広告映画
- 広告映画賞　Peter Dixon（イギリス）"Hang Glider"（Lurpak）

◇アニメーション化されたシークエンス
- クレジット，トレーラ，アニメーション化されたシークエンス賞 ブラザーズ・クエイ（Brothers Quay イギリス）「スティルナハト」（"Stille Nacht"）

1991年

◇短編映画
- グランプリ　Garri Bardine "Seriy volk i krasnaïa chapotchka"（英題：The Grey Wolf and Little Red Riding Hood）
- 最優秀賞　ジャンルイジ・トッカフォンド（Gianluigi Toccafondo イタリア），シモーナ・ムラッツァーニ（Simona Mulazzani イタリア）"La pista"（英題：The Dance Floor）
- 特別優秀賞　ヤン・シュヴァンクマイエル（Jan Švankmajer イギリス）"The Death of Stalinism in Bohemia"
- コンピューターにより生成された映画特別優秀賞　Steve Goldberg（アメリカ）"Locomotion"
- 国際批評家連盟賞　デイヴィッド・アンダーソン（David Anderson イギリス）"Door"
- デビュー賞　Karen Kelly（イギリス）"Egoli"
- プレス賞　ウェンディ・ティルビー（Wendy Tilby カナダ）「ストリングス」（"Strings"）
- 短編映画賞　キャロライン・リーフ（Caroline Leaf カナダ）"Entre deux sœurs"
- 農業省賞　Marek Serafiński（ポーランド）"Wyscig"
- 審査員特別賞　ニック・パーク（Nick Park イギリス）「快適な生活」（"Creature Comforts"）

◇長編映画
- グランプリ　ジャック・コロンバ（Jacques Colombat フランス）"Robinson et compagnie"

◇TVスペシャル
- 最優秀TVシリーズ　ミッシェル・オスロ（Michel Ocelot フランス）"Ciné-si：Le manteau de la vieille dame"
  ポール・ドリエセン（Paul Driessen），ミカエラ・パヴラトヴァ（Michaela Pavlátová）"Uncles and Aunts"〈オランダ〉

◇教育，科学または産業映画
- 教育，科学または産業映画賞　Neil Affleck（イギリス）"Sacajawea"

◇広告映画
- 広告映画賞　ニック・パーク（Nick Park イギリス）"Frank"（Heat electric）
  ニック・パーク（Nick Park イギリス）"Pablo"（Heat electric）
  ビル・プリンプトン（Bill Plympton アメリカ）"Metamorphosis"（Trivial Pursuit）

◇アニメーション化されたシークエンス
- クレジット，トレーラ，アニメーション化されたシークエンス賞　ジャック・ドゥルーアン（Jacques Drouin），Doris Kochanek，Pierre Hébert，Francine Desbiens，クロード・クルティエル（Claude Cloutier），Martin Barry "Bande annonce Ottawa 90"〈カナダ〉

1993年

◇短編映画
- グランプリ　フレデリック・バック（Frédéric Back カナダ）「大いなる河の流れ」（"Le

Fleuve aux grandes eaux"（英題：The Mighty River））
◇長編映画
- グランプリ　　宮崎駿（日本）「紅の豚」（"Porco Rosso"）
- コンピューターで生成された映画特別優秀賞　"Gas Planet"〈アメリカ〉
- 芸術的な品質への特別優秀賞　バリー・パーヴス（Barry J.C.Purves イギリス）「スクリーンプレイ」（"Screen Play"）
- ユーモアへの特別優秀賞　Peter Dixon（イギリス）「アダム」（"Adam"）
- デビュー賞　　アン・ヴロムバウト（An Vrombaut イギリス）「リトル ウルフ」（"Little Wolf"）
- 短編映画賞　　アレクサンドル・ペトロフ（Aleksandr Petrov ロシア）「おかしな男の夢」（"The Dream of a ridiculous man"）
 　　　　　　　ポール・ベリー（Paul Berry イギリス）「サンドマン」（"The Sandman"）
- 農業省賞　　　アン・ヴロムバウト（An Vrombaut イギリス）「リトル ウルフ」（"Little Wolf"）
- 観客賞　　　　ピーター・ロード（Peter Lord イギリス）「アダム」（"Adam"）
- 審査員特別賞　マーク・ベイカー（Mark Baker イギリス）「ザ・ヴィレッジ」（"The Village"）

◇TVシリーズ
- 最優秀TVシリーズ賞　John Payson（アメリカ）"Joe's apartment"

◇TVスペシャル
- TVスペシャル賞　ジミー・T.ムラカミ（Jimmy T.Murakami イギリス）「ファーザー・クリスマス」（"Father Christmas"）

◇教育，科学または産業映画
- 教育，科学または産業映画賞　Ma Ke Xuan（中国）"Douze moustiques et cinq hommes"

◇広告映画
- 広告映画賞　　Mario Addis（イタリア）"Fai la cosa giusta"

◇アニメーション化されたシークエンス
- クレジット，トレーラ，アニメーション化されたシークエンス賞　Henk Beumers（オランダ）"Leader iif and vc"

1995年
◇短編映画
- 最優秀短編作品グランプリ　コンスタンティン・ブロンジット（Konstantin Bronzit ロシア）"Svitchkraft"（英題：Switchcraft）
- ドラマ構成への特別優秀賞　Robert Sahakyants（アルメニア）"Katsine"（仏題：La hache/英題：Axe）
- 教育方法とユーモアへの特別優秀賞　Lynn Smith（イギリス）"Sandburg's Arithmetic"
- 芸術的な品質への特別優秀賞　マイケル・デュドク・ドゥ・ヴィット（Michael Dudok de Wit）「お坊さんと魚」（"Le Moine et le poisson"（英題：The Monk and the Fish）〈フランス〉）
- アニメーション品質への特別優秀賞　Andrej Ushakov（ロシア）"About Love and Fly"
- グラフィックへの特別優秀賞　ミハイル・アルダシン（Mikhail Aldashin ロシア）"Drougaya storona"
- リズムとアニメーションへの特別優秀賞　Ennio Torresan（ブラジル）"El Macho"
- 脚本と音響効果への特別優秀賞　Abi Feijo（ポルトガル）"Os salteadores"
- スタイルへの特別優秀賞　Erica Russell（イギリス）"Triangle"
- 感情への特別優秀賞　William Kentridge（南アフリカ）"Felix in Exile"
- アニメーションと脚本への特別優秀賞　Andreï Khrjanovsky（ロシア）"Lev s sedoi borodoi"
- アニメーションとユーモアへの特別優秀賞　Borris Kossmehl（イギリス）"Not without my handbag"
- ユーモアと感情への特別優秀賞　"Ugly head"〈イギリス〉

- 映画のメッセージへの特別優秀賞　イシュ・パテル（Ishu Patel カナダ）"Divine Fate"
- TV channel賞　Virginia Wilkos（イギリス）"Musical Max"
- デビュー賞　　Alexeï Kharitidy「ガガーリン」（"Gagarin"〈ロシア〉）
  Milorad Krstic（ハンガリー）"My baby left me"
- 子ども審査員賞　Shane Russell（オーストラリア）"The Bungalunga Man"
- 農業水産省賞　Alexeï Kharitidy「ガガーリン」（"Gagarin"〈ロシア〉）
- Mike Gribble賞　Alexeï Kharitidy「ガガーリン」（"Gagarin"〈ロシア〉）
- 最優秀音響賞　Deborah Solomon（アメリカ）"Mrs.Matisse"
- 統合した審査員特別賞　ミカエラ・パヴラトヴァ（Michaela Pavlátová）「レペテ（反復）」（"Repete"〈チェコ〉）
- 審査員特別賞　Maciek Albrecht（イギリス）"Stressed"

◇長編映画
- 最優秀長編映画グランプリ　高畑勲（日本）「平成狸合戦ぽんぽこ」（"Pompoko"）
- 長編映画優秀賞　Maciek Albrecht（イギリス）"Close to you"

◇TVシリーズ
- 最優秀TVシリーズ グランプリ　Georges Lacroix（フランス），Renato Lacroix（フランス）"Insektors" 各話タイトル：Le pont de la Konkorde
- 受託作品最優秀賞　The web "Shark"〈オーストラリア〉
- ドローイング，リズム，ユーモアのオリジナリティーへの最優秀賞　イゴール・コヴァリョフ（Igor Kovalyov アメリカ）「ぎゃあ!!!リアル・モンスターズ」（"AAAHH ! Real Monsters"）
- コンピューターで生成された映画への特別優秀賞　Georges Lacroix（フランス），Renato Lacroix（フランス）"Insektors" 各話タイトル：Le pont de la Konkorde
- TVシリーズ 特別優秀賞　Pascal Le Nôtre（フランス）"Mon âne" 各話タイトル：Au clair de la lune
- TVシリーズ特別賞（13分以上のエピソード）Federico Vitali（フランス）"Lava-Lava！" 各話タイトル：What's Up Teddy Bear？
  Gregg Vanzo（アメリカ）"The Maxx" Episode 1
- TVシリーズ ユニセフ賞　ジャック・レミー・ジレール（Jacques-Rémy Girerd フランス）"Ma petite planète chérie：La poubelle magique"
  ジャック・ドゥルーアン（Jacques Drouin カナダ）"Droits au coeur：Ex-enfant"

◇TVスペシャル
- グランプリ　マーヴ・ニューランド（Marv Newland）
- TVスペシャル賞　ポール・フィアーリンジャー（Paul Fierlinger イギリス）"Drawn from memory"
  マーヴ・ニューランド（Marv Newland カナダ）"Gary Larson's Tales from the Far Side"

◇教育，科学または産業映画
- 教育，科学または産業映画賞　J.J.Sedelmaier（イギリス），Thomas Warburton（イギリス）"Schoolhouse Rock：Mr Morton"

◇広告映画
- 受託作品最優秀賞　Dave Borthwick（イギリス）"Big and Orange"〈ファンタ〉
- デビュー賞　　Ben Smallridge（アメリカ）"2 Devils"
- 広告映画賞　シモーナ・ムラッツァーニ（Simona Mulazzani），ジャンルイジ・トッカフォンド（Gianluigi Toccafondo）"Woman Finding Love"（Levi's Jeans for Women）〈アメリカ〉

◇卒業制作
- 脚本，オリジナリティー，スタイル，ユーモアへの最優秀賞　Florence Henrard（ベルギー）

　　　　　　　　　　"Sortie de bain"
　　・最優秀学生作品賞　Christine Ferriter (Calarts – California Institute of the Arts, アメリカ) "Annie"
　　　　　　　　　　Daren Doherty, Nick Smith (The Arts University College, イギリス) "The wooden leg"
　◇アニメーション化されたシークエンス
　　・クレジット, トレーラ, アニメーション化されたシークエンス賞　Thomas Stellmach (ドイツ) "Random acts of kindness：Old super lady"
1997年
　◇短編作品
　　・最優秀短編作品グランプリ　シルヴァン・ショメ (Sylvain Chomet フランス・カナダ) 「老婦人とハト」("La Vieille Dame et les Pigeons" (英題：The Old Lady and the Pigeons))
　　・グラフィックへの特別優秀賞　ルース・リングフォード (Ruth Lingford イギリス) "Death and the mother"
　　・演出とキャラクターへの特別優秀賞　Garri Bardine (ロシア) "Kot v sapoghakh"
　　・言語と音響効果への特別優秀賞　Lee Whitmore (オーストラリア) "On a full moon"
　　・デビュー賞　Hans Spilliaert (ベルギー) "Onder de wassende maan"
　　・農業省賞　アレクサンドル・ペトロフ (Alexander Petrov ロシア) 「ザ・マーメイド」("Rusalka" (英題：The Mermaid))
　　・Mike Gribble賞　ギル・アルカベッツ (Gil Alkabetz ドイツ) 「ルビコン」("Rubicon")
　　・審査員特別賞　アレクサンドル・ペトロフ (Alexander Petrov ロシア) 「ザ・マーメイド」("Rusalka" (英題：The Mermaid))
　◇長編映画
　　・最優秀長編映画グランプリ　ヘンリー・セリック (Henry Selick アメリカ) 「ジャイアント・ピーチ」("James and the Giant Peach")
　◇TVスペシャル
　　・発明の才への特別賞　Georges Le Piouffle (フランス) "Un point c'est tout"
　　・TVシリーズ特別賞 (13分以上のエピソード)　Raymie Muziquiz (アメリカ) "Duckman" 各話タイトル：Noir gang
　　　　　　　　　　キャンディ・ガード (Candy Guard イギリス) "Pondlife" 各話タイトル：Driving test
　◇TVスペシャル
　　・最優秀TVアニメ作品グランプリ (シリーズまたはスペシャル)　ジョアンナ・クイン (Joanna Quinn イギリス) "Famous Fred"
　　・TVシリーズ ユニセフ賞　Alfred Dieler (ドイツ) "Manhattan"
　◇教育, 科学または産業映画
　　・教育, 科学または産業映画賞　Candy Kugel (イギリス), Vincent Cafarelli (イギリス) "Talking about sex：A guide for families"
　◇広告映画
　　・広告映画賞　Pat Gavin (イギリス) "Legend" (Martell)
　◇最優秀学生制作アニメ映画賞　Florence Henrard "Lili et le loup" (英題：Lili and the Wolf)
　　・国際批評家連盟 (FIPRESCI) 賞　ポール・ドリエセン (Paul Driessen) "The End of the World in Four Seasons"
　　・観客賞　ニック・パーク (Nick Park) 「ウォレスとグルミット 危機一髪！」("Wallace and Gromit in A Close Shave")
1998年
　◇短編映画
　　・最優秀短編作品グランプリ　ラウル・セルヴェ (Raoul Servais ベルギー) 「夜の蝶」("Nachtvlinders")

- 短編映画特別優秀賞 Riho Unt（エストニア）"Tagasi Euroopasse"
- 国際批評家連盟（FIPRESCI）特別優秀賞 Christa Moesker（オランダ）"Sientje"
- デビュー賞　　Christa Moesker（オランダ）"Sientje"
- 子ども審査員賞 スティーヴ・ボックス（Steve Box イギリス）"Stage Fright"
- 審査員特別賞　Laurent Gorgiard（フランス）"L'homme aux bras ballants"

◇長編映画
- 最優秀長編映画グランプリ ビル・プリンプトン（Bill Plympton アメリカ）「スーパー変態ハネムーン 花婿はヘンな人（新郎は変な人）」（"I Married A Strange Person！"）

◇TVシリーズ
- グランプリ　　コンスタンティン・ブロンジット（Konstantin Bronzit ロシア）"Die Hard"
- TVシリーズ特別賞（13分以上のエピソード）Mitch Schauer（アメリカ）"The Angry Beavers" 各話タイトル：(Part A) Bummer of Love, (Part B) Food of the Clods
  Mike Stuart（イギリス）"Kipper" 各話タイトル：Pig's Present
  Thomas Szabo（フランス）"Les Zinzins de l'espace"

◇TVスペシャル
- TVスペシャル特別賞 ジャック・レミー・ジレール（Jacques-Rémy Girerd フランス）"L'Enfant au grelot"

◇教育，科学または産業映画
- 教育，科学または産業映画賞 Greg Lawson（オランダ）"The Horror from Hell"

◇広告映画
- 広告映画賞　　Jürgen Haas（ドイツ）"Ich wär so gern so blöd wie du"

◇卒業制作
- 学校もしくは卒業制作特別優秀賞 Peter Jenning（フランス）"Le Bzz Bang"
- 最優秀学校もしくは卒業制作賞 Christian Fischer, Maud Gravereaux（Filmakademie Baden-Württemberg，ドイツ）"Frontière"

◇アニメーション化されたシークエンス
- 最優秀アニメーション化されたシークエンス賞 黒坂圭太（日本）「パパが飛んだ朝」（"Papa volant"（英題：Flying Daddy））

1999年
◇短編映画
- 最優秀短編作品グランプリ ウェンディ・ティルビー（Wendy Tilby カナダ），アマンダ・フォービス（Amanda Forbis カナダ）「ある一日のはじまり」（"When the Day Breaks"）
- 短編映画特別優秀賞 Maria Joao Carvalho（エストニア），プリート・テンダー（Priit Tender エストニア）"Vares ja hiired"
- 音響効果の品質への特別優秀賞 Bärbel Neubauer（ドイツ）"Feuerhaus"
- 脚本，アニメーションもしくは風景の品質への特別優秀賞 ピーター・ピーク（Peter Peake イギリス）「ハムドラム」（"Humdrum"）
  マーク・ベイカー（Mark Baker イギリス）"Jolly Roger"
- 子ども審査員賞 マーク・ベイカー（Mark Baker イギリス）"Jolly Roger"
- "Jean-Luc Xiberras"デビュー作品賞 Alexey Antonov（ロシア）"Chudovische"
- Mellow Manor賞 コンスタンティン・ブロンジット（Konstantin Bronzit フランス）「地球の果てで」（"Au bout du monde"（英題：At the Ends of the Earth））
- 審査員特別賞　コンスタンティン・ブロンジット（Konstantin Bronzit フランス）「地球の果てで」（"Au bout du monde"（英題：At the Ends of the Earth））

◇長編映画
- 最優秀長編映画グランプリ ミッシェル・オスロ（Michel Ocelot フランス）「キリクと魔女」（"Kirikou et la sorcière"〈フランス/ベルギー/ルクセンブルグ〉）

◇パイロット
- パイロット賞（シリーズまたはTVスペシャル）Rodolfo Pastor「カペリート」（"Capelito" 各話タイトル：Pajarero"〈スペイン〉）
  Rodolfo Pastor「カペリート」（"Capelito" 各話タイトル：Pintor（スペイン））

◇TVシリーズ
- TVシリーズ特別賞（13分〜26分のエピソード）Frank Saperstein（フランス）"Kampung Boy"
- TVシリーズ特別賞（12分以上のエピソード）Daniel Kramer（アメリカ），Doug Vitarelli（アメリカ）"The Buddy System, It's a Comic Strip"
  Frédéric Clémençon, Christophe Barrier "Les cailloux de Têtempoire"

◇TVスペシャル
- テレビ作品グランプリ Christian Boustani（ポルトガル）"A Viagem"（仏題：Le Voyage）
- TV作品子ども審査員賞 Aurel Klimt（チェコ共和国）"O kouzelnem zvonu"
- TVスペシャル特別賞（52分以上）Hilary Audus（イギリス）"The Bear"

◇教育，科学または産業映画
- 教育，科学または産業映画賞 Greet Boey（ベルギー）"Le Mal des mers"
- ユニセフ賞　　Gilles Macchia（フランス），Paul Gueutal（フランス）"Tik Tak Tok, Antipersonnel Land Mines"（英題：Tic Tac Toc, Mines antipersonnel"

◇広告映画
- 広告映画賞　　Maarten Koopman（オランダ）"Festival Leader, Valladolid"

◇卒業制作
- 学校もしくは卒業制作 審査員特別優秀賞 Vincent Bierrewaerts（ベルギー）"Bouf"
  Piotr Karwas（ドイツ）"Masks"
- 最優秀学校もしくは卒業制作賞 Romain Villemaine（フランス）"Gazoon"

◇アニメーション化されたシークエンス
- 最優秀アニメーション化されたシークエンス賞 Aline Ahond（フランス）"Sally Nyolo"（Multiculti）

2000年
◇短編映画
- 最優秀短編作品グランプリ アレクサンドル・ペトロフ（Alexander Petrov ロシア）「老人と海」（"The Old Man and the Sea"〈製作国：カナダ/日本/ロシア〉）
- ユーモアと感傷への特別優秀賞 アダム・エリオット（Adam Elliot オーストラリア）「ブラザー」（"Brother"）
- 線の自由とメッセージの強度への特別優秀賞 ジョナサン・ホジソン（Jonathan Hodgson イギリス）「美しい目をした男」（"The Man with the Beautiful Eyes"）
- FIPRESCI特別優秀賞 ミシェル・クルノワイエ（Michèle Cournoyer カナダ）「ザ・ハット」（"Le Chapeau"）
- Jean-Luc Xiberrasデビュー作品賞 Luis Briceno（フランス）"Les oiseaux en cage ne peuvent pas voler"
- 子ども審査員賞 Steffen Schäffler（ドイツ）"The Periwig-Maker"
- ユニセフ賞　　ボルゲ・リング（Börge Ring デンマーク）"Run of the Mill"
- 審査員特別賞 ユージン・フェドレンコ（Eugene Fedorenko カナダ），Rose Newlove（カナダ）「愚か者の村」（"Village of Idiots"）

◇長編映画
- グランプリ　　該当作なし

◇TVシリーズ
- 最優秀TVシリーズ グランプリ Sue Rose（カナダ），Ferrone Joanna（カナダ）"Angela Anaconda" 各話タイトル：Les Brise-glace
- TVシリーズ特別賞（13分以上のエピソード）Tony Kluck（アメリカ）"MTV Downtown"

　　　　　　　Jacques Rouxel（フランス）"Les Shadoks et le Big Blank：Le Trou à
　　　　　　　Gégène"
◇パイロット
　●パイロット賞（シリーズまたはTVスペシャル）　Jordan Reichek（アメリカ）"Invader Zim"
◇TVスペシャル
　●TVスペシャル特別賞　リチャード・ゴルゾウスキー（Richard Goleszowski イギリス）"Robbie
　　　　　　　the Reindeer" 各話タイトル：Hooves of Fire
◇教育，科学または産業映画
　●教育，科学または産業映画賞　デイヴ・トーマス（Dave Thomas カナダ）"Superwhy"
◇広告映画
　●広告映画賞　　デイヴ・トーマス（Dave Thomas アメリカ）"Not so Clever Trevor at the
　　　　　　　Carnival"
◇卒業制作
　●学校もしくは卒業制作特別優秀賞　Kunyi Chen（イギリス）"Rien"
　●学校もしくは卒業制作賞　トーマス・ヴォイト（Thomas Voigt ドイツ）「モーメント〜瞬間
　　　　　　　〜」（"The Moment"）
　●子ども審査員賞　"Starsheeps"〈フランス〉
◇アニメーション化されたシークエンス
　●最優秀アニメーション化されたシークエンス賞　Santiago Sequeiros（スペイン）"Microfilme 6"

2001年
◇短編映画
　●最優秀短編作品グランプリ　マイケル・デュドク・ドゥ・ヴィット（Michael Dudok de Wit オ
　　　　　　　ランダ）「岸辺のふたり」（「ファーザー・アンド・ドーター」）（"Father and
　　　　　　　Daughter"〈オランダ/イギリス〉）
　●審査員特別優秀賞　フィル・ムロイ（Phil Mulloy イギリス）「イントレランス」（"Intolerance"）
　　　　　　　コーデル・バーカー（Cordell Barker カナダ）「ストレンジ・インヴェーダー
　　　　　　　ズ」（"Strange Invaders"）
　●FIPRESCI特別優秀賞　René Castillo Rivera（メキシコ）"Hasta los huesos"
　●子ども審査員賞　René Castillo Rivera（メキシコ）"Hasta los huesos"
　●デビュー作品 Jean-Luc Xiberras賞　René Castillo Rivera（メキシコ）"Hasta los huesos"
　　　　　　　ドミトリー・ゲラー（Dmitry Geller ロシア）"Privet is Kislovodska"
　●Mike Gribble賞　Natalia Berezovaya（ロシア）"Moya zhizn"
　●審査員特別賞　ポール・ドリエセン（Paul Driessen カナダ）「氷山を見た少年」（"The Boy
　　　　　　　who Saw the Iceberg"）
◇長編映画
　●最優秀長編映画グランプリ　ビル・プリンプトン（Bill Plympton アメリカ）「ミュータント・
　　　　　　　エイリアン」（"Mutant Aliens"）
◇パイロット
　●最優秀TV作品グランプリ　Stéphane Aubier（ベルギー），Vincent Patar（ベルギー）
　　　　　　　"Panique au village" 各話タイトル：Le gâteau（英題：Panic in the
　　　　　　　Village：The Cake）
◇TVシリーズ
　●TVシリーズ特別優秀賞　マイク・ファローズ（Mike Fallows），若林弾，岩崎誠，三宅淳　「ペ
　　　　　　　コラ」（"Pecola" 各話タイトル：Detective Pecola〈製作国：日本〉）
◇パイロット
　●パイロット賞（シリーズまたはTVスペシャル）　Enzo D'alo（イタリア）"Pinocchio"
◇TVスペシャル
　●TVスペシャル賞　Alan Simpson（イギリス）"The Last Polar Bears"
　●TVシリーズ ユニセフ賞　"The Tyrant and the Child"〈イギリス〉

◇広告映画
- 広告映画賞　　Dave Borthwick（イギリス）"Closed"（Nestea）

◇卒業制作
- 学校もしくは卒業制作 特別優秀子ども審査員賞　Christophe Barnouin（フランス），Nathalie Bonnin（フランス），Luc Degardin（フランス）"Comics Trip"
- 学校もしくは卒業制作賞　アルチュール・ド・パンス（Arthur de Pins フランス）"Géraldine"
- 子ども審査員賞　Loïc Bail（フランス），Aurélien Delpoux（フランス），Sébastien Ebzant（フランス），Benjamin Lauwick（フランス）"AP 2000"
- 学校もしくは卒業制作 審査員特別賞　Loïc Bail（フランス），Aurélien Delpoux（フランス），Sébastien Ebzant（フランス），Benjamin Lauwick（フランス）"AP 2000"

◇アニメーション化されたシークエンス
- 最優秀アニメーション化されたシークエンス賞　ティム・ホープ（Tim Hope イギリス）"I Walk the Earth"

2002年
◇短編映画
- 最優秀短編作品グランプリ　アドリアーン・ロクマン（Adriaan Lokman オランダ）「バーコード」（"Barcode"）
- 感情と監督技能への特別優秀賞　Anthony Lawrence（オーストラリア）"Looking for Horses"
- アニメーションのユーモアと大胆さに対しての特別優秀賞　クリストファー・ヒントン（Christopher Hinton カナダ）「フラックス」（"Flux"）
- 芸術的な品質への特別優秀賞　Roberto Catani（イタリア）"La funambola"
- 審査員特別賞　Antoine Antin（フランス），Jenny Rakotomamonjy（フランス）"Le papillon"
- 観客賞　　ミハイル・アルダシン（Mikhail Aldashin ロシア）"Bookashky"
- FIPRESCI 賞　クリストファー・ヒントン（Christopher Hinton カナダ）「フラックス」（"Flux"）
- Jean-Luc Xiberrasデビュー作品賞　PES（アメリカ）"Roof Sex"
- 審査員特別賞　Robert Bradbrook（イギリス）「ホーム・ロード・ムービー」（"Home Road Movies"）
- ユニセフ賞　　アニータ・キリ（Anita Killi ノルウェー）"Tornehekken"

◇長編映画
- 最優秀長編グランプリ　イ・ソンガン（Seong-kang Lee 韓国）「マリといた夏」（"Mari Iyagi"）（英題：My Beautiful Girl, Mari）
- 特別奨励　　"Mercano el marciano"〈アルゼンチン〉

◇TVシリーズ
- TVシリーズ特別優秀賞　Natalia Orlova（ロシア）"Timoon and the Narwhal"
- TVシリーズ特別賞　ゲンディ・タルタコフスキー（Genndy Tartakovsky アメリカ）「サムライ ジャック」第7話（"Samurai Jack" Episode7〔各話タイトル：Jack and the Three Blind Archers〕）

◇パイロット
- パイロット賞（シリーズまたはTVスペシャル）　Tony Collingwood（イギリス）"Yoko！Jakamoto！ Toto！"各話タイトル：The Fly

◇TVスペシャル
- グランプリ　　バリー・パーヴス（Barry J.C.Purves イギリス）"Hamilton Mattress"
- TVスペシャル賞　David (Dave) Unwin（イギリス）"War Game"

◇教育，科学または産業映画
- 教育，科学または産業映画賞　Greg Holfeld（オーストラリア）"Tom's Toilet Triumph"

◇広告映画
- 広告映画賞　　Sergio Amon（ブラジル），Alceu Baptistao（ブラジル）"Vingança"（Brahma）

◇卒業制作
- 特別優秀賞　Anne-Laure Bizot（フランス），Amélie Graux（フランス）"Qui veut du pâté de foie ？"
- FIPRESCI特別優秀賞　Adam Robb（オーストラリア）"Shh"
- 子ども審査員賞　Josh West（アメリカ）"The Crossing Guard"
- 最優秀学校もしくは卒業制作賞　クリス・シュテナー（Chris Stenner），アルヴィット・ウイベル（Arvid Uibel），ヘイディ・ヴィットリンガー（Heidi Wittlinger Filmakademie Baden-Württemberg，ドイツ）「岩のつぶやき」（"Das Rad"（英題：Rocks））
- 審査員特別賞　カミーユ・アンロ（Camille Henrot フランス）"Histoire de Cesaria"

◇アニメーション化されたシークエンス
- 最優秀アニメーション化されたシークエンス賞　COLLECTIF（イギリス）"British Animation Awards 2002"

◇インターネット短編作品
- 短編作品賞　Jean-Luc Gage（フランス）"Les démons d'Inoshiro"

◇インターネットシリーズ
- 最優秀シリーズ賞　Kevin Lofton（イギリス）"Kevina" Episode 3
- Netsurfers賞　Dan Chambers（イギリス），Claire Underwood（イギリス）"The Amazing Adrenalini Brothers" 各話タイトル：Ocean of Terror！

2003年
　◇短編映画
- アヌシークリスタル賞　山村浩二（日本）「頭山」（"Mt.Head"）
- 特別優秀賞　Evert de Beijer（オランダ）"Car Craze"
- Canal J 子ども審査員短編映画賞　セルジュ・アヴェディキアン（Serge Avédikian フランス）"Ligne de vie"
- 観客賞　アダム・エリオット（Adam Elliot オーストラリア）「ハーヴィー・クランペット」（"Harvie Krumpet"）
- 音楽が絵に役立つことができる並はずれた技術的な発明の才へのFIPRESCI賞　Simon Goulet（カナダ）"Oïo"
- アニメーションの全体の言語を使用する例外的な話に対してのFIPRESCI賞　アダム・エリオット（Adam Elliot オーストラリア）「ハーヴィー・クランペット」（"Harvie Krumpet"）
- Jean-Luc Xiberrasデビュー作品賞　イグナシオ・フェレラス（Ignacio Ferreras イギリス）"How to Cope with Death"
- 審査員特別賞　アダム・エリオット（Adam Elliot オーストラリア）「ハーヴィー・クランペット」（"Harvie Krumpet"）

　◇長編映画
- クリスタル賞（最優秀長編作品）　トー・ユエン（Toe Yuen 中国・香港）「マクダルの話」（"Mak dau goo si"（英題：My Life as McDull））

◇TVシリーズ
- TVシリーズ特別賞　Francis Vose（イギリス）"Albie" 各話タイトル：Quick on the Draw

◇TVスペシャル
- クリスタル賞（最優秀テレビ作品）　Serge Elissalde（フランス）"Verte"（英題：Green）
- TVスペシャル賞　Jean-Jacques Prunès（フランス）"Le roi de la forêt des Brumes"

◇教育，科学または産業映画
- 教育，科学または産業映画賞　Manu Roig（イギリス）"Terrence Higgins Trust：Cavern Club"

◇広告映画
- 広告または宣伝映画賞　ダグ・チャン（Doug Chiang アメリカ）"Robota"
- ユニセフ賞　Russell Brooke（イギリス）"Cartoon"（NSPCC）

◇ミュージックビデオ
- 最優秀ミュージックビデオ賞　Laurent Nicolas（LALOLE）（フランス），David Nicolas（NUMÉRO 6）（フランス）"It's not the End of the World"（Super Furry Animals）

◇卒業制作
- 特別優秀賞　　Aiju Salminen（フィンランド），Christer（Chrzu）Lindström（フィンランド），Aino Ovaskainen（フィンランド）"Treevil"
- Canal J 学校もしくは卒業制作 子ども審査員賞　ミヒャエル・ジーバー（Michael Sieber ドイツ）"Wunderwerk"
- 最優秀学校もしくは卒業制作賞　Kalina Vutova（ブルガリア）"Sunday Evening"
- 審査員特別賞　Amandine Fredon（フランス）"Le trésor du têtard salé"

◇インターネット短編作品
- Netsurfers賞　　Nicolaï Chauvet（フランス）"Seigei Sentai Pinpin：L'attaque du poulpe rouge géant"
- 短編作品賞　　Craig Marshall（カナダ）"Touch Me Now"

◇インターネットシリーズ
- 最優秀シリーズ賞　Kenn Navarro（アメリカ）"Happy Tree Friends" 各話タイトル：Eye Candy

2004年
◇短編映画
- アヌシークリスタル賞　マイク・ガブリエル（Mike Gabriel アメリカ）「ロレンツォ」（"Lorenzo"）
- 特別優秀賞　　ピョートル・サペギン（Pjotr Sapegin ノルウェー）"Gjennom mine tykke briller"
- Canal J 子ども審査員短編映画賞　フランク・ディオン（Franck Dion フランス）"L'inventaire Fantôme"
- 観客賞　　　　アルチュール・ド・パンス（Arthur de Pins フランス）「カニ革命」（"La révolution des crabes"）
- FIPRESCI 賞　ジョナサン・ニックス（Jonathan Nix オーストラリア）「ハロー」（"Hello"）
- Jean-Luc Xiberrasデビュー作品賞　パク・セジョン（Park Sejong）「バースデイボーイ」（"Birthday Boy"〈オーストラリア〉）
- 審査員特別賞　クリス・ランドレス（Chris Landreth カナダ）「ライアン」（"Ryan"）

◇長編映画
- クリスタル賞（最優秀長編作品）Baek-yeob Seong（韓国）"Oseam"

◇TVシリーズ
- クリスタル賞（最優秀テレビ作品）リチャード・ゴルゾウスキー（Richard Goleszowski イギリス）"Creature Comforts" 各話タイトル：Cats or Dogs？
- TVシリーズ特別賞　Pascal David（フランス）"The Delta State" Episode 4

◇TVスペシャル
- TVスペシャル賞　Ginger Gibbons（イギリス）"Bosom Pals" 各話タイトル：Joan's Birthday

◇教育，科学または産業映画
- 教育，科学または産業映画賞　Oscar Perez, Jr.（デンマーク），Monica Denise Ray（デンマーク），Paw Charlie Ravn（デンマーク）"Daughter, a Story of Incest"
- ユニセフ賞　　Oscar Perez, Jr.（デンマーク），Monica Denise Ray（デンマーク），Paw Charlie Ravn（デンマーク）"Daughter, a Story of Incest"

◇広告映画
- 広告または宣伝映画賞　Soandsau（フランス）"Les triplés"（Caisse d'Épargne）

◇ミュージックビデオ
- 最優秀ミュージックビデオ賞　Benaifer Mallik（インド），Rajiv Rajamani（インド）

　　　　　　　　　　　　　　　"Deewana"
　◇卒業制作
　　●特別優秀賞　　Matthew Abbiss（イギリス）"Poor God"
　　●International Labour Organization賞 ヘイディ・ヴィットリンガー（Heidi Wittlinger ドイツ），Anja Perl（ドイツ）"No Limits"
　　●Canal J 学校もしくは卒業制作 子ども審査員賞　"Quarks"〈フランス〉
　　●最優秀学校もしくは卒業制作賞　Anja Struck（ドイツ）"Allerleirauh"（英題：Whisper of the Furcone）
　　●審査員特別賞　Frederique Gyuran（フランス），Vincent Gautier（フランス），Thibault Berard（フランス）「ダウカプラ・リュピダウ」（"Dahucapra Rupidahu"）
　◇インターネット短編作品
　　●Netsurfers賞　Louis Fox（アメリカ）"The Meatrix"
　　●短編作品賞　Stefano Buonamico（イタリア）"Il branco"
　◇インターネットシリーズ
　　●最優秀シリーズ賞 Olivier Nicolas（フランス）"Olaf et Korpatas" 各話タイトル：Cansone

2005年
　◇短編映画
　　●アヌシークリスタル賞 アンソニー・ルーカス（オーストラリア）「ジャスパー・モレロの冒険」（"The Mysterious Geographic Explorations of Jasper Morello"）
　　●特別優秀賞　Stephan-Flint Müller（ドイツ）"Fliegenpflicht für Quadrat Köpfe"
　　●Canal J 子ども審査員短編映画賞 Anita Lebeau（カナダ）"Louise"
　　●観客賞　Stephan-Flint Müller（ドイツ）"Fliegenpflicht für Quadrat Köpfe"
　　●FIPRESCI 賞 エリック・ファン・スシャーイク（Erik van Schaaik オランダ）「風」（"Vent"）
　　●Jean-Luc Xiberrasデビュー作品賞 Ali Taylor（イギリス）"Puleng"
　　●審査員特別賞　ガエル・デニス（Gaëlle Denis イギリス）"City Paradise"
　◇長編映画
　　●クリスタル賞（最優秀長編作品）　アーロン・ガウダー（Áron Gauder ハンガリー）"Nyócker！"（英題：The District！）
　◇TVシリーズ
　　●クリスタル賞（最優秀テレビ作品）　マーク・ベイカー（Mark Baker），Neville Astley「ペッパピッグ」（"Peppa Pig" 各話タイトル：Mummy Pig at Work（製作国：イギリス））
　　●TVシリーズ特別賞 Alan Smart（アメリカ）"SpongeBob SquarePants" 各話タイトル：Fear of a Krabby Patty
　◇TVスペシャル
　　●特別優秀賞　　Jean-Jacques Prunès（フランス）"Cheval Soleil"
　　●TVスペシャル賞 ダレン・ウォルシュ（Darren Walsh イギリス）"Angry Kid：Who Do You Think You Are？"
　◇教育，科学または産業映画
　　●教育，科学または産業映画賞 Ranko Andjelic（イギリス）"Red Sheep"
　◇広告映画
　　●広告または宣伝映画賞 Smith & Foulkes（Alan Smith;Adam Foulkes）（イギリス）"Grrr"〈ホンダ〉
　◇ミュージックビデオ
　　●最優秀ミュージックビデオ賞 "Year of the Rat"（Badly Drawn Boy，カナダ）
　◇卒業制作
　　●特別優秀賞　　Karla Nielsen（デンマーク）"Skyggen i Sara"
　　●Canal J 学校もしくは卒業制作 子ども審査員賞 Shane Acker（イギリス）"9"
　　●最優秀学校もしくは卒業制作賞 Oury Atlan，Thibaut Berland，Damien Ferrié

（Supinfocom，フランス）"Overtime"
- 審査員特別賞　Shane Acker（イギリス）"9"
- ユニセフ賞　Karla Nielsen（デンマーク）"Skyggen i Sara"

◇インターネットシリーズ
- Netsurfers賞　Bernard Derriman（オーストラリア）"Long Distance Relationship"

2006年
◇短編映画
- アヌシークリスタル賞 レジーナ・ペソア（Regina Pessoa）「ハッピーエンドの不幸なお話」（"Historia trágica com final feliz"（英題：Tragic Story with Happy Ending/仏題：Histoire tragique avec fin heureuse）〈製作国：フランス/カナダ/ポルトガル〉）
- 特別優秀賞　ラン・レイク（Run Wrake イギリス）"Rabbit"
- 子ども審査員賞 Michael Grimshaw（カナダ）"One D"
- 観客賞　ジョアンナ・クイン（Joanna Quinn イギリス）"Dreams and Desires：Family Ties"
- FIPRESCI賞 ジョアンナ・クイン（Joanna Quinn イギリス）"Dreams and Desires：Family Ties"
- Jean-Luc Xiberrasデビュー作品賞 Till Nowak（ドイツ）「不思議な小包」（"Delivery"）
- 審査員特別賞 ジョアンナ・クイン（Joanna Quinn イギリス）"Dreams and Desires：Family Ties"
- TPS Cinceculte賞 短編映画　"Histoire tragique avec fin heureuse"〈フランス〉
- ユニセフ賞　Andrey Tsvetkov（ブルガリア）"Cherno na byalo"

◇長編映画
- クリスタル賞（最優秀長編作品）クリスチャン・フォルクマン（Christian Volckman フランス）「ルネッサンス」（"Renaissance"〈製作国：フランス/イギリス/ルクセンブルグ〉）

◇TVシリーズ
- クリスタル賞（最優秀テレビ作品）David Cantolla，Guillermo Garcia 「ぽこよ」（"Pocoyo" 各話タイトル：A Little Something Between Friends〈製作国：イギリス/スペイン〉）
- TVシリーズ特別賞 Luc Vinciguerra（フランス）"Zombie Hotel" 各話タイトル：First Day

◇TVスペシャル
- TVスペシャル賞 Henri Heidsieck（フランス）"Petit Wang"

◇教育，科学または産業映画
- 教育，科学または産業映画賞 Young Jin Kwak（韓国），Young Beom Kim（韓国）"The Birds & The Bees – A Secret You Shouldn't Keep"

◇広告映画
- 広告または宣伝映画賞 Andreas Hasle（ベルギー）"Human Ball"（Médecins sans frontières）

◇ミュージックビデオ
- 最優秀ミュージックビデオ賞 Sébastien Cosset（フランス），ジョアン・スファール（Joann Sfar フランス）"Hyacinthe"（Thomas Fersen）

◇卒業制作
- 特別優秀賞　Tony Comley（イギリス）"Abigail"
- 子ども審査員賞 Louis Blaise（フランス），Thomas Lagache（フランス），Bastien Roger（フランス）"Ego"
- 最優秀学校もしくは卒業制作賞 Matthew Walker（イギリス）"Astronauts"
- 審査員賞特別賞 チョイ・ヒュンミョン（Choi Hyun-myung 韓国）「雨中の散歩」（"Walking in the Rainy Day"）

◇インターネットシリーズ

- Netsurfers賞　　Bernard Derriman（オーストラリア）"Unlucky in Love"

2007年
　◇短編映画
　　- アヌシークリスタル賞　スージー・テンプルトン（Suzie Templeton　イギリス）「ピーターと狼」（"Peter & the Wolf"〈製作国：イギリス/ポーランド〉）
　　- 特別優秀賞　　The Blackheart Gang（南アフリカ）"The Tale of How"
　　- Canal+賞　　Grégoire Sivan（フランス）"Premier voyage"
　　- 子ども審査員賞　Samuel Tourneux（フランス）"Même les pigeons vont au paradis"
　　- 観客賞　　スージー・テンプルトン（Suzie Templeton　イギリス）「ピーターと狼」（"Peter & the Wolf"〈製作国：イギリス/ポーランド〉）
　　- FIPRESCI 賞　アンドレアス・ヒュカーデ（Andreas Hykade　ドイツ）"The Runt"
　　- Jean-Luc Xiberrasデビュー作品賞　Zojya Kireeva（ロシア）"Devochka dura"
　　- Sacem賞　　Serge Elissalde（フランス）"L'homme de la lune"
　　- 審査員特別賞　ルイス・クック（Luis Cook　イギリス）「ピアー姉妹」（"The Pearce Sisters"）
　◇長編映画
　　- クリスタル賞（最優秀長編作品）クリストファー・ニールセン（Christopher Nielsen　ノルウェー）"Slipp Jimmy Fri"（英題：Free Jimmy）〈製作国：ノルウェー/イギリス〉
　　- 特別優秀賞　　細田守（日本）「時をかける少女」（"La traversée du temps"）
　　- 観客賞　　Samuel Guillaume（スイス），Frederic Guillaume（スイス）"Max & Co"
　◇TVシリーズ
　　- クリスタル賞（最優秀テレビ作品）クリストファー・サドラー（Christopher Sadler　イギリス）「ひつじのショーン」（"Shaun the Sheep"各話タイトル：Still Life）
　　- TVシリーズ特別賞　Kitty Taylor（イギリス）"Charlie and Lola"各話タイトル：I Will Be Especially, Very Careful
　◇TVスペシャル
　　- TVスペシャル賞　Kez Margrie（イギリス）"The Wrong Trainers"
　　- ユニセフ賞　　Kez Margrie（イギリス）"The Wrong Trainers"
　◇教育，科学または産業映画
　　- 教育，科学または産業映画賞　Mischa Kamp（オランダ）"Bloot：Seks"
　◇広告映画
　　- 広告または宣伝映画賞　ウェンディ・ティルビー（Wendy Tilby　イギリス），アマンダ・フォービス（Amanda Forbis　イギリス）"The Meeting"（ユナイテッド航空）
　◇ミュージックビデオ
　　- 最優秀ミュージックビデオ賞　Patrick Béraud（VOLVE, フランス）"Plaire"（Gérald Genty）
　◇卒業制作
　　- 特別優秀賞　　アリエル・ベリンコ（Ariel Belinco　イスラエル）「ベトン」（"Beton"）マイケル・ファウスト（Michael Faust　イギリス）"The Wraith of Cobble Hill"
　　- 子ども審査員賞　Marie Vieillevie（フランス）"Welcome to White Chapel District"
　　- 最優秀卒業制作賞　Tom Brown, Daniel Benjamin Gray（IFSW（International Film School, Waves），イギリス）"t.o.m."
　　- 審査員特別賞　Tibor Banoczki（イギリス）"Milk Teeth"

2008年
　◇短編映画
　　- アヌシークリスタル賞　加藤久仁生（日本）「つみきのいえ」（"La Maison en Petits Cubes"（英題：The House of Small Cubes））
　　- 特別賞　　Yann J.（フランス）"Berni's Doll"
　　　　　　　シモン・ボゴイヤビッチ・ナラス（Simon Bogojević-Narath　クロアチア）「ナ

ラス」("Morana")
- 審査員特別賞　　　Jorge Dayas（スペイン）"La dama en el umbral"
- "Jean-Luc Xiberras"デビュー作品賞 Cédric Villain（フランス）"Portraits ratés à Sainte-Hélène"
- 特別賞　　　　　　シモン・ボゴイヤビッチ・ナラス（Simon Bogojević-Narath）「ナラス」("Morana"〈製作国：クロアチア／フランス〉)
　　　　　　　　　　J.Yann（フランス）"Berni's Doll"
- SACEM賞（オリジナル音楽）アレクセイ・アレクセイエフ（Alexei Alexeev ハンガリー）"KJFG No.5"
- 観客賞　　　　　　ジェレミー・クラパン（Jérémy Clapin フランス）「スキゼン」("Skhizein")

◇長編映画
- クリスタル賞（最優秀長編作品）ニナ・ペイリー（Nina Paley アメリカ）"Sita Sings the Blues"
- 特別賞　　　　　　ビル・プリンプトン（Bill Plympton アメリカ）"Idiots & Angels"
- 観客賞　　　　　　Hayo Freitag（ドイツ）"Die Drei Räuber"（英題：The Three Robbers）

◇TV作品および受託作品
- クリスタル賞（最優秀テレビ作品）François Reczulski（フランス）"Moot Moot" 各話タイトル：L'enfer de la mode
- テレビシリーズ特別賞 Leigh Hodgkinson（イギリス）"Talented Mouse" 各話タイトル："Catnip", "Pest Controller", "Oasis"
- 最優秀TVスペシャル賞 Saschka Unseld, Jakob Schuh "Engel zu Fuss"〈製作国：ドイツ〉
- 受託作品—教育・科学・産業作品賞 Steve Smith（イギリス）Bibigon "Factually Fun Idents X 9"
- 広告または宣伝映画賞 フランク・バッジェン（Frank Budgen イギリス），ダレン・ウォルシュ（Darren Walsh イギリス）"Play-Doh"（ソニー ブラビア）

◇最優秀ミュージックビデオ賞 Trunk Animation（イギリス）"Dry Clothes"（Annuals）
◇卒業制作
- 最優秀卒業制作 Matthieu Buchalski, Jean-Michel Drechsler, Thierry Onillon（Supinfocom Valenciennes，フランス）「カメラオブスクラ」("Camera Obscura")
- 審査員特別賞　　　ミレン・ヴィタノフ（Milen Vitanov HFF － Hochschule Für Film und Fernsehen "Konrad Wolf"，ドイツ／ブルガリア）"My Happy End"
- 特別賞　　　　　　Johan Pollefoort（ベルギー）"Le Voyageur"

◇その他の賞
- CANAL+FAMILY賞 Julien Bocabeille, François-Xavier Chanioux, Olivier Delabarre, Thierry Marchand, Quentin Marmier, Emund Mokhberi（Gobelins, l'école de l'image, フランス）「オクトボディ」("Oktapodi")
- 子ども審査員賞—短編作品 加藤久仁生（日本）「つみきのいえ」("La maison en petits cubes"（英題：The House of Small Cubes））
- 子ども審査員賞—卒業制作 Gerlando Infuso（Ensav － École Nationale Supérieure des Arts Visuels de la Cambre, ベルギー）"Margot"
- 国際映画批評家連盟（FIPRESCI）賞 ヴェリコ・ポポヴィッチ（Veljko Popović クロアチア）"Ona koja mjeri"
- ユニセフ賞　　　　Mathieu Navarro, Sylvain Nouveau, François Pommiez, Aurore Turbé "Hugh"〈製作国：フランス〉

2009年
◇短編映画
- アヌシークリスタル賞 Hanna Heilborn, Aronowitsch David "Slavar"（英題：Slaves）〈製作国：スウェーデン〉
- 審査員特別賞　　　コーデル・バーカー（Cordell Barker カナダ）"Runaway"
- "Jean-Luc Xiberras"デビュー作品賞 Jean-Christophe Lie（フランス）"L'homme à la

- ●特別賞　　　　デイヴィッド・オライリー（David O'Reilly）"Please Say Something"〈製作国：ドイツ/アイルランド〉
- ●SACEM賞（オリジナル音楽）Michal Socha（フランス）"Chick"
- ●観客賞　　　　PES〔監督〕（アメリカ）"Western Spaghetti"

◇長編映画
- ●クリスタル賞（最優秀長編作品）ヘンリー・セリック（Henry Selick）「コララインとボタンの魔女」（"Coraline"〈製作国：アメリカ〉）
  アダム・エリオット（Adam Elliot）「メアリー＆マックス」（"Mary and Max"〈製作国：オーストラリア〉）
- ●観客賞　　　　トム・ムーア（Tomm Moore），ノラ・トゥオメイ（Nora Twomey）「ブレンダンとケルズの秘密」（"Brendan Et Le Secret De Kells"（英題：The Secret of Kells）〈製作国：フランス/アイルランド/ベルギー〉）

◇TV作品および受託作品
- ●クリスタル賞（最優秀テレビ作品）アレクセイ・アレクセイエフ（Alexei Alexeev ハンガリー）"LOG JAM" 各話タイトル："The Log"，"The Rain"，"The Moon"，"The Snake"
- ●テレビシリーズ特別賞　Pierre Coffin（フランス），Marco Allard（フランス），Mac Guff Ligne（フランス）"Pat et Stan" 各話タイトル：Jour de Bain
- ●最優秀TVスペシャル賞　フィリップ・ハント（Philip Hunt イギリス）"Lost and Found"
- ●受託作品—教育・科学・産業映画賞　Pete Bishop（イギリス）"How to Destroy the World：Rubbish"
- ●広告または宣伝映画賞　ダレン・ウォルシュ（Darren Walsh イギリス），Vince Squibb（イギリス）"Penguins"（BBC iPlayer）

◇最優秀ミュージックビデオ賞　Karni & Saul（イギリス）"Float"（Flogging Molly）
◇卒業制作
- ●最優秀卒業制作　Carlo Vogele（Gobelins, l'école de l'image, フランス）"For Sock's Sake"
- ●審査員特別賞　Benoît Bargeton, Yannick Lasfas, Rémy Froment, Nicolas Gracia（ESMA – École Supérieure des Métiers Artistiques, フランス）"Ex-E.T."
- ●特別賞　　　　Kuang Pei Ma（国立台湾芸術大学，台湾）"The Soliloquist"

◇その他の賞
- ●"CANAL+creative aids"賞　バスティアン・デュボア（Bastien Dubois フランス）"Madagascar, carnet de voyage"
- ●子ども審査員賞—短編作品　Jean-Christophe Lie（フランス）"L'homme à la Gordini"（英題：The Man in the Blue Gordini）
- ●子ども審査員賞—卒業制作　Alina Constantin（Volda University College, Essat – École Supérieure des Arts, ノルウェー/フランス）"Shrug"
- ●国際映画批評家連盟（FIPRESCI）賞　サンティアゴ・ブー・グラッソ（Santiago'Bou'Grasso アルゼンチン）"El Empleo"
- ●ユニセフ賞　　Hanna Heilborn, Aronowitsch David "Slavar"（英題：Slaves）〈製作国：スウェーデン〉

2010年
◇長編映画
- ●クリスタル賞（最優秀長編作品）ウェス・アンダーソン（Wes Anderson アメリカ）「ファンタスティック Mr.FOX」（"Fantastic Mr.Fox"）
- ●特別賞　　　　ドミニク・モンフェリー（Dominique Monféry）"Kerity la Maison des contes"（英題：Eleanor's Secret）〈製作国：フランス/イタリア〉
- ●観客賞　　　　ウェス・アンダーソン（Wes Anderson アメリカ）「ファンタスティック Mr.FOX」（"Fantastic Mr.Fox"）

◇短編映画

- アヌシークリスタル賞　アンドリュー・ルヘマン（Andrew Ruhemann），ショーン・タン（Shaun Tan）"The Lost Thing"〈製作国：イギリス/オーストラリア〉
- 審査員特別賞　アニータ・キリ（Anita Killi ノルウェー）「アングリーマン〜怒る男〜」（"Sinna mann"（英題：Angry Man））
- "Jean-Luc Xiberras"デビュー作品賞　Tom Haugomat（フランス），Bruno Mangyoku（フランス）"Jean-François"
- 特別賞　　　セオドア・ウシェフ（Theodore Ushev カナダ）「リップセットの日記」（"Les Journaux de Lipsett"（英題：Lipsett Diaries））

  Turgut Akacik（トルコ）"Don't Go"
- SACEM賞（オリジナル音楽）　アンドレアス・ヒュカーデ（Andreas Hykade ドイツ）"Love & Theft"
- 観客賞　　　アニータ・キリ（Anita Killi ノルウェー）「アングリーマン〜怒る男〜」（"Sinna mann"（英題：Angry Man））

◇TV作品および受託作品
- クリスタル賞（最優秀テレビ作品）　ヨハネス・ヴァイランド（Johannes Weiland ドイツ），ウエ・ハイドシュッター（Uwe Heidschötter ドイツ）"Der Kleine und das Biest"（仏題：Le Petit Garçon et le Monstre/英題：The Little Boy and the Beast）
- テレビシリーズ特別賞　ミッシェル・オスロ（Michel Ocelot フランス）"Dragons et Princesses"各話タイトル：Le garçon qui ne mentait jamais
- 最優秀TVスペシャル賞　Jakob Schuh（フランス），Max Lang（フランス）"The Gruffalo"
- 受託作品—教育・科学・産業映画賞　Sergio Basso（イタリア）"Giallo a Milano"
- 広告または宣伝映画賞　Pete Candeland "The Beatles：Rock Band"（Harmonix）〈製作国：イギリス/アメリカ〉
- 受託作品—ミュージックビデオ賞　川村真司，ハル・カークランド（Hal Kirkland），ナカムラマギコ，中村将良「日々の音色」（SOUR）（"Tone of Everyday"（SOUR）〈日本〉）

◇卒業制作
- 最優秀卒業制作　David François, Rony Hotin, Jérémie Moreau, Baptiste Rogron, Gaëlle Thierry, Maïlys Vallade（Gobelins, l'école de l'image, フランス）"The Lighthouse Keeper"
- 審査員特別賞　Paul Cabon（La Poudrière – école du film d'animation, フランス）"Sauvage"
- 特別賞　　　Angela Steffen（ドイツ）"Lebensader"

◇その他の賞
- 子ども審査員賞—短編作品　Turgut Akacik（トルコ）"Don't Go"
- 子ども審査員賞—卒業制作　Zhiyong Li（Communication University of China 中国）"Kungfu Bunny 3 — Counterattack"
- ユニセフ賞　アニータ・キリ（Anita Killi ノルウェー）「アングリーマン〜怒る男〜」（"Sinna mann"（英題：Angry Man））
- 国際映画批評家連盟（FIPRESCI）賞　Joanna Rubin Dranger "Fröken Märkvärdig & Karriären"（仏題：Mademoiselle Remarquable et sa carrière/英題：Miss Remarkable & Her Career）〈製作国：スウェーデン/アイルランド/デンマーク〉
- アヌシー2010 YouTube賞　Bernard Derriman（オーストラリア）"POP"
- "CANAL+creative aid"賞（短編作品）　Pierre Mousquet（ベルギー），Jérôme Cauwe（ベルギー）"Je te pardonne"（英題：I Forgive You）
- Anima-J 学校賞　Turgut Akacik（トルコ）"Don't Go"

2011年

◇長編映画

- クリスタル賞（最優秀長編作品） ジョアン・スファール（Joann Sfar フランス），Antoine Delesvaux（フランス）"Le Chat du Rabbin"
- 特別賞　　　　原恵一（日本）「カラフル」（"Colorful"）
- 観客賞　　　　原恵一（日本）「カラフル」（"Colorful"）

◇短編映画
- アヌシークリスタル賞 Patrick Jean（フランス）"Pixels"
- 審査員特別賞　ブルー（BLU イタリア）"Big Bang Big Boom"
- "Jean-Luc Xiberras"デビュー作品賞 Kamil Polak "Świteź"〈ポーランド/フランス/カナダ/スイス/デンマーク〉
- 特別賞　　　　Damian Nenow（ポーランド）"Paths of Hate"
- SACEM賞（オリジナル音楽） Timothy Quay（ポーランド），スティーヴン・クアイ（Stephen Quay ポーランド）"Maska"
- 子ども審査員賞―短編作品 グラント・オーチャード（Grant Orchard イギリス）"A Morning Stroll"
- 観客賞　　　　Juan Pablo Zaramella（アルゼンチン）"Luminaris"

◇TVおよび受託作品
- クリスタル賞（最優秀テレビ作品） Mic Graves, Ben Bocquelet "The Amazing World of Gumball" 各話タイトル：The Quest〈製作国：イギリス/フランス〉
- TVシリーズ特別賞 Arnaud Bouron「プチ・ニコラ」（"Le Petit Nicolas" 各話タイトル：À la récré on se bat〈製作国：フランス/ルクセンブルグ/インド〉）
- 最優秀TVスペシャル ヨハネス・ヴァイランド（Johannes Weiland），クラウス・モルシュホイザー（Klaus Morschheuser）"Das Bild der Prinzessin"（英題：Princess' Painting）〈製作国：ドイツ〉
- 教育・科学・産業映画賞 Denis Van Waerebeke（フランス）"Comment nourrir tout le monde？"
- 広告または宣伝映画賞 Olivier Jeannel（フランス）"Royaume du gnagnagna"（Canal J）
- 最優秀ミュージックビデオ Romain Chassaing（フランス）"I Own You"（Wax Tailor Featuring Charlie Winston）

◇卒業制作
- 最優秀卒業制作 Léonard Cohen（ENSAD – École nationale supérieure des Arts Décoratifs, フランス）"Plato"
- 審査員特別賞　Lucrèce Andreae, Alice Dieudonné, Tracy Nowocien, Florian Parrot, Ornélie Prioul, Rémy Schaepman（Gobelins, l'école de l'image, フランス）"Trois petits points"
- 特別賞　　　　Mikey Please（RCA – Royal College of Art, イギリス）"The Eagleman Stag"
- 子ども審査員賞―卒業制作 Léonard Cohen（ENSAD – École nationale supérieure des Arts Décoratifs, フランス）"Plato"

◇その他の賞
- ユニセフ賞　　Luc Vinciguerra（フランス）"L'apprenti Père Noël"
- 国際映画批評家連盟（FIPRESCI）賞 Juan Pablo Zaramella（アルゼンチン）"Luminaris"
- "CANAL+creative aid"賞（短編作品） オスマン・セルフォン（Osman Cerfon フランス）"Chroniques de la poisse"
- Fnac賞（長編作品） フェルナンド・トルエバ（Fernando Trueba スペイン），ハビエル・マリスカル（Javier Mariscal スペイン），トノ・エランド（Tono Errando スペイン）「チコとリタ」（"Chico & Rita"）
- アヌシー2011 YouTube賞 Peter Lowey（オーストラリア）"Sidewalk Scribble"

2012年
◇長編映画
- クリスタル賞（最優秀長編作品） アンカ・ダミアン（Anca Damian）「クルリク」（"Crulic –

drumul spre dincolo"〈製作国：ルーマニア/ポーランド〉〉
- 特別賞　　　　　イグナシオ・フェレラス（Ignacio Ferreras スペイン）"Arrugas"
- 観客賞　　　　　Laurent Boileau, Jung Henin "Couleur de peau：Miel"〈製作国：フランス/ベルギー/韓国/スイス〉

◇短編映画
- アヌシークリスタル賞　ミカエラ・パヴラトヴァ（Michaela Pavlátová）"Tram"〈フランス〉
- 審査員特別賞　フランク・ディオン（Franck Dion）"Edmond était un âne"〈製作国：フランス/カナダ〉
- "Jean-Luc Xiberras"デビュー作品賞　Florian Piento 「動じない」（"The People Who Never Stop"〈製作国：フランス/日本〉）
- 特別賞　　　　　Johan Oettinger（デンマーク）"Seven Minutes in the Warsaw Ghetto"
- SACEM賞（オリジナル音楽）水江未来（日本）"Modern No.2"
- 子ども審査員賞―短編作品　Pascual Pérez（スペイン）"História d'Este"
- 観客賞　　　　　アイザック・キング（Isaac King カナダ）"Second Hand"

◇TVおよび受託作品
- クリスタル賞（最優秀テレビ作品）Pete Browngardt（アメリカ）"Secret Mountain Fort Awesome" 各話タイトル：Nightmare Sauce
- TVシリーズ特別賞　Dave Merritt, Ray Jafelice "Stella and Sam" 各話タイトル：Voyage sur la lune〈製作国：カナダ〉
- TVスペシャル賞　ヨハネス・ヴァイランド（Johannes Weiland），ウエ・ハイドシュッター（Uwe Heidschötter）"The Gruffalo's Child"〈製作国：イギリス〉
- 教育・科学・産業映画賞　Pierre-Emmanuel Lyet（フランス）"Le Droit de suite"
- 広告または宣伝映画賞　Andrew Hall（アメリカ）"Stuff"（Red Cross）
- 最優秀ミュージックビデオ　Przemyslaw Adamski（ポーランド），Katarzyna Kijek（ポーランド）"Pirate's Life"（We Cut Corners）

◇卒業制作
- 最優秀卒業制作　Will Anderson（エジンバラ芸術学校，イギリス）"The Making of Longbird"
- 審査員特別賞　Boris Labbe（EMCA：Ecole des Métiers du Cinéma d'Animation, フランス）"Kyrielle"
- 特別賞　　　　　Viviane Karpp（La Poudriere，フランス）"Le Jardin enchanté"
- 子ども審査員賞―卒業制作　Jaime Maestro（PrimerFrame － Escuela de Animación，スペイン）"Friendsheep"

◇その他の賞
- ユニセフ賞　　　Laurent Boileau, Jung Henin "Couleur de peau：Miel"〈製作国：フランス/ベルギー/韓国/スイス〉
- 国際映画批評家連盟（FIPRESCI）賞　ミカエラ・パヴラトヴァ（Michaela Pavlátová）"Tram"〈フランス〉
- "CANAL+creative aid"賞（短編作品）Carlo Vogele（ルクセンブルグ）"Una furtiva lagrima"

2013年
◇長編映画
- クリスタル賞（最優秀長編作品）Luiz Bolognesi（ブラジル）"Uma História de Amor e Fúria"
- 特別賞　　　　　Marc Boréal, Thibaut Chatel "Ma maman est en Amérique, elle a rencontré Buffalo Bill"〈製作国：フランス，ルクセンブルク〉
- 観客賞　　　　　Fernando Cortizo（スペイン）"O Apóstolo"

◇短編映画
- アヌシークリスタル賞　クリス・ランドレス（Chris Landreth カナダ）"Subconscious Password"
- 審査員特別賞　Anna Budanova（ロシア）"Obida"
- デビュー作品賞　Paul Wenninger（オーストリア）"Trespass"

- "Jean-Luc Xiberras"デビュー作品賞 Robbe Vervaeke（ベルギー）"Norman"
- 特別賞　　　　Andres Tenusaar（エストニア）"Kolmnurga-afäär"
- SACEM賞（オリジナル音楽）Rosto Rosto（オランダ）"Lonely Bones"
- 子ども審査員賞—短編作品 Daniel Sousa（アメリカ）"Feral"
- 観客賞　　　　Augusto Zanovello（フランス）"Lettres de femmes"

◇TVおよび受託作品
- クリスタル賞（最優秀テレビ作品）Jan Lachauer（イギリス），Max Lang（イギリス）"Room on the Broom"
- クリスタル賞（最優秀受託作品）Julian Frost（オーストラリア）"Dumb Ways to Die"
- TVシリーズ特別賞 アンドレアス・ヒュカーデ（Andreas Hykade ドイツ）"Tom & The Queen Bee"
- TVスペシャル賞 Pierre-Luc Granjon（フランス），Antoine Lanciaux（フランス）"L'Automne de Pougne"
- 審査員特別賞　Peter Baynton（イギリス）"Benjamin Scheuer "The Lion""

◇卒業制作
- 最優秀卒業制作 Anita Kwiatkowska-naqvi（ポーランド）"Ab ovo"
- 審査員特別賞　Ainslie Henderson（イギリス）"I Am Tom Moody"
- 特別賞　　　　Matus Vizar（スロヴァキア）"Pandy"
- 子ども審査員賞—卒業制作 Peter Vacz（ハンガリー）"Rabbit and Deer"

◇その他の賞
- ユニセフ賞　　Raj Yagnik（イギリス），Mary Matheson（イギリス），Shona Hamilton（イギリス）"Because I'm a Girl"
- 国際映画批評家連盟（FIPRESCI）賞 セオドア・ウシェフ（Theodore Ushev カナダ）"Gloria Victoria"
- 国際映画批評家連盟（FIPRESCI）特別表彰 Daniel Sousa（アメリカ）"Feral"
- "CANAL+creative aid"賞（短編作品）Carl Roosens（ベルギー），Noémie Marsily（ベルギー）"Autour du lac"
- フェスティバル・コネクション賞 Daniel Sousa（アメリカ）"Feral"
- アヌシー観客チョイス Alexey Alexeev（ハンガリー）"KJFG No 5"

2014年
　◇長編映画
- クリスタル賞（最優秀長編作品）Alê Abreu（ブラジル）"O menino e o mundo"
- 審査員賞　　　ビル・プリンプトン（Bill Plympton アメリカ）"Cheatin'"
- 審査員特別表彰 西久保瑞穂（Mizuho Nishikubo 日本）"Giovanni no Shima"
- 観客賞　　　　Alê Abreu（ブラジル）"O menino e o mundo"

◇短編映画
- アヌシークリスタル賞 Dahee Jeong（フランス，韓国）"Man on the Chair"
- 審査員賞　　　Gerd Gockell（ドイツ，スイス）"Patch"
- "Jean-Luc Xiberras"デビュー作品賞 Mauro Carraro（フランス，スイス）"Hasta Santiago"
- 審査員特別表彰 TALI（カナダ）"Histoires de bus"
- SACEM賞（オリジナル音楽）Mauro Carraro（フランス，スイス）"Hasta Santiago"
- 子ども審査員賞—短編作品 TALI（カナダ）"Histoires de bus"
- 観客賞　　　　Éric Montchaud（フランス）"La Petite Casserole d'Anatole"
- "Off-Limits"賞 Nicolas Brault（カナダ）"Corps étrangers"

◇TVおよび受託作品
- クリスタル賞（最優秀テレビ作品）Burcu Sankur（フランス），Geoffrey Godet（フランス）"En sortant de l'école "Tant de forêts""
- クリスタル賞（最優秀受託作品）新井風愉（Fuyu Arai 日本）"Nepia "Tissue Animals""

- ●TVシリーズ審査員賞　Drew Hodges（アメリカ）"Tumble Leaf "Kite""
- ●TVスペシャル審査員賞　Rémi Durin, Arnaud Demuynck "Le Parfum de la carotte"〈製作国：フランス，ベルギー，スイス〉
- ●審査員賞　　　　Perrine Faillet（フランス）"Peau "Instant T""

◇卒業制作
- ●最優秀卒業制作　Daisy Jacobs（イギリス）"The Bigger Picture"
- ●審査員特別賞　Ines Christine Geisser（ドイツ），Kirsten Carina Geisser（ドイツ）"An Adventurous Afternoon"
- ●審査員特別表彰　Luca Toth（イギリス）"The Age of Curious"
- ●子ども審査員賞―卒業制作　Mikkel Okholm（デンマーク）"Interview"

◇その他の賞
- ●フェスティバル・コネクション賞　Anna Benner（イギリス），Pia Borg（イギリス），Gemma Burditt（イギリス）"Through the Hawthorn"
- ●国際映画批評家連盟（FIPRESCI）賞　Nicola Lemay（カナダ），ジャニス・ナドー（Janice Nadeau カナダ）"Nul poisson où aller"
- ●"Gan Foundation Aid for Distribution"賞　Simon Rouby（フランス）"Adama"
- ●"CANAL+creative aid"賞（短編作品）水江未来（Mirai Mizue 日本，フランス）"Wonder"

2015年
◇長編映画
- ●クリスタル賞（最優秀長編作品）　Franck Ekinci, Christian Desmares "Avril et le Monde truqué"〈製作国：フランス，カナダ，ベルギー〉
- ●審査員賞　　　　原恵一（Keiichi Hara 日本）「百日紅 Miss HOKUSAI」
- ●観客賞　　　　　Rèmi Chayé（デンマーク，フランス）"Tout en haut du monde"

◇短編映画
- ●アヌシークリスタル賞　コンスタンティン・ブロンジット（Konstantin Bronzit ロシア）"Mi ne mozhem zhit bez kosmosa"
- ●審査員賞　　　　Riho Unt（エストニア）"Isand"
- ●"Jean-Luc Xiberras"デビュー作品賞　Rosana Urbes（ブラジル）"Guida"
- ●審査員特別表彰　ドン・ハーツフェルト（Don Hertzfeldt アメリカ）"World of Tomorrow"
- ●SACEM賞（オリジナル音楽）Till Nowak（ドイツ）"Dissonance"
- ●子ども審査員賞―短編作品　コンスタンティン・ブロンジット（Konstantin Bronzit ロシア）"Mi ne mozhem zhit bez kosmosa"
- ●観客賞　　　　　ドン・ハーツフェルト（Don Hertzfeldt アメリカ）"World of Tomorrow"
- ●"Off-Limits"賞　Matthew Rankin（カナダ）"Mynarski chute mortelle"

◇TVおよび受託作品
- ●クリスタル賞（最優秀テレビ作品）　Éric Serre（フランス）"Hello World！ "Long-Eared Owl""
- ●クリスタル賞（最優秀受託作品）　Suresh Eriyat（インド）"Rotary "Fateline""
- ●TVシリーズ審査員賞　Siri Melchior（デンマーク，イギリス）"Rita og Krokodille "Fisketuren""
- ●TVスペシャル審査員賞　Clèmentine Robach（ベルギー，フランス）"La Moufle"
- ●審査員賞　　　　Yves Geleyn（イギリス）"NSPCC "Lucy and the Boy""

◇卒業制作
- ●最優秀卒業制作　Marcus Armitage（イギリス）"My Dad"
- ●審査員賞　　　　Nina Gantz（イギリス）"Edmond"
- ●審査員特別表彰　Lisa Matuszak（フランス）"Brume, cailloux et mètaphysique"
- ●子ども審査員賞―卒業制作　Xaver Xylophon（ドイツ）"Roadtrip"

◇その他の賞
- ●フェスティバル・コネクション賞　Sarah Van Den Boom（フランス，カナダ）"Dans les eaux

profondes"
- 国際映画批評家連盟（FIPRESCI）特別表彰　Rosana Urbes（ブラジル）"Guida"
- 国際映画批評家連盟（FIPRESCI）賞　Daniel Gray "Teeth"〈製作国：アメリカ，ハンガリー，イギリス〉
- "Gan Foundation Aid for Distribution"賞　Claude Barras "Ma vie de courgette"
- "CANAL+creative aid"賞（短編作品）　Nina Gantz（イギリス）"Edmond"
- アンドレ・マーティン賞（短編映画特別表彰）　Gabriel Harel（フランス）"Yùl et le Serpent"
- アンドレ・マーティン賞（短編映画）　Boris Labbé（フランス）"Rhizome"
- アンドレ・マーティン賞（長編映画）　ミシェル・ゴンドリー（Michel Gondry フランス）"Is The Man Who Is Tall Happy？： An Animated Conversation with Noam Chomsky"

37 アングレーム国際漫画祭 Festival International de la Bande Dessinée d'Angoulême

　1974年より毎年1月末にフランスのアングレームで開催されるヨーロッパ最大級の漫画祭。会期中には部門ごとの賞が授与され，最も優れた作品に贈られる最優秀作品賞，漫画の発展に寄与した作家に贈られるアングレーム市グランプリなどが選ばれる。
　＊日本人では手塚治虫（1999年），谷口ジロー（2001，2003，2005年），浦沢直樹（04，11年），中沢啓治（04年），夢枕獏（05年），辰巳ヨシヒロ（05，12年），水木しげる（07，09年），森薫（12年），鳥山明（13年），大友克洋（15年）が受賞

【締切・発表】2016年（第43回）は1月28～31日の日程で開催
【連絡先】71, rue Hergé, 16000 Angoulême, France【TEL】+ 33（0）5 45 97 86 50
【E-mail】info@bdangouleme.com
【URL】http://bdangouleme.com/

1974年
◇アングレーム市グランプリ　アンドレ・フランカン（André Franquin）
◇最優秀国内漫画家（dessinateur）賞　Alexis（本名＝Dominique Vallet）
◇最優秀国内作品シナリオ賞　Christian Godard
◇最優秀国内作品編集賞　Jacques Glénat
◇最優秀海外漫画家（dessinateur）賞　Victor de la Fuente
◇最優秀海外作品シナリオ賞　Roy Thomas
◇最優秀海外作品編集賞　National Lampoon
◇BD期待賞　　　　　Chiappori

1975年
◇アングレーム市グランプリ　ウィル・アイズナー（Will Eisner）
◇最優秀国内漫画家（dessinateur）賞　Jacques Tardi
◇最優秀国内作品シナリオ賞　Claire Bretécher
◇最優秀国内作品編集賞　Futuropolis
◇最優秀海外漫画家（dessinateur）賞　Dino Battaglia
◇最優秀海外作品シナリオ賞　Sydney Jordan
◇最優秀海外作品編集賞　Sugar
◇BD期待賞　　　　　Annie Goetzinger

1976年
◇アングレーム市グランプリ　René Pellos

◇最優秀国内漫画家 (dessinateur) 賞　André Chéret
◇最優秀国内作品シナリオ賞　ピエール・クリスタン (Pierre Christin)
◇最優秀海外漫画家 (dessinateur) 賞　リチャード・コーベン (Richard Corben)
◇最優秀海外作品シナリオ賞　ラウル・コーヴァン (Raoul Cauvin)
◇BD期待賞　　　　Jean-Claude Gal
◇プロモーションBD賞　Pierre Couperie, Henri Filippini, クロード・モリテルニ (Claude Moliterni) "L'Encyclopédie de la B.D."
◇最優秀国内リアリスティック作品　Christian Godard, Julio Ribera "L'Empire des soleils noirs" 〈Hachette〉
◇最優秀国内コミカル作品賞　ゴトリブ (Gotlib (Marcel Gotlieb)) "Gai Luron en écrase méchamment" 〈Audie〉
◇最優秀海外リアリスティック作品賞　ユーゴ・プラット (Hugo Pratt) "La Ballade de la mer salée" (伊題：Una ballata del mare salato) 〈Casterman〉
◇最優秀海外コミカル作品賞　Gordon Bess "La tribu terrible (Redeye)" 〈Lombard〉

1977年
◇アングレーム市グランプリ　ジジェ (本名=ジョセフ・ジラン) (Jijé (Joseph Gillain))
◇最優秀国内漫画家 (dessinateur) 賞　メビウス (ジャン・ジロー) (Moebius (Jean Giraud))
◇最優秀国内作品シナリオ賞　ジャック・ロブ (Jacques Lob)
◇最優秀海外漫画家 (dessinateur) 賞　Wally Wood (本名=Wallace Wood)
◇最優秀海外作品シナリオ賞　Willy Vandersteen
◇BD期待賞　　　　Régis Franc
◇最優秀国内リアリスティック作品　Annie Goetzinger "Casque d'or" 〈Jacques Glénat〉
◇最優秀国内コミカル作品賞　Yves Got, ルネ・ペティヨン (René Pétillon) "Le Baron noir" 〈Yves Got〉
◇最優秀海外リアリスティック作品賞　Hans Kresse "Les indiens" 〈Casterman〉
◇最優秀海外コミカル作品賞　Reg Smythe "Andy Capp：si c'est pas pire, ça ira！" 〈Sagédition〉
◇プロモーションBD賞　Gérard Jourd'hui (TF1プロデューサー)

1978年
◇アングレーム市グランプリ　ジャン・マルク=ライザー (Jean-Marc Reiser)
◇最優秀国内漫画家 (dessinateur) 賞　Paul Gillon
◇最優秀国内作品シナリオ賞　ジェラール・ロジェ (Gérard Lauzier)
◇最優秀海外漫画家 (dessinateur) 賞　Derib (Claude de Ribeaupierre)
◇最優秀海外作品シナリオ賞　Sirius (本名=Max Mayeu)
◇BD期待賞　　　　Christian Binet
◇最優秀国内コミカル作品賞　F'Murr "Barre-toi de mon herbe" 〈Dargaud〉
◇最優秀国内リアリスティック作品　Jacques Martin "Alix (T13)：Le spectre de Carthage" 〈Casterman〉
◇最優秀海外コミカル作品賞　Jean Roba "Boule et Bill" 〈Dupuis〉
◇最優秀海外リアリスティック作品賞　ホセ・ムニョース (José Muñoz), Carlos Sampayo "Alack Sinner" 〈Casterman〉
◇プロモーションBD賞　l'institut Saint-Luc de Bruxellesの学生の共同作品 "Le 9e Rêve"

1979年
◇アングレーム市グランプリ　Marijac (Jacques Dumas)
◇最優秀漫画家 (dessinateur) 賞　Daniel Ceppi
◇最優秀シナリオ賞　Ted Benoît
◇BD期待賞　　　　Jean-Pierre Gibrat, Jackie Berroyer "Dossier Goudard" 〈square〉

1980年
　◇アングレーム市グランプリ　Fred（Othon Aristidès）
　◇最優秀漫画家（dessinateur）賞　François Bourgeon
　◇最優秀シナリオ賞　Jean-Claude Forest
　◇BD期待賞　　　Marc Wasterlain
　◇プロモーションBD賞　"Découverte du monde"〈Larousse〉
1981年
　◇アングレーム市グランプリ　メビウス（ジャン・ジロー）（Moebius（Jean Giraud））
　◇最優秀作品賞　カルロス・ギメネス（Carlos Gimenez）"Paracuellos"〈Audie〉
　　　　　　　　　Didier Comès "Silence"〈Casterman〉
　◇子ども賞　　　Jean Roba "Boule et Bill（T18）：Bill est maboul"〈Dupuis〉
　◇期待賞　　　　ダニエル・グーセンス（Daniel Goossens）"La vie d'Einstein"〈Audie〉
　◇同人誌賞（Saucisson Smith賞）　"Plein La Gueule Pour Pas Un Rond（P.L.G.P.P.U.R.）"〈フランス・モンルージュ〉
　　　　　　　　　"Basket Bitume"〈Tours〉
　◇「エル」読者賞　ユーゴ・プラット（Hugo Pratt）
1982年
　◇アングレーム市グランプリ　Paul Gillon
　◇最優秀作品賞　Cosey "Kate"〈Lombard〉
　◇子ども賞　　　デリブ（Derib），Job "Yakari（T6）：Le secret de petit tonnerre"〈Casterman〉
　◇同人誌賞　　　"Plein La Gueule Pour Pas Un Rond（P.L.G.P.P.U.R.）"
　　　　　　　　　"Instant pathétique"
　◇将来賞　　　　Jacques-Henri Tournadre
　◇TF1賞　　　　Mohamed Aouamri
　◇10周年記念特別グランプリ　Claire Bretécher
1983年
　◇アングレーム市グランプリ　Jean-Claude Forest
　◇最優秀作品賞　ホセ・ムニョース（José Muñoz），Carlos Sampayo "Alack Sinner（T2）：Flic ou privé"〈Casterman〉
　◇子ども賞　　　Michel Faure，Robert Genin "L'étalon noir"〈Hachette〉
　◇プレス賞　　　Tanino Liberatore（Gaetano Liberatore），Stefano Tamburini "Ranxerox"
　◇同人誌賞　　　"Dommage"〈フランス・コンフォラン〉
　◇将来賞　　　　Thierry Clavaud（フランス・リモージュ）
1984年
　◇アングレーム市グランプリ　Jean-Claude Mézières
　◇最優秀作品賞　アッティロ・ミケルッツィ（Attilo Micheluzzi）"A la recherche des guerres perdues"〈Humanoïdes Associés〉
　◇子ども賞　　　Peyo "Les schtroumpfs olympiques"〈Dupuis〉
　◇プレス賞　　　Yann，Didier Conrad "Bob Marone"〈Glénat〉
　◇同人誌賞　　　"Lard Frit"〈format 9×13〉
　◇将来賞　　　　Bruno Barbier（フランス・ナント）
　◇BD批評家協会（ACBD）賞　Jean Teulé "Bloody Mary"〈Glénat〉
1985年
　◇アングレーム市グランプリ　Jacques Tardi
　◇最優秀作品賞　フランソワ・シュイッテン（François Schuiten），Benoît Peeters "La fièvre d'Urbicande"〈Casterman〉
　◇最優秀外国語デビュー作品賞　バル（Baru）"Quéquette blues"〈Dargaud〉

◇子ども賞　　　　Philippe Sternis, Patrick Cothias "Trafic"〈Bayard〉
◇学校賞　　　　　Luong Dien Phong, Laurent Pavesi, Pascal Masslo
◇同人誌賞　　　　"Pizza"〈フランス・ナント〉
◇将来賞　　　　　Daniel Germain（フランス・ショレ）, Christophe Bonnaud（フランス・ショレ）
◇Bloody Mary賞（ACBD）　フランソワ・ブーク（François Boucq）"Les Pionniers de l'aventure humaine"〈Casterman〉
◇FM-BD賞（Lucien賞）　François Bourgeon "Les Passagers du vent, Le Bois d'Ebène"〈Glénat〉
◇TF1賞　　　　　Pierre Makyo, Laurent Vicomte "Balade au bout du monde"〈Glénat〉
◇Témoignage Chrétien賞　Jean-Marc Rochette, ジャック・ロブ（Jacques Lob）"Le Transperceneige"〈Casterman〉
◇Bibliothèque Municipale読者賞　Vink "Le Moine Fou"〈Dargaud〉
　　　　　　　　　Servais "Tendre Violette"〈Casterman〉
　　　　　　　　　Pierre Makyo "Grimion Gant de Cuir"〈Glénat〉

1986年
◇アングレーム市グランプリ　ジャック・ロブ（Jacques Lob）
◇最優秀作品賞　　フランソワ・ブーク（François Boucq）, ジェローム・チャーリン（Jerome Charyn）"La femme du Magicien"〈Casterman〉
◇Bloody Mary賞（ACBD）　Cromwell, Riff Reb's, Ralph "Le Bal de la sueur"〈EDS〉
◇子ども賞　　　　De Gieter "Papyrus (T8)：La Métamorphose d'Imhotep"

1987年
◇アングレーム市グランプリ　エンキ・ビラル（Enki Bilal）
◇最優秀作品賞　　Jean-Pierre Autheman "Vic Valence：Une nuit chez Tennessee"〈Glénat〉
◇将来賞　　　　　O'Groj
◇子ども賞　　　　Didier Savard, Jean-Claude Forest "Léonid Beaudragon (T1)：Le fantôme du Mandchou fou"〈Bayard〉
◇Bloody Mary賞（ACBD）　Jean-Louis Tripp, Marc Barcelo "Jacques Gallard (T2)：Soviet Zig Zag"〈Milan〉

1988年
◇アングレーム市グランプリ　フィリップ・ドリュイエ（Philippe Druillet）
◇最優秀作品賞　　アート・スピーゲルマン（Art Spiegelman）「マウス―アウシュヴィッツを生きのびた父親の物語」（"Maus：Un Survivant Raconte"〈Flammarion〉）
◇将来賞　　　　　Mazan（Pierre Lavaud）
◇青少年向け作品賞　Bob de Moor "Cori le moussaillon：L'expédition maudite"〈Casterman〉
◇子ども賞　　　　Gine（Christian Gine）, Didier Convard "Neige (T1)：Les brumes aveugles"〈Lombard〉
◇15周年記念賞　　ユーゴ・プラット（Hugo Pratt）

1989年
◇アングレーム市グランプリ　ルネ・ペティヨン（René Pétillon）
◇最優秀作品賞　　Yann, Frank Le Gall "Théodore Poussin (T3)：Marie Vérité"〈Dupuis〉
◇Bloody Mary賞（ACBD）　René Sterne "Adler (T2)：Le repaire du Katana"〈Lombard〉
◇読者賞　　　　　Grzegorz Rosinski, Jean Van Hamme "Le Grand Pouvoir du Chninkel"
◇ユーモア賞　　　フロラース・セタ（Florence Cestac）"Harry Mickson (T6)：Les vieux copains plein de pépins"
◇心臓の鼓動賞　　デュピィ＆ベルベリアン（Dupuy-Berberian（Philippe Dupuy, Charles Berberian）"Le Journal d'Henriette"

1990年
- ◇アングレーム市グランプリ マックス・カバンヌ（Max Cabanes）
- ◇最優秀作品賞　　Jano "Gazoline et la planète rouge"〈L'Echo des Savanes, Albin Michel〉
- ◇読者賞　　　　　Frank, Bom "Broussaille（T3）：La nuit du chat"
- ◇ユーモア賞　　　Dominique Gelli, Tronchet "Raoul Fulgurex（T1）：Dans le secret du mystère"
- ◇Bloody Mary賞（ACBD）Fred Beltran "Le Ventre du Minotaure"〈Les Humanoïdes Associés〉

1991年
- ◇アングレーム市グランプリ ゴトリブ（Gotlib（Marcel Gotlieb））
- ◇最優秀作品賞　　バル（Baru）, Jean-Marc, Thévenet, Daniel Ledran "Le chemin de l'Amérique"〈L'Echo des Savanes, Albin Michel〉
- ◇ユーモア賞　　　F'Murr "Le pauvre chevalier"
  ダニエル・グーセンス（Daniel Goossens）"Encyclopédie des bébés（T3）：Psychanalyse du nourrisson"
- ◇子ども賞　　　　Stéphane Colman, Stephen Desberg "Billy the cat：Dans la peau d'un chat"〈Dupuis〉
- ◇Bloody Mary賞（ACBD）Christophe Gibelin, Claire Wendling "Las Lumières de l'Amalou（T1）：Théo"〈Delcourt〉

1992年
- ◇アングレーム市グランプリ フランク・マルジュラン（Frank Margerin）
- ◇最優秀作品賞　　エドモン・ボードワン（Edmond Baudoin）"Couma Aco"〈Futuropolis〉
- ◇読者賞　　　　　レジス・ロワゼル（Régis Loisel）"Peter Pan"
- ◇心臓の鼓動賞　　Fabrice Lamy, Olivier Vatine, Alain Clément "Adios Palomita"
- ◇ユーモア賞　　　Tome, Janry "Le Petit Spirou（T2）：Tu veux mon doigt？"
- ◇Bloody Mary賞（ACBD）Jean-Luc Abiven "La bretelle ne passera pas！"〈Rackham〉

1993年
- ◇アングレーム市グランプリ ジェラール・ロジェ（Gérard Lauzier）
- ◇最優秀作品賞　　Edith, Yann "Basil et Victoria（T2）：Jack"〈Les Humanoïdes Associés〉
- ◇最優秀シナリオ賞 Cosey "Saïgon-Hanoï"
- ◇ユーモア賞　　　Tronchet "Raymond Calbuth（T4）：Chasseur de Gloire"
- ◇Bloody Mary賞（ACBD）Jean-Philippe Stassen, Denis Lapière "Le Bar du Vieux Français（T1）"〈Dupuis〉
- ◇読者賞　　　　　Le Gall "Théodore Poussin：Un passager porté disparu"
- ◇20周年記念賞　　モリス（Morris）

1994年
- ◇アングレーム市グランプリ ニキータ・マンドリカ（Nikita Mandryka）
- ◇最優秀作品賞　　Fred "L'Histoire du Corbac aux Baskets"〈Dargaud〉
- ◇Bloody Mary賞（ACBD）Frédéric Bézian "Adam Sarlech（T3）：Le testament sous la neige"
- ◇心臓の鼓動賞　　ルイス・トロンダイム（Lewis Trondheim）"Slaloms"
- ◇最優秀シナリオ賞 Marc-Antoine Mathieu "Julius Corentin Acquefacques, prisonnier des rêves（T3）：Le Processus"
- ◇読者賞　　　　　Jacques Tardi "Jeux pour mourir"

1995年
- ◇アングレーム市グランプリ フィリップ・ヴィルマン（Philippe Vuillemin）
- ◇最優秀作品賞　　Vittorio Giardino "Jonas Fink（T1）：L'enfance"〈Casterman〉
- ◇Bloody Mary賞（ACBD）ティエリ・グルンステン（Thierry Groensteen）率いるグループ "L'Argent Roi"

◇心臓の鼓動賞　　Fabrice Lebeault "Horologiom (T1)：L'Homme sans Clé"
◇最優秀歴史賞（最優秀シナリオ賞？）Parras, Patrick Cothias "Le Lièvre de Mars (T2)"
◇読者賞　　　　　レジス・ロワゼル (Régis Loisel) "Peter Pan (T3)"
◇最優秀作品賞　　Fred "L'Histoire du Corbac aux Baskets" 〈Dargaud〉

1996年
◇アングレーム市グランプリ　アンドレ・ジュイヤール (André Juillard)
◇最優秀作品賞　　バル (Baru) "L'Autoroute du soleil" 〈Dargaud〉
◇最優秀シナリオ賞　Georges Bess, Alejandro Jodorowsky "Juan Solo (T1)：Fils de flingue"
◇ユーモア賞　　　ウィレム (Willem) "Poignées d'amour"
◇心臓の鼓動賞　　Fabio "L'OEil du chat"
◇子ども向け作品賞（9才～12才対象）ゼップ (Zep) "Titeuf (T4) C'est pô juste！"

1997年
◇アングレーム市グランプリ　ダニエル・グーセンス (Daniel Goossens)
◇最優秀作品賞　　Nicolas Dumontheuil "Qui a tué l'idiot？" 〈Casterman〉
◇最優秀シナリオ賞　エドモン・ボードワン (Edmond Baudoin) "Le Voyage" 〈l'Association〉
◇読者賞　　　　　Jean Van Hamme, Ted Benoît "Blake et Mortimer (T13)：L'affaire Francis Blake"
◇心臓の鼓動賞　　Fabrice Neaud "Journal (I)"
◇批評家賞 (ACBD) Alain Bignon "Il faut le croire pour le voir" 〈Dargaud〉
◇ユーモア賞　　　フロラース・セタ (Florence Cestac) "Le démon de midi － Ou "Changement d'herbage réjouit les veaux""

1998年
◇アングレーム市グランプリ　フランソワ・ブーク (François Boucq)
◇最優秀作品賞　　ニコラ・ド・クレシー (Nicolas de Crécy), シルヴァン・ショメ (Sylvain Chomet) "Léon la Came (T2)：Laid pauvre et malade" 〈Casterman〉
◇最優秀海外作品賞　ジョー・キューバート (Joe Kubert) "Fax de Sarajevo" 〈Vertige Graphic〉
◇最優秀シナリオ賞　Loustal, Paringaux "Kid Congo" 〈Casterman〉
◇心臓の鼓動賞　　ジョアン・スファール (Joann Sfar), Emmanuel Guibert "La Fille du professeur" 〈Dupuis〉
◇ユーモア賞　　　Tronchet "Jean-Claude Tergal (T6)：Portraits de famille" 〈Fluide glacial〉
◇子ども向け作品賞（7才～8才対象）Isabelle, Wilsdorf "Jojo et Paco font la java" 〈Delcourt〉
◇子ども向け作品賞（9才～12才対象）Arleston Scotch, Jean-Louis Mourier "Trolls de Troy：Histoire de Trolls" 〈Soleil〉
◇読者賞　　　　　François Bourgeon, Claude Lacroix "Le Cycle de Cyann (T2) Six saisons sur IlO" 〈Casterman〉
◇同人誌賞　　　　"Drozophile"
◇学校賞　　　　　Richard Memeteau (Lycée Jehan de Beauce, フランス・シャルトル)
◇"プロの種"賞　　Yann-Joseph Provost (フランス・ブレスト)
　　　　　　　　　Christophe Fanzine (フランス・ブレスト)
◇コミュニケーション賞　フランソワ・ブーク (François Boucq) "Théâtre du Granit：Scène Nationale de Belfort"
◇René Goscinny賞　Emmanuel Guibert, ジョアン・スファール (Joann Sfar) "La Fille du professeur" 〈Dupuis〉
◇BD専門書店賞　　Gibrat "Le Sursis" 〈Dupuis〉
◇L'Ecole de l'Image賞　クリス・ウェア (Chris Ware)
◇Bloody Mary賞 (ACBD)　パスカル・ラバテ (Pascal Rabaté) "Un Ver dans le fruit" 〈Vents d'Ouest〉
　●批評グランプリ (ACBD)・スペシャルメンション　Michel Crespin

◇フランス語圏キリスト教会賞・スペシャルメンション　エドモン・ボードワン（Edmond Baudoin）"Abbé Pierre, le défi"

1999年
◇アングレーム市グランプリ　ロバート・クラム（Robert Crumb）
◇最優秀作品賞　　デュピィ&ベルベリアン（Dupuy-Berberian（Philippe Dupuy, Charles Berberian））"Monsieur Jean（T4）：Vivons heureux sans en avoir l'air"〈Les Humanoïdes Associés〉
◇最優秀シナリオ賞　Carlos Trillo, Domingo Mandrafina "La Grande Arnaque"
◇心臓の鼓動賞　　Christophe Chabouté "Quelques jours d'été"〈Paquet〉
◇ユーモア賞　　Claire Bretécher "Agrippine（T5）：Agrippine et l'ancêtre"
◇批評家賞（ACBD）　Lax, Frank Giroud "Azrayen（T1）"〈Dupuis〉
◇協会賞　　Farid Boudjellal "Petit polio（T1）"
　●スペシャル・メンション　手塚治虫　「ブッダ」8巻（"Buddha"（T8））
　　　　　　　　　アルベール・ユデルゾ（Albert Uderzo）

2000年
◇アングレーム市グランプリ　フロラース・セタ（Florence Cestac）
◇最優秀作品賞　　パスカル・ラバテ（Pascal Rabaté）「イビクス―ネグゾーロフの数奇な運命」（"Ibicus（T2）"〈Vents d'Ouest〉）
◇ユーモア賞　　ブリュチ（Blutch）"Blotch le roi de Paris"
◇最優秀シナリオ賞　David B. "L'Ascension du Haut Mal（T4）"
◇読者賞　　Michel Plessix "Le Vent dans les saules（T3）：L'échappée belle"
◇子ども向け作品賞（9才～12才対象）　Christophe Arleston, Didier Tarquin "Lanfeust de Troy（T7）：Les Pétaures se cachent pour mourir"

2001年
◇アングレーム市グランプリ　マルタン・ヴェイロン（Martin Veyron）
◇最優秀作品賞　　ルネ・ペティヨン（René Pétillon）"Jack Palmer：L'Enquête corse"〈Albin Michel〉
◇最優秀外国作品賞　Carlos Nine "Le canard qui aimait les poules"
◇最優秀シナリオ賞　エドモン・ボードワン（Edmond Baudoin），フレッド・ヴァルガス（Fred Vargas）"Les quatre fleuves"〈Viviane Hamy〉
◇心臓の鼓動賞　　マルジャン・サトラピ（Marjane Satrapi）「ペルセポリスⅠイランの少女マルジ」（"Persepolis（T1）"〈l'Association〉）
◇子ども向け作品賞（7才～8才対象）　Sandrine Revel, Denis-Pierre Fillipi "Un zoo à New York（T2）：Un drôle d'ange gardien"〈Delcourt〉
◇子ども向け作品賞（9才～12才対象）　Pica, Erroc "Les profs（T1）：interro Surprise"〈Bamboo〉
◇読者賞　　Binet "Les Bidochon usent le forfait"〈Audie-Fluide Glacial〉
◇同人誌賞　　"Stripburger"〈スロベニア〉
◇学校賞　　Vincent Perriot "Jacek Fras"〈Pologne〉
◇若い才能賞（アマチュア作家）　Jack Fras
◇René Goscinny賞/フランス情報賞　Jean-Philippe Stassen "Déogratias"〈Dupuis〉
◇書店賞　　Cécil, Corbeyran（Éric Corbeyran）"Réseau Bombyce"〈Humanoïdes associés〉
◇L'école supérieure de l'image賞　Carlos Nine
◇全仏キリスト協会コミック審査員会賞　谷口ジロー　「父の暦」（"Le Journal de mon père"〈Casterman〉）
◇批評家賞（ACBD）　エディ・キャンベル（Eddie Campbell），アラン・ムーア（Alan Moore）「フロム・ヘル」（"From Hell"〈Delcourt〉）

2002年
◇アングレーム市グランプリ　フランソワ・シュイッテン（François Schuiten）

- ◇最優秀作品賞　　クリストフ・ブラン（Christophe Blain）"Isaac le pirate（T1）：les Amériques"〈Dargaud〉
- ◇最優秀美術賞　　Jacques Tardi, ジャン・ヴォートラン（Jean Vautrin）"Le Cri du peuple（T1）：les Canons du 18 mars"
- ◇読者賞　　Jacques Tardi, ジャン・ヴォートラン（Jean Vautrin）"Le Cri du peuple（T1）：les Canons du 18 mars"
- ◇最優秀シナリオ賞　　マルジャン・サトラピ（Marjane Satrapi）「ペルセポリスＩ イランの少女マルジ」（"Persepolis（T2）" ※日本語版第1巻はフランス語版の1・2巻分）
- ◇最優秀デビュー作品賞　　マチュー・ブランシャン（Matthieu Blanchin）"Le Val des ânes"
- ◇René Goscinny賞　　エミール・ブラヴォ（Émile Bravo）"Les aventures de Jules（T2）：La Réplique inattendue"
- ◇批評家賞（ACBD）　　Howard Cruse "Un monde de différence"〈Vertige Graphic〉

2003年
- ◇アングレーム市グランプリ　　レジス・ロワゼル（Régis Loisel）
- ◇最優秀作品賞　　クリス・ウェア（Chris Ware）「ジミーコリガン」（"Jimmy Corrigan：The Smartest Kid on Earth"〈Delcourt〉）
- ◇批評家賞（ACBD）　　クリス・ウェア（Chris Ware）「ジミーコリガン」（"Jimmy Corrigan：The Smartest Kid on Earth"〈Delcourt〉）
- ◇最優秀シナリオ賞　　谷口ジロー「遥かな町へ」（"Quartier lointain（T1）"）
- ◇Canal BD賞　　谷口ジロー「遥かな町へ」（"Quartier lointain（T1）"）

2004年
- ◇アングレーム市グランプリ　　ゼップ（Zep）
- ◇最優秀作品賞　　Manu Larcenet "Le combat ordinaire"〈Dargaud〉
- ◇最優秀デザイン賞　　フアーノ・ガルニド（Juanjo Guarnido）, フアン・ディアス・カナレス（Juan Díaz Canales）"Blacksad（T2）：Artic Nation"〈Dargaud〉
- ◇最優秀シナリオ賞　　ニール・ゲイマン（Neil Gaiman）"Sandman（T4）：La Saison des brumes"〈Delcourt〉
- ◇最優秀デビュー作品賞　　Renaud Dillies, Anne-Claire Jouvray "Betty Blues"〈Paquet〉
- ◇最優秀シリーズ賞　　浦沢直樹「20世紀少年」（"20th Century Boy"〈Panini Comics〉）
- ◇遺産賞　　A.B.Frost "L'Anthologie"〈Edition de l'An 2〉
- ◇子ども向け作品賞（9才〜12才対象）　　Crisse, Keramidas "Luuna（T2）：le Crépuscule du lynx"〈Soleil〉
- ◇子ども向け作品賞（7才〜8才対象）　　ジョアン・スファール（Joann Sfar）"Petit Vampire（T5）：La soupe au caca"〈Delcourt〉
- David Chauvel, Fred Simon "POPOTKA Le petit sioux（T2）：Mahto"〈Delcourt〉
- ◇同人誌賞　　Sylvia Farago "Sturgeon White Moss"〈White Moss Press〉
- ◇読者賞　　フアーノ・ガルニド（Juanjo Guarnido）, フアン・ディアス・カナレス（Juan Díaz Canales）"Blacksad（T2）：Artic Nation"〈Dargaud Editeur〉
- ◇ヒマワリ賞（環境保護に関する最優秀コミック賞）　　中沢啓治「はだしのゲン」（"Gen d'Hiroshima（T1）"）
- ジョアン・スファール（Joann Sfar）

2005年
- ◇アングレーム市グランプリ　　ジョルジュ・ウォランスキ（Georges Wolinski）
- ◇最優秀作品賞　　マルジャン・サトラピ（Marjane Satrapi）「鶏のプラム煮」（"Poulet aux prunes"）
- ◇最優秀美術賞　　夢枕獏（［原作］）, 谷口ジロー（［作画］）「神々の山嶺」（"Le Sommet des dieux（T2）"）
- ◇功労賞　　辰巳ヨシヒロ

2006年
◇アングレーム市グランプリ ルイス・トロンダイム (Lewis Trondheim)
◇最優秀作品賞　Gipi "Notes pour une histoire de guerre"〈Actes Sud BD〉
◇最優秀美術賞　Gibrat "Le Vol du corbeau(T2)"〈Dupuis〉
◇最優秀シナリオ賞 エティエンヌ・ダヴォドー (Étienne Davodeau) "Les Mauvaises Gens"〈Delcourt〉
◇最優秀デビュー作品賞 Marguerite Abouet, クレマン・ウブルリ (Clément Oubrerie) "Aya de Yopougon(T1)"〈Gallimard〉
◇遺産賞　　　　ジェイム・ヘルナンデス (Jaime Hernandez) "Locas(T1)"〈Seuil〉
◇最優秀シリーズ賞 フアーノ・ガルニド (Juanjo Guarnido), フアン・ディアス・カナレス (Juan Díaz Canales) "Blacksad"〈Dargaud〉
◇子ども向け作品賞(9才〜12才対象)　Jean-David Morvan, Philippe Buchet "Sillage：Nature humaine"〈Delcourt〉
◇読者賞　　　　エティエンヌ・ダヴォドー (Étienne Davodeau) "Les Mauvaises Gens"〈Delcourt〉

2007年
◇アングレーム市グランプリ ホセ・ムニョース (José Muñoz)
◇最優秀作品賞　水木しげる 「のんのんばあとオレ」("Non Non Bâ"〈Cornélius〉)
◇優秀賞　　　　チャールズ・バーンズ (Charles Burns) "Black Hole"〈Delcourt〉
　　　　　　　　Ludovic Debeurme "Lucille"〈Futuropolis〉
　　　　　　　　フレデリック・ペータース (Frederik Peeters) "Lupus"〈Atrabile〉
　　　　　　　　Emmanuel Guibert, Didier Lefèvre, Frédéric Lemercier "Le photographe"〈Dupuis〉
　　　　　　　　Olivier Ka, Alfred "Pourquoi j'ai tué Pierre"〈Delcourt〉
●新人賞 (Révélation賞)　Jérôme Mulot, Florent Ruppert "Panier de singe"〈L'Association〉
◇遺産賞　　　　Touïs, Gérald Frydman "Sergent Laterreur"〈L'Association〉
◇子ども向け作品賞(7才〜8才対象)　Mike Bullock, Jack Lawrence "Tigres et nounours"〈Angle comics / Bamboo〉
◇子ども向け作品賞(9才〜12才対象)　Bruno Gazzotti, Fabien Vehlmann "Seuls(T1)：La disparition"〈Dupuis〉
◇若い才能賞
　●第1席　　　Kyung Eun-Park
　●第2席　　　Grazia La Padula
　●第3席　　　Dominique Mermoux
◇学校賞
　●全部門　　　Lucrèce Andreae (Lycée François Magendie de Bordeaux, フランス・ジロンド)
　　　　　　　　Juliette Mancini (Lycée Jean-Paul Sartre de Bron, フランス・ローヌ) "Catégorie Humour"
　●グラフィティー部門　Louis Donnot (Lycée de Lagny sur Marne, フランス・セーヌ=エ=マルヌ)
　●シナリオ部門　Luca Oliveri (Lycée Gabriel Fauré d'Annecy, フランス・オート=サヴォワ)
◇青少年スポーツ省賞 Maison de la culture et des loisirs de la Roche Posay (フランス・ヴィエンヌ)
　　　　　　　　Centre de loisirs de Saint Xandre (フランス・シャラント=マリティーム)
　　　　　　　　Tickets Sports Loisirs (フランス・モルビアン)
　　　　　　　　Centre social et culturel Les épis (フランス・ムルト=エ=モゼル)
◇Collégiens de Poitou-Charentes賞 Isabelle Dethan, Mazan (Pierre Lavaud) "Khéti, fils du Nil(T1)：Au delà des portes"〈Delcourt jeunesse〉

◇読者賞　　　　　　Olivier Ka, Alfred "Pourquoi j'ai tué Pierre"〈Delcourt〉
◇同人誌またはオルタナティブBD賞　"Canicola"〈イタリア・ボローニャ〉
◇パートナー賞部門
　● RTLグランプリ　Christophe Chabouté "Henri Désiré Landru"〈Vents d'Ouest〉
　● René Goscinny賞　Ludovic Debeurre "Lucille"〈Futuropolis〉
　● "Décoincer la bulle"賞　Christophe Marchetti "La Tranchée"〈Vents d'Ouest〉
　● "Regards sur la ville"賞　Francis Desharnais（ケベック州の受賞者）
　　　　　　　　　　　　Jean-François Barthelemy（フランスの受賞者）

2008年
◇アングレーム市グランプリ　デュピイ＆ベルベリアン（Dupuy-Berberian（Philippe Dupuy, Charles Berberian））
◇最優秀作品賞　　　ショーン・タン（Shaun Tan）"Là où vont nos pères"〈Dargaud〉
◇読者賞（Fnac-SNCF賞）Catel, José-Louis Bocquet "Kiki de Montparnasse"〈Casterman〉
◇優秀賞　　　　　　Rutu Modan "Exit Wounds"〈Actes Sud BD〉
　　　　　　　　　　パスカル・ラバテ（Pascal Rabaté）, ダヴィッド・プリュドム（David Prudhomme）"La Marie en Plastique"〈Futuropolis〉
　　　　　　　　　　Jean Regnaud, エミール・ブラヴォ（Émile Bravo）"Ma maman est en Amérique, elle a rencontré Buffalo Bill"〈Gallimard〉
　　　　　　　　　　Pierre Dragon, フレデリック・ペータース（Frederik Peeters）"R.G."〈Gallimard〉
　　　　　　　　　　シリル・ペドロサ（Cyril Pedrosa）"Trois Ombres"〈Delcourt〉
◇優秀新人賞（Révélation）Isabelle Pralong "L'éléphant"〈Vertige Graphic〉
◇遺産賞　　　　　　トーベ・ヤンソン（Tove Jansson）「ムーミン」（"MOOMIN"〈Le petit Lézard〉）
◇子ども向け作品賞　Philippe Buchet, Jean-David Morvan "Sillage (T10)：Retour de flammes"〈Delcourt〉
◇オルタナティブBD賞　"Turkey Comics n° 16"
◇Collégiens de Poitou-Charentes賞　Laurent Galandon, Arno Monin "L'envolée sauvage"〈Bamboo édition〉
◇青少年スポーツ省賞　Lucie Rossignol（Centre Social de Beauregard, フランス・ナンシー）
　　　　　　　　　　Lorène Mageot, Amaury Génin, Quentin Mercier-Martineau（MJC Beauregard, フランス・ナンシー）
　　　　　　　　　　Teacy Koh, Linda Koh, Ophélie Lionard, Alexis Koch, Marc Koch（Centre social et culturel "Les Epis", フランス・リュネヴィル）
　　　　　　　　　　Mazarine Wagner, Samir Bounar（Centre Social de Beauregard, フランス・ナンシー）
　　　　　　　　　　Hugo Raignoux, Maxime Husson（Centre Social de Beauregard, フランス・ナンシー）
◇L'Office Franco-Québécois賞　Kim Gérard, Mathieu Cousin
◇若い才能賞
　● 第1席　　　Patrick Morin "MAROC"
　● 第2席　　　Camille Burger "ZOOLAND TROOPERZ"
　● 第3席　　　Julien Desailly "Les mains libres"
◇学校賞　　　　　　Richard Beaumois（Lycée Jean-Paul Sartre à Bron）
◇グラフィックス賞　Mina Perrichon（Lycée Jean Daudet à La Rochelle）
◇最優秀シナリオ賞　Vincent Caut（Lycée Jacques Amyot à Melun）
◇ユーモア賞　　　　Louis Granet（Lycée François Magendie à Bordeaux）
◇L'Ecole de l'Image賞　Kiriko Nananan

◇René Goscinny賞　Jul "Le guide du moutard"〈Vents des Savanes〉

2009年
　◇アングレーム市グランプリ　ブリュチ（Blutch）
　◇最優秀作品賞　　ヴィンシュルス（Winshluss）「ピノキオ」("Pinocchio"〈Les Requins Marteaux〉)
　◇遺産賞　　水木しげる「総員玉砕せよ！」("Opération mort"〈Cornélius〉)
　◇5つの優秀作品賞　エティエンヌ・ダヴォドー（Étienne Davodeau）"Lulu Femme Nue, premier livre"〈Futuropolis〉
　　　　　　　　　　マチュー・ブランシャン（Matthieu Blanchin），クリスチャン・ペリサン（Christian Perrissin）"Martha Jane Cannary (T1)"〈Futuropolis〉
　　　　　　　　　　ブリュチ（Blutch）"Le Petit Christian (T2)"〈L'Association〉
　　　　　　　　　　エミール・ブラヴォ（Émile Bravo）"Spirou et Fantasio：Le Journal d'un ingénu"〈Dupuis〉
　　　　　　　　　　ポジー・シモンズ（Posy Simmonds）"Tamara Drewe"〈Denoël Graphic〉
　◇新人賞（Révélation賞）　バスティアン・ヴィヴェス（Bastien Vivès）"Le Goût du chlore"〈Casterman〉
　◇オルタナティブBD賞　"Dame Pipi Comix"〈The Hoochie Coochie〉
　◇子ども向け作品　ジョアン・スファール（Joann Sfar）「星の王子様」("Le petit prince"〔原作・サン＝テグジュペリ〕)
　◇読者賞（Fnac-SNCF賞）　ギャリ（Gally）"Mon gras et moi"

2010年
　◇アングレーム市グランプリ　バル（Baru）
　◇最優秀作品賞　　リアド・サトゥフ（Riad Sattouf）"Pascal Brutal (T3)：Plus fort que les plus forts"〈Fluide glacial〉
　◇読者賞（Fnac-SNCF賞）　ミシェル・ラバグリアティ（Michel Rabagliati）"Paul à québec"〈La Pastèque〉
　◇審査員特別賞　ジョー・ダリー（Joe Daly）"Dungeon quest (T1)"〈L'Association〉
　◇シリーズ賞　　アラン・ドディエ（Alain Dodier）"Jérome K.Jérôme Bloche (T21)：Déni de fuite"〈Dupuis〉
　◇世代を超えた作品賞　マチュー・ボノム（Matthieu Bonhomme），グウェン・ド・ボヌヴァル（Gwen de Bonneval）"L'Esprit perdu"〈Dupuis〉
　◇世界への視線賞　ダヴィッド・プリュドム（David Prudhomme）"Rébétiko (la Mauvaise Herbe)"〈Futuropolis〉
　◇大胆な作品賞　イェンス・ハルダー（Jens Harder）"Alpha… directions"〈Éditions Actes Sud〉
　◇新人賞（Révélation賞）　カミーユ・ジュルディ（Camille Jourdy）"Rosalie Blum (T3)"〈Éditions Actes Sud〉
　◇遺産賞　　カルロス・ギメネス（Carlos Gimenez）"Paracuellos"〈Fluide glacial〉
　◇子ども向け作品賞　ジュリアン・ニール（Julien Neel）"Lou！(T5)"〈Glénat〉
　◇オルタナティブBD賞　"Special Comix n° 3"〈出版地：中国・南京〉

2011年
　◇アングレーム市グランプリ　アート・スピーゲルマン（Art Spiegelman）
　◇最優秀作品賞　　マヌエレ・フィオル（Manuele Fior）"Cinq mille kilomètres par seconde"〈Atrabile〉
　◇読者賞　　ジュリー・マロー（Julie Maroh）"Le bleu est une couleur chaude"〈Glénat〉
　◇審査員特別賞　デビッド・マッズケリ（David Mazzucchelli）"Asterios Polyp"〈Casterman〉
　◇シリーズ賞　　ファビアン・ニュリ（Fabien Nury），シルヴァン・ヴァレ（Sylvain Vallée）"Il était une fois en France (T4)"〈Glénat〉
　◇世代を超えた作品賞　浦沢直樹「PLUTO」("Pluto"〈Kana〉)

◇世界への視線賞　ジョー・サッコ（Joe Sacco）"Gaza 1956：En marge de l'histoire"〈Futuropolis〉
◇大胆な作品賞　ブレヒト・エヴェンス（Brecht Evens）"Les Noceurs"〈Actes Sud BD〉
◇新人賞（Révélation賞）　エロディ・デュラン（Elodie Durand）"La Parenthèse"〈Delcourt〉ユーリ・リュスト（Ulli Lust）"Trop n'est pas assez"〈ça et là〉
◇遺産賞　アッティロ・ミケルッツィ（Attilo Micheluzzi）"Bab-EL-Mandeb"〈Mosquito〉
◇オルタナティブBD賞　"Arbitraire volume 9"

2012年
　◇アングレーム市グランプリ　ジャン＝クロード・ドゥニ（Jean-Claude Denis）
　◇最優秀作品賞　ギィ・ドゥリール（Guy Delisle）"Chroniques de Jérusalem"〈Delcourt〉
　◇審査員特別賞　ジム・ウードリング（Jim Woodring）"Frank et le Congrès des Bêtes"〈L'Association〉
　◇シリーズ賞　ロミュアルド・ルティマン（Romuald Reutimann），ピエール・ガビュス（Pierre Gabus）"Cité14 saison 2（T1）"〈Les Humanoïdes Associés〉
　◇世代を超えた作品賞　森薫「乙嫁語り」第1巻（"Bride Stories"（T1）〈エンターブレイン／Ki-Oon〉）
　◇世界への視線賞　辰巳ヨシヒロ「劇画漂流」第2巻（"Une vie dans les marges"（T2）〈青林工藝舎／Cornélius〉）
　◇大胆な作品賞　モルガン・ナヴァーロ（Morgan Navarro）"Teddy Beat"〈Les Requins Marteaux〉
　◇新人賞（Révélation賞）　ジル・ロシエ（Gilles Rochier）"TMLP：Ta mère la pute"〈6 Pieds Sous Terre〉
　◇遺産賞　カール・バークス（Carl Barks）"Intégrale Carl Barks（T4）：La Dynastie Donald Duck"〈Glénat〉
　◇フランス国鉄サスペンス（ミステリー）作品賞　シモン・ユロー（Simon Hureau）"Intrus à l'étrange"〈La Boîte à Bulles〉
　◇BD Fnac賞　シリル・ペドロサ（Cyril Pedrosa）"Portugal"〈Dupuis〉
　◇オルタナティブBD賞　"KUŠ！" No.9〈ラトビア〉
　◇子ども向け作品賞　アルチュール・ド・パンス（Arthur de Pins）「ゾンビレニアム」第2巻（"Zombillénium"（T2）〈Dupuis〉）
　◇サスペンス（ミステリー）作品部門　審査員特別賞　フランソワ・ラヴァール（François Ravard），オーレリアン・デュクードレ（Aurélien Ducoudray）"La faute aux chinois"〈Futuropolis〉

2013年
　◇アングレーム市グランプリ　ウィレム（Willem）
　◇最優秀作品賞　アベル・ランザック（Abel Lanzac［原作］），クリストフ・ブラン（Christophe Blain［作画］）"Quai d'Orsay"（T2）
　◇40周年記念特別賞　鳥山明
　◇審査員特別賞　グリン・ディロン（Glyn Dillon）"Le Nao de Brown"
　◇シリーズ賞　フレデリック・ペータース（Frederik Peeters）"Aâma"（T2）
　◇キュルチュラ読者賞　マリオン・モンテーニュ（Marion Montaigne）"Tu mourras moins bête…"（T2）
　◇新人賞（Révélation賞）　ジョン・マクノート（Jon McNaught）"Automne"
　◇遺産賞　ジョージ・ヘリマン（George Herriman）"Krazy Kat"（T1）
　◇フランス国鉄サスペンス（ミステリー）作品賞　アントニー・パストール（Anthony Pastor）"Castilla Drive"
　◇オルタナティブBD賞　"Dopututto Max"
　◇子ども向け作品賞　パトリック・ソブラル（Patrick Sobral）"Les légendaires ： origines"（T1）

◇ブログBD新人賞　マレック（Malec）"Blog à MALEC"
2014年
　◇アングレーム市グランプリ　ビル・ワターソン（Bill Watterson）
　◇最優秀作品賞　　Alfred "Come Prima"
　◇キュルチュラ読者賞　Chloé Cruchaudet "Mauvais genre"
　◇審査員特別賞　　Rutu Modan "La Propriété"
　◇シリーズ賞　　　Ted Stearn "Fuzz and Pluck tome 2 – Splitsville"
　◇新人賞（Révélation賞）　Derf Backderf "Mon ami Dahmer"
　　　　　　　　　Peter Blegvad "Le Livre de Léviathan"
　◇遺産賞　　　　　Herr Seele, Kamagurka "Cowboy Henk"
　◇フランス国鉄サスペンス（ミステリー）作品賞　ウィルフリッド・リュパノ（Wilfrid Lupano）
　　　　　　　　　"Ma Révérence – Rodguen"
　◇オルタナティブBD賞　"FANZINE CARRE"
　◇子ども向け作品賞　Joris Chamblain, Aurélie Neyret "Carnets de Cerise #2 Le Livre d'Hector"
2015年
　◇アングレーム市グランプリ　大友克洋
　◇最優秀作品賞　　リアド・サトゥッフ（Riad Sattouf）"L'ARABE DU FUTUR"（T1）
　◇表現の自由 シャルリー・エブド賞 カビュ（Cabu），シャルブ（Charbe），オノレ（Honoré），
　　　　　　　　　ティニュス（Tignous），ジョルジュ・ウォランスキ（Wolinski）
　◇キュルチュラ読者賞　ポール・コエ（Paul Cauuet［作画］），ウィルフリッド・リュパノ（Wilfrid
　　　　　　　　　Lupano［原作］）"Les Vieux Fourneaux T1 – Ceux Qui Restent"
　◇審査員特別賞　　クリス・ウェア（Chris Ware）"Building Stories"
　◇シリーズ賞　　　バラック（Balak），ミカエル・サンラヴィル（Mickaël Sanlaville），バスティ
　　　　　　　　　アン・ヴィヴェス（Bastien Vivès）"Lastman"（T6）
　◇新人賞（Révélation賞）　リザ・リュグラン（Lisa Lugrin），クレマン・グザヴィエ（Clément
　　　　　　　　　Xavier）"Yekini, Le Roides Arènes"
　◇遺産賞　　　　　張楽平（Zhang Leping）"San Mao, Le Petit Vagabond"
　◇フランス国鉄サスペンス（ミステリー）作品賞　フロラン・シャヴエ（Florent Chavouet）"Petites
　　　　　　　　　Coupures à Shioguni"
　◇オルタナティブBD賞　"Derive Urbaine"
　◇子ども向け作品賞　ステファン・メルショワール＝デュラン（Stéphane Melchior-Durand［作］），
　　　　　　　　　クレマン・ウブルリ（Clément Oubrerie［画］）"Les Royaumes Du Nord"
　　　　　　　　　（T1）

38 オタワ国際アニメーション映画祭 Ottawa International Animation Festival

カナダのオタワで開催されるアニメーション映画祭として1976年に開始。毎年9月に行われ，76〜2004年は隔年開催だったが，以降毎年開催されている。国際アニメーション映画協会（ASIFA）公認の国際映画祭で，アヌシー（フランス），ザグレブ（クロアチア），広島と並ぶ世界4大アニメーション映画祭の一つとして知られる。

　＊日本人では森本晃司（1994年），黒坂圭太（98年），山村浩二（2000年，2007年），ナガタタケシ，モンノカヅエ（06年），後藤章治（07年），石田祐康（10年），尾角典子（11年），ひめだまなぶ（13年），小野ハナ（14年）が受賞

【選考委員】（2015年）Chris Dainty, Kaspar Jancis, Maral Mohammadian, Leah Shore, Yiorgos Tsangaris, Saschka Unseld
【締切・発表】2015年は9月16〜20日の日程で開催
【連絡先】2 Daly Avenue, Suite 120 Ottawa ON │ Canada │ K1N 6E2【TEL】613.232.

```
 8769【FAX】613.232.6315
【E-mail】info@animationfestival.ca
【URL】http://www.animationfestival.ca/index.php
```

1976年
- ◇グランプリ　　　　キャロライン・リーフ（Caroline Leaf カナダ）「ストリート」（"The Street"）
- ◇3分より長い作品　Manfredo Manfredi（イタリア）"Dedal"（英題：Labyrinth）
  - ●第2位　　　　　Ante Zaninovic（ユーゴスラビア）"Dezinfekcija"（英題：Disinfection）
- ◇3分より短い作品　David Cox（カナダ）"Symbiosis"
  - ●第2位　　　　　Niek Reus（オランダ）"Tekenfilm"（英題：Cartoon）
- ◇宣伝および広告作品　Richard Purdum（グレートブリテン）"Bell Boy"（Tic Tac）
  - ●第2位　　　　　Kurtz and Friends（アメリカ）"Dinosaur"
- ◇初監督作品　　　Joan Freeman（アメリカ）"Toilette"
  - ●第2位　　　　　Paul Demeyer（アメリカ）"The Muse"
- ◇子ども向け作品　キャロライン・リーフ（Caroline Leaf カナダ）「がちょうと結婚したふくろう」（"Le mariage du Hibou"（英題：The Owl That Married the Goose））
  - ●第2位　　　　　Gyorgy Osonka（ハンガリー）"Altató"（英題：Lullaby）
- ◇教育作品　　　　Lynn Smith（カナダ）"Teacher Lester Bit Me"
- ◇審査員特別賞　ジャック・ドゥルーアン（Jacques Drouin カナダ）「心象風景」（"Le Paysagiste"（英題：Mindscape））
- ◇審査員による特別なオマージュ　ロッテ・ライニガー（Lotte Reiniger）"アニメーション芸術への顕著な貢献および直近の作品「オーカッサンとニコレット（"Aucassin and Nicolette"）」を評価して"

1978年
- ◇グランプリ　　　　ジャン＝フランソワ・ラギオニ（Jean-François Laguionie フランス）「大西洋横断」（"La traversée de l'Atlantique à la rame"）
- ◇カテゴリーA〔3分以上の作品〕Kathy Rose（アメリカ）"Pencil Booklings"
  - ●第2位　　　　　Zdenko Gašparović（ユーゴスラビア）"Satiemania"
- ◇カテゴリーB〔3分未満の作品〕Sara Petty（アメリカ）"Furies"
  - ●第2位　　　　　George Griffin（アメリカ）"Viewmaster"
- ◇カテゴリーC〔広告作品〕リチャード・ウィリアムス（Richard Williams グレートブリテン），Richard Williams Animation Ltd.（グレートブリテン）"The Power"（Jovan）
  - ●第2位　　　　　ボブ・カーツ（Bob Kurtz アメリカ），Kurtz and Friends（アメリカ）"Underwater Kitty"
- ◇カテゴリーD〔初監督作品〕Shelley McIntosh（カナダ）"Labyrinth"
  - ●第2位　　　　　Carter Burwell（アメリカ）"Help, I am Being Crushed To Death By a Black Rectangle"
- ◇カテゴリーE〔子ども向け作品〕ウィル・ヴィントン（Will Vinton アメリカ）"Martin The Cobbler"
  - ●第2位　　　　　Niek Reus（オランダ）"Jorinde and Jorindel"
- ◇カテゴリーF〔教育作品〕ジャネット・パールマン（Janet Perlman カナダ）「フィッシュボーン夫人のマナーレッスン」（"Lady Fishbourne's Complete Guide To Better Table Manners"）
  - ●第2位　　　　　Sidney Goldsmith（カナダ）"Harness the Wind"
- ◇審査員特別賞
  - ●第1位　　　　　Henri Koulev（ブルガリア）"Hypoteza Hypothesis"
  - ●第2位　　　　　キャロライン・リーフ（Caroline Leaf カナダ）「ザムザ氏の変身」（"The

- 第3位　　　　Henri Koulev（ブルガリア）"Postanovka"（英題：Stage Play）
- 第4位　　　　Jeff Carpenter（アメリカ）"Rapid Eye Movements"
- 第5位　　　　Derek Phillips（グレートブリテン），Stan Hayward（グレートブリテン），Ted Rickley（グレートブリテン）"When I'm Rich"
- 第6位　　　　ジャネット・パールマン（Janet Perlman カナダ），デリク・ラム（Derek Lamb カナダ）「死にたくない！」（"Why Me？"）

1980年
◇グランプリ　　　ジェフ・ダンバー（Geoff Dunbar イギリス）"Ubu"
◇3分以上の作品　ユーリー・ノルシュテイン（Yuri Norstein ロシア）"Tales of Tales"
- 第2位　　　　シェルドン・コーエン（Sheldon Cohen カナダ）「セーター」（"The Sweater"）
◇3分より短い作品　Michael Mills（カナダ）"The History of the World in Three Minutes Flat"
- 第2位　　　　フレンツ・ロシェフ（Ferenc Rofusz ハンガリー）「ハエ」（"The Fly"）
◇初監督作品　　　ユージン・フェドレンコ（Eugene Fedorenko カナダ）「エブリ・チャイルド」（"Every Child"）
◇子ども向け作品　ポール・フィアーリンジャー（Paul Fierlinger アメリカ）"It's so Nice To Have A Wolf Around The House"
◇教育作品　　　Lynn Smith（カナダ）"This Is Your Museum Speaking"

1982年
◇グランプリ　　　フレデリック・バック（Frédéric Back カナダ）「クラック！」（"Crac！"）
◇観客投票賞　　　ズビグニェフ・リブチンスキ（Zbigniew Rybczynski ポーランド）「タンゴ」（"Tango"）
◇5分未満作品　　ポール・ドリエセン（Paul Driessen オランダ）"Oh What a Night"
- 第2位　　　　Stuart Wynn（イギリス）"Organic Canonic Icon"
◇5分～15分作品
- 〔第1位〕　　該当作なし
- 第2位　　　　レイン・ラーマット（Rein Raamat エストニア（旧ソ連））"Tyll The Giant"
Miloš Macourek（チェコスロヴァキア）"Complex"
◇子ども制作作品　Zhou Kequin（中国）"Fishing The Moon from The Pool"
Katja Georgi（東ドイツ）"Fire of Faust"
◇初監督作品　　　Josette Janssens（ベルギー）"The Country House"
- 第2位　　　　マリヤ・ホルバトゥ（Maria Horvath ハンガリー）"Wonders of the World"
◇5分未満のコマーシャル短編　リチャード・コンディ（Richard Condie カナダ）"Pig Bird"
George Geersten（カナダ）"Klondike Gold"
◇審査員特別賞　　Graeme Ross（カナダ）"S.V.P Pollution"
Pierre Veilleux（カナダ）"Une Ame A Viole"
Steve Evangelatos（カナダ）"Clockwork Lemons"
◇審査員推薦　　　Steve Eagle（アメリカ）"Current Caprice"
ウィル・ヴィントン（Will Vinton アメリカ）"The Creation"
ズビグニェフ・リブチンスキ（Zbigniew Rybczynski ポーランド）「タンゴ」（"Tango"）

1984年
◇グランプリ　　　Jerzy Kucia（ポーランド）"Odpryski"（英題：Chips）
◇5分以上の作品　ポール・ドリエセン（Paul Driessen オランダ）"Het Scheppen Van Een Keo"（英題：Spotting A Crow）
- 第2位　　　　ボルゲ・リング（Börge Ring オランダ）「アンナ＆ベラ」（"Anna & Bella"）
◇5分未満の作品　フレンツ・ロシェフ（Ferenc Rofusz ハンガリー）"Gravitacio"（英題：Gravity）

●第2位		ヴァーツラフ・ベドジフ（Václav Bedrich チェコスロヴァキア）"Black and White"
◇初監督作品		ジョン・ミニス（Jon Minnis カナダ）「シャレード」（"Charade"）
◇子ども向け作品		Michael Sporn（アメリカ）"Doctor De Soto"
●第2位		Imbrium Beach "Angleterre Marcus Parker-Rhodes"
◇審査員賞		Hu Jinquing（中国）"Xu Bang Xiang Zheng"（英題：Snipe – Clam Grapple）
		ゲイル・トーマス（Gayle Thomas カナダ）「少年とハクガン」（"The Boy and the Snow Goose"）（仏題：Le Petit Garçon et l'Oie des neiges））
		マーヴ・ニューランド（Marv Newland カナダ）"Anijam"
◇観客投票賞		ヴァーツラフ・ベドジフ（Václav Bedrich チェコスロヴァキア）"Black and White"
		マーヴ・ニューランド（Marv Newland カナダ）"Anijam"
		Fedor Khitruk（旧ソ連）"The Lion and the Bull"
		チャバ・ヴァルガ（Csaba Varga ハンガリー）"Augusta Szpepitkezik"（英題：Augusta Makes Up Her Face）
		アリソン・スノーデン（Alison Snowden イギリス）"Second Class Mail"
		Hu Jinquing（中国）"Yu Bang Xiang Zhen"（英題：Snipe – Clam Grapple）
		ティム・バートン（Tim Burton アメリカ）「ヴィンセント」（"Vincent"）
		デイヴィッド・アンダーソン（David Anderson イギリス）"Dreamland Express"
		Guy Jacques（フランス）"L'Invite"
1986年		
◇5分未満の作品		Osaha Varga（ハンガリー）"Augusta Feeds Her Child"
●第2位		Bill Reeves（アメリカ）"Luxo Jr.John Lassiter"
●優秀賞		Joanna Priestley（アメリカ）"Voices"
◇5分～15分の作品		ボブ・カーツ（Bob Kurtz アメリカ）"Drawing On My Mind"
●第2位		リチャード・コンディ（Richard Condie カナダ）「ビッグ・スニット」（"The Big Snit"）
●特別優秀賞		Sidney Goldsmith "Comet"
●優秀賞		ポール・ドリエセン（Paul Driessen），Graeme Ross，John Weldon（カナダ）"Elephantrio"
		ピョトル・ドゥマラ（Piotr Dumala ポーランド）"Lagonda"（英題：A Gentle Spirit）
		ピーター・ロード（Peter Lord イングランド），デヴィッド・スプロクストン（David Sproxton イングランド）"Babylon"
◇15分～30分の作品		
●優秀賞（詩的ビジュアルに対して）		イシュ・パテル（Ishu Patel カナダ）「パラダイス」（"Paradise"）
◇プロモーション作品		マリヤ・ホルバトゥ（Maria Horvath ハンガリー）"Signal of the Animation Film Festival in Kecskemet"
●第2位		リチャード・ウィリアムス（Richard Williams イングランド）"Without Bias"（Today）
◇子ども用プログラム		ジョナサン・アミテイ（Jonathan Amitay カナダ）"Musical Instruments"
●第2位		ハイジ・ブロムクビスト（Heidi Blomkvist カナダ）「ルクレチア」（"Lucretia"）
●優秀賞		John Matthews（アメリカ）"Curious George"
◇初監督作品		Lauren Companeitz（アメリカ）"Contrapunctus"
●第2位		Michael Sciulli（アメリカ）"Quest A Long Ray's Journey Into Light"
◇グランプリ		Bob Stenhouse（ニュージーランド）"The Frog, The Dog and The Devil"

◇観客賞（ASIFA-Canada）　ピーター・ロード（Peter Lord イングランド），デヴィッド・スプロクストン（David Sproxton イングランド）"Babylon"

1988年
　◇グランプリ　　　　　フレデリック・バック（Frédéric Back カナダ）「木を植えた男」("The Man Who Planted Trees")
　◇最優秀初監督作品　ウェンディ・ティルビー（Wendy Tilby カナダ）"Tables of Content"
　　　　　　　　　　　Chris Casaday（アメリカ）"Pencil Dance"
　◇教育作品　　　　　ポール・フィアーリンジャー（Paul Fierlinger アメリカ）"The Quitter"
　　　　　　　　　　　Stig Bergqvist（スウェーデン）"Snoppen"（英題：Mr.Dick）
　◇子ども向けアニメ作品（シリーズ以外）　Alexei Karaev（アメリカ）"Dobro Pozhalovat"（英題：Welcome）
　　　　　　　　　　　カイ・ピンダル（Kaj Pindal カナダ）「ピープと世界」("Peep and the Big World No.3")
　◇プロモーション作品（5分未満）　ピーター・ロード（Peter Lord イギリス）"My Baby just Cares for me"
　　　　　　　　　　　John Hayes（アメリカ）"Eyes on the Prize"
　◇テレビ向け作品　　チャバ・ヴァルガ（Csaba Varga ハンガリー）"Szekrenymesek Az Apoka"（英題：Tales from The Cupboard – The Grandad）
　◇5分未満の作品　　Paul Vester（イギリス）"Picnic"
　　　　　　　　　　　Bill Kroyer（アメリカ）"Technological Threat"
　◇5分から15分の作品　Henri Koulev（ブルガリア）"Vesekiakat"（英題：The Happy Man）
　　　　　　　　　　　ピョトル・ドゥマラ（Piotr Dumala ポーランド）"Sciany"（英題：The Walls）
　◇審査員特別賞（ユーモアに対して）　クリストファー・ヒントン（Christopher Hinton カナダ）"Nice Day in the Country"
　◇審査員特別賞（オリジナルテクニックに対して）　Boyko Kanev（ブルガリア）"Smatchkan sviat"（英題：A Rotten World）
　◇審査員特別賞（あらゆる分野から）　ラストコ・チーリッチ（Rastko Ćirić ユーゴスラビア）「バベルの塔」("Lalilonska Kula"（英題：The Tower of Lalilon (Tower of Babel)))
　　　　　　　　　　　Bruce Krebs（フランス）"Transatlantic"
　◇観客賞　　　　　　フレデリック・バック（Frédéric Back カナダ）「木を植えた男」("The Man Who Planted Trees")

◇Norman McLaren賞　Pierre Hébert

1990年
　◇グランプリ　　　　イゴール・コヴァリョフ（Igor Kovalyov 旧ソ連）"Hen, His Wife"
　　●次席1位　　　　　マーク・ベイカー（Mark Baker イギリス）"The Hill Farm"
　　●次席2位　　　　　ニック・パーク（Nick Park イギリス）「快適な生活」("Creature Comforts")
　◇観客賞　　　　　　マーク・ベイカー（Mark Baker イギリス）"The Hill Farm"
　◇10分未満作品　　　ピーター・ロード（Peter Lord イギリス）"War Story"
　　　　　　　　　　　ウォルフガング・ロイエンシュタイン（Wolfgang Lauenstein ドイツ），クリストフ・ロイエンシュタイン（Christoph Lauenstein ドイツ）「バランス」("Balance")
　◇10分から30分の作品　イゴール・コヴァリョフ（Igor Kovalyov 旧ソ連）"Hen, His Wife"
　◇初監督作品　　　　Alexandre Petrov（旧ソ連）"Cow"
　◇子ども向けアニメーション（テレビシリーズ以外）　Paul Demeyer（イギリス）"The Goose Girl"
　　　　　　　　　　　Alexei Karaev（旧ソ連）"Inmates of the old House"
　◇教育作品　　　　　ポール・フィアーリンジャー（Paul Fierlinger アメリカ）"And Then I'll Stop.Does Any of This Sound Familiar"
　◇TVアニメ作品（シリーズ以外）　キャンディ・ガード（Candy Guard イギリス）"Fatty Issues"

◇TVアニメ作品（シリーズの一部）　ミッシェル・オスロ（Michel Ocelot フランス）"Prince and Princess"
◇審査員特別賞　　ブルーノ・ボゼット（Bruno Bozzetto イタリア）"Cavalette"
◇最優秀アニメーション　ピーター・ロード（Peter Lord イギリス）"War Story"
◇最優秀ストーリー　Stig Bergqvist（スウェーデン），Martti Ekstrand（スウェーデン），Jonas Odell（スウェーデン），Lars Ohlson（スウェーデン）"Exit"
◇コンピューター・アニメーション　Stephen Goldberg（アメリカ）"Locomotion"
◇実験的アニメーション　Paul de Nooijer（オランダ），Menno de Nooijer（オランダ）"At One View"
◇Norman McLaren賞　Lejf Marcussen

1992年
　　◇Norman McLaren遺産賞　Jules Engel

1994年
　　◇グランプリ　　　ニック・パーク（Nick Park イギリス）"The Wrong Trousers"
　　◇観客賞　　　　　ニック・パーク（Nick Park イギリス）"The Wrong Trousers"
　　◇10分未満の作品　Jonas Odell（スウェーデン），Stig Bergqvist（スウェーデン），Lars Ohlson（スウェーデン），Martti Ekstrand（スウェーデン）"Revolver"
　　◇10分〜30分の作品　フレデリック・バック（Frédéric Back カナダ）「大いなる河の流れ」("The Mighty River")
　　◇初監督作品　　　Ange Palethorpe（イギリス）"Altered Ego"
　　◇子ども向け作品　ミハイル・アルダシン（Mikhail Aldashin ロシア）"The Other Side"
　　◇教育作品　　　　Jola Hesselberth（オランダ）"It's Always Me : Letter Monsters"
　　◇プロモーション作品　森本晃司（日本）"MTV Japan Top 20 Video Countdown Opening"
　　◇テレビスペシャル用作品　マーク・ベイカー（Mark Baker イギリス）「ザ・ヴィレッジ」("The Village")
　　◇テレビシリーズ用作品　イゴール・コヴァリョフ（Igor Kovalyov アメリカ）「ぎゃあ!!!リアル・モンスターズ」("AAAHH ! Real Monsters")
　　◇審査員賞　　　　マイケル・デュドク・ドゥ・ヴィット（Michael Dudok de Wit）「お坊さんと魚」("Le Moine et le poisson"（英題：The Monk and the Fish）〈フランス〉)
　　◇最優秀アニメーション　Raimund Krumme（ドイツ）"Passage"
　　　　　　　　　　Evert de Beijer（オランダ）"Hotel Narcis"
　　◇最優秀音楽　　　Vincenzo Gioanola（イタリア）"Fight da faida"
　　◇最優秀実験的技術　Clive Walley（イギリス）"Divertimento No.3 – Brush Works"
　　　　　　　　　　フィリップ・ハント（Philip Hunt イギリス）"Ah Pook is Here"
　　◇最優秀バッド・テイスト　ジャネット・パールマン（Janet Perlman アメリカ）"My Favorite Things That I Love"
　　◇Norman McLaren賞　キャロライン・リーフ（Caroline Leaf カナダ）
　　◇ASIFA-International賞　ポール・ドリエセン（Paul Driessen カナダ）
　　◇Gordon Bruce賞（ユーモアに対して）　デイヴィッド・ファイン（David Fine イギリス），アリソン・スノーデン（Alison Snowden カナダ）「ボブの誕生日」("Bob's Birthday")
　　◇UNICEF賞（健全で環境的に安全な世界で子どもたちに対するビジョンを表している最優秀作品）　イシュ・パテル（Ishu Patel カナダ）"Divine Fate"
　　　　　　　　　　George Griffin（アメリカ）"A Little Routine"
　　◇Softimage社賞（最優秀カナダ人による初監督作品）　Vanessa Schwartz（カナダ）"The Janitor"
　　◇Chromacolour社賞（最優秀学生制作作品）　アン・ヴロムバウト（An Vrombaut イギリス）「リトル　ウルフ」("Little Wolf")

1996年
　◇Norman McLaren遺産賞　Louise Beaudet
1997年
　◇グランプリ　　　　アンドレアス・ヒュカーデ（Andreas Hykade　ドイツ）"We Lived In Grass"
　◇最優秀制作途中作品　Pedram Goshtasbpour（カナダ），Jason Rennie（カナダ）"Love Story"
　　●次点　　　　　Thor Freudenthal（ドイツ）"Der Tenor"
　◇最優秀キャラクター・アニメーション　Ülo Pikkov（エストニア）"Cappuccino"
　◇最優秀コンピューター・アニメーション　François Vogel（フランス）"Riante Contrèe"
　　●第2位　　　　Lionel Richerand（フランス）"Adrenaline"
　◇最優秀実験的作品　Silke Parzich（ドイツ）"Fruhling"
　◇最優秀背景デザイン　Michael Dougherty（アメリカ）"Seasonís Greetings"
　◇最優秀カナダ作品　David Soren（カナダ）"Mr.Lucky"
　◇審査員特別賞（最優秀実験的作品）　Mashiro Sugano（アメリカ）「HISAO」
　◇審査員特別賞（最優秀ストップモーション作品）　Pekka Korhonen（フィンランド），Leena Yaaskelainen（フィンランド），Kaisa Penttila（フィンランド）"Shadows in the Margerine"
　◇審査員特別賞（オリジナルコンセプトに対して）　Peter McDonald（オーストラリア）"Arnold Has A Thought"
　　　　　　　　　Stephen Harding-Hill（イギリス）"The Ticker Talks"
　◇アニメーション教育における最優秀芸術的業績　Royal College of Art（イギリス）
1998年
　◇グランプリ　　　　プリート・パルン（Priit Pärn）「ニンジンの夜」（"Night of the Carrots"）
　◇インディペンデント作品（30分未満）　Matti Kütt（エストニア）"Underground"
　◇最優秀初学生制作作品　Charmaine Choo（イギリス）"Peaches"
　◇コマーシャル　　　Fred MacDonald "MK.00"〈Olive Jar Animation〉
　◇ステーションID　黒坂圭太（日本）「パパが飛んだ朝」（"Flying Daddy"）
　◇テレビスペシャル　ミカエラ・パヴラトヴァ（Michaela Pavlátová　チェコ共和国），Pavel Kouteck（チェコ共和国）"For Ever and Ever"
　◇テレビシリーズ　キャンディ・ガード（Candy Guard　イギリス）"Pond Life"各話タイトル：Bitter and Twisted
　◇Chromacolour社賞（最優秀色彩作品）　Bärbel Neubauer（ドイツ）"Firehouse"
　◇Gordon Bruce賞（ユーモアに対して）　Eric Blesin（ベルギー）"Crocodile Gangsters"
　◇Zach Schwartz賞（最優秀ストーリー）　アレクサンドル・ペトロフ（Alexander Petrov　ロシア）「ザ・マーメイド」（"Rusalka"（英題：The Mermaid））
　◇Mike Gribble賞（最も可笑しな作品）　Lee Lanier（アメリカ）"Millennium Bug"
　◇Viacom Canada社賞（最優秀カナダ作品）　Richard Reeves（カナダ）"Linear Dreams"
　◇クラフト賞（最優秀音響作品）　Kirsten Winter（ドイツ）"Smash"
　◇メディア賞（最優秀コンピューターアニメーション）　クリス・ランドレス（Chris Landreth　カナダ）「ビンゴ」（"Bingo"）
　◇審査員特別賞　　　Tomasz Kozak（ポーランド）"Black Burlesque"
　　　　　　　　　Ülo Pikkov（エストニア）"Bermuda"
　　　　　　　　　ジョナサン・ホジソン（Jonathan Hodgson　イギリス）"Feeling My Way"
　◇最も革新的なデザイン　Peter Collis（イギリス）"Staggerings"
1999年
　◇グランプリ―最優秀作品　Lorelei Pepi（アメリカ）"Grace"
　◇グランプリ―最優秀学校　Royal College of Art（イングランド）
　◇監督賞　　　　　Ulo Pikkov（エストニア）"Bermuda"
　◇第1位―高校・中学校レベル　Raf Anzouin（アメリカ）"Java Noir"

◇第1位—大学1年生レベル　Fran Krause（アメリカ）"Mister Smile"
◇ネルバナ社賞（最優秀卒業制作）Siri Melchior（イングランド）"Passport"
◇カートゥーン・ネットワーク賞（最優秀初監督作品）Alexey Antonov（ロシア）"Monster"
◇テレトゥーン賞（子どもによる最優秀作品）Plasnewydd Schoolの子どもたち（マエステグ（ウェールズ））"Mari Lwyd"
◇ASIFA-Canada 最優秀カナダ作品　ヤクブ・ピステッキ（Jakub Pistecky）"Little Milos"
◇エイリアス・ウェーブフロント社賞（最優秀コンピューター作品）Richard Kenworthy（イングランド）"The Littlest Robo"
◇Chromacolour社賞（最優秀色彩作品）Hotessa Laurence（イングランド）"At The Drop Of A Hat"
◇特別審査員表彰（最優秀音響作品）Ulo Pikkov（エストニア）"Bermuda"
◇特別審査員表彰（最優秀デザイン作品）Vladimir Kral（スロヴァキア）"The Double Invention In A Minor"
◇特別審査員表彰（最優秀ノンナラティブ（非物語）作品）Sandra Gibson（アメリカ）"Edgeways"

2000年
◇グランプリ　　　アンドレアス・ヒュカーデ（Andreas Hykade　ドイツ）"Ring Of Fire"
◇グランプリ（依頼作品）ポール・フィアーリンジャー（Paul Fierlinger　アメリカ）"Drawn From Life series"
◇グランプリ（最優秀インターネット作品）Chris Lanier（アメリカ）"Romanov：Episode8 Shadow Split"
◇Frédéric Back賞（最優秀カナダ作品）ウェンディ・ティルビー（Wendy Tilby　カナダ），アマンダ・フォービス（Amanda Forbis　カナダ）「ある一日のはじまり」（"When the Day Breaks"）
◇ASIFA-Canada 観客賞　マイケル・デュドク・ドゥ・ヴィット（Michael Dudok de Wit）「岸辺のふたり」（「ファーザー・アンド・ドーター」）（"Father and Daughter"〈オランダ/イギリス〉）
◇インディペンデント作品　マイケル・デュドク・ドゥ・ヴィット（Michael Dudok de Wit）「岸辺のふたり」（「ファーザー・アンド・ドーター」）（"Father and Daughter"〈オランダ/イギリス〉）
◇Crater Software賞（最優秀卒業制作）Kunyi Chen（イギリス）"Subida"
◇子ども向け作品　山村浩二（日本）「どっちにする？」（"Your Choice"）
◇プロデビュー作品　Steffen Schäffler（ドイツ）"The Periwig Maker"
◇教育作品　　　　Diane Obomsawin（カナダ）"Understanding the Law：The Worm"
◇番組ID　　　　　Jeff Sias（アメリカ）"Workshop"
◇コマーシャル　　Peter Chung（アメリカ）"Rally's G-Force"
◇ミュージックビデオ　Kris Lefcoe（カナダ），Harvey Glazer（カナダ）"POW's Live The Life You Love"
◇テレビスペシャル　リチャード・ゴルゾウスキー（Richard Goleszowski　イギリス）"Robbie the Reindeer" 各話タイトル：Hooves of Fire
◇テレビシリーズ　マーヴ・ニューランド（Marv Newland　アメリカ）"The PJ's The Preacher's Life"
◇Zack Schwartz賞（最優秀ストーリー）ヤンノ・ポルドマ（Janno Poldma　エストニア）"Armastuse Voimalikkusest"（英題：On the Possibility of Love）
◇Chromacolour社賞（最優秀色彩作品）ジョルジュ・シュヴィツゲベル（Georges Schwizgebel　スイス）「フーガ」（"Fugue"）
◇最優秀デザイン　ピョトル・ドゥマラ（Piotr Dumala　ポーランド）"Zbrodnia i kara"（英題：Crime and Punishment）
◇最優秀音楽・効果音　Jerzy Kucia（ポーランド）"Tuning the Instruments"
◇カートゥーン・ネットワーク賞（最優秀アニメーション）イゴール・コヴァリョフ（Igor Kovalyov　アメリカ）「フライング・ナンセン」（"Flying Nansen"）

◇審査員特別賞　　ミシェル・クルノワイエ（Michèle Cournoyer カナダ）「ザ・ハット」（"Le Chapeau"）
◇オブジェクト・アニメーション　バリー・パーヴス（Barry J.C.Purves イギリス）"Gilbert & Sullivan The Very Models"
◇コンピューター・アニメーション　David Gainey（アメリカ）"Fishing"
◇最優秀特異技術使用アニメーション　ダレン・ウォルシュ（Darren Walsh イギリス）"Angry Kid"
◇Gordon Bruce賞（ユーモアに対して）コンスタンティン・ブロンジット（Konstantin Bronzit フランス）「地球の果てで」（"Au bout du monde"（英題：At the Ends of The Earth））
◇Mike Gribble Peel of Laughter賞（コンペで最も可笑しかった作品に対して）ポール・ドリエセン（Paul Driessen オランダ）"Three Misses"

2001年
◇カナダ国立映画制作庁グランプリ　スージー・テンプルトン（Suzie Templeton イギリス）「ドッグ」（"Dog"）
◇グランプリ次点　Jessie Schmal（アメリカ）"Sub"
◇グランプリ―最優秀学校　Royal College of Art（イングランド）
◇ASIFA-Canada賞（最優秀カナダ学生アニメーション）Cliff Kafai Mok（Emily Carr School of Art and Design）"Via Wire"
◇プロデビュー作品　Ülo Pikkov（エストニア）"The Headless Horseman"
　●第2位　　　　　Kari Juusonen（フィンランド）"Pizza Passionata"
◇Klasky-Csupo社賞（最優秀卒業制作）Marie Paccou（イギリス）"Me, The Other"
　●第2位　　　　　Rosana Romina Liera（フランス）"Les Chasseurs de Poissons"
　●第3位　　　　　Evelyn Verschoore（ベルギー）"Papa Trompet"
◇最優秀学生制作アニメーション　アルチュール・ド・パンス（Arthur de Pins フランス）"Géraldine"
　●第2位　　　　　Michael Overbeck（アメリカ）"Tongues and Taxis"
　●第3位　　　　　Anne Larricq（フランス）"Melusin"
◇高校生制作作品　Joshua Muntain（アメリカ）"Aliens？"
　●第2位　　　　　Aron Evans（ウェールズ），Chris Elliott（ウェールズ）"Earth"
◇子ども制作作品　Malte Pätz（ドイツ）"Mission Unmöglich 1, 2, 3"
　●第2位　　　　　Gloria So（アメリカ），Rebekah So（アメリカ）"Let's Go Ice Skating"
　●第3位　　　　　Anton Fleissner（アメリカ）"Chain Reaction"

2002年
◇グランプリ（最優秀インディペンデント短編フィルム/ビデオ NSPCC）Robert Bradbrook（イギリス）"Home Road Movies"〈Finetake Productions〉
◇最優秀短編物語作品（40分未満）クリストファー・ヒントン（Christopher Hinton）「フラックス」（"Flux"〈カナダ国立映画制作庁〉）
◇カナダ国立映画制作庁賞（最優秀非物語〈ノンナラティブ〉作品）Tim Szetela（アメリカ）"a.z"
◇Not-Animation賞（最優秀初監督作品）René Castillo Rivera（メキシコ）"Hasta los huesos"（英題：Down to the Bone）〈Calavera Films〉
◇最優秀子ども向け作品　アニータ・キリ（Anita Killi ノルウェー）"Tornehekken"（英題：The Hedge of Thorns）〈Trollfilm AS〉
◇最優秀依頼作品フィルム/ビデオ NSPCC　フランク・バッジェン（Frank Budgen イギリス），Russell Brooke（イギリス）"Cartoon"〈Passsion Pictures / Gorgeous〉
◇最優秀教育，科学的，産業フィルム/ビデオ　Steve Angel（カナダ）"Mr.Roboto"〈Gear Animation〉
◇最優秀広告作品　ティム・ホープ（Tim Hope イギリス）"The Wolfman"（ソニー プレイステーション2）
◇最優秀ステーションID　Frank Falcone（カナダ）"YTV Campaign"〈Guru Animation〉

◇最優秀ミュージックビデオ ティム・ホープ（Tim Hope イギリス）"Don't Panic"（Coldplay）〈Passion Pictures〉
◇最優秀テレビシリーズ ゲンディ・タルタコフスキー（Genndy Tartakovsky アメリカ）「サムライ ジャック」第7話（"Samurai Jack"〔Episode7〕各話タイトル：Jack and the Three Blind Archers〈Cartoon Network〉）
◇最優秀インターネットアニメーション クリストファー・ヒントン（Christopher Hinton）"Twang"〈カナダ国立映画制作庁〉
◇最優秀長編アニメーション映画 リチャード・リンクレイター（Richard Linklater）「ウェイキング・ライフ」（"Waking Life"〈Fox Searchlight Pictures〉）
 ●第2位　　　　ビル・プリンプトン（Bill Plympton アメリカ）「ミュータント・エイリアン」（"Mutant Aliens"）
◇観客賞　　　　Jonas Odell（スウェーデン）"Slakt & Vänner"（英題：Family & Friends）〈Filmtecknanrna〉
◇Gordon Bruce賞（ユーモアに対して）アンドリュー・ホーン（Andrew Horne オーストラリア）"Leunig：How Democracy Actually Works"〈New Town Films〉
◇Mike Gribble Peel of Laughter賞（コンペで最も可笑しかった作品に対して）アンドリュー・ホーン（Andrew Horne オーストラリア）"Leunig：How Democracy Actually Works"〈New Town Films〉
◇スペシャルメンション（審査員）アンドリュー・ホーン（Andrew Horne オーストラリア）"Leunig：How Democracy Actually Works"〈New Town Films〉

2003年
　◇ネルバナ社グランプリ Jean-Jacques Villard（California Institute for the Arts）"Son of Satan"
　◇最優秀初監督作品 イェッセ・ロッセンスウィート（Jesse Rosensweet）"Stone of Folly"〈Sweet Thing Production, カナダ国立映画製作庁〉
　◇カナダ国立映画制作庁賞（最優秀卒業制作）François-Xavier Lepeintre, Antoine Arditti, Audrey Delpuech（Supinfocom）"Le Faux Pli"
　◇小学生・中学生制作作品 Chris Choy（California Institute for the Arts）"Cats"
　◇最優秀高校生制作作品 Rocco Pisano "What！"
　◇最優秀子ども制作作品 Various Students（ブラジル）"Paz Em Jacarezinho"（英題：Peace in Jacarezinho, Shanty Town）
　　　　　　　　　Rachel Everitt（スコットランド）"Joey's Adventure"
　◇グランプリ一最優秀学校 Turku Arts Academy of Finland
　◇選外佳作　　　Aidan O'Hara（カナダ）"Crouching Ninja, Hidden Snowman"
　　　　　　　　　University of Southern California "Crimenals Gregory Araya"
　　　　　　　　　Tugdual Birotheau（EnsAD）"Hôtel du Phare"
　　　　　　　　　イグナシオ・フェレラス（Ignacio Ferreras イギリス）"How to Cope with Death"
　◇"Gouda Special"賞 Pallas Bane（アメリカ）"The Big Cheese"
　◇最も可笑しな教育作品 Kurt Nellis（アメリカ）"Proper Urinal Etiquette"
2004年
　◇ネルバナ社グランプリ（インディペンデント短編作品）クリス・ランドレス（Chris Landreth カナダ）「ライアン」（"Ryan"）
　◇グランプリ（長編作品）ジャック・レミー・ジレール（Jacques-Rémy Girerd フランス）"La Prophétie des grenouilles"（英題：Raining Cats and Frogs）
　◇グランプリ（依頼作品）ポール・フィアーリンジャー（Paul Fierlinger アメリカ），サンドラ・フィアーリンジャー（Sandra Fierlinger アメリカ）"A Room Nearby"
　◇グランプリ（ニューメディアワーク）Gregg Spiridellis（アメリカ），Evan Spiridellis（アメリカ）"This Land"
　◇短編物語作品（35分未満）ジャンルイジ・トッカフォンド（Gianluigi Toccafondo）"La Piccola Russia"〈フランス／イタリア〉

- ●スペシャルメンション Michael Gabriel（アメリカ）「ロレンツォ」（"Lorenzo"）
◇非物語（ノンラティブ）作品（35分未満）Alex Budovsky（アメリカ）"Bathtime in Clerkenwell"
◇カナダ国立映画製作庁賞（最優秀学生初監督作品）Jean-Jacques Villard（アメリカ）"Son of Satan"
- ●スペシャルメンション Peter Cornwell（オーストラリア）"Ward 13"

フランク・ディオン（Franck Dion フランス）"L'inventaire Fantôme"（英題：Phantom Inventor）

イグナシオ・フェレラス（Ignacio Ferreras イギリス）"How to Cope with Death"

◇子ども向け作品　Sonya Kravtsova（ロシア）"A Musical Shop"
◇インターネット用短編アニメーション　Sergey Aniskov（ロシア・アメリカ）"Candy Venery"
◇インターネット・シリーズ　Jennifer Shiman（アメリカ）"The Shining In 30 Seconds, Re-enacted By Bunnies"
- ●スペシャルメンション Han Hoogerbrugge（オランダ）"Hotel"

◇教育，科学的，産業作品 Jennifer Oxley（アメリカ）"Helping Little Kitten"
◇広告作品　Jean-Christophe Saurel（フランス），Sophie Deiss（フランス）"Les Triples"（Caisse D' Epargne）
- ●スペシャルメンション Simon Henwood（イギリス）"Calf"（The Guardian）

◇ステーションIDまたはタイトルシークエンス クンゼル＋デガ（Kuntzel & Deygas（Olivier Kuntzel, Florence Deygas））"Catch Me If You Can"〔のタイトルシークエンス〕〈アメリカ／イギリス〉
◇ミュージックビデオ　Joris Clerte（フランス）"À Tort Ou À Raison"（Prudence）
◇テレビスペシャル　David Wachtenheim（アメリカ），Robert Marianetti（アメリカ）"Saddam and Osama"
◇大人向けテレビシリーズ リチャード・ゴルゾウスキー（Richard Goleszowski イギリス）"Creature Comforts"各話タイトル：Cats or Dogs？
◇子ども向けテレビシリーズ　Rob Renzetti（アメリカ），Tim Walker（アメリカ）"My Life as a Teenage Robot"各話タイトル：Speak No Evil
◇A.K.A.Cartoon 観客賞（観客投票による）アルチュール・ド・パンス（Arthur de Pins フランス）"La Revolution des Crabes"（英題：The Crab's Revolution）
◇Mike Gribble Peel of Laughter賞（コンペで最も可笑しかった作品に対して）David Wachtenheim（アメリカ），Robert Marianetti（アメリカ）"Saddam and Osama"
◇スペシャルメンション Richard Ferguson-Hull（アメリカ）"Harvey Birdman Attorney at Law"各話タイトル：Peanut Puberty

2005年

◇ネルバナ社グランプリ（インディペンデント短編アニメーション）イゴール・コヴァリョフ（Igor Kovalyov アメリカ）「ミルク」（"Milch"）
◇グランプリ（依頼作品）アンドレアス・ヒュカーデ（Andreas Hykade ドイツ）"Die Toten Hosen— Walkampf"
◇Mercury Filmworks賞（最優秀長編アニメーション）アーロン・ガウダー（Áron Gauder ハンガリー）"Nyócker！"（英題：The District！）
◇グランプリ（学生制作アニメーション）Jean-Jacques Villard（アメリカ）"Chestnuts Icelolly"
◇スクール・コンペティション　ENSAD（フランス）
◇スペシャルメンション Supinfocom Valennes（フランス）
◇インターネット用短編アニメーション Roque Ballesteros（アメリカ）"Mole in the City"
◇インタラクティブ・アニメーション Minki Park（アメリカ）"American Penguin Project"
◇短編物語作品　Marek Skrobecki（ポーランド）"Ichthys"
◇実験的・抽象的作品 Robert Seidel（ドイツ）"grau"

◇スペシャルメンション　Stephan-Flint Müller（ドイツ）"Bow-tie Duty for Square Heads"
◇プロデビュー作品　ガエル・デニス（Gaëlle Denis イギリス）"City Paradise"
◇小学生・中学生制作作品　Lev Polyakov（アメリカ）"Piper the Goat and the Peace Pipe"
◇学生制作アニメーション　Lauren Indovina（アメリカ），Linsey Mayer-Beug（アメリカ）"Fish Heads Fugue and Other Tales for Twilight"
◇卒業制作　　　　　　Oury Atlan（フランス），Thibaut Berland（フランス），Damien Ferrié（フランス）"Overtime"
◇スペシャルメンション　Malin Erixon（スウェーデン）"Death by Heart"
◇スペシャルメンション　Angela Steffen（ドイツ）"Meeting Me"
◇プロモーション作品　PES（アメリカ）"Coinstar 'Shoe'"
◇スペシャルメンション　Nebojsa Rogic（セルビア）"Delirium Films Opening Title"
◇ミュージックビデオ　Reuben Sutherland（イギリス）"Hitchcock"（Phoenix Foundation）
◇大人向けテレビシリーズ　Richard Ferguson-Hull（アメリカ）"Harvey Birdman Attorney at Law"各話タイトル：Bird Girl of Guantanamole
◇子ども向け短編作品　Jeff Fowler（アメリカ）"Gopher Broke"
◇審査員特別賞（短編作品）　ヘンリー・セリック（Henry Selick アメリカ）"Moongirl"
◇子ども向けテレビシリーズ　Mr.Warburton（アメリカ），Guy Moore（アメリカ）「KNDハチャメチャ大作戦」（"Codename: Kids Next Door"各話タイトル：Operation : A.R.C.H.I.V.E.）
◇Canadian Institute賞（最優秀カナダ作品）　Bruce Alcock（カナダ）"At the Quinte Hotel"
◇カナダ国立映画制作庁 観客賞（観客投票による）　Peter Lepeniotis（カナダ）"Surly Squirrel"

2006年
◇Mercury Filmworks賞（最優秀長編アニメーション）　フィル・ムロイ（Phil Mulloy イギリス）"The Christies"〈Spectre Films〉
◇ネルバナ社グランプリ（インディペンデント短編アニメーション）　ジョアンナ・クイン（Joanna Quinn ウェールズ（イギリス））"Dreams and Desires：Family Ties"〈Beryl Productions International Ltd〉
◇グランプリ（最優秀学生制作アニメーション）　Stefan Mueller（FH Wiesbaden University of Applied Sciences，ドイツ）"Mr.Schwartz, Mr.Hazen & Mr.Horlocker"
◇グランプリ（依頼作品）　David Hulin（アメリカ）"Stick"（FedEx）〈Framestore NY〉
◇アニメーションスクール・ショーリール　Filmakademie Baden-Wuerttemburg（ドイツ）
◇短編物語アニメーション（35分未満）　Obom（カナダ）"Here and There"（仏題：Ici par ici）〈カナダ国立映画制作庁〉
　●選外佳作　　ミカエラ・パヴラトヴァ（Michaela Pavlátová）"Karneval Zvirat"（英題：The Carnival of The Animals）〈Negativ Film Productions，チェコ〉
◇実験的・抽象的アニメーション（35分未満）　ジョルジュ・シュヴィツゲベル（Georges Schwizgebel スイス）「技」（"Jeu"〈Studio GDS，カナダ国立映画制作庁，Télévision Suisse Romandes〉）
　●選外佳作　　ナガタタケシ，モンノカヅエ（日本）「ピカピカ」（"Lightning Doodle Project [pikapika]"）
　●選外佳作　　Karl Staven（アメリカ）"Backyard Shadow"
◇アドビ社賞（最優秀高校生制作アニメーション）　Samuel MacKinnon（カナダ）"Check"〈Bighead Productions〉
　●選外佳作　　Hye Jin Park, Hyun Joo Song, Ji Na Yoon, Min Hee Jang（Korea Animation High School，韓国）"Black Box"
◇学生制作アニメーション　Marco Nguyen, Pierre Perifel, Xavier Ramonède, Olivier Staphylas, Rémi Zaarour（Gobelins, l'école de l'image，フランス）"The Building"
◇卒業制作アニメーション　Stefan Mueller（FH Wiesbaden University of Applied Sciences，ドイツ）"Mr.Schwartz, Mr.Hazen & Mr.Horlocker"

- ●選外佳作　　Chris Choy（California Institute of the Arts，アメリカ）"The Possum"
- ◇宣伝用アニメーション　David Hulin（アメリカ）"Stick"（FedEx）〈Framstore NY〉
- ●選外佳作　　Jamie Caliri（アメリカ）"Dragon"（ユナイテッド航空）〈DUCK Studios〉
- ◇ミュージックビデオ　Joel Trussell（アメリカ）"War Photographer"（Jason Forrest）
- ◇大人向けテレビアニメーション　Robert Marianetti（アメリカ），David Wachtenheim（アメリカ），Glenn Steinmacher（アメリカ）"Journey to the Disney Vault"
- ◇インターネット用短編アニメーション　Jerry Zucker（アメリカ），Orrin Zucker（アメリカ）"It's JerryTime！：The Brute"〈Ozone Inc.〉
- ◇Kutoka社賞（最優秀子ども向け短編アニメーション）　Michael Sporn（アメリカ）"The Man Who Walked Between the Towers"〈Michael Sporn Animation, Inc.〉
- ◇Collideascope社賞（子ども向けテレビアニメーション）　Mr.Warburton（アメリカ）「KNDハチャメチャ大作戦」（"Codename Kids Next Door"各話タイトル：Operation L.I.C.O.R.I.C.E.〈Curious Pictures〉）
- ◇カナダ国立映画制作庁 観客賞（観客投票による）　Lillian Chan（カナダ）"Jaime Lo - Small and Shy"〈カナダ国立映画制作庁〉
- ◇カナダ映画協会（最優秀カナダ作品）　セオドア・ウシェフ（Theodore Ushev カナダ）"The Man Who Waited"（仏題：L'homme qui attendait）〈カナダ国立映画制作庁〉
- ●選外佳作　　Steven Woloshen（カナダ）"Changing Evan"

2007年
- ◇Mercury Filmworks賞（最優秀長編アニメーション）　ヴァンサン・パロノー（Vincent Paronnaud フランス），マルジャン・サトラピ（Marjane Satrapi フランス）「ペルセポリス」（"Persepolis"〈2.4.7.Films〉）
- ◇最優秀アニメーションスクール・ショーリール　Bezalel Academy of Art and Design（イスラエル）
- ◇スペシャルメンション　Gergely Cziraki（National Film & Television School，イギリス）"Immeasurable"
- ◇AniBoom賞（最優秀インターネット用短編アニメーション）　Jeff Scher（アメリカ）"L'eau Life［2007］"〈Fez Films, Originally published in TimesSelect〉
- ◇ネルバナ社グランプリ（最優秀インディペンデント短編アニメーション）　山村浩二（日本）「カフカ 田舎医者」（"Franz Kafka's A Country Doctor"）
- ◇最優秀短編物語アニメーション（35分未満）　クリス・ラヴィス（Chris Lavis カナダ），マチェック・シェバウスキ（Maciek Szczerbowski カナダ）「マダム・トゥトゥリープトゥリ」（"Madame Tutli-Putli"〈カナダ国立映画制作庁〉）
- ◇最優秀実験的・抽象的アニメーション　Bert Gottschalk（ドイツ）"Framing"（Bildfenster / Fensterbilder）
- ●選外佳作　　Signe Baumane（アメリカ）"Teat Beat of Sex"
- ◇バイオウェア社賞（最優秀学生制作アニメーション）　Tibor Banoczki（National Film and Television School，イギリス）"Milk Teeth"
- ◇アドビ社賞（最優秀高校生制作アニメーション）　Aven Fisher（King's View Academy，カナダ）"Herbert"
- ◇最優秀学生制作アニメーション　Michael Langan（Rhode Island School of Design，アメリカ）"Doxology"
- ◇最優秀卒業制作アニメーション　Tom Brown，Daniel Benjamin Gray（International Film School of Wales，イギリス）"t.o.m."
- ◇グランプリ（依頼作品）　Aaron Augenblick（アメリカ）"Golden Age"〈Augenblick Studios〉
- ◇最優秀宣伝用アニメーション　マーク・クラステ（Marc Craste イギリス）"The Big Win"（National Lottery）〈Studio AKA〉
- ◇最優秀ミュージックビデオ　後藤章治（日本）「UMO」（OOIOO）
- ◇最優秀大人向けテレビアニメーション　Matthew Walker（イギリス）"John and Karen"〈Arthur Cox Ltd.〉

◇最優秀子ども向け短編アニメーション オレグ・ウジノフ（Oleg Uzhinov ロシア）"Zhiharka"〈"Pilot" Moscow Animation Studio〉
- 選外佳作　Uzi Geffenblad（スウェーデン），Lotta Geffenblad（スウェーデン）"Astons stenar"（英題：Aston's Stones）
　　　　　　Catherine Arcand（カナダ）"Nightmare at School"（仏題：Cauchemar à l'école）〈カナダ国立映画制作庁〉
◇最優秀子ども向けテレビアニメーション Craig McCracken（アメリカ）"Foster's Home For Imaginary Friends" 各話タイトル：Squeeze the Day〈Cartoon Network Studios〉
- 選外佳作　Guillermo Garcia, Alfonso Rodriguez「ぽこよ」（"Pocoyo" 各話タイトル：Dance Off〈Zinkia Entertainment & Granada International, スペイン/イギリス〉
◇CFI賞（最優秀カナダ作品）クロード・クルティエル（Claude Cloutier カナダ）「新説・眠れる森の美女」（"Sleeping Betty"（仏題：Isabelle au bois dormant）〈カナダ国立映画制作庁〉）
- 選外佳作　Josh Raskin（カナダ）"I Met the Walrus"〈I Met the Walrus Inc.〉
◇カナダ国立映画制作庁賞 観客賞 クロード・クルティエル（Claude Cloutier カナダ）「新説・眠れる森の美女」（"Sleeping Betty"（仏題：Isabelle au bois dormant）〈カナダ国立映画制作庁〉）

2008年
　◇ネルバナ社グランプリ（最優秀インディペンデント短編アニメーション）デニス・タピコフ（Dennis Tupicoff オーストラリア）"Chainsaw"〈Jungle Pictures〉
　◇グランプリ（最優秀長編アニメーション）Aristomenis Tsirbas（アメリカ）"Terra"〈Snoot Entertainment〉
- 選外佳作　ニナ・ペイリー（Nina Paley アメリカ）"Sita Sings the Blues"〈Nina Paley Productions, LLC〉
　◇MyToons賞（最優秀学生制作アニメーション）Kara Nasdor-Jones（Massachusetts College of Art, アメリカ）"I Slept With Cookie Monster"
　◇グランプリ（依頼作品）フランク・バッジェン（Frank Budgen イギリス），ダレン・ウォルシュ（Darren Walsh イギリス）"Play-Doh"（ソニー ブラビア）〈Gorgeous and Passion Pictures〉
　◇カナダ映画協会（最優秀カナダ作品）セオドア・ウシェフ（Theodore Ushev カナダ）"Drux Flux"〈カナダ国立映画制作庁〉
　◇カナダ国立映画制作庁賞 観客賞 Smith & Foulkes（Alan Smith, Adam Foulkes）（イギリス）"This Way Up"〈Nexus Productions〉
　◇最優秀アニメーションスクール・ショーリール Rhode Island School of Design（アメリカ）"Rhode Island School of Design School Showreel"
- 選外佳作　Supinfocom（フランス）"Supinfocom School Showreel"
　◇最優秀短編物語アニメーション デニス・タピコフ（Dennis Tupicoff オーストラリア）"Chainsaw"〈Jungle Pictures〉
　◇最優秀実験的・抽象的アニメーション ブルー（BLU イタリア）"Muto"
- 選外佳作　Ülo Pikkov（エストニア）"Dialogos"〈Eesti Joonisfilm〉
　　　　　　セオドア・ウシェフ（Theodore Ushev カナダ）"Drux Flux"〈カナダ国立映画制作庁〉
　◇アドビ社賞（最優秀高校生制作アニメーション）Will Inrig（Canterbury High School, カナダ）"The Depose of Bolskivoi Hovhannes"
　◇最優秀学生制作アニメーション Kara Nasdor-Jones（Massachusetts College of Art, アメリカ）"I Slept With Cookie Monster"
　◇最優秀卒業制作アニメーション Matthieu Buchalski, Jean-Michel Drechsler, Thierry Onillon（Supinfocom Valenciennes, フランス）「カメラオブスクラ」（"Camera Obscura"）

◇最優秀宣伝用アニメーション　フランク・バッジェン（Frank Budgen イギリス），ダレン・ウォルシュ（Darren Walsh イギリス）"Play-Doh"〈ソニー ブラビア〉〈Gorgeous and Passion Pictures〉
◇最優秀ミュージックビデオ　Bolos Quentes Design（Duarte Amorim，Albino Tavares，Miguel Marinheiro，Sérgio Couto）（ポルトガル）"Spong Ice"〈Último〉
◇大人向けテレビアニメーション　John Halfpenny（カナダ）"People from The Dark Years 'Bates'"
◇最優秀子ども向け短編アニメーション　Danny De Vent "The Swimming Lesson"〈ベルギー/オランダ/フランス〉
　●選外佳作　　Pierre-Luc Granjon，Pascal Le Nôtre "Leon in Wintertime"〈Folimage，TPS Jeunesse，Dvertissement Subséquence，カナダ国立映画製作庁（フランス/カナダ）〉
◇最優秀子ども向けテレビアニメーション　Fran Krause（アメリカ）"The Upstate Four"〈Cartoon Network〉
　●選外佳作　　アンドレアス・ヒュカーデ（Andreas Hykade ドイツ），Ged Haney（ドイツ）"The Bunjies"〈Studio Film Bilder〉

2009年

◇ネルバナ社グランプリ（最優秀インディペンデント短編アニメーション）Rao Heidmets（エストニア）"Kaasündinud Kohustused"（英題：Inherent Obligations）
◇グランプリ（最優秀長編アニメーション）アダム・エリオット（Adam Elliot オーストラリア）"Mary and Max"
　●選外佳作　　ポール・フィアーリンジャー（Paul Fierlinger アメリカ），サンドラ・フィアーリンジャー（Sandra Fierlinger アメリカ）"My Dog Tulip"
◇HIT Entertainment社グランプリ（学生制作アニメーション）Michal Socha（ポーランド）"Laska"（英題：Chick）
◇グランプリ（依頼作品）バスティアン・デュボア（Bastien Dubois フランス）"Madagascar, carnet de voyage"（英題：Madagascar, A Journal Diary）
◇最優秀アニメーションスクール・ショーリール　Rhode Island School of Design（アメリカ）
◇最優秀短編物語　デイヴィッド・オライリー（David O'Reilly アイルランド・ドイツ）"Please Say Something"
　●選外佳作　　プリート・テンダー（Priit Tender エストニア）"Köögi Dimensioonid"（英題：Kitchen Dimensions）
◇最優秀実験的・抽象的アニメーション　Jamie Raap（イギリス），Henrik Mauler（イギリス）"Peripetics"
◇選外佳作（熱意あるアート）Marth Colburn（オランダ）"Myth Labs"
◇アドビ社賞（最優秀高校生制作アニメーション）Yuri Rhee，Ha Jung Kim，Paul Kim，Hyun Jung Lee（Korea Animation High School，韓国）"Did U See That"
◇最優秀学生制作アニメーション　Jake Armstrong（School of Visual Arts，アメリカ）"The Terrible Thing of Alpha-9！"
　●選外佳作　　Ian Miller（University of the Arts，アメリカ）"Mak the Horny Mac Daddy"
◇最優秀卒業制作アニメーション　Angela Steffen（Filmakademie Baden-Wuerttemburg，ドイツ）"Lebensader"
◇最優秀宣伝用アニメーション　Ljubisa Djukic，Ole Keune，Bettina Vogel（Dyrdee Media GmbH & Co.KG，ドイツ）"Nick Idents"
◇最優秀ミュージックビデオ　Stieg Retlin（アメリカ）"Dirty ROM Dance Mix"（Nullsleep）
◇最優秀大人向けテレビアニメーション　バスティアン・デュボア（Bastien Dubois フランス）"Madagascar, carnet de voyage"（英題：Madagascar, A Journal Diary）
◇最優秀子ども向け短編アニメーション　Virginie Taravel（フランス）"Nicolas & Guillemette"
　●選外佳作　　ケビン・アダムズ（Kevin Adams カナダ）"Enter the Sandbox"
◇最優秀子ども向けテレビアニメーション　フィリップ・ハント（Philip Hunt イギリス）"Lost

●選外佳作　　アンドレアス・ヒュカーデ（Andreas Hykade ドイツ）"Tom und das Erdbeermarmeladebrot mit Honig"（英題：Tom and the Slice of Bread with Strawberry Jam & Honey "Tom's Band" / "Tom and the Nice Family"）
◇カナダ国立映画制作庁賞（観客賞）　バスティアン・デュボア（Bastien Dubois フランス）"Madagascar, carnet de voyage"（英題：Madagascar, A Journey Diary）
◇カナダ映画協会（最優秀カナダ作品）　Frédérick Tremblay（カナダ）"Le Tiroir et le Corbeau"（英題：The Drawer and The Crow）
　●選外佳作　　Bruce Alcock（カナダ）"Vive La Rose"
　　　　　　　Diego Maclean（カナダ）"The Art of Drowning"
　　　　　　　Hamish Lambert（カナダ）"The Paper Prince"

2010年
◇ネルバナ社グランプリ（最優秀インディペンデント短編アニメーション）　デイヴィッド・オライリー（David O'Reilly アイルランド）"The External World"
◇グランプリ（最優秀長編アニメーション）　フィル・ムロイ（Phil Mulloy イギリス）"Goodbye Mister Christie"
◇HIT Entertainment社グランプリ（学生制作アニメーション）　Dustin Grella（アメリカ）"Prayers for Peace"
◇グランプリ（依頼作品）　Martin Andersen（ニュージーランド），Line Andersen（ニュージーランド）"Going West"
◇最優秀アニメーションスクール・ショーリール　東京藝術大学（日本）
　●選外佳作　　Rhode Island School of Design（アメリカ）
◇最優秀短編物語　Lei Lei（中国）"This Is Love"
　●選外佳作　　Niki Lindroth von Bahr（スウェーデン）"Tord och Tord"（英題：Tord and Tord）
◇最優秀実験的・抽象的アニメーション　ルース・リングフォード（Ruth Lingford アメリカ）"Little Deaths"
◇アドビ社賞（最優秀高校生制作アニメーション）　Dae Woen Yoon（韓国），Joe Woo Shin（韓国）"Where Is The Love"
◇最優秀学生制作アニメーション　Kelsey Stark（Pratt Institute，アメリカ）"LGFUAD"
　●選外佳作　　石田祐康（京都精華大学，日本）「フミコの告白」（"Fumiko's Confession"）
◇最優秀卒業制作アニメーション　Dustin Grella（School of Visual Arts，アメリカ）"Prayers for Peace"
◇最優秀宣伝用アニメーション　Josiah Newbolt（イギリス），Ben Falk（イギリス）"Heroes of the UAE"（WWF（世界自然保護基金））〈Asylum Films & AYA〉
◇最優秀ミュージックビデオ　Anthony Schepperd（アメリカ）"The Music Scene"（Blockhead）
◇最優秀大人向けテレビアニメーション　Gary Leib（アメリカ）"Midtown Twist"
◇最優秀子ども向け短編アニメーション　Jean-Claude Rozec（フランス）"Cul de Bouteille"（英題：Specky Four-Eyes）
　●選外佳作　　Anthony Dusko（アメリカ）"Diversity"
◇最優秀子ども向けテレビアニメーション　Jakob Schuh（イギリス），Max Lang（イギリス）"The Gruffalo"
　●選外佳作　　Matt Ferguson（カナダ）"Spliced" 各話タイトル：Helen
◇カナダ国立映画制作庁賞（観客賞）　アニータ・キリ（Anita Killi ノルウェー）「アングリーマン ～怒る男～」（"Sinna mann"（英題：Angry Man））
◇カナダ映画協会（最優秀カナダ作品）　セオドア・ウシェフ（Theodore Ushev カナダ）「リップセットの日記」（"Lipsett Diaries"）

2011年
◇ネルバナ社グランプリ（最優秀インディペンデント短編アニメーション）　Stephen Irwin（イギリ

◇グランプリ（最優秀長編アニメーション）フィル・ムロイ（Phil Mulloy イギリス）"Dead but not Buried"
◇ウォルト・ディズニー・アニメーションスタジオ グランプリ（最優秀学生制作アニメーション）Jason Carpenter（アメリカ）"The Renter"
◇グランプリ（依頼作品）Adam Foulkes（イギリス），Alan Smith（イギリス）"The Chase"（Intel）
◇最優秀アニメーションスクール・ショーリール Bezalel Academy of Art and Design（イスラエル）
◇最優秀短編物語 Frédérick Tremblay（カナダ）"Blanche Fraise"
- 選外佳作 ピョートル・サペギン（Pjotr Sapegin ノルウェー）「ノルウェー最後のトロール」（"Det siste norske trollet"（英題：The Last Norwegian Troll））
◇最優秀実験的・抽象的アニメーション Richard Negre（フランス）"One Second Per Day"
- 選外佳作 Ülo Pikkov（エストニア）"Keha mälu"（英題：Body Memory）
◇アドビ社賞（最優秀高校生制作アニメーション）Bowon Kim（韓国），E-sun Jung（韓国），Dasom Yoon（韓国）"I'm Sorry"
- 選外佳作 Stephanie Delazeri（アメリカ）"Birds Walking"
◇最優秀学生制作アニメーション Ben Cady（University of Wales, Newport，イギリス）"The Goat and the Well"
◇最優秀卒業制作アニメーション Eamonn O'Neill（Royal College of Art，イギリス・アイルランド）"I'm Fine Thanks"
- 選外佳作 Alexandra Hetmerova（FAMU School，チェコ）"Swimming Pool"
◇最優秀宣伝用アニメーション Andrea Dorfman（カナダ）"The Equality Effect"
◇最優秀ミュージックビデオ 尾角典子 "Electropia"（Joyz）〈製作国：イギリス／日本〉
◇最優秀子ども向け短編アニメーション Jesús Peréz, Elisabeth Huettermann "Der grosse bruder"（英題：Big Brother）〈ドイツ／スイス〉
- 選外佳作 ウィリアム・ジョイス（William Joyce アメリカ），ブランドン・オルデンブルク（Brandon Oldenburg アメリカ）"The Fantastic Flying Books of Mr. Morris Lessmore"
  Mark Nute（イギリス）"Marvin"
◇最優秀子ども向けテレビアニメーション ヨハネス・ヴァイランド（Johannes Weiland），クラウス・モルシュホイザー（Klaus Morschheuser）"Das Bild der Prinzessin"（英題：Princess' Painting）〈ドイツ〉
- 選外佳作 Thurop Van Orman（アメリカ），Patrick McHale（アメリカ），Larry Leichliter（アメリカ），Nick Jennings（アメリカ）"Adventure Time" 各話タイトル：It Came From The Nightosphere
◇カナダ国立映画制作庁賞（観客賞）Ben Cady（イギリス・アイルランド）"The Goat and the Well"
◇カナダ映画協会（最優秀カナダ作品）アマンダ・フォービス（Amanda Forbis カナダ），ウェンディ・ティルビー（Wendy Tilby カナダ）"Wild Life"
- 選外佳作 パトリック・ドヨン（Patrick Doyon カナダ）"Dimanche"（英題：Sunday）
  マーヴ・ニューランド（Marv Newland カナダ）"CMYK"
  アイザック・キング（Isaac King カナダ）"Second Hand"

2012年
◇ネルバナ社グランプリ（最優秀インディペンデント短編アニメーション）Hisko Hulsing（オランダ）"Junkyard"
◇グランプリ（最優秀長編アニメーション）イグナシオ・フェレラス（Ignacio Ferreras スペイン）"Arrugas（英題：Wrinkles）"
◇ウォルト・ディズニー・アニメーションスタジオ グランプリ（最優秀学生制作アニメーション）Ainslie Henderson（イギリス）"I Am Tom Moody"

◇グランプリ（依頼作品）Chris Smith（アメリカ）"Primus "Lee Van Cleef""
◇最優秀アニメーションスクール・ショーリール Supinfocom（フランス）
◇最優秀短編物語 グラント・オーチャード（Grant Orchard アメリカ）"A Morning Stroll"
◇最優秀実験的・抽象的アニメーション Pierre Hébert（カナダ）"Rivière au Tonnerre"
◇アドビ社賞（最優秀高校生制作アニメーション）Hae Jin Jung（韓国）"The Bean"
  • 選外佳作　12人の子ども達（ベルギー）"La Soif Du Monde（英題：Thirsty Frog）"
◇最優秀学生制作アニメーション Jelena Walf（ドイツ），Viktor Stickel（ドイツ）"Reizwäsche"
◇最優秀卒業制作アニメーション Kyle Mowat（カナダ）"Ballpit"
◇最優秀宣伝用アニメーション Pete Candeland（イギリス）"Red Bull 'Music Academy World Tour'"
◇最優秀ミュージックビデオ Joel Trussell（アメリカ）"The First Time I Ran Away"
◇最優秀大人向けテレビアニメーション Rob Shaw（アメリカ）"Portlandia：Zero Rats"
◇最優秀子ども向け短編アニメーション Alex Hawley（カナダ），Denny Silverthorne（カナダ）"Beethoven's Wig"
  • 選外佳作　イザベル・ファベ（Isabelle Favez）"Au Coeur de L'Hiver"
　　　　　　David Chai（アメリカ）"Why do we Put up with Them？"
◇最優秀子ども向けテレビアニメーション JG Quintel（アメリカ）"Regular Show：Eggscellent"
  • 選外佳作　Pendleton Ward（アメリカ）"Adventure Time "Jake vs.Me-Mow""
◇カナダ国立映画制作庁賞（観客賞）ドン・ハーツフェルト（Don Hertzfeldt アメリカ）"It's Such a Beautiful Day"
◇カナダ映画協会（最優秀カナダ作品）セオドア・ウシェフ（Theodore Ushev カナダ）"Nightingales in December"
  • 選外佳作　Kyle Mowat（カナダ）"Ballpit"
　　　　　　Martine Chartrand（カナダ）"MacPherson"
◇最優秀カナダ学生アニメーション Noam Sussman（カナダ）"Gum"
  • 選外佳作　Kyle Mowat（カナダ）"Ballpit"
　　　　　　Alisi Telengut（カナダ）"Tengri"
◇オタワメディア審査員賞 Ainslie Henderson（イギリス）"I Am Tom Moody"

2013年
◇ネルバナ社グランプリ（最優秀インディペンデント短編アニメーション）Rosto（フランス，オランダ）"Lonely Bones"
◇グランプリ（最優秀長編アニメーション）Max Andersson（スウェーデン），Helena Ahonen（スウェーデン）"Tito on Ice"
  • 選外佳作　Alê Abreu（ブラジル）"O Menino e o Mundo（英題：The Boy and the World）"
◇観客賞　Eirik Grønmo Bjørndrn（ノルウェー），Anna Mantazaris（ノルウェー）"But Milk is Important"
◇最優秀アニメーションスクール・ショーリール 多摩美術大学（TAMA ART University）
◇最優秀短編物語アニメーション エマ・ドゥ・スワーフ（Emma De Swaef），Mark James Roels（ベルギー，フランス，オランダ，ルクセンブルク）"Oh Willy…"
◇最優秀実験的・抽象的アニメーション Thomas Stellmach（ドイツ），Maja Oschmann（ドイツ）"Virtuoso Virtual"
◇最優秀学生制作アニメーション Kyra Buschor（ドイツ），Constantin Paeplow（ドイツ），Anna Habermehl（ドイツ）"Rollin' Safari"
◇最優秀高校生制作作品 Shin Hye Kim（韓国），Woo Sol Lee（韓国），Hyun Ji Yoon（韓国）"Abduction Milk Cow"
◇ウォルト・ディズニー賞（最優秀卒業制作アニメーション）Eirik Grønmo Bjørndrn（ノルウェー），Anna Mantazaris（ノルウェー）"But Milk is Important"
  • 選外佳作　ひめだまなぶ（Manabu Himeda 日本）"Youkosobokudesu Selection 'Na Ni

　　　　　　　　　　Nu Ne No No'"
◇最優秀宣伝用アニメーション　Diane Obomsawin（カナダ）"50e Anniversaire de la
　　　　　　　　　　Cinémathèque Québécoise"
◇最優秀ミュージックビデオ　Alexis Beaumont（フランス），Rémi Godin（フランス）"Stuck in
　　　　　　　　　　the Sound 'Let's Go'"
◇最優秀大人向けテレビアニメーション　Bryan Fordney（アメリカ）"Archer 'Coyote Lovely'"
◇最優秀子ども向け短編アニメーション　Roque Ballesteros "Written By A Kid 'La Munkya'"
　● 選外佳作　　　Patrick McHale（アメリカ）"Tome Of the Unknown"
　　　　　　　　　Eloi Henriod "The Little Blonde Boy With a White Sheep（Le petit blond
　　　　　　　　　　avec le mouton blanc）"
◇最優秀子ども向けテレビアニメーション　JG Quintel（アメリカ）"Regular Show 'A Bunch of
　　　　　　　　　　Full Grown Geese'"
　● 選外佳作　　　David OReilly（アメリカ）"Adventure Time 'A Glitch Is A Glitch'"
　　　　　　　　　Mark Caballero（アメリカ），Seamus Walsh（アメリカ）"SpongeBob
　　　　　　　　　　SquarePants 'It's A SpongeBob Christmas！'"
◇カナダ映画協会（最優秀カナダ作品）　Judith Poirier "Two Weeks-Two Minutes"
　● 選外佳作　　　Renaud Hallee（カナダ）"The Clockmakers（Les Horlogers）"
　　　　　　　　　Steve Woloshen（カナダ）"Crossing Victoria"
◇最優秀カナダ学生アニメーション　Konstantin Steshenko（カナダ）"Wind & Tree"
　● 選外佳作　　　Sharron Mirsky（カナダ）"Blackout"
2014年
◇ネルバナ社グランプリ（最優秀インディペンデント短編アニメーション）　ピョトル・ドゥマラ
　　　　　　　　　（Piotr Dumala　ポーランド）"Hipopotamy"
　● 選外佳作　　　Julian Petschek（アメリカ）"Butter Ya' Self"
◇グランプリ（最優秀長編アニメーション）　Luc Chamberland（カナダ）"Seth's Dominion"
◇ソニーピクチャーズアニメーション賞（観客賞）　We Can't Live Without Cosmos（ロシア）
　　　　　　　　　"Konstantin Bronzit"
◇最優秀アニメーションスクール・ショーリール　Rhode Island School of Design（アメリカ）
　● 選外佳作　　　東京藝術大学（Tokyo University of the Arts 日本）
◇最優秀短編物語アニメーション　Mikey Please（イギリス，アメリカ）"Marilyn Myller"
　● 選外佳作　　　Alex Grigg（アメリカ，オーストラリア）"Phantom Limb"
　　　　　　　　　Torill Kove（カナダ，ノルウェー）"Me and My Moulton"
◇ライカ賞（最優秀実験的・抽象的アニメーション）　Allison Schulnik（アメリカ）"Eager"
　● 選外佳作　　　Caleb Wood（アメリカ）"Totem"
◇ウォルト・ディズニー賞（最優秀卒業制作アニメーション）　Tim Divall（イギリス）"Things
　　　　　　　　　Don't Fit"
　● 選外佳作　　　Nicolas Ménard（イギリス）"Somewhere"
　　　　　　　　　小野ハナ（Onohana 日本）"Crazy Little Things"
◇最優秀学生制作アニメーション　Christian Larrave（アメリカ）"Lesley the Pony Has an A+
　　　　　　　　　Day"
◇最優秀高校生制作アニメーション　Gints Zilbalodis（ラトビア）"Priorities"
　● 選外佳作　　　Choi Ye Won（韓国），Lee Young Guen（韓国），Park So Young（韓国）
　　　　　　　　　"Dance of Death"
◇最優秀宣伝用アニメーション　アンドレアス・ヒュカーデ（Andreas Hykade　ドイツ，オランダ）
　　　　　　　　　"Holland Animation Film Festival '2014 Festival Leader'"
　● 選外佳作　　　マーク・ジェイムス・ロエルズ（Marc James Roels ベルギー，フランス）
　　　　　　　　　"2013 Festival National du Film d'Animation 'Fight！'"
◇最優秀ミュージックビデオ　Tobias Stretch（アメリカ）"Christopher Bono 'Unity'"
　● 選外佳作　　　Ainslie Henderson（イギリス）"James 'Moving On'"

◇最優秀大人向けテレビアニメーション　Sam Chou（アメリカ），Alix Lambert（アメリカ）"Crime： The Animated Series"
- 選外佳作　　David Oreilly（アメリカ）"Heaven's Countryland 'Part 1： Childhood story of Kim Jong Un'"

◇最優秀子ども向け短編アニメーション　Kine Aune（ノルウェー）"Magic Time"
- 選外佳作　　Eric Montchaud（フランス）"Anatole's Little Saucepan"
  Serhiy Melnichenko（ウクライナ）"The Fish-Tale Girl"

◇最優秀子ども向けテレビアニメーションシリーズ　Agnés Lecreux（フランス），Steven De Beul（フランス），Ben Tesseur（フランス）"Les larmes du crocodile"
- 選外佳作　　JG Quintel（アメリカ）"Regular Show 'The Last Laserdisc Player'"
  Arnaud Demuynck（フランス），Rémi Durin（フランス）"The Scent of Carrots"

◇カナダ映画協会（最優秀カナダ作品）　Steven Woloshen "1000 Plateaus（2004-2014）"
- 選外佳作　　Michele Cournoyer "Soif"
  Mathieu Guimond "MTL Rush"

◇最優秀カナダ学生アニメーション　Charles Lavoie "Soupe aux Carottes"
- 選外佳作　　Edlyn Capulong "Lucy & the Limbs"
  Mathieu Guimond "MTL Rush"

39 ザグレブ国際アニメーション映画祭 Animafest Zagreb

クロアチアのザグレブで開催されるアニメーション映画祭として1972年に開始。2004年までは隔年開催だったが，以降毎年開催されており，例年アヌシー国際アニメーション映画祭の開催に先駆けて開催される。隔年で長編と短編部門に分かれており，奇数年は長編コンペティション，偶数年は短編コンペティションが行われていたが，2015年から1つに統合された。国際アニメーション映画協会（ASIFA）公認の国際映画祭で，アヌシー（フランス），オタワ（カナダ），広島と並ぶ世界4大アニメーション映画祭の一つとして知られる。

＊日本人では久里洋二（1972年，2012年），Kazue Sasaki（72年），手塚治虫（84年），宮崎駿，山村浩二（2004年），川本喜八郎（05年），田中美妃（10年），和田淳，橋本新，奥田昌輝，助川勇太（12年），水尻自子，冠木佐和子（14年）が受賞

【選考委員】（2015年）Yumi Joung, Chris Landreth, Leslie Felperin, Jayne Pilling, Veljko Popović（Grand Competition-Short Film），（Grand Competition-Feautre Film）Jung Henin, Mihai Mitrică, Siniša Juričić

【締切・発表】2015年は6月9～14日の日程で開催

【連絡先】c/o： Hulahop Nova Ves 18/3 10000 Zagreb, Croatia【TEL】+385 1 3907074

【FAX】+385 1 4666343

【E-mail】info@animafest.hr

【URL】http://www.animafest.hr/

1972年
◇グランプリ　　イワン・イワノフ・ワノ（Ivan Ivanov Vano 旧ソ連），ユーリー・ノルシュテイン（Yuri Norstein 旧ソ連）「ケルジェネツの戦い」（"Seča pri Keržence"（英題：The Battle at Kherzhence））

【部門賞】
◇3分より短い作品
- 第1席　　Mary Beams（アメリカ）"Tub Film"
- 第2席　　Kazue Sasaki（日本）"Pop"

◇3分より長い作品
  - 第1席　　　　ラウル・セルヴェ（Raoul Servais ベルギー）"Operation X-70"
  - 第2席　　　　リチャード・ウィリアムス（Richard Williams アメリカ）"A Christmas Carol"
◇子ども向け作品（シリーズの一部でないもの）
  - 第1席　　　　John C.Lange（アメリカ）"Joshua and the Blob"
  - 第2席　　　　ヴァーツラフ・ベドジフ（Vácslav Bedrich チェコスロヴァキア）"Kamenac Bill a chromni moschyti"（英題：Bill and Giant Mosquitoes）
◇教育作品
  - 第1席　　　　ズラトコ・グルギッチ（Zlatko Grgić）"Hot Stuff"〈カナダ〉
  - 第2席　　　　Bob Kurz（アメリカ）"Bathtub"
◇子ども向け作品（テレビシリーズの一部）
  - 第1席　　　　ジム・ヘンソン（Jim Henson アメリカ）"Number Twelve Rocks"
  - 第2席　　　　Howard Basis（アメリカ）"Bird and Car"
◇コマーシャル　　Lemmikki Nenonen（フィンランド）"Vivante"
◇特別賞（グラフィック）　Kurt Äschbacher（スイス）"Die Nägel"（英題：The Nails）
◇特別賞（ストーリー）　Bela Ternovszky（ハンガリー）"Modern edzesmodszerek"（英題：Modern Sports Coaching）
◇特別賞（音楽）　Barrie Nelson（アメリカ）"Keep Cool"
◇特別賞（音響効果）　久里洋二（日本）"Living on the Boughs"
◇審査員特別賞　Peter Földes "Narcissus and the Echo"〈フランス/アメリカ〉
　　　　　　　　Krzysztof Kowak（ポーランド），Zbigniew Kaminski（ポーランド）"Concrete Pylons"

1974年
◇グランプリ　　ネデリコ・ドラギッチ（Nedeljko Dragić ユーゴスラビア）「日記」("Dnevnik"（英題：Diary））

【部門賞】
◇3分より短い作品
  - 第1席　　　　Marcell Jankovics（ハンガリー）"Sisyphus"
  - 第2席　　　　ジョルジュ・シュヴィツゲベル（Georges Schwizgebel スイス）「イカルスの飛翔」("Le vol d'Icare"（英題：The Flight of Icarus））
  - 第3席　　　　Pierre Davidovici（フランス）"Couleur enchainee"（英題：Colour in chaines）
◇3分より長い作品
  - 第1席　　　　ボリヴォイ・ドヴニコヴィチ（Borivoj Dovniković ユーゴスラビア）"Putnik drugog razreda"（英題：Second Class Passenger）
  - 第2席　　　　Sam Weiss（アメリカ）"The Legend of John Henry"
  - 第3席　　　　Miloš Macourek, Jaroslav Doubrava（チェコスロヴァキア），Adolf Born（チェコスロヴァキア）"Ze života ptaku"（英題：The Birds Life）
◇教育作品　　　Robert Bloomberg（アメリカ）"Animated Pie"
◇子ども向け作品（シリーズの一部でないもの）ユーリー・ノルシュテイン（Yuri Norstein 旧ソ連）「狐と兎」("Lisa i zajc"（英題：The Fox and the Hare））
◇子ども向け作品（テレビシリーズの一部）Pierluigi de Mas（イタリア）"Zagor e l'erba musicale"（英題：Zagor and the Musical Grass）
◇最優秀初監督作品　ゲラルト・スカーフェ（Gerald Scarfe グレートブリテン）"Long Animated Journey"
◇特別賞（グラフィック）　ポール・ドリエセン（Paul Driessen カナダ）「あやとり」("Au bout du fil"（英題：Cat's Cradle））
◇特別賞（ストーリー）　Jeffrey Hale（アメリカ）"The Last Cartoon Man"
◇特別賞（音楽）　Irina Gurvič（旧ソ連）"Kak ženi muži prodavali"（英題：How women sold

		their husbands)
◇審査員特別賞		Phillippe Faustin（フランス）"Tyrannie Tiranny"
		レイン・ラーマット（Rein Raamat 旧ソ連）"Polet Taking off"
		Animation from Cape Dorset（カナダ）

1978年（※1976年は未開催）
◇グランプリ　　Zdenko Gašparović（ユーゴスラビア）"Satiemania"
【部門賞】
◇3分より短い作品
- 第1席　　　　授賞取消
- 第2席　　　　Joško Marušić（ユーゴスラビア）"Perpetuo"
- 第3席　　　　Jane Aaron（アメリカ）"In Plain Sight"

◇3分より長い作品
- 第1席　　　　John Weldon（カナダ）"Special Delivery"
- 第2席　　　　ボリヴォイ・ドヴニコヴィチ（Borivoj Dovniković ユーゴスラビア）"Škola hodanja"（英題：Learning To Walk）
- 第3席　　　　Stoyan Dukov（ブルガリア）"Fevruari February"

◇教育作品　　　Ivan Ufimcev（旧ソ連）"38 popugaev, 5 martišek i 2 sloneka"（英題：38 Parrots, 5 Monkeys and 2 Little Elephants）
◇子ども向け作品（シリーズの一部でないもの）Andrey Khrjanovski（旧ソ連）"Dom katori postroil Džek"（英題：House That Jack Built）
◇子ども向け作品（テレビシリーズの一部）ズラトコ・グルギッチ（Zlatko Grgić ユーゴスラビア）"Sportski život"（英題：A Sporting Life）
　　　　　　　　Istvan Orosz（ハンガリー）"Csönd"（英題：The Silence）
◇特別賞（グラフィック）Jeff Carpenter（アメリカ）"Rapid Eye Movement"
◇特別賞（アニメーション）Jorge Amoros（スペイン）"Hace un porrao de anos o mas …"（英題：It Makes A Heap Of Years Ago Or More …）
◇特別賞（音響）Aleksandar Oczko（ポーランド）"Gra"（英題：A Game）
◇特別賞（ユーモア）Istvan Kovacs（ハンガリー）"Valtozo Idök"（英題：Changing Times）
◇特別賞　　　　"中華人民共和国の回顧プログラムに対して"

1980年
◇グランプリ　　ユーリー・ノルシュテイン（Yuri Norstein 旧ソ連）「話の話」（"Skaska Skazok"（英題：Tale of the Tales））
【部門賞】
◇5分より短い作品
- 第1席　　　　Nikola Majdak（ユーゴスラビア）"Poslednji sunčev zrak"（英題：The Last Ray of Sunshine）
- 第2席　　　　Oscar Grillo（グレートブリテン）"Seaside Woman"
- 第3席　　　　Will Winton（アメリカ）"Legacy"

◇5分〜12分の作品
- 第1席　　　　ポール・ドリエセン（Paul Driessen カナダ）"Jeu de coudes"（英題：Elbowing）
- 第2席　　　　Joško Marušić（ユーゴスラビア）"Riblje oko"（英題：Fisheye）
- 第3席　　　　ジョン・ケインメーカー（John Canemaker アメリカ）"Confession of a Stardreamer"

◇12分〜30分の作品
- 第1席　　　　ミッシェル・オスロ（Michel Ocelot フランス）"Les trois inventeurs"（英題：The Three Inventors）
- 第2席　　　　ジェフ・ダンバー（Geoff Dunbar グレートブリテン）"Ubu"

- ●第3席　　　　　John Halas（グレートブリテン）"Autobahn"
- ◇教育作品　　　　カイ・ピンダル（Kaj Pindal カナダ）「ジャンキー・ドッグ」（"Caninabis"）
- ◇子ども向け作品（シリーズの一部でないもの）Gene Deitch（アメリカ）"Smile for Auntie"
- ◇子ども向け作品（テレビシリーズの一部）Tibor Hernádi（ハンガリー）"Animalia IV — A Macska Cat"
- ◇最優秀初監督作品 Zoltan Szilagyi（ルーマニア）"Nodul Gordian"（英題：The Gordian Knot）
- ◇特別賞（グラフィック）Andy Walker（グレートブリテン）"Filling Time"
- ◇特別賞（アニメーション）Hu Hsing-Hu（中国）"Fox and Hunter"
- ◇特別賞（音楽）　　Jerzy Kotowski（ポーランド）"Joasia i Smog Tomasz"（英題：Joasia and the Dragon）
- ◇特別賞（音響効果）リチャード・コンディ（Richard Condie カナダ）"Getting Started"
- ◇審査員特別賞　　Alexandre Alexeieff（フランス）"Trois themes"（英題：Three Themes）

1982年
- ◇グランプリ　　　該当作なし

【部門賞】
- ◇5分より短い作品 ネデリコ・ドラギッチ（Nedeljko Dragić ユーゴスラビア）「お出かけ！」（"Put k susjedu"（英題：The Way to Your Neighbour））
- ◇5分～12分の作品 ブジェチスラフ・ポヤル（Bretislav Pojar カナダ）"E"
- ◇12分～30分の作品 Antti Kari（フィンランド）, Jukka Ruohomaki（フィンランド）"Mennyt Manner"（英題：The Lost World）
- ◇教育作品　　　　リチャード・コンディ（Richard Condie カナダ）"Pig Bird"
- ●子ども向け作品 Sam Weiss（アメリカ）"Hug Me"
- ◇最優秀初監督作品 Tamas Baksa（ハンガリー）"Nyugi Take"（英題：It Easy）
- ◇特別賞（グラフィック）Zoltan Szilagyi（ルーマニア）"Arena"
- ◇特別賞（アニメーション）Barrie Nelson（アメリカ）"Opens Wednesday"
- ◇特別賞（音楽）　　Dennis Pies（アメリカ）"Hard Passage"
- ◇特別賞（音響効果）Viviane Elnecave（カナダ）"Luna, Luna, Luna"
- ◇審査員特別賞　　Bruce Woodside（アメリカ）"Current Events"
  - ジョルジュ・シュヴィツゲベル（Georges Schwizgebel スイス）「フランケンシュタインの恍惚」（"Ravissement de Frank N.Stein"（英題：The Ravishing of Frank N.Stein））

1984年
- ◇グランプリ　　　手塚治虫（日本）「Jumping」

【部門賞】
- ◇5分より短い作品 Pierre Veilleux（カナダ）"Champignons"
- ◇5分～12分の作品 Alexander Tatarsky（旧ソ連）"Obratnaja storana luni"（英題：Dark Side of the Moon）
- ◇12分～30分の作品 Stanislav Sokolov（旧ソ連）"Tschorno-beloe kino"（英題：Black and White Movie）
- ◇教育作品　　　　チャバ・ヴァルガ（Csaba Varga ハンガリー）"Auguszta Szepitkezik"（英題：Augusta Makes Herself Beautiful）
- ●子ども向け作品 Eduard Nazarov（旧ソ連）"Putešestvije muravja"（英題：The Adventures of an Ant）
- ◇最優秀初監督作品 Zvonko Čoh（ユーゴスラビア）"Poljubi mehka me radirka"（英題：Kiss Me Gentle Rubber）
- ◇特別賞（グラフィック）Flip Johnson（アメリカ）"The Roar From Within"
- ◇特別賞（アニメーション）パヴィオ・シュタルテル（Pavao Štalter ユーゴスラビア）"Kuća br. 42"（英題：House No.42）
- ◇特別賞（音楽）　　Phyllis Bulkin（アメリカ）"Quazar"

◇審査員特別賞　　Hu Jinqing（中国），Lu Ruhao（中国）"Snipe − Clam Grapple"
　　　　　　　　　デイヴィッド・アンダーソン（David Anderson グレートブリテン）
　　　　　　　　　　　"Dreamland Express"

1986年
　◇グランプリ　　　該当作なし
　◇生涯功労賞　　　ノーマン・マクラレン（Norman McLaren カナダ）
　【部門賞】
　◇5分より短い作品　A.Fedulov（旧ソ連）"Eto sovsem ne pro eto"（英題：That's Not the Same at All）
　◇5分〜12分の作品　デイヴィッド・アンダーソン（David Anderson グレートブリテン）"Sweet Disaster ― Dreamless Sleep"
　◇12分〜30分の作品　Quay Brothers（グレートブリテン）"Street of Crocodiles"
　◇教育作品　　　　A Da（中国）"Thirty-Six Characters"
　　●子ども向け作品　M.Kamenecky（旧ソ連）"Volk i telenok"（英題：The Wolf and the Calf）
　◇最優秀初監督作品　Solweig von Kleist（フランス）"Criminal Tango"
　◇特別賞（グラフィック）　Evert de Beijer（オランダ）"De karakters"（英題：The Character）
　◇特別賞（アニメーション）　Jürgen Heer（ドイツ），Hayo Freitag（ドイツ）"Mein Bruder"（英題：My Brother）
　◇特別賞（音楽）　ブラザーズ・クエイ（Brothers Quay グレートブリテン）"Street of Crocodiles"
　◇特別賞（音響効果）　Skip Battaglia（アメリカ）"How The Frog's Eye Sees"
　◇特別賞（ユーモア）　リチャード・コンディ（Richard Condie カナダ）「ビッグ・スニット」（"The Big Snit"）
　◇審査員特別賞　　クロード・リュエ（Claude Luyet スイス）"Question d'optiques"（英題：The Point of View）
　　　　　　　　　Nazim Touliahodjajev（旧ソ連）"Budet laskovvy dožd"（英題：A Gentle Rain is Gonna Fall）

1988年
　◇グランプリ　　　プリート・パルン（Priit Pärn 旧ソ連）「草上の朝食」（"Zavtrak na trave"（英題：Breakfast on the Grass））
　◇生涯功労賞　　　チャック・ジョーンズ（Chuck Jones アメリカ）
　【部門賞】
　◇5分より短い作品　Petra Dolleman（オランダ）"Museum"
　◇5分〜12分の作品　アリソン・スノーデン（Alison Snowden），デイヴィッド・ファイン（David Fine）"George and Rosemary"〈カナダ〉
　◇12分〜30分の作品　プリート・パルン（Priit Pärn 旧ソ連）「草上の朝食」（"Zavtrak na trave"（英題：Breakfast on the Grass））
　◇教育作品　　　　該当作なし
　　●子ども向け作品　N.Lerner（旧ソ連）"V Zooparke − Remont"（英題：In the Zoo − Repair）
　◇最優秀初監督作品　Ann Shenfield（オーストラリア）"La Lune"
　◇特別賞（グラフィック）　Krešimir Zimonić（ユーゴスラビア）"Leptiri Butterflies"
　◇特別賞（アニメーション）　ビル・プリンプトン（Bill Plympton アメリカ）"One of Those Days"
　◇特別賞（音楽）　コーデル・バーカー（Cordell Barker カナダ）"The Cat Came Back"
　◇特別賞（音響効果）　ラストコ・チーリッチ（Rastko Ćirić ユーゴスラビア）「バベルの塔」（"Lalilonska Kula"（英題：The Tower of Lalilon（Tower of Babel）））
　◇特別賞（ユーモア）　コーデル・バーカー（Cordell Barker カナダ）"The Cat Came Back"
　◇審査員特別賞　　Marcy Page（アメリカ）"Paradisia"
　　　　　　　　　ジョン・ラセター（John Lasseter アメリカ）"Red's Dream"

1990年
　◇グランプリ　　　　Joanna Woodward（グレートブリテン）"The Brooch Pin and the Sinful Clasp"
　◇生涯功労賞　　　　John Halas（グレートブリテン）
　【部門賞】
　◇45秒〜5分の作品　デイヴィッド・アンダーソン（David Anderson　グレートブリテン）"Deadsy"
　◇5分〜12分の作品　ピョトル・ドゥマラ（Piotr Dumala　ポーランド）"Wolnosc Nogy"（英題：Freedom of the Leg）
　◇12分〜30分の作品　V.Petkevič（旧ソ連）"Kak stat celovekom"（英題：How to Become a Man）
　◇教育作品　　　　　Jerry Rees（アメリカ）"Back to Neverland"
　　●子ども向け作品　ニック・パーク（Nick Park　グレートブリテン）"A Grand Day Out"
　◇最優秀初監督作品　Sheryl Sardina（カナダ）"Eternity"
　◇ズラトコ・グルギッチ特別賞（アニメーションに対して）ロブ・ミンコフ（Rob Minkoff　アメリカ）"Tummy Trouble"
　◇審査員特別賞　　　Martin Barry（カナダ）"Juke-bar"
　　　　　　　　　　　ウォルフガング・ロイエンシュタイン（Wolfgang Lauenstein　ドイツ），クリストフ・ロイエンシュタイン（Christoph Lauenstein　ドイツ）「バランス」（"Balance"）
　　　　　　　　　　　ネデリコ・ドラギッチ（Nedeljko Dragić　ユーゴスラビア）"Slike iz sjećanja"（英題：Pictures From Memory）
　　　　　　　　　　　ジョン・ラセター（John Lasseter　アメリカ）「ニック・ナック」（"Knick Knack"）
　　　　　　　　　　　ヤン・シュヴァンクマイエル（Jan Švankmajer　チェコスロヴァキア）"Tma, svetlo, tma"（英題：Darkness, Light, Darkness）
1992年
　◇グランプリ　　　　ピョトル・ドゥマラ（Piotr Dumala　ポーランド）「フランツ・カフカ」（"Franz Kafka"）
　◇生涯功労賞　　　　ボブ・ゴッドフリー（Bob Godfrey　グレートブリテン）
　【部門賞】
　◇30秒〜5分の作品　クロード・リュエ（Claude Luyet　スイス）"Le carre du lumier"（英題：The Square of Light）
　◇5分〜30分の作品　ミカエラ・パヴラトヴァ（Michaela Pavlátová）"Reči, reči, reči"（英題：Words, Words, Words）〈チェコ共和国〉
　◇最優秀初監督作品　Zlatin Radev（ブルガリア）"Konservfilm"（英題：The Canfilm）
　◇特別賞（デザイン）Sarah Ropert（グレートブリテン）"Papageno"
　◇特別賞（ユーモア）ジョアンナ・クイン（Joanna Quinn　グレートブリテン）"Body Beautiful"
　◇特別賞（技術的業績）Marek Skrobecki（ポーランド）"Dim Grim"
1994年
　◇グランプリ　　　　ニック・パーク（Nick Park　グレートブリテン）"The Wrong Trousers"
　◇生涯功労賞　　　　ドゥシャン・ヴコティチ（Dušan Vukotić　クロアチア）
　【部門賞】
　◇30秒〜5分の作品
　　●第1席　　　　　ジョアンナ・クイン（Joanna Quinn　グレートブリテン）"Britannia"
　　●第2席　　　　　Klaartje Schrijvers（ベルギー）"Chiome d'oro"（英題：Golden Locks）
　　　　　　　　　　　Stiv Šinik（クロアチア）"Snjegovići Snowmen"
　◇5分〜30分の作品
　　●第1席　　　　　ミシェル・クルノワイエ（Michèle Cournoyer　カナダ）"La basse cour"（英題：A Feather Tale）
　　●第2席　　　　　デイヴィッド・アンダーソン（David Anderson　グレートブリテン）"In the

　　　　　　　　　　Time of Angels"
　　　　　　　　Cathy Linsley（オーストラリア）"Secrets of the City"
　◇最優秀初監督作品　Stephen Palmer（グレートブリテン）"Blindscape"
　◇特別賞（デザイン）　Lys Flowerday（フランス）"Petite jeune fille dans Paris"（英題：A Young Girl in Paris)
　◇特別賞（ユーモアを通しての教育）　Greg Lawson（オランダ）"Safe Sex — the Manual"
　◇学生作品賞（予選提出作品のうち最高作品）　Royal College of Art（グレートブリテン）
1996年
　◇グランプリ　　　プリート・パルン（Priit Pärn エストニア）"1895"
　◇生涯功労賞　　　キャロライン・リーフ（Caroline Leaf カナダ）
　【部門賞】
　◇30秒〜5分の作品
　　●第1席　　　　ジョルジュ・シュヴィツゲベル（Georges Schwizgebel スイス）「鹿の一年」（"L'anee du daim"（英題：The Year of the Deer））
　　●第2席　　　　Jonas Raeber（スイス）"Gruezi Hello"
　　　　　　　　　クリストファー・ヒントン（Christopher Hinton カナダ）"Watching TV"
　◇5分〜30分の作品
　　●第1席　　　　Oxana Cherkassova（ロシア）"Nyurkina banja"（英題：Niurka's Bath）
　　●第2席　　　　Karen Kelly（グレートブリテン）"Stressed"
　　　　　　　　　Daren Doherty（グレートブリテン），Nick Smith（グレートブリテン）"The Wooden Leg"
　◇オリジナル・ビデオ作品
　　●第1席　　　　Jan Otto Ertesvag（ノルウェー）"Prosesor"
　　●スペシャルメンション　クリス・ランドレス（Chris Landreth カナダ）"The End"
　◇最優秀初監督作品
　　●第1席　　　　タイロン・モンゴメリー（Tyron Montgomery ドイツ）"Quest"
　　●第2席　　　　Kevin Richards（グレートブリテン）"Pariah the Red Man"
　　　　　　　　　ピエット・クルーン（Piet Kroon オランダ）"Dada"
　◇最優秀抽象作品
　　●第1席　　　　Bärbel Neubauer（ドイツ）"Roots"
　　●第2席　　　　Killian Dellers（スイス）"Vision"
　　　　　　　　　Clive Walley（グレートブリテン）"Divertimento No.5 — Slapstick"
　　●スペシャルメンション　Luis Carlos Carrera（メキシコ）"El heroe"
　　　　　　　　　ジャネット・パールマン（Janet Perlman カナダ）"My Favorite Things that I Love"
　　　　　　　　　Paul Bush（グレートブリテン）"Still Life With Small Cup"
　　　　　　　　　Frances Lea（グレートブリテン）"Oh, Julie"
　◇学生作品賞（予選提出作品のうち最高作品）　The Arts Council Of England（グレートブリテン）
1998年
　◇グランプリ　　　アレクサンドル・ペトロフ（Alexander Petrov ロシア）「ザ・マーメイド」（"Rusalka"（英題：The Mermaid））
　◇生涯功労賞　　　ブルーノ・ボゼット（Bruno Bozzetto イタリア）
　◇部門賞
　　●30秒〜6分の作品　Christa Moesker（オランダ）"Sientje"
　　●6分〜15分の作品　Paul Bush（グレートブリテン）"The Albatross"
　　●15分〜30分の作品　Daniel Greaves（グレートブリテン）"Flatworld"
　　●ズラトコ・グルギッチ賞（最優秀初監督作品）　Mikhail Lisovoj（ロシア）"Nos majora"（英題：The Mayor's Nose）

　　　　　　　　　　　Valentin Olshvang（ロシア）"Rozovaja kukla"（英題：Pink Doll）
　　●コダック賞（最優秀学生作品）　Liana Dognini（グレートブリテン）"One Eye"
　　●スペシャルメンション　Aleksandra Korejwo（アメリカ）"Campbell Soup"
　　　　　　　　　　　ジャネット・パールマン（Janet Perlman カナダ）"Dinner For Two"
　　　　　　　　　　　Richard Reeves（カナダ）"Linear Dreams"
　　　　　　　　　　　Craig Welch（カナダ）"How Wings are Attached to the Backs of Angels"
　　　　　　　　　　　Alexandre Boubnov "La derniere femme de barbe bleue"（英題：Blue
　　　　　　　　　　　　Beard's Last Wife）〈フランス/ウクライナ〉
　◇学生作品賞（予選提出作品のうち最高作品）　Studio School Šar（モスクワ）
　◇学生コンペティション賞
　　●Radio 101賞　Denis Sisterson（グレートブリテン）"Advice for Hamsters"
　　●Radio 101賞 スペシャルメンション　Marie Paccou（フランス）"Un jour"（英題：One Day）
　　　　　　　　　　　Andrew Higgins（グレートブリテン）"Gourmand"
　　●コダック賞　Mina Mileva（ブルガリア）"Ponedelnitki Monday again"
2000年
　◇グランプリ　ウェンディ・ティルビー（Wendy Tilby カナダ），アマンダ・フォービス
　　　　　　　（Amanda Forbis カナダ）「ある一日のはじまり」（"When the Day
　　　　　　　Breaks"）
　◇生涯功労賞　ヤン・シュヴァンクマイエル（Jan Švankmajer チェコ共和国）
　【部門賞】
　◇30秒〜6分の作品
　　●第1席　Roberto Catani（イタリア）"La Sagra Festival"
　　●第2席　ジョアンナ・クイン（Joanna Quinn）"Whatever it Takes"〈イギリス/アメリ
　　　　　　カ〉
　◇6分〜15分の作品
　　●第1席　コンスタンティン・ブロンジット（Konstantin Bronzit フランス）「地球の果
　　　　　　てで」（"Au bout du monde"（英題：At the Ends of the Earth））
　　●第2席　ユージン・フェドレンコ（Eugene Fedorenko カナダ），Rose Newlove（カナ
　　　　　　ダ）「愚か者の村」（"Village of Idiots"）
　◇15分〜30分の作品
　　●第1席　アレクサンドル・ペトロフ（Alexander Petrov カナダ）「老人と海」（"The
　　　　　　Old Man and the Sea"）
　　●第2席　アンドレアス・ヒュカーデ（Andreas Hykade ドイツ）"Ring of Fire"
　◇ズラトコ・グルギッチ賞（最優秀初監督作品）　Steffen Schäffler（ドイツ）"The Periwig-Maker"
　◇スペシャルメンション　David Gainey（アメリカ）"Fishing"
　　　　　　　　　　　Kiril Kravchenko（ロシア）"Let's Play"
　　　　　　　　　　　ジョルジュ・シュヴィツゲベル（Georges Schwizgebel スイス）「フーガ」
　　　　　　　　　　　　（"Fugue"）
　　　　　　　　　　　ブルーノ・ボゼット（Bruno Bozzetto イタリア）"Europe & Italy"
　　　　　　　　　　　Emma Calder（グレートブリテン）"The Queen's Monastery"
　　　　　　　　　　　Torill Kove（カナダ）"My Grandmother Ironed the King's Shirts"
　　　　　　　　　　　フェレンク・カーコ（Ferenc Cakó ハンガリー）"Labirinthus"
2002年
　◇グランプリ　マイケル・デュドク・ドゥ・ヴィット（Michael Dudok de Wit）「岸辺のふた
　　　　　　　り」（「ファーザー・アンド・ドーター」）（"Father and Daughter"〈オランダ
　　　　　　　/イギリス〉）
　◇生涯功労賞　ポール・ドリエセン（Paul Driessen オランダ，カナダ）
　◇アニメーション論の業績賞　Giannalberto Bendazzi（イタリア）

◇ズラトコ・グルギッチ賞（最優秀初監督作品）　Neil Goodridge（オーストラリア）"Pa"
◇最優秀学生作品賞　Stepan Birjukov（ロシア）"Sosedi Neighbours"
◇審査員賞（5作同位）Jerzy Kucia（ポーランド）"Strojenje instrumentow"（英題：Tuning Instruments）

　　　　　　　　　　ポール・フィアーリンジャー（Paul Fierlinger アメリカ），サンドラ・フィアーリンジャー（Sandra Fierlinger アメリカ）"Still Life with Animated Dogs"

　　　　　　　　　　ポール・ドリーセン（Paul Driessen カナダ）「氷山を見た少年」（"The Boy who Saw the Iceberg"）

　　　　　　　　　　クリストファー・ヒントン（Christopher Hinton カナダ）「フラックス」（"Flux"）

　　　　　　　　　　ミハイル・アルダシン（Mikhail Aldashin ロシア）"Bookashky Bookashkies"

◇スペシャルメンション　ジョルジュ・シュヴィツゲベル（Georges Schwizgebel スイス）「少女と雲」（"La Jeune Fille et les nuages"（英題：Young girl and the clouds））

　　　　　　　　　　ピョトル・ドゥマラ（Piotr Dumala ポーランド）"Zbrodnia i kara"（英題：Crime and Punishment）

　　　　　　　　　　アドリアーン・ロクマン（Adriaan Lokman オランダ）「バーコード」（"Barcode"）

　　　　　　　　　　コーデル・バーカー（Cordell Barker カナダ）「ストレンジ・インヴェーダーズ」（"Strange Invaders"）

　　　　　　　　　　Alain Gagnol（フランス），Jean-Loup Felicioli（フランス）"Un couteau dans les fourchettes"（英題：A Knife Among the Forks）

◇学生コンペティション
　●第1席　　　Anne-Laure Bizot（フランス），Amelie Graux（フランス）"Que veut du pate de foie"（英題：Who Wants Some Liver Pate）
　●第2席　　　Matthew Hood（グレートブリテン）"Metalstasis"
　●第3席　　　Martin Snopek（スロヴァキア）"Kazdodenna pasa"（英題：Everyday Grazing）
　●スペシャルメンション　Sang-Nahm Kim（韓国）"Ilgobsal Kid"
　　　　　　　　　　Anitha Balachandran（インド）"Pudavai Saree"

2004年
　◇生涯功労賞　　　宮崎駿（日本）
　◇アニメーション論への顕著な貢献賞　ドナルド・クラフトン（Donald Crafton アメリカ）
　◇グランド・コンペティション
　　●グランプリ　　山村浩二（日本）「頭山」（"Mt.Head"）
　　●ザグレブ賞　　Virgil Widrich "Fast Film"〈オーストリア/ルクセンブルグ〉
　　●ズラトコ・グルギッチ賞　Anja Struck（ドイツ）"Allerleirauh"（英題：Whisper of the Furcone）
　　●審査員賞　　　ジョルジュ・シュヴィツゲベル（Georges Schwizgebel）「影のない男」（"L'homme sans ombre"（英題：The Man without Shadow）〈スイス/カナダ〉）

　　　　　　　　　　Evert de Beijer（オランダ）"Car Craze"
　　　　　　　　　　フィル・ムロイ（Phil Mulloy）"The Final Solution"〈イギリス/ドイツ〉
　　　　　　　　　　Jun Ki Kim（韓国）"In-Saeng"（英題：The Life）
　　　　　　　　　　プリート・パルン（Priit Pärn エストニア）"Karl ja Marilyn"（英題：Karl and Marilyn）
　　●特別賞　　　Oxana Cherkassova（ロシア）"Chelovek s lunyi"（英題：The Man from the Moon）
　　　　　　　　　　Marko Meštrović（クロアチア），Davor Medurečan（クロアチア）"Ciganjska"
　　　　　　　　　　Lejf Marcussen "Angeli"〈ドイツ/カナダ〉

◇学生コンペティション
- ドゥシャン・ヴコティチ賞（最優秀学生作品）Mathilde Philippon-Aginski（フランス）"Ascio"
- スペシャルメンション　ウィル・ベッヒャー（Will Becher グレートブリテン）「箱詰め」（"Boxed in"）
    Vaclav Blin（チェコ共和国）"Na tu svatbu"（英題：On the Wedding）
    Lena Chernova（ロシア）"Pro devocku About a girl"
    ミヒャエル・ジーバー（Michael Sieber ドイツ）"Wunderwerk"
    Helli Ellis（グレートブリテン）"The Town of the One-Handed"

◇子ども向け作品コンペティション　Brent Davies（ジンバブエ）"Always take the weather with you"
- スペシャルメンション　Sung-gang Lee（韓国）"O-nu-ri"
    Andrey Sokolov（ロシア）"K jugu ot severa"（英題：South of the North）
    シェルドン・コーエン（Sheldon Cohen カナダ）"I Want a Dog"

◇その他の賞
- 観客賞　　Peter Cornwell（オーストラリア）"Ward 13"
- 学生コンペティション　観客賞　スベン・マーティン（Sven Martin ドイツ）"Ritterschlag"（英題：Knight Games）
- ASIFAクロアチア審査員賞（子ども向け作品）　Jochen Ehmann（ドイツ）"Herbert Indianer frosch"（英題：Herbert Apache Frog）
- ザグレブ学生賞（学生コンペ最優秀作品）　ウィル・ベッヒャー（Will Becher エジンバラ芸術学校，イギリス）「箱詰め」（"Boxed in"）
- Film Worker Association賞　Virgil Widrich "Fast Film"〈オーストリア/ルクセンブルグ〉
- Croatian Film Critics賞　Virgil Widrich "Fast Film"〈オーストリア/ルクセンブルグ〉
- KROK パートナー・フェスティバル審査員賞　ジョルジュ・シュヴィツゲベル（Georges Schwizgebel スイス）「影のない男」（"L'homme sans ombre"（英題：The Man without Shadow））

2005年
◇生涯功労賞　　ジェフリー・カッツェンバーグ（Jeffrey Katzenberg）
◇長編アニメ作品コンペティション
- グランプリ　Stefan Fjeldmark（デンマーク），Kresten Vestbjerg Andersen（デンマーク），Thorbjorn Christoffersen（デンマーク）"Terkel i knibe"（英題：Terkel in Trouble）
- ゴールデン・ザグレブ賞　アーロン・ガウダー（Áron Gauder ハンガリー）"Nyócker！"（英題：The District！）
- スペシャルメンション　川本喜八郎（日本）「死者の書」（"The Book of the Dead"）
    ビル・プリンプトン（Bill Plympton アメリカ）"Hair High"
    Uzi Geffenblad（スウェーデン），Lotta Geffenblad（スウェーデン）"Bland Tistlar"（英題：Among The Thorns）

◇'Say it in Croatian'コンペティション―最優秀クロアチア声優
- 最優秀声優　Božidar Alić「ファインディング・ニモ」（"Finding Nemo"（マーリン役）〈クロアチア配給会社：Continental film〉
- スペシャルメンション　Lela Margitić 「ホーム・オン・ザ・レンジ にぎやか農場を救え！」（"Home on the Range"（Ms Kajbuš（ミセス・キャロウェイ役）〈クロアチア配給会社：Continental film〉）
    Pero Juričić「シュレック2」〈クロアチア配給会社：Blitz film and video〉（"Shrek 2"（ハロルド国王役））
◇スペシャルメンション―配給会社　Blitz film and video
    Continental film

2006年
　◇生涯功労賞　　　Fjodor Hitruk（ロシア）
　◇アニメーション論への顕著な貢献賞　ジョン・ケインメーカー（John Canemaker　アメリカ）
　◇教育機関への賞（予選提出作品のうち最優秀作品）　Valence（フランス）"La Poudriere"
　◇スペシャルメンション（International Selection Committee）　Studio PILOT（ロシア・モスクワ）
　　　　　　　　　Studio ANIMOSE（ロシア・モスクワ）
　◇グランド・コンペティション
　　●グランプリ　　ジョアンナ・クイン（Joanna Quinn　グレートブリテン）"Dreams and Desires：Family Ties"
　　●ゴールデン・ザグレブ賞　シモン・ボゴイヤビッチ・ナラス（Simon Bogojević-Narath　クロアチア）"Leviathan"
　　●ズラトコ・グルギッチ賞　ウラジミール・レシオフ（Vladimir Leschiov　ラトビア）"Bezmiegs"
　　●審査員特別賞　Ivan Maximov（ロシア）"Veter v'dol berega"
　　　　　　　　　イゴール・コヴァリョフ（Igor Kovalyov　ロシア，アメリカ）「ミルク」（"Milch"）
　　　　　　　　　Joško Marušić（クロアチア）"U susjedstvu grada"
　　●審査員スペシャルメンション　Alain Gagnol（フランス），Jean-Loup Felicioli（フランス）"Le Couloir"
　　　　　　　　　イザベル・ファベ（Isabelle Favez　スイス）"Apple Pie"
　　　　　　　　　Ramil Usmanov（カザフスタン）"Oxota"
　　●International Film Critics賞（最優秀作品）　ジョアンナ・クイン（Joanna Quinn　グレートブリテン）"Dreams and Desires：Family Ties"
　　●International Film Critics賞（スペシャルメンション）　Simone Massi "La memoria dei cani"〈イタリア/フランス〉
　◇学生コンペティション
　　●ドゥシャン・ヴコティチ賞（最優秀学生作品）　Emilie Sengelin（La Poudriere，フランス）"Bouts en train"
　　●スペシャルメンション　Chris Choy（CalArts，アメリカ）"Possum"
　　　　　　　　　David Devaux（ENSAD，フランス）"Dernier Hurlement"
　　　　　　　　　Jean Paul Harney（NFTS，イギリス）"Brand Spanking"
　◇子ども向け作品コンペティション
　　●最優秀子ども向け作品　ロジャー・アラーズ（Roger Allers　アメリカ）"The Little Match Girl"
　　●スペシャルメンション　Stepan Koval "Zlydni"〈ロシア/ウクライナ〉
　　　　　　　　　Natalia Berezovaya（ロシア）"Pro barana i kozla"
　　　　　　　　　Darko Kreč（クロアチア）"Kućica u krošnji"
　◇特別賞
　　●観客賞―グランド・コンペティション　ミハイル・アルダシン（Mikhail Aldashin　ロシア），オレグ・ウジノフ（Oleg Uzhinov　ロシア）"Pro Ivana Duraka"
　　●観客賞―学生コンペティション　Jean Paul Harney（NFTS，イギリス）"Brand Spanking"
　　●《Net Surfer》賞―ニュー・メディア（インターネット投票，T-Comによる授賞）　Ravanbakhsh Sadeghi（イラン）"Ravan 1"
　　●Filmski.net賞（最優秀学生作品）　Malcolm Lamont "Five o'clock shadow"
2007年
　◇グランプリ　　　ミッシェル・オスロ（Michel Ocelot　フランス）"Azur and Asmar"
　◇観客賞　　　　　Steve Hickner（アメリカ），Simoj J.Smith（アメリカ）"Bee Movie"
　◇ゴールデン・ザグレブ賞（for best project in development）　Géza M.Tóth（ハンガリー）"Tomi's Struggle"
　◇スペシャルメンション　Anders Morgenthaler（デンマーク）"Princess"

マルジャン・サトラピ（Marjane Satrapi フランス），ヴァンサン・パロノー（Vincent Paronnaud フランス）「ペルセポリス」（"Persepolis"）
- ◇スペシャルメンション（子ども向け作品）Aaron Lim（韓国）"Mug Travel"
- ◇スペシャルメンション（for project in development）Faruk Šabanović（ボスニア・ヘルツェゴビナ）"Birds Like Us"

2008年
- ◇グランド・コンペティション
  - 大賞（最優秀短編作品）ルイス・クック（Luis Cook グレートブリテン）「ピアー姉妹」（"The Pearce Sisters"）
  - ゴールデン・ザグレブ賞 アンドレアス・ヒュカーデ（Andreas Hykade ドイツ）"The Runt"
  - ズラトコ・グルギッチ賞（教育機関以外で製作された最優秀初監督作品）Izibene Oñederra（スペイン）"Hezurbeltzak, the Common Grave"
  - 審査員特別賞 アレクセイ・アレクセイエフ（Alexei Alexeev ハンガリー）"KJFG No.5"
    アドリアーン・ロクマン（Adriaan Lokman オランダ）"Forecast"
    クリス・ラヴィス（Chris Lavis カナダ），マチェック・シェバウスキ（Maciek Szczerbowski カナダ）"Madame Tutli-Putli"
  - 審査員スペシャルメンション フランク・バッジェン（Frank Budgen グレートブリテン），ダレン・ウォルシュ（Darren Walsh グレートブリテン）"Play-Doh"（ソニーブラビア）
    Samantha Moore（イギリス）"The Beloved Ones"〈イギリス／ウガンダ〉
    ヴェリコ・ポポヴィッチ（Veljko Popović クロアチア）"She who Measures"
- ◇学生コンペティション
  - ドゥシャン・ヴコティチ賞（最優秀学生作品）Ami Lindholm（フィンランド）"The Irresistible Smile"
  - 審査員スペシャルメンション アリエル・ベリンコ（Ariel Belinco），マイケル・ファウスト（Michael Faust）"Beton"〈イスラエル／オランダ〉
    Matthieu Buchalski（フランス），Jean-Michel Drechsler（フランス），Thierry Onillon（フランス）「カメラオブスクラ」（"Camera Obscura"）
    Ban Ju-Young（韓国）"Can You Go Through？"
- ◇子ども向け作品コンペティション
  - 最優秀子ども向け作品 ミレン・ヴィタノフ（Milen Vitanov ドイツ）"My Happy End"
  - 審査員スペシャルメンション クロード・リュエ（Claude Luyet スイス），ジョルジュ・シュヴィッツゲベル（Georges Schwizgebel スイス），Dominique Delachaux-Lambert（スイス），Claude Barras（スイス），Romeo Andreani（スイス）"Animatou"
    Julien Bocabeille（フランス），François-Xavier Chanioux（フランス），Olivier Delabarre（フランス），Thierry Marchand（フランス），Emund Mokhber（フランス），Quentin Marmier（フランス）「オクトポディ」（"Oktapodi"）
    アレクセイ・アレクセイエフ（Alexei Alexeev ハンガリー）"KJFG No.5"
- ◇コンペティション部門賞以外
  - 生涯功労賞 プリート・パルン（Priit Pärn エストニア）
  - アニメーション論の顕著な業績への賞 Clare Kitson（グレートブリテン）
  - 教育機関への賞（予選提出作品のうち最優秀作品）Akademia Sztuk Pieknych w Krakowie（英名：Academy of Fine Arts in Krakow）（ポーランド）
- ◇その他の賞
  - "Mr.M"観客賞（グランド・コンペおよび学生コンペ最優秀作品）アレクセイ・アレクセイエフ（Alexei Alexeev ハンガリー）"KJFG No.5"
  - 最優秀作品（アニメーション＆ニュー・メディア審査員による）ジェレミー・クラパン（Jérémy Clapin フランス）「スキゼン」（"Skhizein"）

2009年
　◇グランド・コンペティション
　　●グランプリ（ASIFAクロアチア賞）　アリ・フォルマン（Ari Folman）「戦場でワルツを」（"Waltz with Bashir"〈フランス/ドイツ/イスラエル〉）
　　●審査員スペシャルメンション　トム・ムーア（Tomm Moore），ノラ・トゥオメイ（Nora Twomey）「ブレンダンとケルズの秘密」（"The Secret of Kells"〈フランス/イスラエル/ベルギー〉）
　　　　プリート・パルン（Priit Pärn エストニア），オルガ・パルン（Olga Pärn エストニア）"Elu ilma Gabriella Ferrita"（英題：Life without Gabriella Ferri）
　　　　アダム・エリオット（Adam Elliot オーストラリア）"Mary and Max"
　◇製作中作品（審査員による選考）
　　●ゴールデン・ザグレブ賞（最優秀製作中プロジェクト）　Balbina Bruszewska "Heart in the Wall"〈ポーランド/スイス/韓国〉
　　●スペシャルメンション　Tomáš Hubáček（チェコ共和国）"Tales from Gigerland"
　◇観客賞　　アダム・エリオット（Adam Elliot オーストラリア）"Mary and Max"
2010年
　◇グランド・コンペティション
　　●グランプリ（最優秀短編作品）　オルガ・パルン（Olga Pärn エストニア），プリート・パルン（Priit Pärn エストニア）「ダイバーズ・イン・ザ・レイン」（「雨の中のダイバー」）（"Tuukrid vihmas"（英題：Divers in the Rain））
　　●ゴールデン・ザグレブ賞（創造的・革新的な芸術的業績への奨励）　デイヴィッド・オライリー（David O'Reilly）"Please Say Something"〈ドイツ/アイルランド〉
　　●審査員特別賞　アンドレアス・ヒュカーデ（Andreas Hykade ドイツ）"Love & Theft"
　　　　ドン・ハーツフェルト（Don Hertzfeldt アメリカ）"I am so proud of you"
　　　　Johannes Nyholm（スウェーデン）"Sagan om den lille Dockpojken"（英題：The Tale of Little Puppetboy）
　　　　フランソワ・アロー（François Alaux フランス），ルドヴィク・ウープラン（Ludovic Houplain フランス），エルヴェ・ドゥ・クレシー（Hervé de Crécy フランス）「ロゴラマ」（"Logorama"）
　　　　Niles Atallah（チリ），Joaquin Cociña（チリ），Cristobal Leon（チリ）"Luis"
　◇ズラトコ・グルギッチ賞（教育機関以外で製作された初監督作品）　Aaron Hughes（アメリカ）"Backwards"
　◇最優秀依頼作品　Benjamin Swiczinsky（ドイツ）"Only Human"
　◇学生コンペティション審査員による
　　●ドゥシャン・ヴコティチ賞（最優秀学生作品）　Angela Steffen（ドイツ）"Lebensader"
　　●スペシャルメンション　田中美妃（日本）「つままれるコマ」（"Bring me up"）
　　　　Pierre-Emmanuel Lyet（フランス）"Parade"
　　　　Rafael Sommerhalder "Flowerpots"〈スイス/イギリス〉
　◇グランド・コンペティション＆学生コンペティション審査員による
　　●Cartoon East賞　ヴェリコ・ポポヴィッチ（Veljko Popović），スヴェトラン・ユナコビッチ（Svjetlan Junaković）"Moj put"（英題：My Way）〈クロアチア〉
　◇子ども向け作品コンペティションの審査員による
　　●最優秀子ども向け作品　フィリップ・ハント（Philip Hunt イギリス）"Lost and Found"
　　●審査員スペシャルメンション　Jean-François Lévesque（カナダ）"Le Noeud Cravate"（英題：The Necktie）
　　　　Gili Dolev（イギリス）"The Happy Duckling"
　◇アニメーション＆ニュー・メディア学生審査員による
　　●最優秀学生作品　Veronika Obertová（スロヴァキア）"Viliam"
　◇"Mr.M"観客賞　フィリップ・ハント（Philip Hunt イギリス）"Lost and Found"

◇フェスティバル協議会の選考による
- 生涯功労賞　　フレデリック・バック（Frédéric Back）
- アニメーション教育への貢献賞　Midhat Ajanović Ajan

◇学生コンペティション選考委員会による
- 最優秀学校賞（教育機関による予選提出作品のうち最高作品）　東京藝術大学

2011年
◇グランド・コンペティション部門
- グランプリ　　ポール・フィアーリンジャー（Paul Fierlinger　アメリカ）"My Dog Tulip"
- 審査員スペシャルメンション　Tarik Saleh "Metropia"〈デンマーク／フィンランド／ノルウェー／スウェーデン〉

◇ゴールデン・ザグレブ賞（最優秀製作中プロジェクト）　Tibor Banoczki "The Jungle"〈イギリス／ハンガリー〉

◇観客賞　　　　ドミニク・モンフェリー（Dominique Monféry）"Kérity, La Maison des Contes"（英題：Eleanor's Secret）〈フランス／イタリア〉

2012年
◇グランド・コンペティション
- グランプリ　　エマ・ドゥ・スワーフ（Emma De Swaef），マーク・ジェイムス・ロエルズ（Marc James Roels）「オー、ウィリー」（"Oh Willy..."〈ベルギー／フランス／オランダ〉）
- ゴールデン・ザグレブ賞　ドン・ハーツフェルト（Don Hertzfeldt　アメリカ）「なんて素敵な日」（"It's such a beautiful day"）
- 審査員特別賞（デニス・タピコフ）　Simone Massi（イタリア）"Dell'ammazzare il maiale"（英題：About killing the pig）
- 審査員特別賞（Mirna Belina）　和田淳「グレートラビット」（"The Great Rabbit"〈日本／フランス〉）
- 審査員特別賞（Léa Zagury）　ジョルジュ・シュヴィッツゲベル（Georges Schwizgebel）"Romance"〈カナダ／スイス〉
- 審査員特別賞（デイヴィッド・オライリー）　橋本新（日本）「ベルーガ」（"Beluga"）
- 審査員特別賞（プリート・パルン）　ロバート・モーガン（Robert Morgan　イギリス）"Bobby Yeah"

◇ズラトコ・グルギッチ賞（最優秀初監督作品）　レイニス・ペーテルソヌス（Reinis Pētersons　ラトビア）「ウルサス」（"Ursus"）

◇学生コンペティション
- ドゥシャン・ヴコティチ賞（最優秀学生作品）　Joni Männistö（フィンランド）"Kuhina"（英題：Swarming）
- 審査員スペシャルメンション　Will Anderson（イギリス）"The Making of Longbird"
  　　　　　　　奥田昌輝（日本）「くちゃお」（"A gum boy"）
  　　　　　　　Peter Budinsky（スロヴァキア）"tWINs"

◇依頼作品コンペティション部門
- 最優秀依頼作品　Pete Bishop（イギリス）"Oil Story"

◇子ども向け作品コンペティション
- 最優秀子ども向け作品　アイザック・キング（Isaac King　カナダ）"Second Hand"
- 審査員スペシャルメンション　Vanda Raýmanová（スロヴァキア）"Kto je tam"（英題：Who's there？）
  　　　　　　　助川勇太（日本）「灯花」（"The light"）

◇"Mr.M"賞（観客投票による最優秀作品）　エマ・ドゥ・スワーフ（Emma De Swaef），マーク・ジェイムス・ロエルズ（Marc James Roels）「オー、ウィリー」（"Oh Willy..."〈ベルギー／フランス／オランダ〉）

◇フェスティバル協議会の選考による

- 生涯功労賞　　久里洋二
- アニメーション研究への特別貢献賞　オリビエ・コット（Olivier Cotte）
- スペシャル・メンション 2012 Zagreb School of Animation

2013年
  ◇グランド・コンペティション
  - グランプリ　　Laurent Boileau，Jung "Approved For Adaption"
  - 審査員スペシャルメンション　Jean-Francois Laguionie "The Painting"
  ◇ゴールデン・ザグレブ賞（最優秀製作中プロジェクト）　Anja Kofmel "Chris the Swiss"
  ◇観客賞　　　Laurent Boileau，Jung "Approved For Adaption"

2014年
  ◇グランド・コンペティション
  - グランプリ　　Joung Yumi（韓国）"Love Games"
  - ゴールデン・ザグレブ賞　Jochen Kuhn（ドイツ）"Sonntag 3"（英題：Sunday 3）
  - 審査員特別賞　Tomek Ducki（ポーランド）"Laźnia"（英題：Baths）
    ピョトル・ドゥマラ（Piotr Dumala ポーランド）"Hipopotamy"
    Nicolai Troshinsky（スペイン）"Astigmatismo"
    Edmunds Jansons（ラトビア）"Choir tour"
    水尻自子（Yoriko Mizushiri 日本）"Futon"
  ◇ズラトコ・グルギッチ賞（最優秀初監督作品）　Tomasz Popakul（ポーランド）"Ziegenort"
  ◇学生コンペティション
  - ドゥシャン・ヴコティチ賞（最優秀学生作品）　冠木佐和子（Sawako Kabuki 日本）"Ketsujiru Juke"（英題：Anal Juice）
  - 審査員スペシャルメンション　Michael Frei（スイス）"Plug & Play"
    Kim Hakhyun（韓国）"Maze King"
    Daniela Sherer（イギリス）"The Shirley Temple"
  ◇依頼作品コンペティション部門
  - 最優秀依頼作品　Kijek/Adamski（日本，ポーランド）"Katachi"（英題：Shape）
  ◇子ども向け作品コンペティション
  - 最優秀子ども向け作品　Anna Khmelevskaya（フランス）"Mille-pattes et Crapaud"（英題：The Centipede and the Toad）
  - 審査員スペシャルメンション　Dina Velikovskaya（ロシア）"Moy Stranniy Dedushka"（英題：My Strange Grandfather）
    Péter Vácz（ハンガリー）"Nyuszi és őz"（英題：Rabbit and Deer）
    Maja Oschmann（ドイツ），Thomas Stellmach（ドイツ）"Virtuos Virtuell"
  ◇観客賞　　Špela Čadež（ドイツ，スロヴェニア）"Boles"
  ◇フェスティバル協議会の選考による
  - 生涯功労賞　　ユーリ・ノルシュテイン（Yuri Norstein）
  - アニメーション研究への特別貢献賞　Marcel Jean

2015年
  ◇グランド・コンペティション
  - グランプリ（最優秀短編作品）　コンスタンティン・ブロンジット（Konstantin Bronzit）"We Can't Live Without Cosmos"
  - ゴールデン・ザグレブ賞　ドン・ハーツフェルト（Don Hertzfeldt）"World of Tomorrow"
  - 審査員特別賞（Veljko Popović）　Dahee Jeong "Man on the chair"
  - 審査員特別賞（Jayne Pilling）　Calvin Antoine Blandin "Mimma"
  - 審査員特別賞（Chris Landreth）　セオドア・ウシェフ（Theodore Ushev）"The Sleepwalker"
  - 審査員特別賞（Yumi Joung）　アンドレアス・ヒュカーデ（Andreas Hykade）"Nuggets"

- 審査員特別賞（Leslie Felperin）　Riho Unt "The Master"
◇ズラトコ・グルギッチ賞（最優秀初監督作品）　Alice Guimarães, Mónica Santos "Amélia and Duarte"
- グランプリ（最優秀長編作品）　Alê Abreu "The Boy and the World"
- 審査員特別賞（長編作品）　Sang-ho Yeon "The Fake"
- グランプリ（クロアチア作品）　Chintis Lundgren "Life with Herman H.Rott"
- 審査員特別賞（クロアチア作品）　Bruno Razum "Nikola Tesla's Secret Laboratory"
◇学生コンペティション
- ドゥシャン・ヴコティチ賞（最優秀学生作品）　Stephen McNally "Meanwhile"
- 審査員スペシャルメンション　William Reynish "The Whole"
　　　　　　　　　　　　　　　Seo-ro Oh "Afternoon Class"
◇依頼作品コンペティション部門
- 最優秀依頼作品　"Paradise Awaits"
◇子ども向け作品コンペティション
- 最優秀子ども向け作品　Jacoba Freyja "Gift"
- 審査員スペシャルメンション　Patrick Delage, Toma Leroux "Lune"
◇ "Mr.M"賞（観客投票による最優秀作品）
- 短編　　　　　　Gabriel Osorio "Bear Story"
- 長編　　　　　　トム・ムーア（Tomm Moore）"Song of the Sea"
◇最優秀サイト－スペシフィックビデオ作品　Nikki Schuster "Microphobia"

文 学

40 アメリカ探偵作家クラブ賞 Mystery Writers of American Awards

　1945年にミステリ作品の普及と作家の利益保護・促進などを目的に設立されたアメリカ探偵作家クラブが選考する賞の総称。アメリカの推理小説でもっとも権威ある賞。一般的には，推理小説の父，エドガー・アラン・ポーにちなみ1946年に創設された「エドガー賞（Edgar Awards）」を指すことが多い。エドガー賞の選考対象は前年に米国内で出版された作品であり，最優秀長編賞，最優秀ペーパーバック賞，最優秀処女長編賞，最優秀短編賞，最優秀ヤングアダルト賞，最優秀ジュブナイル賞，最優秀犯罪実話賞，最優秀批評・評伝賞，最優秀映画賞，最優秀TVエピソード賞，最優秀演劇賞などの部門賞に分かれている。エドガー賞以外に同クラブが授与する賞としては，執筆作品以外のメディアを対象とする大鴉賞，優れた業績のある作家に贈られる巨匠賞，優れた短編作家に贈られるロバート・L.フィッシュ賞，出版功労者に贈られるエラリー・クィーン賞，メアリー・ヒギンズ・クラーク賞などがある。
　＊日本人では，2004年に桐野夏生の「OUT」，2012年に東野圭吾の「容疑者Xの献身」が最優秀長編賞にノミネートされたが，受賞は逃した
【主催者】アメリカ探偵作家クラブ（The Mystery Writers of America）
【選考委員】各部門毎に会長に任命された委員長，および委員長に選出された4名の委員が行う
【選考基準】米国内で前年1月から12月の間に発表されたミステリの分野の作品を対象とする。作家や制作者の国籍は問わない。翻訳作品も対象に含まれる
【締切・発表】応募締切は1月～3月刊行の作品は3月末，4月～9月刊行の作品は各月の翌月末，10月～12月刊行の作品は11月末となる。毎年1月中旬にノミネーションの発表，4月末～5月初に受賞作発表・授賞式が行われる
【賞・賞金】賞金500ドルと陶製エドガー・アラン・ポー像（エドガー賞）
【連絡先】1140 Broadway,　Suite 1507 New York,　NY 10001【TEL】212-888-8171
　【FAX】212-888-8107
　【URL】http：//www.mysterywriters.org/

2005年
　◇長編賞　　　　　T.ジェファーソン・パーカー（T.Jefferson Parker）「カリフォルニア ガール」（"California Girl"）
　◇処女長編賞　　　ドン・リー（Don Lee）「出生地」（"Country of Origin"）
　◇ペーパーバック賞　ドメニック・スタンズベリー（Domenic Stansberry）「告白」（"The Confession"）
　◇短編賞　　　　　ローリー・リン・ドラモンド（Laurie Lynn Drummond）"Something About a Scar"
　◇犯罪実話賞　　　レナード・レヴィット（Leonard Levitt）"Conviction：Solving the Moxley Murder"
　◇批評・評伝賞　　レスリー・S.クリンガー（Leslie S.Klinger）"The New Annotated Sherlock Holmes：The Complete Short Stories"
　◇YA賞　　　　　ドロシー・フーブラー（Dorothy Hoobler），トーマス・フーブラー（Thomas Hoobler）"In Darkness，Death"
　◇ジュヴナイル賞　ブルー・バリエット（Blue Balliett）"Chasing Vermeer"

◇TVエピソード賞　ルネ・バルサー（Rene Balcer），エリザベス・ベンジャミン（Elizabeth Benjamin）"Want"
◇TVフィーチャー・ミニシリーズ賞　ポール・アボット（Paul Abbott）"State of Play"
◇映画賞　　　　ジャン＝ピエール・ジュネ（Jean-Pierre Jeunet）「ロング・エンゲージメント」（"A Very Long Engagement"）
◇演劇賞　　　　ニール・ベル（Neal Bell）"Spatter Pattern（Or，How I Got Away With It）"
◇スペシャルエドガー　デヴィッド・チェイス（David Chase）
　　　　　　　　トム・フォンタナ（Tom Fontana）
◇エラリー・クイーン賞　キャロリン・マリーノ（Carolyn Marino）
◇ロバート・L.フィッシュ賞　トーマス・モリッシー（Thomas Morrissey）"Can't Catch Me"
◇大鴉賞　　　　スティーブ・オネイ（Steve Oney）
　　　　　　　　ダイアン・コバックス（Diane Kovacs），カラ・ロビンソン（Kara Robinson）
　　　　　　　　マーサ・ファリントン（Martha Farrington）
◇巨匠賞　　　　マーシャ・マラー（Marcia Muller）
◇メアリ・ヒギンズ・クラーク賞　ロシェル・メジャー・クリッヒ（Rochelle Krich）"Grave Endings"

2006年
◇長編賞　　　　ジェス・ウォルター（Jess Walter）「市民ヴィンス」（"Citizen Vince"）
◇処女長編賞　　テリーザ・シュヴィーゲル（Theresa Schwegel）「オフィサー・ダウン」（"Officer Down"）
◇ペーパーバック賞　ジェフリー・フォード（Jeffrey Ford）「ガラスのなかの少女」（"Girl in the Glass"）
◇短編賞　　　　ジェームス・W.ホール（James W.Hall）"The Catch"
◇犯罪実話賞　　エドワード・ドルニック（Edward Dolnick）「ムンクを追え！　『叫び』奪還に賭けたロンドン警視庁美術特捜班の100日」（"Rescue Artist：A True Story of Art，Thieves，and the Hunt for a Missing Masterpiece"）
◇批評・評伝賞　メラニー・レハック（Melanie Rehak）"Girl Sleuth：Nancy Drew and the Women Who Created Her"
◇YA賞　　　　　ジョン・ファインスタイン（John Feinstein）「ラスト★ショット」（"Last Shot"）
◇ジュヴナイル賞　D.ジェームズ・スミス（D.James Smith）"The Boys of San Joaquin"
◇TVエピソード賞　エド・ホイットモア（Ed Whitmore）"Amulet"
◇映画賞　　　　スティーヴン・ギャガン（Stephen Gaghan）「シリアナ」（"Syriana"）
◇演劇賞　　　　ゲイリー・アール・ロス（Gary Earl Ross）"Matter of Intent"
◇エラリー・クイーン賞　ブライアン・スクーピン（Brian Skupin）
　　　　　　　　ケイト・スタイン（Kate Stine）
◇ロバート・L.フィッシュ賞　エディー・ニュートン（Eddie Newton）"Home"
◇大鴉賞　　　　ボニー・クラーソン（Bonnie Claeson），Joe Guglielmelli
　　　　　　　　ジョアン・ハンセン（Joan Hansen）
◇巨匠賞　　　　スチュワート・M.カミンスキー（Stuart M.Kaminsky）
◇メアリ・ヒギンズ・クラーク賞　カレン・ハーパー（Karen Harper）"Dark Angel"

2007年
◇長編賞　　　　ジェイソン・グッドウィン（Jason Goodwin）「イスタンブールの群狼」（"The Janissary Tree"）
◇処女長編賞　　アレックス・ベレンスン（Alex Berenson）「フェイスフル・スパイ」（"The Faithful Spy"）
◇ペーパーバック賞　ナオミ・ヒラハラ（Naomi Hirahara）「スネークスキン三味線―庭師マス・アライ事件簿」（"Snakeskin Shamisen"）

◇短編賞		チャールズ・アーディ（Charles Ardai）「銃後の守り」（"The Home Front"）
◇犯罪実話賞		ジェイムズ・L.スワンソン（James L.Swanson）「マンハントーリンカーン暗殺犯を追った12日間」（"Manhunt: The 12-Day Chase for Lincoln's Killer"）
◇批評・評伝賞		E.J.ワグナー（E.J.Wagner）「シャーロック・ホームズの科学捜査を読む—ヴィクトリア時代の法科学百科」（"The Science of Sherlock Holmes: From Baskerville Hall to the Valley of Fear"）
◇YA賞		ロビン・メロウ・マックレディー（Robin Merrow MacCready）"Buried"
◇ジュヴナイル賞		アンドリュー・クレメンツ（Andrew Clements）"Room One: A Mystery or Two"
◇TVエピソード賞		マシュー・グレアム（Matthew Graham）"Episode 1"
◇TVフィーチャー・ミニシリーズ賞		エド・バーンズ（Ed Burns），キア・コースロン（Kia Corthron），デニス・ルヘイン（Dennis Lehane），デヴィッド・ミルス（David Mills），エリック・オーヴァーマイヤー（Eric Overmyer），ジョージ・ペレカノス（George Pelecanos），リチャード・プライス（Richard Price），デヴィッド・サイモン（David Simon），ウィリアム・F.ゾルツィ（William F.Zorzi）"The Wire, Season 4"
◇映画賞		ウィリアム・モナハン（William Monahan）「ディパーテッド」（"The Departed"）
◇演劇賞		スティーブン・ディーツ（Steven Dietz）"Sherlock Holmes: The Final Adventure"
◇ロバート・L.フィッシュ賞		ウィリアム・ディラン・パウエル（William Dylan Powell）"Evening Gold"
◇大鴉賞		ミッチェル・カプラン（Mitchell Kaplan）
		Kathy Harig, Tom Harig
◇巨匠賞		スティーヴン・キング（Stephen King）
◇メアリ・ヒギンズ・クラーク賞		フィオナ・マウンテン（Fiona Mountain）"Bloodline"

2008年
◇長編賞		ジョン・ハート（John Hart）「川は静かに流れ」（"Down River"）
◇処女長編賞		タナ・フレンチ（Tana French）「悪意の森」（"In the Woods"）
◇ペーパーバック賞		ミーガン・アボット（Megan Abbott）「暗黒街の女」（"Queenpin"）
◇短編賞		スーザン・ストレート（Susan Straight）「ゴールデン・ゴーファー」（"The Golden Gopher"）
◇犯罪実話賞		ヴィンセント・バグリオーシ（Vincent Bugliosi）"Reclaiming History: The Assassination of President John F.Kennedy"
◇批評・評伝賞		チャールズ・フォーリー（Charles Foley［編］），ジョン・レレンバーグ（Jon Lellenberg［編］），ダニエル・スタシャワー（Daniel Stashower［編］）「コナン・ドイル書簡集」（"Arthur Conan Doyle: A Life in Letters"）
◇YA賞		テッド・アーノルド（Tedd Arnold）"Rat Life"
◇ジュヴナイル賞		キャサリン・マーシュ（Katherine Marsh）「ぼくは夜に旅をする」（"The Night Tourist"）
◇TVエピソード賞		マット・ニックス（Matt Nix）"Pilot"
◇映画賞		トニー・ギルロイ（Tony Gilroy）「フィクサー」（"Michael Clayton"）
◇演劇賞		ジョゼフ・グッドリッチ（Joseph Goodrich）"Panic"
◇ロバート・L.フィッシュ賞		マーク・アモンズ（Mark Ammons）"The Catch"
◇大鴉賞		Center for the Book in the Library of Congress
		ケイト・マテス（Kate Mattes）
◇巨匠賞		ビル・プロンジーニ（Bill Pronzini）
◇メアリ・ヒギンズ・クラーク賞		サンディ・オールト（Sandi Ault）"Wild Indigo"

2009年
◇長編賞		C.J.ボックス（C.J.Box）「ブルー・ヘヴン」（"Blue Heaven"）

- ◇処女長編賞　　フランシー・リン（Francie Lin）「台北（タイペイ）の夜」（"The Foreigner"）
- ◇ペーパーバック賞　メグ・ガーディナー（Meg Gardiner）「チャイナ・レイク」（"China Lake"）
- ◇短編賞　　　　T.ジェファーソン・パーカー（T.Jefferson Parker）「スキンヘッド・セントラル」（"Skinhead Central"）
- ◇犯罪実話賞　　ハワード・ブラム（Howard Blum）"American Lightning：Terror, Mystery, the Birth of Hollywood and the Crime of the Century"
- ◇批評・評伝賞　Dr.ハリー・リー・ポー（Dr.Harry Lee Poe）"Edgar Allan Poe：An Illustrated Companion to His Tell-Tale Stories"
- ◇YA賞　　　　ジョン・グリーン（John Green）「ペーパータウン」（"Paper Towns"）
- ◇ジュヴナイル賞　トニー・アボット（Tony Abbott）"The Postcard"
- ◇TVエピソード賞　パトリック・ハービンソン（Patrick Harbinson）"Prayer of the Bone"
- ◇映画賞　　　　マーティン・マクドナー（Martin McDonagh）「ヒットマンズ・レクイエム」（"In Bruges"）
- ◇演劇賞　　　　Ifa Bayeza "The Ballad of Emmett Till"
- ◇ロバート・L.フィッシュ賞　Joe Guglielmelli "Buckners Error"
- ◇大鴉賞　　　　エドガー・アラン・ポー・ソサイエティ（Edgar Allan Poe Society, Baltimore, MD）
  - ポー・ハウス（Poe House, Baltimore, MD）
- ◇巨匠賞　　　　ジェイムズ・リー・バーク（James Lee Burke）
  - スー・グラフトン（Sue Grafton）
- ◇メアリ・ヒギンズ・クラーク賞　ビル・フロイド（Bill Floyd）「ニーナの記憶」（"The Killer's Wife"）

2010年
- ◇長編賞　　　　ジョン・ハート（John Hart）「ラスト・チャイルド」（"The Last Child"）
- ◇処女長編賞　　ステファニー・ピントフ（Stefanie Pintoff）"In the Shadow of Gotham"
- ◇ペーパーバック賞　マーク・ストレンジ（Marc Strange）「ボディブロー」（"Body Blows"）
- ◇短編賞　　　　ルイス・アルベルト・ウレア（Luis Alberto Urrea）"Amapola"
- ◇犯罪実話賞　　デイヴ・カリン（Dave Cullen）「コロンバイン銃乱射事件の真実」（"Columbine"）
- ◇批評・評伝賞　オットー・ペンズラー（Otto Penzler［編］）「ヒーローの作り方─ミステリ作家21人が明かす人気キャラクター誕生秘話」（"The Lineup：The Worlds Greatest Crime Writers Tell the Inside Story of Their Greatest Detectives"）
- ◇YA賞　　　　ピーター・エイブラハムズ（Peter Abrahams）"Reality Check"
- ◇ジュヴナイル賞　メアリー・ダウニング・ハーン（Mary Downing Hahn）"Closed for the Season"
- ◇TVエピソード賞　パトリック・ハービンソン（Patrick Harbinson）"Place of Execution"
- ◇ロバート・L.フィッシュ賞　Dan Warthman "A Dreadful Day"
- ◇大鴉賞　　　　Zev Buffman
  - リチャード・ゴールドマン（Richard Goldman），メアリー・アリス・ゴーマン（Mary Alice Gorman）
- ◇巨匠賞　　　　ドロシー・ギルマン（Dorothy Gilman）
- ◇メアリ・ヒギンズ・クラーク賞　S.J.ボルトン（S.J.Bolton）「毒の目覚め」（"Awakening"）

2011年
- ◇長編賞　　　　スティーヴ・ハミルトン（Steve Hamilton）「解錠師」（"The Lock Artist"）
- ◇処女長編賞　　ブルース・ダシルヴァ（Bruce DeSilva）「記者魂」（"Rogue Island"）
- ◇ペーパーバック賞　ロバート・ゴダード（Robert Goddard）「隠し絵の囚人」（"Long Time Coming"）
- ◇短編賞　　　　ダグ・アリン（Doug Allyn）「ライラックの香り」（"The Scent of Lilacs"）

◇犯罪実話賞　　　　ケン・アームストロング（Ken Armstrong），ニック・ペリー（Nick Perry）
　　　　　　　　　　　"Scoreboard, Baby： A Story of College Football, Crime and
　　　　　　　　　　　Complicity"
　◇批評・評伝賞　　　ユンテ・ホアン（Yunte Huang）"Charlie Chan： The Untold Story of the
　　　　　　　　　　　Honorable Detective and this Rendezvous with American History"
　◇YA賞　　　　　　チャーリー・プライス（Charlie Price）"The Interrogation of Gabriel James"
　◇ジュヴナイル賞　　ドリー・ヒルスタッド・バトラー（Dori Hillestad Butler）「消えた少年のひみ
　　　　　　　　　　　つ」（"The Buddy Files： The Case of the Lost Boy"）
　◇TVエピソード賞　ニール・クロス（Neil Cross）"Episode 1"
　◇ロバート・L.フィッシュ賞　エヴァン・ルイス（Evan Lewis）"Skyler Hobbs and the Rabbit
　　　　　　　　　　　Man"
　◇大鴉賞　　　　　　Augie Aleksy
　　　　　　　　　　　Pat Frovarp
　　　　　　　　　　　Gary Shulze
　◇巨匠賞　　　　　　サラ・パレツキー（Sara Paretsky）
　◇メアリ・ヒギンズ・クラーク賞　エリー・グリフィス（Elly Griffiths）"The Crossing Places"
2012年
　◇長編賞　　　　　　モー・ヘイダー（Mo Hayder）「喪失」（"Gone"）
　◇処女長編賞　　　　ローリー・ロイ（Lori Roy）「ベント・ロード」（"Bent Road"）
　◇ペーパーバック賞　ロバート・ジャクソン・ベネット（Robert Jackson Bennett）「カンパニー・
　　　　　　　　　　　マン」（"The Company Man"）
　◇短編賞　　　　　　ピーター・ターンブル（Peter Turnbull）「鉄道運転士に向かって帽子を掲げ
　　　　　　　　　　　た男」（"The Man Who Took His Hat Off to the Driver of the Train"）
　◇犯罪実話賞　　　　キャンディス・ミラード（Candice Millard）"Destiny of the Republic： A
　　　　　　　　　　　Tale of Madness, Medicine and the Murder of a President"
　◇批評・評伝賞　　　マイケル・ディルダ（Michael Dirda）"On Conan Doyle： Or, the Whole
　　　　　　　　　　　Art of Storytelling"
　◇YA賞　　　　　　ダンディ・デイリー・マコール（Dandi Daley Mackall）「沈黙の殺人者」
　　　　　　　　　　　（"The Silence of Murder"）
　◇ジュヴナイル賞　　マシュー・J.カービー（Matthew J.Kirby）"Icefall"
　◇TVエピソード賞　アレックス・ガンサ（Alex Gansa），ハワード・ゴードン（Howard Gordon），
　　　　　　　　　　　ギデオン・ラフ（Gideon Raff）"Pilot"
　◇演劇賞　　　　　　ケン・ルドウィック（Ken Ludwig）"The Game's Afoot"
　◇エラリー・クイーン賞　ジョー・マイヤーズ（Joe Meyers）
　◇ロバート・L.フィッシュ賞　デヴィッド・イングラム（David Ingram）"A Good Man of Business"
　◇大鴉賞　　　　　　エド・カウフマン（Ed Kaufman）
　　　　　　　　　　　モリー・ウェストン（Molly Weston）
　◇巨匠賞　　　　　　マーサ・グライムズ（Martha Grimes）
　◇メアリ・ヒギンズ・クラーク賞　サラ・J.ヘンリー（Sara J.Henry）"Learning to Swim"
2013年
　◇長編賞　　　　　　デニス・ルヘイン（Dennis Lehane）"Live by Night"
　◇処女長編賞　　　　クリス・パヴォーネ（Chris Pavone）「ルクセンブルクの迷路」（"The Expats"）
　◇ペーパーバック賞　ベン・H.ウィンタース（Ben H.Winters）「地上最後の刑事」（"The Last
　　　　　　　　　　　Policeman： A Novel"）
　◇犯罪実話賞　　　　ポール・フレンチ（Paul French）"Midnight in Peking： How the Murder of
　　　　　　　　　　　a Young Englishwoman Haunted the Last Days of Old China"
　◇批評・評伝賞　　　ジェイムズ・オブライエン（James O'Brien）"The Scientific Sherlock
　　　　　　　　　　　Holmes： Cracking the Case with Science and Forensics"
　◇YA賞　　　　　　エリザベス・ウェイン（Elizabeth Wein）"Code Name Verity"

◇ジュヴナイル賞　ジャック・D.フェレイオロ（Jack D.Ferraiolo）"The Quick Fix"
◇TVエピソード賞　スティーヴン・モファット（Steven Moffat）"A Scandal in Belgravia"
◇ロバート・L.フィッシュ賞　パトリシア・スミス（Patricia Smith）"When They Are Done With Us"
◇大鴉賞　Oline Cogdill
　　　　　Mysterious Galaxy Bookstore
◇巨匠賞　ケン・フォレット（Ken Follett）
　　　　　マーガレット・マロン（Margaret Maron）
◇メアリ・ヒギンズ・クラーク賞　ハンク・フィリップ・ライアン（Hank Phillippi Ryan）"The Other Woman"

2014年
◇長編賞　ウィリアム・ケント・クルーガー（William Kent Krueger）「ありふれた祈り」（"Ordinary Grace"）
◇処女長編賞　ジェイソン・マシューズ（Jason Matthews）「レッド・スパロー」（"Red Sparrow"）
◇ペーパーバック賞　アレックス・マーウッド（Alex Marwood）"The Wicked Girls"
◇短編賞　ジョン・コナリー（John Connolly）"The Caxton Private Lending Library and Book Depository"
◇犯罪実話賞　ダニエル・スタシャワー（Daniel Stashower）"The Hour of Peril：The Secret Plot to Murder Lincoln Before the Civil War"
◇批評・評伝賞　Erik Dussere "America is Elsewhere：The Noir Tradition in the Age of Consumer Culture"
◇YA賞　アナベル・ピッチャー（Annabel Pitcher）"Ketchup Clouds"
◇ジュヴナイル賞　エイミー・ティンバーレイク（Amy Timberlake）"One Came Home"
◇TVエピソード賞　アラン・キュービット（Allan Cubitt）"Episode 1"
◇ロバート・L.フィッシュ賞　ジェフ・ソロウェイ（Jeff Soloway）"The Wentworth Letter"
◇大鴉賞　Aunt Agatha's Bookstore
◇巨匠賞　ロバート・クレイス（Robert Crais）
　　　　　キャロリン・ハート（Carolyn Hart）
◇メアリ・ヒギンズ・クラーク賞　Jenny Milchman "Cover of Snow"

2015年
◇長編賞　スティーヴン・キング（Stephen King）"Mr.Mercedes"
◇処女長編賞　トム・ボウマン（Tom Bouman）"Dry Bones in the Valley"
◇ペーパーバック賞　クリス・アバニ（Chris Abani）"The Secret History of Las Vegas"
◇短編賞　ギリアン・フリン（Gillian Flynn）"What Do You Do？"
◇犯罪実話賞　ウィリアム・マン（William Mann）"Tinseltown：Murder, Morphine, and Madness at the Dawn of Hollywood"
◇批評・評伝賞　J.W.オッカー（J.W.Ocker）"Poe-Land：The Hallowed Haunts of Edgar Allan Poe"
◇YA賞　James Klise "The Art of Secrets"
◇ジュヴナイル賞　ケイト・ミルフォード（Kate Milford）"Greenglass House"
◇TVエピソード賞　サリー・ウェインライト（Sally Wainwright）"Episode 1"
◇ロバート・L.フィッシュ賞　ゾーイ・Z.デーン（Zoe Z.Dean）"Getaway Girl"
◇大鴉賞　ルース・ジョーダン（Ruth Jordan），ジョン・ジョーダン（Jon Jordan）
　　　　　カサリン・ケニソン（Kathryn Kennison）
◇巨匠賞　ロイス・ダンカン（Lois Duncan）
　　　　　ジェイムズ・エルロイ（James Ellroy）

◇メアリ・ヒギンズ・クラーク賞　ジェーン・ケーシー（Jane Casey）"The Stranger You Know"

41 英国推理作家協会賞　CWA Mystery Thriller Book Club Gold Dagger

　1953年に創設されたイギリスの優れたミステリー文学に贈られる賞。ミステリーの普及と推理作家の地位の向上などを目的とする英国推理作家協会（会員は作家）が年次大会期間に受賞者を決定する。長編小説（ゴールド・ダガー，シルバー・ダガー），ノンフィクション，短編賞，インターナショナル賞（翻訳賞）の他，CWAの設立者の一人，ジョン・クリーシー（John Creasey）の名を冠したジョン・クリーシー記念賞（新人賞）や，歴史ミステリーに与えられるエリス・ピーターズ・ヒストリカル・ダガー賞，スリラー小説に贈られるイアン・フレミング・スチール・ダガー賞，作家の業績を讃えて贈られるダイヤモンド・ダガー賞などがある。

【主催者】英国推理作家協会（CWA：The Crime Writer's Association）
【締切・発表】11月発表
【賞・賞金】賞金3千ポンドと金の短剣（ゴールド・ダガー），賞金2千ポンドと銀の短剣（シルバー・ダガー），賞金2千ポンドと金の短剣（ゴールド・ダガー・ノンフィクション），賞金2千ポンドと鉄の短剣（イアン・フレミング・スチール・ダガー），賞金1千5百ポンド（短編ダガー），賞金3千ポンド（ヒストリカル・ダガー），賞金1千5百ポンドと短剣（ダガー・インザ・ライブラリ），賞金250ポンド（新人賞）。さらに受賞作は国立盲人図書館の協力により，点字化される
【E-mail】director@thecwa.co.uk
【URL】http://www.thecwa.co.uk/

2005年
　　◇ゴールド・ダガー　アーナルデュル・インドリダソン（Arnaldur Indriason）"Silence of the Grave"
　　◇シルバー・ダガー　バーバラ・ナデル（Barbara Nadel）"Deadly Webb"
　　◇ゴールド・ダガー（ノン・フィクション）　グレッグ・ヒル（Gregg Hill），ジーナ・ヒル（Gina Hill）"On The Run"
　　◇ダイヤモンド・ダガー　イアン・ランキン（Ian Rankin）
　　◇ジョン・クリーシー記念賞　ドレダ・セイ・ミッチェル（Dreda Say Mitchell）"Running Hot"
　　◇短編ダガー　　　　ダヌータ・レイ（Danuta Reah）"No Flies on Frank"
　　◇ダガー・イン・ザ・ライブラリ　ジェイク・アーノット（Jake Arnott）
　　◇デビュー・ダガー　ルース・ダグダル（Ruth Dugdall）"The Woman Before Me"
　　◇エリス・ピーターズ・ヒストリカル・ダガー　C.J.サンソム（C.J.Sansom）「暗き炎―チューダー王朝弁護士シャードレイク」（"Dark Fire"）
　　◇イアン・フレミング・スティール・ダガー　ヘンリー・ポーター（Henry Porter）"Brandeburg"
2006年
　　◇ダンカン・ローリー・ダガー　アン・クリーヴス（Ann Cleeves）「大鴉の啼く冬」（"Raven Black"）
　　◇ゴールド・ダガー（ノン・フィクション）　リンダ・ローデス（Linda Rhodes），リー・シェルダン（Lee Shelden），キャサリン・アブネット（Kathryn Abnett）"The Dagenham Murder"
　　◇ダイヤモンド・ダガー　エルモア・レナード（Elmore Leonard）
　　◇ニュー・ブラッド・ダガー　ルイーズ・ペニー（Louise Penny）「スリー・パインズ村の不思議な事件」（"Still Life"）
　　◇短編ダガー　　　　ロバート・バーナード（Robert Barnard）"Sins of Scarlett"
　　◇インターナショナル・ダガー　フレッド・ヴァルガス（Fred Vargas）"The Three Evangelists"

◇ダガー・イン・ザ・ライブラリ　ジム・ケリー（Jim Kelly）
　　◇デビュー・ダガー　D V ウェッセルマン（D V Wesselmann）"Imprint of the Raj"
　　◇エリス・ピーターズ・ヒストリカル・ダガー　エドワード・ライト（Edward Wright）"Red Sky
　　　　　　　Lament"
　　◇イアン・フレミング・スティール・ダガー　ニック・ストーン（Nick Stone）「ミスター・クラリ
　　　　　　　ネット」（"Mr Clarinet"）
2007年
　　◇ダンカン・ローリー・ダガー　ピーター・テンプル（Peter Temple）「壊れた海辺」（"The Broken
　　　　　　　Shore"）
　　◇ダイヤモンド・ダガー　ジョン・ハーヴェイ（John Harvey）
　　◇ニュー・ブラッド・ダガー　ギリアン・フリン（Gillian Flynn）「Kizu―傷」（"Sharp Objects"）
　　◇短編ダガー　　ピーター・ラヴゼイ（Peter Lovesey）「白熱の一戦（ニードル・マッチ）」
　　　　　　　（"Needle Match"）
　　◇インターナショナル・ダガー　フレッド・ヴァルガス（Fred Vargas）"Wash this Blood Clean
　　　　　　　from my Hand"
　　◇ダガー・イン・ザ・ライブラリ　スチュアート・マクブライド（Stuart MacBride）
　　◇デビュー・ダガー　アラン・ブラッドリー（Alan Bradley）「パイは小さな秘密を運ぶ」（"The
　　　　　　　Sweetness At the Bottom of the Pie"）
　　◇エリス・ピーターズ・ヒストリカル・ダガー　アリアナ・フランクリン（Ariana Franklin）「エル
　　　　　　　サレムから来た悪魔」（"Mistress of the Art of Death"）
　　◇イアン・フレミング・スティール・ダガー　ギリアン・フリン（Gillian Flynn）「Kizu―傷」
　　　　　　　（"Sharp Objects"）
2008年
　　◇ダンカン・ローリー・ダガー　フランセス・ファイフィールド（Frances Fyfield）「石が流す血」
　　　　　　　（"Blood From Stone"）
　　◇ゴールド・ダガー（ノン・フィクション）　ケスター・アスプデン（Kester Aspden）
　　　　　　　"Nationality： Wog-The Hounding of David Oluwale"
　　◇ダイヤモンド・ダガー　スー・グラフトン（Sue Grafton）
　　◇ジョン・クリーシー記念賞　マット・リース（Matt Rees）"The Bethlehem Murders"
　　◇短編ダガー　　マーティン・エドワーズ（Martin Edwards）"The Bookbinder's Apprentice"
　　◇インターナショナル・ダガー　ドミニク・マノッティ（Dominique Manotti）"Lorraine
　　　　　　　Connection"
　　◇ダガー・イン・ザ・ライブラリ　クレイグ・ラッセル（Craig Russell）
　　◇デビュー・ダガー　アメール・アンワル（Amer Anwar）"Western Fringes"
　　◇エリス・ピーターズ・ヒストリカル・ダガー　ローラ・ウィルソン（Laura Wilson）"Stratton's
　　　　　　　War"
　　◇イアン・フレミング・スティール・ダガー　トム・ロブ・スミス（Tom Rob Smith）「チャイルド
　　　　　　　44」（"Child 44"）
2009年
　　◇ゴールド・ダガー　ウィリアム・ブロドリック（William Brodrick）"A Whispered Name"
　　◇ダイヤモンド・ダガー　アンドリュー・テイラー（Andrew Taylor）
　　◇ジョン・クリーシー記念賞　ヨハン・テオリン（Johan Theorin）「黄昏に眠る秋」（"Echoes from
　　　　　　　the Dead"）
　　◇短編ダガー　　シーン・チャーコーバー（Sean Chercover）"One Serving of Bad Luck"
　　◇インターナショナル・ダガー　フレッド・ヴァルガス（Fred Vargas）"The Chalk Circle Man"
　　◇ダガー・イン・ザ・ライブラリ　コリン・コッタリル（Colin Cotterill）
　　◇デビュー・ダガー　キャサリン・オキーフ（Catherine O'Keefe）"The Pathologist"
　　◇エリス・ピーターズ・ヒストリカル・ダガー　フィリップ・カー（Philip Kerr）"If The Dead
　　　　　　　Rise Not"
　　◇イアン・フレミング・スティール・ダガー　ジョン・ハート（John Hart）「ラスト・チャイルド」

("The Last Child")
2010年
　◇ゴールド・ダガー　ベリンダ・バウアー（Belinda Bauer）「ブラックランズ」（"Blacklands"）
　◇ゴールド・ダガー（ノン・フィクション）　ルース・ダッドリー・エヴァンス（Ruth Dudley Evans）"Aftermath：The Omagh Bombing and the Families' Pursuit of Justice"
　◇ダイヤモンド・ダガー　ヴァル・マクダーミド（Val McDermid）
　◇ジョン・クリーシー記念賞　ライアン・デイヴィッド・ヤーン（Ryan David Jahn）「暴行」("Acts of Violence")
　◇短編ダガー　　　　ロバート・フェリーニョ（Robert Ferrigno）"Can You Help Me Out Short Story"
　◇インターナショナル・ダガー　ヨハン・テオリン（Johan Theorin）「冬の灯台が語るとき」（"The Darkest Room"）
　◇ダガー・イン・ザ・ライブラリ　アリアナ・フランクリン（Ariana Franklin）
　◇デビュー・ダガー　パトリック・エデン（Patrick Eden）"A Place of Dying"
　◇エリス・ピーターズ・ヒストリカル・ダガー　ロリー・クレメンツ（Rory Clements）"Revenger"
　◇イアン・フレミング・スティール・ダガー　サイモン・コンウェイ（Simon Conway）"A Loyal Spy"
2011年
　◇ゴールド・ダガー　トム・フランクリン（Tom Franklin）「ねじれた文字、ねじれた路」("Crooked Letter, Crooked Letter")
　◇ゴールド・ダガー（ノン・フィクション）　ダグラス・スター（Douglas Starr）"The Killer of Little Shepherds"
　◇ダイヤモンド・ダガー　リンゼイ・デイヴィス（Lindsey Davis）
　◇ジョン・クリーシー記念賞　S.J.ワトソン（S.J.Watson）「わたしが眠りにつく前に」("Before I Go To Sleep")
　◇短編ダガー　　　　フィル・ラヴゼイ（Phil Lovesey）"Homework"
　◇インターナショナル・ダガー　アンデシュ・ルースルン（Anders Roslund），ベリエ・ヘルストレム（Börge Hellström）「三秒間の死角」（"Three Seconds"）
　◇ダガー・イン・ザ・ライブラリ　モー・ヘイダー（Mo Hayder）
　◇デビュー・ダガー　マイケル・ロウ（Michele Rowe）"Hidden Lies"
　◇エリス・ピーターズ・ヒストリカル・ダガー　アンドリュー・マーティン（Andrew Martin）"The Somme Stations"
　◇イアン・フレミング・スティール・ダガー　スティーヴ・ハミルトン（Steve Hamilton）"The Lock Artists"
2012年
　◇ゴールド・ダガー　ジーン・ケリガン（Gene Kerrigan）"The Rage"
　◇ゴールド・ダガー（ノン・フィクション）　アンソニー・サマーズ（Anthony Summers），ロビン・スワン（Robbyn Swan）"The Eleventh Day"
　◇ダイヤモンド・ダガー　フレデリック・フォーサイス（Frederick Forsyth）
　◇ジョン・クリーシー記念賞　ワイリー・キャッシュ（Wiley Cash）"Land More Kind Than Homes"
　◇短編ダガー　　　　マーガレット・マーフィ（Margaret Murphy）"The Message"
　◇インターナショナル・ダガー　アンドレア・カミッレーリ（Andrea Camilleri）"The Potter's Field"
　◇ダガー・イン・ザ・ライブラリ　スティーブ・モスビー（Steve Mosby）
　◇デビュー・ダガー　サンディ・ギングラス（Sandy Gingras）"Beached"
　◇エリス・ピーターズ・ヒストリカル・ダガー　アリー・モンロー（Aly Monroe）"Icelight"
　◇イアン・フレミング・スティール・ダガー　チャールズ・カミング（Charles Cumming）「甦ったスパイ」（"A Foreign Country"）

2013年
　◇ゴールド・ダガー　ミック・ヘロン（Mick Herron）"Dead Lions"
　◇ゴールド・ダガー（ノン・フィクション）ポール・フレンチ（Paul French）"Midnight in Peking"
　◇ダイヤモンド・ダガー　リー・チャイルド（Lee Child）
　◇ジョン・クリーシー記念賞　デレク・B.ミラー（Derek B.Miller）"Norwegian By Night"
　◇短編ダガー　　　ステラ・ダフィ（Stella Duffy）"Come Away With Me"
　◇インターナショナル・ダガー　フレッド・ヴァルガス（Fred Vargas）"Ghost Riders of Ordebec"
　　　　　　　　　　　　　　　ピエール・ルメートル（Pierre Lemaitre）「その女アレックス」（"Alex"）
　◇ダガー・イン・ザ・ライブラリ　ベリンダ・バウアー（Belinda Bauer）
　◇デビュー・ダガー　フィン・クラーク（Finn Clarke）"Call Time"
　◇エリス・ピーターズ・ヒストリカル・ダガー　アンドリュー・テイラー（Andrew Taylor）"The Scent of Death"
　◇イアン・フレミング・スティール・ダガー　ロジャー・ホッブズ（Roger Hobbs）「時限紙幣—ゴーストマン」（"Ghostman"）
2014年
　◇ゴールド・ダガー　ワイリー・キャッシュ（Wiley Cash）「約束の道」（"This Dark Road to Mercy"）
　◇ゴールド・ダガー（ノン・フィクション）エイドリアン・レヴィ（Adrian Levy），キャシー・スコット・クラーク（Cathy Scott-Clark）"The Siege"
　◇ダイヤモンド・ダガー　サイモン・ブレット（Simon Brett）
　◇ジョン・クリーシー記念賞　レイ・セレスティン（Ray Celestin）"The Axeman's Jazz"
　◇短編ダガー　　　ジョン・ハーヴェイ（John Harvey）"Fedora by John Harvey in Deadly Pleasures"
　◇インターナショナル・ダガー　アルトゥーロ・ペレス＝レベルテ（Arturo Perez-Reverte（t.Frank Wynne））"The Siege"
　◇ダガー・イン・ザ・ライブラリ　シャロン・ボルトン（Sharon Bolton）
　◇デビュー・ダガー　ジョディ・サブラル（Jody Sabral）"The Movement"
　◇エリス・ピーターズ・ヒストリカル・ダガー　アントニア・ホジソン（Antonia Hodgson）"Devil in the Marshalsea Historical"
　◇イアン・フレミング・スティール・ダガー　ロバート・ハリス（Robert Harris）"An Officer and A Spy"

42 カナダ総督文学賞　Govoenor Genelal's Literary Awards

　1936年創設されたカナダの文学賞。58年までは英語で書かれた書籍のみを対象としていた（フランス人著者は翻訳された場合のみ受賞対象）が，59年から英仏共に選考対象とされるようになった。英仏それぞれ，小説，詩，戯曲，ノンフィクション，翻訳，児童文学（物語），児童文学（絵）の7部門がある。児童部門と，翻訳部門は元来別の賞であったが，88年，賞内に組込まれ，それぞれ一部門となった。

【主催者】カナダ・カウンシル（The Canada Council for the Arts）
【選考委員】カナダ・カウンシルにより各部門それぞれ2〜3名任命される
【選考基準】英語部門は，前年9月1日から授与年9月30日の間に，フランス語部門は前年7月1日から授与年6月30日の間に刊行されたカナダ人による著作を対象とする。カナダ国外の出版物も選考範囲に含まれる。翻訳は原則として，原著はカナダ人でなければならない
【締切・発表】授賞式の後，栄誉を称えて晩餐会が行われる
【賞・賞金】賞金1万5千ドルの小切手と，製本者Pierre Ouvrardにより特別に製作されたレプリカ。さらに受賞作の出版者には販売促進のための交付金として3千ドルが授与される
【連絡先】（Canada Council for the Arts）150 Elgin St P.O.Box 1047 Ottawa, Ontario

```
  K1P 5V8 Canada 【TEL】 (613) 566-4414 【FAX】 (613) 566-4390
  【E-mail】 info@canadacouncil.ca
  【URL】 http://www.canadacouncil.ca/
```

2004年
- ◇英語
  - ●小説　　　ミリアム・トゥーズ（Miriam Toews）"A Complicated Kindness"
  - ●詩　　　　Roo Borson "Short Journey Upriver Toward Ōishida"
  - ●戯曲　　　モーリス・パニッチ（Morris Panych）"Girl in the Goldfish Bowl"
  - ●ノンフィクション　ロメオ・ダレール（Lt.-Gen.Roméo Dallaire）"Shake Hands with the Devil : The Failure of Humanity in Rwanda"
  - ●児童文学（物語）　ケネス・オッペル（Kenneth Oppel）「エアボーン」("Airborn")
  - ●児童文学（イラストレーション）　ステファーヌ・ジョリッシュ（Stéphane Jorisch）"Jabberwocky"
  - ●翻訳（仏文英訳）　ジュディス・コーワン（Judith Cowan）"Mirabel"
- ◇フランス語
  - ●小説　　　Pascale Quiviger "Le cercle parfait"
  - ●詩　　　　アンドレ・ブロシュー（André Brochu）"Les jours à vif"
  - ●戯曲　　　Emma Haché "L'intimité"
  - ●ノンフィクション　ジャン・ジャック・シマー（Jean-Jacques Simard）"La Réduction : l'Autochtone inventé Jean-Jacques Simard Études et essais Les éditions du Septentrion et les Amérindiens d'aujourd'hui"
  - ●児童文学（物語）　ニコル・ルルー（Nicole Leroux）"L'Hiver de Léo Polatouche"
  - ●児童文学（イラストレーション）　ジャニス・ナドー（Janice Nadeau）"Nul poisson ou aller"
  - ●翻訳（英文仏訳）　イヴァン・ステーヌー（Ivan Steenhout）"Les Indes accidentelles"

2005年
- ◇英語
  - ●小説　　　デヴィッド・ギルモア（David Gilmour）"A Perfect Night to Go to China"
  - ●詩　　　　アン・コンプトン（Anne Compton）"Processional"
  - ●戯曲　　　ジョン・マイトン（John Mighton）"Half Life"
  - ●ノンフィクション　ジョン・バイヤン（John Vaillant）"The Golden Spruce : A True Story of Myth, Madness and Greed"
  - ●児童文学（物語）　パメラ・ポーター（Pamela Porter）"The Crazy Man"
  - ●児童文学（イラストレーション）　ロブ・ゴンサルヴェス（Rob Gonsalves）「真昼の夢」("Imagine a Day")
  - ●翻訳（仏文英訳）　フレッド・A.リード（Fred A.Reed）"Truth or Death : The Quest for Immortality in the Western Narrative Tradition"
- ◇フランス語
  - ●小説　　　アキ・シマザキ（Aki Shimazaki）"Hotaru"
  - ●詩　　　　Jean-Marc Desgent "Vingtièmes siècles"
  - ●戯曲　　　Geneviève Billette "Le Pays des genoux"
  - ●ノンフィクション　Michel Bock "Quand la nation débordait les"
  - ●児童文学（物語）　カミール・ブシャール（Camille Bouchard）"Le ricanement des hyenes"
  - ●児童文学（イラストレーション）　イザベル・アルスノー（Isabelle Arsenault）"Le cœur de monsieur Gauguin"
  - ●翻訳（英文仏訳）　Rachel Martinez "Glenn Gould—une vie"

2006年
- ◇英語
  - ●小説　　　　　ペーター・ベーレンス（Peter Behrens）"The Law of Dreams"
  - ●詩　　　　　　ジョン・パス（John Pass）"Stumbling in the Bloom"
  - ●戯曲　　　　　Daniel MacIvor "I Still Love You"
  - ●ノンフィクション　ロス・キング（Ross King）"The Judgment of Paris： The Revolutionary Decade That Gave the World Impressionism"
  - ●児童文学（物語）William Gilkerson "Pirate's Passage"
  - ●児童文学（イラストレーション）Leo Yerxa "Ancient Thunder"
  - ●翻訳（仏文英訳）Hugh Hazelton "Vetiver"
- ◇フランス語
  - ●小説　　　　　Andrée Laberge "La rivière du loup"
  - ●詩　　　　　　Hélène Dorion "Ravir ： les lieux"
  - ●戯曲　　　　　Évelyne de la Chenelière "Désordre public"
  - ●ノンフィクション　Pierre Ouellet "À force de voir： histoire de regards"
  - ●児童文学（物語）Dany Laferriére "Je suis fou de Vava"
  - ●児童文学（イラストレーション）ロジェ（Rogé）「えほんをよんで、ローリーポーリー」（"Le gros monstre qui aimait trop lire"）
  - ●翻訳（英文仏訳）Sophie Voillot "Un jardin de papier"

2007年
- ◇英語
  - ●小説　　　　　マイケル・オンダーチェ（Michael Ondaatje）「ディビザデロ通り」（"Divisadero"）
  - ●詩　　　　　　ドン・ドマンスキー（Don Domanski）"All Our Wonder Unavenged"
  - ●戯曲　　　　　コーリン・マーフィ（Colleen Murphy）"The December Man（L'homme de décembre）"
  - ●ノンフィクション　Karolyn Smardz Frost "I've Got a Home in Glory Land： A Lost Tale of the Underground Railroad"
  - ●児童文学（物語）イアン・ローレンス（Iain Lawrence）"Gemini Summer"
  - ●児童文学（イラストレーション）ダンカン・ウェラー（Duncan Weller）"The Boy from the Sun"
  - ●翻訳（仏文英訳）ナイジェル・スペンサー（Nigel Spencer）"Augustino and the Choir of Destruction"
- ◇フランス語
  - ●小説　　　　　Sylvain Trudel "La mer de la Tranquillité"
  - ●詩　　　　　　Serge Patrice Thibodeau "Seul on est"
  - ●戯曲　　　　　ダニエル・ダニス（Daniel Danis）"Le chant du Dire-Dire"
  - ●ノンフィクション　Annette Hayward "La querelle du régionalisme au Québec（1904-1931）： Vers l'autonomisation de la littérature québécoise"
  - ●児童文学（物語）François Barcelo "La fatigante et le faineant"
  - ●児童文学（イラストレーション）Geneviève Côté "La petite rapporteuse de mots"
  - ●翻訳（英文仏訳）ロリ・サンマルタン・ポール・ガニエ（Lori Saint-Martin Paul Gagné）"Dernières notes"

2008年
- ◇英語
  - ●小説　　　　　ニーノ・リッチ（Nino Ricci）"The Origin of Species"
  - ●詩　　　　　　ジェイコブ・シャイアー（Jacob Scheier）"More to Keep Us Warm"
  - ●戯曲　　　　　キャサリン・バンクス（Catherine Banks）"Bone Cage"

- ノンフィクション　クリスティ・ブラッチフォード（Christie Blatchford）"Fifteen Days：Stories of Bravery, Friendship, Life and Death from Inside the New Canadian Army"
- 児童文学（物語）　John Ibbitson "The Landing"
- 児童文学（イラストレーション）　ステファーヌ・ジョリッシュ（Stéphane Jorisch）"The Owl and the Pussycat"
- 翻訳（仏文英訳）　Lazer Lederhendler "Nikolski"

◇フランス語
- 小説　　マリー・クレール・ブレ（Marie-Claire Blais）"Naissance de Rebecca à l'ère des tourments"
- 詩　　Michel Pleau "La lenteur du monde"
- 戯曲　　Jennifer Tremblay "La liste"
- ノンフィクション　Pierre Ouellet "Hors-temps ： poétique de la posthistoire"
- 児童文学（物語）　Sylvie Desrosiers "Les trois lieues"
- 児童文学（イラストレーション）　ジャニス・ナドー（Janice Nadeau）"Ma meilleure amie"
- 翻訳（英文仏訳）　Claire Chabalier, Louise Chabalier "Tracey en mille morceaux"

2009年
◇英語
- 小説　　ケイト・プリンジャー（Kate Pullinger）"The Mistress of Nothing"
- 詩　　David Zieroth "The Fly in Autumn"
- 戯曲　　Kevin Loring "Where the Blood Mixes"
- ノンフィクション　M.G.Vassanji "A Place Within： Rediscovering India"
- 児童文学（物語）　Caroline Pignat "Greener Grass： The Famine Years"
- 児童文学（イラストレーション）　Jirina Marton "Bella's Tree"
- 翻訳（仏文英訳）　Susan Ouriou "Pieces of Me"

◇フランス語
- 小説　　Julie Mazzieri "Le discours sur la tombe de l'idiot"
- 詩　　Hélène Monette "Thérèse pour joie et orchestre"
- 戯曲　　Suzanne Lebeau "Le bruit des os qui craquent"
- ノンフィクション　Nicole V.Champeau "Pointe Maligne ： l'infiniment oubliée"
- 児童文学（物語）　Hervé Bouchard "Harvey"
- 児童文学（イラストレーション）　ジャニス・ナドー（Janice Nadeau）"Harvey"
- 翻訳（英文仏訳）　Paule Noyart "Le miel d'Harar"

2010年
◇英語
- 小説　　Dianne Warren "Cool Water"
- 詩　　Richard Greene "Boxing the Compass"
- 戯曲　　Robert Chafe "Afterimage"
- ノンフィクション　Allan Casey "Lakeland： Journeys into the Soul of Canada"
- 児童文学（物語）　Wendy Phillips "Fishtailing"
- 児童文学（イラストレーション）　ジョン・クラッセン（Jon Klassen）"Cats' Night Out"
- 翻訳（仏文英訳）　リンダ・ガボリオ（Linda Gaboriau）"Forests"

◇フランス語
- 小説　　キム・チュイ（Kim Thúy）「小川」（"Ru"）
- 詩　　Danielle Fournier "effleurés de lumière"
- 戯曲　　David Paquet "Porc-épic"
- ノンフィクション　Michel Lavoie "C'est ma seigneurie que je réclame ： la lutte des Hurons

- 児童文学（物語）　エリーズ・タルコット（Élise Turcotte）"Rose：derrière le rideau de la folie"
- 児童文学（イラストレーション）　Daniel Sylvestre "Rose：derrière le rideau de la folie"
- 翻訳（英文仏訳）　Sophie Voillot "Le cafard"

2011年
◇英語
- 小説　　　パトリック・デウィット（Patrick deWitt）「シスターズ・ブラザーズ」（"The Sisters Brothers"）
- 詩　　　　フィル・ホール（Phil Hall）"Killdeer"
- 戯曲　　　エリン・シールズ（Erin Shields）"If We Were Birds"
- ノンフィクション　Charles Foran "Mordecai：The Life & Times"
- 児童文学（物語）　クリストファー・ムーア（Christopher Moore）"From Then to Now：A Short History of the World"
- 児童文学（イラストレーション）　Cybèle Young "Ten Birds"
- 翻訳（仏文英訳）　ドナルド・ウィンクラー（Donald Winkler）「グレン・グールド―孤独なピアニストの心象風景」（"Partita for Glenn Gould"）

◇フランス語
- 小説　　　Perrine Leblanc "L'homme blanc"
- 詩　　　　Louise Dupré "Plus haut que les flammes"
- 戯曲　　　ノルマン・ショーレット（Normand Chaurette）"Ce qui meurt en dernier"
- ノンフィクション　Georges Leroux "Wanderer：essai sur le Voyage d'hiver de Franz Schubert"
- 児童文学（物語）　Martin Fournier "Les aventures de Radisson － 1.L'enfer ne brûle pas"
- 児童文学（イラストレーション）　Caroline Merola "Lili et les poilus"
- 翻訳（英文仏訳）　Maryse Warda "Toxique ou L'incident dans l'autobus"

2012年
◇英語
- 小説　　　Linda Spalding "The Purchase"
- 詩　　　　Julie Bruck "Monkey Ranch"
- 戯曲　　　キャサリン・バンクス（Catherine Banks）"It is Solved by Walking"
- ノンフィクション　ロス・キング（Ross King）"Leonardo and the Last Supper"
- 児童文学（物語）　Susin Nielsen "The Reluctant Journal of Henry K.Larsen"
- 児童文学（イラストレーション）　イザベル・アルスノー（Isabelle Arsenault）"Virginia Wolf"
- 翻訳（仏文英訳）　ナイジェル・スペンサー（Nigel Spencer）"Mai at the Predators' Ball"

◇フランス語
- 小説　　　France Daigle "Pour sûr"
- 詩　　　　Maude Smith Gagnon "Un drap.Une place."
- 戯曲　　　Geneviève Billette "Contre le temps"
- ノンフィクション　ノルマン・ショーレット（Normand Chaurette）"Comment tuer Shakespeare"
- 児童文学（物語）　Aline Apostolska "Un été d'amour et de cendres"
- 児童文学（イラストレーション）　Élise Gravel "La clé à molette"
- 翻訳（英文仏訳）　Alain Roy "Glenn Gould"

2013年
◇英語
- 小説　　　エレノア・カットン（Eleanor Catton）"The Luminaries"
- 詩　　　　Katherena Vermette "North End Love Songs"

- ●戯曲　　　　　　Nicolas Billon "Fault Lines: Three Plays"
- ●ノンフィクション　Sandra Djwa "Journey with No Maps: A Life of P.K.Page"
- ●児童文学(物語)　Teresa Toten "The Unlikely Hero of Room 13B"
- ●児童文学(イラストレーション)　Matt James "Northwest Passage"
- ●翻訳(仏文英訳)　ドナルド・ウィンクラー(Donald Winkler) "The Major Verbs"

◇フランス語
- ●小説　　　　　　Stéphanie Pelletier "Quand les guêpes se taisent"
- ●詩　　　　　　　René Lapierre "Pour les désespérés seulement"
- ●戯曲　　　　　　Fanny Britt "Bienveillance"
- ●ノンフィクション　イヴォーン・リヴァール(Yvon Rivard) "Aimer, enseigner"
- ●児童文学(物語)　Geneviève Mativat "À l'ombre de la grande maison"
- ●児童文学(イラストレーション)　イザベル・アルスノー(Isabelle Arsenault)「ジェーンとキツネとわたし」("Jane, le renard & moi")
- ●翻訳(英文仏訳)　Sophie Voillot "L'enfant du jeudi"

2014年
◇英語
- ●小説　　　　　　Thomas King "The Back of the Turtle"
- ●詩　　　　　　　Arleen Paré "Lake of Two Mountains"
- ●戯曲　　　　　　Jordan Tannahill "Age of Minority: Three Solo Plays"
- ●ノンフィクション　Michael Harris "The End of Absence: Reclaiming What We've Lost in a World of Constant Connection"
- ●児童文学(物語)　Raziel Reid "When Everything Feels like the Movies"
- ●児童文学(イラストレーション)　Jillian Tamaki "This One Summer"
- ●翻訳(仏文英訳)　Peter Feldstein "Paul-Émile Borduas: A Critical Biography"

◇フランス語
- ●小説　　　　　　アンドレ・A.ミショー(Andrée A.Michaud) "Bondrée"
- ●詩　　　　　　　José Acquelin "Anarchie de la lumière"
- ●戯曲　　　　　　キャロル・フレチェット(Carole Fréchette) "Small Talk"
- ●ノンフィクション　Gabriel Nadeau-Dubois "Tenir tête"
- ●児童文学(物語)　Linda Amyot "Le jardin d'Amsterdam"
- ●児童文学(イラストレーション)　Marianne Dubuc "Le lion et l'oiseau"
- ●翻訳(英文仏訳)　Daniel Poliquin "L'Indien malcommode: un portrait inattendu des Autochtones d'Amérique du Nord"

43 ゴンクール賞　Prix Goncourt

　1903年，エドモン・ド・ゴンクール(Edmond de Goncourt)の遺言に基づき，弟のジュール・ド・ゴンクールとアカデミー・ゴンクールにより創設されたフランスの権威ある文学賞。若く独創性にあふれた作家の作品に与えられる。

【主催者】　アカデミー・ゴンクール(Académie Goncourt)
【選考委員】　〔2015年〕Bernard Pivot, Edmonde Charles-Roux, Didier Decoin, Paule Constant, Patrick Rambaud, Tahar Ben Jelloun, Régis Debray, Françoise Chandernagor, Philippe Claudel, Pierre Assouline
【選考方法】　アカデミー・ゴンクール会員により，レストラン「シェ・ドローアン」で審議・決定される
【選考基準】　前年に書かれた小説を対象とする。原則1名
【締切・発表】　発表は毎年11月第2月曜日

【賞・賞金】賞金10ユーロ
【連絡先】Place Gaillon, 75002 Paris, France 【TEL】01.42.65.15.16
【E-mail】公式サイトより送信可
【URL】http://www.academie-goncourt.fr/

2005年	フランソワ・ヴェイエルガンス（François Weyergans）「母の家で過ごした三日間」（"Trois jours chez ma mère"）
2006年	ジョナサン・リテル（Jonathan Littell）「慈しみの女神たち」（"Les Bienveillantes"）
2007年	ジル・ルロワ（Gilles Leroy）「ゼルダ最後のロマンティシスト」（"Alabama Song"）
2008年	アティーク・ラヒーミー（Atiq Rahimi）「悲しみを聴く石」（"Syngué Sabour. Pierre de Patience"）
2009年	マリー・ンディアイ（Marie NDiaye）"Trois Femmes puissantes"
2010年	ミシェル・ウエルベック（Michel Houellebecq）「地図と領土」（"La Carte et le Territoire"）
2011年	アレクシス・ジェニ（Alexis Jenni）"L'Art français de la guerre"
2012年	ジェローム・フェラーリ（Jérôme Ferrari）"Le sermon sur la chute de Rome"
2013年	ピエール・ルメートル（Pierre Lemaitre）"Au revoir là-haut"
2014年	Lydie Salvayre "Pas pleurer"

44 世界幻想文学大賞 World Fantasy Award

年に1回，専門家，愛好家，関係者（850人まで限定）が参加して開催される大会「ワールド・ファンタジー・コンベンション」で発表される幻想文学の賞。1975年，第1回世界幻想文学会議上，開催が決定された。生涯功労賞，長編，中編，短編，アンソロジー，短編集，アーティスト，特別賞（プロ・ノンプロ）の部門がある。
＊日本人では，2006年に村上春樹「海辺のカフカ」が長編部門で受賞
【主催者】世界ファンタジー会議（the World Fantasy Convention）
【選考委員】〔2015年〕Gemma Files, Nina Kiriki Hoffman, Bénédicte Lombardo, Bruce McAllister, Robert Shearman
【選考方法】コンベンション委員会メンバーが各部門2作をノミネート作品として選定。これに審査員が3作以上候補作を追加し，選定する
【選考基準】前年に出版された本を対象とし，著者が亡くなっている場合は選考外とする。また，コミックは特別賞で選考される
【締切・発表】5月末応募締切，世界幻想文学会議開催中の日曜の午後に発表・授与式が行われる
【E-mail】board@worldfantasy.org.
【URL】http://www.worldfantasy.org/

2005年
◇長編　　　スザンナ・クラーク（Susanna Clarke）「ジョナサン・ストレンジとミスター・ノレル」（"Jonathan Strange & Mr Norrell"）
◇中編　　　マイクル・シェイ（Michael Shea）"The Growlimb"
◇短編　　　マーゴ・ラナガン（Margo Lanagan）"Singing My Sister Down"
◇アンソロジー　バーバラ・ローデン（Barbara Roden），クリストファー・ローデン（Christopher Roden［編］）"Acquainted With The Night"

◇短編集　　　　　マーゴ・ラナガン（Margo Lanagan）"Black Juice"
◇アーティスト　　ジョン・ピカシオ（John Picacio）
◇特別賞（プロ）　S.T.ヨシ（S.T.Joshi）
◇特別賞（ノンプロ）ロバート・モーガン（Robert Morgan）
◇生涯功労賞　　　トム・ドーティ（Tom Doherty）
　　　　　　　　　キャロル・エムシュウィラー（Carol Emshwiller）

2006年
　◇長編　　　　　　村上春樹（Haruki Murakami）「海辺のカフカ」（"Kafka on the Shore"）
　◇中編　　　　　　ジョー・ヒル（Joe Hill）「自発的入院」（"Voluntary Committal"）
　◇短編　　　　　　ジョージ・ソーンダーズ（George Saunders）"CommComm"
　◇アンソロジー　　マーヴィン・ケイ（Marvin Kaye［編］）"The Fair Folk"
　◇短編集　　　　　ブルース・ホランド・ロジャーズ（Bruce Holland Rogers）"The Keyhole Opera"
　◇アーティスト　　ジェームズ・ジーン（James Jean）
　◇特別賞（プロ）　シーン・ウォーレス（Sean Wallace）
　◇特別賞（ノンプロ）デビッド・ハウ（David Howe），スティーヴン・ウォーカー（Stephen Walker）
　◇生涯功労賞　　　ジョン・クロウリー（John Crowley）
　　　　　　　　　　ステファン・ファビアン（Stephen Fabian）

2007年
　◇長編　　　　　　ジーン・ウルフ（Gene Wolfe）"Soldier of Sidon"
　◇中編　　　　　　ジェフリー・フォード（Jeffrey Ford）"Botch Town"
　◇短編　　　　　　M.リッカート（M.Rickert）「王国への旅」（"Journey Into the Kingdom"）
　◇アンソロジー　　エレン・ダトロウ（Ellen Datlow），テリ・ウインドリング（Terri Windling［共編］）"Salon Fantastique"
　◇短編集　　　　　M.リッカート（M.Rickert）"Map of Dreams"
　◇アーティスト　　ショーン・タン（Shaun Tan）
　◇特別賞（プロ）　エレン・アッシャー（Ellen Asher）
　◇特別賞（ノンプロ）ギャリー・K.ウルフ（Gary K.Wolfe）
　◇生涯功労賞　　　ベティ・バランタイン（Betty Ballantine）
　　　　　　　　　　ダイアナ・ウィン・ジョーンズ（Diana Wynne Jones）

2008年
　◇長編　　　　　　ガイ・ゲイブリエル・ケイ（Guy Gavriel Kay）"Ysabel"
　◇中編　　　　　　エリザベス・ハンド（Elizabeth Hand）"Illyria"
　◇短編　　　　　　シオドラ・ゴス（Theodora Goss）「アボラ山の歌」（"Singing of Mount Abora"）
　◇アンソロジー　　エレン・ダトロウ（Ellen Datlow［編］）"Inferno: New Tales of Terror and the Supernatural"
　◇短編集　　　　　ロバート・シェアマン（Robert Shearman）"Tiny Deaths"
　◇アーティスト　　エドワード・ミラー（Edward Miller）
　◇特別賞（プロ）　ピーター・クラウザー（Peter Crowther）
　◇特別賞（ノンプロ）ミドリ・スナイダー（Midori Snyder），テリ・ウインドリング（Terri Windling）
　◇生涯功労賞　　　レオ・ディロン（Leo Dillon），ダイアン・ディロン（Diane Dillon）
　　　　　　　　　　パトリシア・A.マキリップ（Patricia McKillip）

2009年
　◇長編　　　　　　ジェフリー・フォード（Jeffrey Ford）"The Shadow Year"

文学　　　　　　　　　　　　　　335　　　　　　　　　　44 世界幻想文学大賞

	マーゴ・ラナガン（Margo Lanagan）"Tender Morsels"
◇中編	リチャード・ボウズ（Richard Bowes）"If Angels Fight"
◇短編	キジ・ジョンスン（Kij Johnson）「26モンキーズ、そして時の裂け目」（"26 Monkeys, Also the Abyss"）
◇アンソロジー	エカテリーナ・セディア（Ekaterina Sedia［編］）"Paper Cities： An Anthology of Urban Fantasy"
◇短編集	ジェフリー・フォード（Jeffrey Ford）"The Drowned Life"
◇アーティスト	ショーン・タン（Shaun Tan）
◇特別賞（プロ）	ケリー・リンク（Kelly Link），ガヴィン・J.グラント（Gavin J.Grant）
◇特別賞（ノンプロ）	マイケル・J.ウォルシュ（Michael J.Walsh）
◇生涯功労賞	エレン・アッシャー（Ellen Asher）
	ジェイン・ヨーレン（Jane Yolen）

2010年
◇長編	チャイナ・ミエヴィル（China Miéville）「都市と都市」（"The City & The City"）
◇中編	ケイジ・ベイカー（Kage Baker）"The Women of Nell Gwynne's"
◇短編	カレン・ジョイ・ファウラー（Karen Joy Fowler）「ペリカン・バー」（"The Pelican Bar"）
◇アンソロジー	ピーター・ストラウブ（Peter Straub［編］）"American Fantastic Tales： Terror and the Uncanny： From Poe to the Pulps/From the 1940s to Now"
◇短編集	リュドミラ・ペトルシェフスカヤ（Ludmilla Petrushevskaya）"There Once Lived a Woman Who Tried To Kill Her Neighbor's Baby： Scary Fairy Tales"
	ジーン・ウルフ（Gene Wolfe）"The Very Best of Gene Wolfe/The Best of Gene Wolfe"
◇アーティスト	チャールズ・ヴェス（Charles Vess）
◇特別賞（プロ）	ジョナサン・ストラハン（Jonathan Strahan）
◇特別賞（ノンプロ）	スーザン・マリー・グロッピ（Susan Marie Groppi）
◇生涯功労賞	ブライアン・ラムレイ（Brian Lumley）
	テリー・プラチェット（Terry Pratchett）
	ピーター・ストラウブ（Peter Straub）

2011年
◇長編	ナディ・オコルフォア（Nnedi Okorafor）"Who Fears Death"
◇中編	エリザベス・ハンド（Elizabeth Hand）"The Maiden Flight of McCauley's Bellerophon"
◇短編	ジョイス・キャロル・オーツ（Joyce Carol Oates）"Fossil-Figures"
◇アンソロジー	ケイト・バーンハイマー（Kate Bernheimer［編］）"My Mother She Killed Me, My Father He Ate Me"
◇短編集	カレン・ジョイ・ファウラー（Karen Joy Fowler）"What I Didn't See and Other Stories"
◇アーティスト	キヌコ・Y.クラフト（Kinuko Y.Craft）
◇特別賞（プロ）	マーク・ガスコイン（Marc Gascoigne）
◇特別賞（ノンプロ）	アリサ・クラスノシュタン（Alisa Krasnostein）
◇生涯功労賞	ピーター・S.ビーグル（Peter S.Beagle）
	アンヘリカ・ゴロディッシャー（Angélica Gorodischer）

2012年
| ◇長編 | ラヴィ・ティドハー（Lavie Tidhar）"Osama" |
| ◇中編 | K.J.パーカー（K.J.Parker）"A Small Price to Pay for Birdsong" |

◇短編	ケン・リュウ（Ken Liu）「紙の動物園」("The Paper Menagerie")
◇アンソロジー	アン・ヴァンダミア（Ann VanderMeer），ジェフ・ヴァンダミア（Jeff VanderMeer［共編］）"The Weird"
◇短編集	ティム・パワーズ（Tim Powers）"The Bible Repairman and Other Stories"
◇アーティスト	ジョン・クルサート（John Coulthart）
◇特別賞（プロ）	エリック・レーン（Eric Lane）
◇特別賞（ノンプロ）	レイモンド・ラッセル（Raymond Russell），ロザリー・パーカー（Rosalie Parker）
◇生涯功労賞	アラン・ガーナー（Alan Garner）
	ジョージ・R.R.マーティン（George R.R.Martin）

2013年

◇長編	G.ウィロー・ウィルソン（G.Willow Wilson）"Alif the Unseen"
◇中編	K.J.パーカー（K.J.Parker）"Let Maps to Others"
◇短編	グレゴリー・ノーマン・ボサート（Gregory Norman Bossert）"The Telling"
◇アンソロジー	ダネル・オルソン（Danel Olson［編］）"Postscripts #28/#29: Exotic Gothic 4"
◇短編集	ジョエル・レーン（Joel Lane）"Where Furnaces Burn"
◇アーティスト	ヴィンセント・チョン（Vincent Chong）
◇特別賞（プロ）	ルシア・グレイヴズ（Lucia Graves）
◇特別賞（ノンプロ）	S.T.ヨシ（S.T.Joshi）
◇生涯功労賞	スーザン・クーパー（Susan Cooper）
	タニス・リー（Tanith Lee）
◇特別賞	ブライアン・オールディス（Brian Aldiss）
	ウィリアム・F.ノーラン（William F.Nolan）

2014年

◇長編	ソフィア・サマタール（Sofia Samatar）"A Stranger in Olondria"
◇中編	アンディ・ダンカン（Andy Duncan），エレン・クラーゲス（Ellen Klages）"Wakulla Springs"
◇短編	ケイトリン・R.キアナン（Caitlín R.Kiernan）"The Prayer of Ninety Cats"
◇アンソロジー	ジョージ・R.R.マーティン（George R.R.Martin），ガードナー・ドゾワ（Gardner Dozois［共編］）"Dangerous Women"
◇短編集	ケイトリン・R.キアナン（Caitlín R.Kiernan）"The Ape's Wife and Other Stories"
◇アーティスト	チャールズ・ヴェス（Charles Vess）
◇特別賞（プロ）	アイリーン・ギャロ（Irene Gallo）
	ウィリアム・K.シェイファー（William K.Schafer）
◇特別賞（ノンプロ）	ケイト・ベイカー（Kate Baker），ニール・クラーク（Neil Clarke），シーン・ウォーレス（Sean Wallace）
◇生涯功労賞	エレン・ダトロウ（Ellen Datlow）
	チェルシー・クイン・ヤーブロ（Chelsea Quinn Yarbro）

45 セルバンテス賞 Premios Miguel de Cervantes

スペイン文化省が1976年にスペイン語文化に著しい貢献をした作家を公的に称讃することを目的として創設した。

【主催者】スペイン文化省（Spain Ministerio de Cultura）
【選考基準】作家1名の全業績を対象とする
【締切・発表】セルバンテスの命日4月23日，国王夫妻の出席のもとアルカラ・デ・エナーレ

文学　　　　　　　　　　　337　　　　　　　　　46 全米書評家協会賞

ス大学の講堂で授賞式が行われる
【賞・賞金】賞金12万5000ユーロ
【連絡先】Plaza del Rey 1 E-28004 Madrid, Spain 【TEL】91 701 70 00
【URL】http：//www.mcu.es/

2004年	ラファエル・サンチェス・フェルロシオ（Rafael Sánchez Ferlosio）
2005年	セルヒオ・ピトル（Sergio Pitol）
2006年	アントニオ・ガモネダ（Antonio Gamoneda）
2007年	フアン・ヘルマン（Juan Gelman）
2008年	フアン・マルセー（Juan Marsé）
2009年	ホセ・エミリオ・パチェコ（José Emilio Pacheco）
2010年	アナ・マリア・マトゥテ（Ana María Matute）
2011年	ニカノール・パラ（Nicanor Parra）
2012年	ホセ・マヌエル・カバジェロ・ボナルド（José Manuel Caballero Bonald）
2013年	エレナ・ポニアトウスカ（Elena Poniatowska）
2014年	フアン・ゴイティソーロ（Juan Goytisolo）

46 全米書評家協会賞 National Book Critics Circle

1974年、優れた図書を推薦する目的で創設されたアメリカの文学賞。毎年開催。小説、一般ノンフィクション、伝記・自叙伝、詩歌、批評の五部門があり、ピュリッツァー賞、全米図書賞と並ぶ権威をもつ。他、優れた処女作に与えられるジョン・レオナルド賞、優れた書評に与えられるノーナ・バラキアン賞、長期にわたって出版文化に顕著な功績のある人物（出版者と批評家が主）に与えられるイヴァン・サンドロフ賞がある。
【主催者】全米書評家協会（National Book Critics Circle）
【選考基準】アメリカ国内で該当年内に刊行された図書を対象とし、翻訳・短編・エッセイも選考範囲とされる。著者は協会員でなければならないが、国籍は不問
【締切・発表】1月末に候補作が発表、3月に授賞式
【連絡先】160 Varick Street, 11th Fl.New York, NY 10013
【E-mail】info@bookcritics.org
【URL】http：//www.bookcritics.org/

2004年
◇小説　　　　　　マリリン・ロビンソン（Marilynne Robinson）"Gilead"
◇ノンフィクション　ディアミッド・マカロック（Diarmaid MacCulloch）"The Reformation： A History"
◇伝記　　　　　　マーク・スティーヴンス（Mark Stevens），アナリン・スワン（Annalyn Swan）「デ・クーニング―アメリカの巨匠」("De Kooning： An American Master")
◇詩　　　　　　　アドリエンヌ・リッチ（Adrienne Rich）"The School Among the Ruins： Poems 2000-2004"
◇批評　　　　　　パトリック・ニート（Patrick Neate）"Where You're At： Notes From the Frontline of a Hip-Hop Planet"
◇ノーナ・バラキアン賞　デイヴィッド・オール（David Orr）
◇イヴァン・サンドロフ賞　ルイス・ルビン，Jr.（Louis Rubin Jr.）
2005年
◇小説　　　　　　E.L.ドクトロウ（E.L.Doctorow）"The March"

◇ノンフィクション　スベトラーナ・アレクシェービッチ（Svetlana Alexievich）"Voices From Chernobyl：The Oral History of Nuclear Disaster"
◇伝記　　　　　　カイ・バード（Kai Bird），マーティン・シャーウィン（Martin J.Sherwin）「オッペンハイマー——「原爆の父」と呼ばれた男の栄光と悲劇」（"American Prometheus：The Triumph and Tragedy of J.Robert Oppenheimer"）
◇自伝　　　　　　フランシーヌ・デュ・プレシックス・グレイ（Francine du Plessix Gray）"Them：A Memoir of Parents"
◇詩　　　　　　　Jack Gilbert "Refusing Heaven"
◇批評　　　　　　William Logan "The Undiscovered Country：Poetry in the Age of Tin"
◇ノーナ・バラキアン賞　Wyatt Mason
◇イヴァン・サンドロフ賞　ビル・ヘンダーソン（Bill Henderson）

2006年
◇小説　　　　　　キラン・デサイ（Kiran Desai）「喪失の響き」（"The Inheritance of Loss"）
◇ノンフィクション　サイモン・シャーマ（Simon Schama）"Rough Crossings：Britain, the Slaves and the American Revolution"
◇伝記　　　　　　Julie Phillips "James Tiptree, Jr.：The Double Life of Alice B.Sheldon"
◇自伝　　　　　　Daniel Mendelsohn "The Lost：A Search for Six of Six Million"
◇詩　　　　　　　Troy Jollimore "Tom Thomson in Purgatory"
◇批評　　　　　　ローレンス・ウェシュラー（Lawrence Weschler）"Everything That Rises：A Book of Convergences"
◇ノーナ・バラキアン賞　Steven G.Kellman
◇イヴァン・サンドロフ賞　John Leonard

2007年
◇小説　　　　　　ジュノ・ディアス（Junot Diaz）「オスカー・ワオの短く凄まじい人生」（"The Brief Wondrous Life of Oscar Wao"）
◇ノンフィクション　Harriet Washington "Medical Apartheid：The Dark History of Medical Experimentation on Black Americans from Colonial Times to the Present"
◇伝記　　　　　　Tim Jeal "Stanley：The Impossible Life of Africa's Greatest Explorer"
◇自伝　　　　　　エドウィージ・ダンティカ（Edwidge Danticat）「愛するものたちへ、別れのとき」（"Brother, I'm Dying"）
◇詩　　　　　　　メアリー・ジョー・バング（Mary Jo Bang）「エレジー」（"Elegy"）
◇批評　　　　　　アレックス・ロス（Alex Ross）「20世紀（にじゅっせいき）を語る音楽」（"The Rest Is Noise：Listening to the Twentieth Century"）
◇ノーナ・バラキアン賞　Sam Anderson
◇イヴァン・サンドロフ賞　Emilie Buchwald

2008年
◇小説　　　　　　ロベルト・ボラーニョ（Roberto Bolaño）「2666」（"2666"）
◇ノンフィクション　デクスター・フィルキンス（Dexter Filkins）「そして戦争は終わらない——「テロとの戦い」の現場から」（"The Forever War"）
◇伝記　　　　　　Patrick French "The World Is What It Is：The Authorized Biography of V.S.Naipaul"
◇自伝　　　　　　Ariel Sabar "My Father's Paradise：A Son's Search for His Jewish Past in Kurdish Iraq"
◇詩　　　　　　　Juan Felipe Herrera "Half the World in Light"
　　　　　　　　　August Kleinzahler "Sleeping It Off in Rapid City"
◇批評　　　　　　Seth Lerer "Children's Literature：A Reader's History：Reader's History from Aesop to Harry Potter"
◇ノーナ・バラキアン賞　Ron Charles
◇イヴァン・サンドロフ賞　PEN American Center

2009年
　◇小説　　　　　　ヒラリー・マンテル（Hilary Mantel）「ウルフ・ホール」（"Wolf Hall"）
　◇ノンフィクション　リチャード・ホームズ（Richard Holmes）"The Age of Wonder: How the Romantic Generation Discovered the Beauty and Terror of Science"
　◇伝記　　　　　　Blake Bailey "Cheever: A Life"
　◇自伝　　　　　　Diana Athill "Somewhere Towards the End"
　◇詩　　　　　　　レイ・アーマントラウト（Rae Armantrout）"Versed"
　◇批評　　　　　　Eula Biss "Notes From No Man's Land: American Essays"
　◇ノーナ・バラキアン賞 Joan Acocella
　◇イヴァン・サンドロフ賞 ジョイス・キャロル・オーツ（Joyce Carol Oates）
2010年
　◇小説　　　　　　ジェニファー・イーガン（Jennifer Egan）「ならずものがやってくる」（"A Visit from the Goon Squad"）
　◇ノンフィクション　イサベラ・ウィルカースン（Isabel Wilkerson）"The Warmth of Other Suns: The Epic Story of America's Great Migration"
　◇伝記　　　　　　Sarah Bakewell "How To Live: Or, A Life of Montaigne in One Question and Twenty Attempts at an Answer"
　◇自伝　　　　　　ダリン・ストラウス（Darin Strauss）"Half a Life"
　◇詩　　　　　　　C.D.Wright "One with Others: [a little book of her days]"
　◇批評　　　　　　Clare Cavanagh "Lyric Poetry and Modern Politics: Russia, Poland, and the West"
　◇ノーナ・バラキアン賞 Parul Sehgal
　◇イヴァン・サンドロフ賞 Dalkey Archive Press
2011年
　◇小説　　　　　　イーディス・パールマン（Edith Pearlman）「双眼鏡からの眺め」（"Binocular Vision"）
　◇ノンフィクション　Maya Jasanoff "Liberty's Exiles: American Loyalists in the Revolutionary War"
　◇伝記　　　　　　ジョン・ルイス・ギャディス（John Lewis Gaddis）"George F.Kennan: An American Life"
　◇自伝　　　　　　Mira Bartók "The Memory Palace"
　◇詩　　　　　　　ローラ・カシシュケ（Laura Kasischke）"Space, in Chains"
　◇批評　　　　　　ジェフ・ダイヤー（Geoff Dyer）"Otherwise Known as the Human Condition: Selected Essays and Reviews"
　◇ノーナ・バラキアン賞 キャスリン・シュルツ（Kathryn Schulz）
　◇イヴァン・サンドロフ賞 Robert B.Silvers
2012年
　◇小説　　　　　　Ben Fountain "Billy Lynn's Long Halftime Walk"
　◇ノンフィクション　アンドリュー・ソロモン（Andrew Solomon）"Far From the Tree: Parents, Children, and the Search for Identity"
　◇伝記　　　　　　ロバート・A.カーロ（Robert A.Caro）"The Passage of Power: The Years of Lyndon Johnson"
　◇自伝　　　　　　Leanne Shapton "Swimming Studies"
　◇詩　　　　　　　D.A.Powell "Useless Landscape, or A Guide for Boys"
　◇批評　　　　　　マリーナ・ウォーナー（Marina Warner）"Stranger Magic: Charmed States and the Arabian Nights"
　◇ノーナ・バラキアン賞 William Deresiewicz
　◇イヴァン・サンドロフ賞 サンドラ・ギルバート（Sandra Gilbert），スーザン・グーバー（Susan Gubar）

2013年
　◇小説　　　　　　チママンダ・ンゴズィ・アディーチェ（Chimamanda Ngozi Adichie）"Americanah"
　◇ノンフィクション　シェリ・フィンク（Sheri Fink）「メモリアル病院の5日間 生か死か ハリケーンで破壊された病院に隠された真実」("Five Days At Memorial: Life And Death In A Storm-Ravaged Hospital")
　◇伝記　　　　　　レオ・ダムロッシュ（Leo Damrosch）"Jonathan Swift: His Life And His World"
　◇自伝　　　　　　Amy Wilentz "Farewell, Fred Voodoo: A Letter From Haiti"
　◇詩　　　　　　　Frank Bidart "Metaphysical Dog"
　◇批評　　　　　　フランコ・モレッティ（Franco Moretti）"Distant Reading"
　◇ジョン・レオナルド賞 Anthony Marra "A Constellation Of Vital Phenomena"
　◇ノーナ・バラキアン賞 Katherine A.Powers
　◇イヴァン・サンドロフ賞 Rolando Hinojosa-Smith
2014年
　◇小説　　　　　　マリリン・ロビンソン（Marilynne Robinson）"Lila"
　◇ノンフィクション　デヴィッド・ブライオン・デイヴィス（David Brion Davis）"The Problem of Slavery in the Age of Emancipation"
　◇伝記　　　　　　ジョン・ラー（John Lahr）"Tennessee Williams: Mad Pilgrimage of the Flesh"
　◇自伝　　　　　　ロズ・チャースト（Roz Chast）"Can't We Talk About Something More Pleasant?"
　◇詩　　　　　　　Claudia Rankine "Citizen: An American Lyric"
　◇批評　　　　　　Ellen Willis "The Essential Ellen Willis, edited by Nona Willis Aronowitz"
　◇ジョン・レオナルド賞 Phil Klay "Redeployment"
　◇ノーナ・バラキアン賞 Alexandra Schwartz
　◇イヴァン・サンドロフ賞 トニ・モリスン（Toni Morrison）

47 全米図書賞　The National Book Awards

　アメリカ出版社協議会，アメリカ書籍組合，製本業者協会によりアメリカ人作家による優れた文学作品の普及と，読書の推進を目的として1950年に創設された。76年以降は全米図書委員会がスポンサーとなる。当初の部門は小説，ノンフィクション，詩の3部門であったが，次第に分野は増加。毎年1回，美術，児童文学，時事問題，小説，歴史，伝記，詩の各分野の最優秀作品を選出していたが，79年に廃止。80年，代わりにアメリカ図書賞（The American Book Awards）が設立されたが86年廃止。翌年全米図書財団を主催団体として全米図書賞が復活した。毎年開催。小説，詩，ノンフィクション，児童書の4部門がある。

【主催者】全米図書財団（Naional Book Foundation）
【選考委員】各部門5名ずつの審査員（審査委員長含む）が全米図書財団により任命される
【選考方法】各部門ノミネーション5作を10月に発表，その中から1作が選出される
【選考基準】アメリカ合衆国国民により前年12月から授与年の11月までに国内で刊行された作品を対象とする。2001年からは電子書籍（e-BOOK）の形式で発表された作品も対象となった。再版・翻訳作品は対象外。自薦禁止
【締切・発表】〔2015年〕7月1日締切，11月18日授与
【賞・賞金】受賞者には賞金1万ドルと，スザンヌ・ボール（Suzanne Ball）による書籍を象ったブロンズ像が授与される。また，受賞作のカバーにはメダルのシールが貼られる。ノミネーションを受けた者には1千ドルが授与される
【連絡先】90 Broad Street, Suite 604 New York, New York 10004【TEL】(212) 685-

0261【FAX】（212）213-6570
【E-mail】nationalbook@nationalbook.org
【URL】http://www.nationalbook.org/

2004年
　◇小説　　　　　　リリー・タック（Lily Tuck）"The News from Paraguay"
　◇ノンフィクション　ケビン・ボイル（Kevin Boyle）"Arc of Justice: A Saga of Race, Civil Rights, and Murder in the Jazz Age"
　◇詩　　　　　　　ジーン・バレンタイン（Jean Valentine）"Door in the Mountain: New and Collected Poems, 1965-2003"
　◇児童文学　　　　ピート・ハウトマン（Pete Hautman）"Godless"
2005年
　◇小説　　　　　　ウィリアム・T.ヴォルマン（William T.Vollmann）"Europe Central"
　◇ノンフィクション　ジョーン・ディディオン（Joan Didion）「悲しみにある者」（"The Year of Magical Thinking"）
　◇詩　　　　　　　W.S.マーウィン（W.S.Merwin）"Migration: New and Selected Poems"
　◇児童文学　　　　ジーン・バーズオール（Jeanne Birdsall）「夏の魔法―ペンダーウィックの四姉妹」（"The Penderwicks"）
2006年
　◇小説　　　　　　リチャード・パワーズ（Richard Powers）「エコー・メイカー」（"The Echo Maker"）
　◇ノンフィクション　ティモシー・イーガン（Timothy Egan）"The Worst Hard Time: The Untold Story of Those Who Survived the Great American Dust Bowl"
　◇詩　　　　　　　ナサニエル・マッキー（Nathaniel Mackey）"Splay Anthem"
　◇児童文学　　　　M.T.アンダーソン（M.T.Anderson）"The Astonishing Life of Octavian Nothing, Traitor to the Nation, Vol.1: The Pox Party"
2007年
　◇小説　　　　　　デニス・ジョンソン（Denis Johnson）「煙の樹」（"Tree of Smoke"）
　◇ノンフィクション　ティム・ワイナー（Tim Weiner）「CIA秘録―その誕生から今日まで」（"Legacy of Ashes: The History of the CIA"）
　◇詩　　　　　　　ロバート・ハス（Robert Hass）"Time and Materials"
　◇児童文学　　　　シャーマン・アレクシー（Sherman Alexie）「はみだしインディアンのホントにホントの物語」（"The Absolutely True Diary of a Part-Time Indian"）
2008年
　◇小説　　　　　　ピーター・マシーセン（Peter Matthiessen）"Shadow Country"
　◇ノンフィクション　アネット・ゴードン・リード（Annette Gordon-Reed）"The Hemingses of Monticello: An American Family"
　◇詩　　　　　　　マーク・ドーティ（Mark Doty）"Fire to Fire: New and Selected Poems"
　◇児童文学　　　　ジュディ・ブランデル（Judy Blundell）"What I Saw and How I Lied"
2009年
　◇小説　　　　　　コラム・マッキャン（Colum McCann）「世界を回せ」（"Let the Great World Spin"）
　◇ノンフィクション　T.J.スタイルズ（T.J.Stiles）"The First Tycoon: The Epic Life of Cornelius Vanderbilt"
　◇詩　　　　　　　キース・ウォールドロップ（Keith Waldrop）"Transcendental Studies: A Trilogy"
　◇児童文学　　　　フィリップ・フース（Phillip Hoose）「席を立たなかったクローデット―15歳、人種差別と戦って」（"Claudette Colvin: Twice Toward Justice"）

2010年
- ◇小説　　　　　ジャイミー・ゴードン（Jaimy Gordon）"Lord of Misrule"
- ◇ノンフィクション　パティ・スミス（Patti Smith）「ジャスト・キッズ」（"Just Kids"）
- ◇詩　　　　　　テランス・ヘイズ（Terrance Hayes）"Lighthead"
- ◇児童文学　　　キャスリン・アースキン（Kathryn Erskine）「モッキンバード」（"Mockingbird"）

2011年
- ◇小説　　　　　ジェスミン・ワード（Jesmyn Ward）"Salvage the Bones"
- ◇ノンフィクション　スティーヴン・グリーンブラット（Stephen Greenblatt）「一四一七年、その一冊がすべてを変えた」（"The Swerve：How the World Became Modern"）
- ◇詩　　　　　　ニッキー・フィニー（Nikky Finney）"Head Off & Split"
- ◇児童文学　　　タィン＝ハ・ライ（Thanhha Lai）「はじまりのとき」（"Inside Out & Back Again"）

2012年
- ◇小説　　　　　ルイーズ・アードリック（Louise Erdrich）"The Round House"
- ◇ノンフィクション　キャサリン・ブー（Katherine Boo）「いつまでも美しく――インド・ムンバイのスラムに生きる人びと」（"Behind the Beautiful Forevers：Life, Death, and Hope in a Mumbai Undercity"）
- ◇詩　　　　　　デヴィッド・フェリー（David Ferry）"Bewilderment：New Poems and Translations"
- ◇児童文学　　　ウィリアム・アレグザンダー（William Alexander）「仮面の街」（"Goblin Secrets"）

2013年
- ◇小説　　　　　ジェイムズ・マクブライド（James McBride）"The Good Lord Bird"
- ◇ノンフィクション　ジョージ・パッカー（George Packer）「綻びゆくアメリカ――歴史の転換点に生きる人々の物語」（"The Unwinding：An Inner History of the New America"）
- ◇詩　　　　　　Mary Szybist "Incarnadine"
- ◇児童文学　　　シンシア・カドハタ（Cynthia Kadohata）「サマーと幸運の小麦畑」（"The Thing About Luck"）

2014年
- ◇小説　　　　　Phil Klay "Redeployment"
- ◇ノンフィクション　Evan Osnos "Age of Ambition：Chasing Fortune, Truth, and Faith in the New China"
- ◇詩　　　　　　Louise Glück "Faithful and Virtuous Night"
- ◇児童文学　　　ジャクリーン・ウッドソン（Jacqueline Woodson）"Brown Girl Dreaming"

48 ネビュラ賞　SFWA Nebula Awards

　アメリカSFファンタジー作家協会（SFWA）がアメリカの優れたSF作品に授与する賞。ヒューゴー賞がファンにより選出されるのとは異なり，SFWAに所属の作家，編集者，批評家など，プロフェッショナルが選出する賞。毎年開催。ロイド・ビグル・ジュニア（Lloyd Biggle, Jr.）が1965年，毎年優秀作のアンソロジーを出版することを提案し，その年度の優秀作を選考することが始まった。短編受賞作と，候補作数点を掲載したアンソロジーは毎年刊行されている。毎年春に開催される授賞式には，多くの作家と編集者が参加し，パネル・ディスカッションが行われる。部門は長編，長中編，中編，短編，脚本の5部門がある。この他，ネビュラ賞ではないが，顕著な業績のあるSF作家に贈られるグランド・マスター賞（2002年からは同年に亡くなったデーモン・ナイト（Damon Knight）の名を冠される）ヤン

グアダルト向けの作品に贈られるアンドレ・ノートン賞，劇作品に贈られるレイ・ブラッドベリ賞などがあり，同時に授与が行われている．なお，同一作品がヒューゴー賞，ネビュラ賞の両賞を受賞した作品は「ダブル・クラウン」と呼ばれる．
　＊日本人では，2006年に宮崎駿「ハウルの動く城」が脚本部門で受賞
【主催者】アメリカSF作家協会（SFWA：The Science Fiction and Fantasy Writers of America）
【選考委員】3〜7人より成る
【選考方法】会員全員による2回の予備投票で候補作（最大5作）を選出し，最終投票で決定する
【選考基準】前年（1月〜12月）にアメリカで刊行されたSF・ファンタジー作品．複数回受賞不可
【締切・発表】毎春，多くの作家，編集者が集い，発表・授与式が行われる（2015年は6月4日〜7日）
【賞・賞金】星雲と水晶を埋め込んだ透明なブロック．賞金はない
【連絡先】PO Box 3238 Chestertown, MD 21620 USA
【E-mail】office@sfwa.org
【URL】http：//www.sfwa.org/

2004年
　◇長編　　　　ロイス・マクマスター・ビジョルド（Lois McMaster Bujold）「影の棲む城」("Paladin of Souls")
　◇長中編　　　ウォルター・ジョン・ウィリアムズ（Walter Jon Williams）"The Green Leopard Plague"
　◇中編　　　　エレン・クラーゲス（Ellen Klages）「地下室の魔法」("Basement Magic")
　◇短編　　　　アイリーン・ガン（Eileen Gunn）「遺す言葉」("Coming to Terms")
　◇脚本　　　　フラン・ウォルシュ（Frances Walsh），フィリッパ・ボウエン（Phillipa Boyens），ピーター・ジャクソン（Peter Jackson）「ロード・オブ・ザ・リング 王の帰還」("Lord of the Rings: Return of the King")
　◇グランド・マスター　アン・マキャフリイ（Anne McCaffrey）
2005年
　◇長編　　　　ジョー・ホールドマン（Joe Haldeman）「擬態―カムフラージュ」("Camouflage")
　◇長中編　　　ケリー・リンク（Kelly Link）「マジック・フォー・ビギナーズ」("Magic for Beginners")
　◇中編　　　　ケリー・リンク（Kelly Link）「妖精のハンドバッグ」("The Faery Handbag")
　◇短編　　　　キャロル・エムシュウィラー（Carol Emshwiller）"I Live With You"
　◇脚本　　　　ジョス・ウェドン（Joss Whedon）「セレニティー」("Serenity")
　◇グランド・マスター　ハーラン・エリスン（Harlan Ellison）
　◇アンドレ・ノートン賞　ホリー・ブラック（Holly Black）"Valiant"
2006年
　◇長編　　　　ジャック・マクデヴィット（Jack McDevitt）「探索者」("Seeker")
　◇長中編　　　ジェイムズ・パトリック・ケリー（James Patrick Kelly）"Burn"
　◇中編　　　　ピーター・S.ビーグル（Peter S.Beagle）「最後のユニコーン―完全版」("Two Hearts")
　◇短編　　　　エリザベス・ハンド（Elizabeth Hand）「エコー」("Echo")
　◇脚本　　　　宮崎駿（Hayao Miyazaki），Cindy Davis Hewitt, Donald H.Hewitt「ハウルの動く城」("Howl's Moving Castle")
　◇グランド・マスター　ジェイムズ・ガン（James Gunn）

◇アンドレ・ノートン賞　ジャスティーン・ラーバレスティア（Justine Larbalestier）「あたしと魔女の扉」("Magic or Madness")

2007年
　◇長編　　　マイケル・シェイボン（Michael Chabon）「ユダヤ警官同盟」("The Yiddish Policemen's Union")
　◇長中編　　ナンシー・クレス（Nancy Kress）「齢の泉」("Fountain of Age")
　◇中編　　　テッド・チャン（Ted Chiang）「商人と錬金術師の門」("The Merchant and the Alchemist's Gate")
　◇短編　　　カレン・ジョイ・ファウラー（Karen Joy Fowler）"Always"
　◇脚本　　　ギレルモ・デル・トロ（Guillermo del Toro）「パンズ・ラビリンス」("Pan's Labyrinth")
　◇グランド・マスター　マイクル・ムアコック（Michael Moorcock）
　◇名誉賞　　Ardath Mayhar
　◇アンドレ・ノートン賞　J.K.ローリング（J.K.Rowling）「ハリー・ポッターと死の秘宝」("Harry Potter and the Deathly Hallows")

2008年
　◇長編　　　アーシュラ・K.ル＝グウィン（Ursula K.Le Guin）「パワー」("Powers")
　◇長中編　　キャサリン・アサロ（Catherine Asaro）"The Spacetime Pool"
　◇中編　　　ジョン・ケッセル（John Kessel）"Pride and Prometheus"
　◇短編　　　ニーナ・キリキ・ホフマン（Nina Kiriki Hoffman）"Trophy Wives"
　◇脚本　　　アンドリュー・スタントン（Andrew Stanton），ジム・リアドン（Jim Reardon）「ウォーリー」("WALL-E")
　◇グランド・マスター　ハリイ・ハリスン（Harry Harrison）
　◇名誉賞　　M.J.Engh
　◇アンドレ・ノートン賞　イザボー・S.ウィルス（Ysabeau S.Wilce）「ほんとうのフローラ――万一千の部屋を持つ屋敷と魔法の執事」("Flora's Dare: How a Girl of Spirit Gambles All to Expand Her Vocabulary, Confront a Bouncing Boy Terror, and Try to Save Califa from a Shaky Doom（Despite Being Confined to Her Room）")

2009年
　◇長編　　　パオロ・バチガルピ（Paolo Bacigalupi）「ねじまき少女」("The Windup Girl")
　◇長中編　　ケイジ・ベイカー（Kage Baker）"The Women of Nell Gwynne's"
　◇中編　　　Eugie Foster "Sinner, Baker, Fabulist, Priest; Red Mask, Black Mask, Gentleman, Beast"
　◇短編　　　キジ・ジョンスン（Kij Johnson）「孤船」("Spar")
　◇レイ・ブラッドベリ賞　ニール・ブロンカンプ（Neill Blomkamp 監督・脚本），テリー・タッチェル（Terri Tatchell 脚本）「第9地区」("District 9")
　◇グランド・マスター　ジョー・ホールドマン（Joe Haldeman）
　◇名誉賞　　ニール・バレット，Jr.（Neal Barrett Jr.）
　◇アンドレ・ノートン賞　キャサリン・M.ヴァレンテ（Catherynne M.Valente）「宝石の筏で妖精国を旅した少女」("The Girl Who Circumnavigated Fairyland In A Ship Of Her Own Making")

2010年
　◇長編　　　コニー・ウィリス（Connie Willis）「ブラックアウト／オール・クリア」("Blackout/All Clear")
　◇長中編　　レイチェル・スワースキー（Rachel Swirsky）「女王の窓辺にて赤き花を摘みし乙女」("The Lady Who Plucked Red Flowers Beneath the Queen's Window")
　◇中編　　　Eric James Stone "That Leviathan Whom Thou Hast Made"

◇短編　　　　　　キジ・ジョンスン（Kij Johnson）「ポニー」("Ponies")
　　　　　　　　　　　ハーラン・エリスン（Harlan Ellison）"How Interesting : A Tiny Man"
　　◇レイ・ブラッドベリ賞　「インセプション」("Inception")
　　◇アンドレ・ノートン賞　テリー・プラチェット（Terry Pratchett）"I Shall Wear Midnight"
2011年
　　◇長編　　　　　　ジョー・ウォルトン（Jo Walton）「図書室の魔法」("Among Others")
　　◇長中編　　　　　キジ・ジョンスン（Kij Johnson）「霧に橋を架ける」("The Man Who Bridged the Mist")
　　◇中編　　　　　　ジェフ・ライマン（Geoff Ryman）"What We Found"
　　◇短編　　　　　　ケン・リュウ（Ken Liu）「紙の動物園」("The Paper Menagerie")
　　◇レイ・ブラッドベリ賞　ニール・ゲイマン（Neil Gaiman 脚本），リチャード・クラーク（Richard Clark 監督）「ドクター・フー：「ハウスの罠」」("Doctor Who: "The Doctor's Wife"")
　　◇グランド・マスター　コニー・ウィリス（Connie Willis）
　　◇アンドレ・ノートン賞　デリア・シャーマン（Delia Sherman）"The Freedom Maze"
2012年
　　◇長編　　　　　　キム・スタンリー・ロビンスン（Kim Stanley Robinson）「2312―太陽系動乱」("2312")
　　◇長中編　　　　　ナンシー・クレス（Nancy Kress）"After the Fall, Before the Fall, During the Fall"
　　◇中編　　　　　　アンディ・ダンカン（Andy Duncan）"Close Encounters"
　　◇短編　　　　　　アリエット・ドボダール（Aliette de Bodard）「没入」("Immersion")
　　◇レイ・ブラッドベリ賞　ベン・ザイトリン（Benh Zeitlin 監督・脚本），ルーシー・アリバー（Lucy Alibar 脚本）「ハッシュパピーバスタブ島の少女」("Beasts of the Southern Wild")
　　◇グランド・マスター　ジーン・ウルフ（Gene Wolfe）
　　◇アンドレ・ノートン賞　E.C.Myers "Fair Coin"
2013年
　　◇長編　　　　　　Ann Leckie "Ancillary Justice"
　　◇長中編　　　　　Vylar Kaftan "The Weight of the Sunrise"
　　◇中編　　　　　　アリエット・ドボダール（Aliette de Bodard）"The Waiting Stars"
　　◇短編　　　　　　レイチェル・スワースキー（Rachel Swirsky）"If You Were a Dinosaur, My Love"
　　◇レイ・ブラッドベリ賞　アルフォンソ・キュアロン（Alfonso Cuarón 監督・脚本），ホナス・キュアロン（Jonás Cuarón 脚本）「ゼロ・グラビティ」("Gravity")
　　◇グランド・マスター　サミュエル・R.ディレイニー（Samuel R.Delany）
　　◇アンドレ・ノートン賞　ナロ・ホプキンスン（Nalo Hopkinson）"Sister Mine"
2014年
　　◇長編　　　　　　ジェフ・ヴァンダミア（Jeff VanderMeer）「全滅領域」("Annihilation")
　　◇長中編　　　　　ナンシー・クレス（Nancy Kress）"Yesterday's Kin"
　　◇中編　　　　　　Alaya Dawn Johnson "A Guide to the Fruits of Hawai'i"
　　◇短編　　　　　　Ursula Vernon "Jackalope Wives"
　　◇レイ・ブラッドベリ賞　ジェイムズ・ガン（James Gunn），ニコール・パールマン（Nicole Perlman）「ガーディアンズ・オブ・ギャラクシー」("Guardians of the Galaxy")
　　◇アンドレ・ノートン賞　Alaya Dawn Johnson "Love Is the Drug"

49 ヒューゴー賞 The Hugo Award

アメリカのSF・ファンタジー文学に与えられる賞。1953年創設。「サイエンス・フィクション」の名付け親であり、世界で初めてSF雑誌を創刊したヒューゴー・ガーンズバック(Hugo Gernsback)の名にちなむ。毎年8〜9月に、世界SF協会によりアメリカで開催されるワールドコン(World Science Fiction Convention)において会員の投票により決定される。92年までは「SF功労賞」(Science Fiction Achievement Awards)を正式名称としていたが、93年以降は「ヒューゴー賞」に代わった。会員の投票によって選ばれる長編、長中編、中編、短編、関連図書、グラフィックストーリー、映像、編集者、プロアーティスト(イラスト)、セミプロジン(非職業出版)、ファンジン、ファンキャスト、ファンライター、ファンアーティストの各部門と、ジョン・W.キャンベル賞(新人賞)、ワールドコン委員会により選ばれる特別賞がある。また、ヒューゴー賞が選出されなかった年度(開催年の50年、75年、100年前に限る)の作品をノミネート・選出するレトロ・ヒューゴー賞もある。
  ＊日本人では、1993年、SF研究家柴野拓美(ペンネームは小隅黎)が特別賞受賞

【主催者】世界SF協会(WSFS：World Science Fiction Society)
【選考方法】開催年の1月末に、ワールドコン実行委員会により、各部門最大5候補までのノミネート作が選出される。会員により投票の結果受賞作が決定される
【選考基準】英語で書かれた、あるいは初めて英訳されたSF、ファンタジー作品を対象とする
【締切・発表】ワールドコン終了後90日以内に集計の結果受賞作が発表される
【賞・賞金】ジャック・マクナイトとベン・ジェイスンによるロケットシップを標準デザインとするトロフィー
【連絡先】Post Office Box 426159, Kendall Square Station, Cambridge, MA 02142 USA
【E-mail】info@thehugoawards.org
【URL】http：//www.thehugoawards.org/

2005年
◇長編　　　　　スザンナ・クラーク(Susanna Clarke)「ジョナサン・ストレンジとミスター・ノレル」("Jonathan Strange & Mr.Norrell")
◇長中編　　　　チャールズ・ストロス(Charles Stross)「コンクリート・ジャングル」("The Concrete Jungle")
◇中編　　　　　ケリー・リンク(Kelly Link)「妖精のハンドバッグ」("The Faery Handbag")
◇短編　　　　　マイク・レズニック(Mike Resnick)"Travels with My Cats"
◇関連図書　　　Edward James, Farah Mendlesohn "The Cambridge Companion to Science Fiction"
◇映像(長編)　　「Mr.インクレディブル」("The Incredibles")
◇映像(短編)　　「バトルスター・ギャラクティカ：「33分の恐怖」」("Battlestar Galactica−"33"")
◇プロ編集者　　エレン・ダトロウ(Ellen Datlow)
◇プロアーティスト　ジム・バーンズ(Jim Burns)
◇セミプロジン　"Ansible"
◇ファンジン　　"Plokta"
◇ファンライター　デビッド・ラングフォード(David Langford)
◇ファンアーティスト　スー・メイソン(Sue Mason)
◇ウェブサイト　"Sci Fiction"
◇特別賞　　　　デイヴィッド・プリングル(David Pringle)
◇キャンベル賞　エリザベス・ベア(Elizabeth Bear)

2006年
　◇長編　　　　　ロバート・チャールズ・ウィルスン（Robert Charles Wilson）「時間封鎖」（"Spin"）
　◇長中編　　　　コニー・ウィリス（Connie Willis）「インサイダー疑惑」（"Inside Job"）
　◇中編　　　　　ピーター・S.ビーグル（Peter S.Beagle）「最後のユニコーン―完全版」（"Two Hearts"）
　◇短編　　　　　デイヴィッド・D.レヴァイン（David D.Levine）「トゥク・トゥク・トゥク」（"Tk'tk'tk"）
　◇関連図書　　　ケイト・ウイルヘルム（Kate Wilhelm）"Storyteller：Writing Lessons and More from 27 Years of the Clarion Writers' Workshop"
　◇映像（長編）　「セレニティー」（"Serenity"）
　◇映像（短編）　「ドクター・フー：「空っぽの少年／ドクターは踊る」」（"Doctor Who－"The Empty Child / The Doctor Dances""）
　◇プロ編集者　　デヴィッド・G.ハートウェル（David G.Hartwell）
　◇プロアーティスト　ドナート・ジャコラ（Donato Giancola）
　◇セミプロジン　"Locus"
　◇ファンジン　　"Plokta"
　◇ファンライター　デイヴ・ランフォード（Dave Langford）
　◇ファンアーティスト　フランク・ウー（Frank Wu）
　◇特別賞　　　　ベティ・バランタイン（Betty Ballantine）
　　　　　　　　　ハーラン・エリスン（Harlan Ellison）
　　　　　　　　　Fred Patten
　◇キャンベル賞　ジョン・スコルジー（John Scalzi）
2007年
　◇長編　　　　　ヴァーナー・ヴィンジ（Vernor Vinge）「レインボーズ・エンド」（"Rainbows End"）
　◇長中編　　　　ロバート・リード（Robert Reed）「十億のイブたち」（"A Billion Eves"）
　◇中編　　　　　イアン・マクドナルド（Ian McDonald）「ジンの花嫁」（"The Djinn's Wife"）
　◇短編　　　　　ティム・プラット（Tim Pratt）「見果てぬ夢」（"Impossible Dreams"）
　◇関連図書　　　Julie Phillips "James Tiptree, Jr.：The Double Life of Alice B.Sheldon"
　◇映像（長編）　「パンズ・ラビリンス」（"Pan's Labyrinth"）
　◇映像（短編）　「ドクター・フー：「暖炉の少女」」（"Doctor Who－"Girl in the Fireplace""）
　◇プロ編集者（長編）　パトリック・ニールセン・ヘイデン（Patrick Nielsen Hayden）
　◇プロ編集者（短編）　ゴードン・ヴァン・ゲルダー（Gordon Van Gelder）
　◇プロアーティスト　ドナート・ジャコラ（Donato Giancola）
　◇セミプロジン　"Locus"
　◇ファンジン　　"Science-Fiction Five-Yearly"
　◇ファンライター　デイヴ・ランフォード（Dave Langford）
　◇ファンアーティスト　フランク・ウー（Frank Wu）
　◇キャンベル賞　ナオミ・ノヴィク（Naomi Novik）
2008年
　◇長編　　　　　マイケル・シェイボン（Michael Chabon）「ユダヤ警官同盟」（"The Yiddish Policemen's Union"）
　◇長中編　　　　コニー・ウィリス（Connie Willis）「もろびと大地に坐して」（"All Seated on the Ground"）
　◇中編　　　　　テッド・チャン（Ted Chiang）「商人と錬金術師の門」（"The Merchant and the Alchemist's Gate"）
　◇短編　　　　　エリザベス・ベア（Elizabeth Bear）「受け継ぐ者」（"Tideline"）
　◇関連図書　　　Jeff Prucher "Brave New Words：The Oxford Dictionary of Science Fiction"

◇映像（長編）	「スターダスト」（"Stardust"）	
◇映像（短編）	「ドクター・フー：「ブリンク」」（"Doctor Who－"Blink""）	
◇プロ編集者（長編）	デヴィッド・G.ハートウェル（David G.Hartwell）	
◇プロ編集者（短編）	ゴードン・ヴァン・ゲルダー（Gordon Van Gelder）	
◇プロアーティスト	ステファン・マルティニエア（Stephan Martiniere）	
◇セミプロジン	"Locus"	
◇ファンジン	"File 770"	
◇ファンライター	ジョン・スコルジー（John Scalzi）	
◇ファンアーティスト	ブラッド・フォスター（Brad Foster）	
◇特別賞	NASA	
	NESFA Press	
◇キャンベル賞	メアリ・ロビネット・コワル（Mary Robinette Kowa）	

2009年
◇長編	ニール・ゲイマン（Neil Gaiman）「墓場の少年―ノーボディ・オーエンズの奇妙な生活」（"The Graveyard Book"）	
◇長中編	ナンシー・クレス（Nancy Kress）"The Erdmann Nexus"	
◇中編	エリザベス・ベア（Elizabeth Bear）「ショゴス開花」（"Shoggoths in Bloom"）	
◇短編	テッド・チャン（Ted Chiang）「息吹」（"Exhalation"）	
◇関連図書	ジョン・スコルジー（John Scalzi）"Your Hate Mail Will Be Graded： A Decade of Whatever, 1998-2008"	
◇グラフィックストーリー	"Girl Genius, Volume 8： Agatha Heterodyne and the Chapel of Bones"	
◇映像（長編）	「ウォーリー」（"WALL-E"）	
◇映像（短編）	"Doctor Horrible's Sing-Along Blog"	
◇プロ編集者（長編）	デヴィッド・G.ハートウェル（David G.Hartwell）	
◇プロ編集者（短編）	エレン・ダトロウ（Ellen Datlow）	
◇プロアーティスト	ドナート・ジャコラ（Donato Giancola）	
◇セミプロジン	"Weird Tales"	
◇ファンジン	"Electric Velocipede"	
◇ファンライター	Cheryl Morgan	
◇ファンアーティスト	フランク・ウー（Frank Wu）	
◇キャンベル賞	David Anthony Durham	

2010年
◇長編	パオロ・バチガルピ（Paolo Bacigalupi）「ねじまき少女」（"The Windup Girl"）	
◇長中編	チャールズ・ストロス（Charles Stross）「パリンプセスト」（"Palimpsest"）	
◇中編	ピーター・ワッツ（Peter Watts）「島」（"The Island"）	
◇短編	Will McIntosh "Bridesicle"	
◇関連図書	ジャック・ヴァンス（Jack Vance）"This Is Me, Jack Vance！"	
◇グラフィックストーリー	"Girl Genius, Volume 9： Agatha Heterodyne and the Heirs of the Storm"	
◇映像（長編）	「月に囚われた男」（"Moon"）	
◇映像（短編）	「ドクター・フー：「火星の水」」（"Doctor Who－"The Waters of Mars""）	
◇プロ編集者（長編）	パトリック・ニールセン・ヘイデン（Patrick Nielsen Hayden）	
◇プロ編集者（短編）	エレン・ダトロウ（Ellen Datlow）	
◇プロアーティスト	ショーン・タン（Shaun Tan）	
◇セミプロジン	"Clarkesworld"	
◇ファンジン	"StarShipSofa"	

◇ファンライター　フレデリック・ポール（Frederik Pohl）
◇ファンアーティスト　ブラッド・W.フォスター（Brad W.Foster）
◇キャンベル賞　　Seanan McGuire
2011年
　◇長編　　　　　コニー・ウィリス（Connie Willis）「ブラックアウト/オール・クリア」（"Blackout/All Clear"）
　◇長中編　　　　テッド・チャン（Ted Chiang）「ソフトウェア・オブジェクトのライフサイクル」（"The Lifecycle of Software Objects"）
　◇中編　　　　　アレン・M.スティール（Allen M.Steele）「火星の皇帝」（"The Emperor of Mars"）
　◇短編　　　　　メアリ・ロビネット・コワル（Mary Robinette Kowal）"For Want of a Nail"
　◇関連図書　　　Lynne M.Thomas, Tara O'Shea "Chicks Dig Time Lords：A Celebration of Doctor Who by the Women Who Love It"
　◇グラフィックストーリー　"Girl Genius, Volume 10：Agatha Heterodyne and the Guardian Muse"
　◇映像（長編）　「インセプション」（"Inception"）
　◇映像（短編）　「ドクター・フー：「パンドリカが開く/ビッグバン」」（"Doctor Who－"The Pandorica Opens/The Big Bang""）
　◇プロ編集者（長編）　Lou Anders
　◇プロ編集者（短編）　シェイラ・ウィリアムス（Sheila Williams）
　◇プロアーティスト　ショーン・タン（Shaun Tan）
　◇セミプロジン　"Clarkesworld"
　◇ファンジン　　"The Drink Tank"
　◇ファンライター　Claire Brialey
　◇ファンアーティスト　ブラッド・W.フォスター（Brad W.Foster）
　◇キャンベル賞　レヴ・グロスマン（Lev Grossman）
2012年
　◇長編　　　　　ジョー・ウォルトン（Jo Walton）「図書室の魔法」（"Among Others"）
　◇長中編　　　　キジ・ジョンスン（Kij Johnson）「霧に橋を架ける」（"The Man Who Bridged the Mist"）
　◇中編　　　　　Charlie Jane Anders "Six Months, Three Days"
　◇短編　　　　　ケン・リュウ（Ken Liu）「紙の動物園」（"The Paper Menagerie"）
　◇関連図書　　　ジョン・クルート（John Clute），デビッド・ラングフォード（David Langford），ピーター・ニコルズ（Peter Nicholls），Graham Sleight "The Encyclopedia of Science Fiction, Third Edition"
　◇グラフィックストーリー　"Digger"
　◇映像（長編）　「ゲーム・オブ・スローンズ（第1章）」（"Game of Thrones（Season 1）"）
　◇映像（短編）　「ドクター・フー：「ハウスの罠」」（"Doctor Who－"The Doctor's Wife""）
　◇セミプロジン　"Locus"
　◇ファンジン　　"SF Signal"
　◇ファンライター　Jim C.Hines
　◇ファンアーティスト　Maurine Starkey
　◇ファンキャスト　"SF Squeecast"
　◇キャンベル賞　E.リリー・ユー（E.Lily Yu）
2013年
　◇長編　　　　　ジョン・スコルジー（John Scalzi）「レッドスーツ」（"Redshirts：A Novel with Three Codas"）
　◇長中編　　　　ブランドン・サンダースン（Brandon Sanderson）"The Emperor's Soul"

- ◇中編　　　　　パット・キャディガン（Pat Cadigan）「スシになろうとした女」（"The Girl-Thing Who Went Out for Sushi"）
- ◇短編　　　　　ケン・リュウ（Ken Liu）「もののあはれ」（"Mono no Aware"）
- ◇関連図書　　　ブランドン・サンダースン（Brandon Sanderson），Dan Wells，メアリ・ロビネット・コワル（Mary Robinette Kowal），Howard Tayler, Jordan Sanderson "Writing Excuses Season Seven"
- ◇グラフィックストーリー　"Saga, Volume One"
- ◇映像（長編）　「アベンジャーズ」（"The Avengers"）
- ◇映像（短編）　「ゲーム・オブ・スローンズ：「ブラックウォーターの戦い」」（"Game of Thrones: "Blackwater""）
- ◇プロ編集者（長編）　パトリック・ニールセン・ヘイデン（Patrick Nielsen Hayden）
- ◇プロ編集者（短編）　スタンリー・シュミット（Stanley Schmidt）
- ◇プロアーティスト　ジョン・ピカシオ（John Picacio）
- ◇セミプロジン　"Clarkesworld"
- ◇ファンジン　"SF Signal"
- ◇ファンキャスト　"SF Squeecast"
- ◇ファンライター　Tansy Rayner Roberts
- ◇ファンアーティスト　Galen Dara
- ◇キャンベル賞　Mur Lafferty

2014年
- ◇長編　　　　　Ann Leckie "Ancillary Justice"
- ◇長中編　　　　チャールズ・ストロス（Charles Stross）"Equoid"
- ◇中編　　　　　メアリ・ロビネット・コワル（Mary Robinette Kowal）"The Lady Astronaut of Mars"
- ◇短編　　　　　John Chu "The Water That Falls on You from Nowhere"
- ◇関連図書　　　Kameron Hurley "We Have Always Fought: Challenging the Women, Cattle and Slaves Narrative"
- ◇グラフィックストーリー　"Time"
- ◇映像（長編）　「ゼロ・グラビティ」（"Gravity"）
- ◇映像（短編）　「ゲーム・オブ・スローンズ：「キャスタミアの雨」」（"Game of Thrones: "The Rains of Castamere""）
- ◇プロ編集者（長編）　Ginjer Buchanan
- ◇プロ編集者（短編）　エレン・ダトロウ（Ellen Datlow）
- ◇プロアーティスト　Julie Dillon
- ◇セミプロジン　"Lightspeed Magazine"
- ◇ファンジン　"A Dribble of Ink"
- ◇ファンキャスト　"SF Signal Podcast"
- ◇ファンライター　Kameron Hurley
- ◇ファンアーティスト　Sarah Webb
- ◇キャンベル賞　ソフィア・サマタール（Sofia Samatar）

50 ビューヒナー賞 Georg-Büchner-Preis

　ドイツ語圏で最も権威のある文学賞。1923年，ヘッセン出身もしくは在住の芸術家の奨励賞として制定された。当初は文学以外にも美術，音楽など分野を限定せずに授与された。33〜44年は中断。45年，ヘッセン出身者への芸術賞として復活。49年，ゲーテ生誕200年を記念して設立されたドイツ言語・文学アカデミーの本部がヘッセンのダルムシュタットに置かれたことを契機に，51年以降アカデミーにより運営されるようになった。それに伴い，分野は

文学に限定された。
【主催者】 ドイツ言語・文学アカデミー (Deutsche Akademie für Sprache und Dichtung)
【選考基準】 ドイツ語により作品を書く文学者で「ドイツの文化生活の形成に顕著な貢献をなした人物」に贈られる
【締切・発表】 授賞式で受賞者はビューヒナーについて記念講演を行う
【賞・賞金】 賞金5万ユーロ
【連絡先】 Alexandraweg 23 D-64287 Darmstadt, Germany 【TEL】+49 (0) 6151 4092-0 【FAX】+49 (0) 6151 4092-99
【E-mail】 sekretariat@deutscheakademie.de
【URL】 http://www.deutscheakademie.de/

2005年	Brigitte Kronauer
2006年	Oskar Pastior
2007年	Martin Mosebach
2008年	ヨゼフ・ウィンクラー (Josef Winkler)
2009年	Walter Kappacher
2010年	Reinhard Jirgl
2011年	Friedrich Christian Delius
2012年	フェリシタス・ホップ (Felicitas Hoppe)
2013年	Sibylle Lewitscharoff
2014年	ユルゲン・ベッカー (Jürgen Becker)

51 ブッカー賞 The Man Booker Prize

イギリスの文学賞。ブッカー・マコンネル社がブックトラストと共に1969年創設。ゴンクール賞にならって、小説に対する社会的関心を喚起することを目的とする。前身はブッカー・マコンネル賞 (Booker McConnel Prize) 2005年より英語で書かれたか英語に翻訳されたフィクション作品を書いた存命の作家に対し、隔年で国際ブッカー賞が贈られている。

【主催者】 ブッカー賞財団 (Booker Prize Foundation)
【選考委員】 ブッカー賞財団により、作家、批評家、学者、出版人から毎年選ばれる。作家1名、出版人2名、エージェント1名、書店関係者1名、図書館員1名、受賞者1名、審査委員長を基準に毎年選ばれる。二度選出されることは滅多にない。〔2015年〕Michael Wood (委員長、作家) Ellah Wakatama Allfrey (批評家)、John Burnside (作家)、Sam Leith (編集者)、Frances Osborne (作家)
【選考方法】 出版者は英語で書かれた書籍を1冊、イギリス国内で初めて出版された書籍を1冊推薦する権利をもつ。過去にブッカー賞を受賞した作家の作品と、10年以内に候補作にあがった作家の作品も可。さらに5点以上の作品のリストも提出。選考委員はその中から8点以上12点以内の作品を選び、全ての作品を読んで選考する。毎年9月に最終候補6点を挙げ、10月に受賞作1点を選ぶ
【選考基準】 前年10月から該当年9月末までにイギリス及びアイルランド、南アフリカで発表された長編小説を対象とする。翻訳作品・自費出版作品は不可
【締切・発表】 〔2015年〕10月13日発表
【賞・賞金】 ブッカー賞受賞者には賞金5万ポンド、候補者6人には2500ポンド。国際ブッカー賞受賞者には賞金6万ポンド
【連絡先】 28 St.James's Walk, London EC1R 0AP.
【E-mail】 marion.evans@fourcolmangetty.com

【URL】 http://www.bookerprize.co.uk/

2005年　　　　　　　ジョン・バンヴィル（John Banville）「海に帰る日」（"The Sea"）
　◇国際ブッカー賞　イスマイル・カダレ（Ismail Kadare）
2006年　　　　　　　キラン・デサイ（Kiran Desai）「喪失の響き」（"The Inheritance of Loss"）
2007年　　　　　　　アン・エンライト（Anne Enright）"The Gathering"
　◇国際ブッカー賞　チヌア・アチェベ（Chinua Achebe）
2008年　　　　　　　アラヴィンド・アディガ（Aravind Adiga）「グローバリズム出づる処の殺人者より」（"The White Tiger"）
　◇ベストオブザブッカー　サルマン・ラシュディ（Salman Rushdie）「真夜中の子供たち」（"Midnight's Children"）
2009年　　　　　　　ヒラリー・マンテル（Dame Hilary Mantel）「ウルフ・ホール」（"Wolf Hall"）
　◇国際ブッカー賞　アリス・マンロー（Alice Munro）
2010年　　　　　　　ハワード・ジェイコブソン（Howard Jacobson）「フィンクラー氏の悩み」（"The Finkler Question"）
　◇ロストマンブッカー賞　J.G.ファレル（J.G.Farrell）"Troubles"
2011年　　　　　　　ジュリアン・バーンズ（Julian Barnes）「終わりの感覚」（"The Sense of an Ending"）
　◇国際ブッカー賞　フィリップ・ロス（Philip Roth）
　◇ベストオブベリル賞　ベリル・ベインブリッジ（Beryl Bainbridge）"Master Georgie"
2012年　　　　　　　ヒラリー・マンテル（Dame Hilary Mantel）「罪人を召し出せ」（"Bring up the Bodies"）
2013年　　　　　　　エレノア・カットン（Eleanor Catton）"The Luminaries"
　◇国際ブッカー賞　リディア・ディヴィス（Lydia Davis）
2014年　　　　　　　リチャード・フラナガン（Richard Flanagan）"The Narrow Road to the Deep North"

児童文学

52 ガーディアン児童文学賞 The Guardian Children's Fiction Award

1967年創設されたイギリスの代表的な児童文学賞。長らくガーディアン賞は絵本を除くフィクションのみが対象とされてきたが，1999年，名称が変更され，ノンフィクションも対象内となった。毎年開催。

【主催者】日刊紙「ガーディアン」(The Guardian)
【選考委員】日刊紙 "The Guardian"の担当者及び前年の受賞作家をはじめとする児童文学作家4人の計5人。選考委員は毎年1～2名が入れ替えられる
【選考基準】作家の国籍がイギリスまたは英連邦諸国であり，前年12月31日までに英国で刊行された図書を対象とする。一度受賞した作家は対象から外される
【締切・発表】9月最終週のガーディアン紙上で発表される
【賞・賞金】賞金1500ポンド
【連絡先】Kings Place 90 York Way London N1 9GU United Kingdom 【TEL】+4420 3 353 2000
【E-mail】userhelp@guardian.co.uk
【URL】http://books.guardian.co.uk/

2005年	ケイト・トンプソン (Kate Thompson)「時間のない国で」("The New Policeman")
2006年	フィリップ・リーヴ (Philip Reeve) "A Darkling Plain"
2007年	ジェニー・ヴァレンタイン (Jenny Valentine)「ヴァイオレットがぼくに残してくれたもの」("Finding Violet Park")
2008年	パトリック・ネス (Patrick Ness)「心のナイフ」("The Knife of Never Letting Go")
2009年	マル・ピート (Mal Peet) "Exposure"
2010年	ミシェル・ペイヴァー (Michelle Paver)「決戦のとき」("Ghost Hunter")
2011年	アンディ・ムリガン (Andy Mulligan) "Return to Ribblestrop"
2012年	フランク・コットレル・ボイス (Frank Cottrell Boyce) "The Unforgotten Coat"
2013年	レベッカ・ステッド (Rebecca Stead) "Liar and Spy"
2014年	ピアーズ・トーデイ (Piers Torday) "The Dark Wild"

53 カーネギー賞 The Carnegie Medal

イギリスで毎年優れた子どもの本に贈られる児童文学賞。児童書の価値の認識が高まる中，図書館の後援を積極的に行った慈善家アンドリュー・カーネギー (Andrew Carnegie) の名を冠して36年にイギリス図書館協会が設立した。当初は英国内で出版された英国籍作家による作品のみが対象だったが，69年以降は作家の国籍に関わらず，英語で書かれ，英国で最初（もしくは他国と同時）に出版された作品すべてに対象が広げられた。現在は2002年に創設された図書館情報専門家協会 (CILIP) がケイト・グリーナウェイ賞と共に賞の授与を行っている。

【主催者】図書館情報専門家協会（the Chartered Institute of Library and Information Professionals 略称CILIP）
【選考委員】13地域の代表13名（YLG：Youth Libraries Group のメンバーである図書館員）からなる
【選考方法】イギリス図書館協会の会員が前年度に刊行された作品から推薦し，選考委員会が検討する。審査では物語の枠組み，登場人物造形，文体などが重視される
【選考基準】英語で書かれ，最初にイギリスで出版された作品（フィクション・ノンフィクション）を対象とする。国籍不問，複数回受賞可
【締切・発表】2月末に応募を締切り，4月末から5月初めに候補作，7月に受賞作を発表する
【賞・賞金】金メダルと賞金500ポンド相当の書籍（希望するところへの寄贈が前提）
【連絡先】CILIP，7 Ridgmount Street，London，WC1E 7AE
【E-mail】ckg@cilip.org.uk
【URL】http：//www.carnegiegreenaway.org.uk/

2004年（2005年授賞）	フランク・コットレル・ボイス（Frank Cottrell Boyce）「ミリオンズ」("Millions")	
2005年（2006年授賞）	マル・ピート（Mal Peet）"Tamar"	
2007年	メグ・ロソフ（Meg Rosoff）「ジャストインケース 終わりのはじまりできみを想う」("Just in Case")	
2008年	フィリップ・リーヴ（Philip Reeve）「アーサー王ここに眠る」("Here Lies Arthur")	
2009年	シヴォーン・ダウド（Siobhan Dowd）「ボグ・チャイルド」("Bog Child")	
2010年	ニール・ゲイマン（Neil Gaiman）「墓場の少年——ノーボディ・オーエンズの奇妙な生活」("The Graveyard Book")	
2011年	パトリック・ネス（Patrick Ness）「人という怪物」("Monsters of Men")	
2012年	パトリック・ネス（Patrick Ness）「怪物はささやく」("A Monster Calls")	
2013年	サリー・ガードナー（Sally Gardner）「マザーランドの月」("Maggot Moon")	
2014年	ケヴィン・ブルックス（Kevin Brooks）"The Bunker Diary"	
2015年	タニア・ランドマン（Tanya Landman）"Buffalo Soldier"	

54 ケイト・グリーナウェイ賞 The Kate Greenaway Medal

優れた子供の本の絵に贈られるイギリスの賞。1956年にイギリス図書館協会ユース・サービス・グループにより創設された。賞名は著名な絵本画家ケイト・グリーナウェイ（Kate Greenaway）にちなむ。絵本，挿絵に与えられる賞としてはアメリカのコルデコット賞とならんで権威をもつ。

【主催者】図書館情報専門家協会（CILIP：the Chartered Institute of Library and Information Professionals）
【選考委員】13地域の代表13名（YLG：Youth Libraries Group のメンバーである図書館員）からなる
【選考方法】イギリス図書館協会の会員が前年度に刊行された作品から推薦し，選考委員会が検討する。審査では芸術性から本の外形，本文との調和・相互作用，読者に与える視覚的効果などが重視される
【選考基準】最初に英国内で出版された，英語で書かれた作品を対象とする。複数回受賞可，国籍不問
【締切・発表】2月末に応募を締切り，4月末から5月初めに候補作，7月に受賞作を発表する

【賞・賞金】金メダルと賞金500ポンド相当の書籍（希望するところへの寄贈が前提），賞金5000ポンド（Colin Mears賞）
【連絡先】CILIP, 7 Ridgmount Street, London, WC1E 7AE
【E-mail】ckg@cilip.org.uk
【URL】http://www.carnegiegreenaway.org.uk/

2004年	クリス・リデル（Chris Riddell）「ヴィジュアル版 ガリヴァー旅行記」("Jonathan Swift's "Gulliver")
2005年	エミリー・グラヴェット（Emily Gravett）「オオカミ」("Wolves")
2007年（2006年度）	ミニ・グレイ（Mini Grey）"The Adventures of the Dish and the Spoon"
2008年（2007年度）	エミリー・グラヴェット（Emily Gravett）"Little Mouse's Big Book of Fears"
2009年	キャサリン・レイナー（Catherine Rayner）"Harris Find His Feet"
2010年	フレヤ・ブラックウッド（Freya Blackwood）「さよならをいえるまで」("Harry & Hopper")
2011年	グラハム・ベイカー・スミス（Grahame Baker-Smith）"FArTHER"
2012年	ジム・ケイ（Jim Kay）「怪物はささやく」("A Monster Calls")
2013年	レーヴィ・ピンフォールド（Levi Pinfold）「ブラック・ドッグ」("Black Dog")
2014年	ジョン・クラッセン（Jon Klassen）「ちがうねん」("This Is Not My Hat")
2015年	ウィリアム・グリル（William Grill）"Shackleton's Journey"

55 国際アンデルセン賞 Hans Christian Andersen Awards

1956年，国際児童図書評議会（IBBY）により創設された国際児童文学賞。長らく子どもの本に貢献してきたと認められる，現存する作家および画家の全業績に対し，IBBY各国支部より推薦された候補者の中から，国際選考委員会によって受賞者が選ばれる。選考水準の高さから「小さなノーベル文学賞」とも言われる。56年から60年までの3回は個々の作品が対象だったが，62年から現在の作家賞という形式になった。また66年には作家賞と並んで画家賞も設けられた。デンマークの女王マルガリータII世が後援している。
＊日本人では赤羽末吉（1980年），安野光雅（1984年），まど・みちお（1994年），上橋菜穂子（2014年）が受賞。また，日産自動車株式会社が支援
【主催者】国際児童図書評議会（IBBY：International Board on Books for Young People）
【選考委員】審査委員会（委員長1名，委員9名）の選考は，各国IBBY事務局より推薦を受けた候補者から，子どもと児童図書に関する業績，文学における高度な学術的知識，多言語への精通，多様な芸術文化の経験，地理的状況を考慮の上，IBBY本部理事会が行う
【選考方法】発表年前年の夏に各国事務局が各賞につき最高1名をIBBY本部に推薦する（候補者を出さない加盟国もある）。その後審査資料として，各候補者の全作品リスト，経歴等を英訳した書類および代表作数冊（原則として原語のままだが，英語の要約が添えられる場合もある）が本部に届けられ，審査員は翌年春の審査会議まで，約半年をかけて資料を検討する。審査会議では，各審査員による意見交換，数回に渡る投票等の手順を経て最終候補を絞り，その中から各賞の受賞者を決定する
【選考基準】原則各部門1名とされ，現存する作家および画家の全業績を対象とする
【締切・発表】2年に一度，西暦偶数年に開催されるIBBY世界大会において，賞状とメダルの授与が行われる
【賞・賞金】アンデルセンのプロフィールが刻まれた金メダル，賞状
【連絡先】Nonnenweg 12, Postfach, CH-4003 Basel, Switzerland【TEL】［int.+4161］272 29 17【FAX】［int.+4161］272 27 57

【E-mail】ibby@ibby.org
【URL】http://www.ibby.org./

2006年
　◇作家賞　　　マーガレット・マーヒー（Margaret Mahy ニュージーランド）
　◇画家賞　　　ヴォルフ・エァルブルッフ（Wolf Erlbruch ドイツ）
2008年
　◇作家賞　　　ユルク・シュービガー（Jürg Schubiger スイス）
　◇画家賞　　　ロベルト・インノチェンティ（Roberto Innocenti イタリア）
2010年
　◇作家賞　　　デイヴィッド・アーモンド（David Almond イギリス）
　◇画家賞　　　ユッタ・バウアー（Jutta Bauer ドイツ）
2012年
　◇作家賞　　　マリア・テレサ・アンドルエット（Maria Teresa Andruetto アルゼンチン）
　◇画家賞　　　ピーター・シス（Peter Sís チェコ共和国）
2014年
　◇作家賞　　　上橋菜穂子（Nahoko Uehashi 日本）
　◇画家賞　　　ホジェル・メロ（Roger Mello ブラジル）

56 コルデコット賞 The Caldecott Medal

　アメリカ合衆国で1938年以来毎年子供向けの優れた絵本を描いた画家に贈られている賞。児童書における「絵」の役割に対する評価が高まる中，22年設立のニューベリー賞同様，フレデリック・G.メルチャーが37年発案，アメリカ図書館協会（ALA）が創設した。19世紀イギリスの絵本画家ランドルフ・コルデコット（Randolph Caldecott）の名前を冠する。現在はALA児童部会（ALSC）が運営。画家への賞としては，イギリスのケイト・グリーナウェイ賞と並んで権威がある。次点作は「オナー・ブック（Honor books）」と呼ばれ，銀色のラベルを貼ることから「コルデコット賞銀賞作」とも言われる。同じくALSCが運営するニューベリー賞設立当初は，共通の委員により審査され，一作品が両賞を同時受賞できないことになっていたが，77年以降両賞受賞が可能となり，80年からはそれぞれ独立した委員会により審査が行われるようになった。

【主催者】アメリカ図書館協会児童部会（ALSC）
【選考委員】ALSC会員で，ニューベリー賞とは異なる14名以上からなる
【選考基準】対象は合衆国国民または在住者によって前年に合衆国で初めて出版され，販売された14歳までの子供向けの作品。死後出版された作品など，対象年より前に製作され，対象年に初めて刊行された作品も対象となる。ジャンルはフィクション・ノンフィクション・詩のいずれでもよく，形式は問わない。複数著者作品，一度受賞した作家の作品も対象になる。絵としての完成度が審査の中心となるが，絵が文章と一体となって物語の世界を表現し，子どもの心に訴えかける絵本となっているかどうかが評価される
【締切・発表】締切は刊行年の12月31日。翌年1月に行われるALAの年次総会で受賞作と次点作を発表する
【賞・賞金】受賞者の名を刻したブロンズ・メダル。なお，受賞作品の表紙にはメダルを形どった金色のラベルを，次点作品には銀色のラベルを貼る
【連絡先】50 East Huron Chicago, IL 60611-2795　【TEL】800-545-2433, ext.2163
　【FAX】312-280-5271
　【E-mail】alsc@ala.org

【URL】http://www.ala.org/alsc

2005年	ケヴィン・ヘンクス（Kevin Henkes）「まんまるおつきさまをおいかけて」（"Kitten's First Full Moon"）
2006年	クリス・ラシュカ（Chris Raschka）「こんにちは・さようならのまど」（"The Hello, Goodbye Window"）
2007年	ディヴィット・ウィーズナー（David Wiesner）「漂流物」（"Flotsam"）
2008年	ブライアン・セルズニック（Brian Selznick）「ユゴーの不思議な発明」（"The Invention of Hugo Cabret"）
2009年	ベス・クロムス（Beth Krommes）「よるのいえ」（"The House in the Night"）
2010年	ジェリー・ピンクニー（Jerry Pinkney）「ライオンとネズミ イソップ物語」（"The Lion & the Mouse"）
2011年	エリン・E.ステッド（Erin E.Stead）「エイモスさんが かぜを ひくと」（"A Sick Day for Amos McGee"）
2012年	クリス・ラシュカ（Chris Raschka）"A Ball for Daisy"
2013年	ジョン・クラッセン（Jon Klassen）「ちがうねん」（"This Is Not My Hat"）
2014年	ブライアン・フロッカ（Brian Floca）"Locomotive"
2015年	ダン・サンタット（Dan Santat）"The Adventures of Beekle: The Unimaginary Friend"

57 ドイツ児童文学賞 Der Deutscher Jugendliteraturpreis

旧西ドイツ内務省によって創設された児童文学賞。1956年に「ドイツ児童図書賞」（Deutscher Jugendbuchpreis）として創設され、「児童と青少年のための優れた図書」に授与される。絵本部門、児童書部門、ヤングアダルト部門、ノンフィクション部門の4部門に、2003年、青少年審査委員会（ドイツ各地から選抜された青少年がメンバー）が審査を行う青少年審査委員賞が新たに加えられた。この他、児童文学に貢献した人物（作家、画家、翻訳家など）に不定期に与えられる特別賞がある。特別賞は1959～61年の間は作品に対して与えられていたが、91年からは個人の全業績に対して与えられるようになった。ドイツで最も権威のある児童文学賞であり、ノミネーション作品とその作家情報をまとめた冊子は図書館、書店、学校などに頒布される。

【主催者】ドイツ連邦家族・高齢者・女性・青少年省（Bundesministerium füer Familie, Senioren, Frauen und Jugend）主催。ドイツ児童図書評議会（Arbeitskreis füer Jugendliteratur e.V.（AKJ））が運営を委託されている

【選考委員】10歳から18歳までの子供読者4名と、専門家から成る計13名の選考委員会が審査を行う

【選考方法】各部門6作品がノミネートされ、その中から1部門につき1受賞作品が選ばれる

【選考基準】ドイツ人の作家が書いた、またはドイツ語に翻訳された前年に出版された児童・ヤングアダルト文学作品、絵本、児童書、青少年向けの本、ノンフィクションを対象とする

【締切・発表】フランクフルト・ブック・フェアで10月に発表・授与が行われる

【賞・賞金】〔各部門〕1万ユーロと「モモ」のトロフィー像、〔特別賞〕1万2千ユーロ

【連絡先】Arbeitskreis für Jugendliteratur e.V.Metzstraß e 14c D － 81667 München

　【TEL】0049（0）89 45 80 806 【FAX】0049（0）89 45 80 80 88

【E-mail】info@jugendliteratur.org

【URL】http://www.jugendliteratur.org/

2005年
　◇絵本　　　　　　　チェン・ジャンホン（Chen Jianghong）「この世でいちばんすばらしい馬」
　　　　　　　　　　　（"Han Gan und das Wunderpfer"）
　◇児童書　　　　　　Victor Caspak（[文]），Yves Lanois（[文]），オレ・ケネツケ（Ole Könnecke
　　　　　　　　　　　[絵]）「走れ！　半ズボン隊」（"Die Kurzhosengang"）
　◇ヤングアダルト　　Dorota Maslowska "Schneeweiß und Russenrot"
　◇ノンフィクション　Anne Möller "Nester bauen, Höhlen knabbern Wie Insekten für ihre
　　　　　　　　　　　Kinder sorgen"
　◇青少年審査委員賞　Graham Gardner "Im Schatten der Wächter"
　◇特別賞　　　　　　Harry Rowohlt（翻訳家）
2006年
　◇絵本　　　　　　　ペーター・シェッソウ（Peter Schössow）"Gehört das so??! Die Geschichte
　　　　　　　　　　　von Elvis"
　◇児童書　　　　　　ヴァレリー・デール（Valérie Dayre）「リリとことばをしゃべる犬」（"Lilis
　　　　　　　　　　　Leben eben"）
　◇ヤングアダルト　　ドルフ・フェルルーン（Dolf Verroen）「真珠のドレスとちいさなココ」（"Wie
　　　　　　　　　　　schön weiß ich bin"）
　◇ノンフィクション　アーニャ・トゥッカーマン（Anja Tuckermann）""Denk nicht, wir bleiben
　　　　　　　　　　　hier！" Die Lebensgeschichte des Sinto Hugo Höllenreiner"
　◇青少年審査委員賞　ケヴィン・ブルックス（Kevin Brooks）「ルーカス」（"Lucas"）
　◇特別賞　　　　　　ロートラウト・ズザンネ・ベルナー（Rotraut Susanne Berner 画家）
2007年
　◇絵本　　　　　　　ニコラス・ハイデルバッハ（Nikolaus Heidelbach）"Königin Gisela"
　◇児童書　　　　　　ヨン・フォッセ（Jon Fosse [文]），Aljoscha Blau（[絵]）"Schwester"
　◇ヤングアダルト　　Do van Ranst "Wir retten Leben, sagt mein Vater"
　◇ノンフィクション　Brian Fies "Mutter hat Krebs"
　◇青少年審査委員賞　マークース・ズーサック（Markus Zusak）「メッセージ」（"Der Joker"）
　◇特別賞　　　　　　キルステン・ボイエ（Kirsten Boie 作家）
2008年
　◇絵本　　　　　　　グリム兄弟（Jacob und Wilhelm Grimm [文]），Susanne Janssen（[絵]）
　　　　　　　　　　　"Hänsel und Gretel"
　◇児童書　　　　　　ポーラ・フォックス（Paula Fox）"Ein Bild von Ivan"
　◇ヤングアダルト　　メグ・ロソフ（Meg Rosoff）「ジャストインケース　終わりのはじまりできみを
　　　　　　　　　　　想う」（"was wäre wenn"）
　◇ノンフィクション　アンドレス・ファイエル（Andres Veiel）"Der Kick"
　◇青少年審査委員賞　マリー＝オード・ミュライユ（Marie-Aude Murail）"Simpel"
　◇特別賞　　　　　　Gabriele Haefs（翻訳家）
2009年
　◇絵本　　　　　　　ショーン・タン（Shaun Tan）「遠い町から来た話」（"Geschichten aus der
　　　　　　　　　　　Vorstadt des Universums"）
　◇児童書　　　　　　アンドレアス・シュタインヘーフェル（Andreas Steinhöfel [文]），ペー
　　　　　　　　　　　ター・シェッソウ（Peter Schössow [絵]）「リーコとオスカーともっと深
　　　　　　　　　　　い影」（"Rico, Oskar und die Tieferschatten"）
　◇ヤングアダルト　　ケヴィン・ブルックス（Kevin Brooks）"The Road of the Dead"
　◇ノンフィクション　Wolfgang Korn（[文]），クラウス・エンジカット（Klaus Ensikat [絵]）
　　　　　　　　　　　"Das Rätsel der Varusschlacht"
　◇青少年審査委員賞　マークース・ズーサック（Markus Zusak）「本泥棒」（"Die Bücherdiebin"）
　◇特別賞　　　　　　ユッタ・バウアー（Jutta Bauer 画家）
2010年
　◇絵本　　　　　　　Stian Hole "Garmans Sommer"

◇児童書	Jean Regnaud（［文］），エミール・ブラヴォ（Émile Bravo ［絵］）"Meine Mutter ist in Amerika und hat Buffalo Bill getroffen"	
◇ヤングアダルト	ナディア・ブッデ（Nadia Budde）"Such dir was aus, aber beeil dich！"	
◇ノンフィクション	Christian Nürnberger "Gabriel Verlag"	
◇青少年審査委員賞	スーザン・コリンズ（Suzanne Collins）「ハンガー・ゲーム」（"Die Tribute von Panem"）	
◇特別賞	ミリヤム・プレスラー（Mirjam Pressler 作家）	

2011年
- ◇絵本　マーティン・バルトシャイト（Martin Baltscheit）"Die Geschichte vom Fuchs, der den Verstand verlor"
- ◇児童書　Milena Baisch（［文］），Elke Kusche（［絵］）"Anton taucht ab"
- ◇ヤングアダルト　ヴォルフガング・ヘルンドルフ（Wolfgang Herrndorf）「14歳、ぼくらの疾走 マイクとチック」（"Tschick"）
- ◇ノンフィクション　Alexandra Maxeiner（［文］），Anke Kuhl（［絵］）"Alles Familie！"
- ◇青少年審査委員賞　Ursula Poznanski "Erebos"
- ◇特別賞　Tobias Scheffel（翻訳家）

2012年
- ◇絵本　ピア・リンデンバウム（Pija Lindenbaum）"Mia schläft woanders"
- ◇児童書　Finn-Ole Heinrich（［文］），Rán Flygenring（［絵］）"Frerk, du Zwerg！"
- ◇ヤングアダルト　Nils Mohl "Es war einmal Indianerland"
- ◇ノンフィクション　オスカー・ブルニフィエ（Oscar Brenifier ［文］），ジャック・デプレ（Jacques Després ［絵］）「哲学してみる」（"Was, wenn es nur so aussieht, als wäre ich da？"）
- ◇青少年審査委員賞　パトリック・ネス（Patrick Ness ［文］），ジム・ケイ（Jim Kay ［絵］）「怪物はささやく」（"Sieben Minuten nach Mitternacht"）
- ◇特別賞　ノルマン・ユンゲ（Norman Junge 画家）

2013年
- ◇絵本　ジョン・クラッセン（Jon Klassen）「どこいったん」（"Wo ist mein Hut"）
- ◇児童書　フランク・コットレル・ボイス（Frank Cottrell Boyce）"Der unvergessene Mantel"
- ◇ヤングアダルト　Tamta Melaschwili "Abzählen"
- ◇ノンフィクション　ラインハルト・クライスト（Reinhard Kleist）"Der Boxer"
- ◇青少年審査委員賞　ジョン・グリーン（John Green）「さよならを待つふたりのために」（"Das Schicksal ist ein mieser Verräter"）
- ◇特別賞　アンドレアス・シュタインヘーフェル（Andreas Steinhöfel 作家）

2014年
- ◇絵本　クロード・K.デュボワ（Claude K.Dubois）「かあさんはどこ？」（"Akim rennt"）
- ◇児童書　マルティナ・ヴィルトナー（Martina Wildner）"Königin des Sprungturms"
- ◇ヤングアダルト　Inés Garland "Wie ein unsichtbares Band"
- ◇ノンフィクション　Heidi Trpak "Gerda Gelse"
- ◇青少年審査委員賞　Raquel J.Palacio "Wunder"

58 ニューベリー賞　The John Newbery Medal

前年に出版された本のうちアメリカの児童文学に最も貢献した優秀作品の著者に贈られる賞。1921年に創設された世界初の児童文学賞でもある。著名な児童文学出版人のフレデリック・G.メルチャー（Frederic G.Melcher）がアメリカ図書館協会（ALA）児童図書館員部会で設立を提唱，ALAが創設した。児童文学創作の促進，出版の奨励などを目的とする。賞名

は，児童文学の発展に貢献した18世紀のイギリスの出版人ジョン・ニューベリー（John Newbery）の名にちなむ。現在はALAの児童部会（ALSC：The Association for Library Service to Children）により運営されている。次点作（runners-up）は1971年から「オナー・ブック（Honor books）」と呼ばれている。銀色のラベルを貼ることから「ニューベリー賞銀賞作」とも言われる。同じくALSCが運営するコルデコット賞設立当初は，共通の委員により審査され，一作品が両賞を同時受賞できないことになっていたが，1977年以降両賞受賞が可能となり，1980年からはそれぞれ独立した委員会により審査が行われるようになった。
【主催者】アメリカ図書館協会児童部会（ALSC）
【選考委員】ALSCが任命する，コルデコット賞とは異なる14名以上の選考委員から成る
【選考基準】対象は合衆国国民または在住者によって前年に合衆国で初めて出版され，販売された14歳までの子供向けの作品。対象年より前に執筆され，対象年に初めて刊行された作品も対象となる。ジャンルはフィクション・ノンフィクション・詩のいずれでもよく，形式は問わない。複数著者作品，一度受賞した作家の作品も対象になる。テーマや構成の秀逸さ・緻密さといった文学としての質と同時に，「子どもを惹きつける」ことが重要な基準となっており，単に教訓的なもの，人気が先行しているものが評価されるとは限らない
【締切・発表】締切は刊行年の12月31日。翌年の通常1月に行われるALAの年次総会で受賞作と次点作を発表する
【賞・賞金】受賞者の名を刻したブロンズ・メダル。受賞作品の表紙にはメダルを形どった金色のラベルを，次点作品には銀色のラベルを貼る
【連絡先】50 East Huron Chicago, IL 60611-2795 【TEL】800-545-2433, ext.2163
　【FAX】312-280-5721
【E-mail】alsc@ala.org
【URL】http://www.ala.org/alsc/

2005年	シンシア・カドハタ（Cynthia Kadohata）「きらきら」（"Kira-Kira"）
2006年	リン・レイ・パーキンス（Lynne Rae Perkins）"Criss Cross"
2007年	スーザン・パトロン（Susan Patron）「ラッキー・トリンブルのサバイバルな毎日」（"The Higher Power of Lucky"）
2008年	ローラ・エイミー・シュリッツ（Laura Amy Schlitz）"Good Masters！Sweet Ladies！ Voices from a Medieval Village"
2009年	ニール・ゲイマン（Neil Gaiman）「墓場の少年―ノーボディ・オーエンズの奇妙な生活」（"The Graveyard Book"）
2010年	レベッカ・ステッド（Rebecca Stead）「きみに出会うとき」（"When You Reach Me"）
2011年	クレア・ヴァンダープール（Clare Vanderpool）"Moon over Manifest"
2012年	ジャック・ギャントス（Jack Gantos）"Dead End in Norvelt"
2013年	キャサリン・アップルゲイト（Katherine Applegate）「世界一幸せなゴリラ，イバン」（"The One and Only Ivan"）
2014年	ケイト・ディカミロ（Kate DiCamillo）"Flora & Ulysses：The Illuminated Adventures"
2015年	クワミ・アレクサンダー（Kwame Alexander）"The Crossover"

59 ネスレ子どもの本賞 The Nestlé Children's Book Prize

1985年，大手菓子会社のラウントリー・マッキントッシュ社が創設したイギリスの児童文学賞。当初は "Smarties Prize for Children's Books" と呼ばれていたが，93年に "Nestlé Smarties Book Prize" に変更した後，2005年に現在の名称に改称。95年までは，作家や評論

家により各部門の受賞作が選考され，グランプリを子供たちが選んでいたが，96年に大幅に改定。グランプリは廃止となり，審査員が選出した候補作品(各部門それぞれ3作品)の中から，その本を読んだ子どもたちの投票によって，0～5歳，6～8歳，9～11歳の3部門それぞれ金賞・銀賞・銅賞が選出されるようになった。99年度からは学校外における子どもの育成を目的としたキッズ・クラブ・ネットワーク(Kids' Clubs Network)が参加，キッズ・クラブ・ネットワーク賞が新たに設けられた。創設時からのべ50万(推定)の児童が参加，100冊以上の本を選択した。2007年をもって終了。

＊日本人では2000年，きたむらさとしが銀賞受賞

【主催者】ブック・トラスト(Book Trust)

【選考委員】5人の選考委員(前回の受賞者含む)が候補作を各部門3作品を選定，全国の子供による投票が行われて受賞作を決定する

【選考基準】イギリス人あるいはイギリス在住の作家・画家により英語で書かれたフィクションを対象とする

【締切・発表】12月発表

【賞・賞金】賞金〔金賞〕2500ドル，〔銀賞〕1000ドル，〔銅賞〕500ドル

【連絡先】G8 Battersea Studios 80 Silverthorne Road Battersea London SW8 3HE【TEL】020 7801 8800

【E-mail】query@booktrust.org.uk

【URL】http://www.booktrust.org.uk/

2003年
　◇5歳以下部門
　　● 金賞　　アーシュラ・ジョーンズ(Ursula Jones [文])，ラッセル・エイト(Russell Ayto [絵]) "The Witch's Children and the Queen"
　　● 銀賞　　ジーン・ウィリス(Jeanne Willis [文])，トニー・ロス(Tony Ross [絵]) "Tadpole's Promise"
　　● 銅賞　　クリス・ウォーメル(Chris Wormell) "Two Frogs"
　◇6～8歳部門
　　● 金賞　　SFセッド(SF Said [文])，デイブ・マッキーン(Dave McKean [絵]) "Varjak Paw"
　　● 銀賞　　ハリー・ホース(Harry Horse) "The Last Castaways"
　　● 銅賞　　サリー・ガードナー(Sally Gardner) "The Countess's Calamity"
　◇9～11歳部門
　　● 金賞　　デイヴィッド・アーモンド(David Almond) "The Fire-Eaters"
　　● 銀賞　　エレノア・アップデール(Eleanor Updale) "Montmorency"
　　● 銅賞　　スティーブ・オーガード(Steve Augarde) "The Various"
　◇キッズ・クラブ・ネットワーク特別賞　サリー・ガードナー(Sally Gardner) "The Countess's Calamity"

2004年
　◇5歳以下部門
　　● 金賞　　ミニ・グレイ(Mini Grey) "Biscuit Bear"
　　● 銀賞　　リズ・ピション(Liz Pichon) "My Big Brother Boris"
　　● 銅賞　　ニール・レイトン(Neal Layton) "Bartholomew and the Bug"
　◇6～8歳部門
　　● 金賞　　ポール・スチュワート(Paul Stewart)，クリス・リデル(Chris Riddell)「ファーガス・クレインと空飛ぶ鉄の馬」("Fergus Crane")
　　● 銀賞　　マロリー・ブラックマン(Malorie Blackman) "Cloud Busting"

- ●銅賞 ジェラルディン・マコックラン（Geraldine McCaughrean）「空からおちてきた男」（"Smile！"）
- ◇9〜11歳部門
  - ●金賞 サリー・グリンドレー（Sally Grindley）"Spilled Water"
  - ●銀賞 エヴァ・イボットソン（Eva Ibbotson）"The Star of Kazan"
  - ●銅賞 マル・ピート（Mal Peet）「キーパー」（"Keeper"）

2005年
- ◇5歳以下部門
  - ●金賞 オリヴァー・ジェファーズ（Oliver Jeffers）「まいごのペンギン」（"Lost and Found"）
  - ●銀賞 マラキー・ドイル（Malachy Doyle ［文］），スティーブ・ジョンソン（Steve Johnson ［絵］），ルー・ファンチャー（Lou Fancher ［絵］）"The Dancing Tiger"
  - ●銅賞 エミリー・グラヴェット（Emily Gravett）「オオカミ」（"Wolves"）
- ◇6〜8歳部門
  - ●金賞 ニック・バトワース（Nick Butterworth）"The Whisperer"
  - ●銀賞 ポール・スチュワート（Paul Stewart），クリス・リデル（Chris Riddell）「コービィ・フラッドのおかしな船旅」（"Corby Flood"）
  - ●銅賞 マイケル・ローゼン（Michael Rosen ［文］），クエンティン・ブレイク（Quentin Blake ［絵］）「悲しい本」（"Michael Rosen's Sad Book"）
- ◇9〜11歳部門
  - ●金賞 サリー・ガードナー（Sally Gardner）「コリアンダーと妖精の国」（"I, Coriander"）
  - ●銀賞 フィリップ・プルマン（Philip Pullman）「かかしと召し使い」（"The Scarecrow and his Servant"）
  - ●銅賞 リビ・マイケル（Livi Michael）"The Whispering Road"

2006年
- ◇5歳以下部門
  - ●金賞 ニール・レイトン（Neal Layton ［文］），クレシッダ・コーウェル（Cressida Cowell ［絵］）「そのウサギはエミリー・ブラウンのっ！」（"That Rabbit Belongs to Emily Brown"）
  - ●銀賞 クリス・リデル（Chris Riddell）"The Emperor of Absurdia"
  - ●銅賞 ミック・インクペン（Mick Inkpen）"Wibbly Pig's Silly Big Bear"
- ◇6〜8歳部門
  - ●金賞 ダレン・キング（Daren King ［文］），デイヴィッド・ロバーツ（David Roberts ［絵］）"Mouse Noses on Toast"
  - ●銀賞 ポール・スチュワート（Paul Stewart），クリス・リデル（Chris Riddell）「ヒューゴ・ペッパーとハートのコンパス」（"Hugo Pepper"）
  - ●銅賞 ミニ・グレイ（Mini Grey）"The Adventures of the Dish and the Spoon"
- ◇9〜11歳部門
  - ●金賞 ジュリア・ゴールディング（Julia Golding）"The Diamond of Drury Lane"
  - ●銀賞 ヘレン・ダンモア（Helen Dunmore）"The Tide Knot"
  - ●銅賞 ポール・シップトン（Paul Shipton）"The Pig Who Saved the World"

2007年
- ◇5歳以下部門
  - ●金賞 ショーン・テイラー（Sean Taylor ［文］），ニック・シャラット（Nick Sharratt ［絵］）"When a Monster is Born"
  - ●銀賞 ポリー・ダンバー（Polly Dunbar）「ペンギンさん」（"Penguin"）
  - ●銅賞 ジョエル・スチュワート（Joel Stewart）"Dexter Bexley and the Big Blue

Beastie"
◇6～8歳部門
- 金賞　　クリス・リデル（Chris Riddell）"Ottoline and the Yellow Cat"
- 銀賞　　アン・ファイン（Anne Fine）"Ivan the Terrible"
- 銅賞　　エミリー・グラヴェット（Emily Gravett）"Little Mouse's Big Book of Fears"

◇9～11歳部門
- 金賞　　マット・ヘイグ（Matt Haig）"Shadow Forest"
- 銀賞　　リンダ・ニューベリー（Linda Newbery）"Catcall"
- 銅賞　　フィリップ・リーヴ（Philip Reeve）「アーサー王ここに眠る」("Here Lies Arthur")

60 フェニックス賞　Phoenix Award

高い文学的価値をもつが，刊行当時は権威ある児童文学賞を受賞しなかった作品を再評価する賞。1985年，児童文学協会（Children's Literature Association）により創設された。「フェニックス」の名は，若く美しい姿となって灰の中から復活する架空の鳥にちなむ。選考は毎年行われる。オナーブックスは89年に創設されたが，選出されない年もある。

【主催者】児童文学協会（Children's Literature Association）
【選考委員】ChLA会員の中から5名の専門委員が任命される
【選考方法】ChLA会員と児童文学の批評基準に関心をもつ人たちが候補作を挙げ，選考委員が審査する
【選考基準】原則1作品であり，20年前に英語で刊行され，当時主だった賞を受けなかった作品を対象とする。出版国や作家の国籍について制限はない
【賞・賞金】真鍮の彫像
【連絡先】ChLA 1301 W.22nd Street Suite 202 Oak Brook, IL 60523 U.S.A.【TEL】(630) 571-4520【FAX】(708) 876-5598
【E-mail】info@childlitassn.org
【URL】http://www.childlitassn.org/

2005年　　マーガレット・マーヒー（Margaret Mahy）「贈りものは宇宙のカタログ」("The Catalogue of the Universe")
2006年　　ダイアナ・ウィン・ジョーンズ（Diana Wynne Jones）「魔法使いハウルと火の悪魔」("Howl's Moving Castle")
2007年　　マーガレット・マーヒー（Margaret Mahy）「ゆがめられた記憶」("Memory")
2008年　　ピーター・ディキンスン（Peter Dickinson）「エヴァが目ざめるとき」("Eva")
2009年　　フランチェスカ・リア・ブロック（Francesca Lia Block）「ウィーツィ・バット」("Weetzie Bat")
2010年　　ローズマリー・サトクリフ（Rosemary Sutcliff）「アネイリンの歌 ケルトの戦の物語」("The Shining Company")
2011年　　ヴァージニア・ユウワー・ウルフ（Virginia Euwer Wolff）"The Mozart Season"
2012年　　カレン・ヘス（Karen Hesse）「リフカの旅」("Letters from Rifka")
2013年　　Gaye Hiçyilmaz "The Frozen Waterfall"
2014年　　ギャリー・ソト（Gary Soto）"Jesse"
2015年　　キョウコ・モリ（Kyoko Mori）「めぐみ」("One Bird")

受賞者名索引

【ア】

アイアンズ, ジェレミー ………… 167, 181, 217
アイアン・メイデン ……………………… 99
アイグルハート, ジェームズ・モンロー ……… 208
アイザック, クリス ……………………… 58
アイズナー, ウィル ……………………… 271
アイゼンハワー, ペギー ………………… 207
アイゼンマン, ピーター ………………… 16
アイドル, エリック ……………………… 81
アイドル, ビリー ………………………… 58
アイリング, ヘンリー …………………… 5
アイレンバーグ, サミュエル ……………… 8
アーウィン, ビル ………………………… 200
アヴェディキアン, セルジュ ………… 176, 259
アヴェンジド・セヴンフォールド ………… 67
アヴデーエワ, ユリアンナ ……………… 119
アウトキャスト ……………………… 64, 66
青木 尚佳 ……………………………… 123
赤崎 勇 ………………………………… 26
アガター, ジェニー ……………………… 145
アーカッシュ, アラン …………………… 162
赤松 音呂 ……………………………… 52
アカーランド, ジョナス ………… 62, 90, 111
アギラル, ペペ ………………… 84, 88, 103
アギレラ, クリスティーナ ……… 64, 82, 111
アーキン, アラン ………………… 127, 215
アキン, ファティ ………………… 137, 175
アークエット, パトリシア ……… 134, 166, 188
アゲロ, パブロ ………………………… 175
アクター, アヤド ………………………… 37
アグダシュルー, ショーレ ……………… 169
アクラム, オマー ………………………… 106
アクラム・カーン・カンパニー ………… 240
ア・グレイト・ビッグ・ワールド ………… 111
アーケイド・ファイア ……………… 71, 98
アコスタ, カルロス ……………………… 237
アコード, ランス ………………………… 64
アーサー, カレン ………………………… 153
アーサー, ジェームズ・G. ……………… 18
アーサー, ベアトリス ……………… 148, 155
アサイヤス, オリヴィエ ………………… 138
アザチャン, カレン ……………………… 232
アザナヴィシウス, ミシェル …… 131, 198, 221
浅野 忠信 ……………………………… 230
アザリア, ハンク ………………………… 163
アサロ, キャサリン ……………………… 344
アサンテ, アーマンド …………………… 161
アジャーニ, イザベル ……… 194, 195, 196, 198, 216
アシュクロフト, ペギー ………………… 217

アシュケナージ, ウラディミール ………… 98
アシュフィールド, スティーヴン ………… 242
アシュフォード, アナリー ……………… 209
アスカリッド, アリアンヌ ……………… 196
アースキン, キャスリン ………………… 342
アースキン, ピーター …………………… 84
アースキン, ラルフ ……………………… 7
アステア, フレッド ……………………… 149
アスナー, エドワード …… 144, 145, 147, 149, 150
アスプデン, ケスター …………………… 325
アスペ, アラン ………………………… 16
アスマン, バブ ………………… 127, 134
アセヴェド, セザール・アウグスト ……… 178
アゼマ, サヴィーヌ ……………………… 194
アゼリア, イギー ………………………… 71
アーセル, ニコライ ……………………… 225
アゼンバーグ, エマニュエル …………… 207
アソシエーテッド・プレス ……………… 28
アダムズ, エイミー ………………… 187, 188
アダムズ, ケビン ………… 201, 203, 204, 208, 297
アダムズ, ジョン ………………………… 78
アダムズ, ジョン・ルーサー ……… 38, 114
アダムズ, ドン ………………………… 143
アダムズ, ブライアン …………………… 55
アダムズ, プレシャス …………………… 234
アダムズ, ヨランダ ……………… 80, 84
アーチー, スーザン …………………… 113
アチェベ, チヌア ……………………… 352
アーチボルド, ジャン …………………… 128
アッカーマン, ウィル …………………… 76
アッシャー ……………… 66, 75, 99, 105
アッシャー, ウィリアム ………………… 142
アッシャー, エレン ……………… 334, 335
アッシャー, ジョン …………………… 189
アッシュベッカー, M. …………………… 17
アップショウ, ドーン ……………… 86, 111
アップデール, エレノア ………………… 361
アップル, フィオナ ………………… 61, 62
アップルゲイト, キャサリン …………… 360
アップルゲイト, デビー ………………… 30
アデ, マレン …………………………… 224
アーディ, チャールズ …………………… 320
アディガ, アラヴィンド ………………… 352
アディーチェ, チママンダ・ンゴズィ …… 340
アディリ, ニヴ ………………………… 133
アデス, トーマス ………………… 111, 235
アデボジュ, スィキル …………………… 93
アデル ………… 69, 90, 102, 105, 110, 132, 186
アーデン, イブ ………………………… 140
アトウッド, コリーン ……………… 126, 130
アート・オブ・ノイズ ……………… 55, 57

アドキッソン, ペリー・L. 11
アトキンス, アイリーン 168
アート・ジョーンズ・アット・ワーク 69
アードリック, ルイーズ 342
アナザリャン, ナレク 115
アナツイ, エル 43
アニストン, ジェニファー 164
アネモーネ 195
アノー, ジャン=ジャック 194, 195, 230
アーノット, ジェイク 324
アーノルド, アンドレア 175, 176
アーノルド, ウラディーミル・I. 13, 18
アーノルド, テッド 320
アーノルド, ロザンヌ 158
アーノン, ルース 12
アーハ 55, 56
アハティサーリ, マルティ 24, 41
アバド, クラウディオ 15, 82
アバニ, クリス 323
アハメド, ライアカット 34
アハラノフ, ヤキール 12
アーバン, キース 79, 87, 95, 99
アビラ, アルトゥール 40
アブー・アサド, ハニー 222
アブツ, トマ 48
アブドゥル, ポーラ 56, 57
アブナダラ 43
アブネット, キャサリン 324
アブラナス, アレクサンドロス 138
アフレック, ベン 136, 186, 193
アフロ・キューバ・メッセンジャーズ 100
アフロジャック 101
アフロ・ラテン・ジャズオーケストラ 92, 112
アボット, トニー 321
アボット, ポール 319
アボット, ミーガン 320
天野 浩 26
アマルリック, マチュー 176, 197
アーマン, ジョン 152
アーマントラウト, レイ 34, 339
アミテイ, ジョナサン 286
アミル 63
アミロフ, フォードル 115
アムザラグ, ミカエル 107
アームストロング, クレイグ 81
アームストロング, ケン 35, 322
アームストロング, ナイジェル 116
アームストロング, ビリー・ジョー 101
アムチャステギ, クリスチャン・エマヌエル ... 233
アメン, ジェフ 113
アモンズ, マーク 320

アーモンド, デイヴィッド 356, 361
新井 風愉 269
アライアンス・オブ・レジデント・シアター .. 205
アライアンス・シアター 202
アライアンス・フォー・インクルージョン・イン・ザ・アーツ 206
アラーズ, ロジャー 312
アラム, ロジャー 239
アリー, インディア 98
アリアガ, ギジェルモ 174
アリアンダ, ニーナ 206
アリウンバートル・ガンバートル 117
アリゴーニ, ドゥイリーオ 9
アーリス, サイモン 110
アリス, メアリー 158
アリス・イン・チェインズ 59
アリバー, ルーシー 345
アリーヤ 63
アリン, ダグ 321
アール, スティーヴ 77, 89, 97
アール, リチャード 236
R.E.M. 57, 58, 60
アルヴァレス=ノヴォア, カルロス 229
アルカベッツ, ギル 254
アルカン, ドゥニ 197
アルゲリッチ, マルタ 44, 78, 82
アールズ・オブ・レスター 112
アルスノー, イザベル 328, 331, 332
アルス・ノヴァ・コペンハーゲン 98
アルスポー, ブラントン 107
アルダ, アラン 146, 149, 151, 167
アルダシン, ミハイル 252, 258, 288, 310, 312
アルダン, ファニー 196
アルディッティ, ポール 203, 236, 237
アルディティ, ピエール 195
アルティン, ミカエル 17
アルトマン, ロバート 126, 156, 216, 218, 219
アルバ, ジェシカ 191
アルパート, ジョン 167
アルパート, ハーブ 108
アルパート・コットン, F. 13
アルバートソン, ジャック 147
アルバレス, カルロス 82
アルバレス, デヴィッド 203
アルビストン, マーク 175, 176
アールフォルス, ラース・V. 6
アルブール, ルイーズ 22
アルホーナ 84
アルムクヴィスト, ジョン・O. 6
アルモドバル, ペドロ 175
アレアンドロ, ノルマ 217

アレイ, カースティ ……………… 157, 159
アレグザンダー, ウィリアム ……………… 342
アレクサンダー, クワミ ……………… 360
アレクサンダー, ジェーン ……………… 151, 166
アレクシー, シャーマン ……………… 341
アレクシェービッチ, スベトラーナ ……………… 338
アレクセイエフ, アレクセイ ……… 264, 265, 313
アレーグル, クロード ……………… 19
アレステッド・ディベロップメント ……… 58, 59
アレッサンドリーニ, ジェラルド ……………… 201
アレン, ウディ ……… 107, 131, 185, 187, 216, 217
アレン, コーリイ ……………… 153
アロー, フランソワ ……………… 314
アロシュ, セルジュ ……………… 25
アロノフスキー, ダーレン ……………… 137
アーワディ, メレディス ……………… 105
アン, ジョン・ドゥ ……………… 123
アンガー, ノルベルト ……………… 116
アングレール, フランソワ ……………… 14, 26
アンサンブル・インターコンテンポラン ……… 82
アンダーウッド, キャリー
……… 82, 83, 84, 87, 88, 91, 96, 106, 112
アンダーウッド, ブレア ……………… 93
アンダーソン, M.T. ……………… 341
アンダーソン, ウェス ……………… 113, 226, 265
アンダーソン, ジム ……………… 107
アンダーソン, ジリアン ……………… 161
アンダーソン, デイヴィッド ……… 251, 286, 306, 307
アンダーソン, ドン・L. ……………… 20
アンダーソン, バーバラ ……………… 143
アンダーソン, ピーター・W. ……………… 134
アンダーソン, ポール・トーマス ……… 138, 223
アンダーソン, リーフ ……………… 17
アンダーソン, ロイ ……………… 138
アンダーソン=ロペス, クリステン ……… 113, 133
アーント, マイケル ……………… 127
アントニー, マーク ……………… 76
アントノフ, セルゲイ ……………… 115
アンドリュース, ジュリー ……………… 101
アンドルエット, マリア・テレサ ……………… 356
アンブロス, ビクター ……………… 17
アンロ, カミーユ ……………… 43, 259
アンワル, アメール ……………… 325

【イ】

イ・ソンガン ……………… 258
イ・チャンドン ……………… 176
イ・ユラ ……………… 118
イアン, ジャニス ……………… 107

イヴ ……………… 64
イヴァネク, ジェリコ ……………… 168
イエーニッシュ, ルドルフ ……………… 16
イエローカード ……………… 66
イェンチ, ユリア ……………… 222
イオニツァ, アンドレイ・イオヌト ……… 117
イーガン, ジェニファー ……………… 35, 339
イーガン, ティモシー ……………… 341
イグナチオ, フアン ……………… 17
イーグルス ……………… 87, 91
石田 祐康 ……………… 298
イジョフォー, キウェテル ……………… 237
イーストウッド, クリント ‥ 125, 175, 179, 219, 223
イーストマン ……………… 242
イズビン, シャロン ……………… 98
イスラエル&ニュー・ブリード ……… 84, 88, 106
イダルゴ, ジョヴァンニ ……………… 93
イップ, ディニー ……………… 138
伊藤 清 ……………… 8
伊東 豊雄 ……………… 46, 52
伊藤 充 ……………… 234
イーナン, ディアオ ……………… 226
イニス, クリス ……………… 129
イーバート, アレクサンダー ……………… 187
イバラ, アナ ……………… 82
イボットソン, エヴァ ……………… 362
イマジン・ドラゴンズ ……………… 108
イム・クォン・テク ……………… 222
イム・ジヨン ……………… 74
イム・ドンヒョク ……………… 115, 119
イム・ドンミン ……………… 119
イム・ヒョソン ……………… 72
イム・フンスン ……………… 43
イムリー, セリア ……………… 236
イリーイン, ウラジーミル ……………… 229
イルグロヴァ, マルケタ ……………… 128
岩崎 誠 ……………… 257
イワノフ, ヨシフ ……………… 72
インエクセス ……………… 56, 57
インクペン, ミック ……………… 362
イングラム, ケリー ……………… 240
イングラム, デヴィッド ……………… 322
イングリッシュ・ナショナル・オペラ
……………… 236, 238, 240, 243
イン・シンク ……………… 63, 64
インティマン・シアター ……………… 201
イントカブレ ……………… 76, 100
インドリダソン, アーナルデュル ……… 324
インノチェンティ, ロベルト ……………… 356
インブルーリア, ナタリー ……………… 62
インペリオーリ, マイケル ……………… 165

【ウ】

ウー, ジョナサン …………………………… 70
ウー, ジョン ………………………………… 137
ウー, チエン＝シウン ……………………… 5
ウー, フランク ……………………… 347, 348
ウー・ムーイェ …………………………… 120
ヴァイ, スティーヴ ………………………… 91
ヴァイランド, ヨハネス ……… 266, 267, 268, 299
ヴァッカーロ, ブレンダ …………………… 146
ヴァナコア, ヴィクター …………………… 77
ヴァラヴァニス, アレクサンドラ ………… 233
ヴァラダーン, スリニヴァサ・S.R. …………… 3
ヴァルガ, チャバ …………………… 286, 287, 305
ヴァルガス, フレッド ……… 277, 324, 325, 327
ヴァルダイ, イシュトヴァン ……………… 115
ヴァルツ, クリストフ ……… 129, 132, 176, 183, 186
ヴァレ, シルヴァン ………………………… 281
ヴァレンタイン, カレン …………………… 144
ヴァレンタイン, ジェニー ………………… 353
ヴァレンテ, キャサリン・M. …………… 344
ヴァンガード・ジャズ・オーケストラ ……… 92
ヴァン・ゲーテム, ニコル ………………… 248
ヴァン・ゲルダー, ゴードン …………… 347, 348
ヴァンサン, ギョーム ……………………… 122
ヴァン・サント, ガス ………………… 175, 226
ヴァンス, ヴィヴィアン …………………… 140
ヴァンス, コートニー・B. ………………… 207
ヴァンス, ジャック ………………………… 348
ヴァンスカ, オスモ ………………………… 111
ヴァンストーン, ヒュー …………………… 207
ヴァン・ダイク, ディック ………………… 142
ヴァンダープール, クレア ………………… 360
ヴァンダミア, アン ………………………… 336
ヴァンダミア, ジェフ ……………… 336, 345
ヴァン・ダー・リン, イーサン …………… 126
ヴァンパイア・ウィークエンド …………… 108
ヴァン・パタン, ティム …………………… 171
ヴァン・ハル, ブライアン ………………… 126
ヴァン・ヘイレン ………………… 54, 58, 59
ヴァン・ホーヴェ, イヴォ ………………… 243
ヴァン・リー, リア ………………………… 225
ヴァン・ルード, ジョン・J. ………………… 5
ウィー・アー・フロム・LA ……………… 114
ヴィアール, カリン ………………………… 196
ウィーヴァー, デニス ……………………… 141
ウィヴァー, メリット ……………………… 172
ヴィーヴェス, カルロス …………………… 112
ヴィヴェス, バスティアン ………… 281, 283

ヴィオラ, トム ……………………………… 205
ヴィオラ, ビル ……………………………… 46
ヴィクトローヴァ, アンナ ………………… 115
ウィーザー ……………………… 60, 61, 94
ウィザースプーン, リース ……… 126, 180, 220
ウィジネン, エド …………………………… 232
ヴィシャーノ, ジョー ……………………… 113
ウィシン＆ヤンデル ………………………… 92
ウィースト, ダイアン ……………………… 168
ウィーズナー, ディヴィット ……………… 357
ヴィタノフ, ミレン ………………… 264, 313
ウィッテン, エドワード …………………… 20
ウィットフィールド, リン ………………… 157
ウィットフォード, ブラッドリー ………… 163
ウィットマン, ウィリアム ………………… 110
ヴィットリンガー, ヘイディ ……… 259, 261
ウィテカー, エリック ……………………… 105
ウィテカー, フォレスト ……… 126, 180, 220
ヴィト, アントニ …………………………… 108
ウィード, ロバート・B. ………………… 165
ウィナント, スコット ……………………… 157
ヴィニツカヤ, アンナ ……………………… 72
ウィニンガム, メア ………………… 150, 162
ウィーバー, ケビン ………………………… 104
ウイベル, アルヴィット …………………… 259
ウィーラセタクン, アピチャッポン ……… 176
ヴィラーニ, セドリック …………………… 40
ウィリアムズ, ウォルター・ジョン ……… 343
ウィリアムズ, エマ ………………………… 238
ウィリアムズ, シェイラ …………………… 349
ウィリアムズ, ジョイ ……………………… 107
ウィリアムズ, ジョージ・C. ……………… 20
ウィリアムズ, ジョス ……………………… 131
ウィリアムズ, ジョン ……… 85, 93, 113, 180
ウィリアムズ, ジョン・マクラフリン …… 86
ウィリアムズ, ダン ………………………… 62
ウィリアムズ, ハンク ……………………… 34
ウィリアムズ, ファレル
　　　　　　 71, 83, 108, 110, 111, 112, 114
ウィリアムズ, ヘイリー …………………… 71
ウィリアムズ, ミシェル …………………… 185
ウィリアムズ, リチャード …… 245, 284, 286, 303
ウィリアムズ, ロビー ……………………… 64
ウィリアムズ, ロビン ……………………… 179
ウィリアムソン, オリバー・E. …………… 24
ウィリス, クリストファー ………………… 94
ウィリス, ゴードン ………………………… 130
ウィリス, コニー …………… 344, 345, 347, 349
ウィリス, ジーン …………………………… 361
ウィリス, ブルース ………………………… 154
ウィル・アイ・アム ………………………… 91

ウィルカースン, イサベラ	339	ウェイアンズ, ショーン	189, 190
ウィルキンス, ベン	134	ウェイアンズ, マーロン	189, 190
ウィルキンソン, トム	168, 183, 219	ヴェイエルガンス, フランソワ	333
ウィルコ	75	ウェイス, グレン	165, 171, 173
ウィルコックス, シャーロット	209	ウェイツ, ブルース	153
ウィルス, イザボー・S.	344	ヴェイユ, アンドレ	5
ウィルズ, エイドリアン	98	ウェイラム, カーク	100
ウィルスン, ロバート・チャールズ	347	ヴェイロン, マルタン	277
ウィルソン, G.ウィロー	336	ウェイン, エリザベス	322
ウィルソン, エドワード・O.	19	ウェイン, リル	68, 69, 91
ウィルソン, カサンドラ	92	ウェイン・ショーター・カルテット	80
ウィルソン, グレッチェン	75	ウェインライト, サリー	323
ウィルソン, ケネス・G.	5	ウェインライト, ラウドン III	97
ウィルソン, デイブ	148	ヴェガ, スザンヌ	56
ウィルソン, ナンシー	76, 84	ヴェガ, ルイ	81
ウィルソン, ブライアン	75, 107	ウェシュラー, ローレンス	338
ウィルソン, メアリー・ルイーズ	201	ヴェス, チャールズ	335, 336
ウィルソン, ルース	188, 238, 240	ウェステンホファー, ビル	128, 132
ウィルソン, ロバート	241	ウェスト, カニエ	66, 68, 69, 75, 79, 87, 91, 95, 103, 105, 106
ウィルソン, ローラ	325	ウエスト, ダロン・L.	207
ウィルチェック, メイア	8	ヴェスト, フランツ	43
ウィルチャ, クリストファー	169	ウェストコット, リサ	132
ウィルト, ヴァル	64	ウェストン, モリー	322
ヴィルトナー, マルティナ	359	ヴェセニナ, アントニナ	117
ウィールドン, クリストファー	209	ヴェダー, エディ	182
ウィルトン, ペネロープ	242	ウェッセルマン, D V	325
ウイルヘルム, ケイト	347	ウェッブ, マーク	68
ヴィルマン, フィリップ	275	ウエティッグ, パトリシア	155, 156, 157
ヴィルレ, ジャック	196	ウェドン, ジョス	343
ウィレム	276, 282	ウェバー, アンドルー・ロイド	237
ウィン, エド	139	ウェバー, ティム	133
ウィンクラー, ドナルド	331, 332	上橋 菜穂子	356
ウィンクラー, ヨゼフ	351	ウェラー, ダンカン	329
ウィンサー, サイモン	156	ヴェルヴェット・リヴォルヴァー	75
ヴィンジ, ヴァーナー	347	ウェルス, ブラッド	111
ヴィンシュルス	281	ウェルナー, ウェンデリン	40
ウィンスレット, ケイト	128, 170, 182, 185	ウェルナー, オスカー	214
ウインター, ジョニー	113	ウェルナー, ジョエル	233
ウィンタース, ジョナサン	157	ウエルベック, ミシェル	333
ウィンタース, ベン・H.	322	ヴェンダース, ヴィム	226
ヴィンターベア, トマス	228	ウォー, ジョン・S.	7
ウィンターボトム, マイケル	223	ヴォイト, ジョン	187, 215, 216
ウィンダム, ウィリアム	144	ヴォイト, デボラ	107
ウィンチェスター, ロバート・J.	21	ヴォイト, トーマス	257
ウインドリング, テリ	334	ウォーカー, ジョン・C.	4
ヴィントン, ウィル	247, 248, 284, 285	ウォーカー, スティーヴン	334
ウィンフリー, オプラ	132	ウォーカー, ニコラ	241
ウィンボーン, ヒューズ	126	ウォーカス, マシュー	203, 240
ヴウランド, イーダ・ファルク	123	ヴォーグ, アン	59, 60
ヴウォデク・パウリク・トリオ	109	ウォーケン, クリストファー	64
ウェア, クリス	276, 278, 283		

ウォーシェル, アリー 26
ウォーターズ, アリス 227
ウォータース, ダリル 204
ウォーターズ, デリン 233
ウォーデン, ジャック 145
ウォード, セーラ 159, 163
ヴォートラン, ジャン 278
ウォーナー, マリーナ 339
ウォマック, ジェイムズ・E. 13
ウォーメル, クリス 361
ウォラー, ギャリー 61
ウォラック, イーライ 131, 143
ウォランスキ, ジョルジュ 278, 283
ウォリナー, スティーブ 91, 96
ウォリンジャー, マーク 48
ウォール, アンガス 130, 131
ウォルシャム, アンソニー 62
ウォルシュ, エンダ 206
ウォルシュ, ダーブラ 169
ウォルシュ, ダレン ....
　　　　　　 261, 264, 265, 291, 296, 297, 313
ウォルシュ, フラン 77, 343
ウォルシュ, マイケル・J. 335
ウォール・ストリート・ジャーナル 29, 30, 38
ウォルストン, レイ 159, 160
ウォルター, ジェシカ 147
ウォルター, ジェス 319
ウォルターズ, ジュリー 228
ウォルトル, ハーバート 78
ウォールドロップ, キース 341
ウォルトン, ジョー 345, 349
ヴォルマン, ウィリアム・T. 341
ウォーレス, シーン 334, 336
ウォーレン, J.ロビン 23
ウォーレン, ダイアン 184
ウォーレン, マーク 145
ウォン・ジェヨン 123
ウォン・ジョニン 232
ウォン, チーフェイ 17
ヴォーン, ロバート 149
ウォント, ローナ 243
ヴコティチ, ドゥシャン 244, 307
ウシェフ, セオドア ....
　　　　　　 266, 269, 295, 296, 298, 300, 316
ウジノフ, オレグ 296, 312
ウーズ, カール・R. 20
内田 光子 102
ウッズ, ジェームズ 154, 155
ウッズ, ロバート 94
ウッダード, アルフレ 153, 161
ウッツォン, ヨルン 10

ウッド, アンナ・ローマックス 81
ウッド, トレヴァー 128
ウッドソン, ジャクリーン 342
ウッドワード, ジョアン 149, 153, 215, 218
ウードリング, ジム 282
ウーブラン, ルドヴィク 314
ウブルリ, クレマン 279, 283
ウム・サンガレ 98
浦沢 直樹 278, 281
ウルツ 239
ウルバン, クヌート 16
ウルフ, ヴァージニア・ユウワー 363
ウルフ, ギャリー・K. 334
ウルフ, ジュリア 39
ウルフ, ジーン 334, 335, 345
ウルフ, デニス 107
ウルフマザー 83
ウルマン, リヴ 215, 216
ウルリッヒ, アクセル 16
ウレア, ルイス・アルベルト 321
ウーレンベック, ジョージ・E. 5
ヴロムバウト, アン 252, 288
ヴンダー, インゴルフ 119, 120

【 エ 】

エアルブルフ, ヴォルフ 356
エアロスミス 57, 58, 59, 60, 61, 62
エイカーリンド, クリストファー 200
エイクボーン, アラン 205, 238
エイス・ブラックバード 90, 105, 108
エイト, ラッセル 361
エイフェックス・ツイン 111
エイブラハムズ, ピーター 321
エイブラムス, J.J. 166
エイブラムソン, アーノルド 210
エイブリー, ジュリアス 176
エインビッケ, フェルナンド 224
エインレイ, チャック 81
エヴァンス, イーディス 214
エヴァンス, ギル 107
エヴァンズ, クリストファー 233
エヴァンス, ダニエル 236
エヴァンス, フェイス 62
エヴァンス, ルース・ダッドリー 326
エヴァンス, ロナルド・M. 17
エヴェンス, ブレヒト 282
AFI 65, 67
エキソニモ 50
エーシー・ディーシー 95

SFセッド	361	エルデーイ, ガボール	224
エスカランテ, アマト	177	エルデス, ポール	7
エスコット, コリン	113	エルトゥル, ゲルハルト	12, 23
エスコフィエ, ジャン・イヴ	66	エルバ, イドリス	185
エステル	91	エルパラダイ, ムハンマド	23
エスペリオン XXI	102	L.V.	61
エスリッジ, メリッサ	127	エルムグリーン, マイケル	43
エッカート, リンド	105	エルムハースト, トム	113
エッシェンバッハ, クリストフ	111	エルモスニーノ, エリック	198
エッシェンモーザー, アルベルト	7	エルロイ, ジェイムズ	323
エデン, パトリック	326	エルンスト, リヒャルト・R.	10
エドガー・アラン・ポー・ソサイエティ	321	エレクトラ, カーメン	190
エドワーズ, デビッド "ハニーボーイ"	88	エンジェル・スタジオ	60
エドワーズ, マーティン	325	エンジカット, クラウス	358
エドワーズ, ロバート・G.	25	エンスラー, イブ	206
エドワード・シャープ & ザ・マグネティック・ゼロズ	108	エンヤ	84
エーネス, ジェームス	90	エンライト, アン	352
エネル, アデル	198	エンリケ, ルイス	96
エバーソール, クリスティーン	201	エンリケス, バルバラ	225
エバート, ガブリエル	207		
エバンズ, マーティン・J.	24	**【オ】**	
エバンズ, レベッカ	90		
エプスタイン, スティーブン	98, 107	オー, サンドラ	180
エプワース, ポール	104, 110, 132, 186	オーアーバック, ダン	107
エマーソン, クラウディア	29	王澍	52
エマーソン, マイケル	169	オーヴァーマイヤー, エリック	320
エマーソン・ストリング・カルテット	82, 86, 98	オーウェン, ギャレス	242, 243
エミネム	63, 64, 65, 68, 71, 95, 99, 112	オーウェン, クライヴ	179
M.C.ハマー	57	オーウェンス, エリック	105
エムシュウィラー, キャロル	334, 343	欧州連合	25
エランド, トノ	267	オヴルツキー, ミハイル	72
エリアソン, オラファー	17	太田 朋子	21
エリオット, アダム	256, 259, 265, 297, 314	大友 克洋	283
エリオット, ドナルド・R.	132	尾角 典子	299
エリオット, ビル	209	オーガード, スティーブ	361
エリオット, マイケル	9	オガーマン, クラウス	97
エリオット, マリアンヌ	205, 209, 241	オーキー・ドゥーキー・ブラザーズ	107
エリオット, ミッシー	64, 65, 66, 67, 82	オキーフ, キャサリン	325
エリオット, ランブリン・ジャック	96	オキーフ, ジョン	26
エリクソン, ジム	132	オーク, アラン	111
エリスン, ハーラン	343, 345, 347	オクィン, テリー	167
エリゾンド, ヘクター	161	オグスティニアック, マティアス	107
エーリック, ポール・R.	19	奥田 昌輝	315
エリング, カート	96	オクル, サム	101, 104
エール, ジェニファー	202	オーケー・ゴー	71, 86
LL クール J	58	オコナー, キャロル	145, 148, 149, 155
エルキンス, キャロライン	29	オコナー, ケリー	86
エル・グエロ&スー・バンダ・センテナリオ	100	オコナー, シニード	57
エルジー, デイヴ	131	オコナー, ドナルド	140
エルスウィット, ロバート	128	オコナー, マイケル	129

オコネド, ソフィ ……………………… 209	オブライエン, ティム ……………………… 80
オコルフォア, ナディ ……………………… 335	オブライエン, ブレンダン ……………………… 97
オコンコフ, アンドレイ ……………………… 40	オーマン, ロバート・J. ……………………… 23
オサナ, ダイアナ ……………………… 126, 180	オーモンド, ジュリア ……………………… 170
小澤 征爾 ……………………… 46	オライリー, デイヴィッド …… 265, 297, 298, 314
オーシャン, フランク ……………………… 105, 106	オラム, クリストファー ……………………… 204, 210, 243
オシンスキー, デヴィッド・M. ……………………… 29	オランド, フランソワ ……………………… 41
オズギュル, ギョズデ ……………………… 232	オリヴィエ, ローレンス … 146, 151, 153, 212, 215
オースティン, クリストファー ……………………… 209	オリーブ, シルヴィー ……………………… 137
オースティン, ジェームズ ……………………… 81	オリボ, カレン ……………………… 203
オースティン, ニール ……………………… 205, 240	オール, デイヴィッド ……………………… 337
オースティン, パティ ……………………… 88	オール・アメリカン・リジェクツ ……………………… 67
オストロム, エリノア ……………………… 24	オールズ, シャロン ……………………… 37
オスロ, ミッシェル … 251, 255, 266, 288, 304, 312	オルソラ, ケヴィン ……………………… 113
オソキンス, アンドレイス ……………………… 123	オールソン, ギャーリック ……………………… 90
オゾマトリ ……………………… 76	オルソン, ダネル ……………………… 336
オダム, ハワード・T. ……………………… 19	オールダム, アンドリュー・ルーグ ……………………… 110
オダム, ユージン・P. ……………………… 19	オールディス, ブライアン ……………………… 336
オーチー, ロベルト ……………………… 191	オルテガ, ケニー ……………………… 164
オーチャード, グラント ……………………… 267, 300	オルデンバーグ, クレス・T. ……………………… 9
オーツ, ジョイス・キャロル ……………………… 335, 339	オルデンブルク, ブランドン ……………………… 299
オッカー, J.W. ……………………… 323	オールト, サンディ ……………………… 320
オッキアリーニ, ジュゼッペ ……………………… 5	オールド・クロウ・メディスン・ショウ ‥ 108, 113
オット, キャロル ……………………… 82	オールドリッジ, ロバート ……………………… 105
オットー, フライ ……………………… 12, 45, 52	オールビー, エドワード ……………………… 200
オットソン, ポール・N.J. ……………………… 129, 132	オルブリフスキ, ダニエル ……………………… 228
オッペル, ケネス ……………………… 328	オルミ, エルマンノ ……………………… 137
オッペンハイマー, ジョシュア ……………………… 138	オルムス, スティーブン ……………………… 110, 205, 207
オーディアール, ジャック …… 176, 178, 197, 198	オルモス, エドワード・ジェームス ……………………… 153
オーディオ・アドレナリン ……………………… 80	オルランド, シルヴィオ ……………………… 137
オーディオ・モーション・アンド・クリア・ポスト・プロダクション ……………………… 64	オレイリー, ヴァリ ……………………… 125
オデット, ポール ……………………… 114	オレゴニアン ……………………… 29, 38
オートゥイユ, ダニエル ……………………… 194, 196	オロフ, グレッグ ……………………… 125
オトゥール, ピーター ……………………… 162	オンダーチェ, マイケル ……………………… 329
オドネル, ロージー ……………………… 209	
オドノヴァン, ジーン ……………………… 210	**【 カ 】**
オニール, ハンナ ……………………… 232	
オニール, マシュー ……………………… 167	カー, デボラ ……………………… 212, 213, 214
オネイ, スティーブ ……………………… 319	カー, フィリップ ……………………… 325
小野 ハナ ……………………… 301	ガイ, バディ ……………………… 100
オノ・ヨーコ ……………………… 43	カイコー, チェン ……………………… 228
オノレ ……………………… 283	カイゼール, アトゥリーヌ ……………………… 232
オバマ, バラク ……………………… 25, 81, 89	ガイム, アンドレ ……………………… 25
オハラ, カレン ……………………… 130	カイルリーナ, ローザ ……………………… 230
オハラ, ケリー ……………………… 209	カヴァリエ, アラン ……………………… 194
オハラ, モーリン ……………………… 135	カーヴェル, バーティー ……………………… 240
オ・ファリル, アルトゥーロ ……………………… 92, 112	ガウダー, アーロン ……………………… 261, 293, 311
オフュルス, マルセル ……………………… 227	カヴナー, ジュリー ……………………… 149
オブライエン, ジェームズ ……………………… 322	カウピネン, リサ ……………………… 22
オブライエン, ジャック ……………………… 202	カウフマン, エド ……………………… 322

カウフマン, チャーリー	125	ガットソン, フランク, Jr.	65, 68
ガヴラス, ロマン	70	カットン, エレノア	331, 352
カウンティング・クロウズ	60	カッファレッリ, ルイス	16
カオ, チャールズ・K.	24	カッペリーノ, ニール	104
化学兵器禁止機関	26	カーツマン, アレックス	191
カーカム, ドン	6	ガーディアン	37
カガン, アンリ・B.	13	カーティス, アレックス	78
カガン, ジェレミー	160	カディック, デイヴィッド	97
カークランド, ハル	266	カーディッシュ, ローレンス	223
カーコ, フェレンク	248, 250, 309	ガーディナー, メグ	321
カサー, ジョン	167	ガーディナー, リジー	205, 239
ガーザ, デイヴィッド・リー	76	カーディフ, ジャック	214
カザーコワ, ヴェセラ	228	カーティン, ジェーン	153
カザジャン, ハイク	116, 121	ガーデニア, ビンセント	156
カザン, エリア	212, 213	ガード, キャンディ	254, 287, 289
ガジー, キャロル	35	加藤 久仁生	263, 264
カジー, スティーヴ	107, 206	加藤 静流	233
カジェ・トレセ	88, 96, 112	加藤 智也	49
カシシュケ, ローラ	339	加藤 三希央	234
カシダ, ジョン・E.	10	ガトースキー, ハーバート・S.	7
カシャン, アンナ	72	ガードナー, エドワード	238
ガジャン, オリヴィエ	66	ガードナー, サリー	354, 361, 362
カシュカシャン, キム	108	カドハタ, シンシア	342, 360
カーシュナー, ロバート・P.	18	カトラー, イアン	81
ガーション, フレディ	207	ガードン, ジョン・B.	9, 25
カーズ	54	ガーナー, アラン	336
ガスコイン, マーク	335	ガーナー, ジェームズ	148
カステラーニ, エンリコ	46	カナヴェイル, ボビー	172
ガーステン, バーナード	208	カナレス, フアン・ディアス	278, 279
カスペ, デヴィッド	192	カーニー, アート	140, 153
ガズマン, ジョエル	76	ガーニー, ハル	157
ガスリー, ノラ	89	カーニー, マイケル	101
ガソイ, ジェニファー	110	ガニエ, ロリ・サンマルタン・ポール	329
カーター, ジミー	85	カニングハム, マース	44
カーター, トーマス	157	カネ, ギョーム	197
カーター, リック	129, 132	ガーネット, イリアン	73
カーダシアン, キム	192	金原 里奈	234
カダノフ, レオ・P.	5	カノネロ, ミレーナ	127, 134
カーター・ホワイト・FX	64	カバイェーロ, エウヘニオ	127
ガタリ, クリストファー	206	カバコフ, イリヤ	45
カダレ, イスマイル	352	カバコフ, エミリア	45
カチャオ	103	カバジェロ・ボナルド, ホセ・マヌエル	337
カチュマレク, ヤン・A.P.	125	カバンヌ, マックス	275
カーツ, ボブ	284, 286	カービー, マシュー・J.	322
カーツァー, デヴィッド・I.	39	ガービッジ	63
カッセル, ヴァンサン	197	カビュ	283
カッチャー, アシュトン	191	ガビュス, ピエール	282
カッツ, ナターシャ	202, 206, 209	カプーア, アニッシュ	46
カッツェンバーグ, ジェフリー	133, 311	ガーファイン, ハーシャル	105
ガット, ロレンツォ	72	冠木 佐和子	316
ガットソン, フランク	59, 69	カプラー, ジョン	18

カープラス, マーティン ………………… 26	カレン, マシュー ……………………… 94, 98
カプラン, アヴィ ………………………… 113	ガロ, デイビッド ………………………… 200
カプラン, ミッチェル …………………… 320	カーロ, ロバート・A. …………………… 339
カプランオール, セミフ ………………… 224	ガローネ, マッテオ ……………… 175, 177
ガブリエル, ピーター ………… 56, 59, 60, 93	ガロヤン, マネ …………………………… 117
ガブリエル, マイク ……………………… 260	川上 智子 …………………………………… 49
カプロウィッツ, ロバート ……………… 204	河瀬 直美 ………………………………… 175
ガーベ, セドリック ……………………… 110	川村 真司 ………………………………… 266
カペッキ, マリオ・R. ……………… 13, 24	川本 喜八郎 ……………………… 246, 247, 311
ガボリオ, リンダ ………………………… 330	ガン, アイリーン ………………………… 343
神尾 真由子 ……………………………… 115	カーン, アシュレイ ……………………… 113
カミッレーリ, アンドレア ……………… 326	ガン, アンナ ……………………… 172, 173
カミリオネア ……………………… 67, 83	カン, クララ・ジュミ …………………… 116
カミング, チャールズ …………………… 326	ガン, ジェイムズ ………………… 343, 345
カミンスキー, スチュワート・M. ……… 319	ガン, ジェームズ・E. ……………………… 20
カミンスキー, ヤヌス …………………… 175	カーン, ジョセフ ………………………… 29, 65
カム, ピーター …………………………… 223	カン, スン・ミン ………………………… 117
カムラー, ピョートル …………………… 247	カーン, チャカ ……………………………… 87
ガモネダ, アントニオ …………………… 337	ガン, ネイサン ……………………………… 98
カーライル, ウォーレン ………………… 208	ガンサ, アレックス ……………………… 322
ガラブリュ, ミシェル …………………… 193	ガンズ・アンド・ローゼズ ………… 56, 57, 59
カラム, ビート …………………………… 77	カンタメッサ, スティーヴ ……………… 125
カランドレリ, ホルヘ ……………… 85, 104	カンチェーリ, ギヤ ………………………… 15
カーリー, トマス ………………………… 134	ガンツ, バッキー ………… 164, 166, 169, 170
カリエール, ジャン=クロード ………… 135	カンテ, ローラン ………………………… 175
ガリエンヌ, ギヨーム …………………… 198	カンデル, エリック・R. …………………… 12
カリズナー, イヴァン …………………… 116	ガンドルフィーニ, ジェームズ …… 162, 163, 165
カリス・フィルハーモニー ……………… 109	カンバーバッチ, ベネディクト …… 172, 240
ガリツカヤ, エレナ ……………………… 73	カンピオン, ジェーン …………………… 218
カリユステ, トヌ ………………………… 111	カンリフ, ビル …………………………… 97

【キ】

カーリン, ジョージ ……………………… 93	
カリン, デイヴ …………………………… 321	
ガリンド, レージナ・ホセ ……………… 42	ギア, ウィル ……………………………… 147
ガルザー …………………………… 97, 129	ギアーティ, ユージーン ………………… 131
ガルシア, パウリーナ …………………… 226	キアナン, ケイトリン・R. ……………… 336
カールソン, アーヴィド …………………… 5	ギエム, シルヴィ ………………… 236, 243
カルタン, アンリ …………………………… 5	気候変動に関する政府間パネル ………… 24
ガルデフ, ヤヴォル ……………………… 229	ギジス, ステファン・アドリー …………… 39
カルデロン, A.P. …………………………… 9	岸本 忠三 ………………………………… 21
カールトン, ラリー ……………………… 99	キジョ, アンジェリック ……………… 89, 113
ガルニド, フアーノ ………………… 278, 279	キーシン, エフゲニー …………………… 82, 98
ガルベス・タロンシェール, ミゲル ……… 72	キーズ, アリシア …… 64, 66, 69, 75, 87, 91, 99, 108
ガルボ, グレタ …………………………… 210	キース・ローチ, スティーヴン …………… 62
カルマン, タワックル ……………………… 25	北野 武 …………………………………… 229
カルレソン, レオナルト ……………… 3, 10	キッティ, アリソン ……………………… 237
カレ, イザベル …………………………… 197	キット, トム ……………………… 34, 203
カレー, ジョン …………………………… 130	キッド, カディ ………………………… 103
カレル, スティーヴ ……………………… 180	キッドマン, ニコール …………………… 189
カレル, ティア ……………………… 93, 100	キーディス, アントニー …………………… 85
ガレル, フィリップ ……………………… 136	
カーレン, ジョン ………………………… 154	

キートン, ダイアン …………………… 216	ギャロ, アイリーン …………………… 336
キートン, マイケル …………………… 188	ギャロ, ヴィンセント ………………… 137
キニア, ロリー …………………… 237, 241	キャロ, マルク ………………………… 250
ギネス, アレック ……………………… 213	キャロライナ・チョコレート・ドロップス …. 100
キーバ, クリストファー ……………… 82	キャロル, ナンシー …………………… 239
ギバン, ロビン ………………………… 29	キャロル, パット ……………………… 140
キーファー, アンゼルム ……………… 9	ギャンツ, ジャック …………………… 360
ギブソン, チャールズ ………………… 127	キャンベル, エディ …………………… 277
ギブソン, ブライアン ………………… 157	キャンベル, エリカ …………………… 112
ギブソン, ローリアン ………………… 69	キャンベル, グレン …………………… 112
キベルラン, サンドリーヌ …………… 198	キャンベル, ダンカン ………………… 48
キム・ギドク ………………………… 138	キュアロン, アルフォンソ ……… 133, 187, 345
キム・ジェイ ………………………… 232	キュアロン, ホナス …………………… 345
キム・ジュンヒ ……………………… 121	キューカー, ジョージ ………………… 147
キム・シンクレア …………………… 129	Q-ティップ …………………………… 79
キム・スーヤン ……………………… 73	キューパート, ジョー ………………… 276
キム・ダソル ………………………… 73	キュービット, アラン ………………… 323
キム・ダミ …………………………… 118	キューブリック, スタンリー ……… 214, 215
キム・テヒョン …………………… 73, 121	ギョーム, ロバート ……………… 150, 153
キム・ボムソリ ……………………… 117	キラー, バウンティー ……………… 64, 65
キム・マーフィ ……………………… 27	キリ, アニータ …………… 258, 266, 291, 298
キム・モダン ………………………… 226	キーリ, ソフィア ……………………… 240
キム・ユジン ………………………… 232	キリー, リチャード ……………… 152, 155
ギメネス, カルロス ……………… 273, 281	ギル, ヴィンス …………………… 83, 88, 91
ギャガン, スティーヴン ……………… 319	ギールグッド, ジョン …………… 157, 216
キャグニー, ジェームズ ……………… 211	ギルトブルグ, ボリス ………………… 73
ギャザラ, ベン ………………………… 165	ギルバート, アラン …………………… 105
キャスティング・クラウンズ ………… 80	ギルバート, アリス …………………… 202
キャッシュ, ジョニー ……………… 66, 90	ギルバート, サンドラ ………………… 339
キャッシュ, ロザンヌ ………………… 112	ギルバートソン, アシュリー ………… 53
キャッシュ, ワイリー …………… 326, 327	キルヒシュレーガー, アンジェリカ … 78
ギャッド, ジョシュ …………………… 104	ギルマン, ドロシー …………………… 321
キャットムル, エド …………………… 129	ギルモア, デヴィッド ………………… 328
キャディガン, パット ………………… 350	ギルロイ, トニー ……………………… 320
ギャディス, ジョン・ルイス ……… 36, 339	ギレンホール, マギー ………………… 188
キャトラル, キム ……………………… 191	キング, アイザック ……………… 268, 299, 315
キャノン, グレッグ …………………… 129	キング, ギルバート …………………… 37
キャピタル・シティーズ ……………… 70	キング, スティーヴン …………… 320, 323
キャメロン, カーク …………………… 192	キング, ダレン ………………………… 362
キャメロン, ジェームズ ……………… 183	キング, ドン・ロイ ……… 170, 171, 172, 173
キャモン, アレッサンドロ …………… 224	キング, マイケル・パトリック ……… 164
ギャラガー, ジョン, Jr. ……………… 201	キング, リチャード ……………… 107, 129, 130
ギャリ …………………………………… 281	キング, ロス ……………………… 329, 331
キャリー, マライア …………………… 79	キングス・オブ・レオン ………… 91, 94, 95
キャリア・トランジション・フォー・ダンサーズ ………………………………… 208	キングズ・シンガーズ ………………… 94
ギャリソン, グレッグ ………………… 144	キングズレー, ベン …………………… 216
キャリントン, テリ・リン ……… 103, 109	ギングラス, サンディ ………………… 326
キャレイ, コルビー …………………… 95	ギンズブルグ, ヴィタリー・L. ……… 11
ギャレット, サイーダ ………………… 89	キンブラ ………………………………… 105
ギャレット, ブラッド ………… 164, 165, 166	キーンリサイド, サイモン ……… 78, 111, 236

【ク】

クアイ, スティーヴン ················ 56, 267
クアイ, ティム ························· 56
クアトレカサス, ペドロ ················· 8
クイーン ······························· 59
クイン, ジョアンナ ·······················
　　　　　　　249, 254, 262, 294, 307, 309, 312
クイン, ダックラン ···················· 61
クイーンズ・オブ・ザ・ストーン・エイジ ···· 65
クイーンズライチ ······················ 58
クヴァストホフ, トーマス ·············· 82
クオ・チョンウー ····················· 232
クオーギ, ロベルト ··················· 43
クーガン, スティーヴ ················ 138
クーザー, テッド ······················ 28
グザヴィエ, クレマン ················· 283
草間 彌生 ····························· 45
クヂ, マーク ·························· 98
グシェーヴァ, エレーナ ·············· 116
グスマン, パトリシオ ················ 226
グーセンス, ダニエル ······ 273, 275, 276
グゾウスキー, ミック ············ 81, 110
クー・チャンウェイ ·················· 222
クック, サーシャ ···················· 105
クック, ジェイムズ・R. ················ 16
クック, ドミニク ···················· 237
クック, フィルダー ············· 143, 145
クック, ルイス ················ 263, 313
クッシュ, グルデブ・S. ················ 12
グッドウィン, クライヴ ·············· 206
グッドウィン, ゴードン ······ 81, 104, 110
グッドウィン, ジェイソン ············ 319
グッド・シャーロット ················· 65
グッドマン, ニック ···················· 59
グッドマン, バラク ·················· 170
グッドリッチ, ジョゼフ ·············· 320
クデルカ, マーティー ·················· 67
クドロー, リサ ······················ 161
クニス, ミラ ························ 137
クーパー, ゲーリー ·················· 211
クーパー, ジャッキー ············ 146, 150
クーパー, スーザン ·················· 336
グーパー, スーザン ·················· 339
クーパー, ダニエル ··················· 77
クーパー, ブラッドリー ·············· 191
熊坂 出 ···························· 224
クヤテ, ソティギ ···················· 224
クーラー, ウルリッヒ ················ 225
グライス, トム ················ 142, 145
クライス, リーヴァイ ················ 204
クライスト, ラインハルト ············ 359
グライダー, キャロル・W. ·············· 24
グライフ・ニール, コール・M. ·········· 113
グライムズ, マーサ ·················· 322
クライヤー, ジョン ············· 169, 171
グラヴェット, エミリー ······ 355, 362, 363
クラウザー, ジョン・F. ················ 16
クラウザー, ピーター ················ 334
クラウス, アリソン ····· 79, 80, 87, 90, 91, 92, 103
クラウデッド・ハウス ················· 56
グラウバー, ロイ・J. ·················· 23
クラーク, ヴィクトリア ·············· 199
クラーク, ガイ ······················ 109
クラーク, キャシー・スコット ········· 327
クラーク, グレゴリー ················ 204
クラーク, ゲイリー, Jr. ·············· 108
クラーク, シャロン・D. ··············· 242
クラーク, スーザン ·················· 147
クラーク, スザンナ ············· 333, 346
クラーク, スタンリー ················ 103
クラーク, ニール ···················· 336
クラーク, フィン ···················· 327
クラーク, ラムゼイ ··················· 22
クラーク, リチャード ················ 345
クラーク・シスターズ ················· 88
クラークソン, ケリー ······ 66, 67, 78, 79, 105
クラグマン, ジャック ············ 144, 145
クラーケ, フリッツ ·················· 107
クラーゲス, エレン ············· 336, 343
クラコウスキー, ジェーン ············ 236
クラシュ, ダミアン, Jr. ··············· 86
グラス, フィリップ ············· 47, 241
クラステ, マーク ···················· 295
クラスノシュタン, アリサ ············ 335
グラスワークス ······················ 63
クラーソン, ボニー ·················· 319
クラダップ, ビリー ·················· 202
クラッグ, トニー ····················· 45
グラッシ, ミッチ ···················· 113
クラッセン, ジョン ······· 330, 355, 357, 359
グラッソ, サンティアゴ・ブー ········· 265
クラブ, ゴードン ···················· 161
グラップス, ロバート・H. ·············· 23
グラハム, スーザン ··················· 78
グラハム, ビル ······················· 56
クラパン, ジェレミー ··········· 264, 313
グラビアス, ベルナデッタ ············· 72
クラブ, ジェイソン ··················· 96
クラフト, キヌコ・Y. ················· 335
クラプトン, エリック ············· 58, 89

グラフトン, スー ……………………… 321, 325	グリン, ジェス ……………………………… 111
グラフトン, デービッド ……………………… 128	グリーン, ジョン ……………………… 321, 359
クラフトン, ドナルド ………………………… 310	グリーン, シーロー ……………………… 99, 103
グラマー, ケルシー ……… 159, 161, 165, 185, 192	グリーン, デヴィッド …………… 144, 148, 149, 150
グラミン銀行 ………………………………… 23	グリーン, デヴィッド・ゴードン ……………… 226
クラム, ロバート …………………………… 277	グリーンウッド, ジェーン …………………… 209
クランシー, ディードル ……………………… 235	グリーンウッド, ジョニー …………………… 224
クランストン, ブライアン ‥ 168, 169, 172, 187, 208	クリンガー, レスリー・S. ………………… 318
グランデ, アリアナ …………………………… 71	グリーン・デイ ………… 62, 66, 67, 68, 75, 78, 95
グランデージ, マイケル ……………………… 204	グリンドレー, サリー ………………………… 362
グラント, エイミー …………………………… 80	クリントン, ビル ……………………………… 77
グラント, ガヴィン・J. …………………… 335	グリーンバウム, デヴィッド ………………… 113
グラント, リー ……………………………… 142	グリーンバーグ, ジェフリー・アラン ………… 81
久里 洋二 …………………… 245, 303, 315	グリーンブラット, スティーヴン ……… 36, 342
クーリア, マーク ……………………… 131, 134	クルーガー, アーレン ……………………… 191
クリアレーゼ, エマヌエーレ ………………… 138	クルーガー, ウィリアム・ケント ……………… 323
クリーヴス, アン …………………………… 324	クルーガー, チャド ………………………… 65
クーリオ ……………………………………… 61	クルーガー, バーバラ ……………………… 42
クリーガー, ヘンリー ………………………… 89	グルギッチ, ズラトコ ………… 247, 303, 304
グリゴリエフ, ドミトリー ……………………… 117	クルーグマン, ポール ……………………… 24
グリザード, ジョージ ………………………… 150	クルサート, ジョン ………………………… 336
クリサン, マリアン …………………………… 175	ゲールジャン, マイケル …………………… 159
クリシュ, キリル ……………………………… 203	クルーズ, トム ……………………………… 189
クリスタン, ピエール ………………………… 272	クルス, ペネロペ ……………………… 128, 174
クリスチャン・マクブライド・ビッグ・バンド ‥ 103	クルッケンバーグ, コリー …………………… 102
クリスティ, ジュリー ………… 181, 214, 219, 220	クルティエル, クロード ……………… 251, 296
クリスティ, バニー ……………… 209, 240, 241	クルティシェフ, ミロスラフ ………………… 115
クリステンセン, ヘイデン …………………… 189	クルート, ジョン …………………………… 349
クリステンセン, ペルニレ・フィッシャー …… 223	グールド, ルパート ………………… 237, 239
グリーソン, ブレンダン ……………………… 169	クールドイアン, サテニック ………………… 122
クリチマン, ミハイル ………………………… 137	クルーニー, ジョージ ‥ 126, 136, 180, 185, 188, 220
クリッチ, ロシェル・メジャー ……………… 319	クルノワイエ, ミシェル ………… 256, 291, 307
クリパノフ, ハンク ……………………………… 30	クルーン, ピエット ………………………… 308
クリフ, ジミー ……………………………… 106	グルンステン, ティエリ ……………………… 275
グリフィー, アンソニー・ディーン …………… 94	グレアム, マシュー ………………………… 320
グリフィス, P.A. ……………………………… 15	グレイ, スコット ……………………………… 61
グリフィス, エリー …………………………… 322	グレイ, デヴィッド・ウィンチェスター ……… 135
グリフィス, リチャード ……………… 201, 235	グレイ, ハリー・B. …………………………… 14
グリフィン, キャシー ………………………… 110	グレイ, マイケル・D. ………………………… 77
グリフィン, パティ …………………………… 100	グレイ, ミニ ……………………… 355, 361, 362
クリーブランド, アシュレー …………………… 88	グレイ, メイシー …………………………… 63, 64
クリーブランド・プレイ・ハウス …………… 210	クレイヴァー, ウィリアム …………………… 208
グリム兄弟 ………………………………… 358	グレイヴス, ジャマール …………………… 58
グリャック, ソフィア ………………………… 121	グレイヴズ, ルシア ………………………… 336
クリュゼ, フランソワ ………………………… 197	クレイグ, キャメロン ………………………… 89
グリュネカー, ミハエル ……………………… 233	グレイグ, タムジン ………………………… 236
グリュンベルク, ペーター ………………… 15, 23	グレイザー, ジョナサン ……………………… 62
グリル, ウィリアム …………………………… 355	クレイジー・ボーン ………………………… 83
クリール, ギャヴィン ………………………… 242	クレイス, ロバート ………………………… 323
グリーン, アル ……………………………… 91	クレイトン, アダム ………………………… 187
グリーン, コリン …………………………… 56	クレイトン, ジョン ………………………… 89

クレイトン, メリー	114
クレイマー, スタンリー	213
クレイマー, ラリー	208
クレイマン, ナウム	227
クレイン, マーク・G.	6
グレガーセン, ピーター・K.	21
グレゴール, ウルリッヒ	225
グレゴール, エリカ	225
グレース, シャロン	154
クレス, ナンシー	344, 345, 348
クレズマティックス	85
クレップナー, ダニエル	14
グレニー, エヴェリン	111
グレーニング, フィリップ	138
クレメンツ, アンドリュー	320
クレメンツ, パッサー	76
クレメンツ, ロリー	326
クレメント, ジェローム	225
クレリチ, ウンベルト	116
グレン, トーマス	105
クレンナ, リチャード	153
クレンペラー, ワーナー	143, 144
クロイター, ジェフ	207
クローウェル, ロドニー	109
クロウリー, ジョン	334
黒川 良一	51
黒木 華	226
黒坂 圭太	255, 289
黒沢 清	176, 178
クローズ, グレン	160, 168, 169, 179, 182
クロス, トム	134
クロス, ニール	322
グロスマン, ベン	131
グロスマン, レヴ	349
グローダヴァ, マリカ	115
グロタンディエク, アレキサンダー	19
グロッピ, スーザン・マリー	335
クローニン, ヒューム	156, 158, 159
クローネンウェット, ジェフ	64
クロフォード, ブロデリック	212
クロフォード, マイケル	235
クロムウェル, ジェームズ	172
クロムス, ベス	357
グロモフ, ミハイル	3, 10
グロール, デイヴ	108, 110
グロレ, アントワーヌ・ド	121
クローレイ, ボブ	201, 202, 206, 209
クローン, リサ	209
クヮン, ヒョクジュ	72
クンゼル+デガ	293

【ケ】

ケイ, ガイ・ゲイブリエル	334
ケイ, ジム	355, 359
ケイ, ジュディ	206
ケイ, トニー	90
ケイ, マーヴィン	334
ゲイザー・ヴォーカル・バンド	92
ケイジ, ニコラス	218
k.d.ラング	59
ゲイマン, ニール	278, 345, 348, 354, 360
ケイン, キャロル	152
ゲインズ, ボイド	202
ケインメーカー, ジョン	304, 312
ケーシー, ジェーン	324
Kej, リッキー	112
ケシーシュ, アブデルラティーフ	136, 177, 197
ケスターマン, ロルフ	58
ケツァール	106
ゲッズ, アンドレア	21
ケッセル, ジョン	344
ゲッタ, デイヴィッド	98, 101
ゲッテル, アダム	199
ゲティ, エステル	155
ゲディス, バーバラ・ベル	150
ケニソン, カサリン	323
ケーニッヒ, ハンス・ピーター	107
ケーニヒ, ジェイソン	70
ゲニューシャス, ルーカス	116, 119
ケネツケ, オレ	358
ケネディ, アーサー	212
ケネディ, スティーヴ・キャニオン	209
ゲフェン, シーラ	175
ケブモ	77
ケミカル・ブラザーズ	79, 87
ケラー, J.B.	12
ゲラー, ドミトリー	257
ゲーラ, ファン・ルイス	88
ケラーマン, ウーター	112
ケリー, グレース	213
ケリー, ジェイムズ・パトリック	343
ケリー, ジム	325
ケリー, デニス	207
ゲーリー, フランク・O.	10
ケリー, ローラ・ミッシェル	235
ケリガン, ジーン	326
ゲリマ, ハイレ	137
ゲルドフ, ボブ	55
ゲルハーヘル, クリスティアン	239

ゲルファント, イズライル・M. 4
ゲルマニカ, ヴァレリヤ・ガイ 175
ゲルマン, アレクセイ 137
ケルマン, バーネット 158
ケレット, エトガー 175
ゲレーロ, ジャンカルロ 102, 105
ゲンズ, ヴェロニク 78
ゲンズブール, シャルロット 176
ゲンゼル, ラインハルト 21
ケンタッキー・サンダー 76, 84, 88, 92
ケンプ, フリーダ 176

【コ】

ゴア, アルバート, Jr. 24
コイケ, マサキ 89
ゴイティソーロ, フアン 337
コヴァリョフ, イゴール .. 253, 287, 288, 290, 293, 312
コーヴァン, ラウル 272
コーウィン, ハンク 62
コーウェル, クレシッダ 362
河野 舞衣 232
コウフィー, リチャード 63
コエ, ポール 283
コーエン, イーサン 127, 128, 177, 182, 220
コーエン, シェルドン 285, 311
コーエン, ジョエル 127, 128, 177, 182, 220
コーエン, スタンレー・N. 5
コカ, イモジン 140
国際原子力機関 23
ココ, ジェームズ 152
コーコラン, ルイス 69
小柴 昌俊 13
コジュキン, デニス 73
ゴス, シオドラ 334
コスタ=ガヴラス 215, 230
コステュック, レナ 229
コステロ, エルヴィス 57
コストマロフ, パヴェル 224
コスナー, ケヴィン 171, 186
コスビー, ビル 142, 143
コースロン, キア 320
小平 邦彦 7
ゴダード, ロバート 321
ゴダール, ジャン=リュック 131, 178
コックス, エレノア・ワーシントン 240
コックス, ブライアン 163
コッタ, エレナ 138
コッタリル, コリン 325
コット, オリビエ 316

ゴッドフリー, ボブ 307
コッヘン, ピーター 55
コッペン, マーティン 63
コッホ, マルティン 203
コッポラ, ソフィア 137, 219
コッポラ, フランシス・フォード 47, 131
ゴーディ, グレアム 190
コーティ, ジョン 146
コディ, ディアブロ 128
ゴティエ 105
コティヤール, マリオン 127, 182, 197, 221
コーデン, ジェームズ 206
コート, ドゥニ 226
後藤 章治 295
コートネイ, トム 226
ゴトリブ 272, 275
ゴードン, ジャイミー 342
ゴードン, スチュワート 63
ゴードン, ハワード 322
ゴードン, ルース 150
ゴードン, ロバート 101
ゴードン・グッドウィンズ・ビッグ・ファット・
バンド 112
ゴードン・リード, アネット 33, 341
コナリー, ジョン 323
コヌノーヴァ, アレクサンドラ 116
コノノNo.1 98
コノプカ, ダン 86
コーパイン, アントン 175
ゴ・バオ・チャウ 40
コバーチュ, ジェルジ 224
コパックス, ダイアン 319
小林 誠 24
コービー, エレン 145, 147, 148
コビルカ, ブライアン・K. 25
コブ, ロン 55
コブス, ターシャ 109
コプティ, スカンダル 176
コプリー・ニュース・サービス 28
ゴベル, ジョージ 140
コーベン, リチャード 272
コボ, ヨアンナ 174
コ・ホードマン 246, 247
コーボールド, クリス 131
コーボールド, ニール 133
コーマン, ハーヴィー 146
コーマン, メアリー・アリス 321
コーマン, ロジャー 130
ゴームリー, アントニー 47, 240
ゴメス, キャロライン 22
ゴメス, セレーナ 70

ゴメス, ミゲル	225
コモン	87, 188
コーラル, フェニックス	94
コラレス, セザール	233
コーリー, エリアス・J.	7
コリア, チック	84, 85, 92, 96, 103, 106, 107, 112
コリグリアーノ, ジョン	94
ゴリジョフ, オスヴァルト	86
コリューシュ	194
ゴリラズ	66, 67, 79
コーリン, ブルース	199
コリンズ, スーザン	359
コリンズ, フィル	55
コール, スティーブ	28
コール, ナタリー	91
コルヴェローニ, サンドラ	175
コルク, アダム	205, 240
コルソ, ビル	125
ゴルゾウスキー, リチャード	257, 260, 290, 293
ゴールディング, ジュリア	362
ゴールデンバーグ, ウィリアム	132
ゴールド, サム	209
ゴールド, ジョナサン	30
ゴールドスタイン, ジェス	200
ゴールドスタイン, ジル	81, 110
ゴールドストーン, ジェームズ	151
ゴールドハーバー, モーリス	10
コールドプレイ	65, 70, 90, 91
ゴールドマン, リチャード	321
コルトレーン, ジョン	30
コルノー, アラン	195
コールハーゼ, ヴォルフガング	224
コルバート, エリザベス	39
コルバー, ステファン	97, 110
コルファー, クリス	185
コールフィールド, トム	107
コールマン, オーネット	30
コールマン, セドリック	126
コールマン, ダブニ	154
コルモゴロフ, アンドレイ・N.	5
コーレ, バウデウェイン	225
是枝 裕和	177
コレット, トニ	169, 184
コーレン, スティーヴ	192
コロ, ロスト	208
コロッサル・ピクチャーズ	59
ゴロディッシャー, アンヘリカ	335
コロンパ, ジャック	251
ゴワーズ, ブルース	169
コワリック, トレント	203
コワル, メアリ・ロビネット	348, 349, 350

コーワン, ジュディス	328
ゴワンス, ジェームス・L.	5
コーン	63
コンウェイ, サイモン	326
コーンウェイ, ティム	148, 149
ゴンサルヴェス, ロブ	328
ゴンサレス・イニャリトゥ, アレハンドロ	134, 174, 188
コンスタブル, ポール	206, 210, 235, 236, 238, 241
コンスタンティン, マイケル	144
コンチャ, セバスチャン	232
コンチャロフスキー, アンドレイ	138, 161
コンツェビッチ, マキシム	20
コンディ, リチャード	285, 286, 305, 306
ゴンドリー, オリヴィエ	65
ゴンドリー, ミシェル	65, 125, 271
コンドン, ビル	192
コンヌ, アラン	20
コーンバーグ, ロジャー・D.	23
コンプトン, アン	328
コンラッド, マイケル	151
コンロン, ジェームズ	94

【サ】

蔡 國強	46
サイス, サミュエル	178
サイス, フレデリーケ	121
斉藤 一也	122
サイドラー, デヴィッド	130
ザイトリン, ベン	177, 345
ザイドル, ウルリヒ	138
サイバートソン, クリス	190
サイフ, リンダ・J.	18
サイモン, デヴィッド	320
サイラス, ビリー・レイ	191
サイラス, マイリー	70
ザイラッハー, アドルフ	19
サヴィデス, ハリス	59, 60, 62
サウスウェスト・チェンバー・ミュージック	78
サウセダ, サニー	76
サウレス, デイヴィッド・J.	9
サウンドガーデン	60
酒井 健治	73
坂田 藤十郎	45
ザ・キラーズ	66
サクス, ギドン	98
サクス, マイケル	63
サクストン, デイヴィッド	239
サグマイスター, ステファン	77, 97

ザ・クレア・フィッシャー・ラテン・ジャズ・ビッグ・バンド ･････････････････････････････ 106
佐々木 万璃子 ････････････････････････････････ 233
サザーランド, キーファー ････････････････････ 167
サザーランド, ドナルド ･･･････････････････････ 159
サザーランド, ルイス ････････････････････････ 176
サージェント, ジョセフ ･･････････ 146, 154, 157, 158
サージェント, トーマス・J. ･･････････････････ 25
ザ・シビル・ウォーズ ･････････････････ 103, 109
ザース, カトリーン ･･･････････････････････････ 222
ザ・スタンリー・クラーク・バンド ･････････ 100
サッカイム, ダニエル ･･･････････････････････ 159
サックス, ダグ ･･･････････････････････････････ 78
サックス, レオ ･･･････････････････････････ 5, 110
ザック・ブラウン・バンド ･･････････ 95, 99, 106
サッコ, ジョー ････････････････････････････ 282
サットン, エイドリアン ･･････････････････････ 241
サットン, ブライアン ･････････････････････････ 84
ザッパ・プレイズ・ザッパ ･･･････････････････ 91
サーティー・セカンズ・トゥ・マーズ ････ 68, 70
サティヤルティ, カイラシュ ･････････････････ 26
サテラ, スティーブン ････････････････････････ 201
佐藤 幹夫 ･････････････････････････････････ 13
サドウィズ, ジェームズ ･････････････････････ 158
サトゥッフ, リアド ････････････････････ 281, 283
サトクリフ, ローズマリー ･･････････････････ 363
サード・デイ ･････････････････････････ 76, 84, 96
サドラー, クリストファー ･････････････････ 263
サトラピ, マルジャン ･･････ 175, 277, 278, 295, 313
ザ・ドリーム ･･･････････････････････････････ 106
佐野 隆哉 ･････････････････････････････････ 122
サバラス, テリー ･････････････････････････ 146
サバール, ジョルディ ･･･････････････････････ 102
ザ・バンド・ペリー ･････････････････････････ 112
ザーブ, アンソニー ･･････････････････････････ 147
サブライム ････････････････････････････････ 62
ザ・ブラインド・ボーイズ・オブ・アラバマ ･･･ 76, 92
ザ・ブラック・キーズ ･･･････････････ 69, 99, 105
サブラル, ジョディ ･･････････････････････････ 327
ザ・ブルックリン・タバナクル・クワイア ･････ 76
ザ・フレッシュトーンズ ･･･････････････ 84, 91
ザ・フレッシュ・プリンス ･･････････････････ 57
サペギン, ピョートル ･････････････････ 260, 299
サボー, イシュトヴァーン ･･･････････････････ 228
サボイ, ウィルソン ････････････････････････ 106
ザ・ポリス ･･････････････････････････････････ 54
ザ・ホワイト ････････････････････････････････ 88
ザ・ホワイト・ストライプス ･･･ 65, 66, 68, 79, 87
サマーズ, アンソニー ･･･････････････････････ 326
サマーズ, ヒラリー ･･･････････････････････････ 82
サマタール, ソフィア ･･･････････････････ 336, 350

サムバーグ, アンディ ････････････････････ 187
サモイロワ, タチアナ ･･････････････････････ 228
ザラ, リチャード・N. ･････････････････････ 14
サラヴァン, マーガレット ･･････････････････ 211
サラヴィザ, ジョアン ･･･････････････････････ 176
サラグ, ナイジェル ･･･････････････････････････ 65
ザリスキ, オスカー ･･･････････････････････････ 6
サリバン, ダニエル ･･････････････････････････ 16
サリバン, ローラ ･･････････････････････････ 109
サーリーフ, エレン ･･････････････････････････ 25
ザル, ロクサーナ ･････････････････････････ 153
ザ・ルーツ ･････････････････････････････････ 99
サルナック, ピーター ･･････････････････････ 17
サルピーター, エドウィン・E. ･････････････ 20
ザ・ロウワー911 ････････････････････････････ 92
サロネン, エサ・ペッカ ････････････････････ 94
ザ・ローリング・ストーンズ ･･････････ 60, 61
サンガー, マーク ･････････････････････････ 133
サンズ, アレハンドロ ･･･････････････････ 88, 100
サンズ, スターク ･････････････････････････ 110
ザンズ, ダニエル ･･････････････････････････ 85
サンソム, C.J. ････････････････････････････ 324
ザンダー, オットー ･････････････････････････ 224
サンタオラヤ, グスターボ ･････････ 126, 127, 180
サンダースン, ブランドン ･････････････ 349, 350
サンタット, ダン ･･････････････････････････ 357
サン・ディエゴ・ユニオン・トリビューン ･････ 28
サンデージ, アラン・R. ･････････････････････ 19
サンドヴァル, アルトゥーロ ･･････････････ 106
サンドラー, アダム ･･････････････････ 191, 192
サンドリッチ, ジェイ ････････ 144, 145, 153, 154
サンドレッリ, ステファニア ･･････････････ 136
サンフォード, イザベル ･･･････････････････ 151
サン・フランシスコ・バレエ ････････････ 235
ザンブランネン, エリック ･･････････････ 61, 64
サン・ヘラルド ･･････････････････････････ 28
サンラヴィル, ミカエル ････････････････････ 283

【 シ 】

シー, オマール ･･･････････････････････････ 198
シーア ･･･････････････････････････････････ 71
シーア, ジョン ･････････････････････････ 155
シアズ, アーネスト・R. ････････････････････ 7
シアター・オブ・ヴォイス ････････････････ 98
シアター・デ・ラ・ジューヌ・ルネ ･････ 200
ジアッキノ, マイケル ･････････ 89, 97, 130, 183
シアトル・タイムズ ･･･････････････････ 33, 38
ジアマッティ, ポール ･･･････ 168, 183, 184, 220
シアラ ･･････････････････････････････ 66, 82

シアラー, ロバート	142	シェロー, パトリス	196
シヴァーズ, ジョン	207	ジェンキンス, リチャード	229
シヴァーズ, ナターシャ	237	ジェーンズ・アディクション	58
シーウェル, ルーファス	236	ジェンセン, シャロン	206
ジウォンスキー, アダム・M.	20	シーガー, ピート	92, 101
シエ, トリシュ	86	シカゴ・シェイクスピア・シアター	203
シェアード, カレン・クラーク	96	シカゴ・トリビューン	31
シェアード, キアラ "キキ"	96	シーガル, アレックス	143
シェアマン, ロバート	334	シカルディ, アーティ	207
シェイ, マイクル	333	シーク, ダンカン	201
シェイキン, レイチェル	199	シグネチャー・シアター	204, 209
シェイクスピア・シアター・カンパニー	207	シグラ, ハンナ	224
ジェイコブス, ポール	102	ジーゲル, カール・L.	4
ジェイコブソン, ハワード	352	シザ, アルヴァロ	13
ジェイ・Z	63, 65, 66, 67, 69, 70, 71, 75, 79, 87, 91, 95, 99, 103, 105, 106, 109, 111, 112	シーザー, シド	140
		シサコ, アブデラマン	198
JJ ケール	89	ジーザス・ジョーンズ	58
シェイファー, ウィリアム・K.	336	ジジェ	272
シェイボン, マイケル	344, 347	シシュコフ, アルティオム	73
ジェイムズ, サミー, Jr.	110	シーシーワイナンズ	80, 92, 100
ジェイラン, ヌリ・ビルゲ	175, 176, 177	シス, ピーター	356
シェクマン, ランディ	26	シスコ	63
ジ・エッジ	187	システム・オブ・ア・ダウン	79
シェッソウ, ペーター	358	シダー, ジョセフ	177, 223
ジェッター, マイケル	157	シーダー, ハワード	15
ジェット	66	シップトン, ポール	362
ジェニ, アレクシス	333	ジディ, クロード	194
ジェニエ, レミ	73	シディベ, マリック	42
シェバ, デヴィッド	102	シドウェル, スティーヴ	113
シェバウスキ, マチェック	50, 295, 313	シナイ, ヤコブ・G.	4, 12
シェパード, リチャード	168	シニーズ, ゲイリー	161
シェヒトマン, ダニエル	25	シニョレ, シモーヌ	193
シェヒトマン, ダン	12	シノウェイ, ミッチェル	59
シェーファー, ジョージ	141	ジーバー, ミヒャエル	260, 311
ジェファーズ, オリヴァー	362	シーハン, アーロン	114
シェフィールド, パット	60	シフ, リチャード	163
ジェフ・ドットソン・フォー・ドット&エフェクツ	69	ジプシー・キングス	110
		シブリー, マイク	104
ジェームズ, エッタ	76	シマー, ジャン・ジャック	328
ジェームズ, スーザン・セント	144	ジマー, ハンス	93
ジェームズ, ニッキー・M.	205	シマザキ, アキ	328
シェメトフ, アンドレ	70	ジマーマン, リー	241
ジェラッシ, カール	4	ジーマン, ライフ	58
シェラハ, サハロン	13	ジミー・スター&ヒズ・オーケストラ	81, 85, 89, 93
シェリダン, タイ	138	シム・キーワン	122
シェリング, トーマス・C.	23	ジム・クラス・ヒーローズ	67
シェル, ジョゼフ・S.	9	シムズ, クリストファー・A.	25
シェール, バートレット	202	ジムニー, トム	86
シェル, マクシミリアン	214	シーモア, ジェーン	155
シェルダン, リー	324	下村 脩	24
ジェルマーノ, エリオ	176	シモンズ, J.K.	134, 188

シモンズ, ジーン	152
シモンズ, ポジー	281
シャー, タンビ	97
シャイアー, ジェイコブ	329
シャイナー, エリオット	86, 104, 114
シャーウィン, マーティン	29, 338
シャヴェ, フロラン	283
ジャーヴェイス, リッキー	167
ジャーウッド劇場	237, 241
シャオ・ユー	73
ジャガー, ミック	55, 179
シャガール, マルク	6
シャギマラトーワ, アルビナ	115
シャキーラ	67, 80
シャーク, デヴィッド	133
ジャクソン, アラン	99
ジャクソン, グレンダ	145, 215, 216
ジャクソン, ジャネット	56, 58, 60, 61
ジャクソン, ピーター	343
ジャクソン, マイケル	54, 57, 60, 61
ジャクソン, ミック	170
シャクター, スティーヴン	165
シャクルトン, ニコラス	19
ジャコーニ, リカルド	8
ジャコビー, スコット	145
ジャコビ, デレク	156, 238
ジャコラ, ドナート	347, 348
ジャ・ジャンクー	136
ジャシール, エミリー	42
ジャスティス	94
ジャックマン, ヒュー	186, 207
シャット, クリストファー	206
シャーデー	99
シャディッド, アンソニー	33
シャトナー, ウィリアム	166, 179
シャーニ, ヤロン	176
ジャネイ, アリソン	163, 164, 165, 173
ジャバテ, トゥマニ	81, 101
ジャバテ, ママドゥ	97
シャピロ, アンナ・D.	203
シャープ, アレックス	209
ジャフェ, ソフィア	72
シャフナー, フランクリン	140, 142
シャブリー, ロイド・S.	25
シャープレス, バリー・K.	13
シャブロル, クロード	224
シャーマ, サイモン	338
シャマラン, M.ナイト	189, 190, 191
シャーマン, ジュディス	90, 104, 114
シャーマン, デリア	345
シャーマン, ビル	202
ジャミロクワイ	61, 62
ジャームッシュ, ジム	174
ジャヤスンダラ, ヴィムクティ	174
シャラット, アーロン	233
シャラット, ニック	362
シャリフ, オマル	197
ジャール, モーリス	224
シャルブ	283
シャルーブ, トニー	164, 166, 167
ジャ・ルール	63, 65
ジャロウ, アル	83
シャンカール, ラヴィ	106
ジャンクー, ジャ	177
シャンクス, ジョン	78
シャンジュー, ジャン・ピエール	6
ジャンセン, ダニエル・H.	18
ジャンバキエフ, アジス	226
ジャンホン, チェン	358
シャンリィ, ジョン・パトリック	28
シュイッテン, フランソワ	273, 277
ジュイヤール, アンドレ	276
シュヴァンクマイエル, ヤン	248, 250, 251, 307, 309
シュヴィーゲル, テリーザ	319
シュヴィッツゲベル, ジョルジュ	246, 250, 290, 294, 303, 305, 308, 309, 310, 311, 313, 315
ジュエル	61
シュガーランド	91, 92
ジューシー・J	71
シュシャコフ, コンスタンティン	73
シュタインヘーフェル, アンドレアス	358, 359
ジューダス・プリースト	95
シュタドラー, フランツ	225
シュタドラー, ローズマリー	225
シュタルテル, パウィオ	305
シュッテ, トーマス	42
ジュデ, ラドゥ	226
シュテナー, クリス	259
シュテンメ, ニーナ	239
シュナイダー, ジョン	114
シュナイダー, マリア	89, 111
シュナイダー, ロブ	189
シュナイダー, ロミー	193
シュナーベル, ジュリアン	175, 182
シュニッツァー, モリス	11
ジュネ, ジャン＝ピエール	196, 319
ジュバニッチ, ヤスミラ	223
ジュバラ, グレゴリー	203
シュービガー, ユルク	356
シュピヒティク, ルー	234
シュフ, ジェレミー	70
シューマン, ペーター・B.	223

シュミット, アル	77, 78, 110	ジョン ジョーゲンソン	91
シュミット, ジェフ・フォン・デル	78	ジョーンズ, アーシュラ	361
シュミット, スタンリー	350	ジョーンズ, アダム	85
シュミット, ブライアン・P.	25	ジョーンズ, アンディー	130
シュモウスカ, マルゴスカ	226	ジョーンズ, クインシー	55
ジュライ, ミランダ	174	ジョーンズ, クリスティーン	204
シュライバー, リーブ	200	ジョーンズ, サラ	201
シュラム, トーマス	162, 163, 164	ジョーンズ, ジェフ	101
ジュリア, ラウル	159	ジョーンズ, ジェームズ・アール	132, 157
シューリス, デヴィッド	218	ジョーンズ, ジャスパー	8
シュリッツ, ローラ・エイミー	360	ジョーンズ, スパイク	60, 64, 133, 187
シュルツ, キャスリン	339	ジョーンズ, ダイアナ・ウィン	334, 363
シュルツ, ピーター・G.	11	ジョーンズ, チェリー	169, 200
シュルツ, フィリップ	31	ジョーンズ, チャック	306
ジュルディ, カミーユ	281	ジョーンズ, トミー・リー	152, 174
シュレシンジャー, ジョン	214	ジョーンズ, トム	57
シュレーター, ヴェルナー	137	ジョーンズ, ノラ	74, 75
シュロック, リチャード・R.	23	ジョーンズ, ビル・T.	201, 204
シュワルツ, シャウル	53	ジョーンズ, ブッカー・T.	95, 102
シュワルツ, スティーブン	77, 210	ジョーンズ, ブライアン	55
シュワルツ, ナン	93	ジョーンズ, リアン	237
シュワルツ, ヘレーネ	222	ジョーンズ, リチャード	243
シュワルツェネッガー, アーノルド	189	ジョーンズ, レスリー・アン	102
ショー, キャロライン	37	ジョーンズ, ロブ	101
ショア, ハワード	77, 179	ジョンストン, クリスティン	161, 162
ジョイス, ウィリアム	299	ジョンスン, キジ	335, 344, 345, 349
周龍	35	ジョンソン, アダム	37
ショーヴァン, イヴ	23	ジョンソン, アルデン	69
松竹	222	ジョンソン, キース・O.	101
ジョー・ザビヌル&ザビヌル・シンジケート	96	ジョンソン, クレイグ・ヘラ	114
ジョージズ, ミシェル・A.J.	15	ジョンソン, スターリング	145
ショスタク, ジャック・W.	24	ジョンソン, スティーヴン	56
ショーター, ウェイン	109	ジョンソン, スティーブ	362
ジョーダン, グレン	155	ジョンソン, セリア	212
ジョーダン, ジョン	323	ジョンソン, デニス	341
ジョーダン, マジード	70	ジョンソン, テリー	204
ジョーダン, ルース	323	ジョンソン, デレク	70
ジョートナー, ジョシュア	8	ジョンソン, ラモント	154, 155
ジョナス, ケヴィン	190	ジョンソン, リアンドリア	103
ジョナス, ジョー	190	ショーンバーグ, ローレン	77
ジョナス, ニック	190	ジョン・マクラフリン・ファイブピースバンド	96
ショメ, シルヴァン	254, 276	シラー, ロバート・J.	26
ジョラス, ベッツィ	121	ジラルド, アニー	193
ジョリー, アンジェリーナ	134	シーラン, エド	71
ジョリッシュ, ステファーヌ	328, 330	シーリ, クリス	106, 114
ジョルジェッリ, パブロ	177	シール	60
ショーレット, ノルマン	331	ジル, ジルベルト	81
ジョン, エルトン	55, 56	シル, スティーヴ	170
ジョン, ドクター	92, 106	シルヴァ, アドナイ	233, 234
ジョン, リル	66, 71, 75	シルヴァ, イルラン	232
ジョン, ワイクリフ	62, 67	シルヴァース, フィル	140

シルヴァーズ,マイケル	125
シルヴェストリ,アラン	81
シールズ,エリン	331
シルバーガー,エリック	116
シレム,ギヨーム	122
ジレール,ジャック・レミー	253, 255, 292
ジーン,ジェームズ	334
シン・ヒョンス	73, 115, 122
シーン,フルトン・J.	140
シンガー,アレクサンダー	145
シンクレア,マッジ	157
ジーンズ,ダグラス	59
ジンネマン,フレッド	212, 213, 214
シンプソン,ポール	63
ジンポー,ウォン	229

【ス】

スー,エリー	118
ZZトップ	54, 55
スウィッチフット	100
スウィット,ロレッタ	150, 152
スウィフト,テイラー	68, 70, 94, 95, 96, 103, 107
スヴィリドフ,エフゲニー	118
スウィントン,ティルダ	128
スウェド,ジョン	81
菅井 円加	233
スカッキ,グレタ	160
スカーフェ,ゲラルト	303
スカーボロー,エンドリアン	239
杉本 博司	45
スキャッグス,リッキー	76, 84, 88, 92
ズーク,ベン	192
スクイーズ	56
スクーピン,ブライアン	319
スクラッグス,アール	76
スクラッグス,ランディ	76
スクリレックス	70, 102, 104, 105, 107
スクーンメイカー,セルマ	125, 127, 139
助川 勇太	315
スケラス,キアラ	73
スケリット,トム	158
スコグ,アラン	157
スコセッシ,マーティン	82, 126, 170, 171, 181, 183, 185, 218, 220
スコット,アンドリュー	235
スコット,ジェイク	60
スコット,ジョージー	65
スコット,ジョージ・C.	161, 215
スコット,ジル	75, 83, 87

スコット,フレデリック	111
スコフィールド,ポール	214
スコラ,エットーレ	194
スコリモフスキ,イエジー	137
スコルジー,ジョン	347, 348, 349
ズーサック,マークース	358
スショット,パウロ	202
鈴木 章	25
スター,ダグラス	326
スタイガー,ロッド	214
スタイツ,トーマス・A.	24
スタイナー,ドナルド・F.	7
スタイルズ,T.J.	34, 341
スタイン,E.M.	12
スタイン,ケイト	319
スタインマン,ラルフ・M.	25
スタウントン,イメルダ	220, 241
スタークロフ,フリデリケ	123
スタシャワー,ダニエル	320, 323
スタッキー,スティーヴン	28
スタック,ロバート	141
スターテヴァント	43
スタブス,ステファン	114
スターリング,サイモン	48
スタール,ニック	242
スター・レッジャー	27
スタロビン,マイケル	203
スタロン,ヴォイチェフ	225
スタワルク,キャトリン	233
スターン,アイザック	8
スタン,ドロシー	22
スタンウィック,バーバラ	141, 142, 152
スタンズベリー,ドメニック	318
スタントン,アンドリュー	344
スタンレー,キム	153, 214
スチュー	202
スチュアート,ジェームズ	211, 213
スチュアート,デヴィッド・A.	179
スチュアート,パトリック	238
スチュアート,マーティ	99
スチュワート,エレン	45, 201
スチュワート,クリステン	192
スチュワート,ジョエル	362
スチュワート,ジョン	77, 101
スチュワート,ポール	361, 362
スチュワート,ロッド	75
ステイヴス,クリス	61
スティーヴンス,マーク	28, 337
スティーヴンス,ロバート	141
スティーヴンソン,フランク・J.	11
スティープ・キャニオン・レンジャーズ	106

ステイプルズ, メイヴィス	100	ストーン, ミルバーン	143
ステイプルトン, オリヴァー	55	ストーンストリート, エリック	169, 171
ステイプルトン, ジェーン	144, 145, 149	ストーン・テンプル・パイロッツ	59
スティーブンス, ジョージ	211	ストンメル, ヘンリー	18
スティーブンス, ジョージ, Jr.	133	スナイダー, ソロモン・H.	6
スティール, アレン・M.	349	スナイダー, ミドリ	334
ステイン, ビリー・ジェイ	113	スナーキー・パピー	108
スティング	57	スニヤエフ, ラシッド	20
ステッド, エリン・E.	357	スヌープ・ドギー・ドッグ	60
ステッド, レベッカ	353, 360	スヌープ・ドッグ	67
ステーヌー, イヴァン	328	スネル, ジョージ・D.	4
ステファニー, グウェン	64, 67	スノーデン, アリソン	248, 286, 288, 306
ステファンズ, サム	69	ズーバー, キャサリン	199, 201, 202, 205, 209
ステファンズ, ジョン	134	スパイス・ガールズ	61
ステファンズ, ダニエル	107	スパイロ, サマンサ	239
ステファンソン, バルドゥール・R.	12	スパニッシュ・ハーレム・オーケストラ	76, 100
ストゥーボ, クリスティ	228	スパーノ, ロバート	78, 86
ストーキー, マイク	139	スパーリング, テッド	199
ストーク, ギルバート	11	スピア, バーニング	93
ストクデック, スコット	125	スピアーズ, ブリトニー	68, 69, 75, 189
ストックトン, フィリップ	131	スピーゲルマン, アート	274, 281
ストックハウゼン, アダム	134	スピックス, ジョー	113
ストッパード, トム	46	スピッツァー, ライマン, Jr.	19
ズートホーフ, トーマス・C.	26	ズビャギンツェフ, アンドレイ	178
ストライサンド, バーブラ	142	スピラー, マイケル・アラン	170
ストラウス, コリン	63	スピルバーグ, スティーブン	183
ストラウス, ダリン	339	スファール, ジョアン	262, 266, 276, 278, 281
ストラウス, ピーター	150	スプラーグ, ジョージ・F.	4
ストラウト, エリザベス	32	スプリンガー, ティモシー・A.	20
ストラウブ, ピーター	335	スプリングスティーン, ブルース	54,
ストラク, メアリー・アリス	82	55, 60, 75, 79, 85, 86, 87, 91, 95, 183	
ストラザース, サリー	145, 150	スプロクストン, デヴィッド	250, 286, 287
ストラザーン, デイヴィッド	136, 169	スペイシー, ケヴィン	188, 243
ストラタン, コスミナ	177	スペイセク, シシー	216, 217, 219
ストラットフォード・イースト王立劇場	240	スペイダー, ジェームズ	165, 166, 167
ストラハン, ジョナサン	335	ズベイル, アーメド・H.	10
ストーリー, ローラ	103	スペード, デヴィッド	191
ストリープ, メリル	131,	スペリー, ロジャー・W.	5
149, 165, 181, 183, 185, 216, 217, 220, 221, 225		スペンサー, オクタヴィア	131, 185
ストレイト, ジョージ	92	スペンサー, ジョン	164
ストレート, スーザン	320	スペンサー, ナイジェル	329, 331
ストレムビツキー, イゴール	174	スポール, ティモシー	177, 221
ストレンジ, マーク	321	スポルディング, エスペランサ	98, 106, 107
ストロス, チャールズ	346, 348, 350	スマッシング・パンプキンズ	61
ストローブ, ジャン=マリー	136	スマート, ジーン	168
ストロング, マーク	242	スミアー, パット	108
ストロンバーグ, ロバート	129, 130	スミシーズ, オリバー	13, 24
ストーン, シャロン	189	スミス, D.ジェームズ	319
ストーン, ジョス	83	スミス, ウィリー	100
ストーン, ニック	325	スミス, ウィル	62, 192
ストーン, マット	205	スミス, グラハム・ベイカー	355

スミス, サム	111	ゼッド	71, 108
スミス, ジェイデン	192	ゼップ	276, 278
スミス, シェリダン	239, 240	セディア, エカテリーナ	335
スミス, ジョージ・E.	24	セートゥ, ダ・ホン	82
スミス, チャド	85	セドナオイ, ステファン	59
スミス, ディック	132	ゼノヴィッチ, マリーナ	169
スミス, トム・ロブ	325	セバスチャオ, フランシスコ	233
スミス, トレイシー・K.	36	セバスチャン, ジョアン	84, 92
スミス, パティ	342	セベスキー, ドン	209
スミス, パトリシア	323	セマニック, マイケル	126
スミス, フィリップ・J.	206	ゼム, ロシュディ	174
スミス, マギー	165, 170, 171, 186, 239	ゼム・クルックド・ヴァルチャーズ	99
スミス, ラヴェル	59, 60	セメディ, エンドレ	3
スミス, ラエ	205, 237	セメネンコ, オレクシー	74
スミッツ, ジミー	156	セラ, ジョナサン	68
スミルノフ, スタニスラフ	40	セラ, マイケル	12
スムート, ジョージ・F.	23	セリック, ヘンリー	254, 265, 294
スメール, スティーブン	15	セール, ジャン・ピエール	13
スラトキン, レオナード	82, 90	セルヴェ, ラウル	246, 254, 303
スリップノット	79	セルヴェリス, マイケル	209
スリム・サグ	67	セルズニック, ブライアン	357
スルイユス, ハンス	72	セルデス, マリアン	205
ズルマン, ジュリアン	121	セルバーグ, アトル	7
スレイヴス, ジェイミー	65	セルバン, フロリン	224, 225
スレイター, グレン	104	セルフォン, オスマン	267
スレイヤー	83, 87	セルマーニ, マッシニッサ	44
スワースキー, レイチェル	344, 345	セレスティン, レイ	327
スワン, アナリン	28, 337	セレック, トム	152
スワン, ロビン	326	セロー, ミシェル	193, 194, 196
スワンク, ヒラリー	125, 179, 219	センチネル, サン	36
スワンソン, ジェイムズ・L.	320	センテ・バレラ・イ・タコナーゾ	84
ズントー, ピーター	45, 52	セントピーターズバーグ・タイムズ	32
		セントルイス・ポスト・ディスパッチ	39

【セ】

【ソ】

セイガル, ケイティ	184	ソ・サンヨン	116
ゼイ・マイト・ビー・ジャイアンツ	93	ソウェト・ゴスペル・クワイア	85, 89
セインツ・ユニファイド・ヴォイス	80	ソウェルウイン, ヴァン	174
セイント, エヴァ・マリー	156	ソウト・デ・モウラ, エドゥアルド	17, 52
セイント・ヴィンセント	111	ソウル, ジェレミー	67
セヴィニー, クロエ	184	ソーキン, アーロン	130, 184
セーガル, ティノ	43	ソクーロフ, アレクサンドル	138
関本 昌平	119	ソダーバーグ, スティーヴン	172, 219
セーケイ, タマーシュ	224	ソーテ, クロード	195, 196
セザール, メノティ	136	ソト, ギャリー	363
セジウィック, キーラ	170, 181	ソートン, マイク	59
セジウィック, トビー	237	ソニエ, ジョエル	113
妹島 和世	52	ソネンバーグ, ネイハム	17
セタ, フロラース	274, 276, 277	ソネンフェルド, バリー	168
ゼタ=ジョーンズ, キャサリン	204		

ソープ, ジェリー	145
ソープ, ダレル	113
ソブラル, パトリック	282
ソボッカ, ダーク	102
ソボレフ, セルゲイ	115
ゾーマン, イタマール	116
染谷 将太	138
ソモルジャイ, ガボール・A.	12
ソラコフ, ネドコ	43
ソールズベリー, グレン・W.	5
ゾルツィ, ウィリアム・F.	320
ソルト・ン・ペパ	60
ゾルフォ, ビクター・J.	128
ソレンティーノ, パオロ	175
ソロイスツ, モスクワ	90
ソロウェイ, ジェフ	323
ソロモン, アンドリュー	339
ソロンズ, トッド	137
宋 思衡	120
ソン・ヨルム	116
ソーンダーズ, ジョージ	334
ソンドハイム, スティーヴン	203
ソーントン, ウォーウィック	176
ソーントン, ビリー・ボブ	188

【タ】

ダイアー・ストレイツ	55
ダイアモンド, ジャレド・M.	17
ダイアモンド, ピーター・A.	25
ダイアモンド, リオ	100
ダイクストラ, ジョン	125
タイザック, マーガレット	238
ダイサート, リチャード	158
タイソン, アンドリュー	73
タイソン, シシリー	146, 159, 207
ダイソン, フリーマン・J.	6
タイナー, マッコイ	76
タイムズ・ピカユーン	28
ダイヤー, ジェフ	339
タイラー・ザ・クリエイター	69
ティン=ハ・ライ	342
タヴィアーニ, ヴィットリオ	225
タヴィアーニ, パオロ	225
タヴェルニエ, ベルトラン	193, 196
ダヴォドー, エティエンヌ	279, 281
ダウド, シヴォーン	354
ダウニー, ロバート, Jr.	183
ダウニング, キャロリン	242
タウネンド, トム	69
ダウンズ, リラ	106
タウンゼンド, アンリ・ジェームス	88
タオ, テレンス	21, 40
高田 茜	232
髙田 樹	232
高畑 勲	253
ダグダル, ルース	324
ダグラス, アラン	81
ダグラス, カーク	213
ダグラス, ジェリー	76
ダグラス, マイケル	172, 187
ダグリーシュ, ジョン	243
ダ・シルヴァ, ハワード	149
ダシルヴァ, ブルース	321
ダ・シルヴァ, ルイス・イナシオ・ルーラ	41
タスカルーサ・ニュース	35
タッカー, エド	77
タック, リリー	341
ダックワース, ブルース	93
ダッシュボード・コンフェッショナル	65
ダッチェス劇場	242
タッチェル, テリー	344
ダットン, チャールズ・S.	163
タップ, イアン	129
辰巳 ヨシヒロ	278, 282
ダディ, パフ	62
ダティス, トニー・T.	70
タート, ドナ	38
ダートネル, ジュリー	132
タートル・アイランド・ストリング・カルテット	90
タートル・アイランド・ストリング・カルテット with イン・カルテット	82
ダトロウ, エレン	334, 336, 346, 348, 350
ターナー, アイク	84
ターナー, シェルドン	183
ターナー, ジェローム	113
ターナー, デイヴィッド	93
ターナー, ティナ	54, 55
ダナー, ブライス	166, 167
ダナ, マイケル	132, 186
ターナー, リンゼイ	242
ターナー, ルイス	233
田中 美妃	314
ダナム, レナ	186
ダニエルズ	71
ダニエルズ, ウィリアム	153, 154
ダニエルズ, ジェフ	172
谷口 ジロー	277, 278
谷口 吉生	44
ダニシェフスキー, サミュエル・J.	11

ダニス, ダニエル …… 329	ターンブル, ピーター …… 322
ダニング, ジョージ …… 245, 247	ダンモア, ヘレン …… 362
タノヴィッチ, ダニス …… 226	
タピエス, アントニ …… 6	## 【チ】
タピコフ, デニス …… 248, 296	
ターピン, キャシディ …… 113	
ダフィー …… 91	チェイス, チェヴィー …… 147
ダフィ, ステラ …… 327	チェイス, デヴィッド …… 319
ダフィ, ロバート …… 58	チェット, イラン …… 12
ターフェル, ブリン …… 86, 107	チェニーリョ, マリアナ …… 229
ダブコフスキー, ジョージ …… 17	チェノウェス, クリスティン …… 169
ダフト・パンク …… 91, 108	チェバート, アントニー …… 110
WDR ビッグバンド・ケルン …… 84	チェルノフ, アレクセイ …… 116
多摩美術大学 …… 300	チェン, アンソニー …… 175, 177
ダミアン, アンカ …… 267	チェン, グローリア …… 94
田村 響 …… 121	チェン・ユーチェン …… 73, 116, 118
タムリンソン, ジェームス・H. …… 15	チェン・ユンジェ …… 122
ダムロッシュ, レオ …… 340	チェン, レイ …… 72
ダラス・モーニング・ニューズ …… 29	チェン, ロジャー・Y. …… 14, 24
タララ, ステファン …… 118	チカレッリ, ジョセフ …… 94
タランティーノ, クエンティン …… 132, 186, 218	チキンデレアヌ, ユージェン …… 122
ダリー, ジョー …… 281	チクリス, マイケル …… 164
ダーリン, ピーター …… 203, 236, 240	チーズマン, シーン …… 60
ダーリング, デイヴィッド …… 96	チック・コリア・トリオ …… 112
タール, ヨセフ …… 6	チッパーフィールド, デイヴィッド …… 16, 47
タルコット, エリーズ …… 331	チードル, ドン …… 186
タルタコフスキー, ゲンディ …… 258, 292	チブリ, ダニエーレ …… 138
ダルデンヌ, ジャン=ピエール …… 174, 175, 176	チヘイゼ, レゾ …… 229
ダルデンヌ, リュック …… 174, 175, 176	チャイルズ, ビリー …… 81, 101, 113
ダルドリー, スティーヴン …… 203	チャイルド, リー …… 327
ダルトン, バート …… 129	チャーコーバー, シーン …… 325
ダルトン, レイ …… 70	チャステイン, ジェシカ …… 186
タレル, ジェームズ …… 12	チャースト, ロズ …… 340
ダレール, ロメオ …… 328	チャーチ, トーマス・ヘイデン …… 167
ダ・ロシャ, パウロ・メンデス …… 52	チャット, ジョセフ …… 6
タワー, ジョアン …… 90	チャップマン, スティーブン・カーティス …… 76
タン, ショーン …… 265, 280, 334, 335, 348, 349, 358	チャップリン, チャールズ …… 211
ダン, ビヴァリー …… 133	チャーナウ, ロン …… 35
ダーン, ローラ …… 183, 185	チャーニン, マーティン …… 145
ダンカン, アンディ …… 336, 345	チャニング, ストッカード …… 164
ダンカン, スチュアート …… 106	チャビー・キャリア&ザ・バイユー・スワンプ …… 101
ダンカン, ロイス …… 323	チャピン, トム …… 77
タンクスレイ, スティーブン・D. …… 14	チャベス, フリオ …… 223
ダンスガード, ウィリー …… 19	チャベル, ティム …… 205, 239
ダンスト, キルステン …… 176	チャポー, エル …… 88
ダンソン, テッド …… 156, 158	チャーリン, ジェローム …… 274
タンディ, ジェシカ …… 155	チャールズ, レイ …… 74, 75, 76
ダンティカ, エドウィージ …… 338	チャルフィー, マーティン …… 24
ダンバー, ジェフ …… 285, 304	チャーン, S.S. …… 7
ダンバー, ジェフリー …… 188	チャン, アンジェリン …… 86
ダンバー, ポリー …… 362	チャン・イージン …… 232

チャン・ジーヤオ	233
チャン・ジンハオ	233
チャン, ダグ	259
チャン, テッド	344, 347, 348, 349
張 楽平	283
チャンドラー, カイル	170
チュイ, キム	330
チュリコワ, インナ	230
チューン, トミー	210
チョ・ソンジン	116
チョー・ヒュンジョ	118
チョ・ユンファ	72
チョー, リンダ	208
チョイ・ヒュンミョン	262
チョウ, パトリシア	233
チョーフィ, パトリツィア	78
チョムスキー, マーヴィン・J.	149, 151, 152
チョン, ヴィンセント	336
チョン, ステファニー	118
チョン・ドヨン	175
チョン・ミンジェ	73
チリーダ, エドゥアルド	7
チーリッチ, ラストコ	287, 306
チリーノ, ウィリー	80
チン・タン	16

【ツ】

ツァイ・シャンチュン	138
ツァイ・ミンリャン	138, 222
ツァイリンガー, アントン	16
ツアハウゼン, ハラルド	24
ツァン・ツォ	73
ツィバコフ, ヴェラ	121
ツィムバリュク, アレクサンドル	116
ツヴィテシッチ, ズリンカ	242
ツェラー, ピーター	17
ツォン・ジエン	226

【テ】

ディー, ルビー	85, 157
T.I.	68, 83, 91
ディアス, キャメロン	192, 219
ディアス, ジュノ	31, 338
ティアーズ・フォー・フィアーズ	58
ディーヴァス, マリアッチ	92
デイヴィス, アン・B.	140, 141
デイヴィス, ヴァイオラ	204
デイヴィス, オジー	85

デイヴィス, カイル	232
デイヴィス, クリスティン	191
デイヴィス, ケイト	166
デイヴィス, ジーナ	180
デイヴィス, ジュディ	160, 163, 168
デイヴィス, デヴィッド・ブライオン	340
デイヴィス, ニコラス・ジャック	111
デイヴィス, ニール	98
デイヴィーズ, ハワード	240
デイヴィス, ビル	147
デイヴィス, ベティ	150, 212
デイヴィス, ホープ	219
デイヴィス, リディア	352
デイヴィス, リンゼイ	326
デイヴィス, レイ	243
デイヴ・ホランド・ビッグ・バンド	80
TLC	60, 61, 63
ディオン, フランク	260, 268, 293
ディカプリオ, レオナルド	179, 187
ディカミロ, ケイト	360
ディキンスン, ピーター	363
ディクシー・チックス	75, 82, 83, 84
ディケンズ, クリス	129
ディサント, バーナデット	60
DJジャジィ・ジェフ	57
DJスネイク	71
ディチロ, トム	102
ディーツ, スティーブン	320
ディッキンソン, イアン	241
ティッチナー, デイラン	63
ティッツ, ジャック	3, 10
TDFオープンドア	207
ディディオン, ジョーン	341
テイト, ジョン・T.	3, 13
ディドナート, ジョイス	105
ティドハー, ラヴィ	335
デイトン, ジョナサン	61, 63
ディーナー, セオドール・O.	8
ディナー, マイケル	156
ティナリウェン	104
ディナレロ, チャールズ	21
ティニュス	283
ディネラリス, アレクサンダー, Jr.	134, 188
ディピエトロ, ジョー	204
ティファニー, ジョン	206, 212
T-ペイン	68, 87, 95
ティボー, シャルル	8
ディーマー, ビル	241
デイモン, キャスリン	150
テイラー, アラン	38, 168
テイラー, アンドリュー	325, 327

テイラー, エリザベス …………………… 214	デスプラ, アレクサンドル ‥ 104, 113, 134, 181, 222
テイラー, サイモン ……………………… 59	テセ, ニール ……………………………… 110
テイラー, ジム ………………………… 125, 179	デセイ, ナタリー ………………………… 237
テイラー, ジョセフ・H., Jr. ………………… 10	テソリ, ジャニーン ……………………… 209
テイラー, ショーン ……………………… 362	テダルディ, ディラン …………………… 232
テイラー, ホランド ……………………… 162	デップ, ジョニー ………………………… 181
テイラー, マット …………………………… 85	テデスキ・トラックス・バンド ………… 103
テイラー, リチャード …………………… 126	デトロイト・フリー・プレス …………… 32
ティラマニ, ジェニー …………………… 209	デニス, ガエル ……………………… 261, 294
テイラー・ヤング, リー ………………… 159	デ・ニーロ, ロバート ………… 184, 216, 218
ディラン, ボブ ………………… 31, 82, 83, 85	テネイシャスD ………………………… 111
デイリー, ジェームズ …………………… 142	デネヒー, ブライアン …………………… 235
デイリー, タイン ………… 152, 153, 155, 160, 165	デ・ハビランド, オリビア ……………… 212
デイ=ルイス, ダニエル …………………… 127,	デバルグ, リュカ ………………………… 116
132, 181, 186, 217, 219, 220, 221, 222	デ・パルマ, ブライアン ………………… 136
ディルダ, マイケル ……………………… 322	デービス, コリン ………………………… 82
ティル・チューズデイ …………………… 55	デービス, フランシス …………………… 93
ティルビー, ウェンディ	デービス, レイモンド, Jr. ………………… 13
249, 251, 255, 263, 287, 290, 299, 309	デ・ブール, エリック=ジャン ………… 132
ディレイニー, サミュエル・R. …………… 345	デ・フルトス, ハビエル ………………… 237
ティロール, ジャン ……………………… 26	デプレ, ジャック ………………………… 359
ディロン, グリン ………………………… 282	デ・マッテオ, ドレア …………………… 166
ディロン, ダイアン ……………………… 334	デミ, ジョナサン …………………… 216, 218
ディロン, レオ …………………………… 334	デメトリュー, クレオ …………………… 240
ティン, クリストファー …………… 101, 102	デモス, ゲーリー ………………………… 126
ティンカー, マーク …………… 155, 161, 162	デ・モラエス, ロン ……………………… 164
ディンクレイジ, ピーター ………… 170, 186	デュヴァル, ロバート ……………… 167, 217
デインズ, クレア ………… 170, 171, 172, 185, 186	デューガン, デニス ……………………… 191
ディンズデール, シャーリー …………… 139	デューク, ダリル ………………………… 144
ティンバランド ……………………………… 83	デューク, パティ …………………… 148, 150
ティンバーレイク, エイミー …………… 323	テュークスベリー, ピーター …………… 141
ティンバーレイク, ジャスティン	デュクードレ, オーレリアン …………… 282
…………… 65, 67, 70, 83, 86, 87, 108, 109, 111	デュジャルダン, ジャン ………… 131, 176, 185
デ・ウィット, コルネリス・T. ……………… 6	デューセ, マイケル ……………………… 93
デウィット, パトリック ………………… 331	デュソリエ, アンドレ …………………… 196
デヴィッドソン, ドノヴァン ……………… 62	デュドク・ドゥ・ヴィット, マイケル
デヴィート, ダニー ……………………… 151	……………………… 252, 257, 288, 290, 309
デ・ヴェア, アリソン ……………… 247, 250	デュトロン, ジャック …………………… 195
デヴリン, エス ………………… 236, 242, 243	デュナガン, ディアナ …………………… 203
デ・オリヴェイラ, マノエル …………… 224	デューハスト, コリーン ……………… 154, 156
テオリン, ヨハン …………………… 325, 326	デュビュニョン, リシャール …………… 121
デカ・ブラザーズ …………………………… 70	デュ・プレ, ジョン ……………………… 81
デ・カルロ, ジャンカルロ ………………… 9	デュ・プレシックス・グレイ, フランシーヌ ‥ 338
デゴ, フランチェスカ …………………… 118	デュボア, バスティアン …………… 265, 297, 298
デサイ, キラン ……………………… 338, 352	デュボワ, クロード・K. ………………… 359
テシネ, アンドレ ………………………… 195	デュモン, フランソワ …………………… 119
デジョネット, ジャック …………………… 92	デュモン, ブリュノ ……………………… 174
手塚 治虫 …………………………… 277, 305	デュラン, エロディ ……………………… 282
デス・キャブ・フォー・キューティー ……… 68	デュラン, ジャクリーン ………………… 132
デスティニーズ・チャイルド ………… 63, 64	デラー, ジェレミー ……………………… 48
テステュー, シルヴィー ………………… 197	デ・ラ・イグレシア, アレックス ……… 137

寺島 しのぶ ……………………………… 224
デ・ラ・ソウル …………………………… 79
デ・ラ・トゥーア, フランシス ………… 201
デラニー, キム …………………………… 161
デラニー, ダナ ……………………… 156, 158
テランス・シミエン&ザディコ・エクスペリエンス …………………………… 89, 109
テリー, ミシェル ………………………… 239
デリヴェラ, パキート ………………… 77, 109
テリオ, クリス …………………………… 132
デリブ ……………………………………… 273
デール, ヴァレリー ……………………… 358
デール, ジム ……………………………… 89
デル・トロ, ギレルモ …………………… 344
デル・トロ, ベニチオ …………………… 175
デル・マッコリー・バンド …………… 80, 109
デレク・トラックス・バンド …………… 96
出和 絵理 ………………………………… 49
デーン, ゾーイ・Z. ……………………… 323
デーン, ブルース ………………………… 177
テンダー, ブリート ………………… 255, 297
デンチ, ジュディ ………………………… 46
デンバー・ポスト ………………………… 36
テンプル, ピーター ……………………… 325
テンプルトン, スージー …………… 263, 291

【ト】

トー・ユエン ……………………………… 259
ドーア, アンソニー ……………………… 39
ドアティ, マイケル ……………………… 102
ドイル, ジョン …………………………… 200
ドイル, マラキー ………………………… 362
トーヴィ, ブラムウェル ………………… 90
ドヴィル, ミシェル ……………………… 194
ドゥヴォス, エマニュエル ……………… 197
ドゥヴォス, ジョディ …………………… 73
ドゥエニャス, ロラ ……………………… 174
トゥオメィ, ノラ …………………… 265, 314
ドゥカヴニー, デヴィッド ……………… 182
東京藝術大学 …………………… 298, 301, 315
ドゥ・クレシー, エルヴェ ……………… 314
トゥーズ, ミリアム ……………………… 328
ドゥ・スワーフ, エマ ……………… 300, 315
ドゥダメル, グスターボ ………………… 104
トゥッカーマン, アーニャ ……………… 358
トゥーツ&ザ・メイタルズ ……………… 77
トゥッチ, スタンリー …………………… 162
トゥドリン, ニコラウス ………………… 233
ドゥニ, ジャン＝クロード ……………… 282

ドヴニコヴィチ, ボリヴォイ ……… 250, 303, 304
トゥーブス, ウェイン …………………… 106
ドゥブーズ, ジャメル …………………… 174
ドゥマラ, ピョトル
    …………… 250, 286, 287, 290, 301, 307, 310, 316
ドゥメズウェニ, ノーマ ………………… 235
ドゥリール, ギィ ………………………… 282
ドゥルーアン, ジャック ……… 251, 253, 284
トゥーレ, アリ・ファルカ …………… 81, 101
ドガーディン, セルゲイ ………………… 116
トキオ・ホテル …………………………… 68
ド・ギオルギ, E. ………………………… 9
トーキング・ヘッズ ……………………… 56
ドクター, マルシオ ……………………… 84
ドクター・ドレー ………………… 60, 63, 95
ドクトロウ, E.L. ………………………… 337
ド・クレシー, ニコラ …………………… 276
トシ, ピエロ ……………………………… 134
ド・シャロンジェ, クリスチャン ……… 193
ド・ジャンヌ, ピエール・ジル ………… 9
ドーセ, ジャン …………………………… 4
ドゾワ, ガードナー ……………………… 336
トッカフォンド, ジャンルイジ … 251, 253, 292
ドッズ, サラ ……………………………… 110
ドッズ, シャウナ ………………………… 110
ドーティ, キャシー ……………………… 55
ドーティ, トム …………………………… 334
トーデイ, ピアーズ ……………………… 353
ドーティ, マーク ………………………… 341
ドディエ, アラン ………………………… 281
ドドロヴィッチ, マリー＝アンジュ …… 102
ドナヒュー, マーク・S. …………… 102, 107
ドナルドソン, S. ………………………… 19
ドヌーヴ, カトリーヌ ……… 175, 194, 195, 230
ドパルデュー, ジェラール …… 194, 195, 228
ド・パンス, アルチュール ‥ 258, 260, 282, 291, 293
トビーマック ……………………… 92, 106
トビン, バーニー …………………… 56, 180
ドビンズ, エメリー ……………………… 89
ドブリギン, グレゴリー ………………… 224
ドボダール, アリエット ………………… 345
ド・ボヌヴァル, グウェン ……………… 281
トホーフト, ヘラルド …………………… 6
ドマシェンコ, マリーナ ………………… 82
トーマス, アンソニー …………………… 58
トーマス, イルマ ………………………… 85
トーマス, クリスティン・スコット …… 237
トーマス, ゲイル ………………………… 286
トーマス, ダニー ………………………… 140
トーマス, デイヴ ………………………… 257
トーマス, ベティ …………………… 153, 158

トーマス, マイケル・ティルソン …… 86, 98, 107	ドレイク ……………………………… 69, 70, 106
トーマス, マーロ ………………………………… 154	ドレイク, ラリー ……………………………… 155, 156
トーマス, リチャード …………………………… 145	トレイン ……………………………………………… 98
ドーマラパッリ, ラージネーシュ ……………… 223	ドレクスレ, ジョルジ ………………………… 125
ドマンスキー, ドン ……………………………… 329	トレシューイー, ナターシャ ………………… 30
ドミンゲス, レティシア ………………………… 233	トレズニヤック, ダルコ ……………………… 208
ドミンゴ, プラシド …………………………… 17, 47	トレッダウェイ, ルーク ……………………… 241
トム, ピーピング ………………………………… 243	トレトン, フィリップ ………………………… 196
トム, ランディ …………………………………… 125	トーレンス・コミュニティ・ダンス・グループ … 63
トム・ペティ&ザ・ハートブレイカーズ … 55, 60, 94	ドロズドフ, マキシム ………………………… 137
トムリン, クリス ………………………………… 103	トロッケル, ローズマリー ……………………… 16
トムリンソン, ジョン …………………………… 237	ドロン, アラン ………………………………… 194
ド・ムーロン, ピエール ………………………… 45	トロンダイム, ルイス ……………………… 275, 279
ドヨン, パトリック ……………………………… 299	ドーン, ダーレン ……………………………… 192
ドライバー, アダム ……………………………… 139	トーン, リップ ………………………………… 160
トラヴィス, サラ ………………………………… 200	ドンウッド, スタンリー ………………………… 93
トラヴィス, ランディ ………………………… 76, 84, 96	ドーンフォード=メイ, マーク ……………… 222
ドラギッチ, ネデリコ ……… 245, 250, 303, 305, 307	トンプソン, エマ ……………………………… 218
ドラクテンバーグ, ロバート …………………… 172	トンプソン, ケイト …………………………… 353
ドラジッチ, マリナ ……………………………… 204	トンプソン, サダ ……………………………… 149
ドラッグセット, インガー ……………………… 43	トンプソン, ジョン・G. ……………………… 3, 10
トラバンティ, ダニエル・J. …………………… 151	トンプソン, マーク …………………………… 242
ドラマ・ブック・ショップ …………………… 206	ドンブロフスキー, パーヴェル ………… 120, 121
ドラモンド, ローリー・リン …………………… 318	
ドラン, グザヴィエ ……………………………… 177	**【ナ】**
トランストロンメル, トーマス ………………… 25	
トランティニャン, ジャン=ルイ ……………… 198	ナイ, ビル ……………………………………… 181
トランブル, ダグラス …………………………… 132	ナイト, グラディス ………………………… 76, 80
トリアー, ラース・フォン ……………………… 218	ナイト, ジャクエル …………………………… 68
ドリエセン, ポール …………………… 247, 251,	ナイト, シャーリー …………………………… 160
254, 257, 285, 286, 288, 291, 303, 304, 309, 310	ナイト, テッド …………………………… 145, 147
トリオ・コヘンチ ……………………………… 109	ナヴァロ, ギジェルモ ………………………… 127
トリサイクルシアター …………………………… 242	ナヴァーロ, モルガン ………………………… 282
ドリスコル, ジョン ……………………………… 242	長尾 春花 ……………………………………… 122
ドリーニュ, ピエール ………………………… 4, 15, 19	中沢 啓治 ……………………………………… 278
トリバース, ロバート・L. ……………………… 20	ナガタ タケシ ………………………………… 294
トリフォノフ, ダニール …………………… 116, 119	ナガノ, ケント ………………………………… 102
トリペット, タイ ………………………………… 109	中村 修二 ……………………………………… 26
トリム, マイク …………………………………… 61	ナカムラ マギコ ……………………………… 266
鳥山 明 ………………………………………… 282	中村 将良 ……………………………………… 266
ドリュイエ, フィリップ ………………………… 274	ナジエ, レザ …………………………………… 224
トリュフォー, フランソワ ………………… 194, 215	ナジャフィ, ババク …………………………… 225
トリンカ, ジャスミン …………………………… 137	ナ・ジン ………………………………………… 224
ドルエ, イザベル ………………………………… 72	ナセリ, サミー ………………………………… 174
トルエバ, フェルナンド ……………………… 267	ナッシュ, ジョン・F., Jr. ……………………… 4
トルステンコ, ペトル ………………………… 116	ナッシュ, ルイス ……………………………… 76
トルナトーレ, ジュゼッペ …………………… 228	ナデル, バーバラ ……………………………… 324
ドルニック, エドワード ……………………… 319	ナドー, ジャニス ………………… 270, 328, 330
ドルビー, レイ ………………………………… 225	ナトウィック, ミルドレッド ………………… 146
トルーヒヨ, セルジオ …………………………… 243	ナバッロ・ユデス, ダビッド・フェルナンド … 234
トルンカ, イジィ ………………………………… 245	

成田 達輝 73, 122
ナールズ・バークレイ 67, 68, 83
南部 陽一郎 11, 24

【ニ】

二階堂 ふみ 138
ニクソン, シンシア 93, 166, 191, 201
ニコルズ, ピーター 349
ニコルズ, マイク 164, 166, 199, 206, 214
ニコルソン, ジャック 215, 216, 217
ニコロー, ケーシー 205, 242
西久保 瑞穂 269
西沢 立衛 52
西塚 泰美 11
ニーダム, ハル 133
ニックス, ジョナサン 260
ニックス, マット 320
ニッティ・グリッティ・ダート・バンド 76
ニッパー, ザカリー 89
ニート, パトリック 337
ニネ, ピエール 198
ニーブン, デービッド 213
ニャオレ, ドベ 95
二山 治雄 234
ニュー・オルレアン・ジャズ・オーケストラ ... 96
ニュートン, エディー 319
ニュートン, ジョン 90, 104, 107
ニューフェルド, エリザベス・F. 8
ニューフェルド, ピーター 200
ニューベリー, リンダ 363
ニューマン, ティム 54
ニューマン, トーマス 93, 110
ニューマン, フィリス 204
ニューマン, ポール 166, 180, 215, 218
ニューマン, ランディ 85, 101, 130
ニューヨーク・タイムズ 32, 33, 36, 39
ニューランド, マーヴ 253, 286, 290, 299
ニュリ, ファビアン 281
ニューワース, ベベ 156, 157
ニヨ 87, 91
ニョンゴ, ルピタ 133
ニール, ジュリアン 281
ニール, パトリシア 214
ニルヴァーナ 58, 59, 60
ニールセン, クリストファー 263
ニーレンバーグ, ルイス 4, 18
ニン・フェン 118

【ヌ】

ヌーヴェル, ジャン 15, 52
ヌージャイム, ジハーン 173
ヌニェス, マリアネラ 241
ヌーブルジェ, ジャン・フレデリック 120, 121

【ネ】

ネヴィル, モーガン 114
ネヴィル, ロビー 56
根岸 英一 25
ネギン, オレグ 178
ネシャット, シリン 137
ネス, パトリック 353, 354, 359
ネッツァー, カリン・ペーター 226
ネーデル, ダン 77
ネトルズ, ジェニファー 84
ネメス, ラズロ 178
ネメロフ, ブルース 89
根本 里菜 232
ネリー 64
ネルソン, アンディ 132
ネルソン, ウィリー 87
ネルソン, クレイグ・T. 157
ネルソン, スタンリー 165
ネルソン, ラルフ 140
ネルソン, ロビー 113

【ノ】

ノヴィク, ナオミ 347
ノヴィコフ, セルゲイ・P. 14
ノヴィック, エド 130
ノヴォセリック, クリス 108
ノジエール, フィリップ 7
ノセ, アルベルト 120, 121
ノー・ダウト 61, 64, 65, 66
ノッツ, ドン 141, 142, 143
ノッテージ, リン 33
ノップラー, マーク 81
ノトーリアスB.I.G. 61
ノートン, ジム 203, 236
ノーフル, スモーキー 76, 112
ノボセロフ, コンスタンチン 25
ノーマン, ジェシー 18
ノーマン, ブルース 11

野依 良治 ……………………………………… 13
ノーラン, ウィリアム・F. …………………… 336
ノリス, ブルース ………………………………… 35
ノール, ジョン ………………………………… 127
ノルシュテイン, ユーリー
　………………………… 247, 285, 302, 303, 304, 316
ノルティ, ニック ……………………………… 219
ノルドウィンド, ティモシー ………………… 86
ノワレ, フィリップ …………………… 193, 195

【ハ】

バー, レイモンド ……………………………… 141
バイ, ナタリー ………………………… 194, 197
ハイアム, スティーヴ ………………………… 62
パイグル, マルセラ・デ …………………… 232
ハイグル, キャサリン ……………………… 168
ハイケン, ナット ……………………… 140, 141
ハイダー, マクシミリアン …………………… 16
パイダシ, ソレンヌ …………………………… 122
ハイティンク, ベルナルト …………………… 94
ハイデルバッハ, ニコラス …………………… 358
バイト, クリスタル …………………………… 243
ハイドシュッター, ウエ ……………… 266, 268
ハイトナー, ニコラス ………………… 201, 235, 242
パイパー, エイドリアン ……………………… 43
バイヤン, ジョン ……………………………… 328
俳優協会 ………………………………………… 207
ハイラー, マルティン ………………………… 40
ハイランド, ダイアナ ……………………… 148
パイン, アレクサンダー ……………………… 10
ハウ, ダニエル・ウォーカー ………………… 31
ハウ, デビッド ………………………………… 334
バウアー, ベリンダ …………………… 326, 327
バウアー, ユッタ ……………………… 356, 358
ハーウィッツ, レオニド ……………………… 24
ハーヴェイ, ジョン …………………… 325, 327
パウエル, ヴァンス …………………………… 94
パウエル, ウィリアム ……………………… 212
パウエル, ウィリアム・ディラン ………… 320
パウエル, サンディ …………………… 125, 130
ハウエル, ロブ ………………………… 207, 236, 240
パウエルスキー, シェリル ………………… 113
パヴォーネ, クリス …………………………… 322
バウジーニ, ラウラ …………………………… 80
バウシュ, ピナ ………………………………… 236
バーヴス, バリー ……………………… 252, 258, 291
ハウディー, バック …………………………… 97
ハウトマン, ピート ………………………… 341
バウムガルトナー, カール ………………… 226

パヴラトヴァ, ミカエラ ‥ 251, 253, 268, 289, 294, 307
ハウランド, ジェイソン …………………… 113
バウルクーム, デヴィッド …………………… 16
パウルス, ダイアン ………………………… 207
パーカー, K.J. ………………………… 335, 336
パーカー, T.ジェファーソン …………… 318, 321
パーカー, コーデル …………… 257, 264, 306, 310
パーカー, サラ・ジェシカ …………… 165, 191
パーカー, デヴィッド ……………………… 128
パーカー, トレイ …………………………… 205
パーカー, ナサニエル ……………………… 242
パーカー, ネイサン …………………………… 69
バーガー, ハワード ………………………… 126
パーカー, メアリー=ルイーズ ………… 166, 180
パーカー, ロザリー ………………………… 336
パーカー・カルテット …………………… 102
バカラック, バート …………………………… 79
ハギス, ポール ……………………………… 126
パキート・デリヴェラ・クインテット ……… 88
パキン, アンナ ……………………………… 183
バーキン, エレン ……………………… 161, 205
パーキンス, ウィリー ……………………… 100
パーキンス, ジョー・ウィリー "パイントップ" ‥ 88
パーキンス, リン・レイ …………………… 360
バーグ, ガートルード ……………………… 139
バーク, ジェイムズ・リー ………………… 321
パク, ジズ …………………………………… 234
パク・ジュヨン ……………………………… 123
バーク, ジョン・R. …………………………… 78
パク・ジョンミン …………………………… 116
パク・セウン ………………………………… 232
パク・セジョン ……………………………… 260
パク・チャヌク ………………………… 176, 223
パク・チユン ………………………………… 121
パーク, ニック …………… 251, 254, 287, 288, 307
パク・ヘソン …………………………………… 73
ハグアーレス …………………………………… 92
バークス, カール …………………………… 282
バクスター, カーク …………………… 130, 131
ハクナザリャン, ナレク …………………… 116
バーグマン, イングリッド …… 152, 212, 213, 216
パクラ, アラン・J. ………………………… 216
バグリオーシ, ヴィンセント ……………… 320
バークレー, パリス ………………………… 162
ハーゲン, ウィリアム ………………………… 74
バーゲン, キャンディス ………… 156, 158, 159
バーゴフ, ゲイリー ………………………… 148
バコール, ローレン ………………………… 130
バザー, フラー・W. …………………………… 13
ハサウェイ, アン ……………………… 132, 186
ハサウェイ, レイラ …………… 100, 108, 111

ハーシー, バーバラ	156
パーシヴァル, ブライアン	171
ハージティ, マリスカ	167, 179
パシフィカ・カルテット	94
パシフィック・マンボ・オーケストラ	109
橋本 新	315
バーシャフスキー, アレクサンダー	13
ハーシュ, ジャド	151, 152
ハーシュコ, アブラム	13
ハーシュバーグ, ローラ	130
バシュメット, ユーリ	90
パジーリャ, ジョゼ	223
パス, ジョン	329
ハーズ, ヘンリ・ゲリー	8
ハス, ロバート	31, 341
バーズオール, ジーン	341
バースキー, ビル	153
パスク, スコット	200, 202, 205
バースティン, エレン	172
パストール, アントニー	282
バスフィールド, ティモシー	157
バスワニ, ニーラ	113
パーソンズ, ジム	169, 170, 171, 172, 184
バタスビー, アラン・R.	9
パターソン, マイケル	55
パターソン, マーク	132
バダルコ, マイケル	162
バターロフ, アレクセイ	228
バーチ, パトリシア	155, 158
パチェコ, ホセ・エミリオ	337
パチガルピ, パオロ	344, 348
パチーノ, アル	165, 169, 185, 191
ハチャトゥリアン, セルゲイ	72
バーツ, ゲイリー	76
ハーツェル, イェンス	228
パッカー, ジョージ	342
バック, フレデリック 248, 249, 251, 285, 287, 288, 315	
バックウィート・ザディコ	97
バックシー, コリン	173
バックストリート・ボーイズ	62, 63
ハックフォード, テイラー	81
ハックマン, ジーン	215
バックランド, マーク	167
パッジェン, フランク	264, 291, 296, 297, 313
ハッチャー, テリー	179
パッツ, ケビン	36
パッツ, ノルベルト・レオ	199, 205
パット・メセニー・グループ	80
パット・メセニー・ユニティ・バンド	106
ハットリー, ティム	203
ハーツフェルト, ドン	270, 300, 314, 315, 316
ハディド, ザハ	46
パティンキン, マンディ	159
ハーディング, ダニエル	98
ハーディング, ポール	34
パテル, イシュ	247, 249, 253, 286, 288
ハーデン, ゲーリー	97
ハーデン, マーシャ・ゲイ	203
バード, アラン・J.	15
ハート, イアン	134
バード, カイ	29, 338
ハート, キャロリン	323
ハート, ジョン	320, 321, 325
バード, ティモシー	237
ハート, ドナルド・グラハム	128
ハート, ミッキー	93
バドゥ, エリカ	68, 70
ハートウェル, デヴィッド・G.	347, 348
ハートキ, ステファン	108
ハドソン, ジェニファー	91, 127, 181
バトラー, ドリー・ヒルスタッド	322
バトラー, ロバート	146, 151
ハドリー, ロベルト	78
ハートレー, マリエット	150
バートレット, ボニー	154, 155
パードロ, グレゴリー	39
パトロン, スーザン	360
バトワース, ニック	362
バートン, アンウォー・"フィル"	70
バートン, ウィリー・D.	127
バートン, ゲイリー	92, 96, 103, 106
バートン, ジェームズ	91
バートン, デイヴ	56
バートン, ティム	137, 230, 248, 286
バートン, ハンフリー	155
バートン, ブライアン	187
バナー, ボブ	141
バーナード, アネイリン	239
バーナード, ロバート	324
パナヒ, ジャファル	223, 226
バニエッテマード, ラフシャーン	139
パニック・アット・ザ・ディスコ	67
パニッチ, モーリス	328
パヌ, テミス	138
ハネケ, ミヒャエル	174, 176, 177, 198
バーネット, T=ボーン	101, 107, 130, 183
パネハム, リチャード	130
ハノン, フランシス	134
ハーパー, ヴァレリー	144, 145, 147
ハーパー, カレン	319
ハーパー, ベン	75, 76, 109

ハービンソン, パトリック	321	ハリス, ニール・パトリック	208
ハフィントン, ライアン	71	ハリス, ハリー	152
バブコック, バーバラ	151	ハリス, ローズマリー	148
パフ・ダディ&ザ・ファミリー	62	ハリス, ロバート	327
ハーフペニー, ジル	239	ハリスン, ハリイ	344
ハフマン, フェリシティ	166, 180	ハリソン, ハワード	237, 243
ハブリー, ジョン	244, 245, 246	ハリソン, レックス	214
ハブリー, フェイス	244, 245, 247	バリッシュ, レオラ	190
バベ, リジア	43	ハリトーノフ, ダニール	116
ハーベイ, チェストン	192	バリモア, ドリュー	184
バベルスバーグ・スタジオ	225	パリロー, アンヌ	195
ハマー, ウィリアム	82	ハリントン, パット	153
パーマー, ロバート	55	バル	273, 275, 276, 281
ハーマン, ジェリー	204	パール, ダニエル	59
ハーマン, ナイジェル	240	ハル, マイケル	242
バーマン, バーニー	130	パール, マーティン	6
ハミドホジャエフ, アリシェール	137	パール, ミルトン	139
ハミガス, アンソニー	91	バルガス・リョサ, マリオ	25
ハミルトン, ウィリアム・D.	19	バルガバ, マンジュル	40
ハミルトン, エマ・ウォルトン	101	バルサー, ルネ	319
ハミルトン, ジェーソン	68	パール・ジャム	59
ハミルトン, スティーヴ	321, 326	ハルス, トム	160
ハミルトン, リチャード	45	ハルゼー, サイモン	90, 94
ハム, ジョン	182	ハルダー, イェンス	281
パムク, オルハン	23	バルデース, チューチョ	96, 100
ハムラ, ハリール	37, 53	バルデス, ベボ	80, 96
ハモンド, ジェフリー	190	バルデッサリ, ジョン	43
ハモンド, フレッド	88	バルデム, ハビエル	127, 176, 182
早石 修	8	バルトシャイト, マーティン	359
林 茂樹	49	バルトリ, チェチーリア	102
原 恵一	267, 270	バルバ, エリック	129
バラ, ニカノール	337	バルハウス, ミハエル	223
パラシオス, アロンソ・ルイス	226	ハルペリン, バートランド・I.	14
ハラヴェツスキ, ユーリイ	72	バルボーサ, エドソン	233
バラック	283	パールマター, ソール	25
バラード, グレン	81	パールマン, イーディス	339
バラーノフ, アンドレイ	73	パールマン, ジャネット	284, 285, 288, 308, 309
パラモア	111	パールマン, ニコール	345
バランスキー, クリスティン	160	パールマン, リー	153, 154, 156
バランタイン, ベティ	334, 347	バルミエリ, エディ	80, 84
バリー, B.H.	205	バルン, オルガ	314
ハリー, ジミー	185	バルン, プリート	289, 306, 308, 310, 313, 314
ハリー, ジャッキー	155	ハルーン, マハマト=サレ	136, 176, 177
バリエット, ブルー	318	ハーレイ, ビル	85, 93
ハリス, アマンダ	235	バレシヌシ, フランソワーズ	24
ハリス, エド	186	バレッカ, クリストファー	208
ハリス, エミールー	79, 109	バレツキー, サラ	322
ハリス, カルヴィン	69, 70, 108	バレット, K.K.	61, 62
ハリス, ジェイソン	82	バレット, ニール, Jr.	344
パリス, ジェリー	142	ハーレム・ボーイズ・クワイア	88
ハリス, ジョン	77	バーレル, タイ	170, 172

ハレルソン, ウディ ･････････････････････････ 156
バレンタイン, ジーン ･････････････････････ 341
バレンボイム, ダニエル ･･････････････ 14, 45
ハーロウ, ジョエル ･･･････････････････････ 130
バロウズ, ジェームズ ･･････････ 151, 152, 157, 159
バロノー, ヴァンサン ･････････････ 175, 295, 313
バロン, クレイグ ･････････････････････････ 129
バロン, スティーヴン ･･････････････････････ 55
バロン・コーエン, サシャ ･･･････････････ 181
パワーズ, デイブ ･･････････････････ 146, 147, 149
パワーズ, ティム ･････････････････････････ 336
パワーズ, リチャード ･･･････････････････ 341
ハワード, ケン ･･･････････････････････････ 169
ハワード, ジェイムズ・ニュートン ･････････ 93
ハワード, テリー ･･････････････････････････ 77
ハーン, アーウィン・L. ･････････････････････ 7
バーン, アレクサンドラ ･････････････････ 128
バーン, ガブリエル ･･････････････････････ 183
坂 茂 ･･････････････････････････････････････ 52
ハン, ソヘ ･･･････････････････････････････ 232
ハン, ソンウ ･････････････････････････････ 233
ハーン, ヒラリー ･････････････････････ 94, 114
ハーン, メアリー・ダウニング ･･･････････ 321
バン・アレン, ジェームズ・A. ･････････････ 19
バンヴィル, ジョン ･･･････････････････････ 352
バング, メアリー・ジョー ･････････････････ 338
バンクス, キャサリン ･････････････････ 329, 331
ハンクス, トム ･･･････････････････････････ 219
バンクヘッド, タルーラ ･････････････････ 211
バンクロフト, アン ･･･････････････････････ 162
ハンコック, シーラ ･･･････････････････････ 236
ハンコック, ハービー ･･･････ 54, 76, 86, 88, 98, 100
ハンサード, グレン ･･･････････････････････ 128
パンジャビ, アーチー ･････････････････････ 170
バーンズ, エド ･･･････････････････････････ 320
バーンズ, グレッグ ･･････････････････ 200, 206
バーンズ, ジム ･･･････････････････････････ 346
バーンズ, ジュリアン ･･･････････････････ 352
バーンズ, チャールズ ･･･････････････････ 279
バーンズ, デヴィット ･･･････････････････ 144
ハンズ, マリナ ･･･････････････････････････ 197
ハンスキ, イルッカ ･･･････････････････････ 21
バーンスタイン, ビル ･･･････････････････ 110
バーンスタイン, レナード ･･････････････ 142
ハンセン, ジョアン ･･･････････････････････ 319
ハンセン, ベック ･･････････････････････････ 62
ハンセン, ラース・ピーター ･･････････････ 26
ハンソン, カーティス ･･･････････････････ 218
ハンター, アンソニー・R. ･････････････････ 14
ハンター, ホリー ･･････････････ 156, 158, 217, 218
ハンチントン・シアター・カンパニー ･･････ 208

バンディット, クリーン ･････････････････ 111
ハンデルスマン, ウォルト ･････････････････ 30
ハント, ヴァン ･･･････････････････････････ 83
ハンド, エリザベス ･･････････････ 334, 335, 343
ハント, ジャクソン ･･･････････････････････ 71
ハント, フィリップ ･･････････ 265, 288, 297, 314
ハント, ヘレン ･･･････････････････ 160, 161, 162
ハンドスプリング・パペット・カンパニー ･･･ 206
ハンドリー, アラン ･･･････････････････････ 143
パントリアーノ, ジョー ･････････････････ 165
ハンドレイ, ティム ･････････････････････････ 82
バントン, ブジュ ･････････････････････････ 101
バーンハイマー, ケイト ･････････････････ 335
バンビー ･･･････････････････････････････････ 67
パンフィーロフ, グレブ ･････････････････ 230
ハンプシャー, スーザン ･･････････････････ 144
バンプス, ベンジ ･･････････････････････････ 70
ハンプトン, スライド ･･･････････････････････ 77
ハンブル ･･･････････････････････････････････ 69
ハンマー, アレクサンダー ･････････････････ 70

【ヒ】

ピア, ダヴィット ･････････････････････････ 115
ヒアコボーネ, ニコラス ･･････････････ 134, 188
ピアース, アリス ･････････････････････････ 142
ピアース, ガイ ･･･････････････････････････ 170
ピアース, デイヴィッド・ハイド
 ･････････････････････ 159, 161, 162, 165, 201, 205
ピアーズ, ボビー ･････････････････････････ 175
ピアモンテージ, フランチェスコ ･･･････････ 72
ピヴェン, ジェレミー ･････････････ 167, 168, 182
BMIリーマン・エンゲル・ミュージカル・シア
 ター・ワークショップ ････････････････････ 201
ビェルウェスト, タイズ・ミヒール ･･･････ 114
ピカシオ, ジョン ･････････････････････ 334, 350
ヒギンズ, クレア ･････････････････････････ 235
ピーク, ハモンド ･････････････････････････ 126
ピーク, ピーター ･････････････････････････ 255
ヒグズ, ピーター・W. ･･････････････････ 14, 26
ヒグドン, ジェニファー ･･････････････ 34, 98
ビーグル, ピーター・S. ･･･････････ 335, 343, 347
ビグロー, キャスリン ･･･････････ 129, 220, 221
ピケット, ジョン・A. ･･･････････････････････ 15
ピサリデス, クリストファー・A. ･･･････････ 25
ビショップ, マイケル・J. ･･････ 86, 94, 97, 114
ビジョルド, ロイス・マクマスター ･･･････ 343
ピーション, リズ ･･･････････････････････････ 361
ビースティ・ボーイズ ････････････ 63, 68, 69, 87
ピステッキ, ヤクブ ･･･････････････････････ 290

ピストレット, ミケランジェロ	15, 47
ビスマス, ピエール	125
ビセット, ジャクリーン	187, 230
ピーターズ, バーナデット	207
ピーターズ, マイケル	54
ビーチー, ロジャー・N.	13
ビーツ, スウィズ	99
ヒッキー, ジョン・ベンジャミン	205
ヒッキー, ペギー	62
ヒックス, タイラー	38, 53
ビッグス, ピーター	9
ヒックス, ポール	90, 101
ヒッケル, ハル	127
ヒッチコック, アルフレッド	211
ピッチャー, アナベル	323
ピット, ブラッド	136, 221
ビーティ, ウォーレン	181
ピート, マル	353, 354, 362
ピトフ	189
ピトリク, ノアム	150
ビトル, セルヒオ	337
ヒドルストン, トム	237
ヒートン, パトリシア	163
ピナ・バウシュ ヴッパタール舞踊団	238
ピニェイロ, ミゲル	234
ビニエス, アドリアン	224
ビノグラド, ソニア	233
ビノシュ, ジュリエット	176, 195
ピノック, アンナ	134
ビーバー, ジャスティン	68, 69
ビバー, トム	238
B.B.キング	57, 80, 92
ビービー・ワイナンズ	100
ヒープ, イモージェン	97
ヒープ, ディオン	126
ピープルス, P.J.E.	20
ビーマー, ボブ	125, 127
ひめだ まなぶ	300
ヒメル, ブライアン	241
ピメンテル, ジョージ・C.	6
ピメンテル, ミゲル・ジョンテル	105
ピャテツキー・シャピロ, イリヤ	9
ピャント, ポール	242
ヒュカーデ, アンドレアス	263, 266, 269, 289, 290, 293, 297, 298, 301, 309, 313, 314, 316
ヒューズ, ダグ	200
ヒューズ, テリー	154, 155
ヒューストン, アンジェリカ	179
ヒューストン, ウォルター	210
ヒューストン, ジョーダン	126
ヒューストン, ジョン	212, 213, 217
ヒューストン, ホイットニー	55
ヒュディス, キアラ・アレグリア	36
ビューフォイ, サイモン	128, 182
ヒューマン・ライツ・ウォッチ	22
ヒュラー, サンドラ	223
ビュリス, ロバート・H.	7
ビュレン, ダニエル	45
ビョーク	61, 62, 63, 64
ビョルケン, ジェームス・D.	18
ビョンジュン, ファン	104
ビヨンセ	65, 66, 67, 68, 69, 70, 71, 79, 83, 94, 95, 105, 111, 112
平野 俊夫	21
ヒラハラ, ナオミ	319
ヒラーマン, ジョン	154
ビラル, エンキ	274
ヒーリー, ジャック	56
ヒーリー, デズモンド	206
ヒリアー, ポール	86, 98
ヒル, ウォルター	166
ヒル, グレッグ	324
ヒル, ジーナ	324
ヒル, ジュディス	114
ヒル, ジョー	334
ヒル, ジョン	102
ヒル, フェイス	79
ヒル, ローリン	62, 63
ヒルシュ, ペーター・B.	7
ビルソン, ブルース	143
ヒルツェブルフ, フリードリヒ	8
ヒルトン, パリス	189, 190, 191
ビーン, ヘンリー	190
ビンガム, ライアン	101, 130, 183
ピンク	64, 67, 70
ピンク&シール	98
ピンクニー, ジェリー	357
ピンク・フロイド	56
ピンクリー, ハウエル	200
ピンター, ハロルド	23
ピンダル, カイ	287, 305
ピントフ, ステファニー	321
ヒントン, クリストファー	250, 258, 287, 291, 292, 308, 310
ピンフォールド, レーヴィ	355

【フ】

ブー, キャサリン	342
ファイアー, アンドルー・Z.	23
ファイヴ・セカンズ・オブ・サマー	71

ファイエル, アンドレス 225, 358
ファイゲンバウム, ミッチェル・J. 8
ファイファー, ミシェル 217
ファイフィールド, フランセス 325
ファイン, アン 363
ファイン, デイヴィッド 288, 306
ファインスタイン, ジョン 319
ファウ, セバスチャン 65
ファヴァレット, ララ 42
ファヴォリン, ユーリイ 73
ファウスト, マイケル 263, 313
ファウラー, カレン・ジョイ 335, 344
ファーヴル, ブノワ 233
ファーギー 67, 103
ファクソン, ナット 131
ブアジラ, サミ 174
ファジン, ダン 38
ファース, コリン 130, 137, 184, 220
ファステンバーグ, ハリー 15
ファースト, ニール・L. 11
ファースト・アベニュー・マシン 71
ファスベンダー, マイケル 138
ファットボーイ・スリム 63, 64
ファット・マン・スクープ 66, 82
ブッフ, トリスタン 121
ファネス 92, 106
ファビアン, ステファン 334
ファブレイ, ナネット 140
ファベ, イザベル 300, 312
ファーマ, ユージン・F. 26
ファラネジャド, ハミド 228
ファーリー, デヴィッド 237
ファリス, ヴァレリー 61, 63
ファリス, マイク 112
ファリントン, マーサ 319
ファルコ, エディ 162, 163, 165, 170
ファルハーディー, アスガル 224, 225
ファレル, J.G. 352
ファレル, グレンダ 142
ファレル, コリン 182
ファロー, ジョン 211
ファローズ, マイク 257
ファロッキ, ハルン 43
ファロン, ジミー 107
ファン 105
ファン・スミ 73
ファン・アイク, アルド 12
ファン・スシャーイク, エリック 261
ファーンズワース, リチャード 219
ファンタジア 99
ファンタズマ, グルーポ 100

ファンチャー, ルー 362
ファンベッケフォールト, リーブレヒト 72
ブイ, マルゲリータ 229
フィアスコ, ルーペ 87
フィアーリンジャー, サンドラ 292, 297, 310
フィアーリンジャー, ポール 251,
                253, 285, 287, 290, 292, 297, 310, 315
フィオナ, メラニー 103
フィオル, マヌエレ 281
フィオーレ, マウロ 129
フィオレンティーノ, リンダ 218
フィジャル, ジャレット 68, 69, 70
フィスター, ウォーリー 130
フィッシャー, アート 145
フィッシャー, クレア 110
フィッシャー, ゲイル 144
フィッシャー, ジュールス 207
フィッシャー, スコット 134
フィッシャー, デイビッド・ハケット 28
フィッシャー, マイケル・E. 5
フィッシャー, リサ 114
フィッシャー, リック 203
フィッツジェラルド, バリー 211
フィナラン, ケイティ 204
フィニー, アルバート 164, 214
フィニー, ニッキー 342
フィーニー, レイ 127
フィフス・ハーモニー 70
フィフティーセント 65, 95
フィラデルフィア・インクワイアラー 35
フィリップス, スーザン 48
フィリップス, デヴィッド・C. 8
フィリップス, ロナルド・L. 15
フィリッポウ, エフティミス 138
フィリポネ, ガブリエル 72
フィルキンス, デクスター 338
フィールド, サリー 148, 167, 216
フィンク, シェリ 33, 340
フィンク, マイケル 128
フィンク, リチャード・ポール 105
フィンケル, デイヴィッド 28
フィンケル, フィヴァッシュ 159
フィンチャー, デヴィッド
              .... 57, 58, 70, 111, 172, 184, 220
フィンレー, ジェラルド 105
フェイ, ティナ 168, 182, 183
フェイゲン, ドナルド 86
フェイス・ノー・モア 58
フェイスフル, デヴィッド 58
フェドレンコ, ユージン 256, 285, 309
フェニックス 95

フェニックス, ホアキン …………… 85, 138, 180	フォッセ, ヨン ……………………………… 358
フェーヘル, ジョージ …………………………… 15	フォード, ジェフリー ……………… 319, 334, 335
フェラーラ, アベル ……………………………… 136	フォード, ジョン ……………………… 210, 211
フェラーリ, ジェローム ………………………… 333	フォドン, トム ……………………………… 61
フェラーリ, レオン ……………………………… 42	フォーナー, エリック ……………………… 35
フェリー, デヴィッド …………………………… 342	フォービス, アマンダ …… 255, 263, 290, 299, 309
フェリシアーノ, ホセ …………………………… 92	フォービドゥン・ブロードウェイ …………… 201
フェリス, マイケル ……………………………… 189	フォーリー, チャールズ …………………… 320
フェリーニ, フェデリコ ………………………… 215	フォール・アウト・ボーイ …………… 66, 67
フェリーニョ, ロバート ………………………… 326	フォルクマン, クリスチャン …………… 262
フェール, アルベール ……………………… 15, 23	フォルスガール, ミケル・ボー …………… 225
フェルディナンド, フランツ …………………… 66	フォルマン, アリ …………………………… 314
フェルドマン, ジャック ………………………… 206	フォレスティエ, サラ ……………………… 198
フェルドマン, トビアス ………………………… 74	フォレット, ケン ………………………… 323
フェルドマン, マーク …………………………… 20	フォン・オッター, アンネ・ゾフィー ……… 114
フェルナン＝ゴメス, フェルナンド …………… 222	フォンダ, ジェーン ……………………… 153, 215
フェルナンデス, パブロ ………………………… 117	フォンダ, ピーター ………………………… 219
フェルナンデス, ビンセント ……………… 96, 112	フォンタナ, トム ………………………… 319
フェルナンデス, ロベルト ……………………… 77	フォンテイン, ジョーン ………………… 211
フェルプス, エドムンド・S. …………………… 23	フォンテイン, リン ……………………… 142
フェルメリ, リリ ………………………………… 232	フォン・ブラウンハイム, ローザ ………… 226
フェルラ, ジョー ………………………………… 101	フガード, アソル ………………………… 47, 206
フェルルーン, ドルフ ………………………… 358	ブキャナン・スミス, ピーター …………… 77
フェルロシオ, ラファエル・サンチェス ……… 337	ブーク, ジョセリン ………………………… 237
フェレイオロ, ジャック・D. ………………… 323	ブーク, フランソワ ……………………… 274, 276
フェレッティ, ダンテ …………… 125, 128, 131	ブークティ, レスール …………………… 129
フェレーラ, アメリカ ……………………… 167, 181	フクナガ, ケイリー・ジョージ ………… 173
フェレラス, イグナシオ … 259, 268, 292, 293, 299	ブクロー, ベンジャミン …………………… 42
フェレル, ウィル ……………………………… 189	ブーケ, キャロル ………………………… 195
フェン, エリザベス・A. ……………………… 39	ブーケ, ミシェル ………………………… 197
フェン, メイ ……………………………………… 176	ブシェーズ, エロディ …………………… 196
フェンスク, マーク ……………………………… 59	ブシェミ, スティーヴ …………………… 184
フォイ, マッケンジー …………………………… 192	フージーズ ………………………………… 61
フォーガッティー, ミコ ………………………… 233	ブシャール, カミール …………………… 328
フォー・キング＆カントリー …………………… 112	ブース, シャーリー ………………… 141, 142, 212
フォーク, ピーター ……………… 145, 147, 156	ブース, パワーズ ………………………… 150
フォクシーズ …………………………………… 108	フース, フィリップ ……………………… 341
フォークマン, ジューダ・M. …………………… 10	プスケパリス, セルゲイ ………………… 224
フォグラー, ダン ……………………………… 199	ブスタマンテ, ジャイロ ………………… 227
フォーゲル, ユーゲン ………………………… 223	ブズロフ, アレクサンドル ……………… 117
フォーゲロル, マーティン ……………………… 78	フセイン, ザキール ……………………… 93
フォーサイス, フレデリック …………………… 326	フセイン, ワリス ………………………… 154
フォスター, サットン ………………………… 205	プッシーキャット・ドールズ …………… 67, 68
フォスター, ジョディ ……………………… 186, 218	ブッシュ ……………………………………… 61
フォスター, ブラッド・W. ……………… 348, 349	ブッシュ, ジョージ・W. ………………… 189
フォックス, ジェイミー ……………… 95, 125, 179	ブッチ, ルー・テイラー ………………… 222
フォックス, ジョシュ ………………………… 171	ブッチャー, ユージン・C. ……………… 20
フォックス, ポーラ …………………………… 358	ブッチャレッリ, ファビオ ……………… 53
フォックス, マイケル・J. ……… 97, 154, 155, 162	ブッチャレッリ, マリーナ ……………… 123
フォックス, ミーガン ………………………… 192	ブッデ, ナディア ………………………… 359
フォッシー, ボブ ……………………………… 146	ブット, ベナジル ………………………… 22

フーティー&ザ・ブロウフィッシュ ……… 60	ブラックマン, マロリー ……………………… 361
フーパー, トム …………………………… 130, 167	ブラックモン, ダグラス・A. ……………… 33
フー・ファイターズ ……… 61, 69, 87, 103, 105	ブラッシュフィールド, ジム ……………… 57, 58
フーブラー, トーマス ……………………… 318	ブラッスール, クロード …………………… 194
フーブラー, ドロシー ……………………… 318	ブラッチフォード, クリスティ …………… 330
ブーブレ, マイケル ……… 87, 95, 99, 108	フラッツ, ラスカル ………………………… 80
フラー, ペニー ……………………………… 152	ブラット, ティム …………………………… 347
フライ, ガレス ……………………… 237, 238	ブラット, ユーゴ ………………… 272, 273, 274
フライ, グレン ……………………………… 55	ブラッドベリ, レイ ………………………… 30
ブライアン, デヴィッド …………………… 204	ブラッドリー, アラン ……………………… 325
ブライアン=ブラウン, エイドリアン ……… 210	ブラデス, ルーベン ……………………… 76, 112
ブライアン・リンチ ………………………… 84	ブラナー, ケネス …………………………… 163
ブライク, リチャード ……………………… 129	フラナガン, リチャード …………………… 352
ブライジ, メアリー・J. ……… 65, 83, 87, 88, 91	ブラフ, ザック ……………………………… 77
フライシュマン, トム ……………………… 131	ブラマー, アマンダ ………………………… 158
プライス, エリザベス ……………………… 48	ブラマー, クリストファー ……… 131, 148, 185
プライス, スティーヴン …………………… 133	ブラマー, マーク ……………………… 56, 57
プライス, チャーリー ……………………… 322	ブラム, ハワード …………………………… 321
プライス, リチャード ……………………… 320	ブラム, ベン ……………………………… 113
プライス, レイ ……………………………… 87	ブラン, クリストフ …………………… 278, 282
プライス, ロニー …………………………… 171	ブラン, ドミニク ……………………… 137, 196
フライト・オブ・ザ・コンコルド ………… 89	ブランカート, ジョン ……………………… 189
ブライブトロイ, モーリッツ ……………… 223	フランカン, アンドレ ……………………… 271
ブライン, ジョン …………………………… 80	ブランカン, ベルナルド …………………… 174
ブラウアー, アンドレ ……………… 161, 167	フランク, ゲイリー ………………………… 148
ブラウアー, マイケル・H. ………………… 101	フランクリン, アリアナ …………… 325, 326
ブラヴォ, エミール ……… 278, 280, 281, 359	フランクリン, アレサ …………………… 79, 88
ブラウン, クリス ……… 68, 69, 70, 103	フランクリン, カーク ……… 84, 92, 103
ブラウン, サム ……………………………… 105	フランクリン, トム ………………………… 326
ブラウン, ジェーソン・ロバート ………… 208	フランクリン, ポール ……………… 131, 134
ブラウン, ジョーグ・スタンフォード ……… 154	フランケンハイマー, ジョン ……… 159, 160, 162
ブラウン, デレン …………………………… 240	ブランケンビューラー, アンディ ………… 202
ブラウン, パメラ …………………………… 141	フランコ, ピーター ………………………… 110
ブラウンロー, ケヴィン …………………… 131	フランコ, ミシェル ………………………… 178
ブラクスター, ケネス ……………………… 5	ブランシェット, ケイト ‥ 125, 133, 136, 182, 187, 221
ブラクストン, トニ ………………………… 112	フランシス, カーク ………………………… 128
ブラザーズ・クエイ ……………… 251, 306	フランシス, ジム …………………………… 56
プラチェット, テリー ……………… 335, 345	ブランシャン, マチュー …………… 278, 281
ブラック, ジェームズ・W. ………………… 6	フランスコビアック, チャド ……………… 101
ブラック, ジャン・ピーター ……………… 59	フランダース, エド ……………… 148, 152
ブラック, ダスティン・ランス …………… 128	フランダース・ロイヤル・バレエ ………… 238
ブラック, ホリー …………………………… 343	ブランチ, ミシェル ………………………… 65
ブラック, ルイス ……………………… 85, 101	ブランチャード, タミー …………………… 164
ブラック・アイド・ピーズ ‥ 66, 67, 75, 79, 82, 95, 98	ブランチャード, テレンス ……… 76, 88, 92, 96
ブラックウッド, ディーン ………………… 113	フランツ, デニス …………… 159, 160, 161, 162
ブラックウッド, ブラッド ………………… 104	ブランディ ………………………………… 62
ブラックウッド, フレヤ …………………… 355	ブランデル, ジュディ …………………… 341
ブラック・グアジャバ ……………………… 88	プラント, エミリー ………………………… 181
ブラック・サバス …………………………… 108	プラント, ジェイムス ……………………… 67
ブラックストーン, ジェリー ……………… 82	ブランド, マーロン ……………… 150, 213, 215
ブラックバーン, エリザベス・H. ………… 24	プラント, ロバート ……………… 87, 90, 91, 92

ブランドストラップ・ロホ・プロジェクト	239	フルシアンテ, ジョン	85
フランプトン, ピーター	83	ブルジナー, スタンリー・B.	11
ブリエ, ベルトラン	195, 228	ブルジョワ, ルイーズ	14
ブリエト, ロドリゴ	137	ブールス, ルドヴィック	131, 185
ブリエニー, マーティン	57	ブルックス, ケヴィン	354, 358
フリーガオフ, ベンス	225	ブルックス, ジェームズ	217
ブリーグ, スティーブ	129	ブルックス, ジェラルディン	29
フリステンコ, スタニスラフ	73	ブルデチュカ, イジー	244, 245
ブリストル・ヘラルド・クーリエ	33	ブルデンコ, ロマン	123
プリセツカヤ, マイヤ	45	フルトゥル, クリスティーナ	177
フリゼール, ビル	76	ブルートン, ステファン	101
ブリックナー, ズザボル	72	ブルニフィエ, オスカー	359
ブリッケル, エディ	109	ブルフィー, チャールズ	94, 107
ブリッジウォーター, ディー・ディー	100	プルマン, フィリップ	362
ブリッジス, ジェフ	129, 183	ブルームバーグ, マイケル	208
ブリッジズ, ボー	93, 157, 158, 161	ブレ, マリー・クレール	330
ブリッジス, マーク	131	フレア	85
ブリッチン, アイレン	123	ブレイヴ・コンボ	77
ブリッツ, ジェフリー	169	ブレイク, クエンティン	362
ブリットマン, ヒラ	94	ブレイク, チャド	89
フリードキン, ウィリアム	138	フレイザー, ジョン	125
フリードマン, デーブ	86	プレイス, メアリー・ケイ	148
フリードマン, ハーバート	8	ブレイベン, ケイティ	243
フリードマン, マイケル	107	フレイン, マイケル	241
フリードマン, ロバート・L.	208	プレヴィン, アンドレ	78
フリードレンダー, サユル	31	ブレーク, ロバート	147
フリーマン, マーティン	172	プレサント, セス	77
フリーマン, モーガン	125, 185	ブーレーズ, ピエール	13, 82
フリーマントル, グレン	133	ブレスデール, マルカス	53
ブリュチ	277, 281	プレスラー, ミリヤム	359
ブリュッグマン, アンナ	226	プレスリー, ジェイミー	168
ブリュッグマン, ディートリヒ	226	フレチェット, キャロル	332
ブリュドム, ダヴィッド	280, 281	ブレッカー, ウォーラス	20
フリン, ギリアン	323, 325	ブレッカー, マイケル	84, 88
ブリンク182	63	ブレッカー, ランディ	84, 92, 109
プリングル, デイヴィッド	346	フレック, ベラ	84, 91, 95, 97, 101, 104
プリンジャー, ケイト	330	ブレックナー, ジェフ	152, 153
プリンス	55, 56, 75, 87, 181	フレッチャー, ジェフリー	129
プリンス, ハロルド	201	ブレット, サイモン	327
プリンス&ザ・ニュー・パワー・ジェネレーション	58	プレトニョフ, ミハイル	78
プリンス&ザ・レヴォリューション	55	ブレナン, アイリーン	151
プリンスター, ラルフ・L.	14	ブレハッチ, ラファウ	119
プリンツラー, ハンス・ヘルムート	223	フレミング, マーク	77
プリンプトン, ビル	250, 251, 255, 257, 264, 269, 292, 306, 311	フレミング, ルネ	98, 108
ブルー	267, 296	フレーミング・リップス	83, 86
プール, マイク	203	フレンチ, タナ	320
ブルー, ロベール	14	フレンチ, ポール	322, 327
ブルーヴォ, ロール	48	ブレンデル, アルフレート	46
ブルガン, ジャン	21	フロイド, ビル	321
		ブロウ, デービッド・M.	8
		ブロウトン, シーン	62

フロガット, ジョアン ……………… 188
ブロシュー, アンドレ ……………… 328
ブロシュキン, アンドレイ ………… 230
フロスト, ジュリー ………………… 185
フロスト, デイヴィッド ‥ 78, 94, 101, 102, 110, 111
ブロスナン, ピアース ……………… 190
フロッカ, ブライアン ……………… 357
ブロック, サンドラ ……… 129, 183, 190, 191
ブロック, ナポレオン・マーフィー …… 91
ブロック, フランチェスカ・リア ………… 363
ブロディ, エイドリアン …………… 197
プロディジー ……………………… 62
ブロードベント, ジム ……………… 182
ブロドリック, ウィリアム ………… 325
ブロートン, ショーン ……………… 63
ブロパー, ダーシー ……………… 86, 107
ブロムクビスト, ハイジ …………… 286
フローリー, ジェームズ …………… 143
フローリン, ジェームズ …………… 144
フローレンス・アンド・ザ・マシーン ……… 69
ブロンカンプ, ニール ……………… 344
ブロンジット, コンスタンティン
 ……………… 252, 255, 270, 291, 309, 316
ブロンジーニ, ビル ………………… 320
ブロンスキ, ヤン・キダヴァ ……… 229
ブロンデル, トーマス ……………… 73

【ヘ】

ベア, エリザベス ……………… 346, 347, 348
ベアード, ジム ……………………… 84
ベアール, エマニュエル …………… 229
ヘイ, ジェイムズ …………………… 232
ベイ, マイケル …………………… 191, 192
ベイヴァー, ミシェル ……………… 353
ベイヴィア, フランシス …………… 143
ベイカー, アニー …………………… 38
ベイカー, キャシー ……………… 158, 159, 160
ベイカー, ケイジ ………………… 335, 344
ベイカー, ケイト ………………… 336
ベイカー, サイモン ……………… 240
ベイカー, マーク …… 250, 252, 255, 261, 287, 288
ベイカー, リック ………………… 131
ヘイグ, マット …………………… 363
ヘイグッド, ジム ………………… 57, 58
ヘイズ, サイモン ………………… 132
ヘイズ, シャロン ………………… 43
ヘイズ, ショーン ………………… 163
ヘイズ, テランス ………………… 342
ヘイズ, ヘレン …………………… 140

ヘイスターバング, ラスマス ……… 225
ペイズリー, ブラッド …………… 87, 91
ヘイダー, モー ………………… 322, 326
ベイツ, キャシー ………………… 173
ベイティ, ジョン・リー …………… 207
ヘイデン, チャーリー ……………… 76
ヘイデン, パトリック・ニールセン … 347, 348, 350
ベイトマン, ジェイソン …………… 179
ベイヤー, サミュエル ……………… 67
ヘイリー, ジャック ……………… 143
ベイリー, ニナ ………………… 264, 296
ベイリー, フィリップ ……………… 55
ベイル, クリスチャン …………… 130, 184
ヘイル, トニー …………………… 172
ヘイル, バーバラ ………………… 141
ヘイルストーム …………………… 105
ヘイワード, スーザン ……………… 213
ペイン, アレクサンダー ……… 125, 131, 179
ペイン, トラヴィス ……………… 59, 60
ペイン, バーバラ ……………… 143, 144
ペイン, ビル …………………… 147
ヘインズ, トッド ………………… 136
ベインブリッジ, ベリル …………… 352
ヘオ, ジェニス …………………… 97
ベケット, レイ ………………… 129
ベーコン, ケヴィン ……………… 184
ページ, ジェフリー ………………… 69
ベジューズ, ビュレント …………… 82
ベジョ, ベレニス ……………… 177, 198
ヘス, カレン …………………… 363
ペステル, マキシム ……………… 116
ベスト, イヴ …………………… 235
ベースメント・ジャックス ……… 75
ヘスロフ, グラント ……………… 136
ペソア, レジーナ ………………… 262
ペータース, フレデリック ……… 279, 280, 282
ペツォールト, クリスティアン …… 225
ベッカー, ユルゲン ……………… 351
ベック ………………… 61, 62, 111
ベック, グレゴリー ……………… 212
ベック, ジェフ ………………… 95, 98, 99
ヘック, リチャード・F. ……………… 25
ベックマン, アダム ……………… 169
ベッケンシュタイン, ヤコブ・D. ……… 17
ヘッジス, マイケル ……………… 126
ベッソン, リュック ……………… 196
ベッチグ, エリック ……………… 26
ベッツ, カール …………………… 143
ベッテス, ハンナ ………………… 233
ベット, デヴィッド ……………… 104
ベットヒャー, ユルゲン ………… 223

ヘッドリー, ヘザー	96	ベリッジ, マイケル	11
ペッパー, バリー	170	ヘリマン, ジョージ	282
ベッヒャー, ウィル	311	ヘーリング, コンヤーズ	7
ペティヨン, ルネ	272, 274, 277	ベリンコ, アリエル	263, 313
ペーテルソヌス, レイニス	315	ベリントン, マーク	59
ベドジフ, ヴァーツラフ	246, 286, 303	ベル, シュテファン・W.	26
ペトリー, ダニエル	148, 149	ベル, ニール	319
ペトリーニ, カルロ	227	ベルイマン, イングマール	215, 217
ペトルシェフスカヤ, リュドミラ	335	ヘルゲンバーガー, マージ	156
ペトロヴァ, オレシャ	115	ベルコ, エマニュエル	178
ペドロサ, シリル	280, 282	ヘルジ, ハフシア	136
ペトロッシアン, ミシェル	73	ヘルストレム, ベリエ	326
ペトロフ, アレクサンドル		ヘルツ, シャーリー	204
	252, 254, 256, 289, 308, 309	ヘルツォーク, ジャック	45
ベナッシ, ベニー	90	ベルト, アルヴォ	47
ベナンティ, ローラ	202	ベルトゥージ, ミケーレ	82
ベニー, ジャック	141	ベルナー, ロートラウト・ズザンネ	358
ベニー, ルイーズ	324	ヘルナンデス, ジェイム	279
ベニンカーサ, ジョセフ・P.	209	ベルヤー, ダニエル	102
ベニング, アネット	179, 184, 220	ヘルマン, フアン	337
ヘニガス, アレックス	131	ヘルマン, モンテ	137
ベネガス, ジュリエッタ	84	ヘルマンダー, ラース	8
ヘネシー, ミーガン	85	ヘルム, レヴォン	89, 96, 103
ベネット, アラン	235	ベルモンド, ジャン=ポール	195
ベネット, トニー	79, 83, 102, 111	ベルローニ, ウィリアム	206
ベネット, トレイシー	237	ヘルンドルフ, ヴォルフガング	359
ベネット, ロバート・ジャクソン	322	ペレ, ジョン	69
ベネット, ロバート・ラッセル	203	ペレイラ, ハイター	81
ベネベイカー, D.A.	133	ペレカノス, ジョージ	320
ペノーネ, ジュゼッペ	47	ペレグリン, パオロ	53
ベヒトラー, ヒルデガルト	240	ペレス=レベルテ, アルトゥーロ	327
ベビーフェイス	112	ベレルマン, グリゴーリー	40
ベブ, ピーター	131	ベレンジャー, トム	171
ヘプバーン, オードリー	213	ベーレンス, ペーター	329
ヘプバーン, キャサリン	147, 211	ベレンスン, アレックス	319
ヘミオン, ドワイト	144,	ベロセルスキー, ドミトリ	116
	146, 148, 149, 151, 152, 153, 156, 157	ベロッキオ, マルコ	138
ベーム, カールハインツ	224	ヘロン, ミック	327
ベーラ, タル	225	ベン, アーサー	223
ベラ, ビリー	107	ベン, ショーン	128, 220
ベライア, マレイ	18	ベン・ツァオキアン	232
ベラフォンテ, ハリー	135, 225	ベン, マイケル	57
ヘランド, J.ロイ	131	ヘンクス, ケヴィン	357
ベリー, ケイティ	69, 70, 71	ベンザー, シーモア	10, 19
ベリー, タイラー	192	ヘンシェル, ジェーン	82, 90
ベリー, ニック	322	ベンジャミン, エリザベス	319
ベリー, ハル	163, 189	ベンジャミン, スチュアート	81
ベリー, ポール	252	ヘンシュ, テオドール	23
ベリー, マイケル・V.	12	ベンステッド, クリストファー	133
ベリオ, ルチアーノ	10	ペンズラー, オットー	321
ベリサン, クリスチャン	281	ヘンソン, ジム	156, 303

ベンソン, ジョージ 83
ヘンソン, ダーリン 63
ヘンダーソン, ビル 338
ヘンダーソン, マーク 201, 239
ベンディックス＝バルグリー, ノア 122
ペンデレツキ, クシシュトフ 8
ペンドルトン, ドン 113
ヘンリー, サラ・J. 322
ヘンリー, ドン 54, 55, 57
ヘンリー, マリー・アデライン 123
ペンローズ, ロジャー 9

【 ホ 】

ボー, アルマンド 134, 188
ボー, ジェイソン 114
ホー, ダニエル 93
ボー, ハリー・リー 321
ボー, レオン 240
ホアン, ユンテ 322
ボイエ, キルステン 358
ボイエス, クリストファー 126
ボイス, フランク・コットレル 353, 354, 359
ボイス, マーティン 48
ホイットニー, H. 6
ホイットモア, エド 319
ボイド, アラン 107
ボイド, マイケル 238
ボイトラー, ブルース・A. 25
ホイーラー, ジョン・A. 12
ボイル, ウィラード・S. 24
ボイル, ケビン 341
ボイル, ダニー 128, 182
ホイル, フレッド 20
ボイル, ロバート・F. 128
ホーイング, スコット 113
ボウイ, デヴィッド 54, 55
ボウイー, リーマ 25
ボーウェン, ジュリー 170, 171
ボウエン, フィリパ 343
ボーヴォワ, グザヴィエ 176
ホウ・シャオシェン 178
ボウズ, リチャード 335
ボウズロフ, アレクサンドル 115
ボウマン, トム 323
ポエット, ブルーノ 240
ホガース, ジミー 89
ボガート, ポール 142, 143, 144, 149
ホーキング, スティーブン・W. 9
ホーキンス, サリー 182, 220, 224

ボグダニッチ, ウォルト 27, 31
ボグダノーヴィチ, ピーター 94
ボーグナイン, アーネスト 213
ホゲット, スティーヴン 238
ボゴイヤビッチ・ナラス, シモン 263, 264, 312
ボゴシアン, ガロジャン 234
ボサート, グレゴリー・ノーマン 336
ホジソン, アントニア 327
ホジソン, ジョナサン 248, 256, 289
ボジャノフ, エフゲニー 73, 119
ホス, ニーナ 223
ホース, ハリー 361
ホスキンズ, ボブ 217
ポスター, ランダル 104, 113
ポスト・アンド・クーリエ 38
ボストリッジ, イアン 98
ボストン, トム 141
ボストン・グローブ 37
ポズナー, ケネス 202
ボゼット, ブルーノ 245, 247, 288, 308, 309
細田 守 263
ボーソレイユ 93
ボーソン, アンソニー・J. 14
ポーター, グレゴリー 109
ポーター, パメラ 328
ポーター, ビリー 110, 207
ポーター, ヘンリー 324
ボックス, C.J. 320
ボックス, スティーヴ 255
ホックマン, ラリー 205
ホッジ, ダグラス 204, 238
ポッター, ミック 235
ボッティ, クリス 105
ポット, R. 13
ポット, チムニー 68
ホップ, フェリシタス 351
ホップズ, ロジャー 327
ポートマン, ナタリー 130, 179, 184
ボードワン, エドモン 275, 276, 277
ホートン, イスラエル 96, 100
ボナノッテ, チェッコ 46
ポニアトウスカ, エレナ 337
ボネール, サンドリーヌ 194
ボノ 187
ボノム, マチュー 281
ボー・ハウス 321
ホービッツ, ルイス・J. ....
             160, 162, 163, 166, 167, 168, 172
ホフ, クリスチャン 200
ポープ, ジェフ 138
ホープ, ティム 65, 258, 291, 292

ポープ, ビル	57	ポール, ロマン	139
ホープウェル, クリス	66	ポール・アリヴィサトス, A.	16
ホプキンス, アンソニー	147, 151, 180, 218	ポール・ウィンター・コンソート	80, 88, 100
ホプキンス, スティーヴン	166	ボルカート, レッド	91
ホプキンス, マイケル	126	ボールガール, ポール	126
ホプキンスン, ナロ	345	ホルコム, ウィリアム	82
ホフマン, ジュール・A.	25	ホルコム, ロッド	169
ホフマン, ダスティン	154, 216	ボルサレロ-エルマン, マチルド	122
ホフマン, デヴィッド・E.	34	ポルジ, クリストファー・E.J.	8
ホフマン, ニーナ・キリキ	344	ポールセン, アルバート	142
ホフマン, フィリップ・シーモア	126, 138, 180	ホルダー, ドナルド	202
ホブリット, グレゴリー	155	ボルタンスキー, クリスチャン	45
ポープル, ジョン・A.	10	ポルティージョ, ブランカ	174
ポポヴィッチ, ヴェリコ	264, 313, 314	ホールデン, ウィリアム	146
ボマー, マット	188	ボールドウィン, アレック	168, 169, 181, 183, 184
ホーム, ミシェル	104	ボールドウィン, ピーター	156
ホームズ, ケイティ	189, 191	ボルドマ, ヤンノ	290
ホームズ, リチャード	339	ホールドマン, ジョー	343, 344
ポヤル, ブジェチスラフ	244, 305	ボルトン, S.J.	321
ポーラー, エイミー	187	ボルトン, シャロン	327
ポラック, シドニー	143, 216	ホルニキーヴィクツ, オレー	5
ポラーニ, ジョン・C.	6	ボルニン, セルゲイ	232
ポラーニョ, ロベルト	338	ホールバーグ, パー	128, 132
ポーランジェ, リシャール	195	ホルバトゥ, マリヤ	285, 286
ポランスキー, ロマン	194, 197, 198, 224	ホルブルック, ハル	144, 146, 147
ホーランド, トッド	162, 163, 164	ホルヘ・アレバロ・マテウス	89
ポランボア, コーネル	175	ホルン, レベッカ	46
堀沢 悠子	233	ボロヴィアック, マテウズ	73
ボリソグレフスキー, ニキータ	73, 115	ホロウェイ, ロン	223
ポリット, ベオウルフ	209	ホロビッツ, ウラジーミル	6
ポリーニ, マウリツィオ	46, 86	ホワイト, ウェイン	61
ボール, アラン	164	ホワイト, ジャック	75, 94, 101, 111, 113
ホール, アレン	127	ホワイト, ジュリー	202
ポール, アーロン	169, 171, 172	ホワイト, ジョン・ポール	107
ボル, ウーヴェ	190	ホワイト, ベティ	104, 147, 148, 154
ホール, グラディ	70	ホワイト, マイケル	242
ボール, クリスチャン	206, 209	ホワイト, ルース	142
ホール, ジェームス・W.	319	ホワイト, レニー	103
ホール, ジョン・L.	23	ホワイトクロス, マット	223
ホール, スティーヴン	47	ホワイト・ゾンビ	60
ホール, ハイネス	63	ホワイトホース, ジョニー	89
ホール, フィル	331	ホーン, アンドリュー	292
ポール, フレデリック	349	ホン・ヒャンギ	232
ポール, マイケル	237, 241	ホン, ヘアラン	73
ホール, マイケル・C.	184	ボーン, マシュー	235
ポール, マーク	129	ボン・イヴェール	102, 103
ホール, ミンディー	130	ボン・ジョヴィ	56, 84
ホール, リー	203	ポンテ, ギデオン	63
ホール, リナ	208	ホンドロス, クリス	53
ポール, ルシル	140, 143		
ポール, レス	79		

【マ】

マイウェン ……………………………………… 177
マイケル, ジョージ ……………………………… 56
マイケル, リビ …………………………………… 362
マイトン, ジョン ………………………………… 328
マイヤー, アンドリュー・K. …………………… 114
マイヤー, エルンスト …………………………… 20
マイヤー, ジョン ………………………………… 126
マイヤーズ, ジョー ……………………………… 322
マイヤーズ, ジョナサン・リス ………………… 180
マイヤーズ, マイク ……………………………… 190
マイヤーソン, ロジャー・B. …………………… 24
マイルズ, ジョアンナ …………………………… 146
マイルズ, ルーシー・アン ……………………… 209
マーウィン, W.S. …………………………… 33, 341
マウス, デンジャー ……………………………… 101
マーウッド, アレックス ………………………… 323
マウラ, カルメン ………………………………… 174
マウンテン, フィオナ …………………………… 320
前田 紗江 ………………………………………… 234
マオズ, サミュエル ……………………………… 137
マーカス, ジョーン ……………………………… 209
マーカス, ルドルフ・A. ………………………… 7
マーカーソン, S.エパサ ……………………… 166, 180
マガトロイド, スティーヴ ……………………… 62
マカロック, ディアミッド ……………………… 337
マギー, シーン …………………………………… 101
槇 文彦 …………………………………………… 9
マキャフリイ, アン ……………………………… 343
マキリップ, パトリシア・A. …………………… 334
マクグラス, マイケル …………………………… 206
マクシェーン, イアン …………………………… 179
マクスウェル, メル ……………………………… 93
マクダーミド, ヴァル …………………………… 326
マクディアミッド, イアン ……………………… 201
マクデヴィット, ジャック ……………………… 343
マクデヴィット, ブライアン …… 200, 202, 204, 205
マクドウォール, ロディ ………………………… 141
マクドゥーガル, チャールズ …………………… 166
マクドゥガル, トム ……………………………… 113
マクドナー, マーティン ………………………… 321
マクドナルド, イアン ……………………… 49, 347
マクドナルド, オードラ ……………… 94, 206, 208
マクドナルド, ケリー …………………………… 167
マクドーマンド, フランシス …………………… 205
マクニコル, クリスティ …………………… 148, 150
マクニコル, ピーター …………………………… 163
マクニール, イアン ……………………………… 203

マクノート, ジョン ……………………………… 282
マクブライド, ジェイムズ ……………………… 342
マクブライド, スチュアート …………………… 325
マクマートリー, ラリー …………………… 126, 180
マクマヌス, ルイス ……………………………… 139
マクラーキン, ドニー ……………………… 80, 96
マクラナハン, ルー ……………………………… 154
マクラレン, ノーマン …………………… 246, 306
マグリ, マヤラ …………………………………… 233
マクリントック, バーバラ ……………………… 6
マークレー, クリスチャン ……………………… 43
マクレーン, シャーリー ………………………… 217
マクレーン, デレク ……………………………… 204
マグワイア, ジョージ …………………… 236, 243
マコックラン, ジェラルディン ………………… 362
マコノヒー, マシュー …………………… 133, 186
マコーマック, エリック ………………………… 163
マーゴーリス, ジェフ …………………………… 160
マーゴリン, スチュアート ……………………… 150
マコール, ダンディ・デイリー ………………… 322
マザー, ジョン・C. …………………………… 23
マザースキー, ポール …………………………… 217
正戸 里佳 ………………………………………… 118
マサロ, アナスタシア …………………………… 71
マーサン, エディ ………………………………… 230
マシーセン, ピーター …………………………… 341
マシチェワ, マリア ……………………………… 122
マーシャル, E.G. ……………………………… 141, 142
マーシャル, キャスリーン …………… 200, 205
マーシャル, トニー ……………………………… 196
マーシャル, バリー・J. ………………………… 23
マーシャル, メーガン …………………………… 38
マーシャル, ロブ ………………………………… 168
マーシュ, キャサリン …………………………… 320
マーシュ, ジーン ………………………………… 147
マシューズ, ジェイソン ………………………… 323
マシューズ, ディーリア ………………………… 232
マシューズ, ロビン ……………………………… 133
マーズ, ブルーノ …………………………… 70, 98, 108
マーズ・ヴォルタ ………………………………… 91
益川 敏英 ………………………………………… 24
マスキン, エリック・S. ………………………… 24
マスグレイヴス, ケイシー ……………………… 109
マスグレイブ, ジェームス ……………………… 110
マーストン, ジョシュア ………………………… 225
マスレエフ, ドミトリー ………………………… 116
マゼラ, ニール …………………………………… 202
マゼール, ロリン ………………………………… 78
マチャゼウスキー, クリストフ ………………… 16
マチャド, アダム ………………………………… 104
マーチャンド, ナンシー ………… 149, 150, 151, 152

マッカイ, アンディ ……………………… 97	マーティン, リッキー …………………… 63
マッカーシー, コーマック ……………… 30	マーティンデイル, マーゴ …………… 170
マッカーシー, ジェニー ……………… 189	マテス, ケイト ………………………… 320
マッカーシー, メリッサ ……………… 170	マテソン, ジョン ……………………… 31
マッカーティ, マクリン ………………… 9	マトゥテ, アナ・マリア ……………… 337
マッカートニー, ポール …… 99, 104, 105, 108, 111	マトソウカス, メリナ ………………… 108
マッキー, スティーブン ……………… 105	マトチキナ, ユリヤ …………………… 117
マッキー, ナサニエル ………………… 341	マートン, エレイン・L. …………… 86, 97
マッキノン, パム ……………………… 207	マドンナ …… 56, 57, 58, 59, 60, 62, 63, 83, 90, 185
マッキャン, コラム …………………… 341	マナ ……………………………… 84, 103
マッキーン, デイブ …………………… 361	マニャーニ, アンナ …………………… 213
マッキントッシュ, ピーター ………… 240	マヌリ, グイド ……………… 247, 248, 249
マックィーン, スティーブ ………… 175, 221	マノッティ, ドミニク ………………… 325
マックグロウ, ティム ……………… 75, 76, 79	マハフェイ, ヴァレリー ……………… 158
マックスウェル ………………………… 95	マーヒー, マーガレット …………… 356, 363
マックブライド, クリスチャン ………… 76	マーフィ, エディ ……………… 181, 190, 191
マックリーン, アンドリュー・オクペハ ……… 225	マーフィ, コーリン …………………… 329
マックリントン, デルバート …………… 80	マーフィ, マーガレット ……………… 326
マックルモア ………………… 70, 108, 109	マーフィー, ライアン ………………… 170
マックレディー, ロビン・メロウ …… 320	マホーン, オースティン ……………… 70
マッケイ, ジュリアン ………………… 234	マムフォード&サンズ …………… 105, 108
マッケイブ, リチャード ………… 209, 241	マムーリアン, ルーベン ……………… 210
マッケラー, ドン ……………………… 200	マラー, マーシャ ……………………… 319
マッケラス, チャールズ ………………… 90	マーラ, ルーニー ……………………… 178
マッケラン, イアン …………………… 223	マラック, フィリッパ ………………… 18
マッケリー, レオ ……………………… 211	マラブル, マニング …………………… 36
マッケンジー, ダン・P. ………………… 20	マリア・シュナイダー・オーケストラ ……… 76
マッケンジー, デイヴィッド ………… 223	マリアッチ・ディーヴァス・デ・シンディー・シェア ………………………………… 109
マッケンジー, ノーマン ………………… 78	マリアッチ・ロス・カンペーロス・デ・ナティ・カーノ ………………………………… 92
マッケンジー, ブレット ……………… 131	マリアネッリ, ダリオ ……………… 128, 182
マッコンネル, ハーデン・M. ……………… 6	マーリィ, ジギー …………… 85, 110, 113
マッシー, ガイ ………………………… 101	マリガン, ロバート …………………… 141
マッズケリ, デビッド ………………… 281	マリスカル, ハビエル ………………… 267
マッスルホワイト, チャーリー ……… 109	マリック, テレンス ………… 176, 216, 219
マッドヴェイン ………………………… 64	マリーノ, キャロリン ………………… 319
マット&キム …………………………… 68	マリファント, ラッセル ……………… 236
松本 孝弘 ……………………………… 99	マル, ルイ ……………………………… 195
松山 冴花 ……………………………… 72	マルク, H.F. …………………………… 5
マーティン, アンドリュー …………… 326	マルクス, グルーチョ ………………… 139
マーティン, アンドレア ……………… 207	マルク=ライザー, ジャン …………… 272
マーティン, キャサリン ……………… 133	マルグリス, グレゴリー・A. ………… 14
マーティン, ジャイルズ …………… 89, 90	マルグリーズ, ジュリアナ …… 160, 170, 172, 184
マーティン, ジョージ ……………… 89, 90	マルゲーヌ, クレマンティーヌ ……… 73
マーティン, ジョージ・R.R. ………… 336	マルゲリータ, レスリー ……………… 238
マーティン, スティーヴ ……… 96, 109, 134, 217	マルゲン, イスマエル ………………… 123
マーティン, スベン …………………… 311	マルコヴィッチ, ジョン …………… 154, 230
マーティン, ティム …………………… 110	マルジュラン, フランク ……………… 275
マーティン, フィリップ ……………… 168	マルセー, フアン ……………………… 337
マーティン, ボブ ……………………… 200	マルティ, ダビド ……………………… 127
マーティン, マックス ………………… 113	
マーティン, リチャード ………………… 85	

マルティニエア, ステファン ·············	348
マルティネス, アレクス ·················	232
マルデン, カール ·······················	153
マルドナード, カースティ ···············	113
マルロウ・ロサード&ラ・リケーナ ········	106
マルーン5 ················· 66, 75, 79,	86
マーレー, ステファン ············ 89, 97,	104
マーレー, ダミアン ················ 79,	81
マレ, ピア ····························	226
マーレイ, アラン・ロバート ······· 127,	134
マーレイ, ビル ························	219
マレック ······························	283
マレット, デヴィッド ···················	164
マレン, ラリー ·························	187
マロー, エドワード・R. ················	140
マロー, ジュリー ·······················	281
マロイ, エメット ·······················	108
マロウィッツ, ゲイル ····················	81
マロクィン, マニー ·····················	101
マーロフ, セルゲイ ····················	118
マロン, マーガレット ···················	323
マン, ウィリアム ·······················	323
マン, エイミー ···················· 63,	81
マン, クレイグ ·························	134
マンヴィル, レスリー ···················	241
マンキーウィッツ, ジョゼフ・L. ·········	212
マンキューソ, ゲイル ············· 172,	173
マンゴヴァ, プラメナ ····················	72
マンソン, マリリン ······················	63
マンディーサ ··························	109
マンディーノ, ジーン・バプティスト ······	55
マンテル, ヒラリー ··············· 339,	352
マンデルブロー, ブノワ・B. ··············	11
マンドリカ, ニキータ ···················	275
マントル, アンソニー・ドッド ············	128
マンハイム, キャメロン ·················	162
マンフォード, デービッド・B. ············	15
マンロー, アリス ················· 26,	352
マンロー, クリスティアン ················	93

【ミ】

ミーア, スティーヴン ············ 235,	239
ミアイユ, フローランス ·················	175
ミエヴィル, チャイナ ···················	335
ミクロス&デュラン ·····················	65
ミゲル, ルイス ·························	80
ミケルセン, マッツ ·····················	177
ミケルツツィ, アッティロ ·········· 273,	282
ミシアノ, クリストファー ················	165

ミショー, アンドレ・A. ··················	332
水江 未来 ······················ 268,	270
水木 しげる ····················· 279,	281
水尻 自子 ·····························	316
水谷 実喜 ·····························	232
ミーチャム, ジョン ······················	33
ミッシェル, クリセット ···················	91
ミッシャー, ドン ············ 151, 155,	161
ミッチェル, ジェリー ············· 199,	207
ミッチェル, ジョニ ······················	87
ミッチェル, ジョン・キャメロン ··········	210
ミッチェル, シラー ·····················	105
ミッチェル, トニー ······················	55
ミッチェル, トーマス ···················	140
ミッチェル, ドレダ・セイ ················	324
ミッドグレイ, ジョン ····················	131
ミナ, ジャンニ ·························	223
ミナー, ハンネス ························	73
ミナージュ, ニッキー ··············· 69,	70
南 紫音 ······························	121
ミニス, ジョン ···················· 248,	286
ミニヒマイヤー, ビルギット ··············	224
ミノーグ, カイリー ······················	65
ミハルコフ, ニキータ ···················	136
ミミカ, ヴァトロスラフ ··················	244
宮城島 卓夫 ··························	125
三宅 淳 ······························	257
三宅 一生 ·····························	44
宮崎 駿 ············ 135, 136, 252, 310,	343
ミュウ=ミュウ ·························	194
ミューズ ························· 69,	99
ミュデジ, カーン ·······················	139
ミューラー, ジェシー ············· 113,	208
ミュラー, ヘルタ ························	24
ミュライユ, マリー=オード ··············	358
ミューラー・スタール, アーミン ··········	225
ミラー, ウォルター・C. ······· 145, 158,	159
ミラー, エドワード ·····················	334
ミラー, エリザ ·························	175
ミラー, ジェイムズ ·····················	167
ミラー, シエナ ·························	191
ミラー, ジョニー・リー ··················	240
ミラー, デヴィッド・アラン ···············	111
ミラー, デレク・B. ·····················	327
ミラー, パティナ ·······················	207
ミラー, ビル ······················ 77,	97
ミラー, ベネット ·······················	177
ミラー, ポール ·························	162
ミラード, キャンディス ·················	322
ミラン, スコット ················· 125,	128
ミランダ, クラウディオ ··················	132

ミランダ, リン=マニュエル ･･････････････ 93, 202
ミリオティ, クリスティン ･･････････････････ 107
ミリュコフ, パヴェル ･････････････････････ 116
ミルザ, ハルーン ･････････････････････････ 43
ミルザハニ, マリアム ･･････････････････････ 40
ミルス, デヴィッド ･･････････････････････ 320
ミルスタイン, セザール ･････････････････････ 5
ミルナー, ジョン ･･････････････････････ 3, 9
ミルフォード, ケイト ･････････････････････ 323
ミレン, ヘレン ･･･････････････････････ 126,
　　136, 160, 162, 167, 168, 181, 209, 220, 230, 241
三輪 眞弘 ･･････････････････････････････ 50
ミン・ウォン ･･････････････････････････ 43
ミン・キュンジ ････････････････････････ 123
ミンガス・ビッグ・バンド ･･････････････ 100
ミンクラー, マイケル ････････････････････ 127
ミンコフ, ロブ ････････････････････････ 307

【ム】

ムーア, アラン ･･････････････････････････ 277
ムーア, クリストファー ･･････････････････ 331
ムーア, グレアム ････････････････････････ 134
ムーア, ジュリアン ･･････ 134, 171, 177, 186, 187
ムーア, ジョエル・デービッド ･･････････････ 190
ムーア, ジョン ･･････････････････････････ 53
ムーア, トム ･････････････････ 265, 314, 317
ムーア, メアリー・タイラー ･･ 142, 145, 146, 147, 158
ムアコック, マイクル ････････････････････ 344
ムーヴヘッド, アグネス ･･･････････････ 143, 211
ムーヴァーマン, オーレン ････････････････ 224
ムカジー, シッダールタ ･･････････････････ 35
ムクウェジ, デニス ･･･････････････････････ 22
ムジチ, ナジフ ･･････････････････････････ 226
ムスタファヴィ, ファリド ････････････････ 139
ムッター, アンネ=ゾフィー ･･･････････････ 78
ムーディ, ジェームス ････････････････････ 100
ムーティ, リッカルド ･･････････････････ 13, 102
ムニ, ポール ･･････････････････････････ 210
ムニョース, ホセ ･･････････････ 272, 273, 279
ムラウスキー, ボブ ･････････････････････ 129
ムラカミ, シェリル ･･･････････････････････ 69
ムラカミ, ジミー・T. ･････････････ 245, 250, 252
村上 春樹 ･････････････････････････････ 334
ムラーズ, ジェイソン ･････････････････････ 95
ムラタジ, アンダミオン ･････････････････ 225
ムラッツァーニ, シモーナ ････････････ 251, 253
ムラリー, メーガン ･････････････････ 163, 167
ムリガン, アンディ ･･････････････････････ 353
ムロイ, フィル ･･･････････ 257, 294, 298, 299, 310

ムワンザ, ラシェル ･････････････････････ 225
ムンガンバ, レイナ・フランシスコ ････････ 233
ムンギウ, クリスチャン ･･･････････････ 175, 177
ムンク, ウォルター ･･･････････････････････ 21
ムンタギーロフ, ワジム ･･････････････････ 232
ムンロ, クリス ･･････････････････････････ 133

【メ】

メアリー・メアリー ･･･････････････ 92, 96, 106
メイ, ロバート・M. ･･･････････････････････ 20
メイエ, ウルスラ ････････････････････････ 225
メイシー, ウィリアム・H. ････････････････ 165
メイソン, スー ････････････････････････ 346
メイソン, ブレント ･･･････････････････････ 91
メイソン, モニカ ･･･････････････････････ 240
メイナード・スミス, ジョン ･･･････････････ 20
メイニー, ラヴィンダー・N. ･･･････････････ 20
メイマン, シオドア・H. ････････････････････ 7
メイヤー, エドガー ･･･････････････････ 106, 114
メイヤー, ジョン ･････････ 74, 75, 82, 83, 90, 91
メイヤー, マイケル ･････････････････････ 201
メイヤー, ロジャー ･････････････････････ 125
メイヤーズ, デーブ ･･･････････････････････ 82
メイロン, メラニー ･････････････････････ 156
メイン, トム ･･･････････････････････････ 52
メキシコ最高裁判所 ･･･････････････････････ 22
メサーロシュ, マルタ ･･･････････････････ 223
メシアン, オリヴィエ ･･････････････････････ 6
メジャー, スタティック ･･･････････････････ 91
メセニー, パット ････････････････････････ 103
メータ, ズビン ･･････････････････････ 11, 45
メタリカ ･･････････････････････････ 59, 61, 91
メッシング, ジョアキム ･･･････････････････ 17
メッシング, デブラ ･････････････････････ 165
メッツォジョルノ, ジョヴァンナ ････････････ 136
メドウズ, オードリー ･･･････････････････ 140
メトカルフ, ローリー ･･････････････････ 158, 159
メニューイン, ユーディ ･･･････････････････ 10
メビウス ･･････････････････････････ 272, 273
メモリー, サラ ････････････････････････ 107
メルショワール=デュラン, ステファン ････････ 283
メルツ, マリサ ･･･････････････････････････ 43
メレディス, バージェス ･･････････････････ 148
メロー, クレイグ・C. ･････････････････････ 23
メロ, ホジェル ････････････････････････ 356
メンゲス, クリス ････････････････････････ 217
メンケン, アラン ････････････････････ 104, 206
メンツェル, アルブレヒト ･･････････････････ 118
メンドーサ, ヴィンセント ･････････････ 84, 89, 101

メンドーサ, ブリランテ ……………………… 176

【モ】

莫 言 ……………………………………………… 25
モウ, ケン …………………………………… 68, 71
毛利 文香 ………………………………… 74, 118
モーガン, エドマンド・S. ……………………… 29
モーガン, ハリー ……………………………… 150
モーガン, ピーター ……………………… 136, 181
モーガン, ロバート ……………………… 315, 334
モーゲンスターン, ジョー ……………………… 28
モーゲンスターン, ダン …………………… 85, 97
モーザー, メイブリット ………………………… 26
モーザー, ユルゲン・K. ………………………… 11
モス, エリザベス ……………………………… 187
モス, ジョエル・W. …………………………… 77
モース, ロバート ……………………………… 158
モスカレンコ, スヴェトラーナ ……………… 117
モストウ, ジョージ ……………………………… 17
モスビー, スティーブ ………………………… 326
モゼール, エドバルド・I. ……………………… 26
モーゼル, ベンジャミン ……………………… 115
モーターヘッド ………………………………… 75
モディアノ, パトリック ………………………… 26
モーティマー, ヴィッキー …………………… 237
モーテンセン, デール・T. ……………………… 25
モートン, サマンサ …………………………… 182
モーナー, ウィリアム・E. ………………… 15, 26
モナハン, ウィリアム ……………………… 127, 320
モニカ …………………………………………… 62
モニーク …………………………………… 129, 183
モネイ, ジャネル ………………………… 70, 105
モービー …………………………………… 64, 65
モファット, サラ ……………………………… 93
モファット, スティーヴン …………………… 323
モラハン, アンディ …………………………… 56
森 薫 …………………………………………… 282
モリ, キョウコ ………………………………… 363
森 志乃 ………………………………………… 232
モリアーティ, マイケル ………… 146, 149, 164
モリガン, リチャード …………………… 150, 155
モリコーネ, エンニオ ………………………… 127
森下 洋子 ……………………………………… 47
モリス …………………………………………… 275
モリス, エロール ……………………………… 224
モリス, ジェイ・ハンター …………………… 107
モーリス, トム ………………………………… 205
モリス, フランク ……………………………… 246
モリス, ベン …………………………………… 128
モリスン, トニ ………………………………… 340
モリセット, アラニス …………………………… 61
モリソン, グレッグ …………………………… 200
モリッシー, トーマス ………………………… 319
モリッツ, ドロシー …………………………… 223
モリテルニ, クロード ………………………… 272
森本 晃司 ……………………………………… 288
モル, ジェームズ ……………………………… 105
モル, ドミニク ………………………………… 196
モルシュホイザー, クラウス ………… 267, 299
モルナー, ピーター …………………………… 21
モレイラ, テルモ ……………………………… 232
モレスコ, ボビー ……………………………… 126
モレッティ, フランコ ………………………… 340
モレノ, マリア・ホセ ………………………… 82
モレノ, リタ …………………………………… 148
モレノ, ロドリゴ ……………………………… 223
モレル, アナイク ……………………………… 73
モレル, ジョン ………………………………… 241
モロー, エドガー ……………………………… 116
モロー, ジャンヌ ………………………… 195, 228
モロー, ヨランド ………………………… 197, 198
モーワー, リアム ……………………………… 236
モンク, セロニアス …………………………… 29
モンゴメリー, タイロン ……………………… 308
モンタナ, ホセ ………………………………… 58
モンタニエ, リュック ………………………… 24
モンタン, クリス ……………………………… 113
モンテーニュ, マリオン ……………………… 282
モンノ カヅエ ………………………………… 294
モンフェリー, ドミニク ………………… 265, 315
モンロー, アリー ……………………………… 326

【ヤ】

ヤイタネス, グレッグ ………………………… 168
ヤウチ, アダム ………………………………… 69
ヤオ, シン＝トゥン ……………………… 16, 19
ヤーガン, マイケル ……………………… 199, 202
ヤーコブス, ルネ ……………………………… 78
ヤードリー, デヴィッド ……………………… 55
矢野 玲子 ……………………………………… 121
ヤーブロ, チェルシー・クイン ……………… 336
山田 洋次 ……………………………………… 225
山中 伸弥 ………………………………… 16, 25
山村 浩二 ………………………… 259, 290, 295, 310
山本 貴志 ……………………………………… 119
山本 雅也 ……………………………………… 233
ヤロン, ハダス ………………………………… 138
ヤン・インモ ………………………………… 118

ヤン, シャン・ファ ································ 9
ヤーン, ライアン・デイヴィッド ··············· 326
ヤング, アラン ···································· 139
ヤング, ジョン・ロイド ·························· 200
ヤング, ティム ····································· 90
ヤング, ニール ······················· 57, 97, 99
ヤング, パロマ ···································· 207
ヤング, ロジャー ································· 151
ヤング, ロバート ·························· 140, 144
ヤング, ロレッタ ··························· 140, 141
ヤングブラッド, メアリー ·························· 85
ヤンケ, 有希・マヌエラ ··················· 115, 121
ヤンコビック, "ウィアード・アル" ················· 113
ヤンコフスキー, オレグ ·························· 229
ヤンソン, トーベ ·································· 280
ヤンソンス, マリス ································· 82

【ユ】

ユー, エステル ···································· 73
ユー・ハンソン ···································· 117
ユアン・ロンビン ··································· 14
ユイレ, ダニエル ································· 136
USAフォー・アフリカ ····························· 55
ユージン・オニール劇場センター ·············· 205
ユスフザイ, マララ ··························· 22, 26
U2 ······················ 56, 57, 58, 59, 75, 78, 79
ユデルゾ, アルベール ··························· 277
ユナコビッチ, スヴェトラン ······················ 314
ユニオン・ステーション ············· 79, 80, 103
ユヌス, ムハンマド ································ 23
ユペール, イザベル ················· 136, 196, 229
夢枕 獏 ·· 278
ユーリズミックス ··································· 54
ユールベリ, ナタリー ······························ 43
ユロー, シモン ··································· 282
ユン・ソヨン ································ 73, 115
ユンゲ, ノルマン ································· 359

【ヨ】

ヨーキー, ブライアン ······················· 34, 203
ヨーキン, バッド ·································· 141
ヨシ, S.T. ································· 334, 336
ヨシヤマ, チャールズルイス ···················· 232
ヨナット, アダ ································ 15, 24
ヨハンソン, スカーレット ························ 204
ヨハンソン, ヨハン ······························· 188
ヨーヨー・マ ································ 98, 106
ヨーレン, ジェイン ······························· 335

【ラ】

ラー, ジョン ······································ 340
ライアン, ケイ ····································· 35
ライアン, ハンク・フィリップ ····················· 323
ライアン, ロビー ································· 138
ライス, コンドリーザ ····························· 189
ライス, スチュアート・A. ·························· 16
ライス, ティム ···································· 240
ライテマイヤー, ルッツ ·························· 225
ライト, エドワード ······························· 325
ライト, ジェフリー ································ 165
ライト, ジュディス ························ 206, 207
ライト, リチャード ································· 48
ライト, ロビン ···································· 187
ライト, ローレンス ································ 30
ライトマン, ジェイソン ··························· 183
ライナー, カール ································· 140
ライナー, ルイーゼ ······························ 210
ライナー, ロブ ···························· 146, 149
ライニガー, ロッテ ······························· 284
ライヒ, スティーヴ ··························· 33, 45
ライマン, ジェフ ································· 345
ライマン, ロバート ································ 44
ライランス, マーク ·············· 203, 205, 208, 238
ライリー, スティーヴ ····························· 106
ライリー, ラルフ ···································· 7
ラウ, グレッチェン ······························· 126
ラヴ, ダーレン ··································· 114
ラヴァーティ, ポール ···························· 137
ラヴァール, フランソワ ·························· 282
ラヴィス, クリス ·························· 50, 295, 313
ラヴィーン, アヴリル ······························ 64
ラヴェッチ, ジェフリー ···························· 18
ラヴェーニュ, ディディエ ························ 128
ラウス, アラン ···································· 101
ラウズ, クリストファー ·························· 128
ラウゼイ, ピーター ······························· 325
ラウゼイ, フィル ································· 326
ラウダーデール, ジム ····························· 88
ラヴロネンコ, コンスタンチン ··················· 175
ラエンジャー, ピーター ·························· 98
ラ・カーヴァ, グレゴリー ························ 210
ラガッタ, フローリアン ···················· 110, 113
ラ・カペッラ・レイアル・デ・カタルーニャ ·· 102
ラカモイレ, アレックス ·························· 202
ラギオニ, ジャン=フランソワ ············ 245, 284
ラ クインタ エスタシオン ························ 96

ラザルス, トム	94
ラ・サンタ・セシリア	109
ラシャンズ	200
ラシュカ, クリス	357
ラシュコフスキー, イリヤ	72
ラシュディ, サルマン	352
ラージン, アーロン	15
ラスコ, ジーン	157
ラスダン, デニス	10
ラスニック, マリア	43
ラスベガス・サン	32
ラスボーン, ジャクソン	191
ラズロ, ハンナ	174
ラセター, ジョン	249, 306, 307
ラーセン, ヘニング	47
ラソウィッツ, マーティン	58
ラッカー, ダリアス	109
ラックス, ピーター・D.	3, 8
ラッシュ, ジェイ・L.	5
ラッシュ, ジェフリー	166, 179, 203, 218
ラッシュ, ジム	131
ラッシング, ブラッド	65
ラッセル, クレイグ	325
ラッセル, ジェナ	236
ラッセル, デイヴィッド	78
ラッセル, レイモンド	336
ラティ, クリスティン	161
ラディ, ヘンリー・A.	5
ラティファ, クイーン	182
ラトキン, ティム	242
ラドナー, ギルダ	149
ラトル, サイモン	17, 90, 94
ラーナー, ダニエル	110
ラーナー, リチャード・A.	11
ラナガン, マーゴ	333, 334, 335
ラネルズ, アンドリュー	104
ラパグリアティ, ミシェル	281
ラバテ, パスカル	276, 277, 280
ラパポルト, クセニア	137, 230
ラ=パレスティア, ジャスティーン	344
ラヒーミー, アティーク	333
ラヒム, タハール	198
ラフ, ギデオン	322
ラ・ファミリア	80, 88, 100
ラフェルソン, ボブ	215
ラブカン, ゲイリー	17
ラフキン, アラン	152
ラブソン, エリック	97
ラブノー, ジャン=ポール	195
ラブレス, パティ	99
ラベド, アリアーヌ	137
ラマー, ケンドリック	112
ラマクリシュナン, ベンカトラマン	24
ラーマット, レイン	249, 285, 304
ラーマン, A.R.	97, 129, 182
ラーマン, スチュワート	104
ラミレス, サラ	199
ラム, アレクサンドル	117
ラム, クリストファー	105
ラム, デリク	285
ラムズフェルド, ドナルド	189
ラムレイ, ブライアン	335
ラーモア, ジェニファー	90
ラモリナラ, アンソニー	125
ラモーン, フィル	78
ラライン, パブロ	227
ラ・ルー	99
ラロクエット, ジョン	153, 154, 155, 205
ランヴァン, ジェラール	196
ランガー, ロバート・S.	17
ランカスター, バート	213, 214, 216
ランキン, イアン	324
ラング, ジェシカ	169, 171, 173, 186
ラング, ジョニー	84
ラング, デイヴィッド	31
ラング, ホープ	144
ラングフォード, デビッド	346, 349
ラングランズ, R.P.	11
ランザック, アベル	282
ランジェラ, フランク	202
ランシング, シェリー	127
ランズベリー, アンジェラ	134, 204, 242
ランズマン, クロード	226
ランダース, カレン・ベイカー	128, 132
ランディ, テリー	110
ランティモス, ヨルゴス	138, 178
ラント, アルフレッド	142
ランドマン, タニア	354
ランドール, トニー	147
ランドレス, クリス	260, 268, 289, 292, 308
ランドン, ヴァンサン	178
ランドン, ティナ	60
ランバート, クリストファー	194
ランバート, ミランダ	99, 112
ランバート, メアリー	70
ランバート, リサ	200
ランバート・ダンス・カンパニー	235, 239
ランフォード, デイヴ	347
ランブリング, シャーロット	226
ランプレアベ, チュス	174

【リ】

リー, アドルイーサ 133
リー, アルバート 91
リー, アン 125, 132, 136, 180, 218, 220
リー, ウィル 84
リ・ウェンタオ 233
リー・カ・リン・コリーン 119
リー, ジェニファー・ジェイソン 218
リー, ジョージ 116
リー, ショーン 118
リー, スパイク 168
リー, タニス 336
リー, デビッド 160, 161
リー, ドン 318
リー, ハリソン 234
リー, ビビアン 211, 212
リー, マイク 219, 220
リー, ミン・チョウ 208
リアドン, ジム 344
リアーナ 67, 69, 95, 99, 103, 108, 112, 192
リアル・ワールド・プロダクション 59
リアーン, ミシェル 145, 146, 148, 152
リーヴ, フィリップ 353, 354, 363
リヴァ, エマニュエル 198
リヴァーズ, クリスチャン 126
リヴァール, イヴォーン 332
リヴィング・カラー 57
リヴェラ, ジェシカ 86
リヴェラ, ルビージョ 96
リーヴェル, ベス 200
リーヴセイ, スキップ 133
リオン, アンドレ 53
リオン, ケニー 208
リオン, マリー・フランシス 12
リグ, ダイアナ 161
リゲティ, ジェルジ 11
リーザ・アット・ザ・パレス 204
リシェ, ジャン=フランソワ 197
リース, アダム・G. 25
リース, トム 37
リース, マット 325
リース, マーティン・J. 20
リスゴー, ジョン 160, 162, 184
リーチマン, クロリス 146, 147
リチャーズ, マイケル 158, 159, 161
リチャードソン, トニー 214
リチャードソン, ラルフ 212
リチャードソン, ロバート 125, 131

リッカート, M. 334
リックマン, アラン 160
リッシュ, クロード 195
リッター, ジョン 152
リッチ, アドリエンヌ 337
リッチ, ジョン 142, 145
リッチ, デヴィッド・ローウェル 149
リッチ, ニーノ 329
リッチマン, ルーカス 102
リッツォ, ゲイリー・A. 130
リデル, クリス 355, 361, 362, 363
リテル, ジョナサン 333
リーデン, クララ 43
リード, キャロル 212
リード, フレッド・A. 328
リード, ロバート 347
リード, ロンディ 203
リドリー, ジョン 133
リトル・ジョー 80, 88, 100
リトル・ビッグ・タウン 106
リニー, ローラ 164, 168, 172, 183, 185, 219
リネット, マーク 107
リーバー, チャールズ・M. 16
リバーズ, ジョーン 113
リバース・ブラス・バンド 103
リーバーソン, ロレイン・ハント 86, 90
リヒター, ゲルハルト 11
リピューマ, トミー 110
リビン, ポール 208
リーフ, キャロライン ... 246, 247, 251, 284, 288, 308
リフ, サミュエル 201
リプシャベール, アルベール・J. 8
リープス, ダイアン 80
リプステイン, ガブリエル 227
リプチンスキ, ズビグニェフ 55, 248, 285
リプトン, エリック 38
リープマン, ロン 150
リプリー, アリス 203
リベ, モンセ 127
リャオ・ファン 226
リャドワ, エレナ 230
劉 暁波 25
リュウ, ケン 336, 345, 349, 350
リュエ, クロード 246, 306, 307, 313
リュグラン, リザ 283
リュスト, ユーリ 282
リュダクリス 66, 68, 75, 83
リュパノ, ウィルフリド 283
リュブシャンスキー, ウィリアム 136
リョサ, クラウディア 224
リーランド, デイヴィッド 78

リリック・ハマースミス劇場 240
リリーホワイト, スティーブ 81
リリー・ユー, E. 349
リル・キム 64
リン, ジリアン 241
リーン, デヴィド 213, 217
リン, フランシー 321
リン, メゴ 70
リン, ロニー 134
リン, ロレッタ 75, 76
リンキン・パーク 65, 66, 68, 79
リンク, ケリー 335, 343, 346
リング, ボルゲ 256, 285
リングフォード, ルース 254, 298
リンクレイター, リチャード 188, 221, 226, 292
リンゼイ, カトリーナ 203
リンゼイ・アベイア, デイヴィッド 30
リンチ, ジェーン 170, 185
リンチ, デヴィッド 136
リンデンシュトラウス, エロン 40
リンデンバウム, ピア 359
リンバリー・スタジオ・シアター 242
リンプ・ビズキット 63, 64

【ル】

ルー, ダレン 71
ルイージ, ファビオ 107
ルイス, W.ジョー 15
ルイス, エヴァン 322
ルイス, エドワード・B. 9
ルイス, ジェシー 104
ルイス, ジェリー 129
ルイス, ダミアン 171, 186
ルイス, ネイト 70
ルイス, ライアン 70, 108, 109
ルイス・C.K. 104
ルイス=ドレイファス, ジュリア .. 160, 167, 171, 172
ルーイン, ハリス・A. 16
ルーカス, アンソニー 261
ルーカス, ポール 211
ル・ガリエンヌ, エヴァ 149
ルキーニ, ファブリス 228
ルーク, スティーブ 101, 104
ル=グウィン, アーシュラ・K. 344
ル・クレジオ, J.M.G. 24
ルークロフト, アマンダ 236
ル・コント, ジャック 78, 86
ルコント, パトリス 196
ルザッティ, エマヌエーレ 245

ルースルン, アンデシュ 326
ルッキンググラス・シアター・カンパニー 206
ルッソ, アンソニー 166
ルッソ, ジョー 166
ルティマン, ロミュアルド 282
ルーテンベルグ, ピーター 86
ルドウィック, ケン 322
ルートヴィヒ, ボブ 81, 104, 110, 113, 114
ルナ, オードリー 111
ルーニー, マイケル 61, 63, 64, 65
ルーニー, ミッキー 151
ルピノ, アイダ 211
ルビャンツェフ, アレクサンドル 115
ルービン, リック 86, 94
ルビン, ルイス, Jr. 337
ルブラン, マット 185
ルヘイン, デニス 320, 322
ルベーグ, パスカル 55, 58
ル・ベスコ, イジュルド 136
ルベツキ, エマニュエル 133, 134, 136
ルヘマン, アンドリュー 265
ルーベン・ラモス&メキシカン・レボリューション 92
ルボーン, パティ 94, 202
ルミヤンツェフ, エフゲニー 115
ルームフル・オブ・ティース 111
ルメット, シドニー 125, 216
ルメートル, ピエール 327, 333
ルルー, ニコル 328
ルルー, フィリップ 122
ルルーシュ, クロード 229
ルレー, ジャン 5
ルロワ, ジル 333

【レ】

レイ, コリーヌ・ベイリー 103
レイ, ジョセフ 107
レイ, ダヌータ 324
レイ, デイヴィッド 97
レイガダス, カルロス 175, 177
レイキン, クリスティーン 190
レイク, ラン 262
レイス, マルシャル 47
レイット, ボニー 106
レイトン, ニール 361, 362
レイトン, マーガレット 144
レイナー, キャサリン 355
レイノルズ, ジーン 147, 148
レイノルズ, バート 157

レイモンディ, フレッド ………………… 61
レイ・ラモンターニュ&ザ・パリア・ドッグス ‥ 100
レイン, ダイアン ………………………… 219
レイン, タミ ……………………………… 126
レイン, ネイサン ………………………… 235
レヴァイン, デイヴィッド・D. ……………… 347
レヴァイン, ラファエル・D. ………………… 8
レヴィ, エイドリアン ……………………… 327
レヴィ, クリフォード・J. …………………… 34
レヴィ, ハワード ………………………… 104
レヴィ, ハンス …………………………… 7
レヴィ, ラルフ …………………………… 141
レヴィタン, スティーヴン ………………… 171
レヴィツキ, アレクサンダー ……………… 14
レヴィット, マイケル ……………………… 26
レヴィット, レナード ……………………… 318
レヴェンソン, ビル ……………………… 104
レウォンティン, リチャード ……………… 21
レオ, メリッサ ……………………… 130, 184
レオタール, フィリップ …………………… 194
レオナード, ブレット ……………………… 60
レオナルド, イザベル ……………………… 111
レオン, イワン …………………………… 239
レガッツォ, ロレンツォ …………………… 78
レガト, ロブ ……………………………… 131
レキーナ, エカテリーナ ………………… 102
レクレー …………………………… 106, 112
レゲット, アンソニー・J. …………………… 14
レゴレッタ, リカルド ……………………… 46
レザー, バリー …………………………… 56
レジェンド, ジョン ………… 78, 79, 83, 91, 99, 188
レシオフ, ウラジミール …………………… 312
レージネヴァ, ユリア …………………… 123
レジャー, ヒース ……………… 128, 182, 220
レズナー, トレント ……………… 107, 130, 184
レズニック, マイク ……………………… 346
レス・ポール&フレンズ …………………… 79
レダー, ミミ ……………………………… 160
レーダーマン, レオン・M. ………………… 6
レチキン, セルゲイ ……………………… 116
レッキー, マーク ………………………… 48
レッキンジャー, カンダス ………………… 55
レッシング, ドリス ……………………… 24
レッツ, トレイシー …………………… 31, 207
レッテリ, ジョー ……………………… 126, 130
レッドグレーヴ, ヴァネッサ ……………… 151, 163
レッドグレーヴ, リン ……………………… 214
レッド・ツェッペリン ……………………… 108
レッドフォード, ロバート ………………… 221
レッドベター, スティーブン ……………… 93
レッド・ホット・チリ・ペッパーズ ‥ 59, 63, 67, 83

レッドマン, マット ……………………… 106
レッドメイン, エディ ………… 134, 187, 204, 238
レディ・アンテベラム …………… 95, 98, 99, 103
レディオヘッド …………………………… 66, 91
レディー・ガガ ……… 68, 69, 95, 98, 99, 102, 111
レディスミス・ブラック・マンバゾ ‥ 77, 93, 110
レトー, ジャレッド …………………… 133, 187
レナー, ジャック ………………………… 78
レナード, エルモア ……………………… 324
レナード, シェルドン ………………… 140, 141
レニー・クラヴィッツ …………………… 59
レネ, アラン …………… 136, 176, 193, 195, 226
レノックス, アドリアーニ ………………… 200
レノックス, アニー ………………………… 58, 77
レバイン, ジェームズ …………………… 98, 107
レーバーガー, トビアス …………………… 43
レハック, メラニー ……………………… 319
レバート, ジェラルド ……………………… 87
レビンソン, バリー ……………………… 158
レブエルタ, ピラール …………………… 127
レフコウィッツ, ロバート・J. ……………… 25
レフン, ニコラス・ウィンディング ………… 177
レベック, テレサ ………………………… 189
レマル, ジョナサン ……………………… 98
レミュー, レイモンド・U. ………………… 12
レモン, ジャック ………………………… 163
レーラー, スコット ……………………… 202
レレンバーグ, ジョン …………………… 320
レーン, エリック ………………………… 336
レーン, ジョエル ………………………… 336
レーン, ブランディ ……………………… 102
レーンウービル, エリック ………………… 158
レンベック, マイケル …………………… 160

【ロ】

ロイ, ローリー …………………………… 322
ロイエンシュタイン, ウォルフガング ‥ 250, 287, 307
ロイエンシュタイン, クリストフ …… 250, 287, 307
ロイド, クリストファー ………… 151, 152, 157
ロイヤル・オペラ・ハウス …… 235, 237, 239, 242
ロイヤルコート・シアター ……………… 238, 239
ロイヤル・スウェーデン・バレエ …………… 243
ロイヤル・バレエ ……………… 236, 237, 241
ロウ, ステファロン ……………………… 57
ロウ, チャド ……………………………… 158
ロウ, マイケル …………………… 176, 326
ロウ, マーティン ……………………… 107, 206
ロヴァース, ラースロー …………………… 12
ロヴァート, デミ ………………………… 70

ローウェンスタイン, リチャード 57
ロエルズ, マーク・ジェイムス 301, 315
ローク, ミッキー 182
ログスドン, ベロニカ 70
ログボール, フレデリック 37
ロクマン, アドリアーン 258, 310, 313
ロコヴィッチ, マイク 29
ローザ, ジルベルト・サンタ 84
ロサ, ドラコ 109
ロサンゼルス・ギター・カルテット 78
ロサンゼルス・タイムズ 27, 34
ロサンゼルス・チェンバー・シンガーズ・カペ
　ラ（コーリー・カールトン）.................. 86
ロージ, ジャンフランコ 138
ロージー, ジョセフ 193
ロージ, フランチェスコ 138, 223
ロジェ 329
ロジェ, ジェラール 272, 275
ロシエ, ジル 282
ロシェフ, フレンツ 285
ロシェロン, ギヨーム 132
ロジャー, エレーナ 238
ロジャース, ジョン 189
ロジャース, ナイル 108
ロジャーズ, ブルース・ホランド 334
ロジャース, リチャード 52
ロシュ, ブライアン 110
ロシュフォール, ジャン 193
ロス, アッティカス 107, 130, 184
ロス, アルヴィン・E. 25
ロス, アレックス 338
ロス, アン 207
ロス, アンディ 86
ロス, ゲイリー・アール 319
ロス, トニー 361
ローズ, ハラルト 16
ロス, フィリップ 352
ロス, フィン 209, 241, 242
ローズ, マシュー 98
ロ・スキアーヴォ, フランチェスカ ... 125, 128, 131
ロス・ティグレス・デル・ノルテ ... 84, 88, 92, 96, 103
ロス テックスマニアックス 96
ロストロポーヴィチ, ムスティスラフ 14
ロスマン, ジェームズ・E. 26
ロス・ロボス 56, 59
ロス・ロンリー・ボーイズ 75
ローゼマン, ヨナタン 117
ローゼン, ピーター 157
ローゼン, マイケル 362
ローゼンタール, スティーブン 110
ローゼンタール, トッド 203, 238
ローゼンバウム, アート 93
ローゼンバウム, ステファン 130
ローゼンバーグ, スチュアート 142
ローゼンバーグ, レオン 208
ロソフ, メグ 354, 358
ローチ, ケン 174, 177, 226
ローチ, ジェイ 168, 171
ロック, クリス 81
ロックウッド, ロベルト, Jr. 88
ロックリー, アンドリュー 131, 134
ロッコ, アレックス 156
ロッシ, ブルーノ・B. 8
ロッセリーニ, イザベラ 226
ロッセン, ロバート 214
ロッセンスウィート, イェッセ 292
ロッター, アリエル 223
ローデス, リンダ 324
ローテムンド, マルク 222
ローデン, クリストファー 333
ローデン, ジャック 242
ローデン, バーバラ 333
ロード 71, 108
ロード, ピーター 56, 250, 252, 286, 287, 288
ロートナー, テイラー 192
ロドリゲス, ジーナ 188
ロートン, チャールズ 210
ローナン, ブライアン 205, 208, 239
ローバー, シンディ 54, 110, 207
ロバーズ, ジェイソン 155
ロバーツ, R.マイケル 13
ロバーツ, ジーン 30
ロバーツ, デイヴィッド 362
ロバーツ, ドリス 152, 163, 164, 165, 166
ロバート, キャロライン 104
ロバート・グラスパー・エクスペリメント .. 105, 111
ロバートソン, デヴィッド 114
ロバートソン, マイク 237
ローハン, リンジー 190
ロビンソン, キム・スタンリー 345
ロビンソン, カラ 319
ロビンソン, フィル・アルデン 164
ロビンソン, マリリン 28, 337, 340
ロビンソン, ロジャー 203
ロブ, ジャック 272, 274
ロペス, イスラエル "カチャーオ" 76
ロペス, ジェニファー 63, 65
ロペス, セルジ 196
ロペス, ロバート 113, 133, 205
ローマス, ジェイムス 236
ロマノ, レイ 164
ロマノフスキー, アレクサンダー 116

ローラン, サラ	73
ローランズ, ジーナ	155, 158, 165
ローリー, パイパー	155
ローリー, ヒュー	180, 181
ローリング, J.K.	344
ロリンズ, ソニー	80
ロルヴァケル, アリーチェ	177
ロルヴァケル, アルバ	139
ロールバッハ, ギュンター	224
ローレ, エスター	150
ローレン, ソフィア	46, 214
ロレンジーニ, ヴァンス	57
ローレンス, イアン	329
ローレンス, ヴィッキー	148
ローレンス, クリス	133
ローレンス, ジェニファー	132, 137, 186, 187
ローレンス, ピーター	208
ローレンス, フランシス	69, 102
ローレンツ, エドワード・N.	18
ローロフス, ウェンデル・L.	6
ロワゼル, レジス	275, 276, 278
ローン, マリオン	143
ロング, ウィリアム・アイヴィ	201, 207
ロング, シェリー	152
ロング, リチャード	45
ロンソン, マーク	90

【ワ】

ワイアット, ジェーン	140, 141
ワイズ, レイチェル	126, 180, 221, 238
ワイスコップ, ビクトール・F.	6
ワイズマン, フレデリック	139
ワイダ, アンジェイ	194, 223, 224
ワイナー, ティム	341
ワイナー, ユーディ	29
ワイラー, ウィリアム	212
ワイルズ, アンドリュー・J.	11
ワイルダー, ビリー	211, 213
ワインハウス, エイミー	86, 87, 102
ワインバーグ, ロバート・A.	14
ワインランド, デービッド・J.	25
若林 弾	257
ワグナー, E.J.	320
ワグナー, リンゼー	148
ワシントン, ケリー	190
ワシントン, デンゼル	204, 218
ワシントン・ポスト	30, 31, 37
和田 淳	315
ワターソン, ビル	283
ワーツ, ステファン	74
ワッサーバーグ, ジェラルド・J.	19
ワッツ, ピーター	348
ワッド, アブドゥライ	41
ワード, アンソニー	204
ワード, ジェスミン	342
ワトソン, S.J.	326
ワトソン, エドワード	240
ワトソン, エミリー	218
ワトソン, ドック	84
ワーナー, デヴィッド	151
ワーナー, マルコム=ジャマル	111
ワノ, イワン・イワノフ	302
ワーレ, ダニエル	206
ワン・シャオシュアイ	174, 224
ワン・チージョン	115
ワン・チュアンアン	223, 224
ワン・チュアンユエ	117
ワン・ミンシュエン	233
ワン・ラー	233
ワンズ	108, 109
ワンダー, スティーヴィー	78, 79, 83
ワン・ダイレクション	69, 70
112	62

【ン】

ンディアイ, マリー	333
ンドゥジ, ジェルリン	232
ンドゥール, ユッスー	77

【A】

Aaron, Jane	304
Abad, Antoni	50
Abbiss, Matthew	261
Abd, Rodrigo	37
Abeid, Biram Dah	22
Abiven, Jean-Luc	275
Abouet, Marguerite	279
Abreu, Alê	269, 300, 317
Acker, Shane	261, 262
Acocella, Joan	339
Acquelin, José	332
A Da	306
Adamski, Przemyslaw	268
Addis, Mario	252
Affleck, Neil	251
Ahond, Aline	256
Ahonen, Helena	300
Aistleitner, Agnes	51

Ajan, Midhat Ajanović 315
Akacik, Turgut 266
Akademia Sztuk Pieknych w Krakowie 313
Akten, Memo 51
Albrecht, Maciek 253
Alcock, Bruce 294, 298
Aleksy, Augie 322
Alexeev, Alexey 269
Alexeieff, Alexandre 305
Alexis 271
Alfred 279, 280, 283
Alić, Božidar 311
Allard, Marco 265
Alonso, Marcos 50
Amacher, Maryanne 50
Amachoukeli, Marie 178
Amon, Sergio 258
Amoros, Jorge 304
Ampe, Marc 246
Amyot, Linda 332
Anders, Charlie Jane 349
Anders, Lou 349
Andersen, Kresten Vestbjerg 311
Andersen, Line 298
Andersen, Martin 298
Anderson, Neil 51
Anderson, Nick 28
Anderson, Sam 338
Anderson, Will 268, 315
Andersson, Max 300
Andjelic, Ranko 261
Andreae, Lucrèce 267, 279
Andreani, Romeo 313
Andrieux, Marc 245
Angel, Steve 291
Animation from Cape Dorset 304
Aniskov, Sergey 293
Antin, Antoine 258
Antonov, Alexey 255, 290
Anzouin, Raf 289
Aouamri, Mohamed 273
Apostolska, Aline 331
Apuk, Hiljmnijeta 22
Apuzzo, Matt 35
Arcadia, Laurence 251
ARCADY 244
Arcand, Catherine 296
Arditti, Antoine 292
Arikan, Jale 230
Arleston, Christophe 277
Armitage, Marcus 270
Armstrong, Jake 297
Art Orienté Objet 51
Äschbacher, Kurt 303
Ascott, Roy 52
Aspöck, Frederikke 230
Astley, Neville 261

Atallah, Niles 314
Athill, Diana 339
Atlan, Oury 261, 294
Attig, Rick 29
Aubier, Stéphane 257
Audus, Hilary 256
Augenblick, Aaron 295
Aune, Kine 302
Aunt Agatha's Bookstore 323
Austin, Phil 249
Autheman, Jean-Pierre 274
Auzina, Ieva 50

【 B 】

B-52's 57, 58
Backderf, Derf 283
Baginski, Tomek 50
Bail, Loïc 258
Bailey, Blake 339
Baisch, Milena 359
Bakewell, Sarah 339
Baksa, Tamas 305
Balachandran, Anitha 310
Balilty, Oded 30
Ballesteros, Roque 293, 301
Balser, Bob 245
Ban, Ju-Young 313
Bane, Pallas 292
Banoczki, Tibor 263, 295, 315
Baptistao, Alceu 258
Barbier, Bruno 273
Barboza, David 37
Barcelo, François 329
Barcelo, Marc 274
Bardine, Garri 251, 254
Bargeton, Benoît 265
Barnouin, Christophe 258
Barras, Claude 271, 313
Barrier, Christophe 256
Barry, Ellen 34
Barry, Martin 251, 307
Barstow, David 32, 36
Barthelemy, Jean-François 280
Bartók, Mira 339
Basis, Howard 303
Basso, Sergio 266
Bates, Doug 29
Battaglia, Dino 271
Battaglia, Skip 306
Baumane, Signe 295
Bavari, Alessandro 51
Bayeza, Ifa 321
Baynton, Peter 269
Beach, Imbrium 286

Beams, Mary	302
Beaudet, Louise	289
Beaumois, Richard	280
Beaumont, Alexis	301
Becker, Jo	31
Beckett, Adam	246
Bédard, Jean-Thomas	247
Beltran, Fred	275
Bendazzi, Giannalberto	309
Benner, Anna	270
Benoît, Ted	272, 276
Berard, Thibault	261
Béraud, Patrick	263
Berberian, Charles	274, 277, 280
Berehulak, Daniel	39
Berens, Michael J.	35
Berezovaya, Natalia	257, 312
Bergqvist, Stig	287, 288
Berland, Thibaut	261, 294
Bernier, Nicolas	51
Bernstein, Jake	34
Berroyer, Jackie	272
Bess, Georges	276
Bess, Gordon	272
Beumers, Henk	252
Bezalel Academy of Art and Design	295, 299
Bézian, Frédéric	275
Bidart, Frank	340
Bierrewaerts, Vincent	256
Bignon, Alain	276
Billette, Geneviève	328, 331
Billon, Nicolas	332
Binet	277
Binet, Christian	272
Birjukov, Stepan	310
Birotheau, Tugdual	292
Bishop, Pete	265, 315
Biss, Eula	339
Bitzer, Jan	50
Bizot, Anne-Laure	259, 310
Bjørndrn, Eirik Grønmo	300
Blackledge, Brett	30
Blaise, Louis	262
Blandin, Calvin Antoine	316
Blau, Aljoscha	358
Blegvad, Peter	283
Blesin, Eric	289
Blin, Vaclav	311
Blitz film and video	311
Bloomberg, Robert	303
Bocabeille, Julien	264, 313
Bock, Michel	328
Bocquelet, Ben	267
Bocquet, José-Louis	280
Boey, Greet	256
Boileau, Laurent	268, 316
Boisrond, François	250
Bolognesi, Luiz	268
Bolos Quentes Design	297
Bom	275
Bonnaud, Christophe	274
Bonnin, Nathalie	258
Boréal, Marc	268
Borg, Pia	270
Born, Adolf	303
Borowczyk, Walerian	245
Borson, Roo	328
Borthwick, Dave	253, 258
Boubnov, Alexandre	309
Boucard, Mireille	249
Bouchard, Hervé	330
Boudjellal, Farid	277
Bounar, Samir	280
Bourgeon, François	273, 274, 276
Bourget,Émile	247
Bouron, Arnaud	267
Boustani, Christian	256
Boxall, Bettina	32
Brabo, Manu	37
Bradbrook, Robert	258, 291
Branch, John	37
Brault, Nicolas	269
Breen, Steve	32
Bretécher, Claire	271, 273, 277
Brevent, Bernard	245
Brialey, Claire	349
Briceno, Luis	256
Britain, Great	249
Britt, Fanny	332
Brizzi, Gaetan	248
Brizzi, Paul	248
Brooke, Russell	259, 291
Brothers, Quay	306
Brown, Tom	263, 295
Browne, Arthur	30
Browngardt, Pete	268
Bruce, Barry	251
Bruck, Julie	331
Brunck, Ilija	50
Bruszewska, Balbina	314
Buchalski, Matthieu	264, 296, 313
Buchanan, Ginjer	350
Buchbinder, Paul	249
Buchet, Philippe	279, 280
Buchwald, Emilie	338
Budanova, Anna	268
Budinsky, Peter	315
Budovsky, Alex	293
Buffman, Zev	321
Bulkin, Phyllis	305
Bullock, Mike	279
Buonamico, Stefano	261
Burditt, Gemma	270
Burger, Camille	280

Burger, Claire ……………………… 178
Burwell, Carter ……………………… 284
Buschor, Kyra ……………………… 300
Bush, Paul ……………………… 308
Byer, Renée C. ……………………… 30

【 C 】

Caballero, Mark ……………………… 301
Cabon, Paul ……………………… 266
Čadež,Špela ……………………… 316
Cadle, Giles ……………………… 235
Cady, Ben ……………………… 299
Cafarelli, Vincent ……………………… 254
Calcagno, Silvia Celeste ……………… 49
Calder, Emma ……………………… 309
Caliri, Jamie ……………………… 295
Candeland, Pete ……………… 266, 300
Cantolla, David ……………………… 262
Capulong, Edlyn ……………………… 302
Cardon, Jacques ……………………… 247
Carioti, Ricky ……………………… 35
Carpenter, Jason ……………………… 299
Carpenter, Jeff ……………… 285, 304
Carraro, Mauro ……………………… 269
Carrera, Luis Carlos ……………… 308
Cart, Julie ……………………… 32
Carvalho, Maria Joao ……………… 255
Casaday, Chris ……………… 250, 287
Case, Dale ……………………… 246
Casey, Allan ……………………… 330
Caspak, Victor ……………………… 358
Catani, Roberto ……………… 258, 309
Catel ……………………… 280
Catts, Oron ……………………… 50
Caut, Vincent ……………………… 280
Cauwe, Jérôme ……………………… 266
Cavanagh, Clare ……………………… 339
Cécil ……………………… 277
Center for the Book in the Library of Congress
……………………………………………… 320
Centre de loisirs de Saint Xandre …………… 279
Centre social et culturel Les épis …………… 279
Cenziper, Debbie ……………………… 30
Ceppi, Daniel ……………………… 272
Chabalier, Claire ……………………… 330
Chabalier, Louise ……………………… 330
Chabouté, Christophe ……………… 277, 280
Chafe, Robert ……………………… 330
Chai, David ……………………… 300
Chamberland, Luc ……………………… 301
Chambers, Dan ……………………… 259
Chamblain, Joris ……………………… 283
Champeau, Nicole V. ……………………… 330
Chan, Lillian ……………………… 295
Chanioux, François-Xavier ……… 264, 313

Charles, Ron ……………………… 338
Chartrand, Martine ……………………… 300
Chassaing, Romain ……………………… 267
Chatel, Thibaut ……………………… 268
Chauvel, David ……………………… 278
Chauvet, Nicolaï ……………………… 260
Chayé, Rèmi ……………………… 270
Chen, Kunyi ……………… 257, 290
Chéret, André ……………………… 272
Cherkassova, Oxana ……………… 308, 310
Chernova, Lena ……………………… 311
Chiappori ……………………… 271
Chien, Chia-Chun ……………………… 245
Chind, Mary ……………………… 34
Choo, Charmaine ……………………… 289
Chou, Sam ……………………… 302
Choy, Chris ……………… 292, 295, 312
Christoffersen, Thorbjorn ……………… 311
Chu, John ……………………… 350
Chung, Peter ……………………… 290
Cibulková, Vilma ……………………… 229
Cirio, Paolo ……………………… 51
Clavaud, Thierry ……………………… 273
Clémençon, Frédéric ……………… 256
Clément, Alain ……………………… 275
Clerte, Joris ……………………… 293
Cociña, Joaquin ……………………… 314
Coffin, Pierre ……………………… 265
Cogdill, Oline ……………………… 323
Čoh, Zvonko ……………………… 305
Cohen, Léonard ……………………… 267
Colburn, Marth ……………………… 297
COLLECTIF ……………………… 259
Collingwood, Tony ……………………… 258
Collis, Peter ……………………… 289
Colman, Stéphane ……………………… 275
Comès, Didier ……………………… 273
Comley, Tony ……………………… 262
Companeitz, Lauren ……………………… 286
Conrad, Didier ……………………… 273
Constantin, Alina ……………………… 265
Contreras, Narciso ……………………… 37
Convard, Didier ……………………… 274
Cook, Gareth ……………………… 27
Corbeyran ……………………… 277
Cornwell, Peter ……………… 293, 311
Correia, Artur ……………………… 246
Cortizo, Fernando ……………………… 268
Cosey ……………………… 273, 275
Cosset, Sébastien ……………………… 262
Côté, Geneviève ……………………… 329
Cothias, Patrick ……………… 274, 276
Cotter, Holland ……………………… 32
Couperie, Pierre ……………………… 272
Cournoyer, Michele ……………………… 302
Cousin, Mathieu ……………………… 280
Cox, David ……………………… 284

Crespin, Michel	276	Derriman, Bernard	262, 266
Crisse	278	Desailly, Julien	280
Cromwell	274	Desberg, Stephen	275
Cruchaudet, Chloé	283	Desbiens, Francine	251
Cruse, Howard	278	Desgent, Jean-Marc	328
Czekala, Ryszard	246	Desharnais, Francis	280
Cziraki, Gergely	295	Desmares, Christian	270
C+Cミュージック・ファクトリー	58	Desom, Jeff	51
		Desrosiers, Sylvie	330
		Destoop, Wannes	177

【 D 】

		Dethan, Isabelle	279
		Devaux, David	312
Dagher, Ely	178	De Vent, Danny	297
Daigle, France	331	Dherbeys, Agnes	53
Daiyrov, Yerkebulan	230	Dieler, Alfred	254
Dalkey Archive Press	339	Dieudonné, Alice	267
D'alo, Enzo	257	Dillies, Renaud	278
Dara, Galen	350	Dillon, Julie	350
David, Aronowitsch	264, 265	Divall, Tim	301
David, Pascal	260	Dixon, Peter	251, 252
David B.	277	Djukic, Ljubisa	297
Davidovici, Pierre	303	Djwa, Sandra	332
Davidson, Barbara	35	Dognini, Liana	309
Davies, Brent	311	Doherty, Daren	254, 308
D'avino, Carmen	245	Dolev, Gili	314
Davis, Joe	51	Dolleman, Petra	306
Dayas, Jorge	264	Donev, Donyo	246
de Beijer, Evert	259, 288, 306, 310	Donnot, Louis	279
De Beul, Steven	302	Dorfman, Andrea	299
Debeurme, Ludovic	279, 280	Dorion, Hélène	329
Décosterd, André	51	Doubrava, Jaroslav	303
Décosterd, Michel	51	Dougherty, Michael	289
Degardin, Luc	258	Dragon, Pierre	280
DeGregory, Lane	32	Dranger, Joanna Rubin	266
Degtiarev, Vladimir	245	Drechsler, Jean-Michel	264, 296, 313
Deiss, Sophie	293	Dubuc, Marianne	332
Deitch, Gene	305	Ducki, Tomek	316
Delabarre, Olivier	264, 313	Dukov, Stoyan	304
Delachaux-Lambert, Dominique	313	Dumontheuil, Nicolas	276
de la Chenelière,Évelyne	329	Dupré, Louise	331
de la Fuente, Victor	271	Dupuy, Philippe	274, 277, 280
Delage, Patrick	317	Durham, David Anthony	348
Delazeri, Stephanie	299	Durin, Rémi	270, 302
Delesvaux, Antoine	266	Dusko, Anthony	298
Delius, Friedrich Christian	351	Dussere, Erik	323
Dellers, Killian	308		
Delpoux, Aurélien	258		
Delpuech, Audrey	292	## 【 E 】	
DeMarinis, Paul	50		
de Mas, Pierluigi	248, 303	Eagle, Steve	285
Demeyer, Paul	284, 287	Ebzant, Sébastien	258
de Moor, Bob	274	Edith	275
Demuynck, Arnaud	270, 302	Ehmann, Jochen	311
de Nooijer, Menno	288	Eisinger, Jesse	34
de Nooijer, Paul	288	Ekinci, Franck	270
Deresiewicz, William	339	Ekstrand, Martti	288
Derib	272		

Elissalde, Serge 259, 263
Elliott, Andrea 30
Elliott, Chris 291
Ellis, Helli 311
Elnecave, Viviane 305
Engel, Jules 288
Engh, M.J. 344
Enkhbat, Amartuvshin 116
ENSAD 293
Erixon, Malin 294
Eriyat, Suresh 270
Erroc 277
Ertesvag, Jan Otto 308
Esmein, Olivier 250
Esparza, Gilberto 52
Eun-Park, Kyung 279
Evangelatos, Steve 285
Evans, Aron 291
Evans, Heidi 30
Evans, Helen 50
Everitt, Rachel 292

【 F 】

Fabio 276
Faillet, Perrine 270
Fainaru, Steve 31
Falcone, Frank 291
Falk, Ben 298
Falkenberg, Lisa 39
Fanzine, Christophe 276
Farago, Sylvia 278
Farrell, Patrick 32
Faure, Michel 273
Faustin, Phillippe 304
Fedoulov, Alexandre 250
Fedulov, A. 306
Feeney, Mark 31
Feijo, Abi 252
Feldstein, Peter 332
Felicioli, Jean-Loup 250, 310, 312
Ferguson, Matt 298
Ferguson-Hull, Richard 293, 294
Ferrié, Damien 261, 294
Ferriter, Christine 254
Fesneau, Hildegarde 123
Fies, Brian 358
Filippini, Henri 272
Fillipi, Denis-Pierre 277
film, Continental 311
Filmakademie Baden-Wuerttemberg 294
Fine Art Foundry Noack 225
Fiore, Mark 34
Fischer, Christian 255
Fisher, Aven 295
Fitzmaurice, Deanne 28

Fjeldmark, Stefan 311
Fleissner, Anton 291
Flowerday, Lys 308
Flygenring, Rán 359
F'Murr 272, 275
Földes, Peter 245, 303
Fontana, Bill 51
Foran, Charles 331
Fordney, Bryan 301
Forest, Jean-Claude 273, 274
Foster, Eugie 344
Foulkes, Adam 261, 296, 299
Fountain, Ben 339
Fournier, Danielle 330
Fournier, Martin 331
Fowler, Jeff 294
Fox, Louis 261
Franc, Régis 272
François, David 266
Frank 275
Fras, Jack 277
Fred 273, 275, 276
Fredon, Amandine 260
Freeman, Joan 284
Frei, Michael 316
Freitag, Hayo 264, 306
French, Patrick 338
Freudenthal, Thor 289
Freyja, Jacoba 317
Froment, Rémy 265
Frost, A.B. 278
Frost, Julian 269
Frost, Karolyn Smardz 329
Frovarp, Pat 322
Fry, Benjamin 50
Frydman, Gérald 279
Futuropolis 271

【 G 】

Gabriel, Michael 293
Gabrielson, Ryan 32
Gage, Jean-Luc 259
Gagnol, Alain 310, 312
Gagnon, Lina 248
Gagnon, Maude Smith 331
Gainey, David 291, 309
Gal, Jean-Claude 272
Galandon, Laurent 280
Gall, Le 275
Gallagher, Kathleen 34
Ganim, Sara 35
Gannaway, Preston 31
Gantz, Nina 270, 271
Garcia, Guillermo 262, 296
Gardner, Graham 358

Garland, Inés	359	Goshtasbpour, Pedram	289
Gašparović, Zdenko	284, 304	Got, Yves	272
Gaumnitz, Michael	249	Gottschalk, Bert	295
Gautier, Vincent	261	Goulet, Simon	259
Gavin, Pat	249, 254	Grabowska, Urszula	230
Gay, Gilles	249	Gracia, Nicolas	265
Gazzotti, Bruno	279	Granet, Louis	280
Geersten, George	285	Granjon, Pierre-Luc	269, 297
Geffenblad, Lotta	296, 311	Graux, Amélie	259, 310
Geffenblad, Uzi	296, 311	Gravel,Élise	331
Geiger, Günter	50	Gravereaux, Maud	255
Geisser, Ines Christine	270	Graves, Mic	267
Geisser, Kirsten Carina	270	Gray, Daniel	271
Geleyn, Yves	270	Gray, Daniel Benjamin	263, 295
Gelli, Dominique	275	Greaves, Daniel	308
Gellman, Barton	31	Greene, Richard	330
Gemes, Jozsef	249	Grella, Dustin	298
Génin, Amaury	280	Griffin, George	284, 288
Genin, Robert	273	Grigg, Alex	301
Georgi, Katja	285	Grillo, Oscar	304
Germain, Daniel	274	Grimaldi, James V.	28
Germanika, Valeriya Gay	230	Grimshaw, Michael	262
Gervais, Suzanne	248	Grøvlen, Sturla Brandth	226
Gettleman, Jeffrey	36	Gudmundsson, Gudmundur Arnar	177
Gianini, Giulio	245	Guen, Lee Young	301
Giardino, Vittorio	275	Gueutal, Paul	256
Gibbons, Ginger	260	Guglielmelli, Joe	319, 321
Gibelin, Christophe	275	Guibert, Emmanuel	276, 279
Giblin, Paul	32	Guillaume, Frederic	263
Gibrat	276, 279	Guillaume, Samuel	263
Gibrat, Jean-Pierre	272	Guimarães, Alice	317
Gibson, Sandra	290	Guimond, Mathieu	302
Gieter, De	274	Gurvič, Irina	303
Gilbert, Jack	338	Gyuran, Frederique	261
Gilkerson, William	329		
Gillon, Olivier	247		
Gillon, Paul	272, 273	【 H 】	
Gine	274		
Gioanola, Vincenzo	288	Haas, Jürgen	255
Gipi	279	Habermehl, Anna	300
Giroud, Frank	277	Haché, Emma	328
Glazer, Harvey	290	Haefs, Gabriele	358
Glénat, Jacques	271	Hagelbäck, Johan	248
Gligorovski, Petar	247	Hager, Ehrentraud	50
Glück, Louise	342	Halas, John	305, 307
Gockell, Gerd	269	Hale, Jeffrey	303
Godard, Christian	271, 272	Halfpenny, John	297
Godet, Geoffrey	269	Hall, Andrew	268
Godin, Rémi	301	Hallee, Renaud	301
Goetzinger, Annie	271, 272	Hamby, Chris	37
Goldberg, Stephen	288	Hamilton, Shona	269
Goldberg, Steve	251	Haner, Josh	38
Goldman, Adam	35	Haney, Ged	297
Goldsmith, Sidney	249, 284, 286	Hansen, Heiko	50
Goodridge, Neil	310	Harding-Hill, Stephen	289
Gore, James	246	Harel, Gabriel	271
Gorgiard, Laurent	255		

Harig, Kathy	320
Harig, Tom	320
Harmon, Amy	31
Harney, Jean Paul	312
Harris, Michael	332
Hasemyer, David	36
Hasle, Andreas	262
Haugomat, Tom	266
Hawley, Alex	300
Hawley, Chris	35
Hayes, Derek	249
Hayes, John	287
Hayward, Annette	329
Hayward, Stan	285
Hazelton, Hugh	329
HBLA für Künstlerische Gestaltung -3a,3b, 4a, 4b	51
Hébert, Pierre	251, 287, 300
Heer, Jürgen	306
Heidmets, Rao	297
Heidsieck, Henri	262
Heilborn, Hanna	264, 265
Heinrich, Finn-Ole	359
Heisler, Todd	29
Henderson, Ainslie	269, 299, 300, 301
Henderson, Stephen	38
Henrard, Florence	253, 254
Henriod, Eloi	301
Henwood, Simon	293
Hernádi, Tibor	247, 305
Herrera, Juan Felipe	338
Hess, Harold	245
Hesselberth, Jola	288
Hetmerova, Alexandra	299
Hewitt, Cindy Davis	343
Hewitt, Donald H.	343
Hibon, Ben	50
Hickey, Aidan	249
Hickner, Steve	312
Hiçyilmaz, Gaye	363
Higgins, Andrew	309
Hines, Jim C.	349
Hinojosa-Smith, Rolando	340
Hitruk, Fjodor	312
Hobson, Will	38
Hodges, Drew	270
Hodgkinson, Leigh	264
Hole, Stian	358
Holfeld, Greg	258
Hood, Matthew	310
Hoogerbrugge, Han	293
Hooker, Jake	31
Hossaini, Massoud	36
Hotin, Rony	266
Howatt, Glenn	36
HTL-Leonding	51
Hu, Hsing-Hu	305
Hu, Jinquing	286, 306
Hubáček, Tomáš	314
Huettermann, Elisabeth	299
Huffaker, Carl B.	11
Hughes, Aaron	314
Hulin, David	294, 295
Hulsing, Hisko	299
Hurley, Kameron	350
Husson, Maxime	280

【 I 】

Ibbitson, John	330
Indovina, Lauren	294
Infuso, Gerlando	264
Inrig, Will	296
Irwin, Stephen	298
Isabelle	276

【 J 】

Jacobs, Daisy	270
Jacques, Guy	286
Jafelice, Ray	268
James, Edward	346
James, Matt	332
Jang, Min Hee	294
Jankovics, Marcell	246, 303
Jannes, Martti	248
Jano	275
Janry	275
Jansons, Edmunds	316
Janssen, Susanne	358
Janssens, Josette	285
Jansson-Carleson, Birgitta	248
Jaquiss, Nigel	27
Jasanoff, Maya	339
Jeal, Tim	338
Jean, Marcel	316
Jean, Patrick	267
Jean-Marc	275
Jeannel, Olivier	267
Jenning, Peter	255
Jennings, Nick	299
Jeong, Dahee	269, 316
Jirgl, Reinhard	351
Joanna, Ferrone	256
Job	273
Jodorowsky, Alejandro	276
John, Paige St.	34
Johnson, Alaya Dawn	345
Johnson, Flip	305
Johnson, Mark	34
Jollimore, Troy	338
Jordà, Sergi	50

Jordan, Sydney	271		Kim, Sang-Nahm	310
Jourd'hui, Gérard	272		Kim, Shin Hye	300
Jouvray, Anne-Claire	278		Kim, Young Beom	262
Jul	281		Kimitch, Rebecca	39
Jung	316		King, Thomas	332
Jung, E-sun	299		Kingsbury, Kathleen	39
Jung, Hae Jin	300		Kirchmair, Helene	49
Jung, Henin	268		Kireeva, Zojya	263
Jung, Young-heun	230		Kitson, Clare	313
Juričić, Pero	311		Klareskog, Lars	21
Juusonen, Kari	291		Klay, Phil	340, 342
			Kleinzahler, August	338

【 K 】

			Klimt, Aurel	256
			Klise, James	323
			Kluck, Tony	256
Ka, Olivier	279, 280		Koch, Alexis	280
Kac, Eduardo	51		Koch, Marc	280
Kaftan, Vylar	345		Kochanek, Doris	251
Kahn, Nikki	35		Kocieniewski, David	35
Kaltenbrunner, Martin	50		Kofmel, Anja	316
Kamagurka	283		Koh, Linda	280
Kamenecky, M.	306		Koh, Teacy	280
Kaminski, Zbigniew	303		Kolar, Boris	245
Kamp, Mischa	263		Koller, Dominik	51
Kanev, Boyko	249, 287		Konkol, Mark	34
Kappacher, Walter	351		Koopman, Maarten	256
Karaev, Alexei	287		Korejwo, Aleksandra	309
Karanovitch, Anatole	244		Korhonen, Pekka	289
Kari, Antti	305		Korn, Wolfgang	358
Karni & Saul	265		Kossmehl, Borris	252
Karpp, Viviane	268		Kotowski, Jerzy	305
Karwas, Piotr	256		Koulev, Henri	284, 285, 287
Katchanov, Roman	244, 246		Kouteck, Pavel	289
Kaufman, Sarah	33		Kovacs, Istvan	304
Keefe, Mike	35		Koval, Stepan	312
Keller, Julia	27		Kove, Torill	301, 309
Kellman, Steven G.	338		Kowak, Krzysztof	303
Kelly, Karen	251, 308		Kozak, Tomasz	289
Kennicott, Philip	37		Kral, Vladimir	290
Kentridge, William	252		Kramer, Daniel	256
Kenworthy, Richard	290		Krause, Fran	290, 297
Keramidas	278		Kravchenko, Kiril	309
Keune, Ole	297		Kravtsova, Sonya	293
Kharitidy, Alexeï	253		Krebs, Bruce	249, 287
Khitruk, Fedor	247, 286		Kreč, Darko	312
Khmelevskaya, Anna	316		Kresse, Hans	272
Khrjanovsky, Andreï	252, 304		Kristof, Nicholas D.	29
Kijek, Katarzyna	268		Kronauer, Brigitte	351
KijekAdamski	316		Kroyer, Bill	250, 287
Kijowicz, Miroslaw	245		Krstic, Milorad	253
Kim, Bowon	299		Krumme, Raimund	249, 288
Kim, Gérard	280		KTLA	139
Kim, Ha Jung	297		Kuang Pei Ma	265
Kim, Hakhyun	316		Kucia, Jerzy	247, 285, 290, 310
Kim, John J.	34		Kugel, Candy	254
Kim, Jun Ki	310		Kuhl, Anke	359
Kim, Paul	297		Kuhn, Jochen	316

Kurtz and Friends	284	
Kurz, Bob	303	
Kusche, Elke	359	
Kütt, Matti	289	
Kuznia, Rob	39	
Kwak, Young Jin	262	
Kwiatkowska-naqvi, Anita	269	

【 L 】

Labbé, Boris	268, 271	
Laberge, Andrée	329	
Lachauer, Jan	269	
Lacroix, Claude	276	
Lacroix, Georges	253	
Lacroix, Renato	253	
Laferriére, Dany	329	
Lafferty, Mur	350	
LaForgia, Michael	38	
Lagache, Thomas	262	
Laguionie, Jean-Francois	316	
Laker, Barbara	33	
Lambert, Alix	302	
Lambert, Hamish	298	
Lamont, Malcolm	312	
Lampoon, National	271	
Lamy, Fabrice	275	
Lanciaux, Antoine	269	
Lang, Max	266, 269, 298	
Langan, Michael	295	
Lange, John C.	303	
Lanier, Chris	290	
Lanier, Lee	289	
Lanois, Yves	358	
La Padula, Grazia	279	
Lapière, Denis	275	
Lapierre, René	332	
Lappe, Gemze De	202	
Larcenet, Manu	278	
Larrave, Christian	301	
Larricq, Anne	291	
Lasfas, Yannick	265	
Latif, Adrees	31	
Laurence, Hotessa	290	
Lauwick, Benjamin	258	
Lavoie, Charles	302	
Lavoie, Michel	330	
Lawrence, Anthony	258	
Lawrence, Jack	279	
Lawson, Greg	255, 308	
Lax	277	
Lea, Frances	308	
Lebeau, Anita	261	
Lebeau, Suzanne	330	
Lebeault, Fabrice	276	
Leblanc, Perrine	331	

Leckie, Ann	345, 350	
Lecreux, Agnés	302	
Lederhendler, Lazer	330	
Ledran, Daniel	275	
Lee, Hyun Jung	297	
Lee, Jehye	116	
Lee, Sung-gang	311	
Lee, Woo Sol	300	
Lefcoe, Kris	290	
Lefèvre, Didier	279	
Le Gall, Frank	274	
Lehky, Vladimir	245	
Lei, Lei	298	
Leib, Gary	298	
Leichliter, Larry	299	
Lemay, Nicola	270	
Lemercier, Frédéric	279	
Lenica, Jan	245	
Le Nôtre, Pascal	253, 297	
Leon, Cristobal	314	
Leonard, John	338	
Leonhardt, David	34	
Leonnig, Carol D.	39	
Lepeintre, François-Xavier	292	
Lepeniotis, Peter	294	
Le Piouffle, Georges	254	
Lerer, Seth	338	
Lerner, N.	306	
Leroux, Georges	331	
Leroux, Toma	317	
Lévesque, Jean-François	314	
Lewitscharoff, Sibylle	351	
Li, Zhiyong	266	
Liberatore, Tanino	273	
Lichtblau, Eric	28	
Lie, Jean-Christophe	264, 265	
Lieberman, Zach	51	
Liera, Rosana Romina	291	
Ligne, Mac Guff	265	
Lim, Aaron	313	
Lindholm, Ami	313	
Lindon, André	249	
Lindström, Christer	260	
Linsley, Cathy	308	
l'institut Saint-Luc de Bruxellesの学生	272	
Lionard, Ophélie	280	
Lisovoj, Mikhail	308	
Lofton, Kevin	259	
Logan, William	338	
Longuet, Michel	247	
Loomis, Rick	30	
Loring, Kevin	330	
Loughlin, Susan	250	
Loustal	276	
Lowey, Peter	267	
Lu, Ruhao	306	
Lucietti, Simone	49	

Lundgren, Chintis ············· 317
Lyet, Pierre-Emmanuel ········· 268, 314
Lygum, Per ··················· 248

【 M 】

Ma, Ke Xuan ·················· 252
Macchia, Gilles ················ 256
MacDonald, Fred ··············· 289
MacIvor, Daniel ················ 329
MacKinnon, Samuel ············ 294
Maclean, Diego ················· 298
Macourek, Miloš ············ 285, 303
Maestro, Jaime ················· 268
Mageot, Lorène ················ 280
Mahoney, Mark ················· 32
Maimone, Sal ·················· 247
Main, Frank ···················· 34
Maison de la culture et des loisirs de la Roche
 Posay ······················ 279
Majdak, Nikola ················· 304
Makyo, Pierre ·················· 274
Mallik, Benaifer ················ 260
Malstaf, Lawrence ··············· 51
Mancini, Juliette ················ 279
Mandrafina, Domingo ············ 277
Manfredi, Manfredo ············· 284
Mangyoku, Bruno ··············· 266
Männistö, Joni ·················· 315
Manoukian, Arev ················ 51
Mantazaris, Anna ··············· 300
Manzano, Javier ·················· 37
Maramorosch, Karl ················ 5
Marchand, Thierry ··········· 264, 313
Marchetti, Christophe ··········· 280
Marcum, Diana ·················· 39
Marcus, Amy Dockser ············ 27
Marcussen, Lejf ············ 250, 288, 310
Margitić, Lela ··················· 311
Margrie, Kez ···················· 263
Marianetti, Robert ··········· 293, 295
Marijac ························· 272
Marmier, Quentin ············ 264, 313
Marra, Anthony ················ 340
Marshall, Andrew R.C. ············ 38
Marshall, Craig ················· 260
Marsily, Noémie ················ 269
Martchenko, E. ················· 249
Martin, Jacques ················· 272
Martinez, Rachel ················ 328
Marton, Jirina ·················· 330
Marušić, Joško ··········· 248, 304, 312
Maslowska, Dorota ·············· 358
Mason, Wyatt ·················· 338
Massi, Simone ············· 312, 315

Masslo, Pascal ·················· 274
Matheson, Mary ················· 269
Mathieu, Marc-Antoine ·········· 275
Mativat, Geneviève ·············· 332
Matthews, John ················· 286
Matuszak, Lisa ················· 270
Mauler, Henrik ················· 297
Maxeiner, Alexandra ············ 359
Maximov, Ivan ·················· 312
Mayer-Beug, Linsey ·············· 294
Mayhar, Ardath ················ 344
Mazan ······················ 274, 279
Mazzieri, Julie ·················· 330
McCracken, Craig ··············· 296
McDonald, Peter ················ 289
McFarling, Usha Lee ·············· 30
McGowan, Elizabeth ·············· 36
McGuire, Seanan ················ 349
McHale, Patrick ············· 299, 301
McIntosh, Shelley ··············· 284
McIntosh, Will ·················· 348
McKenzie, William ··············· 33
McNally, Stephen ··············· 317
McNamara, Mary ················ 39
Medianiks, Dainis ··············· 118
Medurečan, Davor ·············· 310
Melaschwili, Tamta ·············· 359
Melchior, Siri ·············· 270, 290
Melnichenko, Serhiy ············· 302
Memeteau, Richard ·············· 276
Ménard, Nicolas ················ 301
Mendelsohn, Daniel ·············· 338
Mendlesohn, Farah ·············· 346
Mercier-Martineau, Quentin ······ 280
Mergl, Vaclav ··················· 246
Mermoux, Dominique ············ 279
Merola, Caroline ················ 331
Merritt, Dave ··················· 268
Meštrović, Marko ··············· 310
Mézières, Jean-Claude ··········· 273
M.I.A. ··························· 70
Mider, Zachary R. ··············· 39
Midtown North & South New York City Police
 Precincts ·················· 205
Mikhalchuk, Sergey ·············· 226
Milchman, Jenny ················ 323
Mileva, Mina ··················· 309
Miller, Ian ····················· 297
Mills, Michael ·················· 285
Mirsky, Sharron ················ 301
Mitchell, Robert ················ 246
Modan, Rutu ·············· 280, 283
Moesker, Christa ··········· 255, 308
Mohl, Nils ····················· 359
Moitzi, Michael ··················· 51
Mok, Cliff Kafai ················· 291
Mokhberi, Emund ··········· 264, 313

Möller, Anne ·· 358
Monette, Hélène ·· 330
Monin, Arno ·· 280
Montchaud,Éric ·· 269, 302
Moon, Byoung-gon ·· 177
Moore, Guy ·· 294
Moore, Samantha ··· 313
Moreau, Jérémie ·· 266
Morgan, Cheryl ··· 348
Morgenthaler, Anders ··· 312
Morin, Patrick ·· 280
Morris, Wesley ·· 36
Morvan, Jean-David ···································· 279, 280
Mosebach, Martin ·· 351
Moss, Michael ··· 33
Mourier, Jean-Louis ··· 276
Mousquet, Pierre ·· 266
Mowat, Kyle ··· 300
Mr.Warburton ··· 294, 295
Mueller, Stefan ··· 294
Muheisen, Muhammed ··· 37
Müller, Stephan-Flint ·································· 261, 294
Mulot, Jérôme ·· 279
Muntain, Joshua ·· 291
Muziquiz, Raymie ··· 254
Myers, E.C. ·· 345
Mysterious Galaxy Bookstore ································· 323

【 N 】

Nadeau-Dubois, Gabriel ······································· 332
Nananan, Kiriko ·· 280
NASA ··· 348
Nasdor-Jones, Kara ··· 296
Navarro, Kenn ·· 260
Navarro, Mathieu ··· 264
Nazarov, Eduard ······································ 248, 305
Neaud, Fabrice ··· 276
Negre, Richard ··· 299
Nellis, Kurt ··· 292
Nelson, Barrie ··· 303, 305
Nelson, Colleen McCain ······································· 33
Nenonen, Lemmikki ·· 303
Nenow, Damian ·· 267
Neretti, Nero Alessandro ······································ 49
NESFA Press ·· 348
Neubauer, Bärbel ································ 255, 289, 308
Newbolt, Josiah ··· 298
Newlove, Rose ··· 256, 309
Neyret, Aurélie ··· 283
Nguyen, Marco ··· 294
Nickens, Tim ·· 37
Nicolas, David ·· 260
Nicolas, Laurent ·· 260
Nicolas, Olivier ··· 261

Niederklapfer, Alexander ······································ 50
Nielsen, Karla ··· 261, 262
Nielsen, Susin ·· 331
Nine, Carlos ·· 277
Nouveau, Sylvain ··· 264
Nowak, Till ··· 262, 270
Nowocien, Tracy ·· 267
Noyart, Paule ·· 330
Noyes, Eliot ·· 245, 246
Nürnberger, Christian ·· 359
Nute, Mark ·· 299
Nutt, Amy Ellis ··· 34
Nyholm, Johannes ·· 314

【 O 】

Obertová, Veronika ··· 314
Obom ··· 294
Obomsawin, Diane ···································· 290, 301
Oczko, Aleksandar ··· 304
Odell, Jonas ·· 288, 292
Oettinger, Johan ·· 268
O'Groj ··· 274
Oh, Seo-ro ··· 317
O'Hara, Aidan ··· 292
Ohlson, Lars ··· 288
Okholm, Mikkel ·· 270
Oliver, Julian ·· 51
Oliveri, Luca ··· 279
Olojede, Dele ·· 27
Olshvang, Valentin ··· 309
Olson, Jeremy ··· 36
Olszewski, Neil ·· 51
Oñederra, Izibene ·· 313
O'Neill, Eamonn ··· 299
Onillon, Thierry ······························· 264, 296, 313
Oos, Sarah ·· 51
OReilly, David ·· 301, 302
Orlova, Natalia ··· 258
Orosz, Istvan ·· 304
Oschmann, Maja ····································· 300, 316
O'Shea, Tara ·· 349
Osnos, Evan ··· 342
Osonka, Gyorgy ·· 284
Osorio, Gabriel ··· 317
Otéro, Manuel ·· 245, 246
Ouellet, Pierre ·· 329, 330
Ouriou, Susan ·· 330
Ovaskainen, Aino ··· 260
Overbeck, Michael ·· 291
Oxley, Jennifer ··· 293

【 P 】

Pääbo, Iriz	51
Paccou, Marie	291, 309
Paeplow, Constantin	300
Page, Marcy	306
Palacio, Raquel J.	359
Palethorpe, Ange	288
Palmer, Stephen	308
Paquet, David	330
Paré, Arleen	332
Paringaux	276
Park, Hye Jin	294
Park, Minki	293
Parker, Kathleen	33
Parras	276
Parrot, Florian	267
Parzich, Silke	289
Pasko, Diana	118
Pastior, Oskar	351
Pastor, Rodolfo	256
Patar, Vincent	257
Patten, Fred	347
Pätz, Malte	291
Pavesi, Laurent	274
Payson, John	252
Pearlstein, Steven	31
Peeters, Benoît	273
Pelletier, Stéphanie	332
Pellos, René	271
PEN American Center	338
Penttila, Kaisa	289
Pepi, Lorelei	289
Peréz, Jesús	299
Perez, Oscar, Jr.	260
Pérez, Pascual	268
Perifel, Pierre	294
Perl, Anja	261
Perrichon, Mina	280
Perriot, Vincent	277
PES	258, 265, 294
Petkevič, V.	307
Petrek, Matej	51
Petricic, Dusan	248
Petrov, Alexandre	287
Petschek, Julian	301
Petty, Sara	284
Peyo	273
Philippon-Aginski, Mathilde	311
Philipps, David	38
Phillips, Derek	285
Phillips, Julie	338, 347
Phillips, Wendy	330
Philp, Tom	28
Phong, Luong Dien	274
Pica	277
Piento, Florian	268
Pies, Dennis	305
Pignat, Caroline	330
Pikkov, Ülo	289, 290, 291, 296, 299
Pillyser, Michel	250
Pious, Geetha	50
Pisano, Rocco	292
Plasnewydd Schoolの子どもたち	290
Please, Mikey	267, 301
Pleau, Michel	330
Plessix, Michel	277
Poirier, Judith	301
Polak, Esther	50
Polak, Kamil	267
Polic, Stefan	51
Poliquin, Daniel	332
Pollefoort, Johan	264
Polovinka, Natalka	230
Polyakov, Lev	294
Pommiez, François	264
Popakul, Tomasz	316
Porter, Gary	34
Potterton, Gerald	246
Powderly, James	51
Powell, D.A.	339
Powers, Katherine A.	340
Poznanski, Ursula	359
Pralong, Isabelle	280
Priest, Dana	28
Priestley, Joanna	286
Prioul, Ornélie	267
Privin, Evgeniy	226
Procházka, Pavel	245, 246
Provost, Yann-Joseph	276
Prucher, Jeff	347
Prunès, Jean-Jacques	259, 261
Purdum, Richard	284

【 Q 】

Quan, Tony	51
Quay, Timothy	267
Quayola	51
Quintel, JG	300, 301, 302
Quiviger, Pascale	328

【 R 】

Raap, Jamie	297
Radev, Zlatin	307
Radigue, Eliane	50
Radwan, Gabriel	52
Raeber, Jonas	308

Rago, Joseph ······ 35
Raignoux, Hugo ······ 280
Rajamani, Rajiv ······ 260
Rakotomamonjy, Jenny ······ 258
Ralph ······ 274
Ralph, Graham ······ 249
Ramirez, Michael ······ 31
Ramonède, Xavier ······ 294
Rankin, Matthew ······ 270
Rankine, Claudia ······ 340
Ranst, Do van ······ 358
Raskin, Josh ······ 296
Ravn, Paw Charlie ······ 260
Ray, Monica Denise ······ 260
Raýmanová, Vanda ······ 315
Razum, Bruno ······ 317
Reas, Casey ······ 50
Reb's, Riff ······ 274
Reczulski, François ······ 264
Rees, Jerry ······ 307
Reeves, Bill ······ 286
Reeves, Richard ······ 289, 309
Regnaud, Jean ······ 280, 359
Reichek, Jordan ······ 257
Reid, Raziel ······ 332
Rennie, Jason ······ 289
Renzetti, Rob ······ 293
Retlin, Stieg ······ 297
Reus, Niek ······ 284
Revel, Sandrine ······ 277
Reynish, William ······ 317
Rhee, Yuri ······ 297
Rhode Island School of Design ······ 296, 297, 298, 301
Ribera, Julio ······ 272
Richards, Kevin ······ 308
Richard Williams Animation Ltd. ······ 284
Richerand, Lionel ······ 289
Richtel, Matt ······ 33
Rickley, Ted ······ 285
Risen, James ······ 28
Ritaniemi, Paivi ······ 49
Rivera, René Castillo ······ 257, 291
Roba, Jean ······ 272, 273
Robach, Clèmentine ······ 270
Robb, Adam ······ 259
Robberson, Tod ······ 33
Roberts, Tansy Rayner ······ 350
Robinig, Daniel ······ 50
Robinson, Eugene ······ 32
Rochette, Jean-Marc ······ 274
Rodriguez, Alfonso ······ 296
Roels, Mark James ······ 300
Roger, Bastien ······ 262
Rogic, Nebojsa ······ 294
Rogron, Baptiste ······ 266
Roig, Manu ······ 259
Roosens, Carl ······ 269
Ropert, Sarah ······ 307
Rose, Kathy ······ 284
Rose, Sue ······ 256
Rosinski, Grzegorz ······ 274
Ross, Graeme ······ 285, 286
Rossignol, Lucie ······ 280
Rosto ······ 300
Rosto, Rosto ······ 269
Roth, Evan ······ 51
Rouby, Simon ······ 270
Rouxel, Jacques ······ 248, 257
Rowohlt, Harry ······ 358
Roy, Alain ······ 331
Royal College of Art ······ 289, 291, 308
Rozec, Jean-Claude ······ 298
Ruderman, Wendy ······ 33
Ruggiero, Giovanni ······ 49
Ruohomaki, Jukka ······ 305
Ruppert, Florent ······ 279
Russell, Erica ······ 252
Russell, Shane ······ 253
Ruth, Daniel ······ 37
Rutledge, Raquel ······ 33
Ryadi, Khadija ······ 22

【 S 】

Šabanović, Faruk ······ 313
Sabar, Ariel ······ 338
Sack, Steve ······ 37
Sadeghi, Ravanbakhsh ······ 312
Saffron, Inga ······ 38
Sahakyants, Robert ······ 252
Sajtinac, Borislav ······ 246
Saldivar, Lou ······ 34
Saleh, Tarik ······ 315
Salminen, Aiju ······ 260
Salvatori, Andrea ······ 49
Salvayre, Lydie ······ 333
Salzmann, Manuel ······ 50
Sampayo, Carlos ······ 272, 273
Sanders, Eli ······ 36
Sanderson, Jordan ······ 350
Sankur, Burcu ······ 269
Santos, Mónica ······ 317
Saperstein, Frank ······ 256
Sardina, Sheryl ······ 307
Sasaki, Kazue ······ 302
Saslow, Eli ······ 38
Saurel, Jean-Christophe ······ 293
Savage, Charlie ······ 30
Savard, Didier ······ 274
Schabenbeck, Stefan ······ 246
Schaepman, Rémy ······ 267
Schäffler, Steffen ······ 256, 290, 309

Schauer, Mitch	255	Smart, Alan	261
Scheffel, Tobias	359	Smee, Sebastian	35
Schelfthout, Daniel	246, 247	Smith, Alan	261, 296, 299
Schepperd, Anthony	298	Smith, Chris	300
Scher, Jeff	295	Smith, Lynn	247, 252, 284, 285
Schmal, Jessie	291	Smith, Nick	254, 308
Schmich, Mary	36	Smith, R.Jeffrey	28
Schmidt, Susan	28	Smith, Simoj J.	312
Schrade, Brad	36	Smith, Steve	264
Schrijvers, Klaartje	307	Smythe, Reg	272
Schuh, Jakob	264, 266, 298	Snopek, Martin	310
Schulnik, Allison	301	So, Gloria	291
Schultz, Connie	27	So, Rebekah	291
Schuster, Nikki	317	Soandsau	260
Schwartz, Alexandra	340	Socha, Michal	265, 297
Schwartz, Vanessa	288	Sokolov, Andrey	311
Sciulli, Michael	286	Sokolov, Stanislav	305
Scotch, Arleston	276	Solomon, Deborah	253
Sedelmaier, J.J.	253	Sommerhalder, Rafael	314
Seele, Herr	283	Song, Hyun Joo	294
Sehgal, Parul	339	Song, Lisa	36
Seidel, Robert	293	Soren, David	289
Senft, Haro	225	Soto, Simón Mesa	178
Sengelin, Emilie	312	Sousa, Daniel	269
Seong, Baek-yeob	260	Spalding, Linda	331
Sequeiros, Santiago	257	Spilliaert, Hans	254
Serafiński, Marek	251	Spindelböck, Matthäus	50
Serre,Éric	270	Spiridellis, Evan	292
Servais	274	Spiridellis, Gregg	292
Seshadri, Vijay	38	Sporn, Michael	249, 286, 295
Seymour "Red" Press	202	Squibb, Vince	265
Shapton, Leanne	339	Sramek, Josef	247
Shaw, Jeffrey	52	Staphylas, Olivier	294
Shaw, Rob	300	Stark, Kelsey	298
Sheeler, Jim	29	Starkey, Maurine	349
Shenfield, Ann	306	Stassen, Jean-Philippe	275, 277
Sherer, Daniela	316	Staven, Karl	294
Sherwood, Alison	34	Stearn, Ted	283
Shevchenkov, Aleksey	230	Steffen, Angela	266, 294, 297, 314
shiiin	50	Steinmacher, Glenn	295
Shiman, Jennifer	293	Stelarc	51
Shin, Joe Woo	298	Stellmach, Thomas	254, 300, 316
Shorina, Nina	249	Stenhouse, Bob	286
Shulze, Gary	322	Stepantsev, Boris	244
Sias, Jeff	290	Stephens, Bret	37
Siers, Kevin	38	Sterne, René	274
Silvers, Robert B.	339	Sternis, Philippe	274
Silverthorne, Denny	300	Steshenko, Konstantin	301
Simon, Fred	278	Stickel, Viktor	300
Simpson, Alan	257	Stollar, Thomas	49
Šinik, Stiv	307	Stone, Eric James	344
Sirius	272	Stretch, Tobias	301
Sisterson, Denis	309	Struck, Anja	261, 310
Sivan, Grégoire	263	Stuart, Mike	255
Skrobecki, Marek	293, 307	Studio ANIMOSE	312
Sleight, Graham	349	Studio PILOT	312
Smallridge, Ben	253	Studio School Šar	309

Sucher, Markus 50
Sugano, Mashiro 289
Sugar 271
Sugure, Chris 51
Sukumaran, Ashok 50
Sullivan, Eileen 35
Supinfocom 296, 300
Suraci, Frank 39
Sussman, Noam 300
Suter, Daniel 246
Sutherland, Reuben 294
Swiczinsky, Benjamin 314
Sylvestre, Daniel 331
Szabo, Thomas 255
Szep, Jason 38
Szetela, Tim 291
Szilagyi, Zoltan 305
Szorady, Csaba 247
Szybist, Mary 342

【 T 】

TALI 269
Tamaki, Jillian 332
Tamburini, Stefano 273
Tan, Yabing 118
Tannahill, Jordan 332
Taravel, Virginie 297
Tardi, Jacques 271, 273, 275, 278
Tarquin, Didier 277
Tatarsky, Alexander 305
Tayler, Howard 350
Taylor, Ali 261
Taylor, Kitty 263
Telegdi, Valentine L. 10
Telengut, Alisi 300
Tenusaar, Andres 269
Ternovszky, Bela 303
Tesseur, Ben 302
Teulé, Jean 273
Te Wei 245
The Arts Council Of England 308
Theatre Communications Group 200
The Blackheart Gang 263
The Dream of the Sphinx 246
The Grandmothers of the Plaza de Mayo Organization 41
The Patriot-News 35
Thévenet 275
Thibodeau, Serge Patrice 329
Thierry, Gaëlle 266
Thomas, Jo 51
Thomas, Lynne M. 349
Thomas, Roy 271
Thurner, Nana Susanne 50
Tickets Sports Loisirs 279

Tome 275
Toots, Timo 51
Torresan, Ennio 252
Toten, Teresa 332
Tóth, Géza M. 312
Toth, Luca 270
Touïs 279
Touliahodjajev, Nazim 306
Tournadre, Jacques-Henri 273
Tourneux, Samuel 263
Tréhin-lalanne, Clément 178
Tremblay, Frédérick 298, 299
Tremblay, Jennifer 330
Trillo, Carlos 277
Tripp, Jean-Louis 274
Tritchonis, Anestos 246
Tronchet 275, 276
Troshinsky, Nicolai 316
Trpak, Heidi 359
Trudel, Sylvain 329
Trunk Animation 264
Trussell, Joel 295, 300
Tsirbas, Aristomenis 296
Tsvetkov, Andrey 262
Tucker, Cynthia 30
Turbé, Aurore 264
Turku Arts Academy of Finland 292

【 U 】

Ufimcev, Ivan 304
Umhoefer, David 31
Underwood, Claire 259
Universal Everything 52
University of Southern California 292
Unseld, Saschka 264
Unt, Riho 255, 270, 317
Unwin, David 258
Urbes, Rosana 270, 271
Ushakov, Andrej 252
Usmanov, Ramil 312

【 V 】

Vácz, Péter 269, 316
Valence 312
Valennes, Supinfocom 293
Valerio, Adriano 177
Vallade, Maïlys 266
Van Den Boom, Sarah 270
Vandersteen, Willy 272
Van Hamme, Jean 274, 276
Vanmechelen, Koen 51
Van Orman, Thurop 299
Van Waerebeke, Denis 267

Vanzo, Gregg	253	Warthman, Dan	321
Varga, Osaha	286	Washington, Harriet	338
Vasiliev, Danja	51	Wasterlain, Marc	273
Vassanji, M.G.	330	Watson, Theo	51
Vatine, Olivier	275	Webb, Sarah	350
Vehlmann, Fabien	279	Weber, Tom	50
Veilleux, Pierre	285, 305	We Can't Live Without Cosmos	301
Velikovskaya, Dina	316	Weingarten, Gene	31, 33
Verhaest, Alex	52	Weintraub, Beverly	30
Vermette, Katherena	331	Weiss, Kenneth R.	30
Vernon, Ursula	345	Weiss, Sam	303, 305
Verny, Serge	250	Welch, Craig	309
Verschoore, Evelyn	291	Weldon, John	286, 304
Vervaeke, Robbe	269	Wells, Dan	350
Vester, Paul	287	Wendling, Claire	275
Vicomte, Laurent	274	Wenninger, Paul	268
Vieillevie, Marie	263	West, Josh	259
Villain, Cédric	264	Whitmore, Lee	254
Villard, Jean-Christophe	247	Widrich, Virgil	310, 311
Villard, Jean-Jacques	292, 293	Wilentz, Amy	340
Villemaine, Romain	256	Wilkos, Virginia	253
Vinciguerra, Luc	262, 267	Willat, Carl	250
Vink	274	Willis, Ellen	340
Vitali, Federico	253	Wilsdorf	276
Vitarelli, Doug	256	Winderen, Jana	51
Vizar, Matus	269	Winter, Damon	32
Vogel, Bettina	297	Winter, Kirsten	289
Vogel, François	289	Winton, Will	304
Vogele, Carlo	265, 268	Winzentsen, Franz	246
Voillot, Sophie	329, 331, 332	Winzentsen, Ursula	246
von Bahr, Niki Lindroth	298	Witzø, Hallvar	178
von Bertrab, Alejandra Xanic	36	Wolf, Fred	245
von Bismarck, Julius	50	Woloshen, Steven	295, 301, 302
von Kleist, Solweig	306	Won, Choi Ye	301
Voronov, B.	245	Wood, Caleb	301
Vose, Francis	259	Wood, David	35
Vroda, Maryna	177	Wood, Wally	272
Vutova, Kalina	260	Woodside, Bruce	305
		Woodward, Joanna	307
		Wright, C.D.	339
【W】		Wuerker, Matt	36
		Wurm, David	50
Wachtenheim, David	293, 295	Wurm, Magdalena	50
Wagner, Mazarine	280	Wynn, Stuart	285
Walf, Jelena	300		
Walker, Andy	305	【X】	
Walker, Craig F.	34, 36		
Walker, Jason	50	Xavier, José	248
Walker, Matthew	262, 295	Xhelilaj, Nik	229
Walker, Tim	293	Xylophon, Xaver	270
Walley, Clive	288, 308		
Walsh, Seamus	301	【Y】	
Warburton, Thomas	253		
Ward, Pendleton	300	Yaaskelainen, Leena	289
Warda, Maryse	331		
Warny, Clorinda	248		
Warren, Dianne	330		

Yagnik, Raj ····· 269
Yann ····· 273, 274, 275
Yann, J. ····· 263, 264
Yardley, Jim ····· 29
Yeon, Sang-ho ····· 317
Yerxa, Leo ····· 329
Yesilbas, L.rezan ····· 177
Yoon, Dae Woen ····· 298
Yoon, Dasom ····· 299
Yoon, Hyun Ji ····· 300
Yoon, Ji Na ····· 294
Young, Cybèle ····· 331
Young, Park So ····· 301
Young, Susan ····· 249
Yumi, Joung ····· 316

【 Z 】

Zaarour, Rémi ····· 294
Zagreb School of Animation ····· 316
Zaninovic, Ante ····· 284
Zanovello, Augusto ····· 269
Zaramella, Juan Pablo ····· 267
Zarrinkelk, Noureddin ····· 246
Zeman, Bronislaw ····· 247
Zhou, Kequin ····· 285
Zieroth, David ····· 330
Zilbalodis, Gints ····· 301
Zimonić, Krešimir ····· 248, 306
Zotta, Silvia ····· 49
Zucker, Jerry ····· 295
Zucker, Orrin ····· 295
Zyglis, Adam ····· 39

世界の賞事典 2005-2014

2015年9月25日 第1刷発行

発 行 者／大高利夫
編集・発行／日外アソシエーツ株式会社
　　　　　〒143-8550 東京都大田区大森北 1-23-8 第3下川ビル
　　　　　電話 (03)3763-5241(代表)　FAX(03)3764-0845
　　　　　URL http://www.nichigai.co.jp/
発 売 元／株式会社紀伊國屋書店
　　　　　〒163-8636 東京都新宿区新宿 3-17-7
　　　　　電話 (03)3354-0131(代表)
　　　　　ホールセール部(営業)　電話 (03)6910-0519

　　　　　電算漢字処理／日外アソシエーツ株式会社
　　　　　印刷・製本／株式会社平河工業社

不許複製・禁無断転載　　　《中性紙H-三菱書籍用紙イエロー使用》
〈落丁・乱丁本はお取り替えいたします〉
ISBN978-4-8169-2562-7　　　Printed in Japan,2015

本書はディジタルデータでご利用いただくことができます。詳細はお問い合わせください。

世界の賞事典

A5・850頁　定価(本体15,000円+税)　2005.1刊

海外の主要50賞がわかる事典。ノーベル賞、ピュリッツアー賞、グラミー賞、カンヌ映画祭、エドガー賞、ブッカー賞、国際アンデルセン賞などさまざまな分野の賞の概要と、第1回からの全受賞情報を掲載。

女性の賞事典

A5・390頁　定価(本体13,800円+税)　2014.5刊

国内の女性に関する賞156賞を収録した事典。男女共同参画、女性文化、ビジネス・産業、科学・医学、文学、美術、芸能などの女性に関する賞の概要と歴代の受賞情報を掲載。

ノーベル賞受賞者業績事典
新訂第3版―全部門855人

ノーベル賞人名事典編集委員会編
A5・790頁　定価(本体8,500円+税)　2013.1刊

1901年の創設から2012年までの、ノーベル賞各部門の全受賞者の業績を詳しく紹介した人名事典。835人、20団体の経歴・受賞理由・著作・参考文献を掲載。

事典 日本の科学者　科学技術を築いた5000人

板倉聖宣監修　A5・1,020頁　定価(本体17,000円+税)　2014.6刊

江戸時代初期から平成にかけて活躍した物故科学者を収録した人名事典。自然科学の全分野のみならず、医師や技術者、科学史家、科学啓蒙に尽くした人々などを幅広く収録。

読んでおきたい「世界の名著」案内

A5・920頁　定価(本体9,250円+税)　2014.9刊

国内で出版された解題書誌に収録されている名著を、著者ごとに記載した図書目録。文学・歴史学・社会学・自然科学など幅広い分野の名著1.5万点がどの近刊書に収録され、どの解題書誌に掲載されているかを、8,300人の著者名の下に一覧することができる。収録作品名から探せる「作品名索引」付き。

データベースカンパニー
日外アソシエーツ　〒143-8550　東京都大田区大森北1-23-8
TEL.(03)3763-5241　FAX.(03)3764-0845　http://www.nichigai.co.jp/